多德—弗兰克华尔街改革与消费者保护法案

Dodd – Frank Wall Street Reform and Consumer Protection Act

董裕平　全先银　汤　柳　姚　云　等译

董裕平　审校

中国金融出版社

责任编辑：杨冠一
责任校对：刘　明
责任印制：丁淮宾

图书在版编目（CIP）数据

多德—弗兰克华尔街改革与消费者保护法案（Duode—Fulanke Huaerjie Gaige yu Xiaofeizhe Baohu Fa'an）/董裕平等译.—北京：中国金融出版社，2010.12

ISBN 978-7-5049-5744-3

Ⅰ.①多…　Ⅱ.①董…　Ⅲ.①金融法—法案—美国　Ⅳ.①D971.222.8

中国版本图书馆 CIP 数据核字（2010）第 226716 号

出版发行　中国金融出版社

社址　北京市丰台区益泽路 2 号
市场开发部　（010）63266347，63805472，63439533（传真）
网上书店　http://www.chinafph.com
（010）63286832，63365686（传真）
读者服务部　（010）66070833，62568380
邮编　100071
经销　新华书店
印刷　北京松源印刷有限公司
尺寸　185 毫米×260 毫米
印张　50.25
字数　966 千
版次　2010 年 12 月第 1 版
印次　2010 年 12 月第 1 次印刷
定价　150.00 元
ISBN 978-7-5049-5744-3/F.5304
如出现印装错误本社负责调换　联系电话（010）63263947

适应金融发展需要　重塑监管框架

发端于美国，然后迅速蔓延至全球的金融危机，不仅重创了美国和全球的金融体系，而且导致全球性经济衰退。现在看来，本次危机的影响程度之深、破坏范围之广，堪比20世纪30年代的“大萧条”与70年代的滞胀危机。

本次金融危机暴露出发达经济体金融体系及其监管架构的诸多缺陷。为了重塑美国金融体系，防范系统性风险和金融危机重演，避免银行和其他金融机构因进行风险过大交易招致重大损失而不得不由政府出手救助的局面再次发生，美国从2009年起，进行了“大萧条”后最大规模的金融修法活动。

2009年6月，奥巴马政府公布了70多页的《金融监管改革的新基础：重建金融监管》的改革方案。然后，根据美国的立法程序，众议院和参议院针对该方案各自提交了详细的修改版。2009年12月和2010年5月，美国众议院和参议院先后通过了各自版本的金融监管改革法案。其后，法案进入两院协商期。2010年6月25日清晨5时40分，经过长达20个小时唇枪舌剑的辩论，以参议院版为基础，吸收众议院版的若干条款，美国参众两院终于就金融监管法案的最终文本达成协议。2010年7月21日，奥巴马总统签署金融监管改革法案。至此，经历了提案、众议院立法、参议院立法、参众两院协调等四个阶段，本世纪美国第一项重要的金融监管立法尘埃落定，《多德—弗兰克华尔街改革与消费者保护法案》终于面世。

这部新的历史性法案由16部分构成，共800多页，1,000余条，对包括银行、证券、保险、对冲基金、信用评级机构、交易商、投资咨询机构、会计制度、上市公司等在内的金融体系运行规则和监管架构进行了全面的改革与修订。新监管法案只是确定改革的框架，其实施还有待相关监管当局制定进一步的细则。因此，新监管法案责成监管者进一步制定243项规则，进行67个领域的研究，并定期发布22份报告。因此，法案的细节还需跟踪研究，其全面的影响还有待长期观察分析。

由于美国在全球经济和金融体系中占据最重要地位，其国内发生的变化会对全球产生重要的实质性影响。鉴于世界各国的制度变化在相当大程度上会追随美国脚步，至少在重要方面刻上美国版的痕迹，新监管法案将对全球金融监管制度产生巨大的外溢性影响。因此，中国的金融学界必须认真研究这份法案：既从中观察新的国际动态，以备我国参与国际金融活动所用；又从中吸取精华，为我国的金融改革提供重要参考。正是考虑到这一点，中国社会科学院金融研究所将此法案全文译成中文，中国金融出版社也愿意将之付梓。

一

对于规模如此庞大的改革法案，研究者出于不同的目的，可以对其内容有不同的归纳。注意到法案的前言中对立法的目的有所概括，即，通过改善问责制和提高透明度来促进金融稳定、结束“太大而不能倒”的现象以保护纳税人利益、保护消费者免受不当金融服务误导，我们认为，主要依循这几条线索来分析介绍法案的内容，应当比较适当。

（一）防范系统性风险，维护金融体系稳定

鉴于本次金融危机给金融体系造成严重破坏以及对其进行救助带来巨大的宏观经济成本，防范系统性风险就成为法案的首要目标。为达此目的，新监管法案着力推动了下述五个方面的改革：

1. 成立金融稳定监督委员会。该委员会由 10 个联邦金融机构监管者和 5 个独立的非选举权成员构成，由财政部长担任委员会主席。该委员会的职能被规定为：识别威胁美国金融稳定的系统性风险、对其作出反应并进行监管协调。金融稳定监督委员会不受联邦咨询委员会法案的约束，可以对联邦政府的任何部门和机构的资源进行利用。可以收集联邦金融监管当局和州金融监管当局的所有信息，以及银行控股公司和非银行金融公司的所有信息。但是，金融稳定监督委员会必须接受审计总署的审计。

2. 对系统重要性金融机构实施统一、综合监管。法案规定，只要被金融稳定监督委员会认定为系统重要性的金融机构，无论是银行金融机构还是非银行金融公司，都被纳入到联邦储备理事会的监管之下。同时，法案还赋予联邦储备理事会监管具有系统重要性的清算、支付和结算组织的权力。

3. 限制商业银行的自营交易，对非银行金融公司的自营交易提出更高资本要求。法案规定，商业银行可以保留自营交易业务，但是这些业务必须是用于对冲风险、利率掉期或外汇掉期；允许银行投资对冲基金和私募股权，但资金规模不得高于自身一级资本的 3%。

4. 加强对衍生品和对冲基金的监管。法案规定，由证券交易委员会和商品期货交易委员会共同监管柜台衍生品交易，以防止其吸纳更多的风险。法案要求衍生品交易需要在中央清算和票据交易中心交易。法案还要求监管部门对未清算交易保持警惕，需要对未清算交易的规模进行监管，以控制可能给金融体系带来的风险。掉期交易者和主要的掉期交易参与者需要受到资本监管要求。法案要求提高衍生品交易的市场透明度，通过票据清算所或者掉期参与者公开的数据进行数据的收集与整理，为监管者提供重要的分析工具和监控风险的途径。大型的对冲基金、私募股权基金及其他投资顾问机构，必须在证券交易委员会注册，并向证券交易委员会提供交易信息和资产组合信息，以评估其系统性风险。

5. 成立全国性的保险监管当局。美国保险机构的监管职责历来被置于州政府一级，此次鉴于AIG等保险机构遭受重创的教训，法案决定在财政部内部设立联邦保险办公室，负责收集保险行业信息，监管保险行业的系统性风险暴露，并负责向金融稳定监督委员会建议具有系统重要性的保险公司。

（二）建立有序清算机制，终结“太大而不能倒”的现象，保护纳税人利益

为防止雷曼和AIG危机的重演，法案赋予监管部门在紧急情况下接管陷入困境的金融机构并对其进行有序清算的权力。法案要求对这些具有系统重要性的金融机构实行更严格的资本和杠杆率要求，防止美国纳税人继续为大型金融公司的紧急救援买单。法案规定，在作出清算决定前必须要有充分的论证，证明清算的目的必须是出于美国金融稳定的考虑，而不只是为了保存该公司；确保金融公司股东在支付完所有赔偿后才能接受补偿；确保无抵押债权人承受的损失与权益相称；确保董事会成员和管理层对金融公司陷入破产境地承担责任，以防范道德风险。

（三）保护金融投资者和消费者利益

美国保护消费者的法案堪称汗牛充栋。但是，危机的进程显示，这些法案或者已经过时，难以在新的金融环境中对消费者提供有效保护；或者失之分散，在执行中常常相互推诿，以至于消费者得不到保护的情况经常发生。针对这一状况，新监管法案进行了如下调整：

1. 成立消费者金融保护局。整合过去各监管当局的消费者保护职能，确保消费者能够及时得到关于抵押贷款、信用卡和其他金融产品的准确信息，杜绝隐藏费用、掠夺性条款和欺骗性情况发生。消费者金融保护局有权对资产超过100亿美元的银行和信贷机构、大型非银行金融机构及所有与抵押贷款有关的业务进行检查，并制定规则。对资产低于100亿美元的机构，将由银行监管者监管。消费者金融保护局将加强联邦和州关于消费者保护的法律，确保个人和机构能在公正、平等和非歧视的基础上获得信贷。

2. 改善抵押贷款的运作与监管。抵押贷款一向是美国金融机构特别是银行机构的主要资产。抵押贷款证券化机制被引入之后，由于有了将其中的风险向市场广泛分散的机制，贷款的发放者逐渐放松了对其成立条件的审查，遂有次贷的广泛推行并引发了此次危机。鉴于此，新监管法案对抵押贷款作出了一系列规定，从内容来看，其要旨是重申了在历史上曾经确认过的各项规则并要求严格执行。法案将为住房抵押贷款制定新的全国最低承销标准。严格要求贷款发放银行核实借款人的收入、信用记录和工作状况，以确保借款人有足够的偿还能力。将严禁银行为让经纪商引导借款人举借高息贷款而向经纪商支付费用，禁止银行对提前

还贷进行惩罚等。对不负责任的贷款建立惩罚机制，贷款人或抵押贷款经纪人如果不能遵守新规则，将会受到惩罚，并向消费者支付三年的利息和损失费用及相关律师费。贷款人必须最大程度地向消费者清晰披露所需支付的抵押贷款利率，并且告知消费者抵押贷款利率会随着基础利率的变动而变动。

3. 加强对信用评级机构的监管，促进投资者保护。在21世纪初的安然事件中，信用评级机构便已暴露出其公信力存在问题，此次危机更对其商业模式及其中揭示出的道德风险提出质疑。为加强对信用评级机构的监管，新监管法案要求在证券交易委员会下设立信用评级机构办公室，加强对信用评级机构的监管。法案将授权SEC监督建立一个信用评级征信委员会，负责为银行等金融机构指派其认定为可靠的信用评级机构。法案同时还要求包括联邦存款保险公司在内的监管部门开发自己的信用评级标准，避免对评级公司过度依赖。

4. 发起人承担证券化产品的部分风险。新监管法案对资产支持证券进行了重新定义，强调了证券化资产的自我清偿功能。这就杜绝了那些以转移风险为能事的复杂类金融衍生品的产生和蔓延。新监管法案要求银行等金融机构在出售类似抵押贷款证券化产品时，需要自担5%的信贷风险，但允许银行监管部门对符合某些最低标准的低风险抵押贷款予以监管豁免。商业抵押或其他类型资产可以承担少于5%的风险。要求证券化产品的发行者披露更多的资产信息，并分析打包资产的质量，确保他们不会向投资者出售垃圾证券。

（四）扩大美联储权力，同时加强对美联储的审计

除了上述进展，在机构权力的重新分配方面，新监管法案一个被人关注的要点就是赋予美联储更大的职能：系统性风险监管职能也将由美联储来实施执行；银行、证券、保险、基金各业界的大型机构均被纳入美联储的监管范围之下；美联储还将对企业高管薪酬进行监督，确保高管薪酬制度不会导致对风险的过度追求。

新监管法案规定，美联储应该对金融机构实施审慎监管原则，内容包括：风险资本要求和杠杆限制，其中，在确定风险资本要求时，也应考虑表外业务、流动性要求、风险管理要求、救助计划、信用风险报告要求、集中度限制、信息披露和短期债务限制等。美联储要求金融机构应该保有一部分应急资本，以备在发生金融危机时转换为股权，承载风险损失。同时，法案还要求，接受美联储监督的机构必须定期向美联储提交相关计划和报告，内容包括：快速增长和有序清算计划，以防发生危机或破产；信用风险敞口报告，规定了信用风险敞口不能超过股本金的25%等。

新监管法案赋予美联储监管具有系统重要性机构的清算、支付和结算系统的职能，并且规定，接受问题资产救助计划（TARP）的大银行控股公司将不能以任何理由逃避美联储的监管（也称“加州旅馆条款”）。

根据制衡原则，在监管权力扩大的同时，美联储自身也将受到更严格的监督与审计。根据这项法案，审计总署将对美联储所采取的大量紧急流动性借款和量化宽松措施进行审计，并对在金融危机期间曾从美联储借款的金融机构进行审计。法案还要求美联储于2010年12月1日前在网站上公布审计结果。美联储还须披露通过贴现窗口和公开市场操作向银行发放贷款的细节，但披露时间可以比操作完成时间延后两年。与外国央行之间的协议，比如正在进行的与欧洲央行之间的货币交换也在公开审计之内。

新监管法案对美联储依据《联邦储备法案》第13节第3条规定提供紧急信贷的权力进行了限制，规定：美联储通过提供紧急信贷救助某一机构的信贷方案，必须获得财政部长批准，禁止已破产公司参与美联储信贷项目，确保抵押贷款必须能够保护纳税人的利益不受损失。

二

新监管法案中诸多言及统一、加强、限制、综合、防范的条款，很容易给人“国家干预主义的回归”的印象。但若仔细分析体会新监管法案对于现存的金融运行机制，特别是对在危机中备受责难的金融创新的态度，这样看可能更为适当：在提供一套更为完善的风险管理机制的同时，致力于最大限度地保留市场配置资源的基本机制。

（一）金融监管架构应适应金融体系发展的需要而不是相反

自20世纪70年代以来，在金融全球化和金融自由化浪潮的推动下，美国的金融体系发生了极大变化。

首先是金融机构的混业经营。在竞相追逐高额盈利的压力下，金融机构的传统业务边界日趋模糊：商业银行进入投资银行的领地，自营的表外风险业务超过了传统的贷款业务，“经营”和管理风险更成为其新的主营业务；投资银行通过日益做大的自营部门，发展出内部对冲基金，而对冲基金则开始同传统基金争夺业务；养老基金、保险基金、货币市场基金等则开始引入其他机构正在规避的风险资产。

金融市场的重要性日益提高。花样翻新的金融创新尤其是金融衍生品的日新月异，导致了金融脱媒，传统银行业的盈利能力、商业模式受到了致命冲击，其规模也日益萎缩。与此同时，金融市场的融资功能日趋加强。市场交易成本的大幅降低和交易品种的不断丰富，致使更多的金融交易从传统的金融机构中移转至金融市场。以银行为主体的传统金融体系开始转向以资本市场为核心的新金融体系。

金融领域的上述变化，清晰地反映在美国金融监管法规的变化上。从1980年的《储蓄机构放松管制和货币控制法案》、1982 年的《储蓄机构法案》、1989 年的《金融机构改革、复兴和执行法案》，到 1991 年的《外国银行监管促进法案》、1994 年的《州际银行与分行效率法案》、1999 年的《金融服务现代化法案》，直至 2000 年的《商品期货现代化法案》，美国的金融监管一直朝放松的方向发展。虽然 2002 年为应对安然事件通过了《公司会计改革与投资者保护法案》（《萨班斯法案》），但那也颇多虚应故事的意味，放松管制的趋向一直没有改变。

与上述一系列监管法规相比，新监管法案的突出特点是终止了美国立法中继续“去监管化”的趋势。但是，它恢复和加强金融监管的入手之处和强调的重点，并不像人们基于直线式思维所预言的那样对金融自由化趋势大动干戈，更很少援用事先被人们大肆渲染的、其本质趋向于重新划定金融各业之界限的“沃尔克法则”的精神。相反，新监管法案几乎完全认可了美国金融体系自 20 世纪 70 年代以来的一系列变化，只是通过调整监管架构和监管规则使之适应金融体系新变化的方式，来寻求管理金融体系上述变化所带来的新的风险。就此而论，新监管法案同产生于“大萧条”之中的《格拉斯—斯蒂格尔法案》在精神上是背道而驰的。可以认为，新监管法案的立法精神，是在保留过去三十余年金融自由化的基本成果、确认市场化仍是美国金融业未来发展基本方向的前提下，致力于改善和提高金融监管的技术和艺术，并将其尽可能覆盖到所有的金融产品和服务、所有的金融市场和所有的金融机构上。

（二）重在构建监管架构而非进行实质性管制

为了防范系统性风险、维护金融稳定以及更好地保护金融投资者和广大消费者利益，新监管法案设立了金融稳定监督委员会、消费者金融保护局、金融研究办公室、联邦保险办公室等一系列新机构，同时撤销了储蓄机构监督办公室，将监管权力移交货币监理署，强化了联邦存款保险公司、证券交易委员会和美联储等机构的权力等。这些变化不可谓不大。但是，在这些纷繁变化的背后，我们更多看到的是监管当局之间权力的调整，很少发现直接对金融市场的自由运转施以限制的意向。例如，新监管法案将过去由各监管当局承担的消费者保护职能统一移交给新设立的消费者金融保护局，但这一新设机构更多承担的是协调之责，而没有增加多少新的监管内容。再如，新监管法案要求针对具有系统重要性的金融机构提高审慎标准，但一方面，它没有对这种标准直接作出规定，而是授权联邦储备理事会根据实际情况和国际金融监管改革进程作出规定，另一方面，提出的改革方向主要是提高资本充足率，而后者正是市场化的防范风险的手段。再如，虽然新监管法案将对冲基金、场外衍生品交易等纳入了监管范围，但是，法案就此而提出的治理方略主要是程序性要求，比如注册、登记和集中清算等，并没有对其业务活动作出直接限制。应当说，新监管法案的立法精神并不在于为美国的金融监管制度设定具体的比例、指标和要求等，而是致力于为美国金融监管的未来发展设定体制架构，并指明发展方向。

（三）重于提供“更好的监管”而非“更强的监管”

所谓“更强的监管”，其主旨在于程度不同地限制市场主体的经营自由；而“更好的监管”则意味着既要有效管理风险、保护消费者利益，又不应妨碍市场主体的自由经营。本次金融危机固然暴露出美国金融监管体系中存在着疏漏，存在着“无法可依”的问题，更暴露出原有监管体制未能被有效贯彻执行，更严重地存在着“有法不依”的问题。对贝尔斯登和雷曼破产案件的事后调查显示，在原有的监管架构下，如果严格执行原有的监管规则，这两家公司本可被拯救，但是，由于那些监管规则并未得到认真贯彻执行，导致形势恶化，这两家公司终于落此灭顶之灾。这意味着，如果金融监管能做得“更好”，即便是在原有的监管架构下实施原有的监管规则，也不至于使危机如此一泻千里。基于这一认识，强化监管当局的内部管理和外部监督，提高其监管执行能力，成为新监管法案关注的重要内容。

总体上说，新监管法案有效照应了本轮金融全球化和金融自由化背景下金融体系发展和创新的现实，致力于为解决金融体系新发展所带来的负面效应提供一种解决问题的路径。至于如何加强监管，它并没有给出非常确定的答案。这样做虽不那么“解渴”，但无疑增强了监管架构的适应性和包容性，为确保未来金融体系的稳健发展奠定了基础。

进一步说，虽然新监管法案的立法意图是维持金融稳定，但是，贯穿其始终的则是这样的认识：金融稳定只是手段，金融和经济发展才是最终目的。因此，虽然新监管法案的要义在于维护美国金融体系稳定，但是，在金融全球化竞争的压力之下，我们仍能清晰地看出其发展主义的导向；字里行间所体现的主要倾向，是要求金融监管适应金融的发展，而不是削足适履。我认为，这种立法精神，值得我们在改革我国金融监管体系中认真借鉴。

李 扬

2010年12月14日

译校者前言

纵观历史，危机从来都是诱发和推动变革的关键力量，危机愈烈，变革愈广愈深，这是一以贯之的“易经”哲理。当金融海啸冲击的恐慌与喧嚣渐归平静，平和理性的反思往往会集中体现在法律层面的制度调整与改革。20世纪30年代的大萧条导致了美国金融制度的深刻变革，本次国际金融危机也已迫使美、欧国家在有关金融法律方面作出了重大调整。这部《多德—弗兰克华尔街改革与消费者保护法案》就是此次金融危机造成美国金融制度变化的完整总结。

华尔街，长仅几百米、宽十几米，连接着百老汇和一个小小的三角形墓地，似乎一直在隐喻着世间各种繁华变幻的轮回。这部较为全面的改革法案直接以“华尔街改革”冠名，因为华尔街不仅是这次金融危机的直接肇因，也早已成为美国金融业的缩影。然而，“华尔街改革”并不仅仅意味着美国金融业自身的调整，从世界经济与金融的格局来看，华尔街所处的核心角色必将对未来全球金融业的变革产生深远影响，可谓阙旨渊放。这对于金融日益全球化发展的中国而言，当映其辉以自烛。

为深入解读这部法案，中国社会科学院金融研究所和投融资研究中心组织了所内外专业人员，经过近三个月的艰苦会战，翻译完这部法案，并由中国金融出版社出版，以供国内相关人士研究参阅。

本法案的翻译得到了中国社会科学院李扬副院长、金融研究所王国刚所长和中国金融出版社魏革军社长的大力支持和指导，李扬副院长还在百忙之中专门撰写了序言，在此深表敬意与谢忱。由于本法案所涉内容颇为总杂，译校者水平有限，加之任务量大而时间仓促，译文难免存在一些疏误，恳请读者批评指正。

参与本法案翻译的有：全先银译第1—6条、第一章，卢伊丽（北京师范大学）译第二章，马研研译第三章，田红勤译第四章，郭金龙、胡宏兵译第五章，阎小娜译第六章，董裕平、姚云译第七章，刘飏译第八章，满红杰（山东大学）译第九章、第十二章、第十三章、第十五章、第十六章，汤柳、张跃文、黄冠华译第十章，王佐发（吉林师范大学）译第十一章、第十四章。汪利娜、全先银、姚云、刘飏帮助审校了部分章节的译稿，董裕平对全部译文进行了审校和统稿。

董裕平

2010年11月

于中国社会科学院金融研究所

目　录

《多德—弗兰克华尔街改革与消费者保护法案》

本法案

通过改善金融体系的问责制与透明度以促进美国的金融稳定，终结“太大而不能倒”的现象，通过结束紧急救助以保护美国纳税人，防止滥用金融服务业务以保护消费者，并实现其他目标。

第1条　标题，目录

（a）标题。本法案名称为《多德—弗兰克华尔街改革与消费者保护法案》。

（b）目录。本法案目录如下（参见目录）（中文略，译者）。

第2条　定义

除文中另有所指或者本法案另有规定外，本法案适用如下定义：

（1）联营机构。“联营机构”的定义适用《联邦存款保险法案》第3条的规定。

（2）适当联邦银行业监管机构。移交日当天及以后，“适当联邦银行业监管机构”适用经本法案第三章修订的《联邦存款保险法案》第3条（q）款的规定。

（3）联邦储备理事会。“联邦储备理事会”指联邦储备体系理事会。

（4）局。“局”指根据本法案第5章设立的消费者金融保护局。

（5）委员会。除根据上下文应是商品期货交易委员会以外，“委员会”指证券交易委员会。

（6）商品期货术语。“期货经纪人”、“掉期”、“掉期交易商”、“掉期执行工具”、“衍生品清算组织”、“商品交易所”、“商品交易顾问”、“商品基金”以及“商品基金经理”等术语的定义适用《商品交易法案》第1条（a）款的规定。

（7）公司。“公司”指联邦存款保险公司。

（8）委员会。“委员会”指根据本法案第1章设立的金融稳定监督委员会。

（9）信用合作社。“信用合作社”指联邦信用合作社、州信用合作社，或者州特许信用合作社，其定义适用《联邦信用社法案》第101条的规定。

（10）联邦银行业监管机构：

（A）“联邦银行业监管机构”分别指联邦储备理事会、货币监理署和联邦存款保险公司；以及

（B）“联邦银行业监管机构”合指（A）段所述的所有机构。

（11）功能性监管附属公司。“功能性监管附属公司”的定义适用《1956年银行控股公司法案》第5条（c）款第（5）项的规定。

（12）主要金融监管机构。“主要金融监管机构”指：

（A）除本款（B）、（C）、（D）或者（E）分项另行规定的机构或者机构活动外，在涉及《联邦存款保险法案》第3条（q）款所规定的机构时，是指适当联邦银行业监管机构；

（B）涉及下列主体时，是指证券交易委员会：

（i）任何依据《1934年证券交易法案》在证券交易委员会注册的经纪人或交易商，涉及本法案要求其必须依据本法案进行注册的活动时；

（ii）任何依据《1940年投资公司法案》在证券交易委员会注册的投资公司，涉及本法案要求其必须依据本法案进行注册的活动时；

（iii）任何依据《1940年投资顾问法案》在证券交易委员会注册的投资顾问，涉及其投资顾问活动以及同该投资顾问活动相关的活动时；

（iv）任何依据《1934年证券交易法案》在证券交易委员会注册的清算机构，涉及要求其必须依据本法案进行注册的清算机构活动时；

（v）任何依据《1934年证券交易法案》在证券交易委员会注册的全国认定的评级组织；

（vi）任何依据《1934年证券交易法案》在证券交易委员会注册的过户代理人；

（vii）任何依据《1934年证券交易法案》在证券交易委员会作为全国性证券交易所注册的交易所；

（viii）任何依据《1934年证券交易法案》在证券交易委员会注册的全国证券协会；

（ix）任何依据《1934年证券交易法案》在证券交易委员会注册的证券信息处理商；

（x）依据《1934年证券交易法案》设立的市政证券规则制定委员会；

（xi）依据《2002年萨班斯法案》设立的公众公司会计监督委员会；

（xii）依据《1970年证券投资者保护法案》设立的证券投资者保护公司；以及

（xiii）任何依据《1934年证券交易法案》在证券交易委员会注册的基于证券掉期执行工具、基于证券掉期数据存储机构、基于证券掉期交

易商或者基于证券掉期主要参与人，涉及本法案要求其基于证券掉期的业务活动必须依据本法案注册时；

（C）涉及下列主体时，是指商品期货交易委员会：

（i）任何依据《商品交易法案》在商品期货交易委员会注册的期货经纪人，涉及其活动依据本法案要求其必须注册时；

（ii）任何依据《商品交易法案》在商品期货交易委员会注册的商品基金经理人，涉及其活动依据本法案要求其必须注册时，或者本法案定义的商品基金；

（iii）任何依据《商品交易法案》在商品期货交易委员会注册的商品交易顾问或者介绍经纪人，涉及其活动依据本法案要求其必须注册时；

（iv）任何依据《商品交易法案》在商品期货交易委员会注册的衍生品清算组织，涉及其活动依据本法案要求其必须注册时；

（v）任何被商品期货交易委员会依据《商品交易法案》指定为期货市场的商品交易所；

（vi）任何依据《商品交易法案》在商品期货交易委员会注册的期货协会；

（vii）任何依据《商品交易法案》在商品期货交易委员会注册的零售外汇交易商，涉及其活动依据本法案要求其必须注册时；

（viii）任何依据《商品交易法案》在商品期货交易委员会注册的掉期执行工具、掉期数据存储机构、掉期交易商或者主要掉期参与人，涉及其掉期活动依据本法案要求其必须注册时；

（ix）任何依据《商品交易法案》在商品期货交易委员会注册的实体，涉及其活动依据本法案要求其必须注册时；

（D）涉及由州保险监管机构依据州保险法监管的某个保险公司的保险活动以及同此类保险活动相关的活动时，是指该保险公司住所地的州保险监管机构；以及

（E）涉及联邦住房贷款银行或者联邦住房贷款银行体系，以及涉及联邦国民抵押贷款协会或者联邦住房贷款抵押公司时，是指联邦住房金融局。

（13）审慎标准。“审慎标准”指联邦储备理事会根据本法案第165条制定的强化监管标准。

（14）部长。“部长”指财政部长。

（15）证券术语：

（A）“经纪人”、“交易商”、“发行人”、“全国认定的评级组织”、“证券”和“证券法律”的定义适用《1934年证券交易法案》第3条的规定。

（B）“投资顾问”的定义适用《1940年投资顾问法案》第202条的规定。

（C）“投资公司”的定义适用《1940 年投资公司法案》第 3 条的规定。

（16）州。“州”指美国所属的任何一个州、自治政区、地区、领地、哥伦比亚特区、波多黎各联邦、北马里亚纳群岛联邦、美属萨摩亚、关岛，或者美属维京群岛。

（17）移交日。“移交日”指根据本法案第 311 条规定确定的日期。

（18）其他相关定义：

（A）联邦存款保险法案。“银行”、“银行控股公司”、“管制”、“存款”、“存款机构”、“联邦存款机构”、“联邦储蓄协会”、“外国银行”，包括“参保分支机构”、“参保存款机构”、“联储成员国民银行”、“非联储成员国民银行”、“储蓄协会”、“州银行”、“州存款机构”、“联储成员州银行”、“非联储成员州银行”、“州储蓄协会”，与附属机构的定义适用《联邦存款保险公司法案》第 3 条的规定。

（B）控股公司：

（i）“银行控股公司”的定义适用《1956 年银行控股公司法案》第 2 条的规定；

（ii）“金融控股公司”的定义适用《1956 年银行控股公司法案》第 2 条（p）款的规定；

（iii）“储贷控股公司”的定义适用《住房所有人贷款法案》第 10 条的规定。

第 3 条　可分割性

如果本法案的任何规定，本法案所作的任何修订案，或者该项规定或修订案对任何人或情形的适用被裁定为不合宪，则该不合宪不影响本法案其余部分、本法案所作其他修订案和上述规定对任何人或情形的适用。

第 4 条　生效日期

除本法案或本法案所作的修订案另有规定，本法案及此类修订案应在本法案颁布一日之后生效。

第 5 条　预算效果

为达到遵守《2010 年现收现付法案（PAYGO）》规定之目的，本法案的预算效果应参照最新为本法案所作的题为“PAYGO 立法的预算效果”的陈述来决定，该陈述由参众两院预算委员会主席共同提交并列印于国会议事录中，只要该陈述是在众议院表决通过之前或两院修订之前提交的。

第 6 条　反垄断保留条款

除另有特殊规定，本法案或者本法案所作任何修订案都不应被解释为构成对任何反垄断法实施的修改、损害或者取代。为达本条之目的，“反垄断法”的定义适用《克莱顿法案》第 1 条（a）款的规定，除非该术语属于《联邦贸易委员会法案》第 5 条规定适用于不公平竞争的情形。

第一章　金融稳定

第 101 条　标题

本章全称为《2010 年金融稳定法案》。

第 102 条　定义

（a）概述。在本章中，除非文中另有所指，否则以下术语适用如下定义：

（1）银行控股公司。“银行控股公司”的定义适用《1956 年银行控股公司法案》第 2 条之规定。根据《1978 年国际银行业法案》第 8 条（a）款，在《1956 年银行控股公司法案》中被视为银行控股公司的外国银行或公司，在本章中也同样被视为银行控股公司。

（2）主席。“主席”指金融稳定监督委员会的主席。

（3）成员机构。“成员机构”指在金融稳定监督委员会中有投票权的成员所代表的机构。

（4）非银行金融公司定义：

（A）外国非银行金融公司。“外国非银行金融公司”是指一家公司（并非单纯的一家银行控股公司或只是在美国被视为银行控股公司）：

（i）在美国之外成立或组建；并且

（ii）主营，包括通过其在美国的分支机构主营本条第（6）项所定义的金融业务。

（B）美国非银行金融公司。“美国非银行金融公司”是指不包括银行控股公司和农业信贷体系机构（适用《1971 年农业信贷法案》）的公司；全国性证券交易所（或其母公司）；清算机构（或其母公司，其母公司是银行控股公司的除外）；基于证券掉期执行工具或数据存储机构（已在证券交易委员会注册）；被认定为合同市场的商品交易所（或其母公司）；衍生品清算组织（或其母公司，其母公司是银行控股公司的除外）；在商品期货交易委员会注册的掉期执行设施或数据存储机构：

（i）根据美国或任何一州的法律成立或组建；

（ii）主营第（6）项所定义的金融业务。

（C）非银行金融公司。“非银行金融公司”是指美国和外国的非银行金融公司。

（D）联邦储备理事会监管的非银行金融公司。“联邦储备理事会监管的非银行金融公司”是指金融稳定监督委员会根据本法案第113条裁定由联邦储备理事会监管的非银行金融公司。

（5）金融研究办公室。“金融研究办公室”是指根据本法案第115条设立的办公室。

（6）主营。是指

（A）年度总营业收入来自公司及其全部附属公司的金融性质的业务［《1956年银行控股公司法案》第4条（k）款所定义］，并且如果适用，来自其所有或控制的一家或一家以上参保存款机构的收入占该公司合并年总营业收入的85%或以上；或

（B）公司及其全部附属公司的合并总资产中，与金融性质的业务［《1956年银行控股公司法案》第4条（k）款所定义］有关或与其所有或控制的一家或一家以上参保存款机构有关的资产占该公司合并总资产的85%或以上。

（7）重要机构。“重要非银行金融公司”和“重要银行控股公司”是指符合联邦储备理事会规定条件的重要非银行金融公司和银行控股公司，但“重要非银行金融公司”不包括第（4）项（B）分项排除的实体。

（b）定义标准。联邦储备理事会应当通过规章确定判断公司是否主营（a）款第（6）项所定义的金融业务的条件。

（c）外国非银行金融公司。基于本章第1节和第3节适用之目的［除第113条（b）款外］，涉及外国非银行金融公司，除另有规定外，本章所提及的“公司”和“附属公司”均指外国公司在美国的业务和机构。

第一节　金融稳定监督委员会

第111条　金融稳定监督委员会的设立

（a）设立。本法案生效之日起，设立金融稳定监督委员会。

（b）成员。委员会应包括下列成员：

（1）有投票权成员。拥有一票的成员应包括：

（A）财政部长，作为委员会主席；

（B）联邦储备理事会主席；

（C）货币监理官；

（D）消费者金融保护局局长；

（E）证券交易委员会主席；

（F）联邦存款保险公司主席；

（G）商品期货交易委员会主席；

（H）联邦住房金融管理局局长；

（I）全国信用合作社管理委员会主席；

（J）由参议院建议并批准，由总统任命的具有保险专长的独立成员。

（2）无投票权成员。在委员会内具有顾问资格的无投票权成员应包括：

（A）金融研究办公室主任；

（B）联邦保险办公室主任；

（C）由各州保险监督官通过筛选程序选定的一名州保险监督官；

（D）由各州银行监管者通过筛选程序选定的一名州银行监管者；

（E）由各州证券监督官（或具有类似职能的官员）通过筛选程序选定的一名州证券监督官；

（3）无投票权成员的参与。主席非经成员机构投票同意，且为自由交流机密监管信息之目的，不应将无投票权成员排除在任何的程序、会议、讨论或审议之外。

（c）任期；空缺

（1）任期。独立成员任期为6年；（b）款第（2）项中（C）（D）（E）分项所规定之无投票权成员任期为2年。

（2）空缺。委员会的任何职位空缺都应按照任命时的方式补充。

（3）代理负责人。成员机构的负责人空缺，在等待任命后继者期间或成员机构负责人不能履行职责时，代理负责人同时是委员会成员。

（d）技术和专业顾问委员会。为有助于履行职责之目的，监督委员会可以任命顾问、技术或专业之类的委员会，包括由州监管官员组成的顾问委员会。顾问委员会的成员可以是监督委员会的成员，或是其他人，或者两者都包括。

（e）会议

（1）时间频率。委员会应在主席或大多数成员的召集下开会，并且不少于每季度一次。

（2）议事规则。委员会应采用议事必需之规则。该类规则应当是为符合《美国法典》第5章第553条规定之目的的机构组织、程序以及惯例的规则。

（f）除非另有规定，委员会应以有投票权成员的多数票决方式作出全部决定。

（g）不适用FACA。《联邦顾问委员会法案》（简称FACA）不适用于委员会或其任命的任何顾问、技术和专业委员会，除非该顾问、技术和专业委员会有一个以上的委员不是美国政府雇员或不隶属于美国政府。委员会应公布此类委员会的委员名单。

（h）联邦机构的支持。任何联邦部门或机构应向委员会及其任命的专门顾问、技术和专业委员会提供服务、资金、设备、人员，以及委员会认为合理的其他支持措施。

(i) 成员报酬

(1) 联邦雇员成员。委员会成员中的美国政府雇员在其作为雇员的收入之外没有报酬。

(2) 非联邦雇员的报酬。修订《美国法典》第5章第5314条，在末尾增加："金融稳定监督委员会独立成员（1）"。

(j) 政府雇员的选派。联邦政府的雇员可以无偿选派到委员会，并且这种选派不会导致其文职地位或特别待遇的中断或丧失。选派到委员会的雇员将向委员会报告并接受监督，由选派的政府部门或机构支付其报酬。

第112条　委员会职权

(a) 委员会的目标与职责

(1) 概述。委员会的目标是：

(A) 识别威胁美国金融稳定的风险。这些风险可能源于相互关联的大型银行控股公司或非银行金融公司重大的财务困境或失败；也可能源于金融服务市场之外。

(B) 加强市场纪律。通过消除公司股东、借款人及其交易对手方认为政府会在其经营失败时庇护其损失的预期来实现。

(C) 对刚显现的威胁美国金融体系稳定的风险作出应对。

(2) 职责。根据本章，委员会应当：

(A) 从成员机构、其他联邦及州金融监管机构以及联邦保险办公室收集信息，在必要时评估美国金融体系面临的风险，指导金融研究办公室从银行控股公司和非银行金融公司收集信息。

(B) 指导并要求金融研究办公室提供数据与分析，以支持委员会的工作。

(C) 监测金融服务市场，以识别对美国金融稳定构成潜在威胁的因素。

(D) 监测国内外金融监管建议及发展，包括保险和会计方面的问题，并在上述领域向国会提出建议和意见，以提升美国金融市场的健全、高效、竞争力和稳定。

(E) 推进成员机构间以及与其他联邦和州机构之间在国内金融服务政策发展、规则制定、审查、报告要求及执行行动方面的信息共享。

(F) 向成员机构推荐反映成员机构讨论结果的一般监管重点和原则。

(G) 识别监管中存在的可能影响美国金融稳定的缺陷。

（H）在联邦储备理事会的要求下监督非银行金融公司，当后者的重大财务困境及失败或依据第113条的活动对金融稳定性产生风险时。

（I）针对非银行金融公司和相互关联的大型银行控股公司（由联邦储备理事会监管）在下述领域确定更高审慎标准的问题向联邦储备理事会提出建议：风险资本、杠杆比率、流动性、应急资本、解决方案、信用风险敞口报告、集中度限制、强化的公开信息披露要求以及整体的风险管理。

（J）识别系统重要性金融市场设施和支付、清算、结算活动（有关概念的定义见第8章）。

（K）在以下方面向主要金融监管机构提出建议：适用新的或更高的标准以确保非银行金融公司、大型银行控股公司和金融市场的活动与操作不致产生或增加重大的流动性和信用风险或其他问题。

（L）审查并向证券交易委员会或任何标准设定机构适时提出有关现有的或拟议中的会计准则、标准或程序的意见。

（M）为下列事项提供论坛：

（i）讨论分析新兴市场的发展与金融监管问题；

（ii）解决成员间的管辖权争议。

（N）每年向国会报告下列事项并作证：

（i）委员会的活动；

（ii）金融市场与监管（包括保险与会计监管和标准）的重大发展，同时评估这些发展对金融体系稳定性的影响；

（iii）对美国金融稳定构成的潜在威胁；

（iv）根据第113条和第8章作出的决定以及这些决定的基础；

（v）根据第119条作出的全部建议以及这些建议的结果；以及

（vi）就以下方面提出建议：

（I）提升美国金融市场的统一、高效、竞争力和稳定性；

（II）促进市场纪律；以及

（III）维护投资者信心。

（b）有投票权成员的书面意见。在根据（a）款提交每份报告时，有投票权的成员应：

（1）当成员确信委员会、政府以及私人部门采取了全部合理的措施来确保金融稳定并减轻会对经济产生负面影响的系统性风险时，它应向国会提交签字的书面意见以表明立场；

（2）如果成员认为第（1）项所述的措施未能全部施行，它应向国会提交签字的书面意见提出应采取何种行动的建议。

(c) 主席作证。委员会主席应在根据 (a) 款提交报告后出席众议院金融服务委员会和参议院银行、住房和城市事务委员会的年度听证会。

(1) 讨论委员会的努力、活动、目标和计划；以及

(2) 讨论并回答与报告有关的问题。

(d) 获取信息的权限

(1) 概述。委员会在必要时可以从金融研究办公室、成员机构和联邦保险办公室获得或要求提交任何数据和信息以便：

(A) 监测金融服务市场以识别影响美国金融稳定的潜在风险；或者

(B) 执行本章的其他规定。

(2) 办公室和成员机构的信息提交。无论法律如何规定，金融研究办公室、任何成员机构和联邦保险办公室都有权向委员会提交信息。

(3) 金融数据收集

(A) 概述。委员会，通过其金融研究办公室可以要求任何非银行金融公司、大型银行控股公司提供定期数据或其他报告，以评估后者自身的活动或其参与的市场活动对美国金融稳定产生威胁的程度。

(B) 减轻报告负担。委员会在通过金融研究办公室要求由成员机构监管的任何非银行金融公司、大型银行控股公司或者主要金融监管机构提交报告前，要先与上述监管机构进行协调，并且在任何时候都只依赖金融研究办公室或上述监管机构的可获得信息。

(C) 涉及外国金融公司的减轻负担。委员会在通过金融研究办公室要求一家外国非银行金融公司或外资银行控股公司提供报告前，应恰当地与相关的外国监管者协商，并且任何时候只依赖上述外国监管者已收集到的信息英译本。

(4) 联邦储备理事会的备份审查。如果委员会根据第 (1) 项和第 (3) 项规定所获得的信息或报告、同管理层的讨论和公开信息，不能确定一家美国非银行金融公司的活动是否对美国金融稳定构成威胁，基于确定该非银行金融公司是否应该由联邦储备理事会监管的单一目的，委员会可以要求联邦储备理事会，而联邦储备理事会也有权审查该公司。

(5) 保密规定

(A) 概述。委员会、金融研究办公室及其他成员机构，应对本章要求提交的任何数据、信息和报告内容保密。

(B) 特权保留。根据本条和第 2 节而提交的非公开信息和数据并不构成特权的放弃或对特权有影响。该特权源于数据和信息遵从的联邦或州法律（包括联邦或州法庭的规则）。

(C) 信息法案的自由。《美国法典》第 5 章第 552 条（包括其下的

例外事项）适用于根据本款和第 2 节而提交的任何信息和数据。

第 113 条 要求对特定非银行金融公司进行监管的职权

(a) 联邦储备理事会监管下的美国非银行金融公司

(1) 决定。当委员会认为某美国非银行金融公司的实质性财务困境或是其活动的性质、范围、尺度、规模、集中度、关联性或上述因素的结合，将威胁到美国金融稳定时，委员会根据无委托的三分之二有投票权时任成员多数票（其中主席为同意票），可以决定该非银行金融公司接受联邦储备理事会的监管，并服从本章的审慎标准。

(2) 考虑因素。根据第 (1) 项作出决定时，委员会应考虑：

(A) 公司杠杆比率的程度；

(B) 公司表外风险敞口的程度和性质；

(C) 公司与其他重要的非银行金融公司和银行控股公司的交易与关系的程度和性质；

(D) 公司作为美国家庭、企业、联邦和州政府的信用来源的重要程度以及作为金融体系流动性来源的重要程度；

(E) 公司作为低收入、少数族裔或公共服务水平低的社区的信用来源的重要程度以及破产对这类社区获得信用支持的水平的可能影响；

(F) 公司受托管理而非其所有的资产规模以及公司管理资产的所有权分散程度；

(G) 公司业务的性质、范围、尺度、规模、集中度、关联性或上述因素的结合；

(H) 公司已经受到一个或者更多主要金融监管机构监管的程度；

(I) 公司金融资产的规模和性质；

(J) 为公司经营行为活动提供资金支持的债务的规模和性质，包括其对短期融资的依赖程度；

(K) 委员会认为有必要考虑的其他风险相关因素。

(b) 联邦储备理事会监管下的外国非银行金融公司

(1) 决定。当委员会认为某外国非银行金融公司的实质性财务困境或是其活动的性质、范围、尺度、规模、集中度、关联性或上述因素的结合，将威胁到美国金融稳定时，委员会根据无委托的三分之二有投票权的时任成员多数票（其中主席为同意票），可以决定该外国非银行金融公司接受联邦储备理事会的监管，并服从本章的审慎标准。

(2) 考虑因素。根据第 (1) 项作出决定时，委员会应考虑：

(A) 公司杠杆比率的程度；

（B）公司表外风险敞口的程度和性质；

（C）公司与其他重要的非银行金融公司和银行控股公司的交易与关系的程度和性质；

（D）公司作为美国家庭、企业、联邦和州政府的信用来源的重要程度以及作为金融体系流动性来源的重要程度；

（E）公司作为美国低收入、少数族裔或公共服务水平低的社区的信用来源的重要程度以及破产对这类社区获得信用支持水平的可能影响；

（F）公司受托管理而非其所有的资产规模以及公司管理资产的所有权分散程度；

（G）公司活动的性质、范围、尺度、规模、集中度、关联性或上述因素的结合；

（H）公司在其母国统一遵从经可比的外国监管当局管理和授权的审慎标准的程度；

（I）公司美国金融资产的规模和性质；

（J）在美国为公司经营行为活动提供资金支持的债务的规模和性质，包括其对短期融资的依赖程度；

（K）委员会认为有必要考虑的其他风险相关因素。

（c）反规避

（1）决定。为避免本章中的规避，委员会自主或在联邦储备理事会的请求下，可以通过无委托的三分之二多数票（其中主席为同意票）决定：

（A）以考虑（a）款第（2）项或（b）款第（2）项中的因素为基础，根据美国法律或别国法律成立或组建的公司，其实质性财务困境或其活动的性质、范围、尺度、规模、集中度、关联性或上述因素的结合威胁到美国金融稳定；

（B）公司的组建或经营方式规避了本章的法律适用；

（C）上述公司的金融活动应置于联邦储备理事会的监管之下，并遵守本章第（3）项所述的审慎标准。

（2）报告。在作出第（1）项所述的决定后，委员会应向国会的相关委员会提交报告，具体阐述决定的理由。

（3）单一金融活动的统一监督；中介控股公司的建立。

（A）中介控股公司的设立。在第（1）项决定的基础上，有关公司可以设立一个中介控股公司，该公司及其附属公司的金融活动［第 167 条（b）款第（2）项所述的行为除外］均在联邦储备理事会的监管和指导下。该中介控股公司应当像联邦储备理事会监管的非银行金融公司一样遵从联邦储备理事会的监管及本章的审慎标准。

(B) 联邦储备理事会的行动。为有助于监督遵守依据第 (1) 项所作决定的金融活动，联邦储备理事会可以要求一家公司建立一个中介控股公司。根据第167条的规定，该中介控股公司应当像联邦储备理事会监管的非银行金融公司一样服从联邦储备理事会的监督及本章的审慎标准。

(4) 正式通知、听证机会和最终决定；司法审查。从 (d) 款到 (h) 款应当适用于委员会根据第 (1) 项所作出的决定，其方式与适用于非银行金融公司的方式相同。

(5) 所涵盖的金融活动。本款中，“金融活动”术语：

(A) 是指金融性质的活动［《1956年银行控股公司法案》第4条 (k) 款的定义］；

(B) 包括拥有或控制的一家或以上的参保存款机构；并且

(C) 不包括为公司或其附属机构进行的内部金融活动，如内部财政、投资或雇员福利计划等。

(6) 只有金融活动遵从审慎监管。公司的非金融行为不在联邦储备理事会的监管和审慎标准规范之下。根据本法案，作为第 (1) 项决定主体的金融活动应遵从与联邦储备理事会监管的非银行金融公司一样的要求。本项不能禁止或限制联邦储备理事会根据本章对依据第 (1) 项所作决定中的金融活动适用审慎标准的权限。

(d) 重新评估和废除。委员会应：

(1) 至少每年一次重新评估根据 (a) 款和 (b) 款作出的关于联邦储备理事会监管的非银行金融公司的决定；

(2) 如果委员会三分之二以上有投票权成员多数票（其中主席为同意票）决定一家非银行金融公司已不再符合 (a) 款或 (b) 款的标准，则可以撤销原决定。

(e) 正式通知、听证机会和最终决定

(1) 概述。委员会应向非银行金融公司出具有关其接受联邦储备理事会监管并遵守本章审慎标准决定的书面正式通知，并在通知中解释决定的基础。

(2) 听证。自收到任何有关决定的正式通知之日起30日内，非银行金融公司可以书面要求一个书面或口头的听证机会以对决定作出抗辩。在收到请求后，委员会应在30日内确定时间和地点，该公司可以在该地亲自或通过律师提交书面材料（或根据委员会的意见，采取口头作证和口头辩论的形式）。

(3) 最终决定。在第 (2) 项的听证会之后60日内，委员会应告知非银行金融公司其最终决定，其中要包括对委员会决定依据的陈述。

(4) 无听证请求。如果非银行金融公司没有及时提出听证要求，委员会应在公司可以要求听证的截止时间起 10 日内，书面告知其委员会根据（a）款和（b）款作出的最终决定。

（f）紧急状态的例外

（1）概述。委员会三分之二以上有投票权成员多数票（其中主席为同意票）决定，委员会可以放弃或修正（e）款对非银行金融公司的要求，如果这种放弃或修正有助于阻止或减轻该非银行金融公司对美国金融稳定造成的威胁。

（2）正式通知。委员会应尽快将根据本款放弃和修正的决定通知有关公司，但要在放弃或修正决定作出之后的 24 小时内。

（3）国际合作。在根据第（1）项作出决定时，如果涉及外国非银行金融公司，委员会应与相应国家的监管机构协商。

（4）听证机会。委员会应允许非银行金融公司自收到通知之日起 10 日内，书面要求一个书面或口头的听证机会以对放弃或修正作出抗辩。在收到请求后，委员会应在 15 日内确定时间和地点，该公司可以在该地亲自或通过律师提交书面材料（或根据委员会的意见，采取口头作证和口头辩论的形式）。

（5）最后决定的正式通知。在第（4）项中的听证会之后 30 日内，委员会应告知非银行金融公司其最终决定，其中要包括对委员会决定依据的陈述。

（g）协商。委员会依据（a）款、（b）款、（c）款作出最后决定之前，应与联邦储备理事会监管的非银行金融公司或其附属公司的主要金融监管机构协商。

（h）司法审查。委员会根据本条对一家非银行金融公司作出最终决定后，后者可在收到根据（d）款第（2）项、（e）款第（3）项、（f）款第（5）项作出最终决定的正式通知后 30 日内，向总部所在司法辖区的地区法院或哥伦比亚特区地区法院提起诉讼，请求法院撤销该决定。法院应经过审查以决定不予受理诉讼或撤销最终决定。对这类诉讼的审查应限于判断根据本条作出的最终决定是否专断或臆断。

（i）国际合作。在履行有关外国非银行金融公司、外资银行控股公司以及跨境金融活动和市场的职能时，委员会应与相应的外国监管机构适度协商。

第 114 条　联邦储备理事会监管的非银行金融公司的注册

委员会根据第 113 条作出最终决定要求一家非银行金融公司接受联邦储备理事会的监管后 180 日内，该公司应向联邦储备理事会注册，填写联邦储备理事会指定的表格。表格中应包括联邦储备理事会与委员会协商后认为对执行本章规定必要并合适的信息要求。

第115条 加强对联邦储备理事会监管的非银行金融公司和某些银行控股公司的监管与审慎标准

(a) 概述

(1) 目标。为阻止或减轻由大型的相互关联的金融机构的实质性财务困境或经营失败或经营活动而引发的金融不稳定风险，委员会可以向联邦储备理事会建议确定及改进适用于联邦储备理事会监管的非银行金融公司和大型相互关联的银行控股公司的审慎标准以及报告与信息披露要求。

(A) 委员会的建议将比适用于其他非银行金融公司和银行控股公司（未显示相同的风险特征）监管要求更严格。

(B) 严格程度的提升以(b)款第(3)项所列示的考虑因素为基础。

(2) 要求标准的推荐适用。在根据本条提出建议时，委员会可以：

(A) 以单个公司或某种分类为基础，对遵守更高标准的公司进行差异化管理，考虑它们的资本结构、风险、复杂性、金融活动（包括附属公司的金融活动）、规模以及任何委员会认为适当的风险相关因素。

(B) 向门槛高于500亿美元的资产推荐适用(c)款到(g)款所描述的任一标准。

(b) 审慎标准的发展

(1) 概述。委员会根据(a)款作出的建议应包括：

(A) 风险资本要求；

(B) 杠杆比率限制；

(C) 流动性要求；

(D) 解决方案和信用风险敞口的报告要求；

(E) 集中度限制；

(F) 应急资本要求；

(G) 强化的公开信息披露要求；

(H) 短期债务限制；

(I) 整体风险管理要求。

(2) 外国金融公司的审慎标准在根据第(1)项提出适用于联邦储备理事会监管的外国非银行金融公司或外资银行控股公司的相关标准的推荐建议时，委员会应：

(A) 相应考虑国民待遇和公平竞争的原则；

(B) 考虑外国非银行金融公司或外资银行控股公司能够在统一的基础上遵守与美国金融公司所遵守的标准具有可比性的母国标准。

（3）考虑因素。根据第（1）项提出相关标准的建议时，委员会应：

（A）考虑联邦储备理事会监管的非银行金融公司与银行控股公司的如下差别：

（i）第113条（a）款和（b）款所述的因素；

（ii）公司是否拥有参保存款机构；

（iii）非金融活动与公司的附属机构；以及

（iv）委员会认为应考虑的其他因素。

（B）尽可能确保第113条（a）款和（b）款所列因素的微小变化不至于导致第165条确立的审慎标准发生突兀的、不连续的变化；并且

（C）使其建议适合于该类公司的主营业务，管理资产或其他业务可能不适用特定标准。

（c）应急资本

（1）所需的研究。委员会应研究（a）款所规定的适用于联邦储备理事会监管的非银行金融公司与银行控股公司的应急资本要求的可行性、收益、成本和结构。研究应包括：

（A）评估该种资本要求在何种程度上能够增强遵守要求公司的安全与稳健、促进美国金融稳定并减少美国纳税人的风险；

（B）评估应急资本的特性与数量；

（C）分析潜在审慎标准，该标准将用于决定在发生财务困境时是否将应急资本转为权益；

（D）评估应急资本要求对公司成本的影响、对信贷和其他金融市场结构与运行的影响以及其他经济影响；

（E）评估应急资本要求对公司国际竞争力的影响以及确立此种要求的国际合作的前景；

（F）执行监管的建议。

（2）报告。委员会应在本法案生效后两年内向国会提交第（1）项所要求的研究的报告。

（3）建议

（A）概述。在根据第（2）项向国会提交报告后，委员会可以向联邦储备理事会提出建议，要求联邦储备理事会监管的非银行金融公司或（a）款所规定的银行控股公司保持最低数量的应急资本（在陷入财务困境时可以转化为权益资本）。

（B）考虑的因素。根据本款提出建议时，委员会应考虑：

（i）适当的过渡期，以执行本款所要求的资本转化；

（ii）（b）款第（3）项所述因素；

(iii) 适用于联邦储备理事会监管的非银行金融公司或 (a) 款所规定的银行控股公司及其附属公司的资本要求;

(iv) 第 (1) 项所要求的研究的结论; 以及

(v) 委员会认为应考虑的其他因素。

(d) 解决方案和信用风险敞口报告

(1) 解决方案。委员会可以向联邦储备理事会提出建议, 要求联邦储备理事会监管的非银行金融公司或 (a) 款所规定的银行控股公司定期向委员会、联邦储备理事会和联邦存款保险公司报告公司在实质性财务困境或失败时拟采取的快速有序的解决方案。

(2) 信用风险敞口报告。委员会可以向联邦储备理事会就下述问题的适当性给出建议, 即要求联邦储备理事会监管的非银行金融公司或 (a) 款所规定的银行控股公司定期向委员会、联邦储备理事会和联邦存款保险公司报告:

(A) 公司向其他重要非银行金融公司和银行控股公司给予的信用风险敞口的性质和程度;

(B) 其他重要非银行金融公司和银行控股公司给予公司的信用风险敞口的性质和程度。

(e) 集中度限制。为限制单一公司的经营失败给联邦储备理事会监管的其他非银行金融公司或 (a) 款所规定的其他银行控股公司带来风险, 委员会可建议联邦储备理事会按照第 165 条规定, 制定限制此类风险的标准。

(f) 强化的公开信息披露要求。委员会可以向联邦储备理事会提出建议, 要求联邦储备理事会监管的非银行金融公司或 (a) 款所规定的银行控股公司定期进行公开信息披露, 以支持市场评估公司的风险状况、资本充足率和风险管理能力。

(g) 短期债务限制。委员会可以向联邦储备理事会提出建议, 要求限制短期债务以减轻短期债务的过度积累对联邦储备理事会监管的非银行金融公司或 (a) 款所规定的银行控股公司以及金融体系造成的威胁。

第 116 条 报告

(a) 概述。根据 (b) 款, 委员会通过金融研究办公室可以要求合并总资产在 500 亿美元或以上的银行控股公司以及联邦储备理事会监管的非银行金融公司及其附属公司, 提交经认证的报告, 确保委员会能获得以下信息:

(1) 公司的财务状况;

(2) 监测控制公司财务、运营和其他风险的体系;

(3) 与所属存款机构之间的交易; 以及

(4) 公司及其附属公司的活动为或运营有可能扰乱金融市场或影响整体美国金融稳定的程度。

（b）现有报告的使用

（1）概述。根据（a）款，委员会通过金融研究办公室，应尽可能使用：

（A）银行控股公司以及联邦储备理事会监管的非银行金融公司或其被功能性监管的附属公司已经向其他联邦或州监管机构或相关外国监管当局提供的报告。

（B）按要求公开披露的信息；

（C）经外部审计的财务报告。

（2）可获得性。每一个（a）款所规定的银行控股公司与由联邦储备理事会监管的非银行金融公司及其附属公司应在委员会的要求下向其提供第（1）项所述所有报告的复印件。

（3）保密。委员会应对根据（a）款和第（1）项（A）分项所获的报告保密。

第 117 条　终止作为银行控股公司地位的某些公司的待遇

（a）适用性。本条适用于：

（1）任何实体：

（A）截至 2010 年 1 月 1 日，合并总资产在 500 亿美元及以上的银行控股公司；以及

（B）接受“资本购买计划”财务救助或参与该计划的实体，该计划建立在《2008 年紧急经济稳定法案》授权的“不良资产救助计划”之下。

（2）第（1）项所述实体的后续实体（联邦储备理事会经与委员会商议后定义）。

（b）待遇。如果（a）款所述实体在 2010 年 1 月 1 日后终止银行控股公司地位，它应被视为联邦储备理事会监管的非银行金融公司，视同为委员会根据第 113 条作出了决定。

（c）上诉

（1）听证的请求。在委员会根据本条宣布一家实体被视为联邦储备理事会监管的非银行金融公司之前，该实体可书面请求书面或口头的听证机会。在收到请求后，委员会应在 30 日内确定时间和地点，公司可以向该地亲自或通过律师提交书面材料（或根据委员会的意见，采取口头作证和口头辩论的方式）。

（2）决定

（A）拟议中的决定。委员会允准公司根据本条所提起的上诉请求需经三分之二多数投票同意（其中委员会主席是赞成票）。在根据第（1）

项举行听证会后的60日内，委员会要向参议院银行、地产和城市事务委员会及众议院金融服务委员会就允准上诉的拟议中的决定事宜提交报告或作证。报告应阐明决定的依据。

（B）最终决定的正式通知。委员会要向相关实体通知针对上诉［根据第（1）项］的最终决定。正式通知要阐明最终决定的依据。时间为：

（i）根据（A）分项提交报告后的60天内；

（ii）如果参议院银行、地产和城市事务委员会及众议院金融服务委员会对报告举行了一个或多个听证会，则在最后一个听证会举行日起一年内。

（C）考虑因素。在作出针对上诉［根据第（1）项］的决定时，委员会应考虑公司是否符合第113条（a）款或第113条（b）款的标准，并考虑第102条对“非银行金融公司”的定义。委员会的决定应是最终的，并受第（3）项所规定审查的约束。

（3）审查。如果委员会根据本款驳回了上诉，则应每年至少一次复审并重新评估该决定。

第118条　委员会资金

委员会的费用将被视为金融研究办公室的费用并由后者支付。

第119条　成员机构间监管管辖争议的解决

（a）请求委员会建议。委员会应寻求两个及以上成员机构间争议的解决路径，如果：

（1）一家成员机构与另一家成员机构对各自的管辖范围（对特定的银行控股公司、非银行金融公司、金融活动或产品）产生争议（第10章提供了特别争议解决机制的情况除外）；

（2）委员会认为，争议机构在经过了可证实的诚意努力之后仍无法在没有委员会干预的情况下解决争议；以及

（3）卷入争议的任一成员机构：

（A）向所有其他争议者发出其计划请求委员会解决争议的预先通知书；

（B）发出（A）分项所规定通知至少14天后，书面请求委员会寻求争议的解决。

（b）委员会建议。委员会应寻求解决（a）款所述的争议：

（1）在收到争议解决请求之后的合理时间内；

（2）综合考虑了各机构提供的有关争议的信息；

(3) 认可一家机构对事情的全部看法，或决定一种折中的情况。

(c) 建议形式。本条项下的委员会建议应当：

(1) 采用书面形式；

(2) 包括对理由的解释；

(3) 经由有投票权成员三分之二多数同意票通过。

(d) 非约束效果。根据（c）款作出的委员会建议不应对作为争议一方的联邦机构构成约束。

第120条 其他为维护金融稳定而适用于业务活动或实践的标准

(a) 概述。委员会可通过向主要监管机构推荐新的或更高的标准和保护措施（包括第115条所列的标准）来提高监管的严格程度（上述标准和保护措施适用于监管机构各自管辖下的银行控股公司与非银行金融公司的活动与实践），在委员会认为前述机构活动与实践的导向、范围、性质、规模、集中度或关联性将产生或增加重要流动性和信用风险或是在银行控股公司与非银行金融公司或金融市场间以及低收入、少数族裔、服务不足社区间引发其他问题时。

(b) 向监管机构提出建议的程序

(1) 正式通知与评论机会。委员会应与主要的监管机构协商，并向公众发布正式通知，提供对任何拟议中的建议的评论机会，这些建议要求主要监管机构对金融活动和实践适用新的或更高的标准和保护措施。

(2) 准则。第（1）项推荐的新的或更高的标准与保护措施：

(A) 应考虑长期经济增长的代价；以及

(B) 应包括指导活动或实践以特定方式行事的指示（如限制其规模或适用特定的资本或风险管理要求）或是禁止某种活动或实践。

(c) 建议标准的执行

(1) 主要监管机构的职责

(A) 概述。各个主要金融监管机构可以对那些以其为主要金融监管机构的实体实施强制措施、要求提交相关报告、审查其遵守本条的情况并根据本条执行监管标准。

(B) 建立规则。本项赋予主要金融监管机构的职权在其他职权之外，并且不会限制其余职权。实体遵从主要金融监管机构根据本条所采取的行动，这方面的效力由决定监管机构各自管辖权的成文法所保证，就像监管机构的行动是根据那些成文法的赋权而采取的一样。

(2) 标准的执行。主要金融监管机构应执行委员会根据（a）款建议的标准或委员会认为可接受的类似标准；也可以在委员会发布建议之日起90天内书面解释其决定不遵守某项建议的理由。

(d) 向国会报告。委员会应向国会报告：

(1) 根据本条所发布的建议；

(2) 主要金融监管机构对建议的执行情况，或未能执行的情况；以及

(3) 在没有主要金融监管机构监管 (a) 款所规定的非银行金融公司从事的活动与实践的情况下，委员会所提出的能够阻止此类活动或实践威胁美国金融稳定的立法建议。

(e) 标准废除的效力

(1) 正式通知。委员会可以向相关主要金融监管机构建议某项金融活动或实践不再执行本条的标准或保护措施。

(2) 主要金融监管机构决定继续

(A) 概述。在收到第 (1) 项所述建议后，执行该标准的主要金融监管机构应决定是否让标准继续有效。

(B) 上诉过程。执行标准的各主要金融监管机构应颁布规章以设定一个程序，以便在其管辖下的实体可以根据本项提出上诉，要求根据本条而执行的标准继续有效。

第 121 条 减缓金融稳定面临的风险

(a) 减缓行动。如果联邦储备理事会认为合并总资产在 500 亿美元及以上的银行控股公司或其监管的非银行金融公司严重威胁美国的金融稳定，经委员会三分之二多数票同意，联邦储备理事会应：

(1) 限制该公司收购、合并、联合其他公司或附属于其他公司的能力；

(2) 严格限制该公司提供金融产品的能力；

(3) 要求公司终止一项或多项活动；

(4) 对公司一项或多项活动的行为方式附加条件；或者

(5) 如果联邦储备理事会认为第 (1) 项至第 (4) 项所述的行动仍不足以减轻对金融稳定的威胁，它可以要求公司向非附属机构出售或以其他方式转移资产或表外业务。

(b) 正式通知和听证

(1) 概述。经与委员会协商，联邦储备理事会应向 (a) 款所规定的公司提供书面通知，通知其被置于本条所述的减缓行动下，通知中应阐明拟议的减缓行动的依据和行动内容。

(2) 听证。在收到第 (1) 项所规定通知后的 30 日内，公司可以向联邦储备理事会书面请求书面的或口头的听证会，以抗辩拟议的减缓行动。在收到请求后，委员会应在 30 日内确定时间与地点，公司可以在该地亲自或通过律师提交书面材料（或根据委员会的意见，采取口头作证和口头辩论

的方式）。

（3）决定。在第（2）项所述听证会后60日内，或在第（1）项所述提供通知之后的60日内（无听证会时），联邦储备理事会应按照（a）款规定，通知该公司其最后的决定，包括委员会的投票结果。

（c）考虑的因素。联邦储备理事会和委员会在根据（a）款作出决定前，要考虑第113条（a）款或（b）款所列的因素。

（d）外国金融公司的适用。联邦储备理事会可以规定适用于其监管的外国非银行金融公司或外资银行控股公司的规章：

（1）相应考虑国民待遇和公平竞争原则；

（2）考虑外国非银行金融公司或外资银行控股公司能够在统一的基础上遵守与美国金融公司所遵守的标准具有可比性的母国标准。

第122条　审计总署对委员会的审计

（a）审计的职权。美国总审计长可以审计的活动主体有：

（1）委员会；以及

（2）代表委员会或在委员会授权下活动的任何个人或实体，如果这些个人或实体的活动达到了为委员会工作的程度。

（b）信息渠道

（1）概述。除了法律赋予的其他渠道，经其要求并且按照其所要求的合理的时间和合理的形式，总审计长应能获得：

（A）委员会控制或使用的任何记录或其他信息；

（B）代表委员会或在委员会授权下活动的任何个人或实体控制或使用的任何记录或其他信息，如果这些记录或其他信息达到了与（a）款所述审计相关的程度；以及

（C）委员会的官员、主管、雇员、财务顾问、行政人员、工作组以及代理和代表（与代表委员会的代理或代表机构的活动有关的人）在总审计长要求的合理时间被询问。

（2）复印件。总审计长可以制作或获得其认为应当有的账簿、账户或其他记录的复印件，获得上述复印件的权利由本条授予。

第123条　金融机构的规模与复杂性对资本市场效率和经济增长影响的研究

（a）所需研究

（1）概述。委员会主席应进行对可能的金融服务监管限制（意在减少系统性风险）所产生的经济影响的研究，研究应估计以下措施对资本市场有效

性、金融部门和国民经济增长的收益与成本：

（A）对银行、银行控股公司或其他大型金融机构的直接或隐含的最大规模限制；

（B）对大型金融机构复杂性与多样化程度的限制；

（C）对大型金融机构不同业务部门间业务隔离的要求，该要求意在出现经营失败时加快问题的解决；

（D）对大型金融机构不同业务部门间风险转移的限制；

（E）保留应急资本的要求或类似的机制；

（F）对大型金融机构在商业和金融活动方面混合的限制；

（G）在大型金融机构内部对传统金融活动或交易以及其他高风险运营活动的隔离要求；

（H）其他对大型金融机构活动或结构采取的有益于控制系统性风险的限制措施。

（2）建议。本条所要求的研究应给出针对（A）分项到（E）分项所考虑的限制措施的建议，意在实现上述限制措施的最优结构以使其有效性最大化而使其经济影响最小化。

（b）报告。在本章生效之日起 180 天内，以及其后最长每隔 5 年，主席应向国会提交报告，阐述进行（a）款所要求的研究而得到的成果与结论。

第二节　金融研究办公室

第 151 条　定义

本节中：

（1）“办公室”和“主任”分别指根据本节设立的金融研究办公室及其主任；

（2）“金融公司”与第 2 章的意思相同，并包括参保存款机构和保险公司；

（3）“数据中心”是指根据第 154 条建立的数据中心；

（4）“研究和分析中心”是指根据第 154 条建立的研究和分析中心；

（5）“金融交易数据”是指金融合同的结构和法律描述，通过充足的细节描述合同双方的权利和义务，从而使独立评估成为可能；

（6）“头寸数据”：

（A）指一家金融公司资产负债表标明持有的金融资产和负债，其中头寸借助金融交易的执行而创造和变动；

(B) 包括识别交易对手方的信息、金融公司对头寸的评估以及能够对头寸作出独立评估的信息。

(7) “金融合同”指两个或以上交易对手方之间具有法律约束力的协议，协议描述对交易对手方具有内在或外在价值的商品的未来交付有关的权利和义务；

(8) “金融工具”指金融合同，在合同中条款和条件公开可得，并且一个或多个交易对手方的职责无须他方批准即是可分配的。金融工具包括公开上市公司的普通股、政府债券或交易所交易的期货和期权合同。

第 152 条　成立金融研究办公室

(a) 财政部下设金融研究办公室；

(b) 主任

(1) 概述。办公室由一名主任领导，主任由总统经参议院批准后任命。

(2) 任期。主任的任期为 6 年。但在任期结束时，如果继任者尚未提名或确认，主任可以继续任职直至下一任被任命。

(3) 行政级别。主任的待遇为行政报酬表中的第三级。

(4) 禁止双重服务。在任期内，担任主任职务的个人不能再担任任何金融监管机构的领导职务。

(5) 责任、义务和职权。主任对其履行本节所述的责任和义务及行使职权的方式有唯一的决定权。

(c) 预算。经与委员会主席协商，主任应建立办公室年度预算。

(d) 办公室人事安排

(1) 概述。经与委员会主席协商，主任应确定办公室雇员人数，聘任雇员并指导其工作。

(2) 报酬。经与委员会主席协商，主任应根据职位分类和总行政费用表中的工资级别来确定、调整并管理办公室雇员的工资，而无须考虑《美国法典》第 51 编或者第 53 编第 5 章第 3 分章关于职位分类和联邦政府职员总表薪级的规定。

(3) 可比性。《1989 年金融机构改革、复兴和执行法案》第 1206 条 (a) 款修改如下：

(A) 删除“金融理事会”，加入“金融理事会、金融研究办公室和消费者金融保护局”；以及

(B) 删除“节约监督办公室”。

(4) 高级行政人员。《美国法典》第 5 章第 3132 条 (a) 款第 (1) 项 (D) 分项，删除“全国信用合作社管理局”，加入“全国信用合作社管理局、

消费者金融保护局和金融研究办公室”。

(e) *联邦机构的援助*。联邦的任何部门和机构可以向办公室及办公室任命的特别顾问、技术或专业委员会提供服务、资金、设备、人员和其他委员会认为可取的支持性服务。联邦政府雇员可以无报酬派遣到委员会，这种派遣不会使其公务员地位或特权中断或丧失。

(f) *临时和间断性服务的购买*。办公室主任可根据《美国法典》第5章第3109条(b)款购买临时和间断性服务。购买的个人费率不超过根据同一章第5316条规定的行政费用表中第五级基本工资年率折算的等值日工资。

(g) *后雇佣期禁止规定*。财政部长，经政府规范办公室主任的同意，应发布规章，规定能够接触数据中心维护的交易和头寸数据以及那些需向办公室提交报告的金融实体的其他商业机密信息的办公室主任和雇员，在执行公务过程中最后接触到前述数据和机密信息的一年内，不得受雇于金融公司或向其提供咨询服务，无论该金融公司是否需向办公室提交报告。对于被限制接触商业机密信息的雇员，规章可向其提供个案性质的较短期的禁止期限，前提是较短的禁止期限不会危及商业机密信息的保护。

(h) *技术和专业顾问委员会*。经与主席协商，办公室可以任命有助于执行办公室功能的特别顾问、技术和专业委员会，委员会成员可以是办公室工作人员，也可以是其他人。

(i) *研究职位计划*。经与主席协商，办公室可以建立并维护学术与专业研究职位计划，在计划中，合格的学术和专业研究人员将应邀在办公室从事不超过两年的研究工作或向办公室工作人员提供高级培训服务。

(j) *行政级别表报酬*。《美国法典》第5章第5314条在末尾增加了“金融研究办公室主任”一项。

第153条 办公室的目标和职责

(a) *目标和职责*。办公室的目标是支持委员会履行第1节所述的目标与职责，并通过以下方式支持成员机构：

(1) 代表委员会收集数据，并向委员会和成员机构提供数据；

(2) 对所报告和收集的数据类型和格式进行标准化处理；

(3) 从事应用研究和关键性长期研究；

(4) 开发风险衡量与监测工具；

(5) 从事其他相关服务；

(6) 向金融监管机构提供办公室活动结果；

(7) 协助成员机构决定数据的类型与格式，该数据为成员机构在本法授权下所收集的数据。

(b) 行政职权。办公室可以：

(1) 与委员会、成员机构和经济分析局分享数据和信息，包括办公室自行开发的软件。所分享的数据、信息、软件：

(A) 应以与办公室自身应用时相同的安全级别进行维护；

(B) 未经委员会同意，不得与任何实体或个人分享；

(2) 赞助和执行研究项目；

(3) 在其他非成员机构的联邦机构的请求下提供有偿的金融分析援助；

(c) 规则制定职权

(1) 范围。经与主席协商，办公室应发布规则、规章和指令，上述规则、规章和指令限于帮助完成 (a) 款第 (1)、第 (2) 和第 (7) 项所规定的目标与职责。

(2) 标准化。经与办公室协商，成员机构应执行办公室根据第 (1) 项发布的规章以标准化 (a) 款。第 (2) 项所规定的由其代表委员会所报告和收集的数据的类型与格式。如果成员机构在最终规章公布之日起三年期满前未能执行上述规章，则办公室（经与主席协商）可以面向成员机构管辖下的金融实体执行上述规章。本项不会取代或干预成员机构在其他法律授权下按照其所需的格式和方式收集数据的独立职权。

(d) 作证

(1) 概述。办公室主任应每年就办公室活动向参议院银行、房地产和城市事务委员会和众议院金融服务委员会提交报告并作证，内容包括数据中心和研究分析中心的工作，以及办公室对重要金融市场发展及美国金融稳定所面临的潜在威胁的评估。

(2) 无在先审查。任何官员和机构无权要求主任先于证词的提交而向自己提交第 (1) 项所要求的证词或其他国会证词以进行批准、评论或审查。面向国会的证词应包括一项声明表明证词代表主任而非总统的观点。

(e) 其他报告。主任可以向国会提交有关金融稳定的其他报告，并应通知委员会。

(f) 传票

(1) 概述。主任可以通过传票要求金融公司提供 (a) 款第 (1) 项和第 154 条 (b) 款第 (1) 项所要求的数据产品，但此种做法限于主任提供了有关以下情况的书面调查结果时：

(A) 数据是执行本节所述职责所需要的；

(B) 办公室已根据第 154 条 (b) 款第 (1) 项的要求与主要金融监管机构协调过。

(2) 格式。第 (1) 项所规定的传票应有主任的签名，并由其指定的个人或一组人送达。

(3) 执行。在不遵守传票的情况下，传票应借助相应的地区法院的命令强制执行。不遵守法院命令将被视为藐视法庭而受到惩罚。

第154条 组织结构；主要程序性单位的职责

(a) 概述。办公室内部设立以下单位来执行办公室的程序性职责：

(1) 数据中心；以及

(2) 研究与分析中心。

(b) 数据中心

(1) 概述

(A) 数据收集。数据中心应代表委员会收集、验证和维护执行本节所规定数据中心职责所需的全部数据。这些集中起来的数据通过成员机构、商业性数据提供者、公开的数据源以及 (B) 分项所规定的金融实体而获得。

(B) 职权

(i) 概述。经委员会决定或是办公室主任与委员会协商决定，办公室可以要求任何金融公司提供定期的或其他的报告，以评估一项金融活动，或是金融公司参与的金融市场或金融公司自身对美国金融稳定造成威胁的程度。

(ii) 报告负担的减轻。在向成员机构、主要金融监管机构、国外监管当局所监管的金融公司要求提交报告之前，办公室应与上述机构和当局协调，尽可能依靠从上述机构和当局能够获得的信息。

(iii) 金融交易与头寸数据的收集。办公室应按照主任与委员会协商确定的时间表，向金融公司收集金融交易数据和头寸数据。

(C) 制定规则。办公室应根据第153条 (a) 款第 (1) 项，(a) 款第 (2) 项，(a) 款第 (7) 项和 (c) 款第 (1) 项的要求发布规章，确定数据中心根据本项规定所收集的数据的类型和范围。

(2) 职责

(A) 公布。数据中心应以公众易得的方式准备并公布：

(i) 金融公司索引数据库；

(ii) 金融工具索引数据库；以及

(iii) 办公室数据的格式和标准，包括报告金融交易和头寸数据的标准。

(B) 保密。数据中心不能公布 (A) 分项下任何保密数据。

(3) 信息安全。主任应保证数据中心收集和维护的数据是安全的，并且不会发生授权之外的披露。

（4）金融实体与金融工具的目录。数据中心应维护向办公室报告的金融实体和金融工具的目录。

（5）委员会和成员机构的可获得性。数据中心应保证其收集和维护的数据能提供给委员会和成员机构，以支持后者实现监管职责。

（6）其他职权。经与成员机构协商，办公室应向金融业参与者和普通公众提供特定数据，以增进市场透明度和促进金融体系研究。数据的提供应以知识产权未被侵权、商业机密信息得到保护以及信息的分享不会威胁美国金融稳定为限。

（c）研究和分析中心

概述。研究和分析中心应代表委员会开发并维护独立的分析能力和计算资源：

（A）开发和维护美国金融稳定风险因素的度量标准和报告体系；

（B）监测、调查并向委员会和国会报告系统性风险等级和模式的变化；

（C）执行、协调和赞助有利于改进金融实体与金融市场监管的研究；

（D）根据压力测试或其他对成员机构所监管金融实体稳定性的评估结果作出评估并报告；

（E）为支持来自金融监管者的特定建议与帮助的要求而维护专家系统；

（F）调查金融市场的崩溃与失败，报告调查结果，并据以提出建议；

（G）从事研究并对涉及系统性风险的政策影响提出建议；以及

（H）促进金融风险管理的最佳实践。

（d）报告职责

（1）所需报告。本法案生效之日起两年内，以及其后每个财政年度结束的120天内，办公室应准备并向国会提交报告。

（2）内容。本款所要求的报告应评估美国金融体系的状态，包括：

（A）美国金融稳定威胁因素的分析；

（B）办公室为完成任务所做的努力；以及

（C）办公室研究和分析金融体系得到的关键结果。

第155条　经费

（a）金融研究基金

（1）基金的建立。在美国财政部内设立独立的“金融研究基金”。

（2）基金收入。根据（c）款给予办公室的金额和根据（d）款办公室收到的付款额均应计入金融研究基金。

（3）投资授权

（A）基金中可用于投资的金额。主任可以要求财政部长将金融研究基金中满足办公室所需之外的部分（取决于主任的判断）用于投资。

（B）合格投资品。由财政部长进行的投资应投向美国政府债务或本利由美国政府担保的债务，到期期限符合金融研究基金的需要，这点由主任决定。

（4）利息和收益贷记。由出售和赎回金融研究基金所持有的债务而得的利息与收益应贷记并构成基金的一部分。

（b）基金的使用

（1）概述。办公室应快速获知基金中资金的获得、转入和增加额直至资金支出以支付办公室履行义务和责任所发生的费用。

（2）费用、核定付款和其他资金非政府资金。金融研究基金中获得的、转入的和增加的资金不能被视为政府资金或拨款资金。

（3）不分摊的资金。即使有其他的法律规定或根据其他的职权或基于其他目的，金融研究基金的资金都不适用于《美国法典》第31章第15分章的分摊规定。

（c）期间注资。自本法生效之日起两年内，联邦储备理事会应向办公室提供足以负担办公室费用支出的一笔资金。

（d）永久性自我注资。自本法案生效之日起两年后，财政部长应根据规章并经委员会同意建立核定付款表，规定核定付款的基础和费率。该表运用于合并总资产在500亿美元及以上的银行控股公司或联邦储备理事会监管的非银行金融公司，考虑和公司的差异，并以根据第115条建立审慎标准为基础而向前者收集等于办公室总支出的核定付款。

第156条 过渡期监管

（a）目标。本条旨在保证办公室：

（1）有一个有序的和组织化的启动；

（2）吸引并保留合格的工作人员；

（3）建立综合的雇员培训和福利项目。

（b）报告要求

（1）概述。办公室应每年向参议院银行、房地产和城市事务委员会以及众议院金融服务委员会提交报告，报告第（2）项所述的计划情况。

（2）计划。本项所述的计划如下：

（A）培训和工作人员发展计划。办公室应提交实用的培训和工作人员发展计划，内容包括：

（i）技能和技术性专业技能需求的明确及满足要求所采取的行动；

（ii）培育创新能力和创造性的措施；

（iii）领导力开发与后续计划；以及

（iv）雇员对技术的有效运用。

（B）工作地点灵活性计划。办公室应提交实用的工作地点灵活性计划，内容包括：

（i）远程工作；

（ii）灵活的工作时间表；

（iii）阶段性退休；

（iv）返聘退休员工；

（v）兼职工作；

（vi）工作分享；

（vii）产假福利和照管子女援助；

（viii）国内合伙人福利；

（ix）其他工作地点灵活性；以及

（x）（i）到（ix）则中任意项目的综合。

（C）招聘和留人计划。办公室应提交实用的招聘和留人计划，内容包括：

（i）旨在建立背景多样化的优质申请人库的举措；

（ii）精简的雇佣申请程序；

（iii）及时通知申请人其雇佣申请状态；以及

（iv）收集信息以作为衡量雇佣有效性的指标。

（c）有效期。（b）款的报告要求应于本法案生效之日的 5 年后终止。

（d）规则解释。本条不应被解释为影响：

（1）《美国法典》第 5 章第 7103 条（a）款第（8）项中定义的集体协商协议，在本法案颁布之日生效；

（2）《美国法典》第 5 章第 71 分章规定的雇员权利。

第三节 联邦储备理事会对特定的非银行金融公司和银行控股公司的其他职权

第161条 非银行金融公司的报告及联邦储备理事会对其的检查

(a) 报告

(1) 概述。联邦储备理事会可以要求其监督的非银行金融公司及其附属公司提交经宣誓的报告，确保联邦储备理事会知悉：

(A) 公司或其附属公司的财务状况以及财务、运营和其他风险的监测控制体系；公司或其附属公司的活动与运营威胁到美国金融稳定的程度；以及

(B) 公司或其附属公司对本章规定的遵守。

(2) 现有报告和信息的利用。为执行（a）款，联邦储备理事会应尽可能利用：

(A) 非银行金融公司或其附属公司向其他联邦或州监管机构提交的报告和监管信息；

(B) 其他可从联邦与州监管机构处获取的信息；

(C) 其他要求公开报告的信息；以及

(D) 公司或其附属公司经外部审计的财务报告。

(3) 可得性。应联邦储备理事会的要求，受其监管的非银行金融公司或其附属公司应尽快提供第（2）项所规定的信息。

(b) 检查

(1) 概述。根据第（2）项，联邦储备理事会可以检查任何受其监管的非银行金融公司或其附属公司以知悉：

(A) 公司及其附属公司的运营和财务状况；

(B) 公司或其附属公司能够影响自身安全和健康或是威胁美国金融稳定的财务、运营或其他风险；

(C) 监测与控制风险的体系；

(D) 公司或其附属公司对本章要求的遵守。

(2) 检查报告与信息的利用。根据本款，联邦储备理事会应尽可能依靠主要金融监管机构对其监管的附属公司（包括存款机构性质的）出具的检查报告，还可以依靠（a）款第（2）项所规定的信息。

(c) 与主要金融监管机构的协调。联邦储备理事会应：

(1) 在根据本条要求附属公司提交报告或启动对其检查之前，要向主要

金融监管机构提供合理形式的通知，并与其协商。

（2）要尽可能避免重复的检查行动、报告要求和信息请求。

第 162 条　执行

（a）概述。除了（b）款规定之外，联邦储备理事会监管的非银行金融公司及其附属公司（除了存款机构性质的附属公司）应遵守《联邦存款保险法案》第 8 条（b）款到（n）款的规定，方式和程度同银行控股公司遵守该法案第 8 条（b）款第（3）项规定的方式及程度一样。

（b）对功能性监管附属公司的执行权限

（1）推荐。如果联邦储备理事会认为一家经营存款的附属公司或联邦储备理事会监管的附属公司的某种情况、实践或活动，未遵守联邦储备理事会根据本法案颁布的规章或命令，或是对美国金融稳定造成了威胁，联邦储备理事会可以向主要金融监管机构提出书面建议，建议其启动监管行动或执行程序。这种建议应附有关于建议源于何种担忧的书面解释。

（2）联邦储备理事会的备用权限。如果在收到第（1）项所述的联邦储备理事会建议之日起 60 日内，主要金融监管机构未对联邦储备理事会有权管辖的附属公司采取监管或执行行动，联邦储备理事会可以（经成员投票）采取所建议的监管或执行行动，就如同该附属公司是其监管的银行控股公司一样。

第 163 条　收购

（a）银行收购；视为银行控股公司的待遇。根据《1956 年银行控股公司法案》第 3 条，联邦储备理事会监管的非银行金融公司应被视为或对待为银行控股公司。

（b）非银行公司收购

（1）大型收购的预先通知。尽管有《1956 年银行控股公司法案》第 4 条（k）款第（6）项（B）分项的规定，本条中合并总资产在 500 亿美元及以上的银行控股公司及联邦储备理事会监管的非银行金融公司如果不向联邦储备理事会提供预先的书面通知，将不能直接或间接收购任何一家从事《1956 年银行控股公司法案》第 4 条（k）款所规定经营活动并且合并总资产在 100 亿美元以上的公司（参保存款机构除外）的所有权或控制权。

（2）例外。第（1）项的预先通知要求不适用于《1956 年银行控股公司法案》第 4 条（c）款或第 4 条（k）款第（4）项（E）分项规定的符合例外条件的并购。

（3）通知程序。《1956 年银行控股公司法案》第 4 条（j）款第（1）项设定的通知程序［与该法案第4条（j）款第（3）项不相关］适用于任何一家合并总资产在500亿美元及以上的银行控股公司及联邦储备理事会监管的非银行金融公司，包括从事该法第4条（k）款所规定活动的任何公司的收购行为。

（4）审查标准。除《1956年银行控股公司法案》第4条（j）款第（2）项规定的标准之外，联邦储备理事会还需考虑拟议中的收购产生更大更集中影响美国或全球金融稳定或美国经济增长风险的程度。

（5）哈特—斯考特—罗迪诺备案要求。只有根据《克雷顿法案》第7A条（c）款第（8）项的规定，遵守第（1）项要求的交易才可以被视为不需要联邦储备理事会的批准。

第164条 禁止特定金融公司之间的管理层连锁

为了实现《存款机构管理层连锁法案》之目的，联邦储备理事会监管的非银行金融公司应被视为银行控股公司，但是在联邦储备理事会不执行该法案第7条所赋予的职权，即不允许其监管的非银行金融公司的管理层作为合并总资产在500亿美元或以上的银行控股公司的管理层时除外（兼并、收购、合并的情况下提供临时性连锁例外）。

第165条 加强对联邦储备理事会监管的非银行金融公司及某些银行控股公司的监管与审慎标准

（a）概述

（1）目标。为阻止或减轻由大型、相互关联的金融机构的实质性财务困境或失败或是进行中的活动所引起的影响美国金融稳定的风险，联邦储备理事会应自主或根据委员会按照第115条所提出的建议，对其监管的非银行金融公司与合并总资产在500亿美元及以上的银行控股公司设定如下所述的审慎标准：

（A）比适用于未显示影响美国金融稳定类似风险的非银行金融公司和银行控股公司的标准和要求更加严格；以及

（B）严格程度的提高基于（b）款第（3）项所规定的考虑因素。

（2）恰当的适用

（A）概述。在按照本条规定更严格的审慎标准时，联邦储备理事会可以自主或根据委员会按照第115条所提出的建议，对不同的公司进行差异化适用（以单个公司或公司分组为基础），考虑公司的资本结构、风险性、复杂性、金融活动（包括附属公司的金融活动）、规模以及其他联邦储备理事会认为应考虑的风险因素。

（B）标准适用临界点的调整。联邦储备理事会可以根据委员会按照第115条所提出的建议，对（c）到（g）款所设定的任一标准的适用确定一个高于500亿美元的资产临界点。

（b）审慎标准的形成

（1）概述

（A）所需标准。联邦储备理事会应为其监督的非银行金融公司或（a）款所述的银行控股公司建立如下的审慎标准：

（i）风险资本要求和杠杆比率限制。除非联邦储备理事会经与委员会协商，认为此类要求那些由于自身的活动（如投资公司的活动或所管理的资产）或结构不适合执行更严格审慎标准的公司。在上述情况下，联邦储备理事会应对其适用其他标准以达到同样严格的风险控制；

（ii）流动性要求；

（iii）整体风险管理要求；

（iv）解决方案和信用风险敞口报告要求；

（v）集中度限制。

（B）其他经授权的标准。联邦储备理事会应为其监管的非银行金融公司或（a）款所述的银行控股公司设定如下的其他审慎标准：

（i）应急资本要求；

（ii）强化的公开信息披露；

（iii）短期债务限制；以及

（iv）联邦储备理事会自主或根据委员会按照第115条所提出的建议，认为适当的其他审慎标准。

（2）外国金融公司的标准。对联邦储备理事会监管的外国非银行金融公司或外资银行控股公司适用第（1）项所述标准时，联邦储备理事会应：

（A）相应考虑国民待遇和公平竞争的原则；以及

（B）考虑外国非银行金融公司或外资银行控股公司能够在统一的基础上遵守与美国金融公司所遵守的标准具有可比性的母国标准。

（3）考虑因素。在根据第（1）项规定审慎标准时，联邦储备理事会应：

（A）考虑联邦储备理事会监管的非银行金融公司或（a）款所述的银行控股公司间的差异性，包括：

（i）第113条（a）款和（b）款所规定的因素；

（ii）公司是否拥有参保存款机构；

（iii）非金融活动和公司的附属机构；以及

（iv）联邦储备理事会认为应考虑的其他风险因素。

（B）尽可能确保第 113 条（a）款和（b）款所列因素的微小变化不致引发依据本款第（1）项所建立的审慎标准突兀、非连续的变化。

（C）考虑委员会根据第 115 条所作出的建议；以及

（D）调整所需标准使其适应公司的主营业务（如资产管理）或其他特定标准不适用的活动。

（4）协商。在执行审慎标准或遵照本条的其他要求之前，联邦储备理事会应就上述标准与要求与委员会主要监管附属公司的各成员协商。前述要求包括解决方案的缺陷通知和更严格的要求；或是由上述通知产生的剥离指令，这些要求将会对联邦储备理事会监管的非银行金融公司或（a）款所规定的银行控股公司的功能性监管附属公司或存款机构产生重大影响。

（5）报告。联邦储备理事会应向国会提交年度报告，报告涉及依据第（1）项的审慎标准的执行，包括如何运用这些标准来减轻影响美国金融稳定的风险。

（c）应急资本

（1）概述。在按照第 115 条（c）款规定，委员会向国会提交了报告之后，联邦储备理事会可以发布规章要求联邦储备理事会监管的非银行金融公司或（a）款所规定的银行控股公司维持最低的应急资本额，在遇到财务困境时可转变为权益。

（2）考虑因素。依据本款发布规章时，联邦储备理事会应考虑：

（A）委员会所从事研究的结果和委员会的建议；

（B）适当的应急资本执行的过渡期；

（C）（b）款第（3）项（A）分项所述因素；

（D）适用于联邦储备理事会监管的非银行金融公司或（a）款所规定的银行控股公司及其附属公司的资本要求；

（E）联邦储备理事会认为应当考虑的其他因素。

（d）解决方案与信用风险敞口报告

（1）解决方案。联邦储备理事会应要求联邦储备理事会监管的非银行金融公司或（a）款所述的银行控股公司定期向联邦储备理事会、委员会和联邦存款保险公司报告其在实质性财务困境或失败时快速有序的解决方案，包括：

（A）有关公司的存款机构充分保护自身，避免受到公司其他非银行附属公司活动所产生风险影响的方式和程度；

（B）公司所有权结构、资产、负债和合同义务的全面描述；

（C）确认不同证券间交叉担保；确认主要交易对手方；决定担保品抵押给谁的过程；以及

（D）依据规则或命令，联邦储备理事会和联邦存款保险公司共同需要的其他信息。

（2）信用风险敞口报告。联邦储备理事会应要求联邦储备理事会监管的非银行金融公司或（a）款所述的银行控股公司定期向联邦储备理事会、委员会和联邦存款保险公司报告：

（A）公司对其他重要的非银行金融公司和银行控股公司的信用风险敞口的性质与程度；以及

（B）其他重要的非银行金融公司和银行控股公司对公司的信用风险敞口的性质与程度。

（3）审查。联邦储备理事会和联邦存款保险公司应审查联邦储备理事会监管的非银行金融公司或（a）款所述的银行控股公司依据本条所提交的信息。

（4）缺陷通知。如果联邦储备理事会和联邦存款保险公司经过第（3）项所述的审查后共同认为，联邦储备理事会监管的非银行金融公司或（a）款所述的银行控股公司的解决方案不可信或无助于公司问题在《美国法典》第11章下的有序解决：

（A）联邦储备理事会和联邦存款保险公司应通知公司解决方案的缺陷；以及

（B）公司应在联邦储备理事会和联邦存款保险公司确定的时间框架内再提交解决方案，对原计划进行证明可信及能够有助于公司问题在《美国法典》第11章下有序解决的修订，包括为执行计划而拟进行的业务运营与公司结构方面的改变。

（5）未能再提交可信的计划

（A）概述。如果联邦储备理事会监管的非银行金融公司或（a）款所述的银行控股公司未能及时再提交第（4）项所要求的解决方案以及（B）分项所要求的修改，联邦储备理事会和联邦存款保险公司可以联合对公司执行更严格的资本、杠杆比率和流动性要求；或是对公司或其附属公司的增长、活动和运营等加以限制，直至公司再提交修正了缺陷的计划。

（B）剥离。在公司经营失败时，在以下情形，经与委员会协商，联邦储备理事会和联邦存款保险公司可以联合命令联邦储备理事会监管的非银行金融公司或（a）款所述的银行控股公司剥离前者指定的特定资产与营运业务以实现公司问题在《美国法典》第11章下的有序解决：

（i）依据（A）分项，联邦储备理事会和联邦存款保险公司已经联合对公司执行了更严格的要求；

（ii）自依据（A）分项的要求执行之日起两年内，公司未能再提交第（4）项（B）分项所要求的修改后的解决方案。

（6）无限制效果。根据本款提交的解决方案将不会约束破产法庭；根据第2章任命的接收人；以及任何其他被授权解决联邦储备理事会监管的非银行金融公司或银行控股公司或它们的附属公司和联营机构经营问题的当局。

（7）无私人诉讼。任何人无权根据本款提交的解决方案提起私人诉讼。

（8）规则。本法生效之日起18个月内，联邦储备理事会和联邦存款保险公司可以联合发布执行本款的最终规则。

（e）集中度限制

（1）标准。为了限制单个公司经营失败可能对联邦储备理事会监管的非银行金融公司或（a）款所述的银行控股公司造成风险，联邦储备理事会应通过规章来规定限制此类风险的标准。

（2）信用风险敞口的限制。联邦储备理事会根据第（1）项规定的规章将禁止联邦储备理事会监管的非银行金融公司或（a）款所述的银行控股公司，在任何一家非附属公司拥有超过其股本和公积金之和25%的信用风险敞口（或超过联邦储备理事会为减轻美国金融稳定风险而通过规章决定的更低金额）。

（3）信用风险敞口。基于第（2）项之目的，“信用风险敞口”是指：

（A）对该公司全部信用的扩展，包括贷款、存款和信用额度；

（B）同该公司的全部回购与反向回购协议和全部证券借入借出交易，当此类交易达到为该公司创造了信用风险敞口的程度；

（C）以该公司名义签发的全部保证书、承兑汇票和信用证（包括背书或备付信用证）；

（D）对该公司所发行证券的购买或投资；

（E）联邦储备理事会监管的非银行金融公司或（a）款所述的银行控股公司与该公司之间的衍生品交易产生的交易对手方信用风险敞口；

（F）基于本条之目的，联邦储备理事会通过规章认定为信用风险敞口的其他类似交易。

（4）归因规则。基于本款之目的，联邦储备理事会监管的非银行金融公司或（a）款所述的银行控股公司与任何人之间的交易都属于与公司的交易，如果交易的收益为该公司的利益而使用或转入该公司。

（5）制定规则。联邦储备理事会可以发布有助于管理和执行本款的规章和命令，包括发布与本条相容的定义。

（6）例外。本款不适用于联邦住房贷款银行。如果联邦储备理事会发现例外事项符合公共利益并与本款之目的相符，它可以通过规章或命令使全部或部分交易成为本款中“信用风险敞口”定义的例外事项。

（7）过渡期

（A）概述。本款和联邦储备理事会根据本款颁布的规章和命令，在本法案颁布三年后生效。

（B）授权扩展。联邦储备理事会可以将（A）分项所述期限再延长不超过两年。

（f）强化的公开信息披露要求。联邦储备理事会通过规章可以规定联邦储备理事会监管的非银行金融公司或（a）款所述的银行控股公司进行定期公开信息披露，以支持市场对其风险状况、资本充足率和风险管理能力进行评估。

（g）短期债务限制

（1）概述。为减轻短期债务的过度积累对金融公司和整个美国金融稳定可能造成的风险，联邦储备理事会可以通过规章对联邦储备理事会监管的非银行金融公司或（a）款所述的银行控股公司所积累的短期债务设定限额（包括表外风险敞口）。

（2）限制的基础。第（1）项所规定的限制应以第（1）项所述的公司短期债务与股本和公积金之和的比例或联邦储备理事会认为适当的其他度量指标为基础。

（3）短期债务定义。在本款中，"短期债务"是指联邦储备理事会通过规章明确规定的到期期限短的债务。该定义不包括已投保的存款。

（4）制定规则权限。除了依据第（1）和第（3）项颁布规章外，为有助于执行本款，联邦储备理事会还可以制定规章，包括与本款一致的定义，以及发布命令。

（5）发布例外和调整权限。尽管有《1956年银行控股公司法案》的规定，联邦储备理事会仍然可以对第（1）项所述的公司（并且不控制参保存款机构）发布第（1）项所规定的限制措施的例外或调整前述限制措施，如果联邦储备理事会认为其行动有助于审慎监管的适度提高。

（h）风险委员会

（1）联邦储备理事会监管的非银行金融公司。联邦储备理事会应要求其监管的非银行金融公司中公开上市交易的公司在收到根据第113条（e）款第（3）项发出的最终决定之日起一年内设立本款第（3）项所提出的风险委员会。

（2）特定的银行控股公司

（A）强制性规章。联邦储备理事会应颁布规章要求银行控股公司中合并总资产不少于100亿美元的公开上市公司，设立本款第（3）项所提出的风险委员会。

（B）选择性规章。联邦储备理事会可以要求银行控股公司中合并总资产少于100亿美元的公开上市公司设立本款第（3）项所提出的风险委员会，如果联邦储备理事会认为此举有助于促进合理的风险管理实践。

（3）风险委员会。本款所述风险委员会应：

（A）负责监督联邦储备理事会监管的非银行金融公司或（a）款所述的银行控股公司层面的风险管理实践；

（B）包括联邦储备理事会认为适当的独立董事人数，人数确定的标准基于联邦储备理事会监管的非银行金融公司或（a）款所述的银行控股公司的运营性质、资产规模以及其他相应的衡量标准；以及

（C）至少包括一位具有大型复杂性公司风险敞口的识别、评估和管理经验的风险管理专家。

（4）制定规则。联邦储备理事会应在过渡期结束日起一年内发布执行本款的最终规则，以使该规则在过渡期结束日起15个月内生效。

（i）压力测试

（1）联邦储备理事会要求的压力测试

（A）年度测试要求。在与主要金融监管机构和联邦保险办公室协调的基础上，联邦储备理事会应每年对其监管的非银行金融公司或（a）款所述的银行控股公司进行分析，评估前述公司在不利经济环境中，是否具有足以吸收损失的资本（以合并总资产为计算基础）。

（B）测试指标和结果。联邦储备理事会：

（i）应提供至少三套不同的条件供本款所要求的评估使用，包括基线、不利和严重不利；

（ii）可以要求（A）分项所述的测试适用于（A）分项所要求公司之外的其他非银行金融公司或银行控股公司；

（iii）可以开发其他有助于识别、衡量和监控美国金融稳定风险的其他分析性工具；

（iv）应要求（A）分项所述的公司，根据分析的结果更新它们按照（d）款第（1）项所提出的解决方案；以及

（v）应发布（A）分项或该分项下（ii）则所要求测试的结果汇总报告。

（2）公司所进行的压力测试

（A）要求。联邦储备理事会监管的非银行金融公司或（a）款所述的银行控股公司应每半年进行一次压力测试。其他合并总资产在100亿美元以上并且由主要联邦金融监管机构监管的金融公司应进行年度压力测试。本分项所要求的压力测试按照根据（C）分项所颁布的规章进行。

（B）报告。根据（A）分项被要求执行压力测试的公司应按照主要

金融监管机构要求的时间、形式和内容向联邦储备理事会及对其进行监管的主要金融监管机构提交报告。

（C）规章。经与联邦储备理事会和联邦保险办公室协调，各联邦主要金融监管机构应颁布内容一致、同等的规章以执行本项：

（i）基于本项之目的定义“压力测试”；

（ii）为进行本项要求的压力测试设定方法，应提供至少三套不同的环境条件，包括基线、不利和严重不利；

（iii）确定（B）分项所需报告的形式和内容要求；以及

（iv）要求遵守本项的公司发布所要求进行的压力测试结果概要；

(j) 杠杆比例限制

（1）要求。联邦储备理事会应要求合并总资产在500亿美元及以上的银行控股公司或其监管的非银行金融公司保持负债对权益的比例不高于15:1。此要求是基于委员会认为前述公司对美国金融稳定产生了重大威胁，而杠杆比例要求有助于减轻公司对美国金融稳定造成的风险。本项不适用于联邦住房贷款银行。

（2）考虑因素。在根据本款作出决定之前，委员会应考虑第113条（a）款和（b）款所规定的因素以及委员会认为应考虑的其他风险因素。

（3）规章。联邦储备理事会应颁布规章为遵守本款的要求而设定程序和时间表。

(k) 计算资本要求时对表外业务的纳入

（1）概述。在联邦储备理事会监管的非银行金融公司或（a）款所述的银行控股公司计算资本以执行资本要求时，应考虑表外业务。

（2）例外。如果联邦储备理事会认为对第（1）项所规定要求的例外减免是有益的，它可以允许一家公司、一项交易或公司所从事的各项交易作为第（1）项所规定要求的例外。

（3）表外业务的定义。基于本款之目的，“表外业务”指公司现有的债务尚不是资产负债表内的负债，但是根据将来的事件，包括可能产生负债的后续交易等，可能成为表内的负债：

（A）直接的信贷替代物，凭此银行将其信贷替换为第三方信贷，包括备付信用证；

（B）保证偿还汇票和免税证券的不可撤销的信用证；

（C）银行承兑汇票的风险参与；

（D）销售和回购协议；

（E）可向卖方追索的资产销售；

(F) 利率掉期；

(G) 信用掉期；

(H) 商品合约；

(I) 远期合约；

(J) 证券合约；

(K) 联邦储备理事会根据规则定义的其他业务或交易。

第166条　早期救助要求

(a) 概述。经与委员会和联邦存款保险公司协商，联邦储备理事会应颁布规章建立对陷入财务困境的联邦储备理事会监管的非银行金融公司或第165条（a）款所规定的银行控股公司提供早期救助要求，但本款未授权联邦政府给予财务援助。

(b) 早期救助要求的目的。(a) 款提出早期救助要求的目的在于确立一系列具体的救助行动，使正在经历财务困境的联邦储备理事会监管的非银行金融公司或第165条（a）款所规定的银行控股公司能够采纳，从而使公司破产的可能性以及公司破产对美国金融稳定的潜在危害降至最低。

(c) 救助要求。联邦储备理事会依据（a）款规定的规章应：

(1) 定义公司财务状况的衡量指标，包括监管资本、流动性衡量指标以及其他前瞻性指标；

(2) 建立在公司财务状况恶化时提高监管严格度的要求。包括：

(A) 财务恶化初期期限的要求，包括对资本分配、收购和资产增长的限制；

(B) 财务恶化后期阶段的要求，包括资本储备计划和筹资要求，对与附属机构交易、管理层变动和资产出售的限制。

第167条　附属机构

(a) 附属机构。本节不构成一家联邦储备理事会监管的非银行金融公司或控制一家联邦储备理事会监管的非银行金融公司的公司遵守《1956年银行控股公司法案》第4条的要求。

(b) 要求

(1) 概述

(A) 联邦储备理事会职权。如果联邦储备理事会监管的非银行金融公司从事的活动不能在实质上确定为金融活动或根据《1956年银行控股公司法案》第4条（k）款确定为附带性金融活动，则联邦储备理事会可以要求该公司成立或通过由联邦储备理事会监管的中介控股公司来从事前述全部或部分被确定为金融或伴生金融活动，时间应在联邦储备理事会依据本款通知公司其决定之日起 90 天内（或联邦储备理事会认为合适的期间）。

（B）必要的行动。除了（A）分项的规定，如果联邦储备理事会认为成立中介控股公司有以下必要性，联邦储备理事会就应该要求其监管的非银行金融公司成立中介控股公司：

（i）适度监管在实质上被认定为金融或伴生金融活动的活动；

（ii）确保联邦储备理事会的监管不会扩展到非银行金融公司的商业行动上。

（2）内部金融活动。基于本款之目的，根据《1956 年银行控股公司法案》第 4 条（k）款，在实质上被认定为第（1）项所述的金融或伴生金融活动，不包括内部金融活动，如内部财政、内部投资、雇员福利功能等。为公司、公司的附属机构或本法生效前的非附属机构从事的内部金融活动，仍可以由公司或公司的附属机构（不是一家中介控股公司或其附属公司）继续从事，只要不少于三分之二的资产或收入来自或分配于公司或其附属机构，并遵从联邦储备理事会的审查以确定从事此类活动是否对公司或美国金融稳定造成过度的风险。

（3）支撑来源。直接或间接控制依据本款设立的中介控股公司的公司应作为其所属中介控股公司的支撑来源。

（4）母公司报告。联邦储备理事会可以不时向一家控制中介控股公司的公司要求提交经宣誓的报告，联邦储备理事会向相应的公司官员或主管索取报告，目的仅为确信公司遵守本款，包括评估公司作为第（3）项所规定的所属中介控股公司作为支撑来源的能力。

（5）有限的母公司执行

（A）概述。除了联邦储备理事会的其他职权外，联邦储备理事会可以对第（1）项所述的任何一家根据《联邦存款保险法案》第 8 条控制中介控股公司的公司执行本款规定。仅在此意义上，这种公司应以相同的方式和程度遵守上述条款，就如同其是一家银行控股公司一样。

（B）适用其他法律。根据（A）分项，控制中介控股公司的公司违反本款，还可以视为违反《联邦存款保险法案》。

（C）不影响其他授权。本项对联邦储备理事会或其他联邦机构在任何其他法律下的授权没有任何限制。

（c）规章。联邦储备理事会应：

（1）颁布规章以确立相应的标准来决定是否要求其监管的非银行金融公司依据（b）款成立中介控股公司。

（2）颁布规章以确立对中介控股公司或联邦储备理事会监管的非银行金融公司与各自的附属机构之间的交易进行控制或限制；如这种限制有助于阻止上述公司或其附属公司与母公司或不是附属公司的附属机构之间交易中的不安全和不合理的操作。但此种监管不应限制与真实收购或无附属关系人的资产、货物或服务租赁相关的交易。

第168条　规章

联邦储备理事会有权发布规章以执行第1节和第3节及对它们的修订。除非另有规定，联邦储备理事会应在本法案生效之日起18个月内发布最终规章以执行第1节和第3节及对它们的修订。

第169条　避免重复

联邦储备理事会应采取其认为适当的行动，来避免根据本节实施的要求与适用于银行控股公司和非银行金融公司的其他法律规定的要求相重复。

第170条　安全港

（a）规章。联邦储备理事会应代表委员会并与其协商后颁布规章，提出免除特定类型或级别的美国或外国非银行金融公司接受联邦储备理事会监管的相关标准。

（b）考虑因素。在根据（a）款制定相关标准时，联邦储备理事会应考虑第113条（a）款和（b）款所述的因素，以决定一家美国或外国非银行金融公司是否接受联邦储备理事会的监管。

（c）规则的确立。本条不应理解为，如果一家美国或外国非银行金融公司不符合依据（a）款所设立的免除标准，则其就应该接受联邦储备理事会的监管。

（d）修订

（1）概述。经与委员会协商，联邦储备理事会应至少每5年审查一次依据（a）款颁布的规章。根据审查的结果，在有必要时联邦储备理事会可代表委员会并经与委员会协商后修订相关规章中的标准。

（2）过渡期。自最终修订案公布之日起两年后，依据第（1）项所做的修订才会生效。

（e）报告。联邦储备理事会主席与委员会主席应向参议院银行、房地产和城市事务委员会和众议院金融服务委员会联合提交报告，时间在依据（a）款颁布的最终形式规章发布之日起，或依据（d）款对规章作出任何修订之日起30天内。报告至少应包括免除的理由和支持免除标准的经验证据。

第171条　杠杆比率和风险资本要求

（a）定义。本条中下列定义应适用：

（1）一般适用的杠杆资本要求。“一般适用的杠杆资本要求”是指：

（A）一级资本与平均总资产之间的最低比率。该比率由适当联邦银行业监管机构为执行《联邦存款保险法案》第 38 条而颁布的快速修正行动规章中建立，以适用于参保存款机构，不考虑合并总资产规模或国外财务风险敞口。

（B）包括作为分子的监管性资本组成和作为分母的平均总资产，以及分子与分母相除所要求的比值。

（2）一般适用的风险资本要求。“一般适用的风险资本要求”是指：

（A）风险资本要求。该比率由适当联邦银行业监管机构为执行《联邦存款保险法案》第 38 条而发布的快速修正行动规章中建立以适用于参保存款机构，不考虑合并总资产规模或国外财务风险敞口。

（B）包括风险资本要求中作为分子的监管性资本组成和作为分母的风险加权资产，以及分子与分母相除所要求的比值。

（3）存款机构控股公司定义。“存款机构控股公司”指在美国境内组成的银行控股公司或储贷控股公司（前述概念由《联邦存款保险法案》第 3 条所定义），包括由外国组织所有或控制的银行控股公司或储贷控股公司（但不包括该外国组织本身）。

（b）最低资本要求

（1）最低杠杆资本要求。适当联邦银行业监管机构应按照统一标准为参保存款机构、存款机构控股公司和联邦储备理事会监管的非银行金融公司建立最低的杠杆资本要求。本项下的最低杠杆资本要求，不能低于一般适用的杠杆资本要求，后者应作为机构所要求的任何资本要求的下限；同时也不能低于本法生效之日起生效的适用于参保存款机构的一般适用的杠杆资本要求。

（2）最低风险资本要求。适当联邦银行业监管机构应按照统一标准为参保存款机构、存款机构控股公司和联邦储备理事会监管的非银行金融公司建立最低风险资本要求。本项下的最低风险资本要求不能低于一般适用的风险资本要求，后者应作为机构所要求的任何资本要求的下限；同时也不能低于本法生效日起生效的适用于参保存款机构的一般适用的风险资本要求。

（3）对金融附属公司的投资。本条下，参保存款机构对金融附属公司的投资应按照《美国修正法令》第 5136 A 条或《联邦存款保险法案》第 46 条（a）款第（2）项的要求从监管性资本中扣除；而存款机构和联邦储备理事会监管的非银行金融公司的投资则不需要扣除，除非联邦储备理事会或主要金融监管机构要求扣除此类资本。

（4）生效日和逐步采用期

（A）2010 年 5 月 19 日或其后的负债或权益。对 2010 年 5 月 19 日或其后，由存款机构控股公司或联邦储备理事会监管的非银行金融公司发行的负债或权益工具，本条应被视为2010年5月19日生效。

（B）2010年5月19日前的负债或权益。对2010年5月19日前由存款机构控股公司或联邦储备理事会监管的非银行金融公司发行的负债或权益工具，本条所要求的监管性资本扣除应分三年逐步采用，逐步采用期始于2013年1月1日，（C）分项所规定情形除外。

（C）小机构的负债和权益工具。对2010年5月19日前由合并总资产低于150亿美元（截至2009年12月31日）并且组织形式上是共同控股公司的存款机构控股公司发行的负债或权益工具，不适用本条对其他机构所要求的监管性资本扣除。

（D）以前不由联邦储备理事会监管的存款机构控股公司。对2010年5月19日前不由联邦储备理事会监管的存款机构控股公司，本条下的要求都应在本法案生效日五年后生效，（A）分项和（B）分项的要求除外。

（E）外国银行组织的银行控股公司附属公司。外国银行组织的银行控股公司附属公司，对其监管依据联邦储备理事会发布的监督和监管函SR-01-1（2010年5月19日生效），对前述机构，本条下的要求都应在本法案生效之日起五年后生效，（A）分项和（B）分项的要求除外。

（5）例外。本条不适用于：

（A）向美国或向任何机构或它们的部门发行的、遵从《2008年经济稳定应急法案》并且时间在2010年10月4日前发行的负债与权益工具；

（B）联邦住房贷款银行；或

（C）遵守联邦储备理事会颁布的于2010年5月19日生效的《小型银行控股公司政策声明》的小型银行控股公司。

（6）关于小型机构获得资本的研究和报告

（A）所需研究。经与联邦银行业监管机构协商，美国总审计长应进行关于小型参保存款机构的资本获得问题的研究。

（B）范围。基于（A）分项所要求研究之目的，“小型参保存款机构”是指合并总资产不超过500亿美元的机构。

（C）向国会报告。本法案颁布之日起18个月内，美国总审计长应向参议院银行、房地产和城市事务委员会和众议院金融服务委员会提交报告，总结根据（A）分项进行的研究结果，并提出立法或监管行动建议，以促进小型参保存款机构以安全和合理的银行运营方式获得资本。

（7）应对金融体系造成风险的活动所需资本要求

（A）概述。根据第120条，遵从委员会的建议，联邦银行业监管机构应制定适用于联邦储备理事会监管的参保存款机构、存款机构控股公司和非银行金融公司的资本要求，以应对上述机构经营活动在业绩较差、经营中断或经营失败的情况下对从事有关活动的机构以及其他公共或私人的利益相关者造成的风险。

（B）内容。有关规则应至少能应对源于以下方面的风险：

（i）大量的衍生品活动、证券化产品买卖、金融担保买卖、证券借入借出以及回购和逆回购协议；

（ii）财务报告中的资产价值集中于以模型为基础而不是以历史成本或以有深度且流动性好的市场定价为基础的资产中；

（iii）任何业务活动市场份额集中度较高，如果出现非预期的该机构被迫停止经营活动时市场就有可能崩溃。

第 172 条 基于保险和有序清算目的的检查与执法行动

（a）基于保险和解决方案目的的检查。《联邦存款保险法案》第 10 条（b）款第（3）项修改如下：

（1）删除"除了"，加入"（A）概述。除了"；以及

（2）删除"无论何时董事会决定"及其后至句号之前的内容，并插入以下内容："或联邦储备理事会监管的非银行金融公司或《2010 年金融稳定法案》第 165 条（a）款所规定的银行控股公司，无论何时董事会决定为了保险的目的而对存款机构进行专门检查是有必要的；或按照该法案第 2 章规定为了执行其有序清算权限的目的而对联邦储备理事会监管的非银行金融公司或第 165 条（a）款所规定的银行控股公司进行专门检查是有必要的，但该权限不能运用于总体上健康的公司。"

"（B）限制。在对联邦储备理事会监管的非银行金融公司或第 165 条（a）款所述的银行控股公司执行专门检查之前，联邦存款保险公司应检查公司依照第 165 条（d）款提交的任何可得的或可接受的解决方案和可得的检查报告，并且应最大可能地与联邦储备理事会协调，以尽可能避免重复检查或冲突性检查的出现。"

（b）执行权。《联邦存款保险法案》第 8 条（t）款修改如下：

（1）第（1）项中在"或任何机构附属方"前加入"任何存款机构控股公司"；

（2）第（2）项中：

（A）在（B）分项的最后删除"或"；

（B）在（C）分项的最后删除期间，插入"或"；以及

（C）在末尾加入新分项："（D）存款机构控股公司行为或要从事的

行为（包括任何作为或不作为）对存款保险基金造成风险，该权限不能用于总体健康的存款机构控股公司，其行为不会对存款保险基金产生可预见的实质的损失风险。”

（3）在末尾增加了：

“（6）对存款机构控股公司的权力和义务。为行使本款给予的备份职权：

（A）对于存款机构控股公司及其附属机构，联邦存款保险公司应与适当联邦银行业监管机构拥有同等权力；

（B）存款机构控股公司及其附属机构对联邦存款保险公司和适当的联邦银行业监管机构具有相同的义务。”

（c）规则的确立。本法案不限制联邦存款保险公司现有的对任何参保存款机构或其附属方检查或执法行动的职权。

第 173 条　国外机构的美国金融市场准入

（a）外国银行办公室的设立。《1978 年国际银行业法案》修改如下：

（1）在（C）分项中，删除最后的“和”；

（2）在（D）分项中，删除最后的期间，加入“；和”；

（3）在末尾增加新的分项：

“（E）对于一家对美国金融稳定呈现出风险因素的外国银行来说，其母国是否已采纳金融监管体系或是向着采纳的方向有明显的进步，以减轻风险。”

（b）在美国的国外银行办公室的终止。《1978 年国际银行业法案》修改如下：

（1）（A）分项中删除最后的“或”；

（2）（B）分项中删除最后的期间，加入“或”；

（3）在末尾增加新的分项：

“（C）对于一家对美国金融稳定呈现出风险因素的外国银行来说，其母国未采纳适当的金融监管制度或是向着采纳的方向有明显的进步以减轻风险。”

（c）美国经纪商的注册或延续。《1934 年证券交易法案》第 15 条在末尾增加新款：

“（k）美国经纪商的注册或延续。在决定是否允许一家国外法人或其附属机构注册为美国经纪商或在注册后延续资格，证券交易委员会可考虑对美国金融稳定呈现出风险因素的外国人或其附属机构的母国是否已采纳适当的金融监管制度或是向着采纳的方向有明显的进步，以减轻风险。”

“（1）美国经纪商的终止。对于对美国金融稳定呈现出风险因素的外国人或其附属机构，证券交易委员会可以考虑终止其作为美国经纪商的注册，如果证券交易委员会认为其母国未采纳适当的金融监管制度或是向着采纳的方向有明显的进步以减轻风险。”

第 174 条　有关控股公司资本要求的研究与报告

（a）经与联邦储备理事会、货币监理官和联邦存款保险公司协商，美国总审计长应进行有关运用混合资本工具作为信贷机构和银行控股公司的一级资本的组成部分的研究。研究应考虑：

（1）当前在一级资本的组成中混合资本工具的运用，如信托优先股等；

（2）参保存款机构的资本组成和控制参保存款机构的公司的资本组成之间的差异；

（3）允许使用混合工具来满足一级资本要求的利益和风险；

（4）禁止使用混合工具充当一级资本的经济影响；

（5）信托优先工具不合格的后果反思，以及是否会导致现有信贷组织的失败或资本短缺；

（6）禁止使用混合工具充当一级资本对国际竞争的影响；

（7）禁止使用混合工具充当一级资本对美国国内信贷成本和可获得性的影响；

（8）总资产低于 100 亿美元的金融机构的资本可得性；

（9）与金融体系安全和健康相关的其他因素以及禁止使用混合工具充当一级资本的潜在经济影响。

（b）外国银行中介控股公司资本要求的研究。经与财政部部长、联邦储备理事会、货币监理官和联邦存款保险公司协商，美国总审计长应从事有关适用于外国银行中介控股公司（是银行控股公司或储贷控股公司）资本要求的研究，研究应考虑：

（1）当前联邦储备理事会有关中介控股公司待遇的政策；

（2）外国银行在美国运营的国民待遇和公平竞争的原则；

（3）外国银行按照统一标准遵守其母国可比于美国的资本标准的程度；

（4）中介控股公司政策变化对美国信贷组织运营的潜在影响；

（5）中介控股公司政策的变化对美国信贷成本与可得性的影响；

（6）与金融体系安全和健康相关的其他因素以及禁止中介控股公司的潜在经济影响。

（c）报告。本法案生效之日起 18 个月内，美国总审计长应向参议院银行、住房和城市事务委员会和众议院金融服务委员会提交报告，总结根据（a）款进行研究的结果。报告应包括有关混合资本工具（包括信贷优先股）待遇的立法或监管行动的建议，并解释建议的基础。

第 175 条　国际政策协调

(a) 通过总统。总统，或其任命的人，可通过所有可获得的国际政策渠道进行协调，以维护金融稳定和全球经济。类似的政策可以在有关限制金融公司范围、性质、规模、集中度和关联性的美国法律中找到。

(b) 通过委员会。经与其他成员机构协商，委员会主席应定期与外国政府或国际组织的金融监管实体和其他相关组织就国际金融体系的系统性风险问题进行协商。

(c) 通过联邦储备理事会和财政部。联邦储备理事会和财政部应与其国外的同行进行协商，并通过相关的多边组织来鼓励对所有高杠杆比率和管理性的金融公司实施全面而灵活的审慎监管。

第 176 条　规则解释

除另有规定外，根据本章实施的规章或标准，不能构成主要金融监管机构或其他联邦或州机构适用的要求严格程度的降低。本章，以及依据本章所制定的规则、规章或命令不会取消前述机构源于其他适用法律的任何授权。

第二章　有序清算职权

第201条　定义

（a）概述。本章中，适用下列定义：

（1）清算管理人的行政开支。“清算管理人的行政开支”包括：

（A）作为清算管理人的联邦存款保险公司在对相关金融公司进行清算过程中产生的实际必要的开支；以及

（B）作为清算管理人的联邦存款保险公司在对相关金融公司进行清算过程中所列出的有助于清算过程顺利有序进行的任何义务（obligations）。

（2）破产法典。《破产法典》指《美国法典》第11章。

（3）过桥金融公司（bridge financial company）。“过桥金融公司”指由作为清算管理人的联邦存款保险公司根据第210条（h）款的规定，为对相关金融公司进行解体而新组建的一家金融公司。

（4）索赔。“索赔”指要求支付的任何权利，不管该权利已经裁决、清偿或未清偿、固定或临时、到期或未到期、是否存在争议、是否合法、是否公正、有无担保。

（5）公司。“公司”与《1956年银行控股公司法案》第2条（b）款中所指的公司意思相同。除了此处的公司还包括第（11）项中所述的、大部分证券属于美国政府或各州政府的公司。

（6）法院。“法院”除非文中另有所指，皆指美国哥伦比亚特区地区法院。

（7）相关经纪人或交易商。“相关经纪人或交易商”指是符合下列条件的作为经纪人或交易商的相关金融公司：

（A）根据《1934年证券交易法案》第15条（b）款规定在证券交易委员会进行注册；以及

（B）是美国证券投资者保护公司的成员之一。

（8）相关金融公司。“相关金融公司”指的是符合下列条件的公司：

（A）根据第203条（b）款规定，对其作出决定的金融公司；以及

（B）该公司不包括参保存款机构。

（9）相关附属公司。“相关附属公司”指相关金融公司的附属公司，其

中不包括：

(A) 参保存款机构；

(B) 保险公司；或

(C) 相关经纪人或交易商。

(10) 与相关经纪人及交易商相关的定义：在涉及相关经纪人与交易商的内容中出现“消费者”、“客户记名证券”、“客户财产”、“权益净额”时，其意与《1970年证券投资者保护法案》第16条规定的意思相同。

(11) 金融公司。“金融公司”指符合下列条件的任何公司：

(A) 根据联邦法律或各州法律注册或组建。

(B) 为：

(i)《1956年银行控股公司法案》第2条（a）款定义的银行控股公司；

(ii) 由联邦储备理事会监管的非银行金融公司；

(iii) 主要从事联邦储备理事会基于《1956年银行控股公司法案》第4条（k）款之目的确定为本质上是金融或伴生金融业务的公司，(i)、(ii) 则规定的公司除外；

(iv) (i) 至 (iii) 则中规定的主要从事联邦储备理事会基于《1956年银行控股公司法案》第4条（k）款之目的确定为本质上是金融或伴生金融业务公司的附属公司，附属公司为参保存款机构或保险公司的除外；以及

(C) 不是一家《1971年农业信贷法案》特许并受其管辖的农业信贷体系机构，不是一家政府机构，或不是一家《1992年联邦住房企业财务安全和稳健法案》第1303条第（20）项定义的受监管机构。

(12) 基金。基金是指根据第210条（n）款所建立的有序清算基金。

(13) 保险公司。保险公司指下列任何实体：

(A) 从事保险业务；

(B) 受所在州保险监管机构的监管；以及

(C) 受所在州关于保险公司复兴、清算或破产的相关法律管辖。

(14) 非银行金融公司。非银行金融公司与第102条（a）款第（4）项（D）分项的定义相同。

(15) 联邦储备理事会监管下的非银行金融公司。联邦储备理事会监管下的非银行金融公司与第102条（a）款第（4）项（D）分项的定义相同。

(16) 证券投资者保护公司。SIPC是指证券投资者保护公司。

(b) 定义标准：按照联邦存款保险公司同财政部长协商后应制定的规章，基于（a）款第（11）项所定义金融公司之目的，任何一家公司都不得被视为主要

从事联邦储备理事会根据《1956年银行控股公司法案》第4条（k）款之规定确定为金融性质或附带金融性业务的公司，如果该公司从事这些活动取得的合并收入占该公司合并总收入85%以下。在确定某家公司是否是本章所规定的金融公司时，来自拥有或控制一个存款机构的收入应包括在合并收入之内。

第202条　司法审查

（a）有序清算的开始

（1）提交地区法院

（A）地区法院审查

（i）提交地区法院。财政部长根据第203条规定作出金融公司符合第203条（b）款标准的决定后，财政部长应通知联邦存款保险公司及相关金融公司。如果相关金融公司董事会（或具有相同职能的机构）默许或同意联邦存款保险公司作为清算管理人，财政部长应当指定联邦存款保险公司为清算管理人。如果相关金融公司董事会（或具有相同职能的机构）不同意联邦存款保险公司作为清算管理人，财政部长应当向美国哥伦比亚特区地区法院申请一项命令以授权财政部长指定联邦存款保险公司为清算管理人。

（ii）命令的格式与内容。财政部长应根据第203条（a）款向法院递交所有相关调查结果以及建议。该申请应密封提交。

（iii）判决。在通知相关金融公司，并举行相关金融公司可以抗辩申请的听证之后，法院应本着严格保密、没有任何事先公开披露的原则，对财政部长所作的相关金融公司存在违约或违约可能性及其符合第201条（a）款第（11）项金融公司定义的决定，作出其是否武断且随意的判决。

（iv）发布命令。如果法院判决财政部长所作的相关金融公司存在违约或违约可能性及其符合第201条（a）款第（11）项中金融公司定义的决定：

（I）不武断随意，法院应立即发布命令，授权财政部长指定联邦存款保险公司作为相关金融公司的清算管理人。

（II）武断随意，法院应立即向财政部长提供一份支持其判决的每条理由的书面陈述，并给财政部长提供根据（i）则立即修改并重新提交申请的机会。

（v）依法律规定获得授权的申请

如果法院在收到申请24小时内未作出判决，则

（I）该申请依法律规定获得授权；

(II) 财政部长应指定联邦存款保险公司作为清算管理人；以及

(III) 本章所规定的清算在无进一步通知或行动的情况下自动开始，联邦存款保险公司可根据授权立即采取一切行动。

(B) 判决的效力。法院根据 (A) 分项作出的判决应是最终的，仅根据第 (2) 项方可提起上诉。该判决不受任何推迟执行或等待上诉的强制令约束。诉讼结束后，法院根据 (A) 分项提供一个书面陈述记录，其中包含支持法院判决的所有理由，并分别提供副本给财政部长和相关金融公司。

(C) 刑事处罚。任何人肆意公开财政部长根据第 203 条 (b) 款作出的决定，或肆意公开财政部长根据 (A) 分项所作的申请，或肆意公开法院根据 (A) 分项推迟诉讼审理的情况，将被处以 25 万美元以下罚款，或 5 年以下监禁，或两者并用。

(2) 对地区法院的判决进行上诉

(A) 向上诉法院提出上诉

(i) 概述。根据 (ii) 则规定，美国哥伦比亚特区巡回上诉法院拥有对财政部长或相关金融公司通过董事会对法院最终判决进行上诉的管辖权。该上诉不受第 210 条 (a) 款第 (1) 项 (A) 分项 (i) 则的约束，但是应在法院根据本款作出或视同作出判决之日 30 天内提出上诉。

(ii) 管辖权的条件。仅当相关金融公司不默许或同意财政部长根据第 (1) 项 (A) 分项指定的联邦存款保险公司为清算管理人时，上诉法院才拥有相关金融公司上诉的管辖权。

(iii) 从速审理。上诉法院应根据本分项从速考虑任何上诉请求。

(iv) 审查范围。根据本款，对于上诉请求，审查的范围仅限于判决财政部长所作的相关金融公司存在违约或违约可能性，及其符合第 201 条 (a) 款第 (11) 项中金融公司定义的决定是否武断随意。

(B) 向最高法院提起上诉

(i) 概述。财政部长或相关金融公司通过董事会，可以向最高法院提交申请，对上诉法院根据 (A) 分项作出的判决进行调案复审。该请求不受第 210 条 (a) 款第 (1) 项 (A) 分项 (i) 则的约束，但应在上诉法院作出最终判决之日起 30 天内提出。最高法院具有对上诉法院最终判决进行复审的自由裁量管辖权。

（ii）书面陈述。当根据（i）则提出的申请发生时，上诉法院应立即提供一个书面陈述记录，其中包含支持其判决的所有理由。

（iii）从速审理。最高法院应根据本分项从速考虑任何复审申请。

（iv）审查范围。根据本条款，对于复审申请，最高法院审查的范围仅限于判决财政部长所作的相关金融公司存在违约或违约的可能性，及其符合第201条（a）款第（11）项金融公司定义的决定是否武断随意。

（b）规则及程序的制定与传达

（1）概述。在本法案颁布之日起6个月内，法院应制定必要的规则及程序，以确保诉讼程序的有序进行。包括制定相关的规则及程序以确保满足24小时的最后期限，财政部长根据（a）款第（1）项仍拥有继续修正和重新递交申请的机会。

（2）规则发布。根据第（1）项制定的规则和程序，以及对其所作的任何修改都应备案并传达给以下单位：

（A）参议院司法委员会；

（B）参议院银行、住房和城市事务委员会；

（C）众议院司法委员会；以及

（D）众议院金融服务委员会。

（c）适用于金融公司的相关条款

（1）《破产法典》。除本款另有规定外，《破产法典》相关条款及据此制定的规则或其他适用的破产法律，而非本章的相关条款，仅适用未指定联邦存款保险公司为清算管理人的非相关金融公司。

（2）本章。本章的相关条款只适用并管辖指定联邦存款保险公司为清算管理人的相关金融公司的所有事项。除本章有明确规定外，《破产法典》的任何条款及据此制定的规则不适用于此情况。

（d）清算权限的期限

（1）基准期。任何根据本条对联邦存款保险公司作为清算管理人的指定，应在自指定之日起3年后终止。

（2）延期。如果联邦存款保险公司的主席决定并通过书面方式向参议院银行、住房和城市事务委员会以及众议院金融服务委员会证明延长清算权限期限是必要的，则第（1）项中规定的期限可以由联邦存款保险公司至多延长一年。

（A）以期：

（i）使相关金融公司资产出售或以其他处置方式获得的净现值

最大化；或

（ii）使相关金融公司资产出售或以其他处置方式导致的损失最小化。以及

（B）以保护美国金融体系的稳定性。

（3）二次延期

（A）概述。根据本款，第（2）项中延长的时限可再次延长至多一年，如果联邦存款保险公司的主席和财政部长一致认为并按照第（2）项规定以书面形式证明二次延长清算权限是必要的。

（B）补充报告要求。联邦存款保险公司应于（A）分项中的延期开始之日起30天内向参议院银行、住房和城市事务委员会以及众议院金融服务委员会提交一份补充报告。该报告需描述延长时限的必要性以及联邦存款保险公司在二次延期结束以前终止清算权限的详细计划。

（4）正在进行的诉讼。在本款，仅为完成正在进行的诉讼之目的，第（3）项中二次延长的期限可以继续延长。在该诉讼中，作为清算管理人的联邦存款保险公司是诉讼一方当事人，且联邦存款保险公司作为清算管理人的指定在此类诉讼结束之日起90天内终止。如果：

（A）委员会确认联邦存款保险公司在第（3）项规定的期限结束之前，已尽其最大努力按照计划完成清算管理任务；

（B）委员会确认完成正在进行的诉讼是实现长期责任的表现，因此需要延期；以及

（C）联邦存款保险公司在委员会根据（A）分项和（B）分项确认后30日内向参议院银行、住房和城市事务委员会以及众议院金融服务委员会提交一份委员会认可的报告，阐明：

（i）正在进行的诉讼证明了延期的必要性；以及

（ii）联邦存款保险公司完成该诉讼以及终止清算权限的详细计划。

（5）规章。联邦存款保险公司可以根据本章制定并发布规章以规范清算权限的终止。

（6）无责任。清算权限终止后，联邦存款保险公司与存款保险基金将不负责由清算权限产生的未决索赔。

（e）研究金融公司破产及有序清算的程序

（1）研究

（A）概述。美国法院行政管理局与美国总审计长应分别监督法院的活动，并且依据《破产法典》分别对金融公司破产与有序清算程序进行研究。

（B）待研究问题。在进行（A）分项的研究过程中，美国法院行政管理局与美国总审计长应评估：

（i）《破产法典》第7章与第11章在促进金融公司有序清算与重组过程中的有效性；

（ii）有利于使法院效率与有效性最大化的方式；以及

（iii）使金融公司根据《破产法典》更加有效地进行有序清算的方式。

（2）报告。在本法案颁布之日起一年内、其后每一年直到第三年以及法案颁布之日起每五年，美国法院行政管理局与美国总审计长应向参议院银行、住房和城市事务委员会、参议院司法委员会、众议院金融服务委员会以及众议院司法委员会分别提交报告，总结根据第（1）项开展的研究成果。

（f）研究金融公司破产程序相关的国际协调

（1）研究

（A）概述。美国总审计长应开展关于金融公司根据《破产法典》进行有序清算的国际协调的研究。

（B）待研究的问题。开展（A）分项中关于金融公司破产程序的研究，美国总审计长应评估：

（i）目前的国际协调所达到的程度；

（ii）目前促进国际合作的机制与机构；

（iii）实现有效国际协调的障碍；以及

（iv）增进有效国际协调的方式。

（2）报告。本法案颁布之日起一年内，美国总审计长应向参议院银行、住房和城市事务委员会、参议院司法委员会、众议院金融服务委员会以及众议院司法委员会分别提交报告，总结根据第（1）项开展的研究成果。

（g）研究相关联邦机构及时纠正行动的执行情况

（1）研究。美国总审计长应开展关于适当的联邦银行业机构及时纠正行动执行情况的研究。

（2）待研究问题。关于开展第（1）项中的研究，总审计长应评估：

（A）适当的联邦银行业机构及时纠正行动执行情况的有效性以及联邦存款保险公司对于参保存款机构的解决方案；以及

（B）使及时纠正行动成为更为有效的工具，以存款保险基金最低的长期成本来解决参保存款机构问题的方式。

（3）向委员会报告。本法案颁布之日起一年内，总审计长应向委员会提交研究成果的报告。

（4）委员会行动报告。在收到第（3）项中规定的总审计长的报告之日起六个月内，委员会应向参议院银行、住房和城市事务委员会以及众议院金融服务委员会提交报告，上报对总审计长报告所采取的行动，以及根据第120条对主要联邦金融监管机构的建议等。

第203条 确定系统性风险

（a）书面建议及决定

（1）表决要求

（A）概述。自主或应财政部长要求，联邦存款保险公司及联邦储备理事会应考虑是否作出第（2）项规定的关于财政部长是否应该指定联邦存款保险公司作为金融公司清算管理人的书面建议。该建议应经过联邦储备理事会三分之二以上时任理事和联邦存款保险公司董事会三分之二以上时任董事投票同意。

（B）涉及经纪人与交易商的情况。金融公司为经纪人或交易商，或金融公司在美国最大的附属公司（通过衡量上个季度末的总资产）为经纪人或交易商的情况下，证券交易委员会和联邦储备理事会应财政部长要求或主动考虑是否要提交第（2）项中关于金融公司的书面建议。依据第（2）项的要求，该建议须同联邦存款保险公司协商，且应经过联邦储备理事会三分之二以上时任理事与证券交易委员会三分之二以上时任委员投票同意。

（C）涉及保险公司的情况。涉及保险公司，或金融公司在美国最大的附属公司（通过衡量上个季度末的总资产）为保险公司的情况下，联邦保险办公室与联邦储备理事会应财政部长要求或主动考虑是否要提交第（2）项中关于金融公司的书面建议。依据第（2）项的要求，该建议须同联邦存款保险公司协商，且应经过联邦储备理事会三分之二以上时任理事投票同意以及联邦保险办公室主任的赞成。

（2）所需建议。根据第（1）项所提出的任何建议应包括：

（A）对于金融公司是否违约或存在违约可能性的评估；

（B）金融公司违约对于美国金融稳定影响的描述；

（C）金融公司违约对于低收入人群、少数族裔、或得不到充分服务的社区的经济环境与金融稳定影响的描述；

（D）依据本章应对金融公司违约问题可采取何种性质及程度的措施的建议；

（E）利用替代性私人部门来防止金融公司违约可能性的评估；

（F）对于为何在某个案例中《破产法典》不适用对于金融公司不适当的评估；

（G）金融公司对债权人、交易对手方以及股东造成影响的评估；以及

（H）该公司是否符合第201条规定的金融公司定义的评估。

（b）财政部长的决定。不论其他联邦法律或各州法律相关条款如何规定，财政部长应仅按照第202条（a）款第（1）项（A）分项规定，根据（a）款所述的书面建议采取行动，一旦财政部长同主席协商后决定：

（1）金融公司违约或存在违约可能性；

（2）适用其他联邦或各州法律解决金融公司破产将对美国的金融稳定产生严重的负面影响；

（3）没有可行的替代性私人部门适用于防止金融公司违约；

（4）在充分考虑根据本章采取的行动对美国金融稳定可能产生的影响基础上，所采取的行动对该金融公司债权人、交易对手方、股东以及其他市场参与者的索赔要求和利益产生任何影响都是适当的；

（5）根据第204条采取行动，避免或减轻其负面影响，主要考虑以下几方面：是否有效减轻对金融体系造成的潜在负面影响，财政部普通基金的支出，以及债权人、交易对手方、金融公司股东以及其他市场参与者一方所增加的过度风险；

（6）联邦监管机构下令金融公司根据监管命令转换其所有可转换债务工具；以及

（7）该公司符合第201条规定的金融公司的定义。

（c）文件与审查

（1）概述。财政部长应：

（A）将根据（b）款所作决定编成正式文件；

（B）依据第（2）项，保留文件用于审查；以及

（C）通知相关金融公司与联邦存款保险公司相关决定内容。

（2）向国会报告。在指定联邦存款保险公司作为相关金融公司清算管理人之日起24小时内，财政部长应向参议院多数党领袖与少数党领袖、众议院议长与少数党领袖、参议院银行、住房和城市事务委员会以及众议院金融服务委员会提交书面通知，通知内容为根据（a）款和（b）款所作出的建议与决定，包括作出该决定时所能提供的全部理由的摘要：

（A）相关金融公司的规模与财务状况；

（B）相关金融公司的资本来源与信用支持；

（C）相关金融公司的运营对金融稳定、市场，或两者可能产生的显著影响；

（D）相关金融公司可提供银行与金融公司所从事服务的识别；

（E）根据适用其他破产法处理相关金融公司问题可能产生的任何潜在国际后果；

（F）根据适用其他破产法处理相关金融公司问题可能对美国金融稳定产生影响的评估；

（G）财政部长指定清算管理人对消费者造成的潜在影响；

（H）财政部长指定清算管理人对金融体系、金融市场、银行以及其他金融公司造成的潜在影响；以及

（I）根据适用其他破产法处理相关金融公司问题是否会导致银行或其他金融公司遭遇严重的债务清偿困难。

（3）向国会与公众报告

（A）概述。在联邦存款保险公司被指定为相关金融公司清算管理人之日起60天内，联邦存款保险公司应向参议院银行、住房和城市事务委员会以及众议院金融服务委员会提交报告，内容包括：

（i）阐述相关金融公司财务状况的信息，包括其资产与负债状况的描述；

（ii）详细列出联邦存款保险公司逐步缩小并解体相关金融公司的计划与所采取的行动；

（iii）阐明联邦存款保险公司放弃《联邦监管法案》第12章第366节起之各节关于为清算管理人公司提供服务的私人部门人员利益冲突的任何适用的必要条件的情况；

（iv）阐明清算管理人任何非基金资助规定的理由；

（v）阐明相关金融公司有序清算的预期开支；

（vi）阐明不同于（b）款第（4）项、（d）款第（4）项或（h）款第（5）项（E）分项中描述的相似索赔人员的其他索赔人员的身份，根据（d）款第（4）项对于此类索赔人员的额外赔偿数额和这么做的理由；以及

（vii）根据确保适当保密的原则，该报告应发布在联邦存款保险公司的官方网站上。

（B）修订。联邦存款保险公司应及时地，至少每季度一次，根据本项修订并重新提交报告。

（C）国会作证。联邦存款保险公司及其作为清算管理人的相关金融公司的主要金融监管机构，应在联邦存款保险公司首次提交（A）分项中要求的报告之日起30天内应要求出席国会作证。

（4）违约或存在违约可能性。为达到有序清算的目的，根据（b）款，以下金融公司应视为违约或存在违约可能性：

（A）该金融公司关于破产的诉讼正在进行或即将开始；

（B）该金融公司已遭遇或极有可能遭遇耗尽或几乎耗尽其资产的严重损失，并且该公司没有任何可能性避免该资产耗尽；

（C）金融公司的资产少于或极有可能少于其对债权人与其他方的承诺义务；以及

（D）金融公司在正常的商业运作中无法或极有可能无法履行其义务（因真正纠纷所履行的义务除外）。

（5）GAO 审查。美国总审计长应审查根据（b）款所作的指定联邦存款保险公司为清算管理人的决定并向国会报告：

（A）作出此决定的依据；

（B）根据此决定所采取的任何行动的目的；

（C）此决定与所采取行动对金融公司及其债权人、交易对手方及股东的激励与行为可能造成的影响；以及

（D）在考虑根据本章采取的任何行动对美国金融稳定影响的基础上，此决定与所采取行动对债权人、交易对手方、股东合理期望的破坏性影响，包括其权利是否遭到破坏。

（d）公司政策与程序。一旦本法案颁布并实施，联邦存款保险公司应制定相关政策与程序。该政策与程序须经过负责管理基金用途的财政部长同意，以便向联邦存款保险公司提供资金执行本章规定。该政策与程序应包括其条款与适用条件，以及根据第 204 条（d）款、第 210 条（h）款第（2）项（G）分项（iv）则、第 210 条（h）款第（9）项安排基金用途。

（e）保险公司与保险公司附属公司的处理方法

（1）概述。无论（b）款如何规定，如果相关金融公司及其附属公司是保险公司，此类保险公司及第（2）项未提及的此类保险公司的附属公司的清算与重组过程应根据适用的州法律进行。

（2）特殊情况的附属公司。第（1）项中的规定不适用于本身不是保险公司性质的保险公司的附属公司。

（3）备用权限。无论第（1）项如何规定，根据第 202 条（a）款，对第（1）项中的金融公司作出的决定实行之日起 60 天后，如果适当的监管机构未向相关的州法院提起适当的司法诉讼，使此类公司依据州法律要求进入有序清算过程，则联邦存款保险公司拥有代替适当监管机构向相关的州法院提起适当的司法诉讼，使此类公司依据州法律要求进入有序清算过程的权利。

第 204 条　相关金融公司的有序清算

（a）有序清算权限的目的

本章的目的是，针对给美国金融稳定带来显著风险的破产的金融公司，提供必要权限，以消减该风险并以使道德风险最小化的方式对其进行清算。本章规定的该项权限应以能最佳实现上述目的的方式行使，因此：

（1）债权人与股东将承担金融公司的损失；

（2）对金融公司境况负有责任的管理层将不予保留；以及

（3）联邦存款保险公司与其他适当的机构将采取一切必要且恰当的措施保证对金融公司境况负有责任的各方，包括管理层、董事及第三方承担与其责任相一致的损失。这些措施包括针对损害、偿还、补偿以及与其责任不相符的收入采取行动。

（b）*作为清算管理人的联邦存款保险公司。*一旦联邦存款保险公司依据第202条被指定为相关金融公司的清算管理人，联邦存款保险公司将拥有本章所规定的一切权利与义务。

（c）*咨询。*联邦存款保险公司作为清算管理人：

（1）应同负责监管相关金融公司及其附属公司的主要金融监管机构或其他机构进行协商，以保证相关金融公司清算过程有序进行；

（2）依据第210条（a）款第（1）项（B）分项（v）则或（a）款第（1）项（L）分项的规定，可以咨询任何外部专家并获得其服务，在联邦存款保险公司的有序清算过程中提供适当的信息和援助；

（3）应同负责监管相关金融公司未受影响附属公司的主要金融监管机构或其他机构协商，并在处理这些有偿付能力的附属公司同任何一个偿付能力差的附属公司分离方案上，同上述机构配合；以及

（4）当联邦存款保险公司被指定为相关金融公司清算管理人的公司是经纪人或交易商，且该经纪人或交易商是根据《1934年证券交易法案》第15条（b）款在证券交易委员会注册且为证券投资者保护公司成员时，应同证券交易委员会和证券投资者保护公司协商，以决定是否转移给由联邦存款保险公司作为清算管理人组建的过桥金融公司，而无须征得相关金融公司任何客户的同意。

（d）*为有序清算提供资助。*被指定为相关金融公司清算管理人之后，联邦存款保险公司可以根据第206条中规定的条件以及第210条（n）款第（9）项中所述的计划，对相关金融公司的有序清算过程提供资助，对上述资助联邦存款保险公司可以自主判断决定该资助是否恰当。联邦存款保险公司根据本款提供的资助按照第210条（b）款第（1）项（A）分项和（B）分项具有优先追索权，包括用于以下的资助：

（1）贷款给相关金融公司或相关附属公司，或购买其债务；

（2）直接或通过联邦存款保险公司基于该目的设立的实体购买相关金融

公司或其附属公司资产或担保其资产不受损失；

（3）承担或担保相关金融公司及其相关附属公司对一个或多个第三方的义务；

（4）对相关金融公司及其相关附属公司资产具有留置权，包括对相关金融公司及相关附属公司所有无负担资产的第一优先留置权，以确保根据本款进行交易的安全还款；

（5）出售或转让全部或部分获得的相关金融公司或任何相关附属公司的资产、负债或义务；以及

（6）根据第210条（b）款第（4）项、（d）款第（4）项与（h）款第（5）项（E）分项进行付款。

第205条　相关经纪人与交易商的有序清算

（a）指定证券投资者保护公司为受托人

（1）指定。一旦联邦存款保险公司被指定为任何相关经纪人或交易商的清算管理人，根据《1970年证券投资者保护法案》关于相关经纪人与交易商的规定，联邦存款保险公司应指定证券投资者保护公司为清算受托人，并且无须得到法院认可。

（2）证券投资者保护公司的行动

（A）申请。根据第（1）项，一旦证券投资者保护公司被指定，应依据《1970年证券投资者保护法案》及时向《1934年证券交易法案》第21条或第27条明确规定的、有足够司法权的联邦地区法院申请针对相关经纪人或交易商的保护令。即使在正常的工作时间之外，联邦地区法院应接受并批准此申请，并立即签发针对相关经纪人与交易商的保护令。

（B）证券投资者保护公司的管理。保护令签发后，除非本条另有规定，相关经纪人与交易商清算管理人所保留的、未转移到过桥金融公司的，索赔决定与清算资产应由作为清算委托人的证券投资者保护公司根据《1970年证券投资者保护法案》进行管理。

（C）申请日的定义。基于清算程序的目的，"申请日"是指联邦存款保险公司被指定为相关经纪人或交易商的清算管理人的日期。

（D）索赔决定。作为相关经纪人与交易商的清算委托人，证券投资者保护公司应根据本章及《1970年证券投资者保护法案》进行决定并满足从申请日起对相关经纪人与交易商的所有索赔要求。

（b）证券投资者保护公司权力与义务

（1）概述。除本条另有规定外，一旦被指定为相关经纪人与交易商的受

托人，证券投资者保护公司拥有《1970年证券投资者保护法案》所规定的权力与义务，包括对第三方采取行动的所有无限制权力，并且证券投资者保护公司应根据《1970年证券投资者保护法案》的相关条款进行清算。但对于由联邦存款保险公司从相关经纪人或交易商转移到任何根据本章所设立的过桥金融公司的资产与负债，证券投资者保护公司没有任何权力与义务。

（2）权力限制。证券投资者保护公司根据（a）款作为受托人行使权力与职能，不得损害或阻碍联邦存款保险公司行使关于以下各方面的权力与职责：

（A）任何行动，除本章另有规定外

（i）根据第204条（d）款进行资助；

（ii）组建、设立、运营或终止任何过桥金融公司；

（iii）转让资产与负债；

（iv）执行或拒绝执行合同；或者

（v）根据第210条，采取关于该过桥金融公司的任何其他行动；或者

（B）根据（e）款对索赔进行决定。

（3）保护令。证券投资者保护公司及联邦存款保险公司在证券交易委员会协商后，应共同决定，由证券投资者保护公司根据（a）款，向按照《1934年证券交易法案》第21条或第27条规定有足够司法权的联邦地区法院提交的保护令的条款。

（4）合格金融合同。无论《1970年证券投资者保护法案》如何规定［包括该法案第5条（b）款第（2）项（C）分项］，合格金融合同［第210条（c）款第（8）项所定义］中任何一方当事人对相关经纪人与交易商的权利与义务都只受第210条，包括第210条（c）款第（10）项（B）分项规定的管辖。

（c）法院行动的限制。除本章另有规定外，任何法院不得采取行动，包括根据《1970年证券投资者保护法案》或《破产法典》采取行动，去限制或影响作为相关经纪人与交易商清算管理人的联邦存款保险公司行使权力与职能。任何针对作为清算管理人的联邦存款保险公司的索赔请求应按照（e）款作出决定，且此类索赔仅限于金钱损失。

（d）联邦存款保险公司作为清算管理人行动

（1）概述。无论本章其他条款如何规定，作为清算管理人的联邦存款保险公司采取的任何关于相关经纪人与交易商的行动不得：

（A）对客户的权利、财产或客户记名证券有负面影响；

（B）减少客户的净权益资产索赔的数目或不及时支付；或者

(C) 损害根据《1970 年证券投资者保护法案》提供给客户的补偿款项。

(2) 净收益。任何转让、出售或者处置相关经纪人与交易商资产的净收入，或由作为相关经纪人与交易商清算管理人的联邦存款保险公司转让、出售或者处置前者财产的收益，应为了相关经纪人与交易商的利益。

(e) 对作为清算管理人的联邦存款保险公司的索赔。任何针对联邦存款保险公司作为清算管理人将相关经纪人或交易商的资产转移到设立的相关过桥金融公司的索赔：

(1) 应根据第 210 条（a）款第（2）项进行决定；

(2) 可由相关地区法院根据第 210 条（a）款第（5）项进行审查。

(f) 满足客户索赔

(1) 对客户履行的义务。无论本章其他条款如何规定，相关经纪人、交易商或相关过桥金融公司与客户财产或客户记名证券相关的所有义务，应由证券投资者保护公司、联邦存款保险公司或过桥金融公司基于净资产索赔原则履行，如果适用，可采取交付证券或者支付给客户或支付到客户账户的方式履行。根据本章以及《1970 年证券投资者保护法案》，按照联邦存款保险公司未被指定为清算管理人，没有任何资产或负债转移到过桥金融公司时处理该类问题的方式，根据有利于客户的原则处理，其价值应至少达到相关经纪人或交易商清算过程中实现的实际收益，并且客户申请日为联邦存款保险公司被指定为清算管理人之日。

(2) 由证券投资者保护公司满足索赔要求。证券投资者保护公司作为相关经纪人或交易商的受托人，应按照《1970 年证券投资者保护法案》规定的方式及数量满足客户索赔要求，如同联邦存款保险公司未被指定为清算管理人，且客户申请日为联邦存款保险公司被指定为清算管理人之日。联邦存款保险公司应满足客户的索赔要求，如同联邦存款保险公司未被指定为清算管理人，且客户申请日为联邦存款保险公司被指定为清算管理人之日，按照《证券投资者保护法案》对相关金融公司进行诉讼分配客户财产的方式，使客户获得更多的证券或现金。

(g) 优先考虑

(1) 客户财产。作为相关经纪人或交易商的受托人，证券投资者保护公司应根据《1970 年证券投资者保护法案》第 8 条（c）款对客户财产进行分配以及转移客户记名证券。

(2) 其他索赔要求。第（1）项之外的所有索赔要求（包括客户对所获净资产的未偿索赔）应根据第 210 条（b）款进行偿还。

(h) 制定规则。在同证券投资者保护公司协商之后，证券交易委员会及联邦存款保险公司应共同颁布规则来执行本条。

第 206 条 所有有序清算行动的强制性条款及规定

根据本章采取行动时，联邦存款保险公司应：

（1）决定该行动为维护美国金融稳定所必需，而非为了保全相关金融公司；

（2）在其他所有索赔要求及基金未获全额支付前，确保相关金融公司的股东不获得任何付款；

（3）确保无担保债权人根据第 210 条关于优先求偿权条款承担损失；

（4）确保对相关金融公司经营状况恶化负责的管理层被遣散（如果在联邦存款保险公司被指定为清算管理人时，该管理层还未被遣散）；

（5）确保对相关金融公司经营状况恶化负责的董事会（或具有相同职能的机构）成员被遣散，如果在联邦存款保险公司被指定为清算管理人时，这些董事会成员还未被遣散；以及

（6）未从任何相关金融公司或相关附属公司获得股权利润或未成为其股东之一。

第 207 条 董事会成员默许清算管理人的指定不需负任何法律责任

当相关金融公司董事会（或具有相同职能的机构）成员善意默许或赞成联邦存款保险公司根据第 203 条被指定为相关金融公司的清算管理人时，对股东或债权人无须负法律责任。

第 208 条 驳回与拒绝其他行动

（a）概述。根据第 202 条自联邦存款保险公司被指定为相关金融公司的清算管理人之日起或根据第 205 条自证券投资者保护公司被指定为相关经纪人或交易商受托人之日起，任何关于相关金融公司，根据《破产法典》及《1970 年证券投资者保护法案》进行的案件或诉讼，应在通知破产法院（如果提起的案件涉及《破产法典》）以及证券投资者保护公司（如果诉讼涉及相关经纪人或交易商）后被驳回。有序清算程序尚未结束前，不得提起任何关于相关金融公司的案件或诉讼。

（b）资产重新归属。作为根据《破产法典》、《1970 年证券投资者保护法案》或各州清算或破产法律相关规定提起的案件或诉讼的结果归属于其他任何实体的相关金融公司的资产，自联邦存款保险公司被指定为清算管理人之日起，应重新归属相关金融公司。

（c）限制。无论（a）、（b）款如何规定，在联邦存款保险公司被指定为清算

管理人之前，破产法院所发布的命令及其批准的救济令仍然具有同等效力，不受有序清算程序的影响。

第 209 条 制定规则；非冲突法

联邦存款保险公司同金融稳定监督委员会协商后，应制定其认为执行本章所应且适当的规则或者规章，包括权利、利益、债权人、交易对手方与证券权益持有者优先顺序，相关金融公司相关人员，相关金融公司资产及持有财产的规则或规章。并阐明根据本章及《联邦存款保险法案》所确定的个人清算管理人之间的潜在利益冲突。在可能的情况下，联邦存款保险公司应设法寻求根据本章适用的规则或规章同可能会适用于相关金融公司的破产法律之间的协调。

第 210 条 联邦存款保险公司的权力和义务

（a）权力和权限

（1）一般权限

（A）相关金融公司的继承人。联邦存款保险公司一旦根据本章规定被指定为相关金融公司的清算管理人时，应根据约定，继承：

（i）相关金融公司的所有权利、所有权、权力、特权及其资产，以及该公司的股东、员工、经理及董事；

（ii）该相关金融公司的前任清算管理人或其他法定托管人对账簿、记录和资产的所有权。

（B）有序清算期间相关金融公司的经营。相关金融公司的清算管理人可以：

（i）接管相关金融公司的资产与股东或成员、董事及经理的所有权力，管理相关金融公司的所有业务；

（ii）收取相关金融公司的所有债务和现金；

（iii）以相关金融公司的名义，履行该公司的各项职能；

（iv）管理相关金融公司的资产和财产，在有序清算的前提下，实现其最大价值；并且，

（v）以合同形式为履行联邦存款保险公司作为清算管理人的职能、活动、行为或义务提供帮助。

（C）相关金融公司的经理、董事和股东的职能。根据本章规定被指定为清算管理人的联邦存款保险公司可以履行相关金融公司的经理、董事和股东的任何职能。

（D）作为清算管理人的其他权力。作为相关金融公司的清算管理人，联邦存款保险公司应保护对相关金融公司持有的财产中所有法律上可执

行且完善的抵押利益和法律上可执行的抵押权利，应当清算并结束相关金融公司的一切事务，其中包括采取清算管理人认为合适的方式逐步将相关金融公司的财产变现；通过财产出售，将财产转让到依照（h）款所成立的过桥金融公司；或者行使本条赋予清算管理人的其他权力。

（E）对相关金融公司经营失败的附属公司的其他权力

（i）概述。在任何情况下，联邦存款保险公司一旦根据第202条被指定为一家相关金融公司的清算管理人，其可指定为自己为根据联邦法律或州法律规定组建的相关金融公司附属公司的清算管理人，如果联邦存款保险公司和财政部长共同判定：

（I）相关附属公司违约或有违约的可能；

（II）该行动可以避免或减轻对美国金融稳定或经济环境的严重负面作用；以及

（III）该行动可以有利于相关金融公司的有序清算。

（ii）附属公司与相关金融公司的待遇相同。如果联邦存款保险公司按照（i）则被指定为相关金融公司附属公司的清算管理人，根据本章规定，该附属公司应因此被视为一家相关金融公司，联邦存款保险公司对其可享有其对相关金融公司的一切权力。

（F）过桥公司的成立。联邦存款保险公司作为相关金融公司的清算管理人可根据（h）款，成立一家过桥金融公司。

（G）公司合并；资产和负债转让

（i）概述。根据（ii）和（iii）则，作为相关金融公司的清算管理人，联邦存款保险公司可以：

（I）将相关金融公司同其他公司合并；或者

（II）在未获得任何与转让相关的批准、同意或许可的情况下，转让相关金融公司的财产或负债（包括相关金融公司证券权益持有人所持有的任何财产和负债，所有客户财产，或者所有与信托或托管业务有关的财产和负债）。

（ii）联邦机构许可；反垄断审查。（i）则（I）分则中所述的交易需要获得联邦相关机构的许可。

（I）交易不得在联邦机构许可之后5日内完成；

（II）如果与许可有关，需要关于竞争性因素的报告，负责许可的联邦机构应立即将拟进行的交易通知美国司法部长，司法部长应在得到通知之日起10日内提供所需报告；并且

（III）根据《克莱顿法案》的第7A条，如果某项交易需得到正式通知，那么所需的等待期应在司法部长和美国联邦贸易

委员会收到正式通知之后的 15 日后结束，除非根据第 7A 条（b）款第（2）项规定等待期提前结束，或根据第 7A 条（e）款第（2）项规定等待期延长。

（iii）抵消。根据本章其他规定，从清算管理人处受让财产的任何受让人，包括过桥金融公司在内，应继受相关索赔或权利，该项权利应优先于该受让人根据非破产法律受让该财产上的权利。

（H）有效债务的支付。联邦存款保险公司作为相关金融公司的清算管理人，应在可用资金允许的范围内，自被指定为清算管理人之日起，根据本章规定和限制，偿还相关金融公司的一切有效债务。

（I）适用的非破产法律。除非本章另有规定，适用的其他非破产法律可根据法律规则中相关的非破产条目确定，应用于有争议的索赔、权利、所有权、个人或实体。

（J）传讯权

（i）概述。联邦存款保险公司作为相关金融公司的清算管理人，为落实与相关金融公司相关的权力或职责（包括确定相关金融公司的索赔，在收集相关金融公司应得财产的过程中，将个人财产变现），可以行使《联邦存款保险法案》的第 8 条（n）款规定的权力，联邦存款保险公司取得相应的联邦银行监管机构地位，相关金融公司则被视为参保存款机构。

（ii）规则解释。本分项不应理解为在任何范围内对联邦存款保险公司权利的限制，相反，其可行使（i）则中所规定的权利或依照其他法律规定中的权力。

（K）附带权力。联邦存款保险公司作为相关金融公司的清算管理人，可以行使本章所明确赋予清算管理人的一切权力和权限，以及本章中所规定的有必要行使的附带权力。

（L）私人部门的使用。为负责相关金融公司的业务管理，处置相关金融公司的财产，联邦存款保险公司作为相关金融公司的清算管理人，可以指定私人部门完成某些业务，包括房地产和贷款组合的资产管理、财产管理、拍卖营销、合法的经纪业务。如果私人部门能够提供上述各类服务，且存款保险公司认为使用此类服务非常实际、有效和合算。

（M）相关金融公司的股东和债权人。无论本法案如何规定，联邦存款保险公司作为相关金融公司的清算管理人，应继承法律规定的（A）分项所述的相关金融公司的权利、所有权、权力和特权，并且在本条允许的范围内应终止相关金融公司的股东和债权人，或者联邦存款保险公司由于其清算管理人地位作为公司股东或债权人可能享有的对相关金融公司财产的一切索赔和权利要求，要求付款、决议及其他满足求偿的权利除外。根据本条所规定的优先求偿权，联邦存款保险公司应确保股东和无担保的债权承担损失。

（N）与国外金融监管当局的协调。联邦存款保险公司作为相关金融公司的清算管理人，如果相关金融公司在美国之外的国家有资产或业务，在有序清算时，应当在最大限度上与相应的国外金融监管当局协调。

（O）转让的限制

（i）转让账户的选择。如果联邦存款保险公司成立了同一个相关经纪人或交易商有关的一家或多家过桥金融公司，应将相关经纪人或交易商的所有客户账户，以及所有相关的客户记名证券和客户财产转让到其中一家过桥金融公司。除非联邦存款保险公司同证券交易委员会和证券投资者保护公司协商后决定：

（I）客户账户、客户记名证券和客户财产需立即转让给另一个经纪人或交易商，此经纪人或交易商已根据《1934 年证券交易法案》第 15 条（b）款规定在证券交易委员会注册，并且是证券投资者保护公司的成员；或者

（II）账户向过桥金融公司的转让有可能切实影响到联邦存款保险公司避免或减轻对金融稳定或者美国经济环境造成负面影响的能力。

（ii）财产转让。证券投资者保护公司作为相关经纪人或交易商清算的受托方，应和证券交易委员会一同提供任何或全部所需的合理援助，使联邦存款保险公司的转让工作得以顺利完成。

（iii）无须客户同意和法院认可。根据本条规定，向过桥金融公司转让客户账户、相关的客户记名证券和客户财产无须得到客户同意和/或法院认可。

（iv）证券投资者保护公司的公告和信息共享。联邦存款保险公司应得到证券投资者保护公司对其向过桥金融公司所转让的客户账户、相关的客户记名证券和客户财产的认可。联邦存款保险公司应与证券投资者保护公司合作，根据《1970 年证券投资者保护法案》，共享各实体清偿其债务的必要信息，其中包括通过提供相关金融公司和依据本法所成立的过桥金融公司的相关账簿和记录。

（2）索赔决定

（A）概述。联邦存款保险公司作为相关金融公司的清算管理人，应按照第 203 条（c）款第（3）项所规定内容，报告索赔。根据本款第（4）项，联邦存款保险公司作为相关金融公司的清算管理人，应根据本

款和依据第 209 条制定的规章，对索赔作出决定。

（B）通知要求。联邦存款保险公司作为相关金融公司的清算管理人，在涉及清算或结束相关金融公司的一切业务的情况下，应：

（i）立即向相关金融公司的债权人发送通知，令其在通知规定的时间范围内向联邦存款保险公司提出索赔以及可以证明此索赔的相关证据，通知中规定的时间应为通知发布 90 日之后；并且

（ii）在（i）则的通知发布之日起 1 个月和 2 个月之后分别重复发布此通知。

（C）邮寄要求。联邦存款保险公司作为相关金融公司的清算管理人，应在（B）分项（i）或（ii）则所规定通知发布的同时，向相关金融公司账簿和记录中所提到的所有债权人邮寄与发布的通知相似的通知：

（i）至账簿中所出现的债权人的最新地址；

（ii）关于索赔方所要求的索赔；或者

（iii）如果发现索赔方的名称和地址不在相关金融公司的账簿和记录上，需在 30 日内找出其名称和地址。

（3）索赔的程序

（A）裁决期

（i）概述。在向联邦存款保险公司作为清算管理人的相关金融公司提出索赔申请之日起 180 日之内，或在依照（ii）则中规定可延长的期限之内，联邦存款保险公司应根据（B）、（C）、（D）分项相关规定，通知索赔方其是否同意赔偿。

（ii）可延长期限。联邦存款保险公司未在索赔方向其作为清算管理人的相关金融公司提出索赔的 180 日之内答复时，索赔方和联邦存款保险公司可签订书面协议延迟（i）则中所规定的期限。如果未在规定的期限内通知索赔方该公司不同意赔偿，此规定期限可为（i）则中所规定的期限，也可为本条款所提出的通过协议所延长的期限，此行为可认定为拒绝赔偿，索赔方可根据第（4）项相关规定向法院提起或继续诉讼。

（iii）邮寄通知的充分性。如果任何与索赔有关的决定邮寄至索赔方的最新地址，那么即视为满足（i）则的相关规定，最新地址可出现在：

（I）相关金融公司的账簿和/或记录上；

（II）索赔方所要求的索赔内；或者

（III）所提交的作为索赔证据的相关文件上。

（iv）拒绝索赔通知的内容。如果联邦存款保险公司作为清算管

理人不同意按照（i）则的规定所提出的索赔范围，给索赔方的通知内容应包括：

（I）对拒绝索赔的各项理由的陈述；并且

（II）根据第（4）项规定，向法院提起或继续诉讼的程序。

（B）证据充分的索赔的允许。清算管理人应受理根据第（2）项（B）分项（i）则所规定的通知之日内或之前收到的索赔要求，证明符合清算管理人的要求。

（C）申请期满后提出索赔申请的拒绝

（i）概述。除（ii）则的特殊规定外，在依照第（2）项（B）分项（i）则所规定的通知之日外提出的索赔申请应被拒绝，且该拒绝为最终决定。

（ii）特殊情况。如果下列情况出现，（i）则不适用于索赔方依照第（2）项（B）分项（i）则所规定的通知之日外所提出的索赔申请，清算管理人应依照（B）分项处理该类索赔：

（I）索赔方未能及时收到清算管理人的通知，由此未在规定日期内提出索赔申请；并且

（II）该类索赔是及时提出的，可保障支付的索赔。

（D）拒绝索赔的权限

（i）概述。联邦存款保险公司可以拒绝债权人提出索赔的某部分，或者关于抵押、优惠、抵消或优先权等无法符合联邦存款保险公司条件的索赔。

（ii）向未被全额担保的债权人的支付。在相关金融公司以其公司财产或其他财产作抵押，债权人向相关金融公司提出索赔的情况下，清算管理人：

（I）如果该部分索赔价值超过了该部附属公司财产或其他财产的公允市场价值，则可以将该部分索赔视为无抵押索赔；并且

（II）可以不支付相关的该部分无抵押索赔，除非与所有相关金融公司的无抵押债权人索赔的处置有关。

（iii）例外。本项规定不适应于以下方面：

（I）联邦储备银行或联邦存款保险公司向相关金融公司提供的任何授信；或者

（II）根据（ii）则，以相关金融公司财产中任何法律上可执行且完善的抵押权益为抵押的授信贷款。

（E）申请的法律效力

(i) 诉讼时效终止。基于任何适用的法定时效之目的，向清算管理人申请一项索赔构成一项诉讼行为的开始。

(ii) 对其他诉讼行为无影响。根据第（8）项，向清算管理人申请一项索赔，不应损害索赔方继续其在指定相关金融公司清算管理之人之前提起任何诉讼的权利。

(4) 索赔的司法判决

(A) 概述。根据（B）分项，索赔方可在美国地区法院或属地法院就索赔提出诉讼（或者继续在联邦存款保险公司被指定为清算管理人之前的诉讼行为），该地区应为相关金融公司主要业务的所在地（该法院应有审理该类索赔案的司法权）。

(B) 时间。根据（A）分项规定，一项索赔可以在60日内申请备案，起始日期应早于：

(i) 第（3）项（A）分项（i）则所规定的在联邦存款保险公司为清算管理人的前提下，对相关金融公司提出索赔的期限结束（或者，如果联邦存款保险公司与索赔方签订协议延长时间，则以第（3）项（A）分项（i）则所规定时间为准）。

(ii) 根据第（3）项（A）分项（i）则规定的拒绝该索赔的通知之日。

(C) 诉讼时效。如果索赔方未在（B）分项中所提出的60日期限结束之前对索赔提起诉讼（或者继续在联邦存款保险公司被指定为清算管理人接收之前的诉讼行为），那么在该期限结束之后，该项索赔应视为被驳回（除非作为清算管理人的联邦存款保险公司愿意对该项索赔中某部分赔付），该驳回为最终决定，并且索赔方不再享有与该项索赔相关的进一步的权利或法律救济。

(5) 应急的索赔决定

(A) 所需程序。联邦存款保险公司除根据第（3）项建立的索赔程序之外，还应建立一套应急的索赔决定，因索赔方主张：

(i) 在联邦存款保险公司被指定为清算管理人的相关金融公司的财产上拥有法律效力且可执行的或完善的担保权益，或者控制了该相关金融公司持有财产的有法律效力的证券权益；并且

(ii) 如果执行根据第（3）项建立的索赔程序，会造成无法挽回的损害。

(B) 决定期限。在依照（A）分项索赔按程序申请之日起90日内，联邦存款保险公司应：

(i) 决定

（I）同意或拒绝受理该索赔或索赔中的某部分；或者

（II）是否按照第（3）项所建立的程序对该索赔作出决定。

（ii）通知索赔方联邦存款保险公司的决定。并且，

（iii）如果拒绝赔偿，提供拒绝索赔各项理由，和获得司法判决的相关程序。

（C）申请期限或重新诉讼期限。申请应急法律救济的索赔方应享有诉讼（或者继续在联邦存款保险公司作为清算管理人接收之前的诉讼行为）的权利，索赔方可获得该抵押利益（或者该抵押权利）并先于：

（i）自应急法律救济申请之日起90之后；

（ii）该公司拒绝索赔或拒绝部分索赔之日。

（D）诉讼时效。在可以根据（C）分项规定提起（C）分项所述诉讼或作出更新以前已提起诉讼的动议之日起30日之内，如果未提起该诉讼，或者未作出更新该诉讼的动议，那么在该期限结束之后，该项索赔应视为被驳回（除非作为清算管理人的联邦存款保险公司愿意对该项索赔中某部分赔付），该驳回为最终决定，并且索赔方不再享有与该项索赔相关的进一步的权利或法律救济。

（E）申请的法律效力

（i）诉讼时效终止。基于适用诉讼时效之目的，向清算管理人申请一项索赔应为一项诉讼的开始。

（ii）不影响其他诉讼。根据第（8）项，向清算管理人申请一项索赔不应损害索赔方继续其他诉讼的权利，其他诉讼是指在联邦存款保险公司被指定为相关金融公司清算管理人之前提起的诉讼。

（6）对清算管理人利益不利的协议。根据本条相关规定，任何意图降低或削弱联邦存款保险公司作为清算管理人所获得的财产的协议应视为无效，除非该协议：

（A）是书面协议；

（B）由相关金融公司得到授权的经理或代表执行，或者由相关金融公司根据常规业务程序确认；或者

（C）自其执行之日起，是公司的正式记录，或者当事方根据协议提供清算管理人认可的文件，文件与该协议有关并经相关金融公司确认或授权执行。

（7）索赔的支付

（A）概述。根据（B）分项，作为清算管理人的联邦存款保险公司在资金允许范围内，可以决定支付债权人相应索赔，以本条下面所规定的方式和数额支付：

（i）由清算管理人决定；

（ii）根据第（3）项或第（5）项，清算管理人同意；或者

（iii）由有相应司法权的法院作出的最终判决决定。

（B）限制。债权人所获得的索赔数额不得少于（d）款第（2）项和第（3）项规定的有权获得的数额。

（C）索赔中股息的支付。联邦存款保险公司作为清算管理人，可以在本条允许的范围内独立作决定，可随时支付已被确认的索赔的股息。如果由于该类赔付或者该类索赔未经确认，作为清算管理人的该公司未能支付股息给索赔方，联邦存款保险公司对此不负责任。

（D）联邦存款保险公司的规则制定。联邦存款保险公司可以制定包括术语的定义在内的某些规则，这些规则适用于为持有相关金融公司合法索赔的债权人针对破产管理的不动产制定利率，或者向其支付破产后的利息；否则除非作为清算管理人的联邦存款保险公司满足了所有债权人索赔的本金金额，才应支付该利息。

（8）诉讼的中止

（A）概述。联邦存款保险公司在被指定成为相关金融公司的清算管理人后90日内，该公司可要求中止该相关金融公司是或称为一方当事人的司法诉讼。

（B）法院批准中止。在法院收到联邦存款保险公司根据（A）分项递交的中止申请之后，应同意令各方中止。

（9）附加的权利和义务

（A）预先最终裁决。联邦存款保险公司应当接受任何有相应司法权的法院，在该公司被指定为相关金融公司的清算管理人之前，作出的任何最终、不得上诉的判决。

（B）清算管理人的权利和法律救济。对于任何可上诉判决，作为清算管理人的联邦存款保险公司应：

（i）拥有相关金融公司（根据第202条，联邦存款保险公司在被指定为相关金融公司的清算管理人之日前）和本公司所享有的所有权利和法律救济；并且

（ii）不需为获得该法律救济交保证金。

（C）不签发扣押令或执行令。法院不得对作为相关金融公司的清算管理人的联邦存款保险公司所拥有的财产签发扣押令或执行令。

（D）司法审查的限制。除本章另有规定外，法院对以下无司法权：

（i）针对联邦存款保险公司作为相关金融公司清算管理人的财产的任何索赔或支付诉讼，或者任何试图获得与该财产有关的决定

权的诉讼，该财产包括作为清算管理人的该公司自身的财产；或者

（ii）对相关金融公司或作为清算管理人的联邦存款保险公司作为或不作为的索赔。

（E）资产处置。联邦存款保险公司作为相关金融公司的清算管理人，在行使与相关金融公司有关的任何权利时，该公司应在最大的可行限度范围内，以以下方式操作：

（i）通过出售或财产分配使净现值最大化收回；

（ii）在解决方案中实现损失数额最小化；

（iii）减轻对金融体系潜在的严重不利影响；

（iv）确保适时充分的竞争和对竞买人的一贯公平公正的待遇；并且

（v）在征集和考虑报价时，禁止种族、民族和性别歧视。

（10）清算管理人提起诉讼的诉讼时效

（A）概述。无论合同如何规定，联邦存款保险公司作为相关金融公司清算管理人提起诉讼的诉讼时效应为：

（i）在合同索赔案件中，长于：

（I）自应计索赔之日起 6 年；或者

（II）根据州法律所规定的期限；并且

（ii）在侵权索赔案件中，长于：

（I）自索赔数额自然增长之日起 3 年；或者

（II）根据州法律所规定的期限。

（B）应计索赔之日。基于（A）分项之目的，（A）分项中所规定的索赔的诉讼时效开始之日应晚于：

（i）根据本章，联邦存款保险公司被指定成为清算管理人之日；或者

（ii）诉因发生之日。

（C）诉因期满后重新开始

（i）概述。如果侵权索赔情况如（ii）则所述，依据州法律所适用的诉讼时效，在联邦存款保险公司被指定为相关金融公司的清算管理人之日之前，时效期满未超过 5 年，联邦存款保险公司可以不考虑诉讼时效期满，作为清算管理人对该索赔提起诉讼。

（ii）索赔描述。（ii）则中所指的侵权索赔是因欺诈、故意不当行为产生不当得利、或者故意不当行为导致重大损失所提出的索赔。

（11）无效转让

（A）欺诈性转让。联邦存款保险公司作为相关金融公司的清算管理

人，在被指定为清算管理人之日起两年内，可以撤销相关金融公司财产权益或所承担债务的转让，如果：

（i）相关金融公司自愿或非自愿地：

（I）在该转让已达成或该债务已承担之日或之后，达成该转让或承担该债务实际意图是阻碍、拖延或者欺诈任何一个实体，相关金融公司是或成为该实体；或者

（II）在交换该转让人债务时，所获价值未达到合理的相应价值；并且

（ii）相关金融公司自愿或非自愿地：

（I）在该转让已达成或该债务已承担之日无力偿还债务，或者因该转让或债务承担而资不抵债；

（II）正在或将要进行活动或交易，致使相关金融公司所持有的财产数额极小，不合常理；

（III）意图承担，或者相信相关金融公司会承担，如果债务到期，会超出其承受能力的债务；或者

（IV）根据雇佣合同以非正常的商业程序，达成内部人员获益或为了内部人获益的转让或债务承担。

（B）优先转让。联邦存款保险公司作为相关金融公司的清算管理人，可以撤销相关金融公司财产权益的转让：

（i）使债权人或为了债权人获益；

（ii）因相关金融公司在转让之前欠下债务；

（iii）在相关金融公司无力偿还之时所形成的；

（iv）达成：

（I）在联邦存款保险公司被指定为清算管理人之日起 90 日内（包括 90 日）；或者

（II）如果该债权人在转让时是内部人，则可在联邦存款保险公司被指定为清算管理人之日起 90 日以外，1 年之内；并且

（v）使债权人获得多于其应得的，如果：

（I）相关金融公司已依据《破产法典》第 7 章进行清算；

（II）转让未达成；并且

（III）债权人依据《破产法典》第 7 章相关规定获得该债务的支付。

（C）取得清算管理人资格之后交易。联邦存款保险公司作为相关金融公司的清算管理人可以撤销，在该联邦存款保险公司作为清算管理人被指定为未经本章授权的清算管理人之后，作为清算管理人对所接管财

产的转让。

(D) 追偿权。撤销 (A)、(B)、(C) 分项所规定的转让后，联邦存款保险公司可为保护相关金融公司的利益，收回已转让的财产，或者依法院判决，从以下几方收回该财产的价值（以该转让发生时为准）：

(i) 该转让的最初财产受让人或者该转让的受益人；或者

(ii) 该转让的最初转让方的直接转让方或中间人。

(E) 受让人或债权人的权利。依照 (D) 分项 (ii) 则，联邦存款保险公司不得从以下几方追偿：

(i) 任何支付了对价的受让人，包括以诚实信用为原则的受让人，为现今或历史债务作担保的受让人，和对可撤销的转让的可撤销不知情的受让人；或者

(ii) 该转让以诚实信用为原则的直接或中间的受让人。

(F) 抗辩。根据本章其他规定：

(i) 联邦存款保险公司根据 (A)、(B)、(C)、(D) 分项的规定试图从其处收回转让或撤销债务的受让人或债权人，应享有与受托人根据《破产法典》第 547、548 和 549 条规定从其处收回转让或撤销债务同样的抗辩权；并且

(ii) 联邦存款保险公司收回转让或承销债务的权利应以《破产法典》第 546 条 (b) 款和 (c) 款、第 547 条 (c) 款和第 548 条 (c) 款为准。

(G) 本条所规定的权利。本条所规定的联邦存款保险公司作为清算管理人的权利应高于《破产法典》所规定的受托人或其他方（除联邦机构外）的权利。

(H) 规则解释；定义。为了：

(i) (A) 和 (B) 分项：

(I)“内部人”与《破产法典》第 101 条第 (31) 项中“内部人”的含义相同；

(II) 当该交易完善时，相应法律允许相关金融公司股份的善意购买人进行该项交易，但其不可获得转让财产的利息；但是如果该交易在联邦存款保险公司作为相关金融公司的清算管理人被指定之日前仍不完善，该交易应在指定日前立即完成；

(III)“价值”指相关金融公司的财产，或者赔偿（物）或者现在或历史债务的抵押，但是不包括未履行的对相关金融公司提供支持的承诺；并且

(ii) (B) 分项：

（I）相关金融公司在联邦存款保险公司作为清算管理人被指定之日90日内被认定为无偿还能力；并且

（II）“无偿还能力”与《破产法典》第101条第（32）项中“无偿还能力”的含义相同。

（12）抵消

（A）概述。除非本章另有规定，如果符合适用的非破产法律，债权人有用其在联邦存款保险公司被指定为相关金融公司清算管理人之前所欠相关金融公司的相互债务抵消债权人提出的索赔的权利，除非：

（i）债权人向相关金融公司提出的索赔要求被拒绝；

（ii）索赔是由除相关金融公司之外的实体转让给债权人的。

（I）在联邦存款保险公司被指定为相关金融公司的清算管理人之后；或者

（II）（aa）在联邦存款保险公司被指定为相关金融公司的清算管理人之日之前的90日期限之后；并且

（bb）相关金融公司无偿还能力（除了与有效金融合同有关的抵消）；或者

（iii）欠相关金融公司的债务由该相关金融公司承担：

（I）在联邦存款保险公司被指定为相关金融公司的清算管理人之日之前的90日期限之后；

（II）相关金融公司无偿还能力；并且

（III）为了从相关金融公司获得抵消的权利（除了与有效金融合同有关的抵消）。

（B）差额

（i）概述。除了与合格金融合同有关的抵消，如果债权人在联邦存款保险公司被指定为相关金融公司的清算管理人之前90日内，用其向相关金融公司要求的索赔抵消其欠相关金融公司的债务，则联邦存款保险公司作为清算管理人可从债权人处收回所抵消的数额，抵消发生之日所有差额应少于下列较迟日期的差额：

（I）联邦存款保险公司被指定为相关金融公司的清算管理人之日90日之前；或者

（II）联邦存款保险公司被指定为相关金融公司的清算管理人之日前90日内存在差额的第一天。

（ii）差额的定义。在本分项中，“差额”是指数额上，即索赔的提出方向相关金融公司提出的索赔额超出了其所欠相关金融公司的相互债务。

(C) 破产。"破产"与《破产法典》第101条第(32)项中"破产"的含义相同。

(D) 破产推定。在本节中，相关金融公司在联邦存款保险公司被指定为其清算管理人之日之前的90日内被视为无偿还能力。

(E) 限制。在无相应合适的非破产法律作为该权利的依据时，第(12)项任何条款都不应作为抵消权利的依据。

(F) 优先索赔。除非本条另有规定，作为相关金融公司清算管理人的联邦存款保险公司可以自由出售或转让其财产，并不受任意方抵消权利的影响，除非该方有权获得索赔，该索赔低于(b)款第(1)项中(A)、(B)、(C)和(D)分项中的可支付索赔，但高于(b)款第(1)项(E)分项中定义的所有其他的无抵押债务，在数额上与该抵消权利的价值相等。

(13) 财产扣押令和其他禁制令救济。根据第(14)项，有相应司法权的法院可以在作为相关金融公司清算管理人的联邦存款保险公司的要求下，根据《联邦民事诉讼规则》的第65条规定发布命令，包括在法院的控制下由联邦存款保险公司指定人员处置财产和由指定受托人持有该财产。

(14) 标准

(A) 证据出示。《联邦民事诉讼规则》的第65条规定应用于根据第(13)项的相关诉讼，与申请人展示的无法挽回的直接损害、损失或者毁坏的需要无关。

(B) 州诉讼。如果诉讼案件由州立法院审理，该州立法院应根据第65条规定［与(A)分项的该诉讼有关的规定］通过正当的法律程序，采用对各方权利提供基本相似的保护的民事诉讼规则相关的规则，联邦存款保险公司依照第(14)项的救济要求也可以在该州法律的允许范围内提出。

(15) 因违反作为清算管理人的联邦存款保险公司所执行的合同引起的索赔的处理。无论本章如何规定，在联邦存款保险公司被指定为相关金融公司的清算管理人之日后，违反联邦存款保险公司批准或执行的协议所产生的损害赔偿金，在最终和不可上诉的判决下达之后，该损害赔偿金应以清算管理人的管理费用名义支付。本项不应理解为对清算管理人依据合同或者法律行使权利的限制，包括终止、违反、作废或中止该协议。

(16) 会计和保存记录要求

(A) 概述。联邦存款保险公司作为相关金融公司的清算管理人，应按照联邦存款保险公司设定的会计与报告惯例和程序，对相关金融公司的清算管理和其他财产支配的账目有一份完整的记录。

（B）年度结算或年度报告。联邦存款保险公司对其每一次被指定为清算管理人的清算管理，应编制相关的年度结算或年度报告，可提交给财政部长和美国总审计长。

（C）报告的可得性。联邦存款保险公司根据（B）分项和第 203 条（c）款第（3）项所编制的报告应为公众可得。

（D）保存记录要求

（i）概述。联邦存款保险公司应制定所需规章并且确定保存年限以保持该公司在行使本章所赋予权利的文件和记录以及该公司作为相关金融公司的清算管理人的记录，适当考虑。

（I）避免重复的记录保留；并且

（II）联邦存款保险公司作为相关金融公司的清算管理人的预期证据需求和相关金融公司记录的公共看法。

（ii）记录的保留。除非相应的联邦法律或者法院命令另有要求，联邦存款保险公司在任何时候不得损毁（i）款中所提及的记录。

（iii）规定的记录。在本款中，"记录"和"被清算财务的记录"是指相关金融公司在商业交易中所需生成或保存的文件、账簿、票据、地图、照片、缩微平片、缩微胶片、计算机或电子生成的记录。

（b）*优先支出和无抵押索赔*

（1）概述。对相关金融公司，或者作为该相关金融公司清算管理人的联邦存款保险公司的无抵押索赔，根据本条，以以下顺序依次支付给清算管理人：

（A）清算管理人的行政管理开支。

（B）拖欠美国的数额，除非美国另行同意或批准。

（C）个人［（G）分项中所指的个人除外］应得的工资、薪金、或者佣金，包括休假、解职和病假期间的所得，应在联邦存款保险公司指定成为清算管理人之日起 180 日内支付，但每人所得金额不得超过 11,725 美元（按照通货膨胀指数，根据该公司规章）。

（D）在联邦存款保险公司指定成为清算管理人之日之前 180 日内员工所提供劳务所得津贴计划的分担款项，包括该计划中所包括的员工人数乘以 11,725 美元（按照通货膨胀指数，根据该公司规章），减去根据（C）分项所支付这些员工的总金额，加上由清算管理人代表这些员工支付其他员工津贴计划的总金额。

（E）其他相关金融公司的一般或者优先债务［非（F），（G）或

(H) 分项中所描述的债务]。

(F) 主要债权人的次级债务 [非 (G) 或 (H) 分项中所描述的债务]。

(G) 相关金融公司的高级经理和董事的工资、薪金、或者佣金，包括休假、解职和病假期间的所得。

(H) 对股东、员工、普通合伙人、有限合伙人或者其他人的任何债务，与相关金融公司有利益关系的股东、员工、普通合伙人、有限合伙人的权益或者与该相关金融公司有利益关系的其他人。

(2) 破产管理后的融资优先权。如果联邦存款保险公司作为相关金融公司的清算管理人不能为相关金融公司获得商业无抵押贷款，作为清算管理人的联邦存款保险公司可以代表相关金融公司获得贷款或承担债务，并优先于第 (1) 项 (A) 分项中规定的清算管理人的任一或所有行政管理开支。

(3) 美国的国家索赔。美国的无抵押索赔，至少应优先于相关金融公司被计算为监管资本的负债。

(4) 情况相似的债权人。相关金融公司的与第 (1) 项情况相似的所有索赔人应享有相同待遇，除非联邦存款保险公司可能采取不同于本款规定的不一致行动 (包括根据 (o) 款第 (1) 项 (D) 分项 (i) 则所做的支付)，如果:

(A) 该公司认为该行动是必要的，可以:

(i) 使相关金融公司财产的价值最大化;

(ii) 开始并继续必要的行动实现清算管理或成立过桥金融公司;

(iii) 通过对相关金融公司财产的出售或通过其他方式处置以达到现值收益的最大化; 或者

(iv) 实现相关金融公司财产的出售或通过其他方式处置使损失最小化; 并且

(B) 与第 (1) 项情况相似的所有索赔人收到的数额不得少于 (d) 款第 (2) 和第 (3) 项所规定的数额。

(5) 有担保的索赔不受影响。本条不应影响有担保的索赔或与相关金融公司所持有财产上的抵押权利。如果该担保额不充分，那么只影响与索赔和担保可变现价值之间的差额。

(6) 证券投资者保护公司职员有序清算期间支出和无担保索赔的优先权。联邦存款保险公司被指定成为相关经纪人或交易商的清算管理人时，针对该相关经纪人或交易商或根据本条规定被指定为相关经纪人或交易商清算管理人的联邦存款保险公司的、被证明符合第 205 条 (e) 款规定的无担保索赔，应享有第（1）项中所规定的优先权，除非：

（A）按照第（1）项（A）分项规定，证券投资者保护公司应有权根据第205条基于同联邦存款保险公司同样的理由收回履行其职责所需的行政费用；

（B）按照第（1）项（B）分项规定，联邦存款保险公司应有权收回根据第205条（f）款支付给客户或证券投资者保护公司的金额；

（C）证券投资者保护公司应有权收回由证券投资者保护基金支出，根据第205条或根据《1970年证券投资者保护法案》偿还债务的款项，该索赔要求应次于第（1）项（A）和（B）分项中所规定的应付索赔，但优先于所有其他索赔；并且

（D）联邦存款保险公司可以在根据第205条或根据《1970年证券投资者保护法案》向客户支付索赔之后，依照以上的规定，在资金允许的范围内，根据第（1）项中所规定的优先权，自行裁量是否支付其他应支付索赔的红利。

（c）清算管理人被指定前签订合同的相关规定

（1）拒绝履行合同的权限。除清算管理人可能享有的其他权限，作为相关金融公司清算管理人的联邦存款保险公司可以取消或拒绝履行合同或租约。

（A）当相关金融公司为其中一方时；

（B）联邦存款保险公司作为清算管理人，基于其判断认为其业绩难以负担；并且

（C）联邦存款保险公司作为清算管理人，基于其判断认为取消或拒绝可以促进相关金融公司正常业务的管理。

（2）拒绝履约的时间。作为相关金融公司清算管理人的联邦存款保险公司应在合理的时间范围内决定是否行使本款赋予的拒绝履约的权利。

（3）拒绝履约的损害索赔

（A）概述。除第（4）、第（5）和第（6）项以及和本项（C）、（D）、（E）分项的相关规定，联邦存款保险公司作为相关金融公司的清算管理人因根据第（1）项取消或拒绝履行合同所引发的负债应：

（i）限于实际直接损害赔偿；并且

（ii）决定在

（I）自联邦存款保险公司指定成为清算管理人之日；或者

（II）自在第（8）项所指的合同或协议的情况下，取消或拒绝该合同或该协议之日。

（B）对其他损害无需赔偿。对（A）分项而言，“实际直接损害赔偿”不包括：

(i) 惩罚性或惩戒性的损害赔偿;

(ii) 对失去的收益或机会的损害赔偿;或者

(iii) 对痛苦和折磨的损害赔偿。

(C) 拒绝履行合格金融合同的损害赔偿办法。在第(8)项中所指的合格金融合同或协议的情况下,应予以赔偿的损害应:

(i) 视为包括要覆盖的正常和合理清算成本或者根据该合同和协议所在行业内所利用的合理的赔偿措施的索赔;并且

(ii) 除非本款另有规定,按照本款和(d)款的规定支付。

(D) 拒绝或取消债务的损害赔偿办法。在债务是以借款或证券形式存在的情况下,实际直接损害赔偿应不少于借出的数额加上应计利息,以及自联邦存款保险公司被指定为相关金融公司的清算管理人之日起任何自然增加的原始发行折价增益。达到法定的有担保的索赔是以财产为担保,此财产的价值大于该索赔额和自拒绝或取消之日起应计利息之和,该应计利息以第(1)项为根据。

(E) 拒绝或取消可能发生的债务的损害赔偿办法。在相关金融公司可能发生的债务原因为担保、信用证、承诺贷款或者类似信贷债务的情况下,联邦存款保险公司可以通过规则或规章,规定实际直接损害赔偿不应少于该公司被指定成为相关金融公司清算管理人之日起索赔的估计值,该估计值根据该索赔产生的可能性和重要性计算。

(4) 相关金融公司作为承租人的租约

(A) 概述。如果作为清算管理人的联邦存款保险公司取消或拒绝履行相关金融公司作为承租人的租约,清算管理人不应负赔偿责任(除非该取消或拒绝履行租约行为应根据(B)分项赔偿)。

(B) 租金的支付。尽管(A)分项有规定,租约的出租人一方除(A)分项之外应:

(i) 在以下日期靠后者,有权增加合同上的租金。

(I) 拒绝或取消的通知已寄出;或者

(II) 拒绝或取消已生效,除非出租人违约或者违反租约上的条件。

(ii) 不能根据租约上的提前条款或其他违约罚金条款获得损害赔偿。

(iii) 按照本项和(d)款规定,在被指定之日之前到期的未付租金应予以支付。对该未付租金有索赔权,并受所有适当的抵消权和抗辩权约束。

(5) 相关金融公司作为出租人的租约

（A）概述。如果作为相关金融公司清算管理人的联邦存款保险公司拒绝履行相关金融公司未到期的不动产书面租约，且相关金融公司作为出租人，承租人在该公司拒绝履行租约之日前，无违约行为，该承租人可以：

（i）视此租约因其拒绝履行而终止；或者

（ii）在租借期内，仍拥有租期余额利益，除非承租人在该公司拒绝履行租约之日后的租期内有违约行为。

（B）对仍占有不动产的承租人的相应规定。如果（A）分项中所描述的租约中的承租方仍依据（A）分项（ii）则享有租借利益：

（i）承租人

（I）在拒绝履行该租约之日后，应继续支付租约相关条款规定的租金；并且

（II）可以抵消在拒绝履行该租约之日后所增加的租金，在该日之后因相关金融公司不履行该日之后根据合约的义务增加的损害赔偿；并且

（ii）作为清算管理人的联邦存款保险公司不应担负在该日后因拒绝履行合约所产生损害的赔偿责任，（i）则（II）分则所规定的抵消数额除外。

（6）出售不动产的合同

（A）概述。如果清算管理人拒绝履行出售不动产的合同（满足（a）款第（6）项的要求），并且该合同中不动产的购买者占有，且到拒绝履行合同之日为止未违约，该购买者可以：

（i）视此租约因其拒绝履行而终止；或者

（ii）仍持有该不动产。

（B）对保持占有的购买者的相关规定。如果（A）分项中所描述的合同中不动产的购买者仍然根据（A）分项（ii）则所描述，仍持有该不动产，

（i）购买者：

（I）在拒绝履行该合同之日后，应继续支付合同相关条款规定的钱款；并且

（II）可以抵消因相关金融公司（该日之后）不履行义务，在拒绝履行该合同之日后增加的该类损害赔偿的支付；并且

（ii）作为清算管理人的联邦存款保险公司应：

（I）在拒绝履行该合同之日后，不应向购买者支付因拒绝履行而产生的损害赔偿，（i）则（II）分则所规定的抵消数额

除外；

（II）根据合同相关规定，将所有权交给购买者；并且

（III）除（II）分则中规定的义务，不需履行合同中的其他义务。

（C）允许转让和出售

（i）概述。本节中的规定不应理解为限制作为清算管理人的联邦存款保险公司依据合同和本节相关规定，转让（A）分项所描述的合同和出售财产的权利。

（ii）转让和出售后无义务。如果（i）款中所描述的转让和出售已完成，作为清算管理人的联邦存款保险公司对（A）分项中所描述的合同或者合同中的不动产无义务。

（7）劳务合同所适用的规定

（A）指定之前的劳务。在个人与联邦存款保险公司已指定成为其清算管理人的相关金融公司之间存在劳务合同的情况下，提供劳务的个人在指定之日前所执行的索赔应为：

（i）根据（a）、（b）、（d）款规定可以支付的索赔；并且

（ii）到清算管理人指定之日之前已经产生。

（B）在指定之后到拒绝履行合同期间的劳务。如果在（A）分项所描述的劳务合同的情况下，作为清算管理人的联邦存款保险公司在根据本条规定作出对该合同拒绝履行决定之前，接受了其他个人的劳务：

（i）另一方应根据合同相关条款规定，获得劳务报酬；并且

（ii）该支付应视为清算管理人的行政开支费用。

（C）接受履约并不禁止后续拒绝。作为清算管理人的联邦存款保险公司按（B）分项中所描述的合同接受劳务不应影响其根据本条，在该行为结束之后的任何时间，拒绝履行该合同的权利。

（8）某些特定合格金融合同

（A）合同各方的权利。依照（a）款第（8）项和本款第（9）和第（10）项，尽管本条或联邦法律或州的法律有其他规定，任何个人不应被中止或禁止行使：

（i）在联邦存款保险公司指定成为相关金融公司的清算管理人之日或之后，任何个人所享有的终止、清算、或者加速与该相关金融公司签订的特定合格金融合同；

（ii）担保合同或协议中的权利，或者其他与（i）则中所描述的一个或多个特定合格金融合同有关的信用增级；或者

（iii）抵消或者净得解约价值的权利，或（i）款中所描述的一

份或多份合同或协议中的转让债务，包括该合同或协议中的主协议。

（B）其他规定的适用性。（a）款第（8）项应适用于，（A）分项（i）则规定的同相关金融公司有关的合同或协议任何当事人提起的，针对（A）分项中所指的作为清算管理人的联邦存款保险公司或者相关的金融公司的任何司法诉讼或司法程序的情形。

（C）某些无法避免的转让

（i）概述。尽管《美国修正法令》第5242条，（a）款第（11）项、（a）款第（12）项或者（c）款第（12）项有规定，或者联邦法律或州法律关于避免优先转让或欺诈性转让有其他规定，联邦存款保险公司，无论其是否以该公司或者以相关金融公司的清算管理人的身份，可能都无法避免与相关金融公司的合格金融合同有关的钱款或其他财产的转让。

（ii）某些转让的例外。如果受让人有阻碍、拖延、欺诈该公司和该公司的债权人或者欺诈指定成为该公司清算管理人的联邦存款保险公司的实际意图，（i）则就不应适用于与相关金融公司的合格金融合同有关的钱款或其他财产的转让。

（D）某些定义的合同和协议。对本款而言，以下定义应使用：

（i）合格金融合同。“合格金融合同”就本节而言，是指证券合同、商品合同、远期合同、回购协议、掉期协议，以及联邦存款保险公司根据规章、决议或命令所确定的类似协议。

（ii）证券合同

（I）是指购买、出售或借贷证券的合同，存款单、抵押贷款、抵押贷款的利息、有价证券或有价证券行市指数，存款和抵押贷款的利息（包括其所带来的利息或价值），或者上述各项的期权，包括购买或出售上述证券、存款单、抵押贷款、利息、证券组合或指数、期权，包括回购证券、存款单、抵押贷款、利息、证券组合或指数、期权或者撤销该回购交易（根据（v）则，无论该回购或撤销回购交易是否是“回购协议”）；

（II）不包括参与商业性抵押贷款的购买、出售或回购债务，除非联邦存款保险公司决定根据规章、决定或指令包括该术语含义内的此类协议；

（III）指与外币有关的国民证券交易所的认购权；

（IV）指证券掉期代理银行对抵押品（包括债务更替）的结算，包括结算现金、证券、存款单、抵押贷款，或现金、证券、存款单、抵押贷款的利息，证券组合或指数（包括其所带来的利益或价值)，或者上述各项的期权，包括购买或出售上述的证券、存款单、抵押贷款、利息、证券组合或指数，或期权，包括回购证券、存款单、抵押贷款、利息、证券组合或指数以及期权［无论该结算是否与从（I）到（XII）分则中所指的协议或交易有关（（II）分则除外）］；

（V）指保证金贷款；

（VI）指证券交易结算或清算的信用扩展；

（VII）指与证券项圈交易挂钩的贷款交易，预付的证券远期交易，或者与证券出售交易挂钩的掉期交易的总回报；

（VIII）指与本条款协议或交易相似的其他协议或交易；

（IX）指本条款所指的协议或交易的组合；

（X）指本条款中所指的协议或交易的期权；

（XI）指提供（I）到（X）分则中除（II）分则外任一分则所指的协议或交易的主协议，以及该主协议的所有附录，不考虑主协议是否为提供依据本条款并非证券合同的协议或交易，除非主协议根据本条款规定，仅在与此主协议下的各协议或交易有关的情况下，应被视为证券合同的，该主协议是（I）到（X）分则中除（II）分则外任一分则所指；并且

（XII）指担保合同或担保安排或其他本条款所指的与协议或交易有关的信用增级，包括本条款所指的与协议或交易有关的担保债务或偿还债务。

（iii）商品合同。“商品合同”是指：

（I）与期货经纪商有关的，依照合同市场或商品交易所的规则，为远期交割商品购买或出售的合同；

（II）与国外期货经纪商有关的国外期货；

（III）与杠杆交易商有关的杠杆交易；

（IV）与清算组织有关的，由该清算组织清算的依照合同市场或商品交易所的规则，为远期交割商品购买或出售的合同或者商品期权；

（V）与商品期权交易商有关的商品期权；

（VI）与本条款所指的协议或交易相似的其他协议或交易；

（VII）指本条款所指的协议或交易的组合；

（VIII）指本条款中所指的协议或交易的期权；

（IX）指提供（I）到（VIII）分则中任一所指的协议或交易的主协议，以及该主协议的所有附录，不考虑主协议是否为

提供依据本条款并非商品合同的协议或交易，除非主协议根据本条款规定，仅在与此主协议下的各协议或交易有关的情况下，应被视为商品合同的，该主协议是（I）到（VIII）分则中任一所指；或者

（X）指担保合同或担保安排或其他本条款所指的与协议或交易有关的信用增级，包括本条款所指的与协议或交易有关的担保债务或偿还债务。

（iv）远期合同。“远期合同”是指：

（I）某合同（商品合同除外），合同内容为商品或相似的货物、货品、服务、或者现在或将来会成为远期合同贸易中交易的权利，产品或副产品的购买、出售或交易，到期日在该合同订立之日起2日或超过2日之后，包括回购或者撤销该回购交易［根据（v）则，无论该回购或撤销回购交易是否是“回购协议”］、委托、租借、掉期、对冲交易、存款、贷款、期权、分配交易、未分配的交易或任何其他相似的协议；

（II）指（I）和（III）分则所指的协议或交易的组合；

（III）指（I）或（III）分则所指的协议或交易的期权；

（IV）指提供（I）、（II）或（III）分则中任一条所指的协议或交易的主协议，以及该主协议的所有附录，不考虑主协议是否为提供依据本条款并非远期合同的协议或交易，除非主协议根据本条款规定，仅在与此主协议下的各协议或交易有关的情况下，应被视为远期合同的，该主协议是（I）、（II）或（III）分则中任一所指；或者

（V）指担保合同或担保安排或其他条款（I）、（II）、（III）或（IV）分则所指的与协议或交易有关的信用增级，包括本条所指的与协议或交易有关的担保债务或偿还债务。

（v）回购协议。“回购协议”（其定义同样适用于逆回购协议）是指：

（I）指一个协议，包括，可为转让提供一个或多个存单、与抵押相关的债券（依《1934年证券交易法案》第3条所定义）、抵押贷款、抵押贷款相关债券和抵押贷款相关利息、合格的银行承兑汇票、合格的外国政府债券（就本则而言，该词是指由经济合作与发展组织成员国的中央政府担保的，视为其直接债务的债券，且根据董事会的规章采纳）、或者由美国政府或美国政府资金过户的机构担保的，视为其直接债务的债券，过

户的资金为受让人的存款单、合格的银行承兑汇票、证券、抵押贷款，或者向该受让人转让上述存款单、合格的银行承兑汇票、证券、抵押贷款的出让人转让时签订的协议中所规定的利息，时间为根据资金过户或其他类似协议规定该转让生效之日起1年内；

（II）不包括在有商品抵押贷款参与下的回购债务，除非联邦存款保险公司根据规章、决定或指令将该参与纳入该术语含义之内；

（III）指（I）和（IV）分则所指的协议或交易的组合；

（IV）指参与（I）或（III）分则所指的协议或交易的期权；

（V）指提供（I）、（II）或（IV）分则中任一所指的协议或交易的主协议，以及该主协议的所有附录，不考虑主协议是否为提供依据本条款并非回购协议的协议或交易，除非主协议根据本条款规定，仅在与此主协议下的各协议或交易有关的情况下，应被视为回购协议的，该主协议是（I）、（II）或（IV）分则中任一所指；或者

（VI）指担保合同或担保安排或其他条款（I）、（III）、（IV）或（V）分则所指的与协议或交易有关的信用增级，包括本条所指的与协议或交易有关的担保债务或偿还债务。

（vi）掉期协议。"掉期协议"是指：

（I）协议，包括该协议中可作为参考的限制性规定，即利率掉期、认购、期货交易或远期协议，远期合同包括利率下限、利率上限、利率上下限、交叉货币利率掉期和基准掉期；即期、第二日、第三日、远期、或其他的外汇，贵金属、或其他商品协议；货币互兑、认购、期货交易或远期协议；股票指数或股权掉期、认购、期货交易或远期协议；债务指数或债务掉期、认购、期货交易或远期协议；总回报，信贷息差或信贷掉期、认购、期货交易或远期协议；气候掉期、认购、期货交易或远期协议；货币发行掉期、认购、期货交易或远期协议；通货膨胀掉期、认购、期货交易或远期协议；

（II）协议或交易与本条款所指的其他协议或交易类似，该协议或交易已经、现在或者将来在交换或其他衍生品市场中是循环交易（包括该协议中可作为参考的限制性规定），该协议或交易是远期、掉期、期货交易或现货交易，并是以一种或多种利率、货币、商品、等价证券或其他等价工具、债务证券或其

他债券工具、与偶发事件和偶发事件范围内相关的计量方法，或者与金融、商业或经济结果相关的意外事件，或者与经济或金融指数或经济计量或财务风险或价值相关的意外事件；

（III）指本条款所指的协议或交易的组合；

（IV）指本条款所指的协议或交易的期权；

（V）指提供（I）、（II）、（III）或（IV）分则中任一所指的协议或交易的主协议，以及该主协议的所有附录，不考虑主协议是否为提供依据本条款并非回购协议的协议或交易，除非主协议根据本条款规定，仅在与此主协议下的各协议或交易有关的情况下，应被视为回购协议的，该主协议是（I）、（II）、（III）或（IV）分则中任一所指；或者

（VI）指担保合同或担保安排或其他从（I）到（V）分则任一所指的与协议或交易有关的信用增级，包括本条所指的与协议或交易有关的担保债务或偿还债务。

（vii）与违约相关的定义。当用于本项和第（9）、第（10）项时：

（I）“违约”是指，与相关金融公司有关，由具有充分管辖权的法院，或指定联邦存款保险公司为清算管理人的其他公共机构所作出的司法裁决或其他正式决定；并且

（II）“有违约的威胁”是指与联邦存款保险公司或适当州权力机关有关的相关金融公司决定。

（aa）在联邦存款保险公司或该权力机关的意见下：

（AA）相关金融公司没有可能在公司的正常运转下偿还该债务；并且

（BB）相关金融公司在无联邦救助的情况下，将来也没有可能偿还该债务；或者

（bb）在联邦存款保险公司或该权力机关的意见下：

（AA）相关金融公司将会或已经遭受损失，该损失将会亏空其所有资本或大体上所有资本；并且

（BB）相关金融公司在无联邦救助的情况下，资本将来也没有可能得到补充。

（viii）将主协议视为一份协议对待。（i）到（vi）则中任一条所描述的合同或协议的主协议（或者该主协议或协议的主协议），以及该主协议的所有附录，应视为一份独立的协议或一份独立的合格金融合同。如果某主协议包括与协议或交易相关的规定，而自身并

非限制性合格金融合同，那么该主协议应仅在那些交易自身被视为合格金融合同的情况下，才被视为一份合格金融合同。

(ix) 转让。“转让”是指以各种方式，包括直接或间接的、无条件或有条件的、自愿或非自愿的，支配或出让财产或有利息的财产，包括保留相关金融公司的抵押利益的所有权和取消其股票赎回的抵押赎回权。

(x) 人。“人”包括除《美国法典》第1章第1条所定义的实体之外的任何政府实体。

(E) 澄清。本法案的规定不应被解释为限制联邦存款保险公司的权利，或授权任何法院或机构以任何方式限制或拖延联邦存款保险公司依据本款规定，行使其转让合格金融合同或拒绝履行该合同的权力。

(F) 无效的走避条款

(i) 概述。尽管本项（A）分项和《1991年联邦存款保险公司改革法案》的第403和404条有相关规定，违约的相关金融公司的合格金融合同中的走避条款不应执行。

(ii) 有限制的暂停支付某些债务。除在（i）则所指的合格金融合同的条件下，否则某一方根据该合同应支付或交付的债务应暂停，自联邦存款保险公司指定为清算管理人起到早于以下时间：

(I) 该方收到该合同依照第（10）项（A）分项已被转让的通知之时；或者

(II) 联邦存款保险公司指定为清算管理人之日后的第一个交易日下午5时（东部时间）。

(iii) 走避条款的定义。就本款而言，“走避条款”是指合格金融合同中中止、限定或豁免支付一方全部或部分债务的任何条款，或者不向另外存在的一方支付债务任何条款，仅因该方是与相关金融公司破产有关的非违约方，该相关金融公司是合同的一方或者是指定为该相关金融公司清算管理人的联邦存款保险公司的约定或权利行使的一方，并非由于一方行使抵消、扣除或净债务的权利，净债务是指合同各方在所签订的其他合同或相应法律规定下存在的。

(G) 清算组织的相关债务。在联邦存款保险公司被指定为相关金融公司的清算管理人，该相关金融公司是根据清算组织［根据（d）款第（9）项定义］的规定已被清算的合格金融合同一方的情况下，清算管理人应尽最大努力满足所有保证金、抵押，以及出现在合格金融合同中涉及金融公司的债务［除了清算管理人根据第（8）项（F）分项（i）则或第（10）项（B）分项非强制性的保证金、抵押或债务］，以满足清算组织到期时的相关规定。尽管本章有其他规定，如果清算管理人无法支付清算组织所规定的保证金、抵押或债务，清算组织应立即行使且不应中止行使权利，所有权利和法律救济依据与相关金融公司的合格金融合同有关的规定和适用的法律，包括但不限于，依据清算组织的相关规定，清算所有头寸和根据相关金融公司的合格金融合同清算该公司抵押的权利，暂停或停止该相关金融公司行为的权利。

(H) 记录保存

(i) 联合制定规则。联邦主要金融监管机构应共同制定规则，要求金融公司保持与合格金融合同有关的相关记录（包括市场估价等记录），联邦主要金融监管机构认为该记录对于协助成为相关金融公司清算管理人的联邦存款保险公司根据本款或第（9）或第（10）项行使其权利和履行其义务是必要或适当的。

(ii) 时限。联邦主要金融监管机构应在本法案的颁布之日起 24 个月内，制定联合或暂行的最终规则。

(iii) 后备规则制定权。如果联邦主要金融监管机构没有在（ii）则的规定时间内制定联合或暂行的最终规则，金融稳定监督委员会主席应在与联邦存款保险公司协商后，制定（i）则所要求的规则。

(iv) 分类和分层。(i) 则所规定的联合规则应对不同的金融公司区别对待，考虑其规模、风险、复杂性、杠杆率、合格金融合同的使用频率和数额、金融体系的相互关联性和其他应考虑在内的因素。

(9) 合格金融合同的转让

(A) 概述。在转让违约的相关金融公司的包括合格金融合同在内的财产或债务时，作为该相关金融公司清算管理人的联邦存款保险公司应：

(i) 转移到一个金融机构，该金融机构未被指定有其他破产保护人、清算管理人、破产受托人或其他法定监护人指定，或者受破产程序的约束。

(I) 任何人或该人的附属人与违约的相关金融公司之间的所有合格金融合同；

(II) 任何人或该人的附属人根据该合同向违约的相关金融公司提出的索赔（除非根据该合同相关条款提出的索赔的等级低于该公司一般的无抵押债权人提出的索赔）；

(III) 该相关金融公司根据该合同向任何人或该人的附属人提出的索赔；

（IV）（I）分则中所描述的合同中的所有财产担保或其他的信贷增级，或者（II）或（III）分则中描述的根据该合同的索赔；或者

（ii）不转让任何（i）则中所指的合格金融合同、索赔、财产或者其他信贷增级（与任何人或该人的附属人相关）。

（B）向外国银行、金融机构、或其分支行或代理行的转让。根据（A）分项（i）则，转让任何合格金融合同或相关索赔和财产时，作为相关金融公司清算管理人的联邦存款保险公司不应将上述各项转让给根据外国法律组建的外国银行、金融机构，或者其分行和代理机构；除非根据适用于该银行、金融机构、其分行或代理机构、合格金融合同、净额结算合同、担保合同或安排或其他与一个或多个合格金融合同有关的信用增级的法律规定，上述的合格金融合同、净额结算合同、担保合同或安排或其他与一个或多个合格金融合同有关的信用增级各方的合同权利均在与本条允许范围内同等程度上可依法执行。

（C）根据清算组织规定的合同转让。作为清算管理人的联邦存款保险公司根据（A）分项（i）则向某金融机构转让任何合格金融合同和相关索赔、财产或信用增级，且该合同根据清算组织的相关规则被清算的情况下，清算组织不应因转让被要求接受受让人为其成员。

（D）定义。就本条而言。

（i）"金融机构"是指经纪人或交易商、存款机构、期货经纪商、过桥金融公司，或者由联邦存款保险公司根据规定指定为金融机构的其他机构；并且

（ii）"清算组织"的含义与《1991 年联邦存款保险公司改革法案》第 402 条含义相同。

（10）转让通知书

（A）概述

（i）通知。联邦存款保险公司应根据（ii）则提供通知，如果：

（I）联邦存款保险公司作为违约或有违约可能的相关金融公司的清算管理人，转让该相关金融公司的财产或债务；并且

（II）转让包括合格金融合同。

（ii）时间。作为相关金融公司清算管理人的联邦存款保险公司应在该公司指定为清算管理人之日后的第一个交易日下午 5 时（东部时间）之前，通知（i）则中所描述的合同的另一方该转让。

（B）某些无法行使的权利

（i）破产管理。相关金融公司的合格金融合同的另一方不得仅

因为联邦存款保险公司根据本条的授权成为相关金融公司清算管理人（或者联邦存款保险公司已被指定为清算管理人的相关金融公司破产或财政现状），行使根据第（8）项（A）分项规定的终止、清算或净得该合同的权利：

（I）直到被指定之日后的第一个交易日下午5时（东部时间）；或者

（II）在该方收到该合同根据第（9）项（A）分项已被转让的通知之后。

（ii）通知。就本节而言，如果作为相关金融公司清算管理人的联邦存款保险公司采取合理步骤在（A）分项规定的截止时间之前向该相关金融公司的合格金融合同的另一方提供通知，那么该公司应被视为已通知该方。

（C）过桥金融公司的待遇。就第（9）项而言，过桥金融公司不应被认为是破产保护人、管理人、受托人或其他法定监护人指定的金融机构，或破产程序的主体。

（D）交易日的定义。就本节而言，“交易日”是指除星期六、星期日、纽约证券交易所或纽约联邦储备银行关闭日之外的任意一日。

（11）合格金融合同的拒绝履行。在联邦存款保险公司作为相关金融公司的清算管理人行使拒绝履行与该金融公司有关的合格金融合同的权利时，该公司应：

（A）拒绝履行所有合格金融合同，合同双方为：

（i）任何人及其附属人；和

（ii）违约的相关金融公司；或者

（B）对（A）分项所指的合格金融合同不拒绝履行（与该人或其附属人有关）。

（12）某些无法避免的担保和客户利益。本款的规定不应理解为允许避免。

（A）对除（a）款第（11）项规定外相关金融公司任何财产的依法强制执行或完善的担保权益；或

（B）依法强制执行的客户财产的利益，与相关金融公司作为证券权益持有人所持有财产有关的证券权益。

（13）强制执行合同的权力

（A）概述。作为相关金融公司清算管理人的联邦存款保险公司可以强制执行任一合同，除了董事或经理的责任保险合同、相关金融公司参与的金融机构债券，尽管合同中有关于终止、违约、加速执行的规定，或者根据第 202 条（a）款第（1）项，由于或仅因破产执行权利、授予或行使联邦存款保险公司作为清算管理人的权利、申请书的填写、建议书或认定书的颁布，或者第 203 条中规定的相关的行为或结果。

（B）不受影响的某些权利。本条中的规定不应理解为损害或影响作为清算管理人的联邦存款保险公司根据董事或经理的责任保险合同或者根据其他相关法律的金融机构债券行使强制执行或收回的权利。

（C）同意要求和依事实条款

（i）概述。除非本条另有规定，任何人不得根据相关金融公司为其中一方的合同行使终止、加速或宣布违约的权利或权力（该合同中不得有条款允许该类违约、终止或加速应为在法律上强制执行），或者获得或控制相关金融公司财产的权力或者影响相关金融公司的合同权利，在自联邦存款保险公司被指定为相关金融公司的清算管理人之日起 90 日内无须征得联邦存款保险公司的同意。

（ii）例外。本款中的规定不应用于董事或经理的责任保险合同或金融机构债券，不适用于根据第（8）项规定的某些合格金融合同各方的权利，或者根据《1991 年联邦存款保险公司改革法案》第 4 章第 1 节规定的净额结算合同中各方的权利，也不应理解为允许作为清算管理人的联邦存款保险公司不遵守该合同的可以由法律强制执行的规定。

（D）扩展信贷合同。尽管本章有其他规定，如果作为清算管理人的联邦存款保险公司强制执行任一合同以扩展相关金融公司或过桥金融公司的信贷，联邦存款保险公司应以清算管理行政开支的名义，归还任何有效且在法律上可强制执行的债务。

（14）联邦储备银行和联邦存款保险公司担保权益的例外。本项中的规定不适用于与以下有关的分项：

（A）从联邦储备银行和联邦存款保险公司向相关金融公司信贷的扩展；或者

（B）为保障信贷扩展，相关金融公司财产的担保权益。

（15）保留条款。本项中所使用的术语的含义仅对本款适用，并且不应解释为或用于质疑或影响任何术语的特征、定义或处理。这些类似术语是指其他法令、规章、规则的类似术语。上述法令等包括《金融服务现代化法案》（该法案以下简称《G－L－B 法案》——译者注）、《2000 年银行产品的法律确定性法案》、证券类法律（在《1934 年证券交易法案》第 3 条（a）款第（47）项和《商品交易法案》中定义）等。

（16）相关金融公司合同保证的强制执行

（A）概述。联邦存款保险公司作为相关金融公司或相关附属公司的清算管理人（包括参保存款机构），应有强制执行相关金融公司附属公司或附属机构合同的权力，应有履行相关金融公司担保或支持或与其有关的债务的权力，尽管导致该相关金融公司终止、清算或加速的任何合同权力都仅基于相关金融公司的破产、财务状况或清算管理，如果：

（i）在联邦存款保险公司被授权转让该相关金融公司的合格金融合同的期限内，该担保或其他支持措施和所有相关的财产和债务被转让给过桥金融公司或第三方（除了第三方是破产保护人、清算管理人、受托人或其他法定监护人指定的第三方，或者是受破产程序约束的第三方），并由上述两方承担；或者

（ii）联邦存款保险公司作为清算管理人，提供与该债务有关的充分的保护。

（B）规则解释。就本项而言，过桥金融公司不应被认为是被指定为破产保护人、清算管理人、受托人或其他法定监护人的第三方，或者被认为是受破产程序约束的第三方。

（d）违约索赔的估价

（1）概述。尽管联邦法律或州法律有其他规定，且不管联邦存款保险公司对相关金融公司使用何种方法，包括（h）款所授权的交易，本款应适用于任何相关金融公司债权人的权利。

（2）最大负债。联邦存款保险公司以相关金融公司的清算管理人的身份或公司身份，对向作为清算管理人的联邦存款保险公司或该相关金融公司提出索赔的任何人，联邦存款保险公司最大负债额应等同于该类索赔应获得的金额，如果：

（A）该公司未被指定为相关金融公司的清算管理人；并且

（B）相关金融公司依据《破产法典》第7章或其他适用于相关金融公司的州破产法的类似规定，已被清算。

（3）由证券投资者保护公司进行有序清算的特殊规定。涉及相关经纪人或交易商客户资产的情况下，联邦存款保险公司以相关经纪人或交易商清算管理人的身份或公司身份，对该相关经纪人或交易商的客户，联邦存款保险公司的最大责任应是：

（A）与证券投资者保护公司根据《1970年证券投资者保护法案》提起的案件中，客户应获得的与客户相关财产的数额相等；并且

（B）在联邦存款保险公司指定为清算管理人之日起，被认定为停止业务。

（4）其他授权支付

(A) 概述。根据 (o) 款第 (1) 项 (D) 分项 (i) 则规定，联邦存款保险公司在得到财政部长同意后，可以额外支付或提供额外信用额度给任何相关金融公司的任一索赔方或任一类型的索赔方的账户，如果该公司认为该支付对于减少作为清算管理人的该公司在根据本款规定对相关金融公司有序清算时降低其损失有必要。

(B) 限制

(i) 禁止。联邦存款保险公司不应向任一索赔方或任一类型的索赔方支付或提供信用额度，如果该支付或提供可导致任一索赔方获得的索赔额多于符合联邦存款保险公司要求的索赔面额。

(ii) 无义务。尽管联邦法律或州法律或州宪法有其他规定，联邦存款保险公司由于已根据 (A) 分项向任一索赔方或任一类型的索赔方支付索赔或提供信用，则该公司不应负有向其他索赔方或其他类型的索赔方支付索赔的义务。

(C) 支付方式。联邦存款保险公司可以将根据 (A) 分项应支付或提供信用的数额直接支付给索赔方，或将该部分索赔或提供信用支付给一个公司，这个公司应不包括相关金融公司，或与相关金融公司相关的为使其承担该类索赔责任而成立的过桥金融公司。

(e) 法院行动的限制。除非本章另有规定，法院不得采取任何行动限制或影响清算管理人在下文中权力或职能的实施，并且针对联邦存款保险公司或清算管理人的任何法律救济应仅限于根据本章所规定的金钱赔偿。

(f) 董事和经理的债务

(1) 概述。相关金融公司的董事或经理，作为联邦存款保险公司的代表，或在联邦存款保险公司的要求或指令下，可对在第 (2) 项中所描述的民事诉讼个人负有金钱赔偿的责任，该诉讼的提起全部或部分为联邦存款保险公司的利益：

(A) 作为该相关金融公司清算管理人；

(B) 基于联邦存款保险公司作为清算管理人转让、指定或从其处购买一项起诉、索赔或者诉因行事；

(C) 基于根据本法案规定提供协助有关的，相关金融公司或其关系人全部或部分转让、指定或从其处全部或部分购买一项起诉、索赔或者诉因行事。

(2) 相关诉讼。第 (1) 项应适用于与重大过失相关的诉讼。重大过失包括表明某种 (比重大过失) 更为严重的无视照管义务的行为或类似行为，这种行为包括故意侵权行为，上述所涉及的术语根据可适用的州法律定义和认定。

（3）保留条款。本款中的规定不应损害或影响其他可适用的法律规定的联邦存款保险公司的权利。

（g）损害赔偿金。在由于对相关金融公司财产不谨慎或不合理的使用或投资，向相关金融公司的董事、经理、雇员、代理商、律师、会计师或评估师，或者相关金融公司所雇用的或向其提供服务的其他方要求索赔的相关诉讼中，恢复原状的损害赔偿应包括主要损失和相应利息的赔偿。

（h）过桥金融公司

（1）组织

（A）目的。联邦存款保险公司，作为或者将被指定为一家或多家相关金融公司的清算管理人，可以根据本款规定，组织一家或多家过桥金融公司。

（B）权限。根据（A）分项所创建的与相关金融公司有关的过桥金融公司，该过桥金融公司可以：

（i）承担该相关金融公司的负债（包括与信托或托管业务有关的负债，但不包括列为监管资本的负债），该债务为联邦存款保险公司根据其判断认定为适当的债务；

（ii）购买该相关金融公司的财产（包括与信托或托管业务有关的财产），该财产为作为清算管理人的联邦存款保险公司认定为适当的财产；并且

（iii）履行其他联邦存款保险公司根据其判断按照本条的规定赋予的其他临时职能。

（2）章程和设立

（A）设立。除（H）分项的相关规定外，当相关金融公司是相关经纪人或交易商时，联邦存款保险公司作为相关金融公司的清算管理人可以向一家或者多家过桥金融公司授予一项联邦章程和认可一个或者多个过桥金融公司的章程细则，该过桥金融公司应依法且立即在其章程和章程细则颁布之后，依照该章程、章程细则和本项设立和经营。

（B）管理。在设立之后，过桥金融公司应由联邦存款保险公司指定的董事会管理。

（C）章程细则。过桥金融公司的章程细则和设立证书应有联邦存款保险公司制定的条款，且应由该公司委任的代表执行。

（D）章程条款；权利和特权。根据本款相关规定，联邦存款保险公司应：

（i）制定过桥金融公司章程的条款，和章程中授予过桥金融公司的权利、能力、权力和特权或者附带条件；并且

(ii) 提供并制定条款，管辖过桥金融公司的管理（包括公司章程细则、董事会董事的人数）和经营。

(E) 相关金融公司权利和特权的转让

(i) 概述。尽管联邦法律或州法律有其他规定，联邦存款保险公司可以令过桥金融公司继承或承担与该过桥金融公司成立有关的相关金融公司的权利、能力、权限或特权，该过桥金融公司应立即根据联邦存款保险公司的决定，继承或承担上述权利、能力、权限和特权。

(ii) 无须批准即可生效。过桥金融公司根据（i）则或其他规定，对相关金融公司的权利、能力、权力或特权的继承或承担应立即生效，无须获得与之相关的根据联邦法律或州法律的进一步许可、指派或同意。

(F) 公司治理和适用法律的选择与指定。在联邦存款保险公司允许，且与本条、任何联邦存款保险公司根据本条颁布的任何规则、规章或指令一致的情况下，过桥金融公司可以选择遵守公司治理结构的实践和程序。该实践和程序适用于根据特拉华州或者公司所在州一般公司法设立或组建的相关金融公司，该法律可时时修订。

(G) 资本

(i) 无须资本。尽管联邦法律或州法律有其他规定，如果联邦存款保险公司允许，过桥金融公司可以在无任何资本或盈余的情况下经营，或者在联邦存款保险公司根据其判断认定为合适的一定数额的资本或盈余的情况下经营。

(ii) 联邦存款保险公司无须出资。联邦存款保险公司无须向过桥金融公司注资，也无须代表依据本款成立的过桥金融公司发行股本。

(iii) 权限。如果联邦存款保险公司认定以下行为可取，联邦存款保险公司可以发行或出售为相关金融公司而成立的过桥金融公司的股本或其他证券，其数额、发行条件和状况可由联邦存款保险公司自行决定。

(iv) 代替资本和执行计划的营运资金。根据过桥金融公司的结构，且联邦存款保险公司自行认定为必要且可行，联邦存款保险公司可以根据（n）款第（9）项所规定的计划，给予该过桥金融公司一定的营运资金代替资本，维持过桥金融公司的经营。

(H) 过桥经纪人或交易商

(i) 概述。联邦存款保险公司作为相关经纪人或交易商的清算管理人，可以批准与该相关经纪人或交易商有关的一家或多家过桥金融公司的章程细则，该过桥金融公司应依法并立即在章程细则经核准后：

（I）成立并视为根据《1934 年证券交易法案》在委员会注册，并且是证券投资者保护公司成员；

（II）依照该章程细则和本条经营；并且

（III）继承相关金融公司在任一自律监管组织的任一和所有的注册和会员身份。

（ii）其他规定。除（i）则的规定外，尽管本章有其他规定，过桥金融公司应遵守联邦证券法律和其成为成员的自律监管组织所有规定，除非证券交易委员会认为豁免该规定对公共利益有必要或适合，或者可以保护投资者。

（iii）客户的待遇。除非本章另有规定，相关经纪人或交易商的任何客户，在其账户被转让至过桥金融公司之后，应根据第 205 条（f）款和《1970 年证券投资者保护法案》享有在账户未依据本款自相关金融公司转出前，本应享有的一切权利、特权和保护。

（iv）过桥经纪人或交易商的经营。尽管本章有其他规定，联邦存款保险公司不应以严重影响客户即时根据适用的法律获得客户财产的能力的方式经营联邦存款保险公司根据本章创立的与被清算经纪人或交易商有关的过桥金融公司。

（3）相关金融公司的财产、财产利息和债务。尽管第（1）项或第（2）项或法律有其他规定：

（A）过桥金融公司应仅在该财产或债务由联邦存款保险公司根据并遵守第（1）项（B）分项提出的限制条件转让给过桥金融公司的条件下，承担、获得或继承相关金融公司（包括与信托或托管业务有关的资产或债务）的资产或债务；并且

（B）过桥金融公司不应承担、获得或继承联邦存款保险公司被指定为其清算管理人的相关金融公司可能欠股东、员工、普通合伙人、有限合伙人或其他人的债务，如该其他人持有相关金融公司股权，该股权股息使其对相关金融公司有求偿权。

（4）因某些目的视过桥金融公司违约。过桥金融公司在联邦存款保险公司根据自己的判断认定的上述时期因上述目的中，应被视为一家违约的相关金融公司。

（5）财产和债务的转让

（A）联邦存款保险公司的权限。联邦存款保险公司作为相关金融公

司的清算管理人，在第（1）项的限制条件下，可以将相关金融公司的任何资产或债务（包括与信托或托管业务有关的资产或债务）转让给一家或多家过桥金融公司。

（B）后续转让。在与相关金融公司有关的过桥金融公司成立之后的任何时间，联邦存款保险公司作为相关金融公司的清算管理人，可以根据第（1）项的限制条件，根据自己的判断认定该转让合适，转让该相关金融公司的任何财产或债务。

（C）信托或托管业务的处理。基于本项之目的，包括授信指定在内的相关金融公司持有的信托或托管业务均包括在其财产和债务之中。

（D）无须批准即可生效。由相关金融公司向过桥金融公司的任何财产或债务的转让，包括信托或托管业务在内，应立即生效，无须根据联邦法律或州法律的进一步许可、指定或同意。

（E）对情况相似的债权人同等对待。联邦存款保险公司在根据本分项行使其将相关金融公司的财产或债务转让至为该相关金融公司而成立的过桥金融公司的权限时，应根据（b）款第（1）项规定以相同的方式对待相关金融公司的所有债权人，除非联邦存款保险公司可能采取不符合本分项的行动（包括根据（o）款第（1）项（D）分项（i）则进行支付），如果：

（i）该公司认为此行动是有必要，可以：

（I）使相关金融公司财产的价值最大化；

（II）通过对相关金融公司财产的出售或通过其他方式处置以达到现值收益值的最大化；或者

（III）实现相关金融公司财产的出售或通过其他方式处置损失额的最小化；并且

（ii）与（b）款第（1）项规定的情况相似的所有债权人收到的数额不得少于（d）款第（2）项和第（3）项所规定的数额。

（F）债务转让的限制。尽管法律有其他规定，相关金融公司向过桥金融公司转让或交付的债务的总金额不得超过相关金融公司向过桥金融公司出售或转让财产的总金额。

（6）司法行动的延缓。过桥金融公司由于收购相关金融公司的财产或承担其债务而成为司法诉讼的一方，该司法行动应在进一步诉讼之前，应过桥金融公司的请求，延缓不超过45天（或者经各方同意，延缓更长时期）。

（7）损害过桥金融公司利益的协议。任何意图削减或损害过桥金融公司在获取相关金融公司资产方面利益的协议均不得视为有效协议，但具备下列条件的协议除外：

(A) 该协议为书面形式;

(B) 该协议由相关金融公司的授权人员或代表执行,或由相关金融公司以常规业务流程批准;

(C) 该协议自执行之日起载于公司正式记录中,或者根据协议提出索赔的当事人能提供协议的证明文件以及清算管理人可接受的过桥金融公司授权执行书或确认书。

(8) 非联邦地位

(A) 机构地位:过桥金融公司不是美国国家的机构、企业或工具。

(B) 雇员地位:过桥金融公司中的代表人员[第(1)项(B)分项规定的]、董事、经理、雇员或代理人(只要供职于上述任何职位),都不能作为美国国家的官员或雇员。联邦存款保险公司或任何联邦机构的雇员,或按联邦存款保险公司要求工作的过桥金融公司代表人员[第(1)项(B)分项规定的]、董事、经理、雇员或代理人,需满足以下要求:

(i) 根据《美国法典》第5章及其他法律规定,不能因其供职于上述任何职位而失去其作为美国国家官员或雇员的现有身份;

(ii) 除获取联邦存款保险公司或联邦机构的薪金与福利之外,不能因其供职于上述过桥金融公司的职位而获取额外的薪金与福利。

(9) 核定经费。联邦存款保险公司被指定为相关金融公司的清算管理人后,根据(n)款第(9)项中的计划,联邦存款保险公司可以提供经费,促进第(13)项(A)、(B)、(C)和(D)分项规定的与过桥金融公司有关的交易,或有助于过桥金融公司获取相关金融公司的资产并承担其债务。

(10) 免税地位。不论联邦政府或其他州法律如何规定,过桥金融公司及其特权、财产及收入将免于美国政府包括其本土、属地,或任何州、郡、自治市、地方税务机关的现有及将来的所有税收。

(11) 联邦机构的批准和反垄断审查。如果过桥金融公司的兼并或出售需要得到联邦机构批准,则该类交易需在负责办理的联邦机构准予批准5日后方能完成。如果需要总检察长提交竞争因素报告,负责办理的联邦机构应立即通知总检察长,且总检察长应在10日内提供所需报告。根据《克莱顿法案》第7A条与该类事务相关的条款要求,在总检察长和联邦贸易委员会收到联邦机关通知之日后有15日的等候期。但分别依据《克莱顿法案》第7A条(b)款第(2)项和(e)款第(2)项,等候期可缩短或延长。

(12) 过桥金融公司的经营期限。根据第(13)和(14)项,过桥金融公司自授予章程之日起开始为期两年的经营期。联邦存款保险公司可根据自己的判断,延长过桥金融公司的经营期限,每次可延长一年,延长最多不得超过3次。

(13) 过桥金融公司地位的终止。过桥金融公司的地位应在如下情况最早出现时终止:

(A) 过桥金融公司与另一家非过桥金融公司兼并或合并;

(B) 联邦存款保险公司选择将过桥金融公司大多数股本卖给联邦存款保险公司以外的非过桥金融公司;

(C) 将过桥金融公司80%或80%以上的股本卖给联邦存款保险公司及其他过桥金融公司以外的人;

(D) 联邦存款保险公司选择由一家非过桥金融公司承担过桥金融公司全部或大致全部的债务,或者由一家非过桥金融公司或适用法律准许的其他机构获得过桥金融公司全部或大致全部的资产;

(E) 根据第(12)项规定在经营期限到期后终止,或根据第(15)项的规定提前解散。

(14) 终止情况影响

(A) 兼并或合并。第(13)项(A)分项所规定的兼并或合并,应依照相关适用法律的规定进行,其结果也应在适用法律中有所提及。不论其他州或联邦法律如何规定,为实现兼并或合并,过桥金融公司应被看做依据特拉华州法律规定[除非过桥金融公司依照第(2)项(F)分项选择其他州的法律作为准据法]而组建的公司,并且联邦存款保险公司应被视为其唯一的股东。

(B) 章程变更。按照第(13)项B分项规定,将过桥金融公司大多数股本出售之后,联邦存款保险公司可以修订过桥金融公司的章程,以说明过桥金融公司地位的终止。在章程修订上,依据联邦或州适用法律以及公司章程的组成文件,公司应拥有所有的权利、权力与特权。不论其他州或联邦法律如何规定,联邦存款保险公司可采取必要或方便的措施,依据一州的法律对过桥金融公司进行再合并。这类州特许公司应被视为依法接替联邦存款保险公司所提供的过桥金融公司的权利、所有权、权力和利益,其结果类似于依据该州公司法的规定,过桥金融公司与州特许公司进行合并。

(C) 股本出售。按照第(13)项(C)分项规定,将过桥金融公司80%或80%以上的股本出售之后,依据联邦或州适用法律以及公司章程的组成文件,公司应拥有所有的权利、权力与特权。不论其他州或联邦法律如何规定,联邦存款保险公司可采取必要或方便的措施,依据一州的法律对过桥金融公司进行再合并。这类州特许公司应被视为依法接替联邦存款保险公司所提供的过桥金融公司的权利、所有权、权力和利益,其结果类似于依据该州公司法的规定，过桥金融公司与州特许公司进行合并。

（D）债务承担与资产出售。按照第（13）项（D）分项，承担过桥金融公司全部或几乎全部的债务，或者出售过桥金融公司全部或几乎全部的资产后，过桥金融公司可根据联邦存款保险公司的选择在第（12）项规定的期限内保持，或根据联邦存款保险公司的选择被解散。

（E）章程修订。在第（13）项（A）、（B）、（C）和（D）分项规定的交易完成后，如有需要，需修订变更后公司的章程，以说明过桥金融公司地位的终止。

（15）过桥金融公司的解散

（A）概述。不论其他联邦或州法律如何规定，如果过桥金融公司的地位事先并未因出现第（13）项（A）、（B）、（C）和（D）分项规定的情况而终止，则：

（i）联邦存款保险公司根据自己的判断，依据本项规定随时解散过桥金融公司；以及

（ii）联邦存款保险公司应依据本项规定在过桥金融公司设立之日起两年期限到期后，或第（12）规定的延长期限到期后，立即启动解散程序。

（B）程序。为解散过桥金融公司，联邦存款保险公司应继续作为过桥金融公司的清算管理人。作为清算管理人的联邦存款保险公司应按照本章规定依照与相关金融公司清算相关的法律规定，停止过桥金融公司的业务。作为清算管理人的联邦存款保险公司拥有一切与过桥金融公司有关的权利、权力及特权，且应履行与法律赋予的这些权利、权力及特权相关的义务。不论其他法律条文如何规定，在行使这些权利、权力及特权时，联邦存款保险公司不应受到任何州机构或其他联邦机构的监督管理。

（16）获得贷款的权力

（A）概述。过桥金融公司可获取无担保贷款及发行无担保债券。

（B）无力获取贷款。如果过桥金融公司无力获取无担保贷款或发行无担保债券，联邦存款保险公司可授权符合以下要求的过桥金融公司获取贷款或发行债券：

（i）优先于过桥金融公司的任一或所有债务；

（ii）对未被留置的过桥金融公司财产拥有留置权；

（iii）对被留置的过桥金融公司财产拥有次级留置权。

（C）限制

(i) 概述。在公告与听证之后，联邦存款保险公司可授权一家过桥金融公司获取贷款或发行债券，并通过对被留置的过桥金融公司财产拥有优先或同等留置权担保，只有：

(I) 过桥金融公司无力获取贷款或发行债券；以及

(II) 对财产留置权持有人利益有保护充分，且该财产的优先或同等留置权有待批准。

(ii) 听证。依据本分项规定，听证应在美国法院进行，该美国法院应有相应管辖权进行该听证并且有权授权过桥金融公司根据(i) 则获取担保贷款的权力。

(D) 举证责任。根据本项规定，联邦存款保险公司负有在听证中对充分保护问题进行举证的责任。

(E) 合格金融合同。除非在过桥金融公司违约问题上，合格金融合同的交易对手方以书面形式允许损害，否则过桥金融公司所得贷款或发行的债券均不得损害该交易对手方的权利，该交易对手方无担保债权（权利行使后）的优先权与过桥金融公司在涉及贷款或债券方面债务的优先权相关的情况除外。

(17) 对债务及留置权的影响。根据本条规定，撤销或修改对获取贷款或发行债券的授权提起的上诉，或者对优先权或留置权的批准提起的上诉，并不影响所发行的债券或所批准的优先权或留置权对善意扩展信用实体的有效性，除非这些授权、债务发行或优先权、留置权的批准仍有待上诉。

(i) 记录共享。如果联邦存款保险公司被指定为相关金融公司的清算管理人，其他联邦监管机构应向联邦存款保险公司提供关于相关金融公司的全部记录，联邦存款保险公司可以以其认为合适的任何形式使用这些记录。

(j) 部分索赔的快捷程序

(1) 提交上诉通知书的时间。联邦存款保险公司起诉相关金融公司的董事、经理、雇员、代理人、律师、会计师、评估师或者受雇于或服务于相关金融公司的任何人员的上诉通知书，无论在任何阶段（中期或最终上诉阶段）的，都应在进入该阶段之日后30日内提交。该上诉的审理应在上诉通知书提交之日后120日内举行。该上诉的判决结果应在上诉通知书提交之后180日内公布。

(2) 进度安排。法院应加快审理联邦存款保险公司起诉相关金融公司的董事、经理、雇员、代理人、律师、会计师、评估师或者受雇于或服务于相关金融公司的任何人员的所有案件。法院应尽可能地优先对诉讼事件表中的该类案件进行审理。

(3) 司法裁量。法院可在特定情况下，基于法院的最终裁决比速审更能满足公众的最佳利益的考量，对第（1）项和第（2）项中提出的进度安排和限制进行更改。

（k）国外调查。作为相关金融公司清算管理人的联邦存款保险公司，为行使某项与相关金融公司有关的权力、职权或职责：

（1）依据《联邦存款保险法案》第（8）项（v）则的规定，作为清算管理人的联邦存款保险公司可以寻求任何外国金融监管机构的帮助，或向任何外国金融监管机构提供帮助。此时，相关金融公司如同一家参保存款机构，联邦存款保险公司如同该金融公司适当联邦银行业监管机构，而外国金融监管机构如同外国银行业监管机构；以及

（2）作为清算管理人的联邦存款保险公司可继续作为协调国外调查或协调代表外国金融监管机构进行调查的办公室。

（l）禁止签订保密协议及保护令。联邦存款保险公司不能签订任何协议或批准任何保护令，此类协议或保护令，禁止联邦存款保险公司透露任何行政解决或其他针对联邦存款保险公司作为相关金融公司清算管理人进行赔偿行为的协议条款。

（m）部分相关金融公司或过桥金融公司的清算

（1）概述。除本条有特别规定，且不论其他法律条文如何规定，与任何相关金融公司或过桥金融公司的清算有关的被指定为清算管理人的联邦存款保险公司，应：

（A）如果相关金融公司或过桥金融公司为证券经纪人，但不是美国证券投资者保护公司的成员，作为清算管理人的联邦存款保险公司应参照《破产法典》第7篇第3节关于将所有的客户记名证券、客户资产和成员资产分配给每位客户的规定。此时，相关金融公司和过桥金融公司如同第3节规定中的债务人。

（B）如果相关金融公司或过桥金融公司为商品经纪人，作为清算管理人的联邦存款保险公司应参照《破产法典》第7篇第4节关于将所有客户资产和成员资产分配给每位客户的规定。此时，相关金融公司或过桥金融公司如同第4篇中规定的债务人。

（2）定义。基于本款之目的：

（A）“客户”、“客户记名证券”及“客户资产、成员资产”，其含义与《美国法典》第11章第741条和第761条规定相同；以及

（B）“商品买卖经纪人”及“证券经纪人”，其含义与《破产法典》第101条规定相同。

（n）有序清算基金

（1）设立。美国财政部成立了一项名为“有序清算基金”的专项经费，

以帮助联邦存款保险公司行使本章规定的权力。行使权力所需费用包括相关金融公司的有序清算费、行政支出、联邦存款保险公司根据第（5）项规定在发行债券支付的本金和利息，以及联邦存款保险公司行使本章规定的权力的费用。

（2）收益。联邦存款保险公司所得的收益应被纳入基金中。所得收益包括依据（o）款规定所得的估算额，依据第（5）项规定所得的债务收益、利息及其他投资所得，以及相关金融公司付给联邦存款保险公司的还款。

（3）管理。联邦存款保险公司应按照本款规定以及基于第203条（d）款制定的政策与程序的要求来管理经费。

（4）投资。应联邦存款保险公司的要求，财政部长可将基金中部分款项用于投资。这部分基金按照联邦存款保险公司的判断，未被用来满足联邦存款保险公司的当前需求，且这部分基金按照联邦存款保险公司的判断不属于有适当期限的美国债务。用来出售或偿还债务的利息及收益应被纳入基金。

（5）发行债务的权力

（A）联邦存款保险公司有权发行债务。一旦财政部长指定联邦存款保险公司为相关金融公司清算管理人后，联邦存款保险公司就有权向财政部长发行债务。

（B）财政部长有权购买债务。根据相关条款规定，财政部长可购买或同意购买任何依据（A）分项发行的债务。为此，财政部长有权将出售任何依据《美国法典》第31章第31篇规定发行证券的所得收益用做政府债券交易。且购买依上述规定发行的债务也属于债券发行的目的。

（C）利率。根据相关条款规定，财政部长每次购买债务将会得到一定的收益，财政部长在综合考虑同年限的美国未偿可售债券的当前平均收益之后，加上额外的利率（数额由财政部长自行决定），得出收益率数额。其中额外利率应高于（i）则同年限公司债务指数的当前平均利率和（ii）则同年限美国未偿可售债务的当前平均利率的差额。

（D）财政部长有权出售债务。根据财政部长确定的关于收益率的条款，财政部长可出售按本项规定所得的任何债务。

（E）政府债务交易。财政部长买卖规定的债务应作为美国政府债务交易，且财政部长出售债券按规定所得的收益应作为其他收入存入美国国库。

（6）最大债务限制。在相关金融公司的有序清算方面，联邦存款保险公司不能发行或承担任何债务，根据本项如果发行或承担债务后，为每个相关金融公司发行的该债务数额显著超过：

（A）在联邦存款保险公司被指定为清算管理人之日起30日内（如

果联邦存款保险公司将以下（B）分项所述金额计算在内，则期限缩短），以相关金融公司最近可得财务报告为基础，其数额等于相关金融公司合并总资产的10%；

（B）在（A）分项所述期限后，其数额等于每个相关金融公司可用来偿还债务的合并总资产的公允价值的90%。

（7）规则制定。与金融稳定监管委员会协商后，联邦存款保险公司和财政部长应共同制定规则，管理本条所定义的最大债务限制。

（8）规则解释

（A）概述。依据《联邦存款保险法案》第14条（a）款和（b）款或第15条（c）款第（5）项的规定，在下列情况下，不应将本条中的任何规定解释为会对联邦存款保险公司的权力、联邦存款保险公司对存款保险基金的管理、或参保存款机构的解决造成影响：

（i）本章规定的联邦存款保险公司权力不能被用于支援存款保险基金或除本法案外的其他适用法律规定的任何金融公司；

（ii）与存款保险基金相关的联邦存款保险公司权力或除本章规定外的适用法律规定的联邦存款保险公司其他职责，不能被用于援助本章所述的相关金融公司；以及

（iii）不能以任何形式将存款保险基金用于规避本章的目的。

（B）估值。根据本款规定，为确定债务总额：

（i）联邦存款保险公司根据本章规定应将其或有负债作为一项债务包括在内；以及

（ii）联邦存款保险公司应按照预期成本估计或有负债。

（9）有序清算及债务清偿计划

（A）有序清算计划。联邦存款保险公司制定出财政部长认可的与相关金融公司相关的有序清算计划之后，作为相关金融公司清算管理人的联邦存款保险公司应掌握基金的总额。该计划应包括基金的拨付及使用，依据第204条（d）款及本条（h）款第（2）项（G）分项（iv）则和（h）款第（9）项规定的措施，以及第三方的付款。有序清算计划应考虑到为避免或缓解相关金融公司破产对低收入群体、少数族裔或服务不足社区产生的潜在不利影响而采取的措施。有序清算计划还应酌情与主要金融监管机构配合，以保障此类措施的实施。联邦存款保险公司可随时修订有序清算计划，但计划的修订需经财政部长的批准并得到财政部长的配合。

（B）强制性债务清偿计划

（i）概述。根据第（5）项规定，财政部长不能向联邦存款保险

公司提供第（6）项（B）分项规定的数额，除非财政部长与联邦存款保险公司签订的有效协议满足以下要求：

（I）根据第（5）项规定，该协议提供了偿还借款未偿数额的具体计划与进度安排；

（II）该协议表明联邦存款保险公司从相关金融公司的清算资产中所得收入及依据（o）款所得的估算额，在还款计划规定的期限内足够用于分期偿付未清偿账款，且在（o）款第（1）项（B）分项规定的期限内足够用于支付未清偿账款的利息。

（ii）与国会商议并向国会报告。财政部长和联邦存款保险公司应：

（I）与参议院银行、住房和城市事务委员会以及众议院金融服务委员会就还款计划协议中的条款进行协商；

（II）财政部长和联邦存款保险公司应在财政部长向联邦存款保险公司第（5）项提供金额之日起的30日内，向（I）分则规定的委员会提交还款计划协议的副本。

（10）实施费用

（A）概述。自本法案颁布之日起，联邦存款保险公司因实施本法案而产生的合理费用应视为金融稳定监督委员会的开支。

（B）费用偿还请求。联邦存款保险公司应定期向金融稳定监督委员会主席提交一份费用偿还请求书，而金融稳定监督委员会主席应作出安排，立即偿还联邦存款保险公司因实施本法而产生的合理费用。

（C）定义。本项中所使用的“实施费用”的定义为：

（i）自本法案颁布之日起联邦存款保险公司产生的费用，这些费用是为实施本章规定所做工作的一部分，不与特定的相关金融公司有关；

（ii）包括联邦存款保险公司为执行本章规定而制定政策、程序、规则和规章以及其他活动产生的费用。

（o）评估

（1）以风险为基准的评估

（A）合格金融公司的定义。基于本款规定之目的，“合格金融公司”是指合并总资产大于或等于500亿美元的银行控股公司以及由联邦储备理事会监管的非银行金融公司。

（B）评估费。联邦存款保险公司应依据（D）分项的规定，收取一项或多项以风险为基准的评估费，如果该评估费是必要的，以便于联邦存款保险公司向财政部长发行的债务在发行后的60个月内足以用于偿还。

（C）授权的延期。经财政部长批准后，联邦存款保险公司可延长（B）分项规定偿还债务的期限，如果联邦存款保险公司认为延期后可避免对美国金融体系造成严重的负面影响。

（D）评估的应用。为满足（B）分项的要求，联邦存款保险公司应：

（i）对于收到联邦存款保险公司根据（b）款第（4）项、（d）款第（4）项、或（h）款第（5）项（E）分项的额外付款或金额的索赔人，联邦存款保险公司应尽快对该索赔人进行评估，以在累积的基础上弥补以下两者间的差额，但索赔人收到的付款足够用于开展或继续与实施清算管理或运营过桥金融公司相关的必要工作的情况除外。

（I）索赔人收到付款之日，按照本章规定［包括（b）款第（4）项、（d）款第（4）项及（h）款第（5）项（E）分项］，该索赔人从联邦存款保险公司处收到的总计价值；以及

（II）索赔人有权从联邦存款保险公司处收到索赔的价值，该索赔仅从相关金融公司根据本章规定进行清算程序中获得。

（ii）如果根据（i）则规定，在累积基础上取得的数额不能达到（B）分项的要求，联邦存款保险公司可在充分考虑第（4）项提到的因素后，对以下公司收取评估费：

（I）合格金融公司；

（II）合并总资产价值大于或等于500亿美元的非合格金融公司。

（E）融资规定。（D）分项（i）则规定的为启动或继续实施清算管理或运营相关金融公司的必要付款和数额，按照联邦存款保险公司的规定，不能纳入为第三方融资的范围内。

（2）累进评估费率。联邦存款保险公司应采取累进评估费率，即资产价值高的金融公司，其风险评估费率也高。

（3）通告与偿付。根据本款要求，联邦存款保险公司应告知每家金融公司其评估情况。被评估的金融公司应按照第（6）项的有关规定支付评估费。

（4）以风险为基准进行评估时的考虑因素。根据第（1）项（D）分项（ii）则进行评估时，联邦存款保险公司应采用风险矩阵。金融稳定监督委员会应建议联邦存款保险公司采用风险矩阵进行评估，且联邦存款保险公司应充分考虑建立该风险矩阵的有关建议。在推荐或采用风险矩阵时，金融稳定监督委员会和联邦存款保险公司都应充分考虑以下方面：

（A）影响金融公司的经济环境，以便允许在较为有利的经济环境下

增加评估费，而在较为不利的经济环境下减少评估费。

（B）对金融公司或其附属公司的评估：

（i）如果该金融公司或其附属公司为参保存款机构，则应按照第7条或《联邦存款保险法案》第13条（c）款第（4）项（G）分项的规定对其进行评估；

（ii）如果该金融公司或其附属公司是证券投资者保护公司成员，则应按照《1970年证券投资者保护法案》第4条规定对其进行评估；

（iii）如果该金融公司或其附属公司为参保信用合作社，则应按照《联邦信用合作社法案》第202条（c）款第（1）项（A）分项（i）则规定对其进行评估；

（iv）如果该金融公司或其附属公司是保险公司，则应按照可适用的州法律的相关规定对其进行评估，以覆盖（或覆盖偿还支付）所涉及一家或多家保险公司复兴、清算或其他州破产程序的成本。

（C）金融公司给金融体系带来的风险，以及金融公司从根据本章进行有序清算中获得的利益或可得利益的程度，包括

（i）金融公司及其附属公司资产，包括资产负债表内及表外资产的数量、不同类别和集中度；

（ii）金融公司及其附属公司的业务；

（iii）金融公司及其附属公司的相关市场份额；

（iv）金融公司杠杆化程度；

（v）经济衰退时流动性骤然下降的潜在风险敞口；

（vi）公司对其他金融公司以及相互之间债务的数额、期限、波动性和稳定性；

（vii）公司负债的数额、期限、波动性和稳定性，包括对短期资金的依赖程度，且要考虑到衡量公司风险资本额的现行制度；

（viii）公司资金来源的稳定性和多样性；

（ix）公司作为家庭、企业、州及当地政府信贷来源，以及作为金融体系流动性来源的重要性；

（x）不归金融公司拥有仅由其单纯管理的资产多少，以及所管理资产所有权的分散程度；

（xi）金融公司及其附属公司负债的金额、不同类别和集中度。这些负债包括参保及未参保负债、或有负债及非或有负债、资产负债表内及表外资产的负债。

（D）在联邦存款保险公司被指定为相关金融公司的清算管理人之前

的10年间带来的相关金融公司破产的风险。

（E）联邦存款保险公司或金融稳定监督委员会确定的其他相关的风险因素。

（5）信息收集。在联邦存款保险公司根据本章规定被指定为清算管理人之后，在其认为执行本款规定必要时，可要求相关金融公司提供信息。

（6）规则制定

（A）概述。联邦存款保险公司应制定规章条例来贯彻本项。联邦存款保险公司应就规章的制定与定案同财政部长协商。

（B）公平对待。在制定（A）分项所述的规章时，应充分考虑不同金融公司对美国金融稳定构成的不同威胁、不同金融公司负债结构的不同、不同金融公司所付评估费基数的不同，以保证被评估的金融公司得到公平的待遇，并使评估能真实地反映出这些不同。

（p）某些协议的不可执行性

（1）概述。第（2）项中的所有规定均不得对任何人强制执行或将债务附加于任何人，否则将会违反公共政策。

（2）禁止条款。本项所述规定是包含在当前或未来会被冻结、具有保密性的任一条款，或是其他的协议，该协议直接或间接：

（A）影响、约束或限制任何人提出收购或收购任一相关金融公司全部或部分的能力，包括任何负债、资产或其利息，这些收购同联邦存款保险公司根据本章规定执行权限有关；

（B）禁止任何人提出收购或收购任一相关金融公司全部或部分，包括任何负债、资产或其利息，这些收购同联邦存款保险公司根据本章规定执行权限有关；或者

（C）禁止任何人使用以前披露的信息提出收购或收购任一相关金融公司全部或部分，包括任何负债、资产或其利息，这些收购同联邦存款保险公司根据本章规定执行权限有关。

（q）其他豁免

（1）概述。联邦存款保险公司根据本章规定作为清算管理人时：

（A）联邦存款保险公司，包括其专营权、资产、储备金、盈余及其收入，应豁免州、县、自治市或地方税务机关的各项税务。联邦存款保险公司应向州、地区、县、自治市或地方的税务机关缴纳其不动产税额的情况除外，税额应根据不动产的价值而定；即使依据州法律的规定有人对这些财产价值的评估提出异议，财产的价值及其税金应由征税当时的情况而定的除外。

（B）未经联邦存款保险公司同意，不能征收、扣押、没收或出售联

邦存款保险公司的任何财产，且不能对联邦存款保险公司财产进行强制性留置。

（C）联邦存款保险公司不应承担任何罚款性质的费用，包括对任何人无法偿付不动产、动产、遗嘱认证税、登记税或应缴纳的登记费或申请费的罚款；

（D）联邦存款保险公司应豁免美国政府、州、县、自治市或地方当局根据联邦、州、郡、自治市或地方法律对其刑事犯罪的指控。这类刑事犯罪据称是在联邦存款保险公司被指定为清算管理人之前，由相关金融公司或代表相关金融公司的人所为。

（2）限制。第（1）项规定不得适用于与《1986 年国内税收法案》有关的任何税收项目（或其他款项）。

（r）禁止出售部分资产

（1）从事不正当行为造成相关金融公司损失或与其有关的人。联邦存款保险公司应发布规章，以禁止联邦存款保险公司向符合下列情况的人出售相关金融公司的资产：

（A）任何人：

（i）拖欠，或为具有拖欠行为的公司经理、董事或合伙人成员。本人或公司拖欠相关金融公司的一项或多项债务，总金额超过一百万美元；

（ii）已被确定从事过与（i）则所述的债务有关的欺诈行为；

（iii）打算使用从联邦存款保险公司或任何相关金融公司获得的贷款或预付贷款收入来购买全部或部分资产。

（B）任何人作为相关金融公司及其附属公司的经理或董事，以实质方式参与给相关金融公司带来重大损失的交易。

（C）任何人被证明有与相关金融公司债务有关的贪污或挪用公款行为。

（2）已判有罪的债务人。除第（3）项所述情况，符合下列情况的个人不能向清算管理人购买这类机构的任何资产，如果该人：

（A）已触犯或其预谋行为将会触犯《美国法典》第 18 章第 215、656、657、1005、1006、1007、1008、1014、1032、1341、1343 或 1344 条的规定，从而对相关金融公司造成影响；

（B）拖欠相关金融公司的贷款或授信，如果无法偿还这些贷款或授信，将会对基金或联邦存款保险公司造成巨大损失。

（3）索赔问题的解决。第（1）和第（2）项不得适用于联邦存款保险公司将相关金融公司的资产出售或转让给任何人的情况，前提是出售或转让的资产能够解决或部分解决联邦存款保险公司向该人提出或可能提出的一条或多条索赔。

(4) 拖欠的定义。就本款规定而言，“拖欠”是指未能遵循贷款或其他债务的条款，导致赎回担保债务财产的权利被取消。

(s) 高级经理和董事补偿金的追偿

(1) 概述。作为相关金融公司清算管理人的联邦存款保险公司，可向现任或前任的对相关金融公司破产负有重大责任的高级经理及董事追偿在联邦存款保险公司被指定为清算管理人之日起两年内应得的补偿金。有欺诈行为的，不设期限。

(2) 考虑因素。追偿补偿金时，联邦存款保险公司应对追偿的经济利益及影响和追偿过程中的成本进行权衡。

(3) 规则制定。联邦存款保险公司应颁布规章来实施本款规定，其中包括定义“补偿金”一词，意为任何的经济补偿，包括工资、红利、奖金、福利、遣散费、递延补偿、黄金降落伞福利以及从相关金融公司证券出售中获得的利润。

第 211 条　混合条款

(a) 清算管理人或清算代理人对关于禁止隐瞒资产的说明。对《美国法典》第 18 章第 1032 (1) 条进行修订，在“或国家信用”之前插入“依据《多德—弗兰克华尔街改革与消费者保护法案》第 2 章规定，作为相关金融公司清算管理人的联邦存款保险公司。

(b) 一致性修订。删除《美国法典》第 18 章第 1032 条在标题中的“**金融机构的**”。

(c)《1991 年美国联邦存款保险公司修正法案》。对《1991 年联邦存款保险公司修正法案》第 403 条 (a) 款进行修订，在“《联邦存款保险法案》第 11 条 (e) 款”之后插入“《多德—弗兰克华尔街改革与消费者保护法案》第 210 条 (c) 款，《1992 年联邦住房企业财务安全性和稳健性法案》。

(d) 联邦存款保险公司总检查官审查

(1) 范围。总检查官应实施、监督、协调对作为清算管理人的联邦存款保险公司清算相关金融公司的审核与调查，包括汇总并总结：

(A) 对作为清算管理人的联邦存款保险公司所采取的措施的说明；

(B) 对联邦存款保险公司参与的任何有形的销售、转让、合并、债务、购买以及其他有形交易的说明；

(C) 根据第 203 条 (d) 款和第 210 条 (n) 款第 (14) 项，对联邦存款保险公司政策和程序适用性以及有序清算计划适用性的评价；

(D) 对联邦存款保险公司行使职责时对私营成分的利用的评价，包括利益冲突审查的适当性；

(E) 对联邦存款保险公司清算相关金融公司时总体工作情况的评价，包括行政管理费用、清算过程的及时性以及对金融体系的影响。

(2) 频率。联邦存款保险公司总检查官应在联邦存款保险公司被指定为清算管理人之日起的6个月内，以及之后的每6个月，按第（1）项所述开展审核与调查。

(3) 报告与声明。根据《1978年总检查官法案》第5条（a）款的规定，联邦存款保险公司总检查官在半年度报告中应包括对第（1）项所述审查结果及评价的总结，且如有要求，应当面向国会有关委员会提交报告。

(4) 经费

(A) 基本经费。联邦存款保险公司总检查官行使本条规定的费用应视为清算管理的行政费用；

(B) 额外经费。如果作为清算管理人的联邦存款保险公司可使用的最高数额不足以支付联邦存款保险公司总检查官按规定行使职责所需费用，联邦存款保险公司应从估金（见第210条）中拨款以支付额外数额。

(5) 职责终止。联邦存款保险公司总检查官职责应在清算管理结束之日起一年后终止。

(e) 财政部总检查官审查

(1) 范围。财政部总检查官应实施、监管、协调对财政部长采取的清算相关金融公司措施的审核与调查，包括汇总并总结：

(A) 对财政部长所采取措施的说明；

(B) 根据第203条和第210条规定，对财政部长批准联邦存款保险公司政策和程序的分析，以及对有序清算计划接受度的分析；

(C) 根据第210条规定，对财政部长购买联邦存款保险公司债券所依据的条款和条件的评估。

(2) 频率。财政部总检查官应在联邦存款保险公司被指定为清算管理人之日起的6个月内，以及之后的每6个月，按第（1）项所述开展审核与调查。

(3) 报告与声明。根据《1978年总检查官法案》第5条（a）款的规定，财政部总检查官在半年度报告中应包括对第（1）项所述审查结果及评价的总结，且如有要求，应当面向国会有关委员会提交报告。

(4) 职责终止。财政部总检查官职责应在财政部长根据第210条规定从联邦存款保险公司购买的债务全部赎回之日起一年后终止。

(f) 主要金融监管机构总检查官审查

（1）范围。在联邦存款保险公司根据第 165 条规定被指定为由主要联邦金融监管机构或联邦储备理事会监管的相关金融公司的清算管理人之后，该监管机构检查官或联邦储备理事会应作出关于监管机构或联邦储备理事会对相关金融公司监督情况的书面报告。该书面报告应：

（A）评价监管机构或联邦储备理事会行使监管相关金融公司职责的效果；

（B）识别监管机构或联邦储备理事会官员的作为或不作为，这些作为或不作为会导致相关金融公司违约或可能违约；

（C）识别监管机构或联邦储备理事会所采取的能使公司避免违约或可能违约的措施；以及

（D）应对行政或立法方面的相应措施提出建议。

（2）报告与作证。在联邦存款保险公司被指定为清算管理人之日起之后的一年内，联邦主要金融监管机构总检查官或联邦储备理事会应当面（如有要求）向国会有关委员会提交第（1）项所述的报告。在收到此报告后的 90 日内，主要金融监管机构或联邦储备理事会应向国会提供一份书面报告，在该书面报告中应说明依据报告中的建议所采取的实际措施，如果并未采取任何实际措施，也应说明原因。

第 212 条　规避或制止利益冲突的禁止

（a）*无其他经费*。用于对相关金融公司进行有序清算的经费只能按照本章规定提供。

（b）*政府措施的限制*。任何政府机构均不得采取措施来规避本章的目的。

（c）*利益冲突*。如果联邦存款保险公司被同时指定为一个以上相关金融公司的清算管理人，或者联邦存款保险公司被同时指定为相关金融公司和该相关金融公司附属保险存款机构的清算管理人，联邦存款保险公司应采取必要的措施来避免多重接管中可能出现的利益冲突。

第 213 条　高级经理及董事特定行为的禁止

（a）*禁止权限*。联邦储备理事会，如果相关金融公司不为联邦储备理事会所监管，或联邦存款保险公司可行使本条规定的权限；

（b）*发布命令的权限*。（a）款所述的相应机构可采取（c）款所述措施，前提是该机构符合下列情况：

（1）该机构确定，在联邦存款保险公司被指定为清算管理人之前，相关金融公司的高级经理或董事直接或间接地存在下列行为：

（A）（i）违反法律或规章；

(ii) 违反最终确定的停止和终止命令；

(iii) 违反联邦机构以书面形式附加的条件，该条件与高级经理或董事提出的申请、请求或发布的通知有关；

(iv) 违反公司与该机构之间的书面协议。

(B) 从事或参与与任何金融公司有关的不安全或不可靠的活动。

(C) 从事破坏高级经理或董事受信义务的行为。

(2) 根据第 (1) 项所述的违法或破坏行为，该机构确定此类高级经理或董事从上述或导致公司破产的违法、破坏行为中得到经济利益或其他利益。

(3) 该机构确定这些违法、破坏行为：

(A) 牵涉此类高级经理或董事个人的不诚实行为；

(B) 表明此类高级经理或董事一直有意置公司的安全稳健于不顾。

(c) 被批准的行为

(1) 概述。(a) 款所述金融公司的适当机构可向 (b) 款所述的高级经理或董事发出一份书面通知，说明该机构的意图，即禁止高级经理或董事在该机构所规定的时期内以任何方式参与处理金融公司事务。其中该机构所定时期的长短应视违法、破坏行为的程度而定，且不得少于两年。

(2) 程序。《联邦存款保险法案》第 8 条 (e) 款规定的流程要求及其他程序应适用于本条所述的行为，此时，相关金融公司如同一家保险存款机构，而高级经理或董事如同机构附属方（以上术语在《联邦存款保险法案》中定义）。

(d) 规章。在与委员会商议后，联邦存款保险公司与联邦储备理事会应共同颁布规则或规章，以管理并执行本条规定，这些规章包括进一步定义“高级经理”这一术语的规则、规章或指引。

第 214 条　纳税人经费的禁止

(a) 要求清算。本章规定的接受清算管理的所有金融公司都应进行清算。纳税人经费不得被用于阻止任何金融公司的清算。

(b) 经费的偿还。用于对金融公司清算的经费应在处置金融公司资产所得的费用中得到补偿，或者经过评估，由财政部门负责。

(c) 不得使纳税人遭受损失。行使本章所述权力时不得使纳税人遭受任何损失。

第 215 条　对担保债权人折扣率的研究

(a) 研究。金融稳定监督委员会行使本法案授权的有序清算权限过程中，应进行评估与完全担保债权人待遇相关的最大程度地保护美国纳税人以及促进市场纪律重要性的研究。在进行这一研究时，委员会应：

（1）不得对与解决过程中的担保债权人待遇问题有关的现行或以往法律或规章存有偏见；

（2）研究《破产法典》及《1991年联邦存款保险公司修正法案》所规定的清偿机制与本法所规定的有序清算权的异同；

（3）决定不同的担保债权人在清偿机制中的不同待遇，并调查对担保债权人（不同程度的）折扣率在完善市场规则和保护纳税人中的作用；

（4）应对储蓄机构向消费者、小企业提供担保贷款的谨慎借贷行为和担保债权人向大型互联金融公司提供贷款的借贷行为进行利益和动力上的对比；

（5）考虑贷款是否会因抵押品类型的不同及贷款期限的不同而存在差别；

（6）调查无抵押或抵押品不足且在公司破产时需寻求抵押品的权益方，并调查该类行为对金融稳定的影响，以及在公司破产时对有序处理纳税人保护问题的影响。

（b）报告。在本法案颁布之日起一年内，委员会应向国会提交一份报告，说明委员会在依据（a）款开展研究时所得到的结果与结论。

第216条　金融机构及非银行金融机构破产程序的研究

（a）研究

（1）概述。本法案颁布后，联邦储备理事会在与美国法院行政管理局协商后，应开展一项依据《破产法典》第7章或第11章规定对金融公司解决方案的研究。

（2）研究的问题。根据本条规定，需要研究的问题包括：

（A）《破产法典》第7章或第11章在促进系统重要性金融公司的有序清偿或重组问题上的有效性；

（B）是否应该成立专门的财务清偿法院、特别专家陪审团或法官来审查涉及金融公司的案件，以便于以一种不产生道德风险且将对金融市场的负面影响降至最低的方式，提供依据《破产法典》解决该类公司的方案；

（C）是否应修订《破产法典》，以增强《破产法典》用不产生道德风险且将对金融市场的负面影响降至最低的方式来清偿金融公司的能力；

（D）是否应对《破产法典》、《联邦存款保险法案》及其他破产规则进行修订，以解决对待合格金融公司合同所采用的方式问题；

（E）为处理金融公司问题，在《破产法典》中增添新的章节或条款后可能造成的影响、面临的挑战以及取得的收益。

（b）提交国会的报告。自本法案颁布之日起一年内，以及本法案颁布之日起连续五年时间里，美国法院行政管理局应向参议院银行、住房和城市事务委员会、参议院司法委员会以及众议院金融服务委员会、众议院司法委员会提交报告，总结依据（a）款规定开展研究的结果。

第 217 条 与非银行金融机构破产程序有关的国际协调的研究

（a）研究

（1）概述。在与美国法院行政管理局协商之后，联邦储备理事会应依据《破产法典》及其他国外适用法律的规定，开展一项与解决系统重要性金融公司有关的国际协调的研究。

（2）研究的问题。关于金融公司的破产程序，依据本条规定，应在以下方面进行研究：

（A）当前存在的国际协调的程度；

（B）用于完善国际合作的现有机制与结构；

（C）有效国际协调的障碍；

（D）对于增加或扩大金融公司清偿的有效国际协调，要研究其途径，从而在不产生道德风险的前提下将对金融市场的负面影响降至最低。

（b）提交国会的报告。在本法案颁布后一年内，美国法院行政管理局应向参议院银行、住房和城市事务委员会、参议院司法委员会以及众议院金融服务委员会、众议院司法委员会提交一份报告，总结根据（a）款规定开展研究的结果。

第三章　向货币监理署、联邦存款保险公司和联邦储备理事会移交权力

第 300 条　标题

本章全称为《2010 年强化金融机构安全性和稳健性法案》。

第 301 条　目的

本章的目的是：

（1）保障美国银行体系的安全稳健运行；

（2）保留并保护联邦和州特许存款机构的双重体制；

（3）确保对各存款机构监管公平、适当，无论其规模及类型；以及

（4）使存款机构和存款机构控股公司的监管流程化、合理化。

第 302 条　定义

在本章中，“移交雇员”是指，根据第 322 条规定，视上下文要求，可转为货币监理署或联邦存款保险公司的雇员。

第一节　权力和义务的移交

第 311 条　移交日期

（a）移交日期。除（b）款中的规定外，“移交日期”意为本法案颁布后 1 年。

（b）延期许可

（1）通知要求。在同货币监理官、储蓄机构监督办公室主任、联邦储备理事会主席和联邦存款保险公司主席协商后，财政部长可根据（a）款延期，并确定移交日期（该日期需在本法案颁布后 18 个月内），前提条件是财政部长向参议院银行、住房和城市事务委员会和众议院金融服务委员提交：

（A）一份计划在该法案颁布后一年开始有序执行本章的书面决议；

（B）解释说明对于开始有条不紊地执行本章所规定内容，延限必要原因；

(C) 移交日期根据本款指定;

(D) 为启动平稳有效实施本章内容的进程所采取的步骤须在延期内进行。

第 312 条 移交的权力与职能

(a) 生效日期。本条及本条修正案于移交日生效。

(b) 储蓄机构监督办公室的职能

(1) 储蓄和贷款控股公司职能移交

(A) 职能移交。储蓄机构监督办公室及其主任下列有关的职能（包括发布命令的权限）移交至联邦储备理事会。

(i) 对以下公司的监管:

(I) 储蓄和贷款控股公司;

(II) 储蓄和贷款控股公司的附属公司（非存款机构）。

(ii) 储蓄机构监督办公室及其主任所享有的所有与储蓄和贷款控股公司相关的规则制定权限。

(B) 权力、权限、权利和责任。联邦储备理事会继承，移交日前，(A) 分项规定的原属储蓄机构监督办公室及其主任的所有权力、职权、权利和职能。

(2) 其他职能的移交

(A) 联邦储备理事会。储蓄机构监督办公室及其主任，根据《住房所有人贷款法案》第 11 条规定享有的对关联交易和对经理、董事和主要股东提供贷款的规则制定权限，以及根据本法案第 5 条（q）款规定享有的关于搭售安排规则制定权限，移交给联邦储备理事会;

(B) 货币监理官。第（1）项（A）分项的规定除外:

(i) 以下职权和职能移交至货币监理署及货币监理官。

(I) 储蓄机构监督办公室及其主任分别与各联邦储蓄协会相关的职能; 以及

(II) 储蓄机构监督办公室及其主任分别与各储蓄协会相关的规则制定权限; 和

(ii) 货币监理署及货币监理官继承移交日前原属储蓄机构监督办公室及其主任的（i）则规定的所有权力、权限、权利和责任。

(C) 联邦存款保险公司: 除第（1）项（A）和（B）分项外:

(i) 储蓄机构监督办公室及其主任享有的与州储蓄协会有关的所有职能移交至联邦存款保险公司; 和

(ii) 联邦存款保险公司继承移交日前原属储蓄机构监督办公室

及其主任的（i）则规定的全部权力、职权、权利及职能。

（c）一致性修订。《联邦存款保险法案》第3条修改如下：

（1）在（q）款中，删除第（1）到第（4）项并插入以下内容：

“（1）货币监理署，在以下情形：

“（A）全国银行业协会；

“（B）外国银行联邦分行或代理行；和

“（C）联邦储蓄协会；

“（2）联邦存款保险公司，在以下情形

“（A）州非会员参保银行；

“（B）分行参保的外国银行；和

“（C）州储蓄协会；

“（3）联邦储备体系理事会，在以下情形

“（A）州会员银行；

“（B）与按照《1978年国际银行业法案》适用的《联邦储备法案》规定有关的外国银行分行或代理行；

“（C）不运营参保分行的外国银行；

“（D）不是联邦机构的代理行或商业贷款公司；

“（E）根据《1978年国际银行业法案》赋予理事会的权限所产生的监督或监管行动，包括根据《1966年金融机构监管法案》赋予理事会的权限所产生的监督或监管行动；

“（F）银行控股公司及其附属公司（非存款机构）；和

“（G）储蓄和贷款控股公司及其附属公司（非存款机构）”；和

（2）在（u）款第（1）和第（3）项中，删除“非银行控股公司”，插入“非银行控股公司或储蓄和贷款控股公司”。

（d）消费者保护。本条不能解释为限制或影响依据第10章所进行的权力移交。

第313条　废除

移交日之后90日内，储蓄机构监督办公室及其主任的职位一并废止。

第314条　对《美国修正法令》的修订

（a）第324条的修正案。《美国修正法令》第324条修订如下：

“第324条　货币监理署。

“（a）已设立的货币监理署。在财政部建立名为‘货币监理署’的办公室，其职能为，确保其所管辖的机构或他人的安全与稳健，遵守法律与规章，提供公平的金融服务以及公平对待消费者。

“（b）货币监理官

“（1）概述。货币监理署首席官员即为货币监理官。货币监理官依财政部长的指示履行其职能。非经法律特别规定，财政部长不得延迟或阻碍货币监理官发布规则或颁布规章，不得干涉货币监理官处理的任何事务或诉讼（包括代理申请强制执行判决的诉讼）。

“（2）附加权限。货币监理官拥有，根据《2010年强化金融机构安全性和稳健性法案》中原属储蓄机构监督办公室主任，在移交日根据该法案第311条移交给货币监理署的相同权限。”

（b）联邦储蓄协会的监管。修订《美国修正法令》，在第7章第9篇第327A条之后插入以下内容：

“第327B条 货币监理副官对联邦储蓄协会的监督和检查。

“货币监理署须指派一名货币监理副官，负责对联邦储蓄协会进行监督检查。”

（c）第329条的修正案。《美国修正法令》第329条中末尾句号前插入“或任何联邦储蓄协会”的内容。

（d）生效日期。本条及本条所作的修订应当在移交日生效。

第315条 联邦信息政策

修订《美国法典》第44章第3502（5）条，在“证券交易委员会”之后插入“货币监理署”。

第316条 保留条款

（a）储蓄机构监督办公室

（1）现有权利、责任和义务不受影响。第312条（b）款和第313条不影响美国、储蓄机构监督办公室、储蓄机构监督办公室主任，或其他任何人在移交日前已有的任何权利、责任或义务。

（2）诉讼继续。本章不撤销储蓄机构监督办公室主任或储蓄机构监督办公室在移交日前即起诉或被起诉的任何行为或诉讼，除了：

（A）对储蓄机构监督办公室或其主任据本章规定移交给联邦储备理事会的职能所产生任何行为或诉讼，联邦储备理事会应在移交日当天或之后由储蓄机构监督办公室或其主任替代作为此行为或诉讼的当事方；

（B）对储蓄机构监督办公室或其主任据本章规定移交给货币监理署或货币监理官的职能所产生的行为或诉讼，货币监理署或货币监理官应在移交日当天或之后由储蓄机构监督办公室或其主任替代作为此行为或诉讼的当事方；

（C）对储蓄机构监督办公室或其主任据本章规定移交给公司的职能所产生的任何行为或诉讼，公司应在移交日当天或之后由储蓄机构监督办公室或其主任替代作为此行为或诉讼的当事方。

（b）储蓄机构监督办公室现有命令、决议、决定、协议和规章等继续有效。所有由储蓄机构监督办公室及其主任或有适格管辖权的法院发布、制定、颁布，或批准生效的命令、决议、决定、协议、规章、解释性规则、其他解释、指引、程序和其他咨询材料，据本章规定所移交并于移交日前一天生效的履行职能将继续有效并由以下单位或对以下单位执行：

（1）理事会（在储蓄机构监督办公室或其处的职能被转移到理事会的情况下，并直到被理事会、有适格管辖权的法院或操作法据适用法律所修改、终止、撤销或取代为止）。

（2）货币监理署或货币监理官（在储蓄机构监督办公室或其处的职能被转移到货币监理署或货币监理官的情况下，并直到被货币监理署或货币监理官、有适格管辖权的法院或操作法据适用法律所修改、终止、撤销或取代为止）。

（3）联邦存款保险公司（在储蓄机构监督办公室或其处的职能被转移到联邦存款保险公司的情况下，并直到公司、有适格管辖权的法院或操作法据适用法律所修改、终止、撤销或取代为止）。

（c）继续有效规章的确认

（1）联邦储备理事会确认。联邦储备理事会应在不迟于移交日：

（A）依据（b）款认同将由联邦储备理事会实施的继续有效规章；和

（B）在《联邦公报》上发布依据（A）分项所认可的规章一览表。

（2）货币监理署确认。货币监理署应在不迟于移交日：

（A）与联邦存款保险公司磋商后，依据（b）款确认将由货币监理署实施的继续有效规章；和

（B）在《联邦公报》上发布依据（A）分项所认可的规章一览表。

（3）联邦存款保险公司确认。公司应在不迟于移交日：

（A）与货币监理署磋商后，依据（b）款确认将由联邦存款保险公司实施的继续有效规章；和

（B）在《联邦公报》上发布依据（A）分项所认可的规章一览表。

（d）草拟或未生效规章的状态

（1）草拟的规章。储蓄机构监督办公室在履行依据本条所移交的职能中

草拟的任何规章，已于移交日前公布但未作为最终规章在移交日前公布的，根据草拟规章这一术语的意思，应视为货币监理署或联邦储备理事会的草拟规章。

（2）未生效规章。任何由储蓄机构监督办公室在其履行依据本章移交的职能中在移交日前公布但在此日前尚未生效的过渡性规章或最终规章，货币监理署或联邦储备理事会的规章生效。

第 317 条　在联邦法律中提及的联邦银行监管机构

移交日当天和移交日之后，所有在联邦法律中提及储蓄机构监督办公室主任或储蓄机构监督办公室，连同储蓄机构监督办公室主任或储蓄机构监督办公室根据第 312 条（b）款或此分项中的其他规定所移交的职能应视为提及货币监理署、货币监理官、联邦存款保险公司主席、联邦存款保险公司、联邦储备理事会主席、或联邦储备理事会，并与第 5 节的修订案内容连贯一致。

第 318 条　经费

（a）检查补偿金。《美国修正法令》第 5240 条修订如下：

（1）在第二个非编号段落中第四个句子处，删除“不遵守对美国官员和雇员适用的其他法律条款”，插入“依照《美国法典》第 5 章第 71 篇设立并调整，同时不遵守对美国官员和雇员适用的其他法律条款”；和

（2）在第三个未编号段落中第一个句子处，删除“应确定”，插入“应按照《美国法典》第 5 章第 71 篇内容规定，确立”。

（b）货币监理署的经费。经修订的法规第 52 章第 4 篇中在第 5240 条后插入以下内容“第 5240A 条　当货币监理署必要且恰当地履行货币监理署的责任时，货币监理署按照《联邦存款保险法案》第 3 条（q）款第（1）项中描述的实体收取核定付款额、酬金和其他费用。在依据本条确定从某实体收取的核定付款额、酬金和其他费用总额时，若货币监理署的决定合适，货币监理署可考虑此实体的类型和活动范围、实体所持财产总额和类型、实体的经济和管理状况以及其他因素。货币监理署可依照第 5234 条规定，储存所有依照本条规定而得到的核定预付款、酬金或收取的费用或报酬。此项经费不应视为政府基金或拨付款项，不应从属于以《美国法典》第 15 章第 5 篇或以其他法规为目的的分摊。货币监理署依本条拥有的权限应排除第 5240 条规定。“根据本条规定，［除《美国法典》第 5 章第 71 篇规定，（关于补偿金）］对货币监理署应尽的义务及其被许可的支出、开销，货币监理署应享有决定权。”

（c）联邦储备理事会经费。修订《联邦储备法案》第 11 条，在末尾处增加：“（s）向特定公司收取的估额、费用及其他收费。

“（1）概述。联邦储备理事会应向第（2）项中描述的公司收取估额、费用及其他收费，其数额等于联邦储备理事会估算的对这些公司负监督监管责任时所支出的必要合理的费用。

“（2）公司。本项描述的公司是：

“（A）所有银行控股公司合并总资产在500亿美元或以上的；

“（B）所有储贷控股公司合并后的总资产在500亿美元或以上的；

“（C）依据《多德—弗兰克华尔街改革与消费者保护法案》第113条规定，由联邦储备理事会监管的非银行金融公司”。

（d）联邦存款保险公司检查经费。修订《联邦存款保险法案》第10条（e）款，删除第（1）项，插入以下内容：

“（1）存款机构的定期和特别检查。依据（b）款第（2）、第（3）项或（d）款对存款机构，或对第3条（q）款第（2）项描述的实体进行定期和特别检查的开支由联邦存款保险公司对机构或实体进行估算，以补贴联邦存款保险公司执行该项检查的支出。”

（e）生效日期。本条及本条制定的修正案应在移交日生效。

第319条　订约权和租赁权

无论《1949年联邦财产与行政服务法案》或其他法律条款如何规定，（除《合同竞争法》所要求的完全公开的竞争）货币监理署可：

（1）在货币监理官认为货币监理署履行其职能、责任必要时，缔结履行合同、执行文书、获得不动产（或财产权益）；和

（2）根据第（1）项规定，占有、保存、出售、出租或以其他方式处置获得的财产（或财产权益）。

第二节　过渡性条款

第321条　临时使用储蓄机构监督办公室的经费、人员和财产

（a）概述。在移交日前，货币监理署、联邦存款保险公司、联邦储备理事会应：

（1）与储蓄机构监督办公室商讨、合作以促进职能根据本章规定向货币监理署、联邦存款保险公司及联邦储备理事会有序移交。

（2）间或共同决定：

（A）从本法案颁布日起至移交日终止，与职能移交（包括人员、财产和行政服务）相关的任何必要的经费支出额；

(B) 依据本章规定，为促进有序移交而进行的人员分配；

(C) 从本法颁布日起至移交日终止，向货币监理署、联邦存款保险公司、联邦储备理事会提供必要的财产、行政服务；和

(3) 采取此类必要的行动以保证本条有条不紊的执行。

(b) *机构磋商*。当货币监理署、联邦存款保险公司及联邦储备理事会在转移日前共同提出请求时，储蓄机构监督办公室应：

(1) 从储蓄机构监督办公室经法律授权征收的估额、费用及其他费用所筹集的资金中提取适当份额提供给货币监理署、联邦存款保险公司或联邦储备理事会，数额应由货币监理署、联邦存款保险公司、联邦储备理事会依照(a) 款共同决定。

(2) 适时逐一告知货币监理署、联邦存款保险公司或联邦储备理事会，对于上述人员的选定，应由货币监理署、联邦存款保险公司、联邦储备理事会依据 (a) 款共同作出适当决定。

(3) 当货币监理署、联邦存款保险公司和联邦储备理事会依照 (a) 款规定共同决定为必要时，向货币监理署、联邦存款保险公司、联邦储备理事会提供可用的资产、行政服务。

(c) *需要注意的事项*。货币监理署、联邦存款保险公司和联邦储备理事会应就其依据 (b) 款提前发布联合通知。

第 322 条　雇员移交

(a) *概述*

(1) 储蓄机构监督办公室雇员

(A) 概述。除了第 1064 条规定，所有储蓄机构监督办公室的雇员应依据本条规定移交给货币监理署或联邦存款保险公司。

(B) 向接受机构分配移交雇员。储蓄机构监督办公室主任、货币监理官和联邦存款保险公司主席应：

(i) 共同决定储蓄机构监督办公室为履行或支持依照本章规定向美国监理署或联邦存款保险公司移交的职能所需的雇员人数；和

(ii) 与依照 (i) 则作出的决定一致，共同确认由储蓄机构监督办公室移交与货币监理署或联邦存款保险公司的雇员。

(2) 移交雇员；记入服务期。为履行本条的规定，向联邦住房贷款银行、联邦住房贷款银行联合办事处、或联邦储备银行的服务期应计入向联邦机构服务的时间。

(3) 除职位移交外的任命权限

(A) 概述。除 (B) 分项的规定外，储蓄机构监督办公室根据联邦

法的、与根据第312条规定职能移交相关的任命权限，包括人事管理局的规章，对于非服务性职位的填补应酌情移交给货币监理官或联邦存款保险公司主席。

（B）允许拒绝移交。货币监理官或联邦存款保险公司主席可拒绝接受依据（A）分项的移交权限（以及依据该权限任命的雇员）。因为这些职位为非竞争性职位，具有保密性、政策制定性、政策决定性或政策倡导性的特点。

（4）附加任命权限。无论其他法规如何规定，货币监理署和联邦存款保险公司仍可以任命移交雇员在货币监理署或联邦存款保险公司中任职。

（b）移交时机和岗位分配。每一个依据（a）款第（1）项移交的雇员应：

（a）在移交日后90天内实现移交；和

（b）在移交雇员生效日后120天之内接受岗位分配通知。

（c）职能移交

（1）概述。无论其他法规如何规定，依本节规定所移交的雇员应视为实施《美国法典》第5章第3503条规定的权限转移。

（2）优先权。如本节的任何规定与据《美国法典》第5章第3503条规定对移交雇员进行的任何保护相冲突，本节的规定将优先适用。

（d）雇员地位及适任。本节规定的职能和雇员移交及第313条规定的储蓄机构监督办公室的废止不应影响转移雇员在法规保护下作为美国任何机构雇员的地位。

（e）平等地位和职务任期

（1）地位和任期。每个来自储蓄机构监督办公室的转移雇员应在货币监理署或联邦存款保险公司拥有与转移雇员在转移日前相同的地位和任期。

（2）职能。在切实可行的范围内，应根据每个转移雇员的技能偏好，在货币监理署或联邦存款保险公司中安排他们在与转移日前职能责任相同的合理适当的岗位上。

（f）无额外证明要求。在曾在移交日前负责开展考试的主考官作为货币监理署或联邦存款保险公司的一名雇开展同一类型机构考试的情况下，是转移雇员的主考官不应在被安排到货币监理署或联邦存款保险公司的类似职位之前服从于任何额外的认证要求。

（g）受限的人员行为

（1）保护

（A）概述。除第（2）项规定外，每个受到影响的雇员在转移日起30个月内，不得非自愿脱离或重新指定他/她的薪酬支付地域。

（B）受影响雇员。就本段而言，“受影响雇员”意为

(i) 原属储蓄机构监督办公室，在转移日前有固定岗位的雇员；和

(ii) 原属货币监理署或联邦存款保险公司，在转移日前有固定岗位的雇员。

(2) 例外。第 (1) 项不限制货币监理署或联邦存款保险公司的以下权利：

(A) 由于某种原因或雇员不可接受的表现而将其隔离；

(B) 终止委任除竞争服务以外的具有保密性、政策制定性、政策决定性或政策倡导性特点的岗位；或

(C) 当货币监理署或联邦存款保险公司决定为了机构高效运营，必须重新指派岗位属时，可重新指定薪金支付地域外的雇员。

(h) 工资

(1) 30个月保护。除了第 (2) 项规定之外，在雇员据本条规定被移交起30日内，应支付其不低于基本工资率的工资（该雇员在移交日之前所得工资），包括任何地域差异。除此之外，如果雇员在移交前某一临时阶段由于临时任务、临时促销或其他临时活动而获得比基本工资率高的工资，机构可以在基本工资率预计降低之日降低基本工资率，并且这30个月内的剩余保护率将成为此次移交适用的减少率。

(2) 例外。货币监理署或联邦存款保险公司可以参照以下两项降低移交雇员的基本工资率：

(A) 由于某种原因，包括雇员令人无法接受的表现；

(B) 须经过移交雇员同意。

(3) 雇用期保护条文。本条仅适用于移交前依然是货币监理署或联邦存款保险公司雇员的移交雇员。

(4) 加薪准则。本条不能作为限制货币监理署或联邦存款保险公司主席降低移交雇员基本工资律的依据。

(i) 福利

(1) 移交雇员的退休福利

(A) 概述

(i) 延续现行退休计划。对所有货币监理署或联邦存款保险公司雇用的移交雇员将继续实行移交雇员退休计划。

(ii) 雇主定期缴款。货币监理署或联邦存款保险公司主席应依据每个现行退休计划为每位移交雇员的现行退休计划定期缴款。

(B) 定义。本段关于移交雇员的"现行退休计划"定义为：任何雇员移交前所在机构的（包括金融机构退休基金在内）退休计划以及任何

相关节俭储蓄计划。

(2) 其他福利

(A) 第一年

(i) 延续现行计划。根据本章规定，移交日之后一年内，每个移交雇员可继续参加移交前所在机构的任何雇员福利计划（除了退休福利计划），包括雇员在移交日前所拥有的牙科、视力、长期护理或人寿保险等。

(ii) 雇主定期缴款。货币监理署或联邦存款保险公司应酌情依据计划或谈判达成的协议向雇员支付扩大福利计划所需的费用。

(B) 第一年后的牙科、视力或人寿保险。移交日一年之后，如果货币监理署或联邦存款保险公司决定不再继续雇员移交前所在机构的牙科、视力、长期护理或人寿保险项目，那么之前拥有此保险的移交雇员可以在决定生效之前选择加入（可以不考虑任何定期开放季）：

(i) 据《美国法典》第 5 章第 89A 篇所设立的更好的牙科福利增强计划；

(ii) 据《美国法典》第 5 章第 89B 篇所设立的更好的视力福利增强计划；

(iii) 据《美国法典》第 5 章第 87 篇所设立的联邦雇员团体人寿保险计划，而无须考虑任何保险规定。

(C) 第一年后长期护理保险。自移交日起一年后，如果货币监理署或联邦存款保险公司决定货币监理署或联邦存款保险公司将不再继续雇员移交前所在机构的长期护理保险项目，那么之前拥有该保险的移交雇员可以在决定生效之前选择申请“联邦长期护理保险计划”（《联邦法规法典》第 5 章第 875 条记载，本计划是依据《美国法典》第 5 章第 90 篇所制定的，适用于一个积极的新劳动力成员的投保要求）。

(D) 移交雇员的定期缴款

(i) 概述。根据 (ii) 则规定，参加“联邦长期护理福利计划”的移交雇员按计划规定应支付所有雇员的定期缴款。

(ii) 费用差额。该法案和由货币监理署或联邦存款保险公司制定的计划颁布之日起，货币监理署或联邦存款保险公司应据本条规定，支付移交雇员移交前所在机构制定的计划规定雇员缴款款额间的差额。

(iii) 经费移交。货币监理署或联邦存款保险公司应向依据《美国法典》第 5 章第 8909 条所设立的“雇员健康保险基金”移交一笔由人事管理局局长（与货币监理署或联邦存款保险公司主席以及管理和预算办公室研讨后）决定的基金款额，以偿还该基金依据本节提供的保险金费用，且据（i）则规定此费用并未由移交雇员所偿付。

（E）保证人寿保险福利延续的特别规定

（i）概述。据《美国法典》第5章第8901条定义享受年金者，若其据本章规定参加移交前所在机构的人寿保险计划，在移交日前一日，有资格申请依据《美国法典》第5章第8706（b）、8714a,、8714b或8714c条所制定的人寿保险或由货币监理署或联邦存款保险公司成立的人寿保险，并不用考虑任何定期开放季或任何可保性要求的必要条件。

（ii）移交雇员定期缴款

（I）概述。据（II）分则规定，参加本条所述人寿保险计划的移交雇员应据该计划要求支付全部缴款。

（II）费用差额。该法案和由货币监理署或联邦存款保险公司制定的计划颁布之日起，货币监理署或联邦存款保险公司应支付该（移交雇员移交前所在机构制定的）计划规定雇员缴款款额间的差额。

（III）经费移交。货币监理署或联邦存款保险公司，应向依据《美国法典》第5章第8714条规定建立的联邦雇员团体人寿保险基金移交一笔款额，该款额由人事管理办公室主任与货币监理署或联邦存款保险公司主席以及管理和预算办公室研讨决定，以偿还该基金根据本节提供利益的费用，且据（I）分则规定此费用并未被移交雇员所偿付。

（IV）其他计划时间信用。每个参加移交前所在机构保险项目的移交雇员，在入《美国法典》第5章第87篇规定的人寿保险前，该保险应视为该章为《美国法典》第5章第8706条（b）款第（1）项（A）分项规定的人寿保险。

（j）纳入机构薪酬系统。移交日后30日内，货币监理署或联邦存款保险公司应将所有移交雇员纳入机构薪酬系统和相关雇用机构体系中。

（k）公平待遇。在实行本条规定时，货币监理署或联邦存款保险公司主席应做到以下几点：

（1）不可对移交雇员采取任何相对于移交之前在储蓄机构监督办公室工作的其他雇员的不公平举措；

（2）可以在私人案件中采取必要举措，以确保移交雇员拥有地位、任期、工资、福利（人事管理部门管理项目下的福利除外）、联邦机构前期服务的积存休假或休假时间等方面的公平待遇。

（3）应与储蓄机构监督办公室联合发展和采用确保本款要求得到充分保障的程序和方案。

（4）应进行以下方面的研究：依据（a）款规定详细说明所有移交雇员的岗位分配；依据第（3）项规定说明采用的具体步骤和保障措施；说明本款要求得到充分保障的要求。并应在移交日后 365 日内向美国国会提交一份相关此研究的复印件。

（l）改组

（1）概述。自移交日一年后起的两年中，如果美国货币监理官或联邦存款保险公司主席决定需要对货币监理署或联邦存款保险公司工作人员分别进行改组，据《美国法典》第 5 章第 8336 条（d）款第（2）项或第 8414 条（b）款第（1）项（B）分项规定，该改组应被视为为那些受到影响而退职的雇员提供保障的“主要改组”。

（2）服务信用。为实施本条款，在美国联邦住房贷款银行或在联邦住房贷款银行联合办公室服务期间，应记入为联邦机构服务的期间。

第 323 条　财产移交

（a）财产含义。该条中“财产”一词包括所有不动产（包括土地使用权）和个人财产（包括电脑、家具、固定装置、设备、书籍、账簿、记录、报告、文件、备忘录、论文、检查报告、工作底稿以及相关这些报告的信函，以及其他信息或材料）。

（b）储蓄机构监督办公室

（1）概述。在移交日前一日，美国货币监理官和联邦存款保险公司主席测算出的全部储蓄机构监督办公室的财产［除了（b）款第（2）项所述类型财产］，用于提供或支持储蓄机构监督办公室据本条规定对货币监理署的职能，并在移交日 90 日内，以本节规定的雇员移交方式移交给货币监理署或该联邦存款保险公司。

（2）个人财产。在移交日前一日，货币监理署和联邦存款保险公司主席测算出的全部储蓄机构监督办公室的所有书籍、账簿、记录、报告、文件、备忘录、论文、资料、检查报告、工作底稿和信件等，用于提供或支持储蓄机构监督办公室据本条规定对理事会的职能，并以本节规定的方式移交给理事会。

（c）财产移交合同。据本条规定，每一项与移交财产相关的合同、协议、契约、执照、许可证以及类似文件资料，应与其财产一起移交给货币监理署。

（d）保全财产。据本条规定，移交财产在移交前不得涂改、销毁、移交或删除。

第 324 条 经费移交

据第 325 条规定，储蓄机构监督办公室主任（经与货币监理官、联邦存款保险公司主席和理事会主席协商）决定的对储蓄机构监督办公室的事务处理不必要的资金，上述资金可作为储蓄机构监督办公室用于以下事项的开支：

（1）与第 312 条（b）款第（2）项（B）分项规定的储蓄机构监督办公室的职能有关的事项，于移交日移交给货币监理署；

（2）与第 312 条（b）款第（2）项（C）分项规定的储蓄机构监督办公室的职能有关的事项，于移交日移交给联邦存款保险公司；

（3）与第 312 条（b）款第（1）项（A）分项规定的储蓄机构监督办公室的职能有关的事项，于移交日移交给联邦储备理事会。

第 325 条 事务安排

（a）主任权限。移交日后 90 日内，储蓄机构监督办公室主任有以下权限：

（1）应当仅为完成根据本章规定储蓄机构监督办公室应移交给货币监理署、联邦存款保险公司和联邦储备理事会职能相关的各项事务：

（A）根据本章规定，负责安排储蓄机构监督办公室尚未移交的雇员，并支付被移交雇员移交日前应计报酬与福利；

（B）根据第 323 条规定，管理储蓄机构监督办公室全部财产，直至移交日。

（2）可以适当采取其他必要措施结束储蓄机构监督办公室的各项事务。

（b）主任地位

（1）概述。除了移交本条规定的全部职能以外，在移交日后 90 日内，储蓄机构监督办公室主任应保留并执行属于储蓄机构监督办公室主任的所有权限。该权限仅为以下所必要：

（A）解散储蓄机构监督办公室；以及

（B）根据本节规定在 90 日内完成移交。

（2）其他规定。基于第（1）项之目的，储蓄机构监督办公室主任应在移交日期开始后 90 日内，继续

（A）被视为美国官员；以及

（B）有权获得于移交日前一日应得的全年基本工资。

第 326 条 继续服务

移交日前，为储蓄机构监督办公室提供的相关支持服务（同移交到储蓄机构

监督办公室、货币监理署和联邦储备理事会的职能相关的支持服务）的美国任何机构、部门、或其他机构及其职能部门，根据本章规定，应：

（1）截至职能移交完成之日，继续提供这些支持服务，并由货币监理署、联邦存款保险公司和联邦储备理事会对其进行补偿；

（2）与货币监理官、联邦存款保险公司主席或联邦储备理事会主席协商后，以协调和促进快速而有序的过渡。

第 327 条　执行计划和报告

（a）提交计划。《多德—弗兰克华尔街改革与消费者保护法案》颁布后 180 日内，联邦储备理事会、联邦存款保险公司、货币监理署和储蓄机构监督办公室应联合向参议院银行、住房和城市事务委员会、众议院金融服务委员会、财政部总检查官、联邦存款保险公司和联邦储备理事会提交一份计划，计划应详细阐述联邦储备理事会、联邦存款保险公司、货币监理署以及储蓄机构监督办公室为实施第 301 条至第 326 条及其修正案的规定而采取的具体步骤。

（b）财政部长审查计划。在接收到（a）款要求计划后 60 日，财政部长、联邦存款保险公司主席和联邦储备理事会主席应向联邦储备理事会、联邦存款保险公司、货币监理署和储蓄机构监督办公室联合提交一份书面报告，并应向参议院银行、住房和城市事务委员会以及众议院金融服务委员会递交一份复印件，报告应详细叙述计划是否符合第 301 条至第 326 条及其修正案的规定，包括：

（1）该计划是否充分考虑到人员的有序移交；

（2）该计划是否描述了确保储蓄机构监督办公室员工享有与货币监理署和联邦存款保险公司员工同等待遇的程序和保障措施；

（3）该计划是否充分考虑到职权和责任的有序移交；

（4）该计划是否充分考虑到资金的有效移交；

（5）该计划是否充分考虑到财产的有序移交；

（6）任何其他保证移交过程有效并有序的建议。

（c）实施情况报告。在参议院银行、住房和城市事务委员会以及众议院金融服务委员会接收到（b）款要求计划后 6 个月内，以及该计划每个方面都得到落实后的每 6 个月内，财政部长、联邦存款保险公司主席和联邦储备理事会主席应向联邦储备理事会、联邦存款保险公司、货币监理署和储蓄机构监督办公室联合提交一份关于计划落实情况的书面报告，并应向参议院银行、住房和城市事务委员会以及众议院金融服务委员会提交复印件。

第三节 联邦存款保险公司

第331条 存款保险改革

（a）规模差异。修订《联邦存款保险法案》第7条（b）款第（2）项如下：

（1）删除（D）分项；

（2）将（C）分项的内容改为（D）分项。

（b）评估基准。据《联邦存款保险法案》第7条（b）款第（2）项规定，联邦存款保险公司应修改规章中"评估基准"定义，以符合第7条（b）款第（2）项对存款保险机构的要求，其数额等于：

（1）参保存款机构在评估期间的平均总资产；减去

（2）下列之和：

（A）参保存款机构在评估期间的平均有形权益资产；以及

（B）在参保存款机构是一家（联邦存款保险公司根据托管业务收入占总收入的比重，以及托管资产的规模等因素定义的）托管银行，或是一家银行家的银行（《美国修正法令》第5136条所使用的术语）的情况下，联邦存款保险公司确定的根据《联邦存款保险法案》第7条（b）款第（1）项定义的评估托管银行和银行家的银行所必需的数额。

第332条 取消顺周期评估

修订《联邦存款保险法案》第7条如下

（1）在第（2）项中：

（A）修订（B）分项如下：

"（B）限制。联邦储备理事会可自行决定，暂停或限制根据（A）分项的规定支付股息的声明。"

（B）修订（C）分项如下：

"（C）通知和评论机会。联邦存款保险公司应通过规章规定，在通知和评论机会后，根据本项规定指示申报、计算、分配以及支付股息的办法"；

（C）删除（D）至（G）分项；

（2）在第（4）项（A）分项中，删除"第（2）项（D）分项"，插入"第（2）项和"。

第333条 强化为存款保险目的的信息获得

（a）修订《联邦存款保险法案》第7条（a）款第（2）项（B）分项，删除

"协议"，插入"协商"。

（b）《联邦存款保险法案》第7条（b）款第（1）项（E）分项修订如下：

（1）在（i）则中，删除"例如"，插入"包括"；

（2）在（iii）则中，删除"联邦存款保险公司"，插入"联邦存款保险公司，第7条（a）款第（2）项（B）分项的规定除外"。

第334条　反映新评估基准的过渡准备金率要求

（a）《联邦存款保险法案》第7条（b）款第（3）项（B）分项修订如下：

"（B）最低准备金率。由联邦储备理事会指定的准备金率任何一年都不得少于估计参保存款的1.35%，或类似第（2）项（C）分项规定评估基准的百分比。"

（b）《联邦存款保险法案》第3条（y）款第（3）项，在句号前插入"，或第7条（b）款第（2）项（C）分项规定评估基准的百分比。"

（c）本章颁布后至少5年，联邦存款保险公司应向公众提供使用准备金率和存款准备金率［使用评估参保存款和《联邦存款保险法案》第7条（b）款第（2）项（C）分项规定的测评准则］。

（d）准备金率。除了《联邦存款保险法案》第7条（b）款第（3）项（E）分项规定的时间要求之外，联邦存款保险公司还应采取这些必要步骤，使存款保险基金的准备金率在2020年9月30日前达到评估参保存款的1.35%。

（e）消除影响。在拟定满足必要的评估（d）款规定时，公司应消除（d）款对综合资产总额低于100亿美元的参保存款机构的影响。

第335条　永久提高存款保险和份额保险

（a）永久提高存款保险。《联邦存款保险法案》第11条（a）款第（1）项（E）分项修订如下：

（1）删除"$ 100,000"，插入"$ 250,000"；

（2）末尾处增加："除了其他法律规定之外，存款保险最高标准提高到$ 250,000，并适用于联邦存款保险公司在2008年1月至3月被指定为清算管理人或保护人的任何机构的储户。联邦存款保险公司应依据该法采取执行本条要求涉及储户必要措施，不考虑任何时间限制。履行这一点和前面两句的规定时，联邦存款保险公司作为清算管理人和保护人对储户给出的任意一笔存款索赔，若高于最高标准存款保险，且在预约时间有效，那么根据（B）分项规定，这笔索赔应被视为净额的一部分。"

（b）永久提高份额保险。《联邦信用合作社法案》第207条（k）款第（5）项，删除"$ 100,000"，插入"$ 250,000"。

第 336 条　联邦存款保险公司的管理

（a）概述。《联邦存款保险法案》第 2 条修订如下：

（1）在（a）款第（1）项（B）分项中，删除“储蓄机构监督办公室主任”，插入“消费者金融保护局局长”。

（2）对（d）款第（2）项修订如下：

“（2）代理官员。如果货币监理官或消费者金融保护局局长职位空缺且继任者的任命悬而未决，或者货币监理官或消费者金融保护局局长无法履行职责，代理货币监理官或代理消费者金融保护局局长作为董事会成员视情况可代替货币监理官或保护局局长。”

（3）在（f）款第（2）项中，删除“储蓄机构监督办公室”，插入“消费者金融保护局”。

（b）生效日期。本条及本条所作修订将于移交日起生效。

第四节　其他事项

第 341 条　分支机构

无论《联邦存款保险法案》、《1956 年银行控股公司法案》以及其他联邦或州法律如何规定，成为银行的储蓄协会应：

（1）储蓄协会成为银行前，继续加快运行储蓄协会的分支机构或代理机构；以及

（2）储蓄协会成为银行前，在国内任何设有储蓄协会分支机构的地方建立、收购并增设分支机构和代理机构（在该州允许建立此分支机构以及该银行为该州特许银行的前提下）。

第 342 条　少数族裔及妇女办公室

（a）少数族裔及妇女办公室

（1）设立

（A）概述。除（B）分项中要求之外，本法案颁布后 6 个月内，各机构应设立少数族裔及妇女办公室，对管理、雇用和业务活动的多样性负责。

（B）消费者金融保护局。在第 1062 条所规定的指定移交日期后 6 个月内，消费者金融保护局应建立少数族裔及妇女办公室。

（2）责任移交。在本法案颁布前一日，各机构应将第（1）项所规定的责

任（或类似责任）移交给该机构的另一办公室，以确保责任可以移交给少数族裔办公室。

（3）涉及民权法的责任。第（1）项所规定的责任不包括有关公民权利的法令、规章或者行政命令的实施。除非各主任，与该机构管理者或指该机构管理者指定人选协商，有关制定和实施对违反这些法规、规章以及行政命令的救济办法。

（b）主任

（1）概述。办公室主任须由该机构管理者任命，并向其报告。该主任职是《美国法典》第 5 章第 3132 条规定的高级行政人员的储备职位或同等职位。

（2）责任。主任必须制定以下准则：

（A）对人力资源和高级管理等岗位提供平等雇用机会，不限种族、民族及性别；

（B）增加少数族裔和妇女对机构制定方案和合同的参与，包括对其业务进行协调技术援助的标准；

（C）评估该机构监管实体的多样性政策以及实施方式。

（3）其他职能。主任须向机构管理者提供关于机构在少数族裔和妇女事务方面的政策、规章的建议。

（4）解释规则。第（2）项（C）分项不应被解释为构成对任何受监管实体的贷款政策及实践的强制性要求，或者要求基于评估结果的特别行动。

（c）包含所有级别的业务活动

（1）概述。主任须制定和执行相关标准和程序，以确保机构所有级别（包括采购、保险、所有类型合同）的业务活动在最大程度上保持对少数族裔、妇女及其参与的各种业务活动的包容性和公平性。

（2）合同。各部门为审查、评价合同计划和雇用服务供应商而建立的一系列程序，在相关法律允许范围内，必须包含考虑到申请者多样性的相关内容。该程序须包含一份由部门主管规定的书面声明，在形式和内容上声明：承包商须在最大程度上确保妇女和少数族裔作为分包商的公平纳入。

（3）合同终止

（A）最终决定。在此条款下制定和执行的相关标准和程序必须包含以下内容：若承包商或分包商没有积极对少数族裔和妇女进行公平纳入，部门主管有权利作出最终决定。

（B）最终决定的影响

（i）向机构管理者提出建议。若（A）分项所述情况发生，部门主管须先向机构管理者提出建议，再决定合同是否终止。

(ii) 机构管理者实施办法。若接到 (i) 则所述建议，机构管理者可以：

(I) 终止合同；

(II) 向美国劳工部联邦合同合规计划办公室提交仲裁；

(III) 采取其他适当实施办法。

(d) 适用性。本条适用于任何种类服务机构的合同，包括金融机构服务、投资银行公司、抵押贷款银行公司、资产管理公司、经纪人、交易商、金融服务机构、承销商、会计师、投资顾问以及法律服务供应商等。本条适用于机构所有级别的业务活动的合同，包括：所有债券、股票、证券的发行和担保的合同、资产出售合同、机构资产管理合同、机构股权投资合同，以及机构执行经济复苏项目的合同。

(e) 年度报告。各部门须向国会提交一份关于该机构和该部门据本条款采取行动的年度报告，报告包括以下内容：

(1) 一份自上次报告以来该机构支付给承包商总金额的声明；

(2) 第 (1) 项所述的总金额中，据 (c) 款第 (1) 项支付给承包商金额的百分比；

(3) 该机构在推广少数族裔和妇女方案中取得的成就以及面临的挑战；

(4) 该机构在雇用合格的少数族裔、妇女职工以及与其缔约事务中面临的挑战；

(5) 任何其他资料、调查结果、结论以及经由部门主管确定对立法或机构行动适当的建议。

(f) 机构人力资源的多样性。各机构应采取积极措施，在符合相关法律的前提下，寻求在该机构各个等级员工的多样性。步骤如下：

(1) 在历来黑人居多的高校、西班牙裔服务机构、女子学院和历来拥有大多少数族裔学生的高校中招聘；

(2) 在城市社区招聘现场进行赞助、招聘工作；

(3) 在报纸、杂志中刊登面向少数族裔和妇女的招聘广告；

(4) 与关心少数族裔和妇女工作机会发展的组织合作，以召集优秀的年轻少数族裔和妇女或到工业实习基地实习，或参加暑期兼职，或找到全职工作；

(5) 如果可行，建议与市内高中、女子高中、少数族裔学生占大多数的高中合作，制定或加强金融扫盲计划，并提供指导；

(6) 利用该部门认为必要的任何其他大众传媒。

(g) 定义。就本条而言，需要明确以下定义：

(1) 机构。“机构”一词具有以下含义：

（A）财政部各部门；

（B）联邦存款保险公司；

（C）联邦住房金融管理局；

（D）各联邦储备银行；

（E）联邦储备理事会；

（F）全国信用合作社管理局；

（G）货币监理署；

（H）证券交易委员会；以及

（I）消费者金融保护局。

（2）机构管理者。“机构管理者”是指机构负责人。

（3）少数族裔。“少数族裔”一词与1989年颁布的《金融机构改革、复兴和执行法案》第1024条（c）款中的含义相同。

（4）少数族裔业务。“少数族裔业务”一词与《联邦住房贷款银行法案》第21A条（r）款第（4）项（B）分项中的含义相同，在移交日期的前一日有效。

第343条　交易账户保险

（a）银行和储蓄协会

（1）修订。《联邦存款保险法案》第11条（a）款第（1）项修订如下：

（A）在（B）分项中：

（i）删除“净额”，插入以下内容：

“（i）概述。根据（ii）则，净额”。

（ii）末尾处增加新条款，内容如下：

“（ii）非利息业务账户保险。除（i）则之外，该公司应充分保证的净额，以确保参保存款机构的任意一笔存款都在非利息业务账户下。当依据（i）则对该笔存款计算净额时，该存款额不得包括其中。

“（iii）非利息业务账户定义。基于本分项之目的，‘非利息业务账户’是指在参保存款机构保留的存款或账户：

“（I）既不计算利息，也不支付利息；

“（II）存款或账户持有人有权通过支票或可转让证券、支付令、电话或其他电子媒介以及其他类似方式进行提款，以向第三方或其他人进行支付或转移；

“（III）参保存款机构没有要求预先提出提款申请的权利。”以及

(B) 在 (C) 分项，删除“(B) 分项”，插入“(B) 分项 (i) 则”。

(2) 生效日期。第 (1) 项所作的修订应于 2010 年 12 月 31 日起生效。

(3) 预期废止。依据第 (1) 项修订的《联邦存款保险法案》第 11 条 (a) 款第 (1) 项，将于 2013 年 1 月 1 日起生效，修订如下：

(A) 在 (B) 分项中：

(i) 删除“存款。”以及“(ii) 则，净额”之后全部内容，插入“存款。净额”；

(ii) 删除 (ii) 和 (iii) 则；

(B) 在 (C) 分项中，删除“(B) 分项 (i) 则”，插入“(B) 分项”。

(b) 信用合作社

(1) 修订。《联邦信用合作社法案》第 207 条 (k) 款第 (1) 项修订如下：

(A) 在 (A) 分项中：

(i) 删除“根据第 (2) 项规定，净额”，插入：

“(i) 保险支付净额。根据 (ii) 则以及第 (2) 项的规定，净额”；

(ii) 末尾处增加条款，内容如下：

“(ii) 非利息业务账户保险。除 (i) 则规定之外，该公司应充分保证的净额，以确保参保存款机构的任意一笔存款都在非利息业务账户下。当根据 (i) 则对该笔存款计算净额时，该存款额不得包括其中。

“(iii) 非利息业务账户定义。对于此段来说，‘非利息业务账户’意为在存款保险机构的存款或账户：

“(I) 既不计算利息，也不支付利息；

“(II) 存款或账户持有人有权通过支票或可转让证券、支付令、电话或其他电子媒介以及其他类似方式进行提款，以向第三方或其他人进行支付或转移；

“(III) 参保存款机构没有要求预先提出提款申请的权利。”

(B) 在 (B) 分项中，删除“(A) 分项”，插入“(A) 分项 (i) 则”。

(2) 生效日期：第 (1) 项所作出的修订在此法案颁布之日起生效。

(3) 预期废止：根据第 (1) 项修订的《联邦信用合作社法案》第 207 条 (k) 款第 (1) 项，将于 2013 年 1 月 1 日起生效，修订如下：

（A）在（A）分项中：

（i）删除“（i）则保险支付净额。”以及“第（2）项，净额”后全部内容，插入“根据第（2）项规定，净额”；

（ii）删除（ii）和（iii）则；

（C）在（B）分项中，删除“（A）分项（i）则”，插入“（A）分项”。

第五节　技术性和一致性修订

第351条　生效日期

除第364（1）条规定外，本节修订应于移交之日起生效。

第352条　《1985年平衡预算和紧急赤字控制法案》

《1985年平衡预算和紧急赤字控制法案》第256条（h）款修订如下：

（1）在第（4）项，删除（C）分项和（G）分项；

（2）将（D）、（E）、（F）和（H）分项分别更改为（C）、（D）、（E）和（F）分项。

第353条　《1991年银行企业法案》

《1991年银行企业法案》第232条（a）款修订如下：

（1）在本款的标题中，删除“联邦储备理事会”；

（2）在第（1）项中：

（A）删除“联邦储备理事会”，插入“货币监理官”；以及

（B）删除“第7条（b）款第（2）项（H）分项”，插入“第7条（b）款第（2）项（E）分项”。

（3）在第（2）项（A）分项中，删除“联邦储备理事会”，插入“监理官”。

（4）在第（3）项中：

（A）将（A）至（C）分项序号分别更改为（B）至（D）分项；

（B）在（B）分项之前，插入以下内容：

“（A）监理官。‘监理官’代表‘货币监理署’”。

第354条　《1956年银行控股公司法案》

《1956年银行控股公司法案》修订如下：

(1) 在第2条 (j) 款第 (3) 项中，删除“储蓄机构监督办公室主任”，插入“适当的联邦银行监管机构”；

(2) 在第4条中

(A) 在 (i) 款中

(i) 在第 (4) 项中

(I) 在 (A) 分项中

(aa) 在该分项的标题中，删除“向主任”；以及

(bb) 删除“联邦储备理事会”及之后所有内容，插入“联邦储备理事会应当听取以下机构的意见和建议：

“(i) 货币监理官，涉及联邦储蓄协会收购；以及

“(ii) 联邦存款保险公司，涉及州储蓄协会收购”。

(II) 在 (B) 分项，删除全部“主任”，分别插入“货币监理官或联邦存款保险公司，若适当”；

(ii) 在第 (5) 项

(I) 在 (B) 分项中，删除“主任”，插入“货币监理官或联邦存款保险公司，若适当”；

(II) 删除全部“主任”，分别插入“货币监理官或联邦存款保险公司”；

(iii) 在第 (6) 项中，删除“主任”，插入“货币监理官或联邦存款保险公司，若适当”；

(iv) 删除第 (7) 项。

(3) 在第5条 (f) 款：

(A) 删除全部“subpena”，分别插入“subpoena”；

(B) 删除全部“subpenas”，分别插入“subpoenas”；

(C) 删除“subpenaed”，插入“subpoenaed”。

第355条　《1970年银行控股公司法案修正案》

《1970年银行控股公司法案修正案》第106条 (b) 款第 (1) 项修订如下：在 (E) 分项“理事会”后插入“可以，在与货币监理官和联邦存款保险公司的协商后，如为执行本条所必要发布该类规章”。

第356条　《1968年银行保护法案》

《1968年银行保护法案》修订如下：

(1) 第2条中，删除“术语”至本条末尾所有内容，插入“‘联邦监管机构’是指《联邦存款保险法案》第3条 (q) 款定义的适当联邦银行业监

管机构”；

（2）第3条中，删除出现的全部“及贷款”；

（3）第5条中，删除“及贷款”。

第357条　《银行服务公司法案》

《银行服务公司法案》修订如下：

（1）第1条（b）款第（4）项中：

（A）在“一家参保银行”后插入“一家储蓄协会”；

（B）删除“储蓄机构监督办公室主任”，插入“适当联邦银行业监管机构”；

（C）删除“，联邦储蓄和贷款保险公司”。

（2）第1条（b）款第（5）项，删除“术语‘参保存款机构’同第3条（c）款的含义相同”，插入“术语‘存款机构’和‘储蓄协会’同第3条（c）款的含义相同”。

（3）第7条（c）款第（2）项，在“通知”后插入“每个”。

第358条　《1977年社区再投资法案》

《1977年社区再投资法案》修订如下：

（1）在第803条中：

（A）第（1）项

（i）在（A）分项中，删除“银行”后的“和联邦储蓄协会（其存款由联邦存款保险公司承保）”；

（ii）在（B）分项中，删除“银行控股公司”，插入“，银行控股公司以及储蓄和贷款控股公司”；

（iii）在（C）分项中，删除“；和”，插入“，和联邦储蓄协会（其存款由联邦存款保险公司承保）”；

（B）删除第（2）项（关于储蓄机构监督办公室），插入《1989年金融机构改革、复兴和执行法案》第744条（q）款；以及

（2）在第806条中，在“监管机构”后插入“，除非货币监理官应颁布规章适用于储蓄协会并且联邦储备理事应颁布规章适用于参保州会员银行、银行控股公司以及储蓄和贷款控股公司”。

第359条　《1990年犯罪控制法案》

《1990年犯罪控制法案》修订如下：

（1）在第2539条（c）款第（2）项中：

（A）删除（C）和（D）分项；以及

（B）将（E）至（H）分项序号分别更改为（C）至（G）分项；以及

(2) 在第2554条（b）款第（2）项中：

（A）在（A）分项，删除“，储蓄机构监督办公室主任”，插入“货币监理官”；以及

（B）在（B）分项，删除“，主任”和“信托公司”之间所有内容，插入“或联邦存款保险公司”。

第360条 《存款机构管理层连锁法案》

《存款机构管理层连锁法案》修订如下：

(1) 在第207条中：

（A）在第（1）项中，末尾处逗号前插入“和联邦储蓄协会（其存款由联邦存款保险公司承保）”；

（B）在第（2）项中，删除“银行控股公司”，插入“，银行控股公司以及储蓄和贷款控股公司”；

（C）在第（3）项中，删除“，公司”、“银行控股公司”，插入“公司和联邦储蓄协会（其存款由联邦存款保险公司承保）”；

（D）删除第（4）项；

（E）将第（5）、(6）项序号分别改为（4）、(5)；

（F）在第（5）项中，由于新的序号排列，将“至第（5）项”改为“至第（4）项”。

(2) 在第209条中：

（A）在第（1）项中，末尾处逗号前插入“和联邦储蓄协会（其存款由联邦存款保险公司承保）”；

（B）在第（2）项中，删除“银行控股公司”，插入“，银行控股公司以及储蓄和贷款控股公司”；

（C）在第（3）项中，删除“，公司”、“银行控股公司”，插入“公司和联邦储蓄协会（其存款由联邦存款保险公司承保）”；

（D）删除第（4）项；

（E）将第（5）项序号更改为（4）。

(3) 在第210条（a）款中：

（A）删除“他的”，插入“这”；

（B）在“执法职能”前插入“总检察长的”。

第 361 条　《住房所有人紧急救助法案》

《住房所有人紧急救助法案》第 110 条修订如下：第二句中，删除“住房贷款银行委员会，联邦储蓄和贷款保险公司”，插入“住房金融管理局”。

第 362 条　《联邦信用合作社法案》

《联邦信用合作社法案》修订如下：

（1）在第 107 条第（8）项中，删除“或联邦储蓄和贷款保险公司”；

（2）在第 205 条中：

（A）在（b）款第（2）项（G）分项（i）则中，删除“储蓄机构监督办公室”；

（B）在（i）款第（1）项中，删除“或联邦储蓄和贷款保险公司”；

（3）在第 206 条（g）款第（7）项中：

（A）在（A）分项中

（i）在（ii）则中，删除“（b）款第（8）项”，插入“（b）款第（9）项”；

（ii）在（v）则中：

（I）删除“存款”，插入“金融”；以及

（II）末尾处增加“和”；

（iii）在（vi）则中：

（I）删除“联邦储备理事会”，插入“机构”；

（II）删除“；和”，插入“。”；

（iv）删除（vii）则；

（B）在（D）分项中：

（i）在（iii）则中，末尾处增加“和”；

（ii）在（iv）则中：

（I）删除“联邦储备理事会”，插入“机构”；

（II）删除末尾处的“和”；

（iii）删除（v）则。

第 363 条　《联邦存款保险法案》

《联邦存款保险法案》修订如下：

（1）在第 3 条中：

（A）在（b）款第（1）项（C）分项中，删除“储蓄机构监督办公室主任”，插入“货币监理管”；

(B) 在第 (1) 项和第 (5) 项中, (A) 分项之前的事项中, 删除“储蓄机构监督办公室主任”; 以及

(C) 在 (z) 款中, 删除“储蓄机构监督办公室主任”;

(2) 在第7条中:

(A) 在 (a) 款中

(i) 在第 (2) 项

(I) 在 (A) 分项

(aa) 将第一句中的“储蓄机构监督办公室主任”删除;

(bb) 第二句

(AA) 删除“储蓄机构监督办公室主任”, 插入“至”;

(BB) 在“任一联邦家庭”前插入“至”; 以及

(cc) 删除全部“金融委员会”, 分别插入“金融监管机构”;

(II) 在 (B) 分项, 删除“货币监理官、联邦储备体系理事会以及储蓄机构监督办公室主任”, 插入“货币监理官和联邦储备体系理事会”;

(ii) 在第 (3) 项第一句中, 删除“货币监理官、联邦储备体系理事会主席以及储蓄机构监督办公室主任”, 插入“货币监理官和联邦储备体系理事会主席”。

(iii) 在第 (6) 项中, 删除“第232条 (a) 款第 (3) 项 (C) 分项”, 插入“第232条 (a) 款第 (3) 项 (D) 分项”。

(iv) 在第 (7) 项中, 删除“储蓄机构监督办公室主任”。

(B) 在 (n) 款中

(i) 标题中, 删除“储蓄机构监督办公室主任”, 插入“货币监理官”;

(ii) 在第一句中

(I) 删除“储蓄机构监督办公室主任”, 插入“货币监理官”;

(II) 在“储蓄协会”前插入“联邦”。

(iii) 第三句, 删除“, 融资公司和决议融资公司”。

(iv) 删除全部“主任”, 分别插入“监理官”。

(3) 在第8条中

(A) 在 (a) 款第 (8) 项 (B) 分项 (ii) 则最后一句, 删除全部

“储蓄机构监督办公室主任”，插入“货币监理官”；

（B）在（b）款第（3）项中

（i）在“《1956年银行控股公司法案》”后插入“任何储蓄和贷款控股公司（《住房所有人贷款法案》第10条定义）及其任何附属公司（存款机构除外），任何参保州成员银行”；以及

（ii）在末尾句号前插入“或对储蓄和贷款控股公司或任何附属公司（存款机构或该存款机构的附属公司除外）”；

（C）删除（b）款第（9）项，插入新的一段：

“（9）[已删除]”；

（D）在（e）款第（7）项中

（i）在（A）分项

（I）在（v）则中，分号后插入“和”；

（II）在（vi）则中

（aa）删除“理事会”，插入“监管机构”；

（bb）删除“，和”，插入句号；

（III）删除（vii）则；

（ii）在（D）分项

（I）在（iii）则中，分号后插入“和”；

（II）在（iv）则中

（aa）删除“理事会”，插入“监管机构”；

（bb）删除“，和”，插入句号；

（III）删除（v）则。

（E）在（j）款中

（i）在第（2）项，删除“，或作为该条在（b）款第（9）项所述的储蓄协会”；

（ii）在第（3）项，分号后插入“或”；

（iii）在第（4）项，删除“；或”，插入逗号；

（iv）删除第（5）项；

（F）在（o）款中，删除“储蓄机构监督办公室主任”，插入“货币监理官”；

（G）在（w）款第（3）项（A）分项中，删除“和储蓄机构监督办公室”。

（4）在第10条中

（A）在（d）款第（5）项中，删除全部“或清理信托公司”；

（B）在（k）款第（5）项（B）分项中

(i) 在 (ii) 则中，分号后插入“和”；

(ii) 在 (iii) 则中，删除“；和”，插入句号；

(iii) 删除 (iv) 则。

(5) 在第11条中

(A) 在 (c) 款中

(i) 在第 (2) 项 (A) 分项 (ii) 则中，删除“(《联邦住房贷款银行法案》第21A条除外)”；

(ii) 在第 (4) 项中，删除“《联邦住房贷款银行法案》第21A条规定除外并且尽管”，插入“尽管”；

(iii) 在第 (6) 项中

(I) 标题中，删除“储蓄机构监督办公室主任”，插入“货币监理官”；

(II) 在 (A) 分项中

(aa) 删除“或信托公司”；

(bb) 删除“储蓄机构监督办公室主任”，插入“货币监理官”；

(III) (B) 分项修订如下：

“(B) 清算管理人。联邦存款保险公司依据货币监理官的意见，可以被指定为清算管理人并且联邦存款保险公司可以接受该种指定”；

(iv) 在第 (12) 项 (A) 分项中，删除“或信托公司”；

(B) 在 (d) 款中

(i) 在第 (17) 项 (A) 分项中，删除“或储蓄机构监督办公室主任”；

(ii) 在第 (18) 项 (B) 分项中，删除“或储蓄机构监督办公室主任”；

(C) 在 (m) 款

(i) 在第 (9) 项中，删除“或储蓄机构监督办公室主任，若适当”；

(ii) 在第 (16) 项中，删除全部“或储蓄机构监督办公室主任，若适当”；

(iii) 在第 (18) 项，删除全部“或储蓄机构监督办公室主任，若适当”；

(D) 在 (n) 款中

(i) 在第 (1) 项 (A) 分项中

(I) 删除“或储蓄机构监督办公室主任，关于”，插入

"或";

(II) 删除"可适用,",插入"可适用,";

(ii) 在第(2)项(A)分项中,删除"或储蓄机构监督办公室主任";

(iii) 在第(4)项(D)分项中,删除"或储蓄机构监督办公室主任,若适当";

(iv) 在第(4)项(G)分项中,删除"或储蓄机构监督办公室主任,若适当";

(v) 在第(12)项(B)分项中

(I) "应指定联邦存款保险公司"后插入"作为";

(II) 删除全部"或储蓄机构监督办公室主任,若适当";

(E) 在(p)款中

(i) 在第(2)项(B)分项中,删除"联邦存款保险公司、FSLIC清偿基金或清理信托公司",插入"或联邦存款保险公司";

(ii) 在第(3)项(B)分项中,删除"联邦存款保险公司、FSLIC清偿基金或清理信托公司"以及

(F) 在(r)款中,删除"和清理信托公司";

(6) 在第13条(k)款第(1)项(A)分项(iv)则,删除"储蓄机构监督办公室主任",插入"货币监理官";

(7) 在第18条中

(A) 在(c)款第(2)项中

(i) 在(A)分项,分号前插入"或一个联邦储蓄协会";

(ii) 在(B)分项,末尾处加"和";

(iii) 在(C)分项,删除"除了"及"除了"至";和"之间的所有内容,插入"或一个州储蓄协会";

(iv) 删除(D)分项;

(B) 在(g)款第(1)项,删除"储蓄机构监督办公室主任",插入"货币监理官";

(C) 在(i)款第(2)项(C)分项,删除"储蓄机构监督办公室主任",插入"联邦存款保险公司";

(D) 在(m)款

(i) 在第(1)项

(I) (A)分项,删除"储蓄机构监督办公室主任",插入"货币监理官,若适当";

(II) (B)分项,删除"和储蓄机构监督办公室主任的命

令”，插入“货币监理官、联邦存款保险公司和货币监理官的命令”；

(ii) 在第 (2) 项

(I) 在 (A) 分项，删除“储蓄机构监督办公室主任”，插入“货币监理官，若适当”；

(II) 在 (B) 分项

(aa) (i) 则前的内容，删除“储蓄机构监督办公室主任”，插入“货币监理官，若适当”；

(bb) (ii) 则后的内容

(AA) 第一句，删除“储蓄机构监督办公室主任”，插入“货币监理官，若适当”；

(BB) 删除第二句，插入以下内容：“在联邦存款保险公司或货币监理官都认为适当的情况下，联邦存款保险公司或货币监理官，可酌情对附属公司采取相关纠正措施，包括有权要求附属公司终止造成风险的活动或运营”；

(iii) 在第 (3) 项

(I) (A) 分项第二句

(aa) 在“协商”前插入“，在联邦储蓄协会情形下”；以及

(bb) 删除“储蓄机构监督办公室主任”，插入“货币监理官”；

(II) 在 (B) 分项

(aa) 此标题中，删除“主任”，插入“货币监理官”；

(bb) 删除“储蓄机构监督办公室”，插入“货币监理官”；

(cc) 在“稳健性”后插入逗号；

(dd) 在“遵守”后插入“关于联邦储蓄协会”；

(8) 在第 19 条 (e) 款

(A) 在第 (1) 项，删除“储蓄机构监督办公室主任”，插入“联邦储备体系理事会”；

(B) 在第 (2) 项，删除“储蓄机构监督办公室主任”，插入“联邦储备体系理事会”；

(9) 在第 28 条

(A) 在 (e) 款

(i) 在第 (2) 项

(I) (A) 分项 (ii) 则，删除“储蓄机构监督办公室主任”，插入“货币监理官，若适当”；

(II) (C) 分项，删除“储蓄机构监督办公室主任”，插入“货币监理官，若适当”；

(III) (F) 分项，删除“储蓄机构监督办公室主任”，插入“货币监理官，若适当”；

(ii) 在第 (3) 项

(I) 在 (A) 分项，删除“储蓄机构监督办公室主任”，插入“货币监理官，若适当”；

(II) 在 (B) 分项，删除“储蓄机构监督办公室主任”，插入“货币监理官，若适当”；

(B) 在 (h) 款第 (2) 项中，删除“储蓄机构监督办公室主任”，插入“货币监理官，若适当”；

(10) 在第 33 条 (e) 款，删除“联邦住房金融管理委员会、货币监理官和储蓄机构监督办公室主任”，插入“联邦住房金融管理局和货币监理官”。

第 364 条　《联邦住房贷款银行法案》

(a) 废止第 18 条 (c) 款。《联邦住房贷款银行法案》第 18 条 (c) 款应于移交日生效 90 日后废止。

(b) 废止第 21A 条。废止《联邦住房贷款银行法案》第 21A 条。

第 365 条　《1992 年联邦住房企业金融安全性和稳健性法案》

1992 年《联邦住房企业金融安全性和稳健性法案》修订如下：

(1) 第 1315 条 (b) 款，删除“联邦存款保险公司，以及储蓄机构监督办公室。”插入“及联邦存款保险公司”；

(2) 第 1317 条 (c) 款，删除“联邦存款保险公司，或储蓄机构监督办公室主任”，插入“或联邦存款保险公司”。

第 366 条　《联邦储备法案》

《联邦储备法案》修订如下：

(1) 在第 11 条 (a) 款第 (2) 项中

(A) 在“参保情况下”后面插入“州储蓄协会是参保存款机构(《联邦存款保险法案》第 3 条定义)；

(B) 删除“存款机构管理办公室主任”，插入为“货币监理官”；

(C) 在"储蓄协会"前插入"联邦";

(D) 删除"储贷协会"插入"储蓄协会";

(2) 在第19条(b)款中

(A) 在第(1)项(F)分项中,删除"储蓄机构管理办公室主任",插入"货币监理官";

(B) 在第(4)项(B)分项中,删除"储蓄机构管理办公室主任",插入"货币监理官"。

第367条 《1989年金融机构改革、复兴和执行法案》

《1989年金融机构改革、复兴和执行法案》修订如下:

(1) 第203条中,删除(b)款。

(2) 第302条中,删除"储蓄机构管理办公室主任",插入"货币监理官"。

(3) 第305条中,删除(b)款。

(4) 在第308条中

(A) 在(a)中,删除"储蓄机构管理办公室主任",插入"联邦储备体系理事会主席,货币监理官,全国信用合作社管理委员会主席";

(B) 在末尾处新增加:

"(c) 报告。财政部长,联邦储备理事会主席,货币监理官,全国信用合作社管理委员会主席,以及联邦存款保险公司主席应分别向国会呈交年度报告,内容包括如何执行本条款的描述。"

(5) 在第402条中

(A) 在(a)款中,删除"储蓄机构管理办公室主任",插入"货币监理官";

(B) 删除(b)款;

(C) 在(e)款中

(i) 在第(1)项中,删除"储蓄机构管理办公室主任",插入"货币监理官";

(ii) 分别在第(2)、(3)、(4)项中删除"储蓄机构管理办公室主任",在该法案H. R. 4173—4182页内容中凡是出现此名词的,一律插入"货币监理官";

(D) 删除每个"联邦住房融资委员会",分别插入"联邦住房金融管理局"。

(6) 在第1103条(a)款中,删除"以及清理信托公司"。

(7) 在第1205条(b)款中

（A）在第（1）项中

（i）删除（B）分项；

（ii）把（C）至（F）分项重新指定为（B）至（E）分项；

（B）在第（2）项中，删除“第（1）项（F）分项”，插入“第（1）项（E）分项”。

（8）在第1206条中

（A）删除“理事会，清理信托公司监督委员会”，插入为“监管机构，以及”；

（B）删除“，以及存款机构管理办公室”。

（9）在第1216条中

（A）在（a）款中

（i）在第（3）项的末尾增加“以及”；

（ii）删除第（4）项末尾的分号，插入句号；

（iii）删除第（2）、（5）、（6）项；

（iv）将第（3）、（4）项序号分别更改为（2）、（3）；

（B）在（c）款中

（i）删除“存款机构管理办公室主任”，插入“以及”；

（ii）删除“清偿信托公司存款保护监督委员会，以及清偿信托公司”；以及

（C）在（d）款中

（i）删除第（3）、（5）、（6）项；以及

（ii）分别将第（4）、（7）、（8）项序号更改为（3）、（4）、（5）。

第368条　《1973年洪水灾害保护法案》

《1973年洪水灾害保护法案》第33条（a）款第（5）项中，删除“储蓄机构管理办公室”。

第369条　《住房所有人贷款法案》

《住房所有人贷款法案》修订如下：

（1）第1条中删除表格内容；

（2）第2条修订如下

（A）删除第（1）、（3）项；

（B）将原第（2）项重新指定为第（1）项；

（C）将原第（4）到第（9）项分别指定为第（2）到第（7）项；

(D) 在末尾增加：

“(8) 理事会。理事会在本文中并非指联邦存款保险公司董事会，而指联邦储备体系理事会。

(9) 监理官。监理官是指货币监理官。”

(3) 在第3条

(A) 删除本条标题，插入

“第3条　管理规定”；

(B) 删除 (a)、(b)、(c)、(d)、(g)、(h)、(i) 款以及 (j) 款；

(C) 分别将 (e) 和 (f) 款重新指定为 (a) 和 (b) 款；

(D) 在 (a) 款中作出如下修订：

(i) 标题中删除“主任”；

(ii) 在第 (1) 项之前，删除“主任”，插入“根据《多德—弗兰克华尔街改革与消费者保护法案》第3章第1节”；

(E) 重新制定的 (b) 款中，删除“主任”，插入为“适当联邦银行业监管机构”。

(4) 在第4条

(A) 在 (a) 款中

(i) 在标题中删除“联邦”。

(ii) 删除第 (1)、(2) 项，并插入：

“(1) 检查及安全性和稳健性操作

(A) 联邦储蓄协会。监理官应检查联邦储蓄协会的安全性和稳健性操作。

(B) 州储蓄协会。联邦存款保险公司应检查州储蓄协会的安全性和稳健性操作。

(2) 针对储蓄协会规章。监理官可以颁布与储蓄协会有关规章，如监理官认为出于执行本法案之目的。

(iii) 在第 (3) 项中，删除所有“主任”，分别插入“监理官及联邦存款保险公司”；

(B) 在 (b) 款中

(i) 在第 (2) 项中

(I) (A) 分项末尾插入“以及”；

(II) (B) 分项中删除“以及”，插入句号；以及

(III) 删除 (C) 分项；

(ii) 删除所有“主任”，分别插入“监理官”；

（C）在（c）款中

（i）删除“主任的所有规章及政策”，插入“监理官及联邦存款保险公司的规章及政策”以及

（ii）删除“货币”；

（D）在（e）款第（5）项中，删除“主任”，插入“监理官”；

（E）在（f）款中，删除所有“主任”，分别插入“适当联邦银行业监管机构”；

（5）在第5条

（A）在（a）款中，删除所有“主任”，分别插入“货币监理官”；

（B）在（b）款中，删除所有“主任”，分别插入“货币监理官”；

（C）在（c）款中

（i）在第（5）项

（I）（A）分项中删除“主任”，插入“适当联邦银行业监管机构”；

（II）在（B）分项中

（aa）删除“主任”，插入“适当联邦银行业监管机构”；

（bb）删除“主任”，插入“适当联邦银行业监管机构”。

（D）在（d）款中

（i）在第（1）项

（I）在（A）分项中

（aa）第一句话中删除“主任”，插入“适当联邦银行业监管机构”；

（bb）第二句话中

（AA）删除“以主任自己的名义及通过主任的律师”，插入为“以适当联邦银行业监管机构的名义及通过适当联邦银行业监管机构的律师”；

（cc）第三句话中，删除所有“主任”，分别插入“监理官”。

（II）在（B）分项中

（aa）从（i）到（iv）则，删除所有“主任”，分别插入“适当联邦银行业监管机构”；

（III）在（v）则中

（aa）在（I）分则之前内容中删除“主任”，插入“适

当联邦银行业监管机构”；

(bb) 在 (II) 分则中，删除“subpena”插入“subpoena”；

(cc) 在 (II) 分则之后内容中，删除“subpena”插入“subpoena”。

(IV) 在 (vi) 则中

(aa) 第一句话中，删除“主任”，插入“适当联邦银行业监管机构”；以及

(bb) 第二句话中，删除“主任”，插入“监理官”。

(V) 在 (vii) 则中

(aa) 第一句话删除“subpena”插入“subpoena”；

(bb) 第二句话删除“subpena”插入“subpoena”；以及

(cc) 第三句话，删除“主任”，插入“适当联邦银行业监管机构”。

(ii) 在第 (2) 项中

(I) 在 (A) 分项中

(aa) 删除“存款机构管理办公室主任”，插入“适当联邦银行业监管机构”；

(bb) 删除“任何参保储蓄协会”，插入“一家参保储蓄协会”；以及

(cc) 删除“主任个人酌情判断决定”，插入“由适当联邦银行业监管机构酌情决定”。

(II) 在 (B) 分项中，删除所有“主任”，分别插入“适当联邦银行业监管机构”；

(III) 在 (C)、(D) 分项中，删除“主任”，插入“适当联邦银行业监管机构”；

(IV) 在 (E) 分项中

(aa) 在 (ii) 则中

(AA) 标题中删除“或者 RTC”；

(BB) 删除所有“或清理信托公司，如适用”；以及

(bb) 删除所有“主任”，分别插入“适当联邦银行业监管机构”；以及

(iii) 在第 (3) 项中

(I) 在 (A) 分项中，删除所有“主任”，分别插入“监理官”；以及

(II) 在 (B) 分项中

(aa) 标题中删除“或 RTC”；

(bb) 删除“联邦存款保险公司或清理信托公司”；

(cc) 删除“主任”，插入“监理官”。

(iv) 在第 (4) 项中，删除“主任”，插入“适当联邦银行业监管机构”；

(v) 在第 (6) 项中

(I) 在 (A) 分项中删除“主任”，插入“监理官”；

(II) 在 (B)、(C) 分项中，删除所有“主任”，分别插入“适当联邦银行业监管机构”。

(vi) 在第 (7) 项中

(I) 在 (A)、(B) 和 (D) 分项中，删除所有“主任”，分别插入“适当联邦银行业监管机构”；

(II) 在 (C) 分项中，删除“主任”，插入“联邦存款保险公司或监理官，视情况而定”；

(III) 删除 (E) 分项，插入：

“(E) 监理官及存款保险公司的管理。监理官可以颁布规章，适当联邦银行业监管机构也可发布该类命令，包括根据《联邦存款保险法案》第 8 条发布的命令，如为管理、执行本项和避免规避本项所必要”；

(E) 在 (e) 款第 (2) 项中，删除“主任”，插入“监理官”；

(F) 在 (i) 则中

(i) 删除所有“主任”，分别插入“监理官”；

(ii) 在第 (5) 项 (A) 分项中，删除“货币的”；

(iii) 除了 (i) 到 (iii) 则，删除其他出现“主任”，分别插入“监理官”；

(G) 在 (o) 款中

(i) 在第 (1) 项中，删除“主任”，插入“监理官”；

(ii) 在第 (2) 项 (B) 分项中，删除“主任决定”，插入“监理官决定”；

(H) 在 (m)、(n)、(o) 和 (p) 款中，删除所有“主任”，分别插入“监理官”；

(I) 在 (q) 款中

(i) 在第 (6) 项中，删除“联邦储备理事会的”；

(ii) 删除所有“主任”，分别插入“理事会”；以及

(iii) 在“考虑”前插入“与监理官及公司进行协商”；

(J) 在 (r) 款第 (3) 项中，删除“主任”字样，插入为“货币监理官”；

(K) 在 (s) 款中

(i) 在第 (1) 项中，删除“主任”，插入“货币监理官”；

(ii) 在第 (2) 项中，删除“主任”，插入“货币监理官”；

(iii) 在第 (3) 项中，删除“主任的考虑，主任”，插入为“适当联邦银行业监管机构的考虑，适当联邦银行业监管机构”；

(iv) 在第 (4) 项中，删除所有“主任”，分别插入“适当联邦银行业监管机构”；

(v) 在第 (5) 项中

(I) 删除所有“主任”，分别插入“适当联邦银行业监管机构”；

(II) 删除“主任批准”，插入“适当联邦银行业监管机构批准”；

(L) 在 (t) 款中

(i) 在第 (1) 项中，删除 (D) 分项；

(ii) 删除第 (3) 项，插入：“(3) [已被废止]”；

(iii) 在第 (5) 项中

(I) 在 (B) 分项中，删除“联邦存款保险公司根据自己的判断”，插入“适当联邦银行业监管机构根据自己的判断”；

(II) 删除 (D) 分项。

(iv) 在第 (6) 项中

(I) 删除 (A) 分项，插入：“(A) [保留]”；

(II) 在 (B) 分项中，删除所有“主任”，分别插入“适当联邦银行业监管机构”；

(III) 在 (C) 分项中

(aa) 在 (i) 则中，删除“主任优先批准权”，插入“适当联邦银行业监管机构优先批准权”；

(bb) 在 (ii) 则中，删除“主任的判断”，插入“适当联邦银行业监管机构的判断”；

(cc) 删除所有“主任”，分别插入“适当联邦银行业监管机构”；

(IV) 在 (E) 分项中，删除“主任应”插入“适当联邦

银行业监管机构可以”；以及

(V) 在 (F) 分项中，删除“主任”及以后至末尾分项，插入“适当联邦银行业监管机构执行本法案及其他法律的相关规定”；

(v) 在第 (7) 项中，删除所有“主任”，分别插入“适当联邦银行业监管机构”；

(vi) 删除第 (8) 项，插入：“(8) [已被废止]”；

(vii) 在第 (9) 项

(I) 在 (A) 分项中，删除全部“主任”，分别插入“监理官”；

(II) 在 (C) 分项中，删除“货币”；

(III) 删除 (B) 分项，将 (C)、(D) 分项重新指定为 (B)、(C) 分项；

(viii) 除了 (i) 到 (vii) 则，删除所有出现的“主任”，分别插入“适当联邦银行业监管机构”；

(M) 在 (U) 分项中，删除所有“主任”，分别插入“适当联邦银行业监管机构”；

(N) 在 (V) 分项中

(i) 在第 (2) 项中，删除“主任决定”，插入“适当联邦银行业监管机构决定”；

(ii) 删除所有“主任”，分别插入“适当联邦银行业监管机构”；

(O) 在 (w) 款第 (1) 项中

(i) 在 (A) 分项 (II) 则中，删除“主任意图”，插入“监理官意图”；

(ii) 在 (B) 分项中，删除“主任意图”，插入“监理官意图”；

(P) 除了 (A) 到 (J) 分项，删除所有“主任”字样，分别插入“监理官”；

(6) 在第 8 条中，删除所有“主任”字样，分别插入“监理官”；

(7) 在第 9 条中

(A) 在 (a) 款中，删除所有“由主任评估”，并在随后至末尾插入：“评估由

“(1) 监理官，与联邦储蓄协会相对，作出必要合适的决定；

“(2) 联邦存款保险公司，与州储蓄协会相对，作出必要合适的决定”。

（B）在（b）款中，删除所有“主任”样，分别插入“监理官或联邦存款保险公司，视情况而定”；

（C）在（e）款中

（i）删除“主任”字样，插入“监理官”；

（ii）删除“主任指定人员”，插入“监理官指定人员”；

（D）删除（f）款，插入“（f）［保留］”；

（E）在（g）款

（i）在第（1）项中，删除所有“主任”字样，分别插入“适当联邦银行业监管机构”；

（ii）在第（2）项中，删除“主任或公司，根据情况而定”，插入“适当联邦银行业监管机构向存款机构”；

（F）在（i）款中，删除所有“主任”字样，分别插入“适当联邦银行业监管机构”；

（G）在（j）款中，删除“联邦存款保险公司根据自己的判断”，插入“适当联邦银行业监管机构根据自己的判断”；

（H）在（K）款中，删除“根据《联邦存款保险法案》第3条的规定，主任有权代表适当联邦银行业监管机构对机构进行评估。”插入为“适当联邦银行业监管机构有权对机构进行评估。”

（I）除了（A）到（G）分项，删除所有“主任”字样，分别插入“适当联邦银行业监管机构”；

（8）第10条中

（A）在（a）款第（1）项中，删除所有“主任”字样，分别插入“适当联邦银行业监管机构”；

（B）在（b）款中

（i）在第（2）项中，删除“以及主任办公室所在的地区办公室”；

（ii）在第（6）项中，删除“主任个人意愿或申请”，插入“理事会意愿及申请”；

（C）在（c）款中

（i）在第（2）项（F）分项中，删除“联邦储备理事会的”；

（ii）在第（4）项（B）分项中，标题中删除“由主任”；

（iii）在第（6）项（D）分项中，标题中删除“由主任”；

（iv）在第（9）项（E）分项中，在“包括决定”后插入“（根据适当联邦银行业监管机构协商）”；

（D）在（g）款第（5）项（B）分项，删除“主任判断决定”，插入“理事会判断决定”；

(E) 在 (I) 分则中，删除所有“主任”，分别插入“适当联邦银行业监管机构”；

(F) 在 (m) 款中，删除“主任”，插入“适当联邦银行业监管机构”；

(G) 在 (p) 款

(i) 在第 (1) 项中

(I) 删除第一处出现的“主任决定”，插入“适当联邦银行业监管机构委员会决定”；

(II) 删除“主任有权”，插入“理事会有权”；

(III) 删除第二处的“主任决定”，插入“适当联邦银行业监管机构委员会决定”；

(ii) 删除所有“主任”字样，分别插入“理事会”；

(H) 在 (q) 款中，删除所有“主任”，插入“理事会”；

(I) 在 (r) 款中，删除所有“主任”，分别插入“理事会或适当联邦银行业监管机构”；

(J) 在 (s) 款中

(i) 在第 (2) 项中

(I) 在 (B) 分项 (ii) 则，删除“监理官决定”，插入“适当联邦银行业监管机构对存款机构决定”；

(II) 删除所有“主任”字样，分别插入“适当联邦银行业监管机构对存储机构”；

(ii) 在第 (4) 项中，删除所有“主任”，分别插入“监理官”；

(K) 除了 (A) 到 (J) 分项，删除所有“主任”字样，分别插入“理事会”；

(9) 在第 11 条中，删除所有“主任”，分别插入“适当联邦银行业监管机构”；

(10) 在第 12 条中，删除“该主任”，插入“联邦银行业监管机构”；

(11) 在第 13 条中，删除“主任”，插入“联邦银行业监管机构”。

第 370 条　《1948 年住房法案》

《1948 年住房法案》第 502 条 (c) 款修订如下：

(1) 在第 (1) 项之前的事项中，删除“及储蓄机构管理办公室主任”，插入“货币监理官，联邦存款保险公司”；

(2) 在第 (3) 项中，删除“理事会”，插入“机构”。

第 371 条 《1992 年住房和社区发展法案》

《1992 年住房和社区发展法案》中第 543 条修订如下：

在（c）款第（1）项中

（A）删除（D）到（F）分项；

（B）分别将（G）到（H）分项重新指定为（D）到（E）分项；

（i）在（A）分项之前的事项中删除“储蓄机构管理办公室”；

（ii）在（D）分项中删除“储蓄机构管理办公室”。

第 372 条 《1983 年住房及城乡恢复法案》

《1983 年住房及城乡恢复法案》第 469 条中，修改第一句话，删除“联邦住房贷款银行委员会”，插入“联邦住房金融管理局”。

第 373 条 《国民住房法案》

《国民住房法案》第 202 条（f）款修订如下：

（1）删除第（5）项，插入如下内容：

“（5）如果受抵押人为国民银行，国民银行的附属公司或关联公司，联邦储蓄协会或储蓄协会的附属公司或关联公司，货币监理官”；

（2）在第（6）项末尾插入“以及”字样；

（3）在第（7）项中

（A）在“州银行”后面插入“或州储蓄协会”；

（B）删除“；以及”，插入句号；

（4）删除第（8）项。

第 374 条 《社区再投资公司法案》

《社区再投资公司法案》第 606 条中删除“联邦住房贷款银行委员会”，插入“联邦住房金融管理局”。

第 375 条 《公法》93—100

《公法》93—100 第 5 条修订如下：

（1）在第（1）项中，删除“涉及参保机构的联邦储蓄和贷款保险公司，涉及参保州会员银行的联邦储备理事会，以及涉及州非会员参保银行的联邦存款保险公司”，插入“涉及该类机构管辖的金融机构的适当的联邦银行监管机构”；以及

（2）在第（2）项中，删除“监督”，插入“银行业”。

第 376 条　《1934 年证券交易法案》

《1934 年证券交易法案》修订如下：

（1）在第 3 条（a）款第（34）项中

（A）在（A）分项中

（i）在（i）则中，删除“任何银行的附属公司、部门或附属公司”，插入“任何银行的附属公司、部门或附属公司，联邦储蓄协会（《联邦存款保险法案》第 3 条（b）款第（2）项定义），其储蓄由联邦存款保险公司或银行的附属公司、某部门或分行承保”；

（ii）在（ii）则中，删除“某附属公司或部门，或附属公司的附属公司”，插入“某附属公司或部门，或附属公司的附属公司，或储蓄和贷款控股公司”；

（iii）在（iii）则中，删除“某附属公司或部门，或其附属公司”，插入“银行的附属公司、某部门，或附属公司，州储蓄协会［《联邦存款保险法案》第 3 条（b）款第（3）项定义］，其储蓄由联邦存款保险公司承保”；

（iv）删除（iv）则；

（v）将（v）则重新制定为（iv）则；

（B）在（B）分项中

（i）在（i）则中，删除“任何银行的附属公司”，插入“任何银行附属公司，其储蓄由联邦存款保险公司承保的联邦存款机构的某个联邦储蓄协会［《联邦存款保险法案》第 3 条（b）款第（2）项定义］，或任何联邦储蓄协会的某分支机构”；

（ii）在（ii）则中，删除“或某控股银行附属公司而非某受（i）、（iii）则或（iv）则管辖的银行”，插入“或某控股银行某附属公司而非受（i）或（iii）则管辖的银行，或者某储蓄和贷款控股公司”；

（iii）在（iii）则中，删除“或某附属公司”；插入“银行某附属公司，其储蓄由联邦存款保险公司的州储蓄协会（《联邦存款保险法案》第 3 条（b）款第（3）项定义），或任何州储蓄协会的某附属公司”，以及；

（iv）删除（iv）则；

（v）将（v）则重新指定为（iv）则；

（C）在（C）分项中

（i）在（i）则中，删除“银行”，插入“银行或其储蓄由联邦存款保险公司承保的联邦储蓄协会（《联邦存款保险法案》第 3 条（b）款第（2）项 定义）”；

（ii）在（ii）则中，删除“或某控股银行附属公司而非某受（i）、（iii）则或（iv）则管辖的银行”，插入“或某控股银行某附属公司而非受（i）或（iii）则管辖的银行，或者某储蓄和贷款控股公司”；

（iii）在（iii）则中，删除“系统”，插入“体系或其储蓄由联邦存款保险公司承保的州储蓄协会（《联邦存款保险法案》第 3 条（b）款第（3）项定义）”；以及

（iv）删除（iv）则；

（v）将（v）则重新指定为（iv）则。

（D）在（D）分项中

（i）在（i）则中，在“银行”后插入如下内容：“其储蓄由联邦存款保险公司承保的州储蓄协会（《联邦存款保险法案》第 3 条（b）款第（2）项定义）”；以及

（ii）在（ii）则中，在末尾插入“以及”；

（iii）删除（iii）则；

（iv）将（iv）则重新指定为（iii）则；

（v）在（iii）则，按照新制定的内容，在“银行”后插入如下内容：“其储蓄由联邦存款保险公司承保的州储蓄协会（《联邦存款保险法案》第 3 条（b）款第（3）项定义）”；

（E）在（F）分项中

（i）在（i）则中，在“银行”后插入如下内容：“其储蓄由联邦存款保险公司承保的州储蓄协会（《联邦存款保险法案》第 3 条（b）款第（2）项定义）”；

（ii）删除（ii）则；

（iii）分别将（iii）、（iv）和（v）则重新指定为（ii）、（iii）和（iv）则；

（iv）在（iii）则中，根据新规定，在分号后插入如下内容“或其储蓄由联邦存款保险公司承保的州储蓄协会（《联邦存款保险法案》第 3 条（b）款第（3）项定义）”；

（F）在（G）分项中

（i）在（i）则中，在“国民银行”后插入“其储蓄由联邦存款保险公司承保的联邦储蓄协会（《联邦存款保险法案》第 3 条（b）款第（2）项定义）”；

(ii) 在 (iii) 则中

(I) 在“银行”后插入如下内容：“其储蓄由联邦存款保险公司承保的州储蓄协会（《联邦存款保险法案》第 3 条 (b) 款第 (3) 项定义)”；

(II) 在末尾插入“以及”；

(iii) 删除 (iv) 则；

(iv) 将 (v) 则重新指定为 (iv) 则；

(G) 在 (H) 分项中未指定的事项，删除“根据《1933 年住房所有人贷款法案》第 8 条规定，‘哥伦比亚地区储蓄和贷款协会’是指任何受储蓄机构监督办公室检查及监管的机构”；

(2) 在第 12 条 (i) 款中

(A) 在第 (1) 项中，在“国民银行”后插入如下内容：“以及其储蓄由联邦存款保险公司承保的联邦储蓄协会”；

(B) 删除“第 (3) 项”一直到“属于储蓄机构监督办公室”，插入“以及第 (3) 项关于其他所有参保银行及其账户由联邦存款保险公司承保的州储蓄协会，属于联邦存款保险公司”；以及

(C) 第二句话中，删除“联邦存款保险公司和储蓄机构监督办公室”，插入“联邦存款保险公司”；

(3) 在第 15C 条 (g) 款第 (1) 项中，删除“储蓄机构监督办公室主任，联邦储蓄和贷款保险公司”；以及

(4) 在第 23 条 (b) 款第 (1) 项中，删除“，除了储蓄机构监督办公室”；

第 377 条　《美国法典》第 18 章

《美国法典》第 18 章修订如下：

(1) 第 212 条 (c) 款第 (2) 项中

(A) 删除 (C) 分项；

(B) 分别将 (D) 到 (H) 分项重新指定为 (C) 到 (G) 分项；

(2) 第 657 条中，删除“储蓄机构监督办公室，清理信托公司”；

(3) 第 981 条 (a) 款第 (1) 项 (D) 分项

(A) 删除“清理信托公司”；

(B) 删除“或储蓄机构监督办公室”；

(4) 第 982 条 (a) 款第 (3) 项中

(A) 删除“清理信托公司”；

(B) 删除“或储蓄机构监督办公室”；

（5）第1006条中

（A）删除“储蓄机构监督办公室”；

（B）删除“清理信托公司”；

（6）第1014条中

（A）删除“储蓄机构监督办公室”；

（B）删除“清理信托公司”；

（7）第1032条中

（A）删除“清理信托公司”；

（B）删除“或储蓄机构监督办公室主任”。

第378条 《美国法典》第31章

《美国法典》第31章修订如下：

（1）第321条中

（A）在（c）款中

（i）在第（1）项末尾插入“以及”；

（ii）在第（2）项中，删除“；以及”，插入为句号；

（iii）删除第（3）项；

（B）删除（e）款；以及

（2）第714条（a）款中，删除“货币监理署，储蓄机构监督办公室”，插入“以及货币监理署”。

第四章　对冲基金顾问及其他监管

第401条　标题

本章全称为《2010年私募基金投资顾问注册法案》。

第402条　定义

（a）《1940年投资顾问法案》的定义。修订《1940年投资顾问法案》第202条（a）款，在末尾增加：

“（29）‘私募基金’是指《1940年投资顾问法案》第3条定义的作为投资公司的发行人，但不包括第3条（c）款第（1）项或（c）款第（7）项的规定。

“（30）‘国外私人顾问’是指下列投资顾问：

（A）在美国没有营业场所；

（B）其作为顾问的在美国私募基金的客户和投资者总计不超过15人；

（C）在美国管理的客户资产和美国私募基金的投资者资产合计低于2,500万美元或证券交易委员会认为适当的其他金额；

（D）既不

（i）在美国公众面前作为投资顾问出现；也不

（ii）作为

（Ⅰ）任何依据《1940年投资顾问法案》注册的投资公司中的投资顾问；或者

（Ⅱ）选择按照《1940年投资顾问法案》第54条规定的开发业务的公司。”

（b）其他定义。在本章中，名词“投资顾问”和《1940年投资顾问法案》第202条规定的“私募基金”含义相同。

第403条　取消私人顾问豁免；对国外私人顾问的有限豁免；有限跨州免责

《1940年投资顾问法案》第203条（b）款修订如下：

（1）在第（1）项中，在“所有那些”之前插入“除了作为私募基金投资顾问的投资顾问”；

（2）删除第（3）项并插入：

“（3）任何是外国私人顾问的投资顾问”；以及

（3）在第（5）项中删除末尾的“或”；

（4）在第（6）项中：

（A）删除“任何投资顾问”并插入“（A）任何投资顾问”；

（B）将（A）和（B）分项重新编号为（i）和（ii）则；

（C）在（ii）则（已重新编号）中，删除末尾的句号并插入“或”；和

（D）在末尾增加：

“（B）任何在商品期货交易委员会注册为商品交易顾问和私募基金顾问的投资顾问，在《2010年私募基金投资顾问注册法案》颁布之日后，只要顾问业务成为其主要与证券相关的顾问，应当在证券交易委员会注册”；

（5）在末尾增加：

“（7）任何投资顾问，不同于已经选择按照《1940年投资顾问法案》第54条开发业务而将受或已受监管的任何实体，只涉及为下列提供顾问：

（A）依据《1958年小企业投资法案》领取执照的小企业投资公司；

（B）依据《1958年小企业投资法案》，已从小企业管理局获得正式通知进而有资格领取小企业投资公司执照的实体，其通知和执照尚未被撤销；或者

（C）申请人是与（A）分项规定的一家或多家小企业投资公司有关联的，并且依据《1958年小企业投资法案》已申请了另一个营业执照，其申请仍然待决。”

第404条 系统性风险数据的采集；报告；检查；披露

《1940年投资顾问法案》第204条修订如下：

（1）（b）和（c）款分别重新编号为（c）和（d）款。

（2）在（a）款之后插入：

“（b）私募基金的记录与报告

“（1）概述。证券交易委员会可要求任何投资顾问依据本章进行注册：

（A）由投资顾问提供咨询的私募基金要维护交易记录并向证券交易委员会提交相关报告，这对公共利益和投资者保护，或者对金融稳定监督委员会评估系统性风险是必要的和适当的；以及

（B）向金融稳定监督委员会提供报告、记录或相关的信息；

（2）记录的处理。依据本章注册为投资顾问向私募基金提供投资建议的记录和报告应被视为该投资顾问的记录和报告。

（3）所需信息。投资顾问保存并接受证券交易委员会检查的记录和报告应当包括对以下事项的描述，按照该投资顾问所服务的各个私募基金列示：

（A）所管理资产的金额和杠杆的使用，包括表外杠杆的使用；

（B）交易对手方的信用风险敞口；

（C）交易和投资头寸；

（D）估值政策和基金的实践；

（E）所持资产的类型；

（F）单边协议或者单边保证函，基金的特定投资者凭此可以获得比其他投资者更多有利的权利；

（G）交易实践；

（H）证券交易委员会经与金融稳定监督委员会协商，决定对公共利益和投资者保护，或者对评估系统性风险是必要和适当的其他信息，可以包括基于所顾问基金的类型或规模建立针对不同等级基金顾问的不同报告的要求。

（4）记录保存。依据本章注册的投资顾问应当保存所顾问基金的有关记录，保存期取决于证券交易委员会规则的要求或是在证券交易委员会决定对公共利益和投资者保护或评估系统性风险是必要和适当的期间。

（5）记录报备。证券交易委员会应发布规则要求私募基金的投资顾问提交报告，报告中包含证券交易委员会认为对公共利益和投资者保护或评估系统性风险是必要和适当的信息。

（6）记录检查

（A）定期和专门检查。证券交易委员会：

（i）应定期检查私募基金的注册投资顾问按照证券交易委员会的时间表保存的记录；

（ii）可以在任何时间或是时时进行额外的、专门的或其他类型的检查，如果证券交易委员会认为对公共利益和投资者保护或评估系统性风险是必要和适当的。

（B）记录的可得性。如果证券交易委员会或其代表提出合理要求，注册投资顾问应保证证券交易委员会能获得有关记录的复印件或摘录等，并且准备这些资料不需要付出额外的不必要的努力、花费或延期。

（7）信息共享

（A）概述。当金融稳定监督委员会认为评估一家私募基金对系统性风险的影响而有必要时，证券交易委员会应确保金融稳定监督委员会能够得到投资顾问向其提交或提供的全部报告、文件、记录和信息的复印件。

(B) 保密。金融稳定监督委员会应对依据本项获得的全部报告、文件、记录和信息保守秘密，其保密方式和程度应与证券交易委员会根据第（8）项规定建立的方式与程度相一致。对于金融稳定监督委员会依据本款可能获得的任何报告、文件、记录和信息有关的保密，应豁免金融稳定监督委员会《美国法典》第5章第552条的要求。

(8) 证券交易委员会对报告的保密。无论其他法律如何规定，证券交易委员会仍然不会被迫披露其依据本款所获得的任何报告及报告中的信息，除此以外，本款也未授权证券交易委员会：

(A) 基于保密协议而不向国会提供信息；

(B) 不回应

(i) 其他联邦部门或机构或自律组织在其司法管辖权内要求给予报告或信息的请求；

(ii) 由美国或证券交易委员会引起的司法行动中美国法院的命令。

(9) 其他接受方的保密要求。任何其他联邦部门或机构或自律组织依据本款从证券交易委员会收到报告或信息的，都应对报告、文件、记录和信息保密，其方式和程度与第（8）项对证券交易委员会的规定相一致。

(10) 公开信息例外

(A) 概述。证券交易委员会、金融稳定监督委员会以及任何其他联邦部门或机构或自律组织收到信息、报告、文件、记录，或者依据本款从证券交易委员会收到信息的，都应豁免《美国法典》第5章第552条的要求。证券交易委员会从根据本款要求提交的报告中确定的任何投资顾问的专有信息，在公开披露方面都要遵守与本章第210条（b）款提供的检查中所获事实同样的限制。

(B) 专有信息。本项中，专有信息包括敏感的非公开的信息，涉及：

(i) 投资顾问的投资或交易策略；

(ii) 分析或研究的方法；

(iii) 交易数据；

(iv) 包含知识产权的计算机硬件或软件；

(v) 证券交易委员会认定为专有的其他信息。

(11) 向国会提交的年度报告。证券交易委员会应当每年向国会报告如何运用根据本款采集的数据，以监测市场从而保护投资者和市场的健全性。”

第 405 条　披露条款的修订

修订《1940 年投资顾问法案》第 210 条（c）款，在末尾句号之前插入“或为了评估潜在的系统性风险。”

第 406 条　规则制定当局的澄清

《1940 年投资顾问法案》第 211 条修订如下：

（1）在（a）款中，在第一句末尾的句号之前插入“包括定义技术的、交易的和其他运用于本章中的术语的规则和规章，但证券交易委员会不能根据第 206 条的第（1）和第（2）项定义术语‘客户’以将投资顾问所管理的私募基金的投资人（当投资人与前述顾问签订顾问合同后）包括进来。”

（2）在末尾增加：

“（e）私募基金的披露规则。经与金融稳定监督委员会协商，证券交易委员会和商品期货交易委员会应在《2010 年私募基金投资顾问注册法案》颁布之日起 12 个月内发布规则以确立所需提交报告的格式和内容。所需提交的报告是投资顾问依据第 204 条（b）款向证券交易委员会提交，以及在两个委员会都进行了注册的投资顾问根据本章和《商品交易法案》向商品期货委员会提交。”

第 407 条　风险投资基金顾问的免责和报告

修订《1940 年投资顾问法案》第 203 条，在末尾增加：

“（1）风险投资基金顾问的豁免。仅为一家或多家风险投资基金担任投资顾问的投资顾问涉及提供风险投资基金有关的投资建议，可以不受本章的注册要求。在本款颁布之日起 1 年内，证券交易委员会应发布最终规则以定义术语‘风险投资基金’。按照证券交易委员会决定对公共利益或投资者保护的必要性或适当性，应当要求此类投资顾问保存记录并提交年度或其他报告。”

第 408 条　特定私募基金顾问的豁免和报告

修订《1940 年投资顾问法案》第 203 条，在末尾增加：

“（m）特定私募基金顾问的豁免和报告

（1）概述。证券交易委员会应根据本条豁免以下私募基金投资顾问的注册要求，如果投资顾问仅作为私募基金的投资顾问，并且所管理的在美国的资产少于 150,000,000 美元。

（2）报告。按照证券交易委员会决定对公共利益或投资者保护的必要性或者适当性，应要求根据本款免责的投资顾问保存记录并向其提交年度或其他报告。

“（n）中等规模私募基金顾问的注册与检查。在制定规章以执行本条有关对中等规模私募基金投资顾问的要求时，证券交易委员会应考虑此类基金的规模、治理和投资策略，以决定它们是否造成了系统性风险，并且应对此类基金的投资顾问提供反映其产生系统性风险级别的注册和检查程序。”

第409条 家庭办公室

（a）概述。修订《1940年投资顾问法案》第202条（a）款第（11）项，删除“或者（G）”并插入“（G）任何家庭办公室，由规则、规章或证券交易委员会的命令所定义，符合本章目的；或（H）”。

（b）规则制定。证券交易委员会按照《1940年投资顾问法案》第202条（a）款第（11）项（G）分项发布的规则、规章或者命令，如本条所增加的，对“家庭办公室”的定义应提供以下豁免：

（1）与证券交易委员会之前的豁免政策相一致，这些政策反映在本法案颁布之日时生效的家庭办公室豁免命令和第（3）项的祖父条款中；

（2）识别家庭办公室所采用的组织、管理和雇用结构及安排的范围；

（3）“家庭办公室”的定义不排除不注册或要求在2010年1月1日按照《1940年投资顾问法案》注册的任何人，仅因为这类人向下列人员提供投资建议并在2010年1月1日之前提供投资建议：

（A）在投资运行期间是该家庭办公室的职员、主管或雇员的自然人：

（i）2010年1月1日前与该家庭办公室一起投资；以及

（ii）是经认可的投资人，由证券交易委员会（或者任何继任者）依据《1933年证券交易法案》制定的规章D所定义，或者由证券交易委员会以规则规定，以及其任何利益继承人。

（B）任何由家庭办公室的家庭的成员排他性拥有或控制的公司，或由证券交易委员会以规则规定的；

（C）任何根据《1940年投资顾问法案》注册并向家庭办公室提供投资建议的投资顾问；为家庭办公室识别投资机会并以与家庭办公室大体相同的条件投资于此类交易，但不投资其他由家庭办公室顾问的基金的人；总资产中由家庭办公室直接或间接提供投资建议的部分不超过5%的人。

（c）反欺诈职权。如果不符合（b）款第（3）项规定，家庭办公室将不被视为家庭办公室，而应当基于《1940年投资顾问法案》第206条第（1）、第（2）和第（4）项的目的被视为投资顾问。

第 410 条　州和联邦责任；投资顾问联邦注册的资产门槛

《1940 年投资顾问法案》第 203A 条（a）款修订如下：

（1）将第（2）项重新编号为第（3）项；

（2）在第（1）项之后插入：

“（2）中等规模投资顾问的待遇。

“（A）概述。（B）分项所述的投资顾问不需依据第 203 条注册，除非该投资顾问是一家依据《1940 年投资顾问法案》注册的投资公司的投资顾问；或者是选择按照《1940 年投资顾问法案》第 54 条开发业务的公司并且未撤销该选择；除此以外，如果在本项的作用下，投资顾问会被超过 15 个以上的州要求注册，则该顾问可根据第 203 条注册。

“（B）相关人。本分项所述的投资顾问是：

“（i）要向州证券监管官员（或任何承担类似功能的机构或办公室）注册为投资顾问，如果其主要办公室和营业所在地在该州；注册以后，投资顾问应遵从前述监管官员或机构或办公室的检查；

（ii）所管理的资产规模在（I）和（II）分则之间：

（I）第（1）项的（A）分项所确定的金额，该金额可由证券交易委员会依据该分项而调整；

（II）1 亿美元或证券交易委员会依据本章认为适当并以规则确定的金额（高于前者）。”

第 411 条　客户资产的托管

修订《1940 年投资顾问法案》，在末尾增加以下新条：

“第 223 条　客户账户的托管

依据本章注册的投资顾问应采取措施保障其保管的客户资产的安全，措施可包括、但不限于，借助独立的公共会计师核实资产数量，证券交易委员会也可以通过规则予以规定。”

第 412 条　总审计长关于托管规则成本的研究

美国总审计长应当：

（1）组织研究：

（A）依据《1940 年投资顾问法案》的现行证券交易委员会规则 204－2 和 206（4）－2 有关投资顾问代管客户资金和证券资产的规定的合规成本；

（B）如果取消规则 206（4）－2 的（b）款第（6）项有关运营独

立性的规定，所增加的额外成本。

（2）在本法颁布之日后3年内向参议院银行、住房和城市事务委员会以及众议院金融服务委员会提交研究结果的报告。

第413条 调整授信投资人标准

（a）概述。证券交易委员会应当依据《1933年证券交易法案》下的规则来调整授信投资人的净财富标准，从而使任何自然人的个人净财富或与配偶的共同净财富在购买行为发生时高于100万美元（该金额将由证券交易委员会以规则定期调整）。该标准中不包括自然人主要居所的住房价值，除非在始于本法案颁布之日起的4年内，扣除自然人主要居所的住房价值后净财富标准一直是100万美元。

（b）审查和调整

（1）首次审查和调整

（A）首次审查。证券交易委员会可对适用于自然人的术语“授信投资人”的定义进行审查，以决定定义的要求（不包括（a）款所述净财富标准的要求）是否需要调整或修正，以保护投资者、公共利益以及经济。

（B）调整或修改。在完成（A）分项所述的审查后，当证券交易委员会决定对保护投资者、公共利益或经济是适当的，证券交易委员会可以通过正式通知或评论规则制定来调整适用于自然人的术语“授信投资人”定义的要求（不包括（a）款所述净财富标准的调整和修正）。

（2）后续的审查和调整

（A）后续的审查。在本法案颁布之日起4年后，不少于每4年一次，证券交易委员会应审查适用于自然人的术语“授信投资人”定义的完整性（该术语由《联邦监管法典》第17章第230.215条所定义），以决定是否需要调整或修正，基于保护投资者、公共利益或经济。

（B）调整或修正。在完成（A）分项所述的审查后，当证券交易委员会决定对保护投资者、公共利益或经济是适当的，证券交易委员会可以通过正式通知或评论规则制定来调整适用于自然人的术语“授信投资人”定义的要求（该术语由《联邦监管法典》第17章第230.215条所定义）。

第414条 与《商品交易法案》有关的规则解释

对《1940年投资顾问法案》作进一步修订，在末尾增加以下新条：

“第224条 与《商品交易法案》相关的规则解释。

本章不得解除任何人对商品期货交易委员会或任何私人当事人应负的任何义

务或责任，或者影响其任何权利或可得救济的获得性，这些权利与义务源自于治理商品基金、商品基金经理或商品交易顾问的《商品交易法案》。

第 415 条　审计总署对授信投资人的研究和报告

总审计长应研究决定合格授信投资人财务门槛的适当标准，或确定授信投资人投资于私募基金的身份和资格所需要的其他标准，并且在本法案颁布之日后 3 年内向参议院银行、住房和城市事务委员会以及众议院金融服务委员会提交研究结果的报告。

第 416 条　审计总署对私募基金自律组织的研究

美国总审计长应当：

（1）研究组建自律组织监管私募基金的可行性；

（2）在本法案颁布之日后 1 年内向参议院银行、住房和城市事务委员会以及众议院金融服务委员会提交研究结果的报告。

第 417 条　证券交易委员会对卖空的研究和报告

（a）研究。证券交易委员会的风险、策略和金融创新部门应当：

（1）考虑当前的学术成果，研究在全国证券交易所和柜台市场上的卖空，特别关注近期的规则变化及以下事件发生的影响：

（A）无法交付卖空的股票；或者

（B）在卖空交易之后第四天的股票交付；以及

（2）研究

（A）要求公开上市证券的卖空仓位实时向公众报告，或者是卖空仓位只实时向证券交易委员会和金融业监管当局报告的可行性、收益和成本；和

（B）建立自愿引导程序的可行性、收益和成本，在此程序中，上市公司同意在其全部股票交易前标注“空头”、“做市商空头”、“买入”、“做市买入”或“多头”等，并通过汇总记录带实时报告；

（b）报告。证券交易委员会应向参议院银行、住房和城市事务委员会以及众议院金融服务委员会提交报告：

（1）阐述依据（a）款第（1）项要求开展研究的结果，包括市场改进的推荐意见，时间在本法案颁布之日后 2 年内；和

（2）阐述依据（a）款第（2）项要求开展研究的结果，时间在本法案颁布之日后 1 年内。

第 418 条　合格的客户标准

修订《1940 年投资顾问法案》第 205 条（e）款，在末尾增加："与证券交易委员会依据本款作出决定时所运用的任何规则与规章中的因素有关，如果证券交易委员会运用美元金额测试上述因素，如净资产门槛，委员会应以命令调整此类测试的通货膨胀效应，调整如果达不到 10 万美元的整数倍，就要四舍五入到接近整数倍。进行调整的时间在《2010 年私募基金投资顾问注册法案》颁布之日起 1 年内，此后每五年一次。"

第 419 条　过渡期

除本章另有规定以外，本章及本章所作出的修订，均在本法案颁布之日 1 年之后生效。如果投资顾问自主决定在此 1 年过渡期内依据《1940 年投资顾问法案》向证券交易委员会注册，此类投资顾问适用于证券交易委员会的规则。

第五章　保　　险

第一节　联邦保险办公室

第501条　标题

本节全称为《2010年联邦保险办公室法案》。

第502条　联邦保险办公室

（a）保险办公室的设立。《美国法典》中第31章第1节第3篇第1分篇修订如下：

（1）把第312条重新排序为第315条；

（2）把第313条重新排序为第312条；

（3）在第312条后插入新条：

"第313条　联邦保险办公室

"（a）设立。联邦保险办公室设立于美国财政部下。

"（b）领导。保险办公室的主任由财政部长任命，管理保险办公室。正如《美国法典》第5章第3132条所定义的，主任应该是高级管理部门中的专业预设职位。

"（c）职能

"（1）财政部长赋予的职权。在财政部长的指导下，保险办公室应有以下职权：

"（A）监管保险业的各个方面，包括识别可能导致美国保险业或金融体系产生系统性危机的保险监管问题或漏洞；

"（B）监管范围扩展至传统上不能享受到服务的社区和消费者、少数族裔（《1989年金融机构改革、复兴和执行法案》第1204条（c）款和中低收入者，使其获得支付能力范围内的、除了健康保险之外的任何保险产品；

"（C）依据《多德—弗兰克华尔街改革与消费者保护法案》第1章的要求，向金融稳定监管委员会提出建议，由联邦储备理事会对指定的保险公司及其分支机构作为非银行金融机构进行整体监管；

“（D）协助财政部长管理财政部依据《2002年恐怖主义风险保险法案》设立的‘恐怖主义保险计划’；

“（E）对于国际保险方面需要审慎考虑的问题，应协助联邦政府制定相关政策，包括在国际保险监督官协会（IAIS）（或继任机构）中酌情代表美国政府，以及在适用协定中协助财政部长进行谈判［‘适用协定’在（r）款中定义］；

“（F）依照（f）款，确定州政府保险规章是否被适用协定取代；

“（G）有关保险方面的全国性重要事务和国际性重要审慎保险问题，应与各州（包括州保险监管部门）进行商议；和

“（H）履行财政部长可能指派的其他责任和职权。

“（2）建议职能。保险办公室应就国内重大事项和审慎的国际性保险政策问题向财政部长提供建议。

“（3）向委员会建议职能。保险办公室主任应向依据《2010年金融稳定法案》设立的金融稳定监管委员会提供建议。

“（d）范围。保险办公室的监管范围应包括所有保险产品，下述除外：

“（1）健康保险，已经由财政部长与健康与社会服务部长在《公共健康服务法案》第2791条规定的基础上协商决定；

“（2）长期护理保险，除了包含在人寿或年金产品中的长期护理保险之外，已经由财政部长与健康与社会服务部长协商决定。对于包含在人寿或年金产品中的长期护理保险，财政部长与健康与社会服务部长协商制定保险办公室的监管职能。

“（3）农作物保险，已经由《联邦农作物保险法案》规定。

“（e）信息收集

“（1）概述。为了执行（c）款中所要求的职能，保险办公室可以：

“（A）从保险行业和保险公司处搜索和采集数据与信息；

“（B）加入信息共享协议；

“（C）分析和发布数据与信息；和

“（D）发布除健康保险外的所有其他保险产品的报告。

“（2）从保险公司及其分支机构获取信息

“（A）概述。除了第（3）项规定的情况外，保险办公室可要求保险公司或任何分支机构，提供保险办公室在执行（c）款规定的职能时合理要求的数据与信息。

“（B）解释规则。尽管本条中有其他规定，但基于（A）分项目的，名词‘保险公司’是指在一个或一个以上的州承担原保险或再保险风险，

并签发合同和保单的任何企业。

“（3）小规模保险公司的例外情况。第（2）项规定应不适用于刚达到保险办公室采用命令或规则设立的最低规模门槛水平的任何保险公司或其分支机构。

“（4）预先协商。在依据第（2）项规定从任何保险公司或其分支机构采集数据与信息之前，保险办公室应先与相关的各联邦政府机构、州保险监管部门（或者其他相关的联邦或州的监管机构，保险公司分支机构所在地的监管机构），以及任何公开可用的资料信息源进行协调和商议，以确定所要采集的信息能否及时地从这些机构和部门个别或集中获得。如果保险办公室主任确认可以并且能够及时获得，则应从这些机构、监管者、监管机构或信息源获取数据与信息。如果保险办公室主任确认不能如此获得，仅当其符合《美国法典》第44章第35篇第1分篇的规定（与联邦信息政策有关，通称为《文书工作减少法案》）时，可从保险公司或其分支机构处获取数据与信息。尽管有其他法条规定，但每个相关的联邦政府机构、各州保险监管部门、或其他联邦或州的监管机构都有责任向保险办公室提供数据与信息。

“（5）保密

“（A）特权保留。依据本款向保险办公室提供的任何非公开获得的数据与信息，应不构成或影响任何依据联邦或州法律（包括任何联邦或州法院的规定）所产生的关于数据或信息的特权豁免。

“（B）原保密协议继续适用。依据可适用的联邦或州法律的任何要求，或依据非公开可获得数据或信息的原始来源方与提交保险办公室的数据或信息来源方之间的书面协定的任何要求，在这些资料和数据依照本款提交给保险办公室后，关于所提交信息拥有者的隐私和保密性的规定应继续适用。

“（C）信息共享协议。保险办公室所获得的任何数据或信息可通过以下信息共享协议单独或集体的与州保险监管机构共享。

“（i）应遵循可适用的联邦法律；并且

“（ii）应不构成或影响根据联邦或州法律（包括任何联邦和州法院的规定）产生的关于数据或信息的特权豁免。

“（D）机构披露要求。《美国法典》第5章第552条应适用于保险公司或附属机构提交保险办公室的任何数据与信息。

“（6）传唤和执行。保险办公室主任应有权力要求传唤依据第（2）项规定的提交数据或信息的报告，但仅仅是执行（c）款职能规定所要求、并且保险办公室依据第（4）项规定已经与有关监管机构协商一致的由主任发出的书面调查。传票应有主任签署，并且主任应指定一个或者多个人执行此传票。

如果不服从和拒绝传唤，传唤将会通过适当的美国地区法院执行。任何拒绝遵守法院命令将以藐视法庭罪受到惩罚。

“(f) 州政府保险规定的优先性

“(1) 标准。本条或第314条应取代州政府保险规定，仅当保险办公室主任认为依据本款该保险规定。

“(A) 导致属于适用协定的住所地在国外辖区的非美国保险公司，相比于居于该州、拥有经营牌照或准许在该州经营的美国保险公司，受到较差待遇时；

“(B) 与适用协定不一致。

“(2) 决定

“(A) 潜在不一致的告知。在依据第(1)项作出任何决定前，保险办公室主任应：

“(i) 应告知并与适当的州协商有关任何潜在的不一致或取代；

“(ii) 应告知并与美国贸易代表署协商有关任何潜在的不一致或取代；

“(iii) 应在《联邦公报》上对有关任何潜在的不一致或取代发表声明，包括描述每个州相关问题涉及的保险规定，以及任何可适用的适用协定；

“(iv) 为利益相关方提供合适的机会向保险办公室提交其书面意见；和

“(v) 认真考虑所收集的意见。

“(B) 审查范围。基于本款的规定，办公室主任对州政府保险规定所作的任何决定，以及由其决定而导致的依据第(1)项的任何取代问题，应限定在适用协定所包含的问题之内，且其对保险或再保险消费者的保护水平应达到与州保险或再保险监管对消费者的保护水平在实质上同等。

“(C) 不一致的决定的告知。依据第(1)项作出的任何决定，保险办公室主任应：

“(i) 将该决定及不一致的程度告知适当的州；

“(ii) 在决定生效之前，应有不少于30天的合理期限；

“(iii) 通知美国众议院的金融服务委员会、参议院的银行、住房和城市事务委员会以及财政委员会。

“(3) 生效告知。对于第(2)项(C)分项(ii)则所规定时限的结论，如果作出这个决定的缘由还存在，这个决定应生效，并且办公室主任应：

“(A) 在《联邦公报》上发表声明，告知该取代已经生效，同时告知生效的日期；并且

“（B）通知适当的州。

“（4）限制。任何州不得执行依据本款已经被取代的州政府保险法规。

“（g）《行政程序法案》的适用性。依照（f）款第（2）项对不一致所作的决定，应受到《美国法典》第5章第5篇（关于行政程序）第2分篇和第7篇（关于司法审查）的规定限制，除了在对某项不一致决定进行司法审查的诉讼中，法院应重新决定。

“（h）规章制度、政策和程序。财政部长可发布实施本条规定的命令、规章制度、政策和程序。

“（i）协商。在行使保险办公室的职能时，保险办公室主任应与州保险监管机构进行单独或集体的、其认为是合适的协商。

“（j）保留条文。本法条不应：

“（1）取代

“（A）任何关于控制保险公司费率、保费、承保和销售行为的州政府保险规定；

“（B）任何州政府对保险覆盖面的要求；

“（C）任何州的《反托拉斯法》对保险业的适用；

“（D）任何州政府控制保险公司资本金和偿付能力的规定，除了这样的规定导致非美国保险公司与美国保险公司相比受到较差待遇。

“（2）被解释为对《2010年消费者金融保护法案》任何条款的更改、修订和限制。

“（3）影响各州保险规定的优先性，除非与联邦法律不一致且联邦法律的规定已经优先。

“（k）现行州监管职权的保留。本条或第314条不应解释为建立或赋予保险办公室或财政部对于保险业的普遍监督或监管职权。

“（l）联邦金融监管机构职权的保留。本条或第314条不应被解释为对任何联邦金融监管机构职权的限制，包括制定和协调政策、谈判，与外国政府、职权部门、监管者、跨国监管委员会签订协议，以及对影响与国际监管协议相一致的州规章予以取代的职权。

“（m）美国贸易代表署职权的保留。本条或第314条不应被解释为影响美国贸易代表署依照《1974年贸易法案》第141条或其他法律条款规定的职权，包括制定和协调美国的国际贸易政策，以及管理美国贸易协议计划的职权。

“（n）向国会年度报告

“（1）第313条（f）款报告。自2011年9月30日起，保险办公室主任应在每个日历年度9月30日或之前向总统、众议院的金融服务委员会以及参议院的银行、住房和城市事务委员会以及财政委员会提交办公室依据（f）款

（有关不一致的州规章的取代）采取任何行动的情况报告。

“（2）保险业。自2011年9月30日起，保险办公室主任应在每年9月30日或之前向总统、众议院的金融服务委员会，以及参议院的银行、住房和城市事务委员会以及财政委员会提交关于保险行业和保险办公室主任认为相关的或各委员会要求的任何其他信息的报告。

“（o）美国和全球再保险市场的报告。保险办公室主任应向众议院的金融服务委员会和参议院的银行、住房和城市事务委员会以及财政委员会提交：

“（1）描述全球再保险市场的宽度和范围，以及该市场在支持美国保险业发展方面所起的重要作用的一份报告，提交时间不得迟于2012年9月30日；

“（2）描述《2010年非许可保险和再保险改革法案》第二部分对于州监管部门获取其管辖范围内保险公司再保险信息能力产生影响的一份报告，提交时间不得迟于2013年1月1日，并且在2015年1月1日之前进行更新。

“（p）对保险监管的研究和报告

“（1）概述。在本条颁布之日后18个月内，保险办公室主任应组织开展美国保险监管体系如何现代化与完善的研究，并向国会提交报告。

“（2）考虑。按照第（1）项要求的研究与报告应以下列考虑因素为基础和指引：

“（A）与保险有关的系统性风险监管；

“（B）资本金标准以及资本配置与负债之间的关系，包括与流动性和久期风险有关的标准；

“（C）保险产品与业务中的消费者保护，包括州监管漏洞；

“（D）州保险监管的全国统一程度；

“（E）保险公司以及合并基础上的分支机构的监管；

“（F）保险监管的国际协调。

“（3）其他因素。依照第（1）项要求的研究与报告还应检查下列因素：

“（A）潜在的联邦保险监管机构对各种保险产品（除健康保险之外）进行监管的成本和收益；

“（B）联邦层次只监管某些保险产品，其余保险产品由州层次监管的可行性；

“（C）任何潜在的联邦监管或联邦监管者消除或最小化监管仲裁的能力；

“（D）国外司法在保险监管方面的发展对潜在的联邦保险监管的可能影响；

“（E）任何潜在联邦监管或监管者为保单持有人提供全面保障的

能力；

“（F）将保险公司置于联邦监管职权下的潜在后果，包括任何联邦监管职权对下列的影响：

“（i）州保险保证金系统的运行，包括如果保险公司置于联邦监管职权下会失去州保险保证金的保护；

“（ii）保单持有人的保护，包括保单持有人索赔相对于其他无抵押一般债权人索赔的优先权将丧失；

“（iii）人寿保险公司中，独立账户资产和独立账户负债的特殊地位将丧失；和

“（iv）保险公司的国际竞争力。

“（G）保险办公室主任确认有必要或适当的、符合第（2）项所阐述原则的其他因素。

“（4）建议。按照第（1）项要求的研究与报告也应包括任何立法、行政或监管的建议，保险办公室主任可酌情决定实施或实现报告阐述的研究成果。

“（5）咨询。关于按照第（1）项要求的研究与报告，保险办公室主任应向州保险监管者、消费者组织、保险业和保单持有人代表以及其他合适的组织机构和专家进行咨询。

“（q）现有资源的利用。为执行本条，保险办公室可招聘员工、购置办公设备，以及使用财政部提供给财政部长的其他任何资源，财政部长还应为保险办公室配备专门的工作人员。

“（r）定义。在本条和第314条中，应当适用以下定义：

“（1）分支机构。名词‘分支机构’是指与一家保险公司有关的，任何控制、被控制、或者和该保险公司共同控制的人。

“（2）适用协定。名词‘适用协定’是指双边或多边达成关于与保险或再保险业务有关的审慎措施的书面协议：

“（A）是美国和一个或者多个外国政府、职权部门，或者监管机构签订的；

“（B）关于和保险或再保险业务有关的审慎措施的认可，是指能让保险或者再保险消费者获得与州保险或再保险监管实质上同等的保护水平。

“（3）保险公司。名词‘保险公司’是指任何从事保险和再保险活动的组织。

“（4）联邦金融监管机构。名词‘联邦金融监管机构’是指财政部、联邦储备理事会、货币监理署、联邦储蓄机构管理局、证券交易委员会、商品期货交易委员会、联邦存款保险公司、联邦住房金融局或国家信用合作社管

理局。

“（5）非美国保险公司。名词‘非美国保险公司’是指在美国以外的司法管辖区内建立的保险公司，但并不包括这种保险公司的任何美国附属公司。

“（6）办公室。名词‘办公室’是指根据本条设立的联邦保险办公室。

“（7）州政府保险规定。名词‘州政府保险规定’是指任何州的法律、规章制度、管理规定、公告、指引，或者适用于保险与再保险审慎监管的惯例。

“（8）州政府保险监管机构。名词‘州政府保险监管机构’是指任何负责监督保险公司的州监管当局。

“（9）与获得的保护水平实质同等。名词‘与获得的保护水平实质同等’是指外国政府、职权部门、或监管机构的审慎措施对消费者保护的效果达到与在州监管下的保险或再保险消费者保护相当的水平。

“（10）美国保险公司。名词‘美国保险公司’是指：

“（A）按照美国法律成立的保险公司；或者

“（B）是一家非美国保险公司的美国附属公司。

“（s）拨款的授权。授权为保险办公室在每个财政年度拨出必要的款项。

“第314条　适用协定

“（a）授权。授权财政部长和美国贸易代表共同代表美国谈判并参加适用协定。

“（b）与国会磋商的要求

“（1）概述。在依据（a）款开始谈判参加适用协定之前、在谈判过程中、以及参加任何此类协议之前，财长部长和美国贸易代表应一起与众议院金融服务委员会以及参议院银行、住房和城市事务委员会以及财政委员会进行协商。

“（2）范围。第（1）项所述的协商应包括：

“（A）该协定的性质；

“（B）该协定如何以及在何种程度上实现第313条和本条的适用目的、政策、优先权和目标；

“（C）该协定的执行情况，包括该协定对现行州法律产生的一般影响。

“（c）递交和临时条款。依据（a）款的适用协定在美国生效，仅当

“（1）财政部长和贸易代表一起向（b）款第（1）项所述国会的各个专门委员会提交一份该协定的最终法律文本，需要向国会两院同时提交。

“（2）从向国会的委员会提交该协定最终法律文本之日起90日期满。”

（b）财政部长的职责。《美国法典》第31章第321条（a）款修订如下：

（1）在第（7）项中，删除“；和”，并插入一个分号；

（2）在第（8）项（C）分项中，删除末尾的句号并插入“；和”；和

（3）在末尾增加新项：

“（9）向总统提出关于健康险除外的全部保险产品的、国际与国内的主要审慎政策问题方面的建议。”

（c）文书的修订。在《美国法典》第31章第3篇第1节的条目中删除与第312条相关的项目，并插入以下新的项目：

“第312条 恐怖主义和金融情报；

“第313条 联邦保险办公室；

“第314条 适用协定；

“第315条 继续任职。”

第二节 州政府保险改革

第511条 标题

本节全称为《2010年非许可保险和再保险改革法案》。

第512条 生效日期

除本节另有特别规定外，本节应从颁布之日后12个月正式生效。

第一小节 非许可保险

第521条 保费税的报告、支付和分配

（a）所在州的专属管辖权。除了被保险人所在州，其他州均不能对非许可保险的保费征税。

（b）非许可保险保费税的分配

（1）概述。各州可以通过签订合同或者设立程序来分配（a）款所述的支付给被保险人所在州的保费税收。

（2）生效日期。除非合同或者其他程序中另有明确规定，任何合同或其他程序：

（A）如果在本节颁布之日起的330天期满之日或之前采用，应适用于在本节颁布之日或之后的任何保费税，这些保费税须支付给任何履行

这种合同或者程序的州；

（B）如果在330天期满之后采用，应适用于330天期满之后开始的第一个日历年的1月1日当天或之后的任何保费税，这些保费税须支付给任何履行这种合同或者程序的州。

（3）报告。一旦第（2）项中提到的330天期满，全美保险监督官协会（NAIC）可以向众议院的金融服务委员会、司法委员会和参议院的银行、住房和城市事务委员会提交一份报告，确认并描述在330天期限内已经被各州采用的针对各州保费税分配的合同或者程序。

（4）全国性体制。国会试图使各州都采用全国统一的要求、格式和程序，例如用来规定符合本条的非许可保费税的报告、支付、收集和分配的州际合同。

（c）税收分配报告基础上的分配

为了方便各州保费税的支付，被保险人所在州可以要求已独立购买保险的溢额业务经纪人和被保险人每年提交税收分配报告，其中非许可保单保险费部分、或者归于各州财产或风险的保费部分由被保险人所在州来详细说明。被保险人可以授权某人作为其代理来提交非许可保险税收分配报告和支付税项。

第522条　被保险人所在州对非许可保险的监管

（a）所在州职权。除本条另有规定之外，非许可保险的投保应只服从被保险人所在州的法律和规章要求。

（b）经纪人许可。除了被保险人所在州之外，其他任何州均不能对向被保险人出售、推销或洽谈非许可保险的溢额经纪人提出经营许可要求。

（c）执行规定。关于第521条和本条的（a）款和（b）款，对于适用于或声称适用于向非本州被保险人出售、推销或洽谈非许可保险的任何州的任何法律、规章制度、条例，或其他监管行为应优先适用。

（d）劳工赔偿例外。本条不能解释为优先于限制通过非许可保险人开展劳工赔偿保险，或者为自筹资金补偿计划服务的超额保险的任何州法律、规则或规章制度。

第523条　加入全美保险数据库

从本节颁布之日起两年期满后，任何州都不能因向溢额保险业务经纪人个人或实体颁发执照而收取任何费用，除非届时该州有生效的法律或规章制度规定其参加在全美保险监督官协会的全国保险数据库或者任何其他相当的全国统一的数据库，提供有关溢额保险业务经纪人执照和这种执照续期的数据。

第524条　溢额保险业务资格的统一标准

任何州不能：

（1）给美国司法管辖权内的非许可保险强加资格要求或者以其他方式建立资格标准，与《非许可保险模式法案》中第5A（2）条和第5C（2）条（a）款所述要求与标准相一致的除外，除非该州已采纳全国统一的要求、格式和程序。这种全国统一的要求、格式和程序源自于本节第521条（b）款中其他可选的全国统一资格要求。

（2）禁止溢额保险业务经纪人与全美保险监督官协会（NAIC）的国际保险部列示在“外国保险公司季度名单”中的注册地不在美国的非许可保险人进行非许可保险交易。

第525条　商业购买人的简化申请

溢额保险经纪人为享有豁免的商业购买者寻求购买非许可保险，应不要求满足任何州对于进行尽职调查以确定享有豁免商业购买者购买的保险种类或者全部金额是否能从许可保险人处获得的监管要求，如果：

（1）溢额保险经纪人已经向享有豁免的商业购买者说明这种保险能或不能从提供更多保护与监管更加严格的许可市场获得；并且

（2）该享有豁免的商业购买者随后以书面形式要求经纪人从非许可保险人处办理这种保险。

第526条　总审计署对非许可保险市场的研究

（a）概述。为了酌量许可保险市场的一般承保范围，美国总审计长应组织对非许可保险市场进行研究，以确定这部分法条的颁布对非许可保险市场规模和市场份额的影响。

（b）内容。该项研究应确定和分析：

（1）自本节生效之日起18个月内，非许可保险市场规模和市场份额的变化，以及提供此类保险业务的保险公司和保险控股公司数量的变化；

（2）一般保险由许可保险市场向非许可保险市场已经发生转变的程度；

（3）非许可保险市场规模和市场份额任何变化的结果，包括许可保险市场和非许可保险市场保险价格和保险项目可获得性的差异；

（4）同时提供许可保险和非许可保险的保险公司与保险控股公司，其所经营的许可保险和非许可保险在业务量上的转换程度；以及

（5）拥有非许可保险保单的个体数量的变化程度，这些保单的保障类别，以及这些保障能否在许可保险市场上获得。

（c）向全美保险监督官协会咨询。在依据本条中开展研究时，总审计长应向全美保险监督官协会咨询。

（d）报告。在本节生效之日后30个月之内，总审计长应完成依据本条开展的研究并向参议院的银行、住房和城市事务委员会以及众议院的金融服务委员会提交有关调查研究报告。

第527条 定义

本部分应适用于以下定义：

（1）许可保险人。名词“许可保险人”是指被授权许可在该州从事保险业务的保险人。

（2）关联公司——名词“关联公司”是与被保险人有关的，任何控制、被控制或与该被保险人共同控制的机构。

（3）附属集团。名词“附属集团”是指全部隶属于同一公司的所有机构组成的团体。

（4）控制。一家机构对另一家机构拥有控制权，如果：

（A）该机构直接或间接或通过其他一人或多人拥有、控制或有能力获得另一家机构25%或以上的投票权；

（B）该机构通过任何方式控制了另一家机构多数董事或受托人的选举权。

（5）享有豁免的商业买主。名词“享有豁免的商业买主”是指在购买商业保险产品时，满足以下要求的任何人：

（A）该人雇佣或聘请一位合格的风险经理来商谈保险；

（B）该人在刚过去的12个月内在全国商业性财产保险和意外保险上支付的保费总额超过了10万美元；

（C）（i）该人至少符合以下一条标准：

（I）该人拥有的净财富超过2,000万美元，此数据是依照（ii）则调整后的。

（II）该人每年收入超过5,000万美元，此数据是依照（ii）则调整后的。

（III）该人雇佣了500名以上全职或等同于全职的个人投保员工；或者该人是一个雇员总数超过1,000人的关联集团的成员；

（IV）该人是一个年预算支出至少为3,000万美元的非盈利组织或公共机构，此数据是依照（ii）则调整后的；

（V）该人是一个拥有超过5万人口的市政当局。

（ii）本条颁布之日后第五年的 1 月 1 日生效。在此后每五年的 1 月 1 日，（i）则的（I）、（II）、（IV）分则规定的金额应作出调整以反映每五年城市居民消费价格指数（CPI）的变化幅度，该消费价格指数由劳工部下的劳工统计局发布。

（6）住所地州

（A）概述。除了（B）分项的规定以外，名词“住所地州”是指与被保险人有关的：

（i）被保险人主要工作地点所在的州，或就个人而言，该个人的主要居住地；

（ii）如果 100% 的保险风险在（i）则所述的州之外，则是保险合同应税保费数量比例最大的州。

（B）附属集团。如果在单一非许可保险合同中，来自同一附属集团的一个以上被保险人均是指名被保险人，名词“住所地州”是指依照（A）分项所确定的在此保险合同中缴纳了最大比例保费的附属集团成员的住所地州。

（7）独立购买保险。名词“独立购买保险”是指被保险人直接向非许可保险人购买保险保障。

（8）NAIC。名词“NAIC”是指全美保险监督官协会或任何继任组织。

（9）非许可保险。名词“非许可保险”是指直接或通过溢额保险经纪人向合格的非许可保险人购买的任何财产和意外伤害保险。

（10）《非许可保险模式法案》。名词“《非许可保险模式法案》”是由全美保险监督官协会于 1994 年 8 月 3 日采用，并于 1996 年 9 月 30 日、1997 年 10 月 6 日、1999 年 10 月 2 日、2002 年 6 月 8 日修订的法案条文。

（11）非许可保险人。名词“非许可保险人”：

（A）是指与某个州有关的，在该州没有获得从事保险业务许可的保险人；但是

（B）不包括《1986 年责任风险自留法案》第 2 条（a）款第（4）项所定义的风险自留集团。

（12）保费税。名词“保费税”是指与溢额保险或者独立购买的保险有关的，政府机构在考虑某份保险合同保障的任何支付，包括保费、评估费、注册费、保单赔款的基础上直接或间接征收的任何税费、服务费、应缴费用或其他收费。

（13）合格的风险经理。名词“合格的风险经理”是指与商业保险保单持有人有关的，满足以下所有要求的人：

（A）该人是商业保单持有者的雇员，或者所聘请的第三方咨询者；

(B) 该人在预防损失、减少损失，或风险与保险覆盖分析以及保险购买等方面提供技术性服务；

(C) 该人：

(i) (I) 具有获得认可的风险管理、商业管理、金融、经济学，或由州保险监理专员或州一级其他监管机构确认的证明在风险管理方面具有基本能力的任何其他专业的学士学位或更高的学位；和

(II) (aa) 在风险融资、索赔管理、损失预防、风险和保险分析或购买商业保险方面有 3 年经验；或

(bb) 拥有：

(AA) 由美国保险协会（CPCU/Insurance Institute of America）认证的财产保险核保师（本项称为“CPCU”）资格；

(BB) 由美国保险协会认证的风险管理师（ARM）资格；

(CC) 由全美保险教育研究联合会（NAIER）认证的注册风险管理师（CRM）资格；

(DD) 由全球风险管理协会（Global Risk Management Institute）认证的风险与保险管理协会研究员（RF，RIMS Fellow）资格；

(EE) 由州保险监理专员或州一级其他保险监管机构确认的证明在风险管理方面具有基本能力的任何其他称号、证书或执照。

(ii) (I) 在风险融资、索赔管理、损失预防、风险和保险分析或购买商业保险等方面至少有 7 年经验；并且

(II) 具有 (i) (II) (bb) 条款列出的从 (AA) 至 (EE) 中的任何一种称号。

(iii) 在风险融资、索赔管理、损失预防、风险和保险分析或购买商业保险等方面有至少 10 年经验；或者

(iv) 具有获得认可的风险管理、商业管理、金融、经济学、或由州保险监理专员或州一级其他监管机构确认的证明在风险管理方面具有基本能力的任何其他专业的学士学位。

(14) 再保险。名词“再保险”是指一家保险公司部分或全部承保最初由另外一家保险公司所承保的风险。

(15) 溢额保险经纪人。名词“溢额保险经纪人”是指在一个州内有权和非许可保险公司从事出售、推销或商谈关于财产、风险或定位风险敞口等保

险业务的个人、企业或公司。

（16）州。名词“州”的定义包括美国所有的州、哥伦比亚特区、波多黎各联邦、关岛、北马里亚纳群岛、维尔京群岛以及美属萨摩亚。

第二小节　再保险

第 531 条　信用再保险和再保险协议的监管

（a）信用再保险。如果分出保险人的住所地州是全美保险监督官协会认可的州，或者其对偿付能力的要求实质上类似于全美保险监督官协会认可的要求，并且认可保险人分入风险的信用再保险，则其他州无权拒绝此类信用再保险。

（b）治外法权的额外优先。除了适用（a）款规定，不是分出保险人注册地的州的所有法律、规章制度、条例或者监管行为将优先实行，除了涉及保险公司或保险收入的税收和评估的以外

（1）在合同条款与《美国法典》第 9 章的规定不相符的情况下，限制或取消分出保险人或承担保险人依据合同仲裁要求处理纠纷的权利；

（2）要求应依照某个州的法律来监管再保险合同、再保险合同纠纷，或再保险合同的要求；

（3）试图实施的再保险合同条款与该再保险合同所阐明的有差别，该条款与本部分不一致；或

（4）另外把州法律适用于非该州注册的分出保险人的再保险协议。

第 532 条　再保险偿付能力的监管

（a）住所地州的监管。如果再保险人住所地州是全美保险监督官协会认可的州，或者其对财务偿付能力的要求实质上类似于全美保险监督官协会认可的要求，则该州应单独负责监管再保险人的财务偿付能力。

（b）非住所地州

（1）财务信息要求的限制。如果再保险人住所地州是全美保险监督官协会认可的州，或者其对财务偿付能力的要求实质上类似于全美保险监督官协会认可的要求，其他任何州不得要求再保险人提供任何额外的不同于该再保险人住所地州所要求的财务信息。

（2）信息收集。本条规定不应被解释为阻止或禁止再保险人非住所地州从其住所地州接收再保险人的任何财务信息。

第 533 条　定义

本部分应适用于以下定义：

（1）分出保险人。名词“分出保险人”是指购买再保险的保险人。

（2）住所地州。名词“住所地州”是指与保险人或再保险人有关的，保险人或再保险人在该州通过成立或进入并领有牌照。

（3）NAIC。名词“NAIC”是指全美保险监督官协会或任何继任机构。

（4）再保险。名词“再保险”是指由一家保险公司部分或全部承保最初由另一家保险公司所承保的风险。

（5）再保险人

（A）概述。名词“再保险人”是指以下形式的保险人：

（i）主要从事再保险业务；

（ii）开展的直接保险业务收入在净保费中不占大部分；和

（iii）不从事持续进行的直接保险业务推销。

（B）确定。确定一家保险公司是否是再保险公司，应依据与本项一致的住所地州的法律来确定。

（6）州。名词“州”的定义包括美国所有的州、哥伦比亚特区、波多黎各联邦、关岛、北马里亚纳群岛、维尔京群岛以及美属萨摩亚。

第三小节　解释规则

第 541 条　解释规则

本节或本节作出的修订不应被解释为更改、削减或取代《反托拉斯法案》的适用。解决本节以及本节作出的修订与《反托拉斯法案》之间任何暗含的或实际的冲突应有利于《反托拉斯法案》的实施。

第 542 条　可分割条款

如果本节的任何条款，以及这些条款对任何人或情况的任何适用违反宪法，则本节的其余条款，以及这些条款对任何其他人或情况的适用不应受到影响。

第六章　改善银行与储蓄协会控股公司及存款机构的监管

第601条　标题

本章全称为《2010年改善银行与储蓄协会控股公司及存款机构监管法案》。

第602条　定义

在本章中，公司是指如果其年度总收入来自该公司以及所有附属公司从事金融性质［由《1956年银行控股公司法案》第4条（k）款所定义］的业务活动，并且如果适用，该公司凭借其对一家或者多家参保存款机构的所有权或者控制权所获得的收入占其年度合并报表总收入不足15%的“商业公司”。

第603条　延期支付和对信用卡银行、工业贷款公司和《1956年银行控股公司法案》规定下的其他特定公司的研究

（a）延期支付

（1）定义。在本款中：

（A）术语“信用卡银行”是指《1956年银行控股公司法案》第2条（c）款第（2）项（F）分项中所描述的机构；

（B）术语“工业银行”是指《1956年银行控股公司法案》第2条（c）款第（2）项（H）分项中所描述的机构；并且

（C）术语“信托银行”是指《1956年银行控股公司法案》第2条（c）款第（2）项（D）分项中所描述的机构。

（2）关于存款保险规定中的延期支付。联邦存款保险公司不能依据《联邦存款保险法案》第5条批准在2009年11月23日之后收到的对由商业公司直接或者间接拥有或者控制的工业银行、信用卡银行或者信托银行的存款保险申请。

（3）控制权的变更

（A）概述。除了（B）分项规定之外，如果控制权变更会导致商业公司直接或者间接控制工业银行、信用卡银行或者信托银行，那么根据《联邦存款保险法案》第7条（j）款规定，适用联邦银行业监管机构不断批准该控制权的变更。

（B）例外。（A）分项不应适用于工业银行、信用卡银行和信托银行以下情形的所有权变更：

（i）即

（I）上述机构面临适当联邦银行业监管机构所确定的违约风险；

（II）按照适当联邦银行业监管机构的决定，由商业公司直接或者间接控制被其他商业公司以善意方式并购的工业银行、信用卡银行或者信托银行而发生的兼并或者整体收购；

（III）对控制工业银行、信用卡银行或者信托银行的公开上市公司投票股份的并购，如果并购完成后，收购方股东（或者一致行动的股东集团）持有该公司不超过25%任何类别的投票股份；并且

（ii）已经获得所有的监管许可，否则就要符合任何可适用的联邦或者州法律所要求的控制权变更规定，包括《联邦存款保险法案》第7条（j）款。

（4）日落规则。自本法案颁布之日后三年内本款应当停止生效。

（b）审计总署对《1956年银行控股公司法案》规定另外的研究

（1）要求研究。美国总审计长应当开展研究以决定为了加强机构的安全和稳健，或者金融体系的稳定，是否有必要取消《1956年银行控股公司法案》第2条中下列规定对机构的例外：

（A）《1956年银行控股公司法案》第2条（a）款第（5）项（E）分项；

（B）《1956年银行控股公司法案》第2条（a）款第（5）项（F）分项；

（C）《1956年银行控股公司法案》第2条（c）款第（2）项（D）分项；

（D）《1956年银行控股公司法案》第2条（c）款第（2）项（F）分项；

（E）《1956年银行控股公司法案》第2条（c）款第（2）项（F）分项；

（F）《1956年银行控股公司法案》第2条（c）款第（2）项（B）分项。

（2）研究内容

（A）概述。关于第（1）项中从（A）至（E）每一分项所涉及的机构，依据第（1）项开展的研究应当尽可能以适当的联邦或州监管机构

提供给总审计长的信息为基础，并且还应当：

（i）除了《1956 年银行控股公司法案》规定之外，确认在第（1）项下从（A）至（E）分项下所描述的机构的类型和数量；

（ii）对于（i）则描述的机构要对其规模和地理位置进行一般性介绍；

（iii）决定对作为商业公司的银行控股公司持有（i）则所描述的机构的份额；

（iv）决定（i）则所描述的机构是否有商业公司性质的任何附属公司；

（v）明确在移交日及以后负责监管（i）则所描述机构的联邦银行业监管机构；

（vi）决定适用于（i）则所描述的每一类机构的联邦银行业监管框架的充足性，包括适用于机构、机构的控股公司以及该机构的任何其他机构附属公司之间交易的任何限制规定（包括对附属公司交易或者跨市场交易的限制）；

（vii）评估（i）则所描述的机构受《1956 年银行控股公司法案》监管的潜在结果，包括有关信贷的可得性与分配、金融体系和经济的稳定性，每一类机构的安全与稳健运行，以及对这些机构及其控股公司所从事的业务活动类型的影响。

（B）储蓄协会。关于第（1）项（F）分项所描述的机构，依据第（1）项开展的研究应当：

（i）决定适用于（i）则所描述的每一类机构的联邦银行监管框架的充足性，包括适用于机构、机构的控股公司以及该机构的任何其他机构附属公司之间交易的任何限制规定（包括对附属公司交易或者跨市场交易的限制）；并且

（ii）评估（i）则所描述的机构受《1956 年银行控股公司法案》监管的潜在结果，包括有关信贷的可得性与分配、金融体系和经济的稳定性，每一类机构的安全与稳健运行，以及对这些机构及其控股公司所从事的业务活动类型的影响。

（3）报告。在本法案颁布之日后 18 个月内，总审计长应当向参议院银行、住房与城市事务委员会和众议院的金融服务委员会提交依据第（1）项开展研究的报告。

第 604 条　控股公司报告和检查；对功能性监管附属公司的监管

（a）银行控股公司的报告。对《1956 年银行控股公司法案》第 5 条（c）款

第（1）项修订如下：

（1）删除（A）分项（ii）则并插入以下内容：

“（ii）银行控股公司或者附属公司遵守

“（I）本法案；

“（II）联邦储备理事会已经确定对该公司或附属公司实施管辖的联邦法律；并且

“（III）除了对参保存款机构或者功能性监管的附属公司之外，任何其他适用的联邦法规定。”

（2）删除（B）分项并插入以下内容：

“（B）现有报告和其他监管信息的使用。联邦储备理事会应当尽最大可能地使用：

“（i）已经按照要求向其他的联邦或州监管机构提交的银行控股公司或其任何附属公司的报告与其他监管信息；

“（ii）经过外部审计的银行控股公司或附属公司的财务报告；

“（iii）能从联邦或州监管机构获得的信息；和

“（iv）另有要求需要公开发布的信息；及

（3）在末尾增加以下内容：

“（C）有效性。按照理事会的要求，银行控股公司或者银行控股公司的附属公司必须及时向理事会提供（B）分项中从（i）至（iii）则所描述的任何信息。”

（b）检查银行控股公司。《1956年银行控股公司法案》第5条（c）款第（2）项修订如下：

“（2）检查

“（A）概述。根据《2010年消费者金融保护法案》第2节，理事会可以对银行控股公司及其每一家附属公司进行检查，为了：

“（i）使理事会知晓：

“（I）银行控股公司及其附属公司的经营性质和财务状况；

“（II）在银行控股公司系统内存在的财务、经营和其他等风险可能威胁：

“（aa）银行控股公司或者该银行控股公司的存款机构附属公司的安全性和稳健性；

“（bb）美国金融体系的稳定性；并且

“（III）银行控股公司系统对（II）分则所描述风险的监测与控制，并且

“（ii）监测银行控股公司及其附属公司遵守：

“（I）本法案；

“（II）联邦储备理事会已经确定对该公司或附属公司实施管辖的联邦法律；并且

“（III）除了对参保存款机构或者功能性监管的附属公司之外，任何其他适用的联邦法规定。”

“（B）使用报告以减少检查。就本项而言，理事会应当尽最大可能地依赖：

“（i）其他联邦或州监管机构作出的有关银行控股公司及其任何附属公司的检查报告；还有

“（ii）第（1）项规定的报告和其他信息。

“（C）与其他监管者协调配合。理事会应当：

“（i）当银行控股公司的附属公司是存款机构或者功能性监管的附属公司时，在依据本条对该附属公司进行检查之前，酌情向适当联邦银行业监管机构、证券交易委员会、商品期货交易委员会或者州监管机构发出合理的通知并与之协商；并且

“（ii）尽最大可能避免重复的业务检查、报告要求和信息要求。”

（c）对银行控股公司的功能性监管附属公司的监管职权。《1956年银行控股公司法案》修订如下：

（1）在第5条（c）款第（5）项（B）分项中，删除（v）则并插入以下内容：

“（v）在商品期货交易委员会注册或者受其监管的实体，与期货经纪商、商品交易顾问、商品基金、商品基金经理、掉期执行工具、掉期数据储存机构、掉期交易商、主要掉期参与人所开展的业务活动有关的，以及与这类商品与掉期业务所附带的业务活动有关的。”和

（2）删除第10A条。

（d）银行并购。修订《1956年银行控股公司法案》第3条（c）款，在末尾增加：

“（7）金融稳定性。在任何情况下，理事会都应当考虑收购兼并或者合并将给美国银行或者金融体系带来更大或者更为集中的风险的程度。”

（e）非银行并购

（1）通知程序。修订《1956年银行控股公司法案》第4条（j）款第（2）项（A）分项，删除“或者非合理的银行实践”并插入“非合理的银行实践，或者对美国银行或者金融体系的稳定性的风险”。

（2）金融性质的业务活动。《1956年银行控股公司法案》第6条（k）款第（6）项（B）分项修订如下：

“（B）对于特定金融活动无须批准

“（i）概述。除了（j）款关于储蓄协会并购及（ii）则的规定之外，金融控股公司可以按照第（4）项规定或者依据第（5）项制定的任何规章制度或者发布的命令，开展任何活动、或者收购任何公司，不需要理事会事前批准。

“（ii）例外。如果并购交易中合并总资产超过100亿美元，未经理事会事前批准，金融控股公司不能并购。

“（iii）Hart－Scott－Roding备案要求。仅就《克莱顿法案》第7A条（c）款第（8）项而言，根据本项规定的交易应当被视为不需要理事会的批准。”

（f）《银行并购法案》交易。修订《联邦存款保险法案》第18条（c）款第（5）项，在紧随（B）分项规定事项之后，删除“所服务社区的便利和需要”并插入“所服务社区的便利和需要，以及对美国银行或者金融体系的稳定性的风险。”

（g）储蓄和贷款控股公司的报告。《住房所有人贷款法案》第10条（b）款第（2）项修订如下：

（1）删除“每个储蓄”并插入以下内容：

“（A）概述。每个储蓄”；和

（2）在末尾增加：

“（B）现有报告和其他监管信息的使用。理事会应尽最大可能地使用：

“（i）储蓄和贷款控股公司或者其任何附属公司已经按照要求向其他的联邦或州监管机构提交的报告和其他监管信息；

“（ii）经过外部审计的储蓄和贷款控股公司或其附属公司的财务报告；

“（iii）从联邦或州监管机构能够获得的其他信息；和

“（iv）另有要求需要公开发布的信息。

“（C）可获得性。根据理事会的要求，储蓄和贷款控股公司或者其附属公司应当及时向理事会提供（B）分项中从（i）至（iii）则所描述的信息。”

（h）储蓄和贷款控股公司的检查

（1）定义。修订《住房所有人贷款法案》第2条，在末尾增加以下内容：

“（10）适当联邦银行业监管机构。名词“适当联邦银行业监管机构”与《联邦存款保险法案》第3条（q）款的含义相同。

“（11）功能性监管附属公司。名词“功能性监管附属公司”与《1956年银行控股公司法案》第5条（c）款第（5）项的含义相同。

（2）检查。修订《住房所有人贷款法案》第10条（b）款，删除第（4）项并插入：

“（4）检查

“（A）概述。根据《2010年消费者金融保护法案》第2节规定，理事会可以对储蓄和贷款公司及其每一个附属公司进行检查，为了：

“（i）使理事会知晓：

“（I）储蓄和贷款控股公司及其附属公司的经营性质和财务状况；

“（II）储蓄和贷款控股公司系统内存在的财务、经营和其他风险，这些风险可能威胁：

“（aa）储蓄和贷款控股公司或者该储蓄和贷款控股公司的任何存款机构附属公司的安全性和稳健性；或者

“（bb）美国金融体系的稳定性；还有

“（III）储蓄和贷款控股公司对（II）分则所描述风险的监测与控制；并且

“（ii）监控储蓄和贷款控股公司及其附属公司遵守：

“（I）本法案；

“（II）理事会已经确定对公司或附属公司实施管辖的联邦法律；并且

“（III）除了对参保存款机构或者功能性监管的附属公司之外，任何其他适用的联邦法规定。

“（B）使用报告以减少检查。就本款而言，理事会应当尽最大可能使用：

“（i）其他联邦或州监管机构作出的有关储蓄和贷款控股公司及任何附属公司的检查报告；还有

“（ii）依据第（2）项要求的报告和其他信息。

“（C）同其他监管者协调配合。理事会应当：

“（i）当储蓄和贷款控股公司的附属公司是存款机构或者功能性监管附属公司时，在依据本条下对该附属公司进行检查之前，酌情向适当联邦银行业监管机构、证券交易委员会、商品期货交易委员会或者州监管机构发出合理的通知并与之协商；并且

“（ii）尽最大可能避免重复的业务检查、报告要求和信息要求。”

（i）“储蓄和贷款控股公司”的定义。《住房所有人贷款法案》第10条（a）款第（1）项（D）分项（ii）则修订如下：

“（ii）排除。术语‘储蓄和贷款控股公司’不包括：

“（I）依据《1956年银行控股公司法案》注册和受该法管辖的银行控股公司，或者由这些公司直接或者间接控制的任何公司（除了储蓄协会）；

“（II）控制仅作为《1956年银行控股公司法案》第2条（c）款第（2）项（D）分项所描述的信托或者受托人的储蓄协会的公司；或者

“（III）（c）款第（9）项（C）分项所描述的公司，仅仅凭借根据第10A条建立的中介控股公司的这些公司的控制”。

（j）生效日期。本条所作的修订应当在移交日生效。

第605条 确保对控股公司的存款机构性附属公司许可活动的一致性监督

（a）概述。修订《联邦存款保险法案》，在第25条之后插入以下新条款：

“第26条 确保对控股公司的附属公司的一致性监督

“（a）定义。就本条而言：

“（1）理事会。术语‘理事会’指联邦储备理事会。

“（2）功能性监管附属公司。术语‘功能性监管附属公司’与《银行控股公司法案》第5条（c）款第（5）项的含义相同。

“（3）主要参保存款机构。术语‘主要参保存款机构’与《银行控股公司法案》第2条（o）款第（8）项的含义相同。

“（b）检查要求。根据《2010年消费者金融保护法案》第2节规定，理事会应当对存款机构控股公司的非存款机构性附属公司（不包括功能性监管附属公司或者存款机构的附属公司）的业务活动进行检查，如果这些业务活动是由存款机构控股公司的主要参保存款机构开展的，则对存款机构控股公司的参保存款机构按照相同方式许可、适用相同标准，并且要求以相同频率开展。

“（c）各州协调

“（1）协商和协调。如果非存款机构性附属公司由州银行监管机构或者其他州监管机构监管，那么理事会依据（b）款规定实施检查时应当与这些州的监管者进行协商和协调。

“（2）允许交替检查。如果理事会决定由州实施对非存款机构性附属公司检查能够实现本条目的，那么依据（b）款要求的检查可以和州监管者以联合或者交替的方式进行。

“（d）适当联邦银行业监管机构的后备检查职权

“（1）概述。如果理事会没有依据（b）款规定以相同方式、适用相同标准和可能要求的相同频率组织对存款机构控股公司的主要参保存款机构附属公司所开展业务活动的检查，负责监管主要参保存款机构的适当联邦银行业监管机构可以书面建议（内容应当包括与建议有关的书面解释）理事会按照（b）款要求进行检查。

“（2）由适当联邦银行业监管机构检查。在理事会接到依据第（1）项规定的建议之日起60日期限结束之前，如果理事会没有按照（b）款要求组织检查，或者向提出建议的适当联邦银行业监管机构提出书面解释或者计划，以回应该适当联邦银行业监管机构，则负责监管主要参保存款机构的适当联邦银行业监管机构可以，按照《2010年消费者金融保护法案》规定，检查由存款机构控股公司的非存款机构性附属公司（功能性监管附属公司或者存款机构附属公司除外）开展的许可存款机构性附属公司所开展的业务活动，好像非存款机构性附属公司就是参保存款机构，而负责监管主要参保存款机构的适当联邦银行业监管机构就是其适当联邦银行业监管机构，以决定其业务活动是否：

“（A）对该存款机构控股公司的任何参保存款机构性附属公司的安全性和稳健性造成实质性的威胁；

“（B）按照适用的联邦法律开展的；且

“（C）受到监测与控制该业务活动的财务、经营和其他实质性风险的适当系统的约束，这些业务活动可能会给该控股公司的参保存款机构性附属公司的安全性和稳健性带来实质性的威胁。

“（3）监管机构与理事会的协调。根据第（2）项开展检查的适当联邦银行业监管机构应当和理事会开展的（b）款所描述的对非存款机构性附属公司业务活动的检查按照以下方式协调：

“（A）避免重复；

“（B）共享与存款机构控股公司监管有关的信息；

“（C）达成（b）款规定的目标；以及

“（D）确保该存款机构控股公司及其附属公司不会受到这些监管机构和理事会的相互冲突的监管需求影响。

“（4）对检查成本许可收费。根据本条实施检查或者采取执法行动的适当联邦银行业监管机构可以向附属公司收取评估费、服务费或者其他费用，作为适当联邦银行业监管机构完成与检查相关职责的必要或者适当的费用。

“（e）适当联邦银行业监管机构执行的参照

“（1）执法行动建议。基于根据（d）款对非存款机构性附属公司的检查或者其他相关信息，负责监管主要参保存款机构的适当联邦银行业监管机构可以向理事会提交书面建议，并附上作出该建议的解释，由理事会对这类非存款机构性附属公司采取执法行动，如果适当联邦银行业监管机构决定（如果可行，通过委员投票决定）该非存款机构性附属公司的业务活动对该存款机构控股公司的任何参保存款机构性附属公司的安全性和稳健性产生了实质性的威胁。

“（2）适当联邦银行业监管机构的后备职权。在理事会接到依据第（1）项规定的建议之日起60天内，如果理事会没有对非存款机构性附属公司采取执法行动，或者提出被根据第（1）项提出建议的适当联邦银行业监管机构可以接受的监管或者执法行动的计划，这类监管机构可以对非存款机构性附属公司采取所建议的执法行动，其方式好像该非存款机构性附属公司就是参保存款机构，而该监管机构也就是其适当联邦银行业监管机构。

“（f）适当联邦银行业监管机构之间的协作。每个联邦银行业监管机构，在根据（d）款或者（e）款行使职权之前或者之时，应当：

“（1）在对任何附属公司开始检查之前，向（d）款所描述的存款机构控股公司的非存款机构性附属公司的适当联邦银行业监管机构或者州监管机构（或其他的州监管机构）发出合理的通知，并与之协商。

“（2）尽最大可能

“（A）依赖该附属公司的适当联邦银行业监管机构或者州银行监管者作出的检查、检验和报告；

“（B）避免重复的业务检查、报告要求和信息要求；以及

“（C）确保该存款机构控股公司及其附属公司不受适当联邦银行业监管机构相互冲突的监管需求的影响。

“（g）规则解释。本条的任何规定不得被解释为限制理事会、存款保险公司、或者货币监理署依据其他法律授予的职权。”

（b）生效日期。由（a）款作出的修订应当在移交日生效。

第606条　对金融控股公司保持充足资本和良好管理的要求

（a）修订。《1956年银行控股公司法案》第4条（i）款第（1）项修订如下：

（1）在（B）分项，删除末尾的“和”；

（2）把（C）分项重新编号为（D）分项；

（3）在（B）分项之后插入以下内容：

“（C）银行控股公司资本充足和管理良好，以及”；和

（4）在（D）分项（ii）则，在重新编号之后，删除“分项（A）和

(B)”并插入“分项（A）、(B）和（C）”。

(b)《住房所有人贷款法案》的修订。修订《住房所有人贷款法案》第10条（c）款第（2）项，在末尾增加以下新分项：

“（H）金融控股公司（定义见《银行控股公司法案》第2条（p）款）可以获准依据《1956年银行控股公司法案》第4条（k）款开展活动，如果：

“（i）依据《银行控股公司法案》第4条（l）款和（m）款以及《1977年社区再投资法案》第804条（c）款，储蓄和贷款控股公司满足作为金融控股公司的所有标准，并且符合适用于金融控股公司的全部规定，此时的储蓄和贷款控股公司类似于银行控股公司。

“（ii）银行控股公司所从事的活动要与《1956年银行控股公司法案》规定以及委员会在本法案下的监管和解释的银行控股公司的活动在期限、背景和要求相吻合”。

（c）生效日期。对本条所作的修订应当在移交日期生效。

第607条　州际并购的标准

（a）银行并购。《1956年银行控股公司法案》第3条（d）款第（1）项（A）分项通过找到“资本充足和管理到位”然后插入“资本充足和管理良好”。

（b）州际银行并购。《联邦存款保险法案》第44条（b）款第（4）项（B）分项通过找到“将继续补充足够资本和加强管理”然后插入“将会保持资本充足和管理良好”而进一步完善。

（c）生效日期。对本条的补充条款将在移交日期生效。

第608条　提高对银行与附属机构之间交易的现有限制标准

（a）附属机构交易。《联邦储备法案》第23A条修订如下：

（1）在（b）款中

（A）在第（1）项（D）分项之后插入以下内容：

“（D）成员银行或附属机构与其相关而因此成为基金投资顾问的任意基金公司；并且”；及

（B）在第（7）项下

（i）在（A）分项下，在以下内容的末尾的前分号前插入以下内容：“，包括受回购协议约束的资产购置”；

（ii）在（C）分项，删除“，包括受购买协议约束的资产，”；

（iii）在（D）分项

（I）在“证券承兑”之后插入“或者其他债务凭证”；

以及

(II) 在末尾删除“或者”；并且

(iv) 在末尾加入以下内容：

“(F) 与附属机构之间涉及证券交易，且该交易在某种程度上会引起成员银行或者附属公司对该附属机构的信用风险；或者

“(G) 修订后的《美国法典》第5200条 (b) 款第 (3) 项 [《美国法典》第12章第84条 (b) 款] 规定的与附属机构的衍生品交易，且该交易在某种程度上会引起成员银行或者附属公司向该附属机构暴露信用风险”。

(2) 在 (c) 款中

(A) 在第 (1) 项中

(i) 在 (A) 分项之前的内容中，删除“附属公司”和“交易的时间”以下所有内容并插入“附属公司，和成员银行及其附属公司的任何产生于证券买卖的信用风险，或者衍生品交易，在整个过程要保证交易安全”；并且

(ii) 在 (A) 分项和 (D) 分项中，删除“或者信用证”并插入“信用证或者信用风险”。

(B) 删除第 (2) 项；

(C) 把原法案第 (3) 项至第 (5) 项变更为第 (2) 项至第 (4) 项；

(D) 在变更后的第 (2) 项中，在“结束期间”之前，插入“，或者成员组织由于证券买卖或者衍生品交易产生的信用风险”；并且

(E) 在变更后的第 (3) 项中

(i) 在“证券”后插入“或者其他债务凭证”；并且

(ii) 删除“或者担保”以及“代表，”之后的所有内容，并插入“担保，承诺，或者代表开具信用证，或者证券交易产生的信用风险，或者衍生品交易”；

(3) 在 (d) 款第 (4) 项中，在 (A) 分项之前的内容中，删除“或者发行”及“代表，”之后的所有内容，并插入“签发担保，承诺，或者开具信用证，或者由于证券交易而产生的信用风险，或者衍生品交易”；以及

(4) 在 (f) 款中

(A) 在第 (2) 项中

(i) 删除“或者命令”；

(ii) 删除“如果发现”以及本项结束之前的所有内容，并插入：“如果；

(i) 联邦储备理事会发现有益于公众利益的豁免并且和本条目

的相一致，并且将这些发现通知联邦存款保险公司；以及

（ii）在联邦存款保险公司收到（i）则下发现通知之日起60日内，联邦存款保险公司不得基于该豁免会给存款保险基金带来不可接受的风险的认定，以书面形式对该发现表示反对"；

（iii）删除"联邦储备理事会"并插入以下内容：

"（A）概述。联邦储备理事会"；以及

（iv）在末尾加入以下内容：

"（B）额外豁免

"（i）全国性银行。货币监理官以命令形式豁免全国性银行不受本条要求的限制，如果其满足以下条件：

"（I）联邦储备理事会和货币监理官办公室共同发现有益于公众利益的豁免，并且与本条目的保持一致，并将这些发现通知联邦存款保险公司；并且

"（II）在联邦保险公司接到（I）分则下发现通知之日起60日内，联邦存款保险公司不可以基于该豁免会给存款保险基金带来不可接受的风险的决定，以书面形式对该发现表示反对"；

"（ii）州立银行。联邦存款保险公司可以以命令形式豁免州立非成员银行的交易，并且委员会可以以命令形式豁免州立成员银行的交易不受本条要求限制，如果其满足以下条件：

"（I）委员会和联邦存款保险公司共同发现有益于公众利益的豁免并且与本条目的保持一致；并且

"（II）联邦存款保险公司发现该豁免并没有对存款保险基金带来不可接受的风险"；并且

（B）在末尾增加以下内容：

"（4）保障交易余额。联邦储备理事会可以颁布监管规则或者法律解释，如果联邦储备理事会认为对成员银行或者附属公司与成员组织之间净额结算协议在决定保障交易余额数量，包括在符合（d）款第（4）项的该交易被充分保障程度等方式是必要或者合适的。本项下关于具体成员银行、附属公司或者成员组织的解释应当和该成员银行、附属公司或者成员组织的适当联邦银行业监管机构一同作出。"

（b）与成员组织的交易。对《联邦储备法案》第23B条（e）款修订如下：

（1）删除（B）分项未指定事项；

（2）将（A）分项和（B）分项相应变更为（i）则和（ii）分则，并相应调整该则的页边距；

（3）将第（1）项和第（2）项相应变更为（A）分项和（B）分项，并

相应调整该分项的页边距；

（4）删除“联邦储备委员会”并插入以下内容：

“（1）概述。联邦储备委员会”；

（5）第（1）项（B）分项，经过重新排序：

（A）在（i）则之前的内容中，在“监管”之前插入“适用第（2）项规定，如果联邦储备委员会发现豁免或者排除符合公众利益并且与本条目的相一致，并且将这一发现通知联邦储蓄保险公司”；并且

（B）在（ii）则，在末尾删除逗号并插入句号；并且

（6）在末尾增加以下内容：

“（2）例外。依据本条规定，联邦储备委员会可以作出豁免或者排除，当联邦储备委员会依据第（1）项（B）分项自接到发现通知函之日起60天内，联邦储蓄保险公司不能以该豁免给储蓄保险基金带来不可接受的风险，以书面形式反对这些豁免或者排除。”

（c）《住房所有人贷款法案》。修订《住房所有人贷款法案》第11条，在末尾增加以下内容：

“（d）豁免

“（1）联邦储蓄协会。货币监理官可以以命令形式豁免联邦储蓄协会的交易不受本条要求的限制，如果

“（A）联邦储备委员会和货币监理官办公室共同发现豁免符合公众利益并且与本条法目的一致并且将本发现通知联邦存款保险公司；并且

“（B）在（A）分项下，联邦存款保险公司接到发现通知之日起60日以内，联邦存款保险公司不能以该豁免对存款保险基金带来不可接受的风险的决定，以书面形式反对。

“（2）全国储蓄协会。联邦存款保险公司可以以命令形式豁免全国储蓄协会不受本条法规定要求的限制，如果联邦储备委员会和联邦存款保险公司共同发现

“（A）豁免符合公众利益并且和本条目的相一致；并且

“（B）豁免不会给存款保险基金带来不可接受的风险。”

（d）生效日期。本条修订应当在移交之日起一年后生效。

第609条　消除与金融附属公司交易的例外

（a）补充。对《联邦储备法案》第23A条（e）款修订如下：

（1）删除第（3）项；并且

（2）将第（4）项变更为第（3）项。

（b）修订的适用前景。本条的修订内容将会运用到与银行和银行附属公司之

间任何保障交易，这些术语在《联邦储备法案》第23A条均有定义，且已经在本法案颁布之日或者之后写进法典。

（c）生效日期。本条所作修订应当在移交之日起一年后生效。

第610条　适用于衍生品交易、回购协议、逆回购协议和融券交易的信用风险的借贷限额

（a）全国性银行。对《美国修正法令》第5200条（b）款修订如下：

（1）第（1）项，删除“应该包括”和本项末尾之前的所有内容，并插入“应该包括：

“（A）基金对个人的全部直接或者间接的优势主要是建立在这个人要承担偿还基金或者用他个人有权支配的具体财产进行偿付的义务的基础之上；

“（B）根据合同规定，在一定程度上是由货币监理官具体规定全国性银行协会针对个人的债务水平；并且

“（C）对于个人的产生于衍生品交易、回购协议、逆回购协议、以及发生在全国性银行协会和个人之间的融券交易的任何信用风险”；

（2）在第（2）项，删除末尾的句号并插入“；并且”；

（3）在末尾增加以下内容：

“（3）术语‘衍生品交易’包括合同、协议、掉期、担保、票据或者期权在内的任何交易，该交易部分或者全部是以在任何利率、或者数量方法或者任何相关事件发生时，一个或者多种商品、证券、货币、利率或者其他比率、指数或者其他资产的价值为基础的。”

（b）储蓄协会。对《住房所有人贷款法案》第5条（u）款第（3）项进行修订，在删除术语“董事长”的每一处地方插入“货币监理官”。

（c）生效日期。本条修订将会在移交之日起一年后生效。

第611条　衍生品交易贷款限额的一致处理

（a）修订。修订《联邦存款保险法案》第18条，在末尾增加：

“（y）衍生品交易的州借贷限额处理。被保险州立银行可以从事《美国修正法令》第5200条（b）款第（3）项定义的衍生品交易，如果与州借贷限额相关的法律要求特许的被保险州立银行考虑衍生品交易的信用风险。”

（b）生效日期。本条修订将会在移交之日起18个月之后生效。

第612条　对问题银行转制的限制

（a）全国性银行协会的转制。对标题为“关于提供全国性银行协会以及与州

银行兼并或者合并以及其他目的的法案。”修订，在末尾增加：

“第10条　转制的禁止情形

“在全国性银行协会受到货币监理官发出的重大监管问题停止或者停止令（或者其他执行命令）或者谅解备忘录限制的任何时期，全国性银行协会不可以转换成州银行或者州储蓄协会。”

（b）州银行或者储蓄协会的转制。修订《美国修正法令》第5154条，在末尾增加：“在全国性银行协会受到货币监理官发出的重大监管问题停止或者停止令（或者其他执法命令）或者与州银行的监管者或者与重大监管问题相关的适当联邦银行业监管机构或者由州检察长最终执行行动相关的谅解备忘录限制的任何时期，货币监理官不可以批准州银行或者州储蓄协会向全国性银行协会或者联邦储蓄协会的转制。”

（c）联邦储蓄协会的转制。修订《住房所有人贷款法案》第5条（i）款，在末尾增加：

“（6）联邦储蓄协会特定转制的限制。在全国性银行协会受到存款机构监督办公室或者货币监理官关于重大监管问题发出停止或者停止令（或者其他执法命令）相关的谅解备忘录限制的任何时期，联邦储蓄协会不可以向州银行或者州储蓄协会转制。”

（d）例外。对在（a）、（b）和（c）款修订的转制批准的禁止将不再适用，如果：

（1）在提议转制后将要成为适当联邦银行业监管机构的联邦银行业监管机构向发布停止和停止令（或者其他正式的执行命令）或者谅解备忘录的适当联邦银行业监管机构或者州银行监管者酌情发出，提议转制的书面通知，包括以与机构安全稳健经营相一致的方式提出重大监管问题的计划；

（2）收到第（1）项要求书面通知函的30天内，发布停止和停止令（或者其他正式的执行命令）或者谅解备忘录的适当联邦银行业监管机构或者州银行监管者，不得反对转制或者重大监管问题计划的提出；

（3）参保存款机构转制之后，转制后的适当联邦银行业监管机构实施上述计划，并且

（4）州检察长最终的执行行动中，转制批准的条件是参保存款机构要遵守这些最终执行行动的项目。

（e）未决执行行动的通知

（1）转制申请的副本。在参保存款机构以书面形式提交转制申请的时候，参保存款机构将向以下机构发送转制申请的副本：

（A）针对参保存款机构的适当联邦银行业监管机构；并且

（B）在转制提议之后将要成为参保存款机构的适当联邦银行业监管

机构的联邦银行业监管机构。

（2）通知和信息的获取。在收到第（1）项描述的申请副本之后，针对参保存款机构提议转制的适当联邦银行业监管机构应该：

（A）在提议转换之后以书面形式通知将要成为该机构的适当联邦银行业监管机构的联邦银行业监管机构，适当联邦银行业监管机构对提出转制提议机构仍在进行的监管或者调查诉讼，在近期如果缺少提议转制，很可能会导致和重大监管问题相关的停止和停止令（或其他正式的执行命令）或者谅解备忘录；并且

（B）在提议转化之后，向将要成为该机构适当联邦银行业监管机构的联邦银行业监管机构提供与（A）分项所描述诉讼相关的所有调查和监管信息。

第613条　重新分解至各州

（a）全国性银行。《美国修正法令》第5155条（g）款第（1）项（A）分项修订如下：

“（A）全国性银行在州设立或将要设立分支机构，该州法律可以允许此类分支机构的建立，如果该全国性银行被这些州定性为州银行；并且”。

（b）州参保银行。《联邦存款保险法案》第18条（d）款第（4）项（A）分项（i）则修订如下：

“（i）全国性银行在州设立或将要设立分支机构，该州法律可以允许此类分支机构的建立，如果该全国性银行被这些州定性为州银行。”

第614条　内部人的贷款限额

（a）信用扩展。《联邦储备法案》第22条（h）款第（9）项（D）分项（i）则修订如下：

（1）删除最后句号并插入“；或者”；

（2）删除“一个人”并插入“这个人”；

（3）删除“通过制作信用扩展额度”并插入以下内容：“对一个人信用扩展额度，通过”

“（I）分项制作”；并且

（4）在末尾增加：

“（II）在成员银行和个人之间的衍生品交易［在《美国修正法令》第5200条（b）款定义］、回购协议、逆回购协议、

或者融券交易对个人产生的信用风险敞口。”

（b）生效日期。本条修订将会在移交之日起一年后生效。

第615条 对向内部人购买资产的限制

（a）《联邦存款保险法案》的修订。修订《联邦存款保险法案》第18条，在末尾增加：

“（z）资产出售的一般禁止

“（1）概述。参保存款机构不可以向参保存款机构的执行官员、董事、或者一般股东，或者向与这些人有关的任何利益相关者购买或者出售资产［相关术语在《联邦储备法案》第22条（h）款中定义］，除非

“（A）交易按照市场条件进行；并且

“（B）如果交易额超过参保存款机构资本存量和盈余的10%，并且该项交易事先经过与该交易没有相关利益的参保存款机构的董事会大多数成员的批准。

“（2）规则制定。联邦储备理事会可以制定规则，如果该规则对于定义术语以及执行这些条款是必要的。在本项下提出或者采用一个规则之前，联邦储备理事会应该与货币监理署和联邦存款保险公司就规则的条款进行协商。”

（b）《联邦储备法案》的修订。《联邦储备法案》第22条（d）款修订如下：“（d）‘［储备的］’”。

（c）生效日期。本条所作修订应当在移交之日起生效。

第616条 对资本金水平的监管

（a）银行控股公司的资本金水平。《1956年银行控股公司法案》第5条（b）款修订如下：

（1）在“命令”之后插入“，包括与银行控股公司资本要求相关的规章和命令”；并且

（2）在末尾加入：“在建立与本款相关的资本规章时，联邦储备理事会应该力求建立逆周期监管要求，以使公司保持的所要求资本金规模在经济扩张时增加并在经济收缩时减少，与公司的安全性和稳健性保持一致”。

（b）储蓄和贷款控股公司的资本金水平。《住房所有人贷款法案》第10条（g）款第（1）项修订如下：

（1）在“命令”之后插入“，包括与储蓄和贷款控股公司资本要求相关的规章和命令”；并且

（2）在末尾增加：“在建立与本款相关的资本规章时，联邦银行业监管机构应该力求建立逆周期监管要求，以使公司保持的所要求资本金规模在经

济扩张时增加并在经济收缩时减少，与公司的安全性和稳健性保持一致”。

（c）参保存款机构资本金水平。修订《1983年国际贷款监管法案》第908条（a）款第（1）项，在末尾增加：“每个适当联邦银行业监管机构应该力求依据本条或者其他联邦法规定对参保存款机构制定逆周期监管的资本要求标准，以使参保存款机构要求保持的资本规模在经济扩张时增加并在经济收缩时减少，与参保存款机构安全性和稳健性相一致。”

（d）力量支撑。修订《联邦存款保险法案》，在第38条之后插入如下内容：

“第38A条　力量支撑

“（a）控股公司。银行控股公司或者储蓄和贷款控股公司的适当联邦银行业监管机构应该要求银行控股公司或者储蓄和贷款控股公司向作为存款机构的银行控股公司或者储蓄和贷款控股公司的附属公司提供金融力量支撑。

“（b）其他公司。如果一个参保存款机构不是银行控股公司或者储蓄和贷款控股公司的附属公司，参保存款机构的适当联邦银行业监管机构应该要求任何直接或间接控制该参保存款机构的公司作为该机构的金融力量支撑。

“（c）报告。（b）款所描述的存款机构的适当联邦银行业监管机构可以随时要求公司或者直接或者间接控制参保存款机构的公司，提交诚信报告，以便实现以下目的：

“（1）评价这些公司遵守（b）款要求的能力；并且

“（2）保证这些公司遵守（b）款要求。

“（d）规则。按照《2010年加强金融机构安全性和稳健性法案》第311条规定，在移交之日起不超过1年，适当联邦银行业监管机构要共同颁布执行本条的最终规则。

“（e）定义。在本条中，术语‘金融力量支撑’是指当参保存款机构陷入财务困境时，直接或者间接拥有或者控制参保存款机构的公司对该参保存款机构提供财务援助的能力。”

（e）生效日期。本条所作修订应当在移交之日起生效。

第617条　消除选择性投资银行控股公司框架

（a）修订。《1934年证券交易法案》第17条修订如下：

（1）删除（i）款；并且

（2）将（j）款和（k）款分别变更为（i）款和（j）款。

（b）生效日期。本条所作修订应当在移交之日起生效。

第618条　证券控股公司

（a）定义。在本条中

（1）术语“证券控股公司关系人”是指直接或间接控制证券控股公司，或者被证券控股公司控制，或者与证券控股公司共同控制的人；

（2）术语“外国银行”与《1978年国际银行法案》第1条（b）款第（7）项的含义相同；

（3）术语“参保银行”与《联邦存款保险法案》第3条的含义相同；

（4）术语“证券控股公司”

（A）是指

（i）拥有或者控制1个或者多个在证券交易委员会注册的经纪人或者交易商的人（自然人除外）；并且

（ii）（i）则中描述的人的关系人；并且

（B）不包括下列

（i）由联邦储备理事会依据第1章进行监管的非银行金融公司；

（ii）参保银行［《1956年银行控股公司法案》第2条（c）款第（2）项下（D）、（F）或者（H）分项规定的除外］或者储蓄协会；

（iii）参保银行的附属机构［《1956年银行控股公司法案》第2条（c）款第（2）项下（D）、（F）或者（H）分项规定的除外］或者储蓄协会的附属机构；

（iv）外国银行、外国公司或者《1978年国际银行法案》第8条（a）款所定义的公司；

（v）直接或者间接控制依据《联邦储备法案》第25A条特许的公司的外国银行；或者

（vi）接受国外监管者综合并表监管的机构。

（5）术语“受监管的证券控股公司”是指联邦储备理事会依据本条监管的证券控股公司；并且

（6）术语“附属机构”，“银行”，“银行控股公司”，“公司”，“控股”，“储蓄协会”，还有“附属公司”皆与《1956年银行控股公司法案》第2条的定义相同。

（b）没有银行或者储蓄协会附属机构的证券控股公司的监管

（1）概述。已经受外国监管者或者外国法律要求的将要接受综合并表监管的证券控股公司可以按照第（2）项的要求，在联邦储备理事会注册成为受其监管的证券控股公司。任何以书面形式注册的证券控股公司将要接受本条规定的监管，并且应当遵守由联邦储备理事会规定的适用于证券控股公司的规则和命令的监管。

（2）注册一个受监管的证券控股公司

（A）注册。选择接受综合并表监管的证券控股公司应当向联邦储备理事会进行注册，并提交联邦储备理事会依据规则可以认为必要或者适当的有助于本条目的实现的信息和文件。

（B）生效日期。在（A）分项规定下注册的证券控股公司应当被确定为被监管的证券控股公司，应当自联邦储备理事会收到根据（A）分项规定下的注册信息或者文件的45日后生效，或者联邦储备理事会可以依据规则或者命令决定在更短时间内的生效日期。

（c）证券控股公司的监管

（1）存档与报告

（A）要求的存档和报告。每一个被监管的证券控股公司和被监管证券控股公司旗下的每一个附属机构应当记录并在一定时期内保存由联邦储备理事会规定的记录、该记录的副本，并在联邦储备理事会认为对执行本条规定必要或者适当时制作报告，以防止逃避监管，并监控被监管证券控股公司或附属公司对所适用的法律条款的遵守情况。

（B）格式和内容

（i）概述。在本项中要求制作、提供或者保存的任何记录或报告应当：

（I）要按照联邦储备理事会规定的相应格式和具体要求（包括由已注册的上市会计公司提供的证明）编制；并且

（II）按照联邦储备理事会要求，要及时向联邦储备理事会提供。

（ii）内容。本项中要求的制作、提供或者保存的记录或报告可以包括：

（I）受监管的证券控股公司及其附属机构的资产负债表或者损益表；

（II）受监管证券控股公司的合并资本和流动性的评价；

（III）由独立审计机构出具的证明受监管的证券控股公司遵守联邦储备理事会内部风险管理和内部控制目标情况的报告；并且

（IV）受监管的证券控股公司或者其附属机构对本条以及本条规定的任何监管和命令的遵守程度的报告。

（2）现有报告的使用

（A）概述。联邦储备理事会应尽最大可能收集被监管证券控股公司或者其附属机构按照要求提供给其他监管机构或者自律组织的符合本项要求的报告。

(B) 适用性。被监管的证券控股公司或者其成员组织应当，按照联邦储备理事会的要求，及时向联邦储备理事会提供法律所允许的，符合(A) 分项规定的任何报告。

(3) 检查职权

(A) 检查职权的焦点。联邦储备理事会可以对任何被监管的证券控股公司及其任何附属机构针对本款的执行情况，防止逃避监管的情况，并监控被监管证券控股公司或附属公司对所适用的法律条款的遵守情况。

(B) 尊重其他检查。为实现本分项目的，联邦储备理事会应尽最大可能使用由其他适当联邦或者州监管机构针对银行控股公司的任何功能性监管附属公司或者《1956 年银行控股公司法案》第 2 条 (c) 款第 (2) 项下 (D)、(F) 或者 (H) 分项下所描述的任何机构所作出的检查报告。

(d) 资本和风险管理

(1) 概述。联邦储备理事会应当，依据规则或者命令，对被监管的证券控股公司制定资本充足率和其他风险管理标准，这一标准有利于保护被监管的证券控股公司的安全性和稳健性，并提示被监管证券控股公司财务稳定性方面蕴涵的风险。

(2) 区别。在实施本款规定标准时，联邦储备理事会可以对被监管证券控股公司在个体，或者分类基础上区别考虑第 (3) 项下的要求。

(3) 内容。本款下对被监管的证券控股公司规定的任何标准应当考虑到以下因素:

(A) 受监管的证券控股公司开展的商业活动的差异性;

(B) 受监管的证券控股公司金融资产的规模和性质;

(C) 受监管的证券控股公司负债的规模和性质，包括对短期融资的依赖程度;

(D) 受监管的证券控股公司表外资产风险敞口的程度和性质;

(E) 受监管的证券控股公司与其他金融公司之间交易和关系的程度和性质;

(F) 受监管的证券控股公司作为居民、企业、州和当地政府资金来源，以及作为金融体系流动性来源的重要性; 并且

(G) 受监管证券控股公司活动的性质、规模和多样性。

(4) 须知。本款下对资本要求的规定自被监管证券控股公司收到资本要求通知之日算起 180 日之后生效。

(e) 适用于受监管的证券控股公司其他法律条款

(1) 《联邦存款保险法案》。《联邦存款保险法案》第 8 条下 (b) 款，

（c）款到（s）款以及（u）款应适用于任何受监管的证券控股公司，以及受监管的证券控股公司的附属公司［《1956 年银行控股公司法案》第 2 条（c）款第（2）项（D）分项、（F）分项或者（H）分项所描述的银行或机构除外］，这些规定以同样的方式适用于理事会作为其适当联邦银行业监管机构的银行控股公司。为使本款适用于受监管的证券控股公司及其受监管的证券控股公司的附属公司［《1956 年银行控股公司法案》第 2 条（c）款第（2）项（D）分项、（F）分项或者（H）分项所描述的银行或者机构除外］，联邦储备理事会应被视为被监管证券控股公司或者其附属公司的适当联邦银行业监管机构。

（2）《1956 年银行控股公司法案》。除非联邦储备理事会依据其他规则或命令另有规定，受监管的证券控股公司应该受《1956 年银行控股公司法案》的管辖，受监管的方式和受监管的程度与银行控股公司一样，除非由于本项规定的原因，受监管的证券控股公司在《1956 年银行控股公司法案》第 4 条规定之下，可以不被视为一家银行控股公司。

第 619 条　对自营交易以及与对冲基金和私募股权基金特定关系的禁止

修订在《1956 年银行控股公司法案》，在末尾增加：

“第 13 条　对自营交易以及与对冲基金和私募股权基金特定关系的禁令

“（a）概述

“（1）禁令。除非本条另有规定，银行实体不应

“（A）从事自营交易；或者

“（B）获得或者保有对冲基金或者私募股权基金任何股权、合伙关系，或者其他所有者权益。

“（2）由联邦储备理事会监管的非银行金融公司。根据（b）款第（2）项的规定，任何由联邦储备理事会监管从事自营交易、持有或保有对冲基金或私募股权基金任何股权、合伙关系或其他所有权利益的非银行金融公司应当依照规则就这些自营交易以及所持有或保有对冲基金或私募基金任何股权、合伙关系、或其他所有权利益，接受额外的资本要求和数量规模的限制，但［（d）款所允许的活动不受额外的资本或者数量规模的限制，只要这一限制除不包括（d）款第（3）项，如果这些由联邦储备理事会监管的非银行金融公司是一个银行实体］。

“（b）研究与规则制定

“（1）研究。自本条颁布之日起 6 个月内，金融稳定监督委员会应研究并

作出关于实施本条的相关建议，以

“（A）促进和加强银行实体的安全性和稳健性；

“（B）通过使参保存款机构及其分支机构从事非安全和不健全的经济活动的风险最小化，保护纳税人和消费者，并提高金融稳定性；

“（C）限制联邦附属公司从受益于存款保险和联邦政府的流动性设施的机构向不受监管实体的非正常转移；

“（D）减少银行实体自身和由联邦储备理事会监管的非银行金融公司与其客户之间的利益冲突；

“（E）限制那些对银行实体和由联邦储备理事会监管的非银行金融机构带来或可能带来过度风险或者损失的经济活动；

“（F）为了使监管与相关保险公司投资法律相一致，在保护任何拥有保险公司的银行实体或者美国金融体系下的银行实体的安全性和稳健性的时候，可以适当的由保险公司内部承保一些业务；及

“（G）适时剥离受（a）款规定的禁令实施影响的非流动资产。

“（2）制定规则

“（A）概述。除本条另有规定，在依据第（1）项开展的研究项目完成的9个月内，适当联邦银行业监管机构、证券交易委员会、商品期货交易委员会，应考虑第（1）项的研究结果，并接受实施本条（B）分项规定的规则。

“（B）协调制定规则

“（i）监管职权。依据本项发布的规章应当由下列机构发布

“（I）和参保存款机构相关的适当联邦银行业监管机构共同发布；

“（II）联邦储备理事会，适用于与控制参保存款机构的任何公司，或依据《国际银行业法案》第8条规定的可以视为一家银行控股公司，由联邦储备理事会监管的非银行金融公司，或任何上述机构的附属公司［分则（I）、（III）、（IV）所述的附属公司为主要金融监管机构的除外］；

“（III）商品期货交易委员会，适用于依据《多德—弗兰克华尔街改革与消费者保护法案》第2条的定义将商品期货交易委员会作为主要金融监管机构的任何实体；和

“（IV）证券交易委员会，适用于依据《多德—弗兰克华尔街改革与消费者保护法案》第2条的定义将证券交易委员会作为主要金融监管机构任何实体。

“（ii）协调性、一致性和可比性。在依据本条制定和颁布相关规

章时，适当联邦银行业监管机构、证券交易委员会和商品期货交易委员会应协商和相互配合，以尽可能保证以实施为目的，使得这些规章具有可比性，并提供协调性和一致性，避免对本条适用企业产生有利或不利的后果，并保护银行实体以及由联邦储备理事会监管的银行实体和非银行金融机构的安全性和稳健性。

“（iii）监督委员会的作用。金融稳定监督委员会主席应当负责协调依据本条制定规章。

“（c）生效日期

“（1）概述。除第（2）项和第（3）项另有规定，本条生效时间应按以下时间较早者：

“（A）依据（b）款制定的最终版本规则颁布之日后 12 个月；或者

“（B）本条颁布之日后 2 年。

“（2）剥离的一致性期限。由联邦储备理事会监管的银行实体或非银行金融机构应当使其业务或投资在本条颁布之日后 2 年之内与本法要求相一致，或者在实体或者公司变成由联邦储备理事会监管的非银行金融公司之日起 2 年内。联邦储备理事会可以按照规则或者命令，通过判断，延展这个 2 年期限最多不超过 1 年，且确保这种延期与本条的目标一致，且不会损害公共利益。在上述情况下，理事会所决定的延期总计不得超过 3 年。

“（3）非流动资金的延期过渡

“（A）申请。联邦储备理事会可以，在银行实体申请的基础上，延展必要的时间以完成履行已于 2010 年 5 月 1 日生效的合同债务，银行实体可以持有或者保留其股权、合伙关系或其他所有权利益，或以其他方式用非流动资金提供额外资本。

“（B）批准的时限。在（A）分项下，联邦储备理事会可以授权延期 1 次，但不得超过 5 年。

“（4）要求剥离。除（d）款第（1）项（G）分项另有规定，在下列时限前，一个银行实体不得从事（a）款第（1）项（B）分项规定禁止的任何活动：

“（A）投资非流动基金合同终止之日；以及

“（B）在第（3）项规定下经过联邦储备理事会同意延期的到期日。

“（5）转型期的额外资本要求。尽管有第（2）项的规定，在依据（b）款第（2）项发布规则之日，适当联邦银行业监管机构，证券交易委员会和商品期货交易委员会应当，按照（b）款第（2）项的要求，制定规则以提高额外的资本要求，以及对由银行参与或发起的对冲基金或私募股权基金的股权、合伙关系或其他所有权利益的任何其他适当限制。

“(6) 特别规则制定。在本条颁布之日后6个月之内，联邦储备理事会应当发布规则以实施第（2）项和第（3）项。

“（d）许可的活动

“（1）概述。尽管有（a）款规定的限制，在联邦和州法律的任何其他条款许可范围内，按照第（2）项规定，以及适当联邦银行业监管机构、证券交易委员会和商品期货交易委员会可能决定的限制或约束，但下列活动（以下称为‘被许可活动’）是被许可的：

“（A）购买、出售、收购或处置美国政府或政府机构的债务，政府国民抵押贷款协会、联邦国民抵押贷款协会、联邦住房贷款抵押公司、联邦住房贷款银行、联邦农业抵押贷款公司以及受《1971年农业信贷法案》约束的农场信贷体系协会所有或发行的债务，参股，或其他工具，以及州政府或任何政治团体的债务。

“（B）购买、出售、收购和处置（h）款第（4）项所规定的与承销或做市活动有关的证券或者其他工具，且本分项规定的任何被许可的此类活动的设计在程度上不超过顾客、消费者以及交易对手方的合理预计短期内的需求。

“(C) 与银行实体的个别或累加的头寸、合同或其他持有资产有联系及相关的减少风险的对冲活动，这些活动旨在减少与银行实体有联系及相关的头寸、合同或者其他持有资产的特定风险。

“（D）代表消费者利益购买、出售、收购和处置（h）款第（4）项规定的证券与其他工具。

“（E）适用于《1958年小企业投资法案》第102条的规定，对一个或多个小企业投资公司的投资，依经《美国修正法令》第5136条第（11）项规定的类型旨在以促进公共福利为首要目标的投资活动，或者由《1986年国内税收法案》第47条或者类似的州历史税收信贷计划定义的有关符合要求的修缮支出的投资，这些支出与符合要求的修缮机构或者或历史性结构修复相关。

“(F) 由（h）款第（4）项所规定的被监管保险公司及其下属分支机构运用一般账户直接从事保险业务购买、出售、收购或处置证券和其他工具，假设这些分支机构的活动只是针对被监管保险公司的一般账户，如果

“（i）这些购买、出售、收购或处置证券和其他工具的业务符合、并且受到保险公司投资法律、规章以及各州书面指引的约束，或者这些保险公司居所地的管辖；并且

“（ii）在与金融稳定监督委员会、以及美国领土范围内的和相关州保险委员会协商后，适当联邦银行业监管机构，经通知和评论，

没有共同决定列示于（i）则的特定法律、规章或书面指引不足以保护银行实体的安全性与稳健性以及美国的金融稳定。

“（G）组织和发起私募股权基金或者对冲基金，包括担任普通合伙人、经理或基金托管人以及以任何方式（由员工、管理人员、董事或代理人组成）选举或控制基金的大多数的董事、托管人或管理阶层，包括上述必要的开支，只要

“（i）银行实体提供善意信托、受托或投资顾问服务；

“（ii）基金的募集和发起仅仅是与善意的信托、受托或者投资顾问服务相关，且仅仅提供给这些银行实体就此类服务的客户；

“（iii）除去少许受限于第（4）项规定以及与第（4）项规定相一致的投资活动外，银行机构不应获取或保留在基金中的股权利益、合伙人利益或其他所有人利益；

“（iv）银行实体遵循（f）款的第（1）、第（2）项规定的约束；

“（v）银行机构不直接或间接担保、承担或以其他方式承担债务或者担保对冲基金、私募股权基金、或者对冲基金和私募股权基金投资的任何对冲基金或者私募股权基金的绩效；

“（vi）银行实体不得出于合作、市场、促销或其他目的与对冲基金或私募股权基金共用相同的或类似的名称；

“（vii）除了银行实体的董事或雇员直接从事向对冲基金或私募股权基金提供投资顾问服务或其他服务之外，任何董事和雇员不得持有或保留对冲基金或私募股权基金的股权利益、合作利益或其他所有人利益；并且

“（viii）银行实体以书面形式向基金潜在与实际的投资者披露信息，对冲基金或者私募股权基金产生的任何损失由投资者负责，银行实体不承担责任，除此之外，应遵守由适当联邦银行业监管机构、证券交易委员会、商品期货交易委员会，依据（b）款第（2）项的规定，制定的附加规则，该规则旨在确保对冲基金或私募股权基金的损失仅由基金的投资者而非银行实体承担。

“（H）依据第4条（c）款第（9）项或第（13）项规定进行自营交易的银行实体，假如交易发生在美国之外或者银行实体没有直接或间接地被依照美国或者一个州或多个州法律所设立的银行实体所控制。

“（I）依据第4条（c）款第（9）项或第（13）项的规定，由国外一家银行实体取得或者保留对冲基金或者私募股权基金的任何股权、合伙关系、或其他股份利益，或者发起对冲基金或者私募股权基金，假如

这些对冲基金或私募股权基金没有所有权可供出售给美国的居民并且该银行实体没有直接或间接地被由依照美国法律或者一个州或多个州法律组织的银行实体所控制。

“（J）依据（b）款第（2）项规定，由适当联邦银行业监管机构、证券交易委员会、商品期货交易委员会依照规定确定的其他交易活动应当促进和保护银行实体的安全性与稳健性以及美国的金融稳定。

“（2）针对许可活动的限制

“（A）概述。任何交易、交易分类或活动均不被视为在第（1）项下许可的活动，如果这些交易、交易分类或活动

“（i）将会涉及或者造成银行与其客户、顾客、或者交易对手方之间的实际的利益冲突［这些术语在（b）款第（2）项下定义］；

“（ii）会直接地或者间接地导致银行实体在高风险资产或高风险交易策略中的风险敞口［这些术语在（b）款第（2）项下定义］；

“（iii）会对银行实体的安全性和稳健性构成威胁；或者

“（iv）会对美国的金融稳定构成威胁。

“（B）规则制定。适当联邦银行业监管机构、证券交易委员会、商品期货交易委员会应当制定规则作为（b）款第（2）项下颁布的规章的一部分，以实施（A）分项规定。

“（3）资本与数量限制。（b）款第（2）项所提到的适当联邦银行业监管机构、证券交易委员会、商品期货交易委员会应当对有关在本条规定下许可的活动采纳增加额外的资本要求和数量限制的规则，包括多样化要求，如果适当联邦银行业监管机构、证券交易委员会、商品期货交易委员会确定额外的资本和数量限制能够适当的保证从事这些活动的银行实体的安全性和稳健性。

“（4）最低投资

“（A）概述。在（B）分项的约束和限制下，一家银行可以作出和保持对由银行组织和发起的对冲基金或者私募股权基金的投资，出于以下目的：

“（i）建立基金并为基金投资提供充足的原始权益投资以允许基金吸引无关联投资者；或者

“（ii）制定最低投资。

“（B）投资的限制和约束

“（i）寻求其他投资者的要求。一家银行应当积极寻求无关联投资者，以减少或者稀释银行投资总额至（ii）则允许的规模。

“（ii）投资规模的限制。尽管其他法律条款另有规定，银行对对冲基金或私募股权基金的投资应当

“(I) 自基金设立之日起的1年之内，通过赎回、出售或稀释等方式使投资数额减少至不高于基金总股份的3%；

“(II) 依据（b）款第（2）项的定义，对银行实体不构成实质性影响，但是银行在这些基金中的全部利益总计不得超过其一级资本的3%。

“（iii）资本出于确定遵循第（3）项规定适用的资本标准的目的，包含留存收益在内的本项限定的银行未清偿的总体投资额度，应当从银行资产和有形资产中扣除，且这些扣除总额应当与对冲基金或私募股权基金的杠杆率相匹配。

“（C）延期。联邦储备理事会可以，在银行申请的基础上，将期限延展2年以适应（B）分项（ii）则（I）分则的要求，如果联邦储备理事会发现这种延期与银行业安全性和稳健性及公共利益是一致的。

“（e）反规避

“（1）规则制定。关于内部控制和记录保存，为了确保与本条一致，适当联邦银行业监管机构、证券交易委员会、商品期货交易委员会应当发布规章，以此作为（b）款第（2）项规则制定的一部分。

“（2）投资活动终止。尽管其他法律条文另有规定，无论何时适当联邦银行业监管机构、证券交易委员会、商品期货交易委员会有确切理由相信银行机构或由联邦储备理事会监管的非银行金融机构在各自机构的管辖下，以某种方式使投资或从事的活动规避了本条要求（包括滥用被许可的投资行为）或以其他方式违反本条的限制，适当联邦银行业监管机构、证券交易委员会、商品期货交易委员会，经过及时的通知及听证之后，在理由充分的基础上应当命令银行机构或由联邦储备理事会监管的非银行金融机构终止其活动及相关的处置投资活动。本项中的任何规定不得构成对联邦监管机构固有职权或州监管职权，在适用其他的法律条款时，对任何投资或活动的进一步限制。

“（f）与对冲基金与私募股权基金关系的限制

“（1）概述。依据（d）款第（1）项（G）分项规定，银行机构不应直接或间接地担任投资管理人、投资顾问或对冲基金与私募股权基金的发起人，或者组织和发起对冲基金或者私募股权基金，而且此类机构的分支机构不应与这些基金或这些基金所控制的对冲基金或私募股权基金从事《联邦储备法案》第23A条所定义的交易，该银行及其分支机构被视为一家会员银行，且对冲基金或私募股权基金被视为其分支机构。

“（2）针对会员银行的处理。依据（d）款第（1）项（G）分项规定，银行机构直接或间接地担任投资的管理人、投资顾问或对冲基金与私募股权基金的发起人，或者发行对冲基金或者私募股权基金，应当受《联邦储备法案》第23B条的限制，该银行被视为会员银行，且这些对冲基金或私募股权基金被视为其分支机构。

“（3）许可的交易

“（A）概述。尽管第（1）项有所规定，联邦储备理事会可以允许银行参与和对冲基金或者私募股权基金的主要经纪交易，在这些对冲基金或者私募股权基金中银行以参与管理、发起人、顾问的方式参与，并拥有股份、合伙利益或其他股权利益，如果

“（i）银行与其组织或发起的对冲基金或私募股权基金的关系符合（d）款第（1）项（G）分项的限制规定；

“（ii）银行的首席执行官（或类似职位人员）每年以书面形式证明符合（d）款第（1）项（G）分项（v）则的设定条件（当证明的材料发生改变时有义务更新）；并且

“（iii）联邦储备理事会认为这些交易与银行安全性和稳健性的运营及条件相一致。

“（B）主要经纪交易的处理。为实现（A）分项目的，（A）分项描述的主要经纪人交易应当遵循《联邦储备法案》第23B条的规定，交易对手方被视为银行机构的分支机构。

“（4）联邦储备理事会监管的非银行金融机构的申请。适当联邦银行业监管机构、证券交易委员会、商品期货交易委员会应当遵循（b）款第（2）项的规则，加强对由联邦储备理事会监管的非银行金融机构的资本费用征收和其他限制条件，以明确本款第（1）、第（2）和第（3）项所描述的银行机构的风险和利益冲突。

“（g）规则解释

“（1）对应职权的限制。除去本条限定，尽管法律条款另有规定，本条的禁止与约束适用于由联邦储备理事会监管的银行机构和非银行金融机构的活动，即使这些业务活动得到由联邦储备理事会监管的银行机构或非银行金融机构的授权。

“（2）贷款出售或证券化。本条中的规定不应构成对银行机构或联邦储备理事会监管的非银行金融机构以法律许可的方式出售贷款或证券化贷款的能力的限制或约束。

“（3）联邦监管机构和州监管机构的职权。本法案中的规定不应构成对联邦机构固有职权或州监管机构在可适用法律下的职权的限制。

“（h）定义。本条中，适用如下定义：

“（1）银行机构。名词‘银行机构’指任何参保存款机构（由《联邦存款保险法案》第3条定义），任何控制一家参保存款机构的公司，或者依据

《1978 年国际银行业法案》第 8 条处理的银行控股公司，以及这些机构的附属公司。为实现本项目的，‘参保存款机构’不包括那些功能单一定位为信托或受托的机构，如果

“（A）由联邦存款保险公司承保的所有的这些机构的存款全部或基本上是信托基金并且由善意信托接受；

“（B）受到联邦存款保险公司保险的这些机构没有任何存款源于这些机构的分支机构；

“（C）这些机构不接受活期存款的储户或存款人可以撤回支票或类似手段向第三方或其他人进行支付或者发放商业贷款的储户；

“（D）这些机构不

“（i）从任何联邦储备银行获得报酬或相关服务的报酬，包括《联邦储备法案》第 11A 条规定的服务；或者

“（ii）依据《联邦储备法案》第 19 条（b）款第（7）项行使折扣或者借款特权。

“（2）对冲基金；私募股权基金。‘对冲基金’和‘私募股权基金’指《1940 年投资公司法案》第 3 条（c）款第（1）项和第（7）项定义的作为发行人的投资公司，或类似的由（b）款第（2）项规定的适当联邦银行业监管机构、证券交易委员会、商品期货交易委员会决定的基金。

“（3）由联邦储备理事会监管的非银行金融机构。‘由联邦储备理事会监管的非银行金融机构’是指由《2010 年金融稳定法案》第 102 条定义的由联邦储备理事会监管的非银行金融机构。

“（4）自营交易。在银行机构或由联邦储备理事会监管的非银行金融机构使用的‘自营交易’，指在由联邦储备理事会监管的银行机构和非银行金融机构作为委托人从事的关于购买、出售或者其他取得、处置由适当联邦银行业监管机构、证券交易委员会、商品期货交易委员会依据（b）款第（2）项的规定确定的任何证券、衍生品或商品期货合同、证券期权，衍生品或契约，以及其他证券或金融工具方面的交易。

“（5）发起人。‘发起人’基金指

“（A）作为一般合伙人、管理成员或基金托管人；

“（B）以任意方式选举或控制（或者拥有雇员、管理人员、董事或代理人）基金中的大多数董事、受托人或管理层；或者

“（C）基于合作、市场份额、促销或其他目的，与一个基金分享使用相同或类似的名字。

“（6）交易账户。‘交易账户’指任何基于获取或交易第（4）项下所述的证券和金融工具以在近期出售（或基于短期价格波动带来利润的转售）而

使用的账户，以及由适当联邦银行业监管机构、证券交易委员会、商品期货交易委员会依据（b）款第（2）项的规定确定的任何其他账户。

“（7）非流动性基金

“（A）概述。‘非流动性基金’指对冲基金或私募股权基金

“（i）自2010年5月1日起，其主要投资或合同承诺投资于非流动性资产，诸如证券组合投资、房地产投资，以及风险资本投资；及

“（ii）使所有投资依据，并符合集中于非流动性资产的投资策略。在本项的发行规则中，联邦储备理事会应当考虑对冲基金或私募股权基金的投资期限，包括合同契约，基金分配资产的能力，以及任何联邦储备理事会认为适宜的其他因素。

“（B）对冲基金。为实现本项目的，‘对冲基金’指（h）款第（2）项所认定的基金，但不包括《1940年投资顾问法案》第203条（m）款所使用的私募股权基金。”

第620条 银行投资活动的研究

（a）研究

（1）概述。在本法案颁布之日起18个月内，适当联邦银行业监管机构应当针对银行实体（该类术语在《1956年银行控股公司法案》中定义）依据联邦和州法律规定从事的业务活动，包括由法令与命令、解释以及指引所授权的业务活动进行共同审查并准备一份报告。

（2）内容。在依据第（1）项开展研究时，适当联邦银行业监管机构应审查和考虑：

（A）业务活动或投资的类型；

（B）与银行实体从事该业务活动或者该投资相关的或者作为银行从事该业务活动或者该投资的结果的任何财务、经营、管理，或者信誉风险；以及

（C）与该风险有关的银行实体采取降低风险的业务活动。

（b）对金融稳定监督委员会和国会的报告与建议。适当联邦银行业监管机构应当在完成研究之后2个月内向金融稳定监督委员会、众议院金融服务委员会以及参议院银行、住房和城市事务委员会提交根据（a）款开展研究的报告。除了（a）款描述的信息之外，该报告应当包括以下建议内容：

（1）各项业务活动或投资是否已经或可能对银行实体或美国金融稳定的安全性和稳健性带来消极影响；

（2）各项业务活动的开展或者银行实体投资类型的适当性；以及

（3）额外的限制可能对于解决（a）款下描述的业务活动及投资类型对安全性和稳定性产生的风险是必要的。

第621条　利益冲突

（a）概述。修订《1933年证券法案》，在第27 A条之后插入：

"第27B条　与特定证券化相关的利益冲突

"（a）概述。资产支持证券（在《1934年证券交易法案》第3条中定义，在本条中还应包括合成的资产支持证券）的承销商、配售代理、初始购买者、或者发起人或者任何这类实体的任意附属公司和分支机构，在资产支持证券销售第一次结束之日起一年内的任何时间，不得从事任何导致交易中的投资者参与活动会涉及或者产生任何实质性利益冲突的交易。

"（b）规则制定。本条颁布之日后270日内，证券交易委员会应当发布规则以实施（a）款规定。

"（c）例外。（a）款禁令不应当适于以下情形

"（1）与资产支持证券在承销、配售、初始购买、以及发起环节的规模和控股比例相关的减轻风险的套利活动，假设这些活动旨在减少由承销、配售代理、初始购买或者发起引起的与规模或者控股比例相关的由承销、配售、购买以及发起所引起的风险；或者

"（2）按照下列规定购买或出售资产支持证券

"（A）承销、配售代理、初始购买人以及发起人或者这类实体的任何附属公司或分支机构承诺，为这些资产支持证券提供流动性，或者

"（B）对该资产支持证券的善意做市。

"（d）规则解释。本款不应当限制《1934年证券交易法案》第15G条的适用。"

（b）生效日期。《1933年证券法案》第27B条，经过本条增加，应当在证券交易委员会依据第27B条的（b）款发布的最终规则生效日之日生效，除第27B条（b）款和（d）款在本法案颁布之日开始生效。

第622条　对大型金融公司的集中度限制

修订《1956年银行控股公司法案》，在末尾增加：

"第14条　大型金融公司的集中度限制

"（a）定义。在本条中

"（1）'委员会'是指金融稳定监督委员会；

“（2）‘金融公司’是指

“（A）参保存款机构；

“（B）银行控股公司；

“（C）储蓄和贷款控股公司；

“（D）控股参保存款机构的公司；

“（E）《多德—弗兰克华尔街改革与消费者保护法案》第1章规定的由联邦储备理事会监管的非银行金融机构；以及

“（F）依据本法案被视为银行控股公司的外国银行或公司；并且

“（3）‘负债’是指

“（A）对于美国金融公司

“（i）金融公司总的风险加权资产，该资产按照适用于银行控股公司风险基础资本规则所决定，调整以反映从监管资本中扣除的风险敞口；减去

“（ii）金融公司总的监管资本，该资本按照适用于银行控股公司的风险基础资本的规则；

“（B）对于外国金融公司

“（i）在美国经营的金融公司总风险资产，该资产由适用于风险基础资本规则所决定，调整以反映从监管资本中扣除的风险敞口；减去

“（ii）在美国经营的金融公司的总监管资本，该资本按照适用于风险基础资本规则决定；并且

“（C）对于保险公司或其他由联邦储备理事会监管的非银行金融机构，这些公司的资产应当由联邦储备理事会根据规则具体化，以对这些公司提供持续的和平等的待遇；

“（b）集中度限制。基于（e）款规定，遵循金融稳定监督委员会的建议，金融公司不能兼并以取得其他公司全部或大部分的资产，或者控制其他公司，如果并购公司的并表负债总额在交易完成后超过了所有金融公司在交易前一年度并表负债总额的10%。

“（c）集中度限制的例外。基于之前联邦储备理事会的书面认可，（b）款中的集中度的限制不适用于并购

“（1）处于违约的银行或存在违约风险的银行；

“（2）依据《联邦存款保险法案》第13条（c）款由联邦存款保险公司提供的援助；或者

“（3）仅仅会导致金融公司负债的微量增长。

“（d）规则制定与指引。联邦储备理事会应当发布规则实施本条以与金融稳

定监督委员会依据（e）款的建议相一致，包括必要的定义。联邦储备理事会可以就本条的适用发布对个体金融公司和一般性金融公司的解释或指引。

“（e）金融稳定监督委员会的研究与规则制定

“（1）学习与建议。本条颁布之日后6个月内，金融稳定监督委员会应当

“（A）完成对依据本条的集中度限制将会影响金融稳定性、金融系统道德风险程度，美国金融公司和金融市场效率和竞争性，以及美国居民或者企业对信贷和其他金融服务的使用成本与可获得性的研究；并且

“（B）对集中度限制向金融稳定监督委员会提出修改的建议，以便能够更有效地实施本条。

“（2）规则制定。在第（1）项规定的研究完成之后9个月内，尽管（b）款和（d）款另有规定，联邦储备理事会应当发布实施本条的最终规则，这些应当反映在金融稳定监督委员会依据第（1）项（B）分项提出的建议中。”

第623条 州际并购交易

（a）州际并购交易。修订《联邦存款保险法案》第18条（c）款，在末尾增加：

“（13）（A）除（B）分项规定，负有责任的监管机构不能批准关于州际并购交易的申请，如果这种并购导致参保存款机构（包括发生并购交易的参保存款机构的所有分支机构）在交易完成后，将控制美国参保存款机构的超过10%的存款总额。

“（B）（A）分项不应当适用于州际并购交易，如果该交易涉及一个或者多个处于违约状态的参保存款机构或者面临违约风险的参保存款机构，或者联邦存款保险公司已依据第13条提供援助。

“（C）在本项中

“（i）‘州际并购交易’是指涉及两个或更多个参保存款机构的并购交易，这些机构属于不同的所在州，且非分支机构；并且

“（ii）‘所在州’是指

“（I）对于全国性银行，是该银行主要办公所在地；

“（II）对于州银行或州储蓄协会，是州银行或州储蓄协会注册地；并且

“（III）对于联邦储蓄协会，是其总部（在移交之日或者移交之后，分别由存款机构监督办公室规章或货币监理官定义）所在地”。

（b）银行控股公司并购

（1）概述。《1956年银行控股公司法案》第4条修订如下：

(A) 在 (i) 则末尾增加:

"(8) 州际并购

"(A) 概述。依据 (c) 款第 (8) 项或本法案其他条款的规定，联邦储备理事会不得批准银行控股公司对参保存款机构的并购申请，如果

"(i) 参保存款机构的所在州不同于银行控股公司的所在州；并且

"(ii) 申请人 (包括所有参保存款机构是申请人的分支机构) 控制，或者在完成并购交易之后能够控制 10% 以上美国国内参保存款机构的存款总额。

"(B) 例外。(A) 分项不适用于涉及参保存款机构处于违约状态或面临违约风险，或者依据《联邦存款保险法案》第 13 条的规定联邦存款保险公司提供援助情况下的并购。" 并且

(B) 在 (k) 款第 (6) 项 (B) 分项中，删除 "储蓄协会" 并插入 "参保存款机构"。

(2) 定义。《1956 年银行控股公司法案》第 2 条 (o) 款第 (4) 项修订如下:

(A) 在 (B) 分项末尾删除 "和";

(B) 在 (C) 分项 (ii) 则末尾删除句号并插入一个分号；并且

(C) 在末尾增加:

"(D) 对于州储蓄协会，州是指储蓄协会的注册地；并且

"(E) 对于联邦储蓄协会，州是指该储蓄协会总部 (在移交之日或者移交之后，分别由存款机构监督办公室规章或货币监理官定义) 所在地。"

(c) 储蓄和贷款控股公司的并购。对《住房所有人贷款法案》第 10 条 (e) 款第 (2) 项修订如下:

(1) 在第 (2) 项中

(A) 在 (C) 分项末尾删除 "或者";

(B) 在 (D) 分项末尾删除句号并插入 "或者"，并且

(C) 在末尾增加:

"(E) 对储蓄和贷款控股公司并购参保存款机构的申请，如果:

"(i) 参保存款机构的所在州不同于该储蓄和贷款控股公司的所在州;

"(ii) 申请人 (包括所有参保存款机构是申请人的分支机构) 控制，或者在完成并购交易之后能够控制 10% 以上美国国内参保存款机构的存款总额；并且

“（iii）并购不涉及处于违约状态或者面临违约风险的参保存款机构，或者依照《联邦存款保险法案》第13条的规定联邦存款保险公司提供援助的情况。”

（2）在末尾增加：

“（7）定义。为实现第（2）项（E）分项目的

（A）‘违约’、‘面临违约的风险’，以及‘参保存款机构’与《联邦存款保险法案》第3条规定的含义相同；并且

（B）‘所在州’指

“（i）对于全国性银行，是该银行主要办公室所在地；

“（ii）对于州银行或州储蓄协会，是州银行或州储蓄协会注册地；

“（iii）对于联邦储蓄协会，是其总部（在移交之日或者移交之后，分别由存款机构监督办公室规章或货币监理官定义）所在地；并且

“（iv）对于储蓄和贷款控股公司，是在其成为储蓄和贷款控股公司时，该公司所有参保存款机构的附属公司中存款总额最大的州。”

第624条　合格储蓄贷款人

对《住房所有人贷款法案》第10条（m）款第（3）项修订如下：

（1）删除（A）分项并插入

“（A）概述。储蓄协会没有成功变为或保留为合格储蓄贷款人的应当立即受（B）分项规定的约束。”；并且

（2）在（B）分项（i）则中，删除（III）分则并插入如下内容：

“（III）股利。储蓄协会不得分红，除非该分红：

“（aa）获得全国性银行的许可；

“（bb）对履行控制该储蓄协会公司的义务是必要的；并且

“（cc）在计划支付日前30日内，储蓄协会向货币监理官和联邦储备理事会提交书面请求后，货币监理官和联邦储备理事会经过特别批准的。

“（IV）监管职权。储蓄协会没有成功变为或者保留为合格储蓄贷款人的应视为违反《住房所有人贷款法案》第5条的规定，并且其行动受《住房所有人贷款法案》第5条（d）款规定的约束。”

第625条 特定共同持股公司的股利处置

（a）概述。修订《住房所有人贷款法案》第10条（o）款，在末尾增加如下内容：

“（11）股利

“（A）股利公告

“（i）预告要求。储蓄协会共同控股公司的附属公司应当自储蓄协会董事会宣告之日起30日内向适当联邦银行业监管机构和联邦储备理事会公告储蓄协会保证的、永久性的，或者不可赎回股票的股利。

“（ii）无效股利。（i）则中所述任何股利在没有依据（i）则规定通知适当联邦银行业监管机构和联邦储备理事会，或者未在前述30日公告期内依据（i）则将其通告适当联邦银行业监管机构和联邦储备理事会时，应当无效，并且这些股票的持有人不得基于此获得任何权利或利益。

“（B）放弃股利。共同控股公司可以放弃由共同控股附属公司宣告的接受任何股利的权利，如果

“（i）共同控股公司的内部人，内部人的合伙人，或者共同控股公司的依法纳税或者非依法纳税雇员股票收益计划不持有任何适用于放弃股息类的股票份额；或者

“（ii）在计划支付日前30日内，共同控股公司书面告知联邦储备理事会其放弃接受股息的权利的目的，并且联邦储备理事会对该放弃不予反对。

“（C）放弃声明包括的决议。（B）分项所述放弃公告内容应当包括由联邦储备理事会决定格式和内容的共同控股公司董事会决议的副本，共同控股公司董事会决议的支持材料，股利放弃提议与共同控股公司共同成员董事会受托责任相一致的结论。

“（D）放弃股利标准。联邦储备理事会不得反对依据（B）分项规定的股利放弃，如果

“（i）放弃对于储蓄协会运营的安全性和稳健性不造成影响；

“（ii）共同控股公司的董事会明确决定共同控股公司的股利放弃与共同控股公司共同成员董事会的受托责任相一致；并且

“（iii）在2009年12月1日前，共同控股公司

“（I）依据（o）款规定重新组建为共同控股公司；

“（II）向持有中等额度股份的控股公司或其储蓄协会的附

属公司发行少量股票；并且

“（III）放弃从储蓄协会附属公司股票中接受股息的权利。

“（E）估值

“（i）概述。适当联邦银行业监管机构应当考虑全部转换成股票形式时放弃股利相应的转换比率。

“（ii）例外。在2009年12月1日之前，如果重新改组成共同控股公司的储蓄协会已经从共同控股公司的中间层股票持股公司或者储蓄协会附属公司股票发行少量股票，并且已经放弃从储蓄协会附属公司获得股利的权利，适当联邦银行业监管机构不得考虑全部转换成股票时放弃股利相应的转换比率。”

（b）生效日期。（a）款所作修订应当自移交之日起生效。

第626条　中间控股公司

修订《住房所有人贷款法案》，在第10条之后插入以下新条：

“第10A条　中间控股公司

（a）定义。为实现本条目的：

“（1）金融活动。‘金融活动’指第10条（c）款第（9）项（A）分项下（i）分则和（ii）分则所描述的活动。

“（2）免受新法规限制的单一储蓄和贷款控股公司。‘免受新法规限制的单一储蓄和贷款控股公司’是指第10条（c）款第（9）项（C）分项描述的公司。

“（3）内部金融活动。‘内部金融活动’包括

“（A）免受新法规限制的储蓄和贷款控股公司或其附属公司开展的金融活动；以及

“（B）内部财务、投资和员工福利功能。

“（b）要求

“（1）概述

“（A）金融活动以外的活动。如果免受新法规限制的单一储蓄和贷款控股公司从事金融活动以外的活动，联邦储备理事会可以要求该公司通过中间控股公司建立和从事该金融活动的全部或部分内容，按照联邦储备理事会规定，自移交之日起90日之内（或联邦储备理事会认为合适的更长时间），该中间控股公司应当是储蓄和贷款控股公司。

“（B）其他活动。尽管（A）分项另有规定，联邦储备理事会应当要求免受新法规限制的单一储蓄和贷款控股公司建立中间控股公司，如果

联邦储备理事会确定该中间控股公司的建立是必要的：

“（i）对被确定为金融活动的活动进行适当监管；或者

“（ii）确保联邦储备理事会的监管不会影响该公司非金融活动的活动。

“（2）内部金融活动

“（A）内部金融活动的处理。该款中，免受新法规限制的单一储蓄和贷款控股公司的内部金融活动不得被要求置于中间控股公司中。

“（B）免受新法规限制的活动。免受新法规限制的单一储蓄和贷款控股公司可以继续从事内部金融活动，并接受联邦储备理事会的审查以确定从事这样的活动是否会对免受新法规限制的单一储蓄和贷款控股公司或对美国的金融稳定产生过度风险，如果

“（i）免受新法规限制的单一储蓄和贷款控股公司在本条颁布之日起一年内从事这种活动，并且

“（ii）由该活动产生的至少三分之二的资产或三分之二的收入来源于或归属于免受新法规限制的单一储蓄和贷款控股公司。

“（3）力量支撑。直接或间接控制根据该款规定建立的中间控股公司的免受新法规限制的单一储蓄和贷款控股公司应当作为中间控股公司的力量支撑。

“（4）母公司报告。联邦储备理事会可以随时检查控制中间控股公司的免受新法规限制的单一储蓄和贷款控股公司，要求该公司适当的官员或经理提交诚信报告，以确保其行为符合本条的规定，包括依据第（3）项的规定对该公司作为对中间控股公司力量支撑的能力的评价。

“（5）有限母公司执法

“（A）概述。除了联邦储备理事会其他职权之外，联邦储备理事会可以强制公司遵守本款规定，这些规定适用于第（1）项（A）分项中描述的任何公司，该公司是依据《联邦存款保险法案》第8条的规定控制中间控股公司的公司，并且第（1）项（A）分项中描述的公司应当以同样方式和同样程度，适用于这部分规定（仅该分项），第（1）项（A）分项中描述的公司被视为储蓄和贷款控股公司。

“（B）其他命令的适用性。就（A）分项而言，任何违反该项规定的控制中间控股公司的免受新法规限制的单一储蓄和贷款控股公司也可以被视为对《联邦存款保险法案》的违反。

“（C）对其他权利没有影响。本项规定不得构成对联邦储备理事会，或依据本法案其他条款规定的任意联邦监管机构职权的限制。

“（c）规章。联邦储备理事会：

“（1）应当制定规章以设定标准确定是否要求免受新法规限制的单一储

蓄和贷款控股公司依据（b）款规定建立中间控股公司，以及

“（2）可以制定规章以对中间控股公司与该公司的母公司或者附属公司之间的交易进行约束或限制，如果这种约束或限制对于防止中间控股公司或任何附属公司与母公司或中间控股公司非附属公司间的交易的不安全和不稳健的行为是必要的，但这些规章不得限制或约束有关非附属的个人资产、货物或服务产生善意并购或租赁的交易。

“（d）规则解释

“（1）活动。本条规定不应被理解为要求免受新法规限制的单一储蓄和贷款控股公司将其活动限制在许可的范围内。

“（2）许可的公司重组。依据（b）款规定，中间控股公司的形式应当被假设为第10条（c）款第（9）项（D）分项描述的经过许可的公司重组。”

第627条　授权账户的附息交易

（a）废除活期存款利息支付的禁令

“（1）《联邦储备法案》。《联邦储备法案》第19条（i）款修订如下：

“（i）［废除］”。

“（2）《住房所有人贷款法案》。修订《住房所有人贷款法案》第5条（b）款第（1）项（B）分项的第一句，删除‘储蓄协会可能不’直至‘（ii）则 允许任何’之间的所有内容，并插入‘储蓄协会不允许任何’。

“（3）《联邦存款保险法案》。《联邦存款保险法案》第18条（g）款修订如下：

“（g）［废除］”。

（b）生效日期。（a）款所作的修订应当在该法案颁布之日后1年生效。

第628条　信用卡银行小企业借贷

修订《1956年银行控股公司法案》第2条（c）款第（2）项（F）分项（v）则，在句号之前插入“，除了由小企业管理局依据《联邦监管法典》第13章第121条规定建立规章，发放给满足小企业贷款标准的企业的信用卡贷款”。

第七章　华尔街透明度与问责法案

第701条　标题

本章全称为《2010年华尔街透明度与问责法案》。

第一节　柜台掉期市场的监管

第一小节　监管职权

第711条　定义

本节中的名词，“审慎监管者”、“掉期”、“掉期交易商”、“主要掉期参与人”、“掉期数据存储机构”、“掉期交易商或主要掉期参与人的关联人”、“合格缔约人”、“掉期执行设施”、“基于证券掉期”、“基于证券掉期交易商”、“基于证券掉期主要参与人”以及“基于证券掉期交易商或基于证券掉期参与人的关联人”，已经在《商品交易法案》第1a条给出定义，包括依据本法案第721条（b）款作出的任何调整。

第712条　监管职权审查

（a）协商

（1）商品期货交易委员会。在依照本节着手制定有关掉期、掉期交易商、主要掉期参与人、掉期数据存储机构、掉期相关的衍生品清算组织、掉期交易商或主要掉期参与人的关联人、合格缔约人，或掉期执行设施的任何规则或发布命令之前，商品期货交易委员会应与证券交易委员会和审慎监管者尽可能地进行商议和协调，以最大限度地保证监管的一致性和可比性。

（2）证券交易委员会。在依照第2节着手制定有关基于证券掉期、基于证券掉期交易商、基于证券掉期主要参与人、基于证券掉期数据存储机构、基于证券掉期相关的衍生品清算组织、基于证券掉期交易商或基于证券掉期主要参与人的关联者、基于证券掉期相关的合格缔约人，或基于证券掉期执行设施的任何规则或命令发布之前，证券交易委员会应与商品期货交易委员会和审慎监管者尽可能地进行磋商和协调，以最大限度地保证监管的一致性和可比性。

（3）程序与截止期限。所制定的规章应符合《美国法典》第5章可适用的要求，并且应在本法案颁布之日后360天之内发布最终文本。

（4）适用性。第（1）和第（2）项的要求应不适用于发布的命令：

（A）与违反或可能违反《商品交易法案》的任何条款有关或由此所引起；

（B）与违反或可能违反证券法律的任何条款有关或由此所引起；或

（C）根据《美国法典》第5章第556条和第557条记录在案的任何诉讼程序。

（5）效力。本款不认可任何与《美国法典》第5章第7篇以及第5篇章第2分篇（通称“行政程序法”）要求不一致的协商或协商程序。

（6）规则、命令。在依据本款制定和发布规则或命令时，各委员会应考虑审慎监管者的意见。

（7）类似产品与机构的处理。

（A）概述。在依据本款采取规则和命令时，商品期货交易委员会和证券交易委员会对第（1）和第（2）项所述的在功能上和经济上类似的产品或机构应采取相似的处理方式。

（B）效力。本节不要求商品期货交易委员会或证券交易委员会采取共同规则或命令以完全相同的方式处理第（1）和第（2）项所述的在功能上和经济上类似的产品或机构。

（8）混合掉期。为实现本章目的，如有必要，商品期货交易委员会和证券交易委员会，在与联邦储备理事会协商之后，对《商品交易法案》第1a条第（47）项（D）分项和《1934年证券交易法案》第3条（a）款第（68）项（D）分项中所述的混合掉期，应共同制定有关的规章。

（b）限制

（1）商品期货交易委员。除有特别规定，本章不授予商品期货交易委员会管辖权以发布规则、规章，或命令对以下进行监督与管制：

（A）基于证券掉期；或

（B）以下与基于证券掉期有关的活动或功能：

（i）基于证券掉期交易商；

（ii）基于证券掉期主要参与人；

（iii）基于证券掉期数据存储机构；

（iv）基于证券掉期交易商或基于证券掉期主要参与人的关联人；

(v) 与基于证券掉期有关的合格缔约人；或

(vi) 与基于证券掉期有关的掉期执行设施。

(2) 证券交易委员会。除有特别规定，本章不授予证券交易委员会或州证券监管官管辖权以发布规则、规章，或命令监管：

(A) 掉期；或

(B) 以下与掉期有关的活动或功能：

(i) 掉期交易商；

(ii) 主要掉期参与人；

(iii) 掉期数据存储机构；

(iv) 掉期交易商或主要掉期参与人的关联人；

(v) 与掉期有关的合格缔约人；或

(vi) 与掉期有关的掉期执行设施。

(3) 对部分期货协会和全国证券协会的禁止。

(A) 期货协会。无论其他法律（包括规章）如何规定，如本章未做授权，任何依据《商品交易法案》第 17 条注册的期货协会，不论为何目的，不得对任何基于证券掉期的监督或管制发布规则、规章或命令，或申请管辖权，除了本分项应不限制注册的期货协会检查合规性和执行资本充足率规则的职权之外。

(B) 全国性证券协会。无论其他法律（包括规章）如何规定，如本章未做授权，任何依据《1934 年证券交易法案》第 15A 条注册的全国证券协会，不论为何目的，不得对任何掉期的监督或管制发布规则、规章或命令，或申请管辖权，除了本分项应不限制全国性证券协会检查合规性和执行资本充足率规则的职权之外。

(c) 对于证券交易委员会监管的异议

(1) 提出审查申诉

(A) 概述。在最终规则、规章或命令发布后的 60 天内，如果本条所提到的委员会中的任一方认定另一方公布的最终规则、规章或命令与 (a) 款第 (7) 项或 (b) 款有冲突，申诉方可以向哥伦比亚特区巡回上诉法院提出书面请求搁置该规则、规章或命令，以便在法庭审查该最终规则、规章或命令。

(B) 从速审理。(A) 分项所述之诉讼，应由美国哥伦比亚特区巡回上诉法院迅速审理。

(2) 申诉和记录的传送。

(A) 概述。第 (1) 项所述之申诉文本应在申诉方呈交给应诉方委员会秘书长后 1 个工作日内传送。

（B）应诉方委员会的职责。应诉方委员会在收到第（1）项所述之申请文本时，应向美国哥伦比亚特区巡回上诉法院提交：

（i）需审核的规则、规章或命令的文本材料（包括相关的所有文件材料）；以及

（ii）美国哥伦比亚特区巡回上诉法院要求的任何其他材料。

（3）审查标准。美国哥伦比亚特区巡回上诉法院应

（A）不得偏袒任一方的意见；并且

（B）在确定所涉之规则、规章或命令是否与（a）款第（7）项或（b）款有冲突的基础上，应依据本款决定批准或驳回应诉方委员会发布的规则、规章或命令。

（4）司法中止。申诉方委员会依据第（1）项提出申诉时，应立即中止所涉规则、规章或命令，直至美国哥伦比亚特区巡回上诉法院对申诉（包括对裁决的上诉）作出最终裁决。

（d）联合制定规则

（1）概述。尽管本章以及（b）和（c）款有规定，商品期货交易委员会和证券交易委员会，通过与联邦储备理事会协商，应对《商品交易法案》第1a条第（47）项（A）分项（v）则以及《1934年证券交易法案》第3条（a）款第（78）项中出现的以下名词作出进一步定义："掉期"、"基于证券掉期"、"掉期交易商"、"基于证券掉期交易商"、"主要掉期参与人"、"基于证券掉期主要参与人"、"合格缔约人"以及"基于证券掉期协议"等。

（2）委员会的职权

（A）概述。尽管有本章的规定，商品期货交易委员会和证券交易委员会，通过与联邦储备理事会协商，基于公众利益以及保护投资者，商品期货交易委员会和证券交易委员确认有必要且适当，应共同采取关于这类定义的其他规则。

（B）交易信息存档。尽管有本章的规定，商品期货交易委员会和证券交易委员会，通过与联邦储备理事会协商，对要求由依据《商品交易法案》注册的掉期数据存储机构保存和维护有关基于证券掉期协议的账簿记录，应共同制定规则并共同采取某项或多项治理规则，包括详细说明每个存储机构应采集和保存数据元素的统一规则。

（C）账簿和记录。尽管有本章的规定，商品期货交易委员会和证券交易委员会，通过与联邦储备理事会协商，应对掉期交易商、主要掉期参与人、基于证券掉期交易商以及基于证券掉期参与人的有关基于证券掉期协议的账簿与记录，包括每日的交易记录，共同制定规则并共同采取某项或多项治理规则。

（D）可比性规则。由商品期货交易委员会和证券交易委员会依据本章共同制定的规则和规章，应尽可能地具有最大的可比性，尽管考虑到其在文书上以及可适用的法定要求上存在差异。

（E）追踪未清算交易。依据（A）分项制定的任何规则，应要求保存（A）分项定义的未清算的基于证券掉期协议交易有关全部活动的记录。

（F）信息共享。商品期货交易委员会应使证券交易委员会能够获得（A）分项定义的未清算的基于证券掉期协议交易的相关信息。

（3）金融稳定监管委员会。如商品期货交易委员会和证券交易委员会未能依照第（1）或第（2）项的规定及时共同制定规则，在任一方提出请求下，金融稳定监管委员会应解决争议：

（A）在收到请求后的合理时限内；

（B）在充分考虑各方提供的相关信息之后；

（C）同意其中一方关于整个问题的意见或确定一个妥协性意见。

（4）共同解释。任一委员会关于本章某一条款的解释或指引，如果本章要求商品期货交易委员会和证券交易委员会发布共同的规章以执行该条款，仅当商品期货交易委员会和证券交易委员会在与联邦储备理事会协商之后共同发布方能生效。

（e）全球性规则制定时间框架。除非本章或其修订案中另有规定，商品期货交易委员会或证券交易委员会，或者两个委员会，应在本法案颁布之日后 360 天内，单独，而非共同，依据本章或本章作出的某项修订案发布各委员会要求制定的规则与规章。

（f）规则与最终生效日期前注册。尽管本法案任何条款的生效日期有规定，自本法案颁布之日起，为本法案条款的生效日期做准备工作，商品期货交易委员会和证券交易委员会可以

（1）发布本法案允许或要求的规则、规章或命令；

（2）组织本法案要求的研究、准备研究报告和建议。

（3）依据本法案规定为相关人员注册；和

（4）依据本法案所含条件，对人员、协议、合同或交易给予本法案规定的豁免，但是只要第（1）至第（4）项所述的由商品期货交易委员会和证券交易委员会采取的诉讼，在适用于这类诉讼的本法规定生效日之前没有生效。

第 713 条 投资组合保证金的一致性变更

（a）《1934 年证券交易法案》。修订《1934 年证券交易法案》第 15 条（c）款第（3）项，在末尾增加以下内容：

"（C）尽管《商品交易法案》第2条（a）款第（1）项（C）分项（i）则或第4d条（a）款第（2）项以及其下的规则与规章有规定，根据证券交易委员会依据本章第36条或者依照规则或规章授权的豁免，依照（b）款第（1）项注册并同样依照《商品交易法案》第4f条（a）款第（1）项注册为期货经纪商的经纪人或交易商，依照商品期货交易委员会批准的投资组合保证金方案，并受到《美国法典》第11章第7篇第4分篇以及其下的规则与规章的管辖，在作为按照《商品交易法案》第4d条以及其下的规则与规章设立的期货账户运营的投资组合保证金账户中可以持有现金和证券。证券交易委员会应与商品期货交易委员会协商，采取规则以保证这些交易和账户与类似产品在可行的范围内服从可比性要求。"

（b）《商品交易法案》。修订《商品交易法案》第4d条，在末尾增加以下内容：

"（h）尽管（a）款第（2）项以及其下的规则与规章有规定，根据商品期货交易委员会依据本法第4条（c）款或依照规则或规章授权的豁免，依照本法第4f条（a）款第（1）项注册并同样依照《1934年证券交易法案》第15条（b）款第（1）项注册为经纪人或交易商的期货经纪商，依照证券交易委员会根据《1934年证券交易法案》第19条（b）款批准的投资组合保证金方案，可以在作为按照《1934年证券交易法案》第15条（c）款第（3）项以及其下的规则与规章设立的证券账户运营的投资组合保证金账户中，持有用于购买或出售远期交割商品的合同或这类合同上的期权，以及收到客户交纳用做保证金、担保或为合同提供保证的资金、证券或其他财产，或这类合同对客户产生的增值收益。商品期货交易委员会应与证券交易委员协商，采取规则以保证这些交易和账户与类似产品在可行的范围内服从可比性要求。"

（c）商品期货交易委员会的职责。修订《商品交易法案》第20条，在末尾增加以下内容：

"（c）委员会应履行其职权以确保作为期货账户运营的投资组合保证金账户中的证券是客户的财产，并且确保这些账户的所有者是基于《美国法典》第11章第7篇第4分篇所述目的的客户。"

第714条　掉期滥用

商品期货交易委员会或证券交易委员会，或二者，可以采取规则或命令，

（1）收集所需的所有以下交易的市场信息

（A）掉期（《商品交易法案》第1a条所定义；或

（B）基于证券掉期（《商品交易法案》第1a条所定义）；和

（2）商品期货交易委员会或证券交易委员会确定对以下方面有害的各类掉期或基于证券掉期发布报告

（A）金融市场的稳定；或

（B）金融市场参与者。

第715条　禁止参与掉期交易活动的职权

除了《商品交易法案》第4条规定之外，如果商品期货交易委员会或证券交易委员会确定，外国对掉期或基于证券掉期市场的监管会危害美国金融市场的稳定，任一委员会通过与美国财政部长协商，可以禁止定居于该外国的机构参与美国的任何掉期或基于证券掉期的活动。

第716条　禁止美国联邦政府救助掉期机构

（a）禁止联邦援助。尽管有法律（包括规章）规定，联邦政府不得对掉期机构的任何掉期、基于证券掉期或其他有关活动提供援助。

（b）定义在本条中：

（1）联邦援助。名词“联邦援助”是指利用不属于《联邦储备法案》第13条第（3）项（A）分项规定的具有广义基础合格性的计划或信贷工具范围之内的联邦储备信贷工具或贴现窗口的任何预放款，以及联邦存款保险公司的保险或担保，旨在

（A）向任何掉期机构提供贷款，或购买任何股票、股权，或债务义务等；

（B）购买任何掉期机构的资产；

（C）为任何掉期机构获得贷款或发行债券提供担保；或

（D）参与任何援助掉期机构的安排（包括减税）、分担损失，或分享利润。

（2）掉期机构。

（A）概述。名词“掉期机构”是指依据以下法案注册的任何掉期交易商、基于证券掉期交易商、主要掉期参与人、基于证券掉期主要参与人

（i）《商品交易法案》；或

（ii）《1934年证券交易法案》。

（B）例外。“掉期机构”不包括任何主要掉期参与人或基于证券掉期主要参与人是参加保险的存款机构。

（c）参加保险存款机构的联营机构。（a）款规定的禁止联邦援助不适用于并且应不阻止参加保险存款机构拥有或建立作为掉期机构的联营机构，只要该参加

保险存款机构属于由联邦储备体系监管的银行控股公司或储贷控股公司的成员，而且附属掉期机构符合《联邦储备法》第23A和第23B条的规定，以及商品期货交易委员会或证券交易委员会的其他要求，并且酌情由联邦储备理事会可能认为有必要和适当的要求。

（d）*只允许真实套期保值和传统银行业务活动*。（a）款所规定的禁止应适用于任何参加保险存款机构，除非该参加保险存款机构将其掉期或基于证券掉期活动限制在

（1）直接与参加保险存款机构的业务活动相关的套期保值或其他类似的风险减缓业务活动。

（2）依据《美国修订法案》第5136条指定的“第七”项规定，第（3）项的规定除外，从事国民银行被允许投资的涉及利率或参考资产的掉期或基于证券掉期业务的掉期机构。

（3）对信用违约掉期的限制。掉期机构，如从事：信用违约掉期，包括或以《1934年证券交易法案》第3条（a）款（77）项（本法案所做的修订）所定义的资产支持证券的信用风险为参考基准的掉期或基于证券掉期，应不被认可为基于（d）款（2）项目的银行许可的业务活动，除非这些掉期或基于证券掉期是由衍生品清算组织（《商品交易法案》第1a条所定义）清算，或由分别依据《商品交易法案》注册，或豁免注册为衍生品清算组织的清算机构（《证券交易法案》第3条所定义），或者依据《证券交易法案》规定的清算机构进行清算。

（e）*现存的掉期和基于证券掉期*。（a）款的禁令仅适用于在（f）款规定的过渡期结束后由参加保险存款机构参与的掉期或基于证券掉期。

（f）*过渡期*。如果参加保险存款机构符合“掉期机构”资格，并属于（a）款规定的禁止联邦援助，适当联邦银行业监管机构，在与商品期货交易委员会，或酌情与证券交易委员会协商并参考其意见之后，应允许该参加保险存款机构在24个月之内剥离掉期机构或停止要求注册为掉期机构后才可开展的业务活动。在建立适当过渡期以实施剥离或处理停业事务的过程中，包括将掉期机构转变为参保存款机构的附属机构，该适当联邦银行业监管机构应考虑，并书面记录发现的有关剥离或停业对参加保险存款机构造成以下方面的潜在影响：（1）抵押借款，（2）小企业借款，（3）就业创造，以及（4）资本形成相对于参加保险存款机构和联邦存款保险公司存款保险基金的潜在不良影响。该适当联邦银行业监管机构可以考虑其他适当因素。该适当联邦银行业监管机构可以对该参加保险存款机构的剥离或停止掉期机构业务提出其认为必要和适当的条件。该适当联邦银行业监管机构在与商品期货交易委员会和证券交易委员会协商之后，可以延长本款规定的过渡期，延长期最长为1年。

(g) 不包括在内的机构。基于本条目的，名词“掉期机构”应不包括任何依据《联邦存款保险法案》的参保存款机构，或者依据第2章规定处于财产管理、破产接管的金融公司，或由联邦存款保险公司运营的过渡银行。

(h) 生效日期。(a) 款的禁令应紧接着本法案生效之日两年生效。

(i) 要求清算

(1) 概述

(A) 联邦存款保险公司承保机构所有由联邦存款保险承保的掉期机构，因该掉期机构的掉期或基于证券掉期业务导致处于破产接管或被宣告破产，应依据有关合同处理的适用法律，终止或转移相关掉期或基于证券掉期业务。任何纳税人基金不得用于帮助掉期机构免除因该机构的掉期或基于证券掉期业务而导致的破产接管。

(B) 具有系统性风险并依据第113条受到加强审慎监管的机构。所有具有系统性风险并依据第113条受到加强审慎监管的掉期机构，并因该机构的掉期或基于证券掉期业务导致其处于破产接管或被宣布破产，应依据有关合同处理的适用法律，终止或转移相关掉期或基于证券掉期业务。任何纳税人基金不得用于帮助掉期机构免除因该机构的掉期或基于证券掉期业务而导致的破产接管。

(C) 非联邦存款保险公司承保的、不具有系统重要性、不属于依据第113条受到加强审慎监管的机构。任何纳税人基金不得用于非联邦存款保险公司承保的、不具有系统重要性、不属于依据第113条受到加强审慎监管的掉期机构的有序清盘。

(2) 资金回收。所有用于终止或转移掉期机构的掉期或基于证券掉期业务的资金，应依据相关适用法律通过处置该掉期机构的资产或通过评估，包括依据适用法律对其金融部门的评估进行回收。

(3) 纳税人无损失纳税人应不承担任何管理部门依据本章行为造成的损失。

(j) 禁止掉期机构与银行业的无监管联合。(k) 款的规则采用之后，银行或银行控股公司不得成为掉期机构，除非其在进行掉期或基于证券掉期业务时，遵守其审慎监管者设定的、经过合理计算以允许掉期机构以安全与稳健的方式进行掉期或基于证券掉期业务，并减低系统性风险的最低标准。

(k) 规则。在制定规则时，掉期机构的审慎监管者应考虑以下因素：

(1) 掉期机构的专业能力和管理能力，包括进行有效监督的系统。

(2) 掉期机构的财政力量。

(3) 识别、测量并控制源自掉期机构运营的风险系统。

(4) 识别、测量并控制掉期机构参与现有市场的系统。

（5）控制掉期机构参与或进入新市场和新产品的系统。

（l）金融稳定监督委员会的职权。如果本法案制定的其他条款不足以有效减低系统性风险和保护纳税人，金融稳定监督委员会可以决定，掉期机构不再因任何掉期、基于证券掉期或掉期机构其他业务接受联邦援助。金融稳定监督委员会禁止联邦援助的任何决定应以逐个机构为基础，而且应要求金融稳定监督委员会不少于2/3的成员投票通过，而且投票的成员必须包括金融监督委员会的主席、联邦储备理事会主席和联邦存款保险公司的主席。该决定的通知和听证要求应符合第I章规定的标准。

（m）禁止衍生品自营交易参加保险存款机构应遵守《多德—弗兰克华尔街改革和消费者保护法案》第619条规定的衍生品自营交易禁令。

第717条　新产品批准的商品期货交易委员会证券交易委员会程序

（a）修订《商品交易法案》。《商品交易法案》第2条（a）款第（1）项（C）分项修订如下：

（1）删除（i）则中“这”，插入“（I）除非（II）分则有规定，这”；和

（2）在（i）则末尾增加以下内容：“（II）本法案应适用且委员会应拥有对相关的账户、协议和交易的管辖权，委员会可以依据第5c条（c）款许可1只或多只证券的看跌、看涨或其他期权的上市交易（在《1982年期货交易法案》颁布之日，由《1933年证券法案》第2条（a）款第（1）项或《1934年证券交易法案》第3条（a）款（10）项所定义），包括证券交易委员会依据《1934年证券交易法案》第36条（a）款第（1）项并对这些看跌、看涨或其他期权拥有管辖权的条件下予以豁免的这些证券的任意组合或指数，或其中的任何权益或以其价值为基础的，但只要本项应不被解释为影响证券交易委员会对于这些看跌、看涨或其他期权的管辖权和监管职权。”

（b）《1934年证券交易法案》的修订。在《1934年证券交易法案》第3A条（《美国法典》第15篇第78c－1节）之后增加：

“第3B条　证券相关衍生品

“（a）商品期货交易委员会依据《商品交易法案》第4条（c）款第（1）项，在委员会对于该协议、合同或交易享有管辖权的条件下予以豁免的任何协议、合同或交易（或其类别）应被视为基于证券法律目的的证券。

“（b）关于商品期货交易委员会依据《商品交易法案》第4条（c）款第（1）项，在委员会对于该协议、合同或交易享有管辖权的条件下予以豁免的任何协议、合同或交易（或其类别），在证券法律中提及的证券‘购买’或‘出售’

应被视为包括这些协议、合同或交易中的权利或义务的执行、终止（在预定的到期日之前）、转让、交换，或类似的转移或转交，或灭失，酌情要求。”

（c）《1934 年证券交易法案》的修订。修订《1934 年证券交易法案》第 19 条（b）款，在末尾增加以下内容：

“（10）尽管第（2）项有规定，证券交易委员会在规定的时限内按命令要求批准拟议的规则改变或提起诉讼以决定是否对该拟议的规则改变予以否决，该时限可暂缓直至委员会根据商品期货交易委员会或其主席的要求作出决定，委员会依照《2010 年华尔街透明度与问责法案》第 718 条对一项属于拟议的规则改变的产品是否是证券作出决定并予以公布。”

（d）《商品交易法案》修订。《商品交易法案》第 5c 条（c）款第（1）项修订如下：

（1）删除“属于第（2）项”，插入“（A）选举。属于第（2）项”；并

（2）在末尾增加以下内容：

“（B）认证。依据本项的产品认证应暂缓直至委员会根据证券交易委员会或其主席的要求作出决定，商品期货委员会依据《2010 年华尔街透明度与问责法案》第 718 条对属于验证的产品是否是远期交割商品销售合同，或者这类合同上的期权，或者商品期权作出决定并予以公布。”

第 718 条　决定新型衍生产品地位

（a）新型衍生产品地位决定程序

（1）通知

（A）概述。任何人在为可能兼具证券和商品期货销售合同（或这类合同的期权，或商品期权）特征的新型衍生产品申请上市或交易时，申请人可以同时向证券交易委员会和商品期货交易委员会提交通知和一份申请文本。任何这类通知应该说明已通知两个委员会。

（B）告知。如果未按照（A）分项要求向两个委员会同时提交通知，在决定为可能兼具证券和商品期货销售合同（或这类合同的期权，或商品期权）特性的新型衍生产品寻求上市或交易提出申请后 5 个工作日内，证券交易委员会或商品期货交易委员会，根据情况适用，收到申请的委员会应告知另一方并向其提供一份申请文本。

（2）要求作出决定

（A）概述。商品期货交易委员会可以在收到第（1）项规定的通知后的 21 天内，或在没有收到通知的情况下自行提出，要求证券交易委员会就某产品是否属于《1934 年证券交易法案》第 3 条（a）款（10）项

所定义的证券发布决定。

(B) 要求。证券交易委员会可以在收到第（1）项规定的通知后21天内，或在没有收到通知的情况下自行提出，要求商品期货交易委员会就某产品是否是商品期货销售合同、这类合同的期权或商品期权发布决定，商品期货交易委员会依据《商品交易法案》第2条（a）款第（1）项（A）分项对此类产品享有排他性管辖权。

(C) 要求提交条件。依据（A）或（B）分项之要求应以书面方式提交给证券交易委员会或商品期货交易委员会，根据情况适用。

(D) 效力。本项不应解释为妨碍：

(i) 商品期货交易委员会向证券交易委员会要求，由证券交易委员会依据《1934年证券交易法案》第36条（a）款第（1）项对属于第（1）项申请验证的产品予以豁免；或

(ii) 证券交易委员会向商品期货交易委员会要求，由商品期货交易委员会依据《商品交易法案》第4条（c）款第（1）项对属于第（1）项申请验证的产品予以豁免。

但本分项不应解释为要求商品期货交易委员会或证券交易委员会被要求依据本分项签发豁免，进而依据第（3）项（B）分项发布的、本分项所述的授予或否决豁免的命令应不属于依照（b）款规定的司法审查。

(E) 要求撤回。在依照第（3）项作出决定之前的任何时间，提出要求的委员会一方可以任何理由，以书面形式通知另一个委员会的负责人撤回其依据（A）或（B）分项提出的要求。

(3) 决定。尽管其他法律条款有规定，在收到要求之后120天内：

(A) 依据第（2）项（A）或（B）分项的规定，除非该要求已经依据第（2）项（E）分项被撤回，证券交易委员会或商品期货交易委员会，根据情况适用，应以命令发布第（2）项（A）或（B）分项规定的决定以及决定的理由；或

(B) 依据第（2）项（A）或（B）分项的规定，除非该要求已经依据第（2）项（E）分项被撤回，证券交易委员会或商品期货交易委员会，根据情况适用，应批准豁免或提出拒绝批准豁免的理由，而且证券交易委员会拒绝批准豁免的决定应不受依据《1934年证券交易法案》第25条规定的审查。

(b) 司法决议

(1) 概述。如果商品期货交易委员会或证券交易委员会认为对方依据（a）款第（3）项（A）分项发布其关于可能兼具证券和商品期货销售合同

（或这类合同的期权，或商品期权）特征的新型衍生产品的最终命令，会影响己方的法定管辖权，在该命令生效日后60天内可以向美国哥伦比亚特区巡回上诉法院提出书面申诉要求审查该项命令。任何这类诉讼应由上诉法庭加速审理。

（2）申诉和记录的传送。第（1）项所述之申诉书应在申诉方向应诉方递交后1个工作日内传送。一旦收到申诉书，应诉方应向法院提交待审查的命令文本、所有命令相关文件以及法庭要求的任何其他材料。

（3）审查标准。法庭在审理依据第（1）项提出的申诉时，对任何一方应不偏不倚。

（4）司法暂缓。申诉方依据第（1）项提出申诉书后，所涉及命令即暂缓执行，直至法院对申诉（包括裁决的上诉）作出最终裁决。

第719条　研究

（a）研究头寸限制对于美国交易所交易的影响

（1）研究。商品期货交易委员会，通过与依据《商品交易法案》指定为合同市场的各家机构磋商，应组织研究依据本章其他条款对过度投机，以及将交易转移至美国交易所之外的境外市场进行交易强制施行头寸限制的影响。

（2）向国会报告。在依据本章其他条款实行头寸限制后12个月内，商品期货交易委员会，通过与依据《商品交易法案》指定为合同市场的各家机构磋商，应向国会就第（1）项所述事务提交一份报告。

（3）听证要求。众议院农业委员会应在国会收到第（2）项所述报告之后30个立法日内举行听证会审查报告内容。

（4）双年报告。除了第（1）项规定的研究之外，商品期货交易委员会主席应就美国国内外衍生品市场增长或下降的情况每两年向国会提交一份报告，报告应包括对导致增长或下降原因的评估、监管机制对系统性风险的管理成效、报告期间受美国监管的市场参与者的合规成本与2008年12月市场参与者的合规成本的比较，以及可获取的数据的质量。在准备报告时，该主席应征集市场参与者、监管机构、立法机构以及其他利益方的意见、与其进行咨商，讨论各方提出的关切问题。

（b）强制使用金融衍生品标准化算法描述的可行性研究

（1）概述。证券交易委员会和商品期货交易委员会应组织对强制要求衍生品行业（衍生品协会）采用可用于复杂的标准化金融衍生品的标准化计算机可读算法描述进行可行性联合研究。

（2）目标。研究所定义的算法描述应在设计上便于计算机对各个衍生品合同进行分析，并计算复杂衍生品的净风险敞口。应对算法描述加以优化以便同时满足下列各方使用：

（A）商业用户和衍生品交易商；

（B）衍生品清算组织、交易所以及电子交易平台；

（C）交易存储机构和监管者对市场活动的调查；和

（D）系统性风险监管者。

研究还将检查算法描述以及标准化、可延展的法律定义作为衍生品合同的约束性法律定义的范围。研究将检查对可能实施的衍生品合同的后勤保障。研究应限于对衍生品合同说明书的交易的电子版式，并且不考虑披露专利性估价模型。

（3）国际协作。在组织研究过程中，证券交易委员会和商品期货交易委员会应根据实际需要，与国际金融机构以及监管机构合作开展研究。

（4）报告。在本法案颁布之日起 8 个月内，证券交易委员会和商品期货交易委员会应将包含第（1）至第（3）项规定的研究结果的书面报告，联合提交给美国众议院的农业委员会、金融服务委员会、美国参议院的农业、营养与林业委员会及银行业、住房和城市事务委员会。

（c）掉期国际监管

（1）概述。商品期货交易委员会和证券交易委员会应联合组织研究

（A）关于

（i）美国、亚洲和欧洲的掉期监管；以及

（ii）美国、亚洲和欧洲的清算所和清算机构监管；

（B）确认美国、亚洲和欧洲相似的监管领域以及可以统一监管的其他领域。

（2）报告。在本法案颁布之日后 18 个月内，商品期货交易委员会和证券交易委员会应将包括依据（a）款开展研究结果的报告，提交给参议院的农业、营养与林业委员会、银行业、住房和城市事务委员会、众议院的农业委员会和金融服务委员会，该报告包括

（A）确认各个地理区域内的掉期和基于证券掉期的交易的主要交易所和监管者，列出主要合同及其交易量和估算价值，以及确认参与这些市场的主要掉期交易商；

（B）确认各个地理区域内清算掉期和基于证券掉期的主要清算所和清算机构及其监管者，列出主要合同、清算量和估算价值，以及确认这些清算所和清算机构在这些市场上的主要清算会员。

（C）说明对美国、亚洲和欧洲的掉期清算的比较方法；并

（D）说明用于各种掉期、基于证券掉期和掉期组合建立保证金的各类系统。

(d) 稳定价值合同

(1) 决定

(A) 地位。在本法案颁布之日起15个月内，证券交易委员会和商品期货交易委员会应联合组织研究，以决定稳定价值合同是否应列入掉期的定义范围。在依据本分项作出所要求的决定时，两个委员会应共同与美国劳工部、财政部以及监管稳定价值合同发行人的州政府机构进行协商。

(B) 规章。如果两个委员会认定稳定价值合同应列入掉期的定义范围，两个委员会应共同决定对稳定价值合同从掉期定义豁免是否适当和符合公众利益。两个委员会应共同发布实施依据本项所要求的决定的规章。尽管有本章其他条款的规定，在这些规章生效日之前，本章的规定应不适用于稳定价值合同。

(C) 法律确定性。在（B）分项所述之规章生效日之前生效的稳定价值合同应不被视为掉期。

(2) 定义。基于本款目的，名词“稳定价值合同”是指由银行、保险公司，或其他受州或联邦监管的金融机构提供的能以抵补利率和担保，或者在到期之前按照合同或账面价值提供到流动性财务保障的任何合同、协议或交易，旨在为任何个人或为在一项雇员福利计划（《1974年雇员退休收入保障法案》第3条第（3）项所定义，也包括该法第3条第（32）项所述的计划）中可作为一项投资的混合基金，该计划属于参与者导向、合格的延期支付计划（《1986年国内税收法案》第457条（b）款所定义），是由该法457条（e）款第（1）项（A）分项所述的合格雇主维持的、该法403（b）款所述的一份协议，或一份合格的学费计划（该法第529条所定义）。

第720条　备忘录

(a) (1) 在本法案颁布之日起180天内，商品期货交易委员会和联邦能源证券交易委员会应协商达成一份谅解备忘录以建立以下程序：

(A) 两个委员会基于公众利益各自高效地行使监管职权；

(B) 解决两个委员会之间因管辖权重叠产生的冲突；同时

(C) 尽可能地避免有矛盾的或重复的监管。

(2) 该备忘录及其任何修订应立即提交给美国国会的适当委员会。

(b) 在本条颁布之日起180天内，商品期货交易委员会和联邦能源监管委员会应协商达成一份关于信息共享的谅解备忘录，这些信息在一方委员会对自己监管或监督的市场中对潜在的操纵、欺诈，或市场权力滥用进行调查时可能会需要。共享信息应不得违反适用于信息初始拥有方委员会对信息公开的限制条件。

第二小节　掉期市场监管

第 721 条　定义

(a) 概述。《商品交易法案》的第 1a 条修订如下：

(1) 将第 (2)、第 (3) 和第 (4) 项分别变更为第 (6)、第 (8) 和第 (9) 项；第 (5) 到第 (17) 项，第 (18) 到第 (23) 项，第 (24) 到第 (28) 项各自变更为第 (11) 到第 (23) 项，第 (26) 到第 (31) 项，第 (34) 到第 (38) 项；第 (29)、第 (30) 项分别变更为第 (40)、第 (41) 项；第 (31) 到第 (33) 项以及第 (34) 项各自变更为第 (44) 到第 (46) 项以及第 (51) 项；

(2) 在第 (1) 项后插入下列条文：

"(2) 适当联邦银行业监管机构。名词'适当联邦银行业监管机构'是

"(A) 与《联邦存款保险法案》第 3 条的含义相同；

"(B) 对于未参加存款保险的州银行，指联邦储备理事会；及

"(C) 监管农业信贷系统机构的农业信贷管理局。

"(3) 基于证券掉期交易商或者基于证券掉期主要参与人的关联人员。名词'基于证券掉期交易商或者基于证券掉期主要参与人的关联人员'与《1934 年证券交易法案》第 3 条 (a) 款的含义相同。

"(4) 掉期交易商或者主要掉期参与人的关联人员。

"(A) 概述。名词'掉期交易商或者主要掉期参与人的关联人员'是指，作为合伙人、高级职员、雇员，或者代理人（或者处在类似职位或者履行类似职能的任何人）与掉期交易商或者主要掉期参与人有关联的人，以任何名义涉及：

"(i) 兜售或者接受掉期；或者

"(ii) 对参与人员的监督。

"(B) 例外。除第 4s 条 (b) 款第 (6) 项外，名词'掉期交易商或者主要掉期参与人的关联人员'不包括，对掉期交易商或者主要掉期参与人提供文书或秘书支持的任何有关联人员。

"(5) 理事会。名词'理事会'是指联邦储备理事会。"

(3) 在第 (6) 项（由第 (1) 项重新编号的）之后插入下列条文：

"(7) 已清算掉期——名词'已清算掉期'是指直接或者间接提交给在委员会注册的衍生品清算组织并由其清算的任何掉期。"

(4) 在第 (9) 项（由第 (1) 项重新编号的）中，删除"除洋葱"

(except onions）和后续内容直到末尾句号，并插入下列条文：“除洋葱（按照公法 85 - 839 第 1 条规定）和电影票房收入（或者与此类收入有关的任何指数、量化工具、价值或者数据），以及目前或者将来处理的远期交割合同的所有服务、权利和利益（除电影票房收入或者与此类收入有关的指数、量化工具、价值或者数据外）。”

（5）在第（9）项（由第（1）项重新编号的）之后插入下列条文：

“（10）商品基金：

“（A）概述。名词‘商品基金’是指为商品交易利益而经营的任何投资信托、辛迪加或者类似的企业形式，包括：

“（i）远期交割商品，证券期货产品，或者掉期；

“（ii）第 2 条（c）款第（2）项（C）分项（i）则或者第 2 条（c）款第（2）项（D）分项（i）则所述的协议、合同或者交易；

“（iii）依据第 4c 条特许的商品期权；或者

“（iv）依据第 19 条特许的杠杆交易。

“（B）进一步定义——委员会通过规则或者规章，可以在名词‘商品基金’中包含或者排除投资信托、辛迪加或者类似的企业形式，若委员会确定该规则或者规章将实现本法目的。”

（6）删除第（11）项（由第（1）项重新编号的），并插入下列条文：

“（11）商品基金经理：

“（A）概述。名词‘商品基金经理’是指以下任何人员：

“（i）所从事的业务性质是商品基金、投资信托、辛迪加或者类似的企业形式，并且就此兜售、接受，或者向他人收取基金、证券或者财产，要么直接要么通过出资、出售股票或者其他证券或者其他方式，目的是为获取商品交易的利益，包括任何：

“（I）远期交割商品，证券期货产品，或者掉期；

“（II）第 2 条（c）款第（2）项（C）分项（i）则或者第 2 条（c）款第（2）项（D）分项（i）则中所述的协议、合同或者交易；

“（III）依据第 4c 条特许的商品期权；或者

“（IV）依据第 19 条特许的杠杆交易；或者

“（ii）在委员会注册为商品基金经理的人员。

“（B）进一步定义：委员会通过规则或者规章，可以在名词‘商品基金经理’中包含或者排除从事性质为商品基金、投资信托、辛迪加或者类似企业形式的业务任何人员，若委员会确定该规则或者规章将实现本法目的。”

（7）在第（12）项（由第（1）项重新编号的）中，在（A）分项：

（A）在（i）则中：

（i）在（I）分则中，删除"制定或遵守合同市场或者衍生品交易执行设施的规则"，并插入"证券期货产品，或者掉期"；

（ii）将（II）和（III）分则分别变更为第（III）和（IV）分则；

（iii）在（I）分则之后插入下列条文：

"（II）第2条（c）款第（2）项（C）分项（i）则或者第2条（c）款第（2）项（D）分项（i）则中所述的协议、合同或者交易；及

（iv）在第（IV）分则（重新编号的）中，删除"或者"；

（B）在（ii）则中，删除末尾的句号，并插入分号；及

（C）在末尾增加下列条文：

"（iii）在委员会注册为商品交易顾问；或者

"（iv）如果委员会确定该规则或者规章将使本法的目的得以实现，委员会可以依该规则或者规章采用；"

（8）在（17）项（由第（1）项重新编号的）的（A）分项（i）则之前的事项中，删除"第（12）项（A）分项"，并插入"第（18）项（A）分项"；

（9）在第（18）项（由第（1）项重新编号的）中

（A）在（A）分项中：

（i）在（vii）则（III）分则后面的事项中：

（I）删除"1a条第（11）项（A）分项"，并插入"第（17）项（A）分项"；以及

（III）删除"25,000,000美元"，并插入"50,000,000美元"；及

（ii）在（xi）则中，在（I）分则之前的事项中，删除"一定金额的总资产"，并插入"在自由裁量基础上的投资金额，其总额为"；

（10）删除第（22）项（由第（1）项重新编号的），并插入下列条文：

"（22）场内经纪人：

"（A）概述。名词'场内经纪人'是指以下任何人：

"（i）该人应当是在提供类似从业人员会面进行合同交易的任何交易场地、环形交易台、席位或者其他场所内或者周围，为任何其他人购买或者出售：

“(I) 任何远期交割商品，证券期货产品，或者掉期；或者

“(II) 依据第4c条特许的商品期权；或者

“(ii) 该人在委员会注册为场内经纪人。

“(B) 进一步定义：如果委员会确定该规则或者规章将使本法的目的得以实现，委员会采用规则或者规章，在定义名词‘场内经纪人’时，可以将在提供类似从业人员会面进行合同交易的任何交易场地、环形交易台、席位或者其他场所内或者周围为任何其他人交易的任何人包括在内或者排除在外。”

(11) 删除第(23)项(由第(1)项重新编号的)，并插入下列条文：

“(23) 场内交易商：

“(A) 概述。名词‘场内交易商’是指下列任何人：

“(i) 该人在提供类似从业人员会面进行合同交易的任何交易场地、环形交易台、席位或者其他场所内或者周围专门为自己账户购买或者销售下列：

“(I) 任何远期交割商品，证券期货产品，或者掉期；或者

“(II) 依据第4c条特许的商品期权；或者

“(ii) 该人在委员会注册为场内交易商。

“(B) 进一步定义——如果委员会确定该规则或者规章将使本法的目的得以实现，委员会采用规则或者规章，在定义名词‘场内交易商’时，可以将在提供类似从业人员会面进行合同交易的任何交易场地、环形交易台、席位或者其他场所内或者周围专门为自己账户交易的任何人包括在内或者排除在外。”

(12) 在第(23)项(由第(1)项重新编号的)之后插入下列条文：

“(24) 外汇远期——名词‘外汇远期’是指仅涉及在将来特定日期以兑换合同签订时约定的汇率兑换两种不同货币的交易。

“(25) 外汇掉期——名词‘外汇掉期’是指仅涉及以下事项的交易：

“(A) 在某特定日期以兑换合同签订时约定的汇率兑换两种不同货币；及

“(B) 在更迟的某个日期以兑换合同签订时约定的汇率对(A)分项中所述的两种货币进行反向兑换。”

(13) 删除第(28)项(由第(1)项重新编号的)，并插入下列条文：

“(28) 期货经纪商：

“(A) 概述。名词‘期货经纪商’是指下列个人、协会、合伙企业、公司或者信托：

“(i) 即：

“（I）是：

“（aa）从事兜售或者接受以下订单：

“（AA）远期交割商品的购买或者出售；

“（BB）证券期货产品；

“（CC）掉期；

“（DD）第2条（c）款第（2）项（C）分项（i）则或者第2条（c）款第（2）项（D）分项（i）则中所述的协议、合同或者交易；

“（EE）第4c条特许的商品期权；或者

“（FF）第19条特许的杠杆交易；或者

“（bb）在第2条（c）款第（2）项（C）分项（i）则或者第2条（c）款第（2）项（D）分项（i）则中所述的协议、合同或者交易中作为交易对手方；及

“（II）在（I）分则的（aa）或者（bb）所述活动中或者与之有关的，收取任何货币、证券或者财产（或者替代上述的扩展信用）作为保证金、担保，或保证实现或可能实现任何交易或者合同；或者

“（ii）在委员会注册为期货经纪商。

“（B）进一步定义。如果委员会确定该规则或者规章将使本法的目的得以实现，委员会采用规则或者规章，在定义名词‘期货经纪商’时，可以将从事兜售或者接受适用本法的协议、合同或者交易的订单，或者作为其中的交易对手方，并收取任何货币、证券或者财产（或者替代上述的扩展信用）作为保证金、担保，或保证实现或可能实现任何交易或者合同的任何人，包括在内或者排除在外。”

（14）在第（30）项（由第（1）项重新编号的）的（B）分项中，删除小写的“州（state）”并插入首字母大写的“州（State）”。

（15）删除第（31）项（由第（1）项重新编号的），并插入下列条文：

“（31）介绍经纪人：

“（A）概述。名词‘介绍经纪人’是指下列任何人（个人选择成为并注册为期货经纪商的关联人员除外）：

“（i）即：

“（I）从事兜售或者接受以下订单：

“（aa）购买或者出售远期交割商品、证券期货产品或者掉期；

“（bb）第2条（c）款第（2）项（C）分项（i）则

或者第2条（c）款第（2）项（D）分项（i）则所述的协议、合同或者交易；

“（cc）第4c条特许的商品期权；或者

“（dd）第19条特许的杠杆交易；及

“（II）不收取任何货币、证券或者财产（或者替代上述的扩展信用）作为保证金、担保，或保证实现或可能实现任何交易或者合同；或者

“（ii）该人在委员会注册为介绍经纪人。

“（B）进一步定义。如果委员会确定该规则或者规章将使本法的目的得以实现，委员会采用规则或者规章，在定义名词‘介绍经纪人’时，可以将从事兜售或者接受适用本法的协议、合同或者交易的订单，并收取任何货币、证券或者财产（或者替代上述的扩展信用）作为保证金、担保，或保证实现或可能实现任何交易或者合同的任何人，包括在内或者排除在外。”

（16）在第（31）项（由第（1）项重新编号的）之后插入下列条文：

“（32）基于证券掉期主要参与人：名词‘基于证券掉期主要参与人’具有《1934年证券交易法案》第3条（a）款给出的含义。

“（33）主要掉期参与人：

“（A）概述。名词‘主要掉期参与人’是指非掉期交易商任何人，并且：

“（i）持有委员会决定的任何主要掉期种类的大量头寸，不包括：

“（I）用于对冲或者减轻商业风险的头寸；以及

“（II）任何《1974年雇员退休收入保障法案》第3条第（3）和第（32）项定义的雇员福利计划（或者任何因这类计划而持有的合同），主要目的是为了对冲或者减轻与该计划运营直接有关的风险而持有的头寸；

“（ii）其未清偿掉期造成大量的对手方风险敞口，该风险敞口可能对美国银行体系或者金融市场的金融稳定造成严重危害；或者

“（iii）（I）是资本额被高度杠杆化的金融机构，并且该机构不受适当联邦银行业监管部门所决定的资本要求约束；和

“（II）维持委员会决定的任何主要掉期种类的大量未清偿头寸。

“（B）大量头寸的定义——基于（A）分项的目的，委员会应当以规则或者规章定义‘大量头寸’的门槛水平，委员会根据对具有系统重

要性或者对美国金融体系具有显著影响的机构实施审视的有效监测、管理和监督来决定该门槛水平。在依据该分项作出定义时，委员会应当考虑该参与人已清偿的相对于未清偿的掉期头寸，并且可能考虑相对交易对手方风险敞口而持有抵押品的价值与质量。

“（C）认定范围——基于（A）分项的目的，某人可以被认定为一个或者多个掉期种类的主要掉期参与人而无须划分为所有掉期类型的主要掉期参与人。

“（D）例外——本项中的定义不包括以下实体：主营业务是提供融资，并运用衍生品对冲与利率和外汇风险有关的原生商业风险，其中90%以上的风险来源于为便利购买或者租赁产品的融资，并且90%以上的产品是由母公司或者母公司的其他子公司所生产。”

（17）在第（38）项（由第（1）项重新编号的）之后插入下列条文：

“（39）审慎监管者——名词‘审慎监管者’是指：

“（A）联邦储备理事会，对于下列的掉期交易商，主要掉期参与人，基于证券掉期交易商，或者基于证券掉期主要参与人而言：

“（i）作为联邦储备系统会员的州立银行；

“（ii）国外银行的州立分行或者代理机构；

“（iii）任何国外银行的未投保分行；

“（iv）依据《联邦储备法案》第25A条经营或者依据《联邦储备法案》第225条与理事会达成协议的任何组织；

“（v）任何银行控股公司（《1965年银行控股公司法案》第2条所定义），依据《1978年国际银行业法案》第8条（a）款作为银行控股公司处理的任何国外银行（《1978年国际银行业法案》第1条（b）款第（7）项所定义），以及此类公司或者国外银行的子公司（不包括（A）或者（B）分项中所述的子公司，或者要求依据本法在商品期货交易委员会注册为掉期交易商或者主要掉期参与人的子公司，或者在证券交易委员会注册为基于证券掉期交易商或者基于证券掉期主要参与人的子公司）；

“（vi）在转换日期之后（《多德—弗兰克华尔街改革与消费者保护法案》第311条所定义），储蓄与贷款控股公司（《住房所有人贷款法案》第10条所定义）以及此类公司的子公司（不包括（A）或者（B）分项中所述的子公司，或者依据本法在委员会注册为掉期交易商或者主要掉期参与人的子公司，或者在证券交易委员会注册为基于证券掉期交易商或者基于证券掉期主要参与人的子公司）；或者

“（vii）依据《联邦储备法案》第25A条经营或者依据《联邦储备法案》第25条与美联储签订协议的任何组织；

“（B）货币监理署，对于下列的掉期交易商，主要掉期参与人，基于证券掉期交易商，或者基于证券掉期主要参与人而言：

“（i）国民银行；

“（ii）国外银行的联邦特许分行或者代理机构；或者

“（iii）任何联邦储蓄协会；

“（C）联邦存款保险公司，对于下列的掉期交易商，主要掉期参与人，基于证券掉期交易商，或者基于证券掉期主要参与人而言：

“（i）非联邦储备系统会员的州立银行；或者

“（ii）任何州储蓄协会；

“（D）农业信贷管理局，对于依据《1971年农业信贷法案》注册的机构作为掉期交易商，主要掉期参与人，基于证券掉期交易商，或者基于证券掉期主要参与人；及

“（E）联邦住房金融局，对于由《1992年联邦住房企业金融安全性和稳健性法案》第1303条定义的受监管机构作为掉期交易商，主要掉期参与人，基于证券掉期交易商，或者基于证券掉期主要参与人。”

（18）在第（40）项（由第（1）项重新编号的）中：

（A）删除（B）分项；

（B）将（C）、（D）和（E）分项分别变更为（B）、（C）和（F）分项；

（C）在（C）分项（重新编号的）中，删除“及”；及

（D）在（C）分项（重新编号的）之后插入下列条文：

“（D）依据第5h条注册的掉期执行设施；

“（E）依据第21条注册的掉期数据存储机构；及”

（19）在第（41）项（由第（1）项重新编号的）之后插入下列条文：

“（42）基于证券掉期——名词‘基于证券掉期’具有《1934年证券交易法案》第3条（a）款给出的含义。

“（43）基于证券掉期交易商。名词‘基于证券掉期交易商’具有《1934年证券交易法案》案3条（a）款给出的含义”。

（20）在第（46）项（由第（1）项重新编号的）中，删除“适用第2条（h）款第（7）项”，并插入“适用第2条（h）款第（5）项”；

（21）在第（46）项（由第（1）项重新编号的）之后插入下列条文：

“（47）掉期：

“（A）概述。除（B）分项另有规定外，名词‘掉期’是指以下任

何协议、合同或者交易：

“（i）看跌期权、看涨期权、利率上限期权、利率下限期权、利率项圈期权或者任何种类的类似期权，用于购买或者出售或以其价值为基础的一种或者多种利率或者其他比率、货币、商品、证券、债务工具、指数、量化工具，或者其他金融或经济的利益或者任何种类的财产；

“（ii）依赖于与潜在的金融、经济或者商业后果有关的事件或者偶发事件的发生、不发生或者发生的程度的任何购买、出售、支付或者交付（权益证券的股息除外）；

“（iii）为在固定或者偶然的基础上交易一种或者多种利率或者其他比率、货币、商品、证券、债务工具、指数、量化工具，或者其他金融或经济的利益或者任何种类的财产，或者其中的任何利益或者基于其价值的提供执行基础，以及类似于在交易双方之间，整体或部分地转移与任何这类价值或水平未来变化有关的金融风险，并且没有转让吸收如此转移的该金融风险的资产（包括任何企业或者投资池）或负债上的当前或将来、直接或间接的所有权利益，包括下列通称的任何协议、合同或者交易

“（I）利率掉期；

“（II）利率下限；

“（III）利率上限；

“（IV）利率项圈；

“（V）交叉货币利率掉期；

“（VI）息率基础掉期；

“（VII）货币掉期；

“（VIII）外汇掉期；

“（IX）总回报掉期；

“（X）权益指数掉期；

“（XI）权益掉期；

“（XII）债务指数掉期；

“（XIII）债务掉期；

“（XIV）信用利差；

“（XV）信用违约掉期；

“（XVI）信用掉期；

“（XVII）气候掉期；

“（XVIII）能源掉期；

“（XIX）金属掉期；

“（XX）农业掉期；

“（XXI）碳排放掉期；及

“（XXII）商品掉期；

“（iv）现在或者在将来成为通称为掉期交易的协议、合同或者交易；

“（v）包括满足《G－L－B 法案》第 206A 条的‘掉期协议’概念定义的任何基于证券掉期协议，其中的实质性条款是其以任何证券、证券组合或者指数的价格、收益、价值或者波动性，或者其中的利益为基础；或者

“（vi）是从（i）到（v）则中的任意一则所述的任何协议、合同或者交易的合成、排列或者期权。

“（B）例外。名词‘掉期’不包括：

“（i）任何远期交割商品销售的合同（或者这类合同上的期权），依据第 19 条特许的的杠杆合同，证券期货产品，或者第 2 条（c）款第（2）项（C）分项（i）则或者第 2 条（c）款第（2）项（D）分项（i）则所述的协议、合同或者交易；

“（ii）任何延期装运或者交货的非金融商品或者证券的销售，只要该交易计划以实物形式结算；

“（iii）任何证券、存单、证券组合或者指数上的任何看跌期权、看涨期权、跨式期权组合、期权或者优先权，包括其中的利益或者基于其价值变动的部分，受下列法规管辖：

“（I）《1933 年证券法案》；及

“（II）《1934 年证券交易法案》；

“（iv）在依照《1934 年证券交易法案》第 6 条（a）款注册的全国性证券交易所上登录的与外国货币有关的和看跌期权、看涨期权、跨式期权组合、期权或者优先权；

“（v）提供在固定基础上购买或者出售一只或者多只证券的任何协议、合同或者交易，受下列法规约束：

“（I）《1933 年证券法案》；及

“（II）《1934 年证券交易法案》；

“（vi）基于《1933 年证券法案》和《1934 年证券交易法案》的约束，在偶然基础上购买或者出售一只或者多只证券的任何协议、合同或者交易，除非该协议、合同或者交易表明该购买或出售是在真正的偶然事件发生的基础上，而且该偶然事件的发生可能被合理

预期到该协议、合同或者交易的一方信誉影响另一方或者受到另一方的影响；

“(vii) 任何票据、债券或者债券证明是《1933 年证券法案》第 2 条 (a) 款第 (1) 项所定义的一种证券；

“(viii) 是下列任何协议、合同或者交易：

“(I) 基于一只证券；及

“(II) 该证券的发行人为了筹集资本直接或者通过承销商(《1933 年证券法案》第 2 条 (a) 款第 (11) 项所定义) 缔结的，除非缔结该协议、合同或者交易是为了管理与资本筹集有关的风险；

“(ix) 其中的交易对手方之一是联邦储备银行、联邦政府，或者以美国的信用与完全信心明确支持的联邦机构的任何协议、合同或者交易；及

“(x) 任何基于证券掉期，但不包括 (D) 分项所述的基于证券掉期。

“(C) 关于主协议的解释规则：

“(i) 概述。除了 (ii) 则另有规定，名词‘掉期’包括一份规定了依据 (A) 分项认定为掉期的协议、合同或者交易的主协议，连同任何这类主协议的各项补充条款，无论该主协议是否包含依照 (A) 分项不是的掉期的协议、合同或者交易。

“(ii) 例外——基于 (i) 则的目的，该主协议应当被认为是仅与该主协议所涵盖的每份协议、合同或者交易有关的掉期，该主协议是依照 (A) 分项认定的掉期。

“(D) 混合掉期。名词‘基于证券掉期’包括《1934 年证券交易法案》第 3 条 (a) 款第 (68) 项 (A) 分项所述的，并且是基于一种或者多种利率或者其他比率、货币、商品、债务工具、指数、量化工具、其他金融或者经济的利益或者任何种类的财产 (单只证券或者窄基证券指数除外) 的价值，或者基于与潜在的金融、经济或者商业后果有关的事件或者偶发事件的发生、不发生或者发生程度的任何协议、合同或者交易 (不包括 (A) 分项 (iii) 则中描述的情况)。

“(E) 对外汇掉期与远期的处理：

“(i) 概述。外汇掉期和外汇远期应被视为依据本项的掉期，除非财政部长依据第 1b 条作出书面决定，对外汇掉期或者外汇远期或者两者：

“(I) 不应依据本法作为掉期受到监管；及

“（II）没有结构化以规避《多德—弗兰克华尔街改革与消费者保护法案》和违反委员会根据该法案第721条（c）款制定的任何规则。

“（ii）国会通知；效力：财政部长应向国会的适当委员会，包括参议院的农业、营养和林业委员会，众议院的农业委员会，提交依据（i）则的书面决定。财政部长作出的任何这类书面决定被提交给国会的适当委员会之前不得生效。

“（iii）报告：尽管有财政部长依据（i）则作出的书面决定，所有外汇掉期和外汇远期应当报告给掉期数据存储机构，或者如果不存在接收此类掉期或者远期的掉期数据存储机构，则应根据第4r条在委员会可以采用规则或者规章确定的时间期限内报告给委员会。

“（iv）业务标准：尽管有财政部长依据（i）则作出的书面决定，外汇掉期或者外汇远期中的任何一方是掉期交易商或者主要掉期参与人的必须遵守第4s条（h）款中包含的商业行为标准。

“（v）部长：基于本分项，名词‘部长’是指财政部部长。

“（F）特定外汇掉期和外汇远期的例外：

“（i）注册机构：适用被认定合同市场或者掉期执行设施的规则挂牌交易的，或者由衍生品清算组织清算的任何外汇掉期和外汇远期，不得豁免本法的任何规定或者《2010年华尔街透明度和问责法案》禁止欺诈或者操纵的修订规定。

“（ii）零售交易：（E）分项的规定不得影响，或者被解释为影响本法的适用性或者委员会对有关依照第2条（c）款第（2）项规定的外汇协议、合同或者交易的管辖权。

“（48）掉期数据存储机构。名词‘掉期数据存储机构’是指采集和维护与掉期有关的交易或者头寸，或者条款与条件的信息或者记录，为掉期提供集中化存档设施服务的第三方。

“（49）掉期交易商：

“（A）概述。名词‘掉期交易商’是指以下任何人：

“（i）自身在掉期中作为交易商；

“（ii）掉期做市商；

“（iii）出于自身利益，在正常业务工作中定期与交易对手方签订掉期；或者

“（iv）从事导致该人被公认为掉期交易商或者做市商的任何活动。

但是，如果出现投保的存款机构在向客户发放贷款的同时与该

客户签订掉期的情况，则该机构不得被视为掉期交易商。

“（B）包含。某人被认定为单个类型或者单个层级或者单个种类掉期或者活动的掉期交易商，并且不被视为其他类型、层级或者种类的掉期或者活动的掉期交易商。

“（C）例外。名词‘掉期交易商’不包括出于自身利益以个人名义或者受托人身份进入掉期的人，但该业务不应是其常规业务的一部分。

“（D）最小数额例外。委员会应当对从事与其客户有关或者代表其客户利益的最小数额掉期交易的机构豁免认定为掉期交易商。委员会应当颁布规章以设定与作出该豁免决定有关的要素。

“（50）掉期执行设施。名词‘掉期执行设施’指一个交易系统或者平台，使得处于其中的众多参与人能够通过该设施，或者系统中的众多参与人凭借任何州际商务工具，包括任何交易设施，发出的买卖报价执行或者交易掉期，它

“（A）为掉期的执行提供便利；和

“（B）不是被认定的合同市场。”

（22）在第（51）项（由第（1）项重新编号的）（A）分项（i）则中，删除“partipants”并插入“参与人”（英文为“participants”译者注）。

（b）定义术语的职权。商品期货交易委员会可以采取规则来定义：

（1）名词“商业风险”；及

（2）本条对《商品交易法案》所作修订包含的任何其他名词。

（c）定义修改。要包括为规避本节（或者本节所作修订）而已经被结构化的交易和机构，商品期货交易委员会应当采用规则对名词“掉期”、“掉期交易商”、“主要掉期参与人”和“合格缔约人”做进一步定义。

（d）豁免。《商品交易法案》第4条（c）款第（1）项修订如下：删除“除”至末尾句号的内容，并插入下列条文：“除

“（A）除非本分项所述明确规定授权委员会予以豁免，与《2010年华尔街透明度与问责法案》第一节所作的修订有关的：

“（i）关于：

“（I）第1a条的第（2），第（3），第（4），第（5）和第（7）项，第（18）项（A）分项（vii）则（III）分则，第（23），第（24），第（31），第（32），第（38），第（39），第（41），第（42），第（46），第（47），第（48）和第（49）项，以及第2条（a）款第（13）项，2条（c）款第（1）项（D）分项，4a条（a）款，4a条（b）款，4d条（c）款，4d条（d）款，4r条，4s条，5b条（a）款，5b条（b）款，5条（d）

款，5 条（g）款，5 条（h）款，5b 条（c）款，5b 条（i）款，8e 条和 21 条；及

"（II）《G – L – B 法案》第 206 条（e）款及

"（ii）《多德—弗兰克华尔街改革和消费者保护法案》第 721 条（c）款和 742 条；及

"（B）如果委员会决定该豁免符合公共利益，委员会和证券交易委员会可以采用规则、规章或者命令共同将协议、合同或者交易排除在第 2 条（a）款第（1）项（D）分项外"。

（e）一致性修订

（1）《商品交易法案》第 2 条（c）款第（2）项（B）分项（i）则（II）分则修订如下：

（A）在（cc）中

（i）在（AA）中，删除"第 1a 条（20）款"，并插入"第 1a 条"；及

（ii）在（BB）中，删除"第 1a 条（20）款"，并插入"第 1a 条"；

（B）在（dd）中，删除"第 1a 条（12）款（A）项（ii）则"，并插入"第 1a 条（18）款（A）项（ii）则"。

（2）《商品交易法案》第 4m 条第（3）项修订如下：删除"第 1 条 a 款第（6）项"，并插入"第 1a 条"。

（3）《商品交易法案》第 4q 条（a）款第（1）项修订如下：删除"第 1a 条第（4）项"，并插入"第 1a 条第（9）项"。

（4）《商品交易法案》第 5 条（e）款第（1）项修订如下：删除"第 1a 条第（4）项"，并插入"第 1a 条第（9）项"。

（5）《商品交易法案》第 5a 条（b）款第（2）项（F）分项修订如下：删除"第 1a 条第（4）项"，并插入"第 1a 条第（9）项"。

（6）《商品交易法案》5b 条（a）款修订如下：在第（1）项之前的事项中，删除"第 1a 条第（9）项"，并插入"第 1a 条"。

（7）《商品交易法案》第 5c 条（c）款第（2）项（B）分项修订如下：删除"第 1a 条第（4）项"，并插入"第 1a 条第（9）项"。

（8）《1934 年证券交易法案》第 6 条（g）款第（5）项（B）分项（i）则修订如下：

（A）在（I）分则中，删除"1a 条第（12）项（B）分项（ii）则"，并插入"1a 条第（18）项（B）分项（ii）则"；及

（B）在（II）分则中，删除"1a 条第（12）项"，并插入"1a 条第

（18）项”。

（9）《2000年银行产品法律确定性法案》第402条修订如下：

（A）在（a）款第（7）项中，删除“1a条第（20）项”，并插入“1a条”；

（B）在（b）款第（2）项中，删除“1a条第（12）项”，并插入“1a条”；及

（C）在（c）款中，删除“1a条第（4）项”，并插入“1a条”。

（10）《公法》85－839第1条修订如下：在（a）款第一句话中，“出售”后插入“电影票房收入（或者与此收入相关的指数、量化工具、价值或者数据）或者”。

（f）生效日期——尽管本法中有其他规定，（a）款第（4）项所作修订应当自2010年6月1日起生效。

第722条　管辖权

（a）排他性管辖权：《商品交易法案》第2条（a）款第（1）项修订如下：

（1）在（A）分项的第一句话中：

（A）在“另行规定”之后插入“《2010年华尔街透明度和问责法案》（包括该法案所作的修订）”；

（B）删除“（C）和（D）”，并插入“（C），（D）和（I）”；

（C）删除“本条的（c）到（i）款”，并插入“（c）和（f）款”；

（D）删除“出售合同”，并插入“出售掉期或者合同”；及

（E）删除“或者依照第5条或者5a条注册的衍生品交易执行设施”，并插入“依照第5条或者依照第5h条的掉期执行设施”；及

（2）在末尾增加：

“（G）（i）本项的规定不得限制《2010年华尔街透明度和问责法案》赋予证券交易委员会的对由《1934年证券交易法案》第3条（a）款第（78）项定义的基于证券掉期协议和基于证券掉期的管辖权。

“（ii）除（i）则中所述的证券交易委员会的职权外，本分项的规定不得限制或者影响委员会有关（i）则所述协议、合同或者交易的任何法定职权。

“（H）尽管有其他法律规定，《2010年华尔街透明度和问责法案》不得适用于非基于证券掉期的任何证券，并且商品期货交易委员会不应依据本法（或者此类法对《商品交易法案》作出的修订）对其有管辖权。”

（b）依据联邦及州法律对掉期的监管。在《商品交易法案》第12条末尾

增加：

“（h）依据州法律对作为保险的掉期的监管。掉期：

“（1）不得被视为保险；及

“（2）依据任何州的法律不能作为保险合同被监管。”

（c）有组织的交易所交易的协议、合同和交易。《商品交易法案》第2条（c）款第（2）项（A）分项修订如下：

（1）在（i）则中，删除末尾的“或者”；

（2）将（ii）则重新编号为（iii）则；及

（3）在（i）则之后插入：

“（ii）掉期；或者”。

（d）适用性。修订《商品交易法案》第2条（经第723条（a）款第（3）项修订），在末尾增加：

“（i）适用性。与由《2010年华尔街透明度与问责法案》（包括依据该法案制定的任何规则或者规章）制订的掉期有关的本法规定不应适用于美国境外的业务活动，除非此类业务活动：

“（1）与美国商业活动有直接显著关系或者对其有直接显著影响；或者

“（2）违反委员会可能制定或颁布的对防止规避本法中由《2010年华尔街透明度和问责法案》制订的任何规定有必要或者适当的规则或规章。”

（e）联邦能源监管委员会——修订《商品交易法案》第2条（a）款第（1）项，在末尾增加：

“（I）（i）本法的规定不得限制或者影响联邦能源监管委员会或者州监管部门（《联邦电力法案》第3条第（21）项所定义）的任何与根据联邦能源监管委员会或者州监管部门批准的费率或费率表订立的并且是下列情形的协议、合同或者交易有关的法定职权：

“（I）未在注册机构或者交易设施上执行、交易或者清算的；或者

“（II）在区域输电组织或者独立系统运营商拥有或者经营的注册机构或者交易设施上执行、交易或者清算的。

“（ii）除（i）则所述的联邦能源监管委员会或者州监管部门的职权外，本分项的规定不得限制或者影响：

“（I）委员会与（i）则所述的协议、合同或者交易有关的任何法定职权；或者

“（II）委员会依据（A）分项与在非区域输电组织或者独立系统运营商（《联邦电力法案》第3条第（27）和第（28）

项所定义）拥有或者经营的注册机构或者交易设施上执行、交易或者清算的协议、合同或者交易有关的管辖权。”

（f）*公共利益豁免*。修订《商品交易法案》第 4 条（c）款（经第 721 条（d）款修订），在末尾增加：

“（6）如果委员会决定该豁免符合公共利益和本法目的，委员会应当根据第（1）和第（2）项的规定，对依据以下条件订立的协议、合同或者交易豁免本法案要求：

“（A）根据联邦能源监管委员会批准或者许可生效的费率或费率表；

“（B）根据对本州或地方政府范围内出售电力能源有管辖权的州或地方政府监管机构准许或批准的出售电力能源协议费率规定的费用或费率；或

“（C）在《联邦电力法案》第 201 条（f）款所述的实体之间。”

（g）*联邦能源监管委员会的职权*：《2010 年华尔街透明度和问责法案》或者该法案对《商品交易法案》所做的修订，不得限制或者影响联邦能源监管委员会在《2010 年华尔街透明度与问责法案》颁布之前依据《联邦电力法案》第 222 条和《天然气法案》第 4A 条的任何法定执法权。

（h）*决定*。《商品交易法案》修订如下：在第 1a 条之后插入下列条文：

“第 1b 条　财政部长关于对外汇掉期和外汇远期从‘掉期’定义中豁免的要求”

“（a）*必要的考虑*。在决定是否对外汇掉期和外汇远期从‘掉期’定义中豁免时，财政部长（本条中称为‘部长’）应当考虑：

“（1）外汇掉期和外汇远期所要求的交易和清算是否会造成系统风险、降低透明度或者威胁美国的金融稳定性；

“（2）对外汇掉期和外汇远期的已有监管计划是否与本法针对掉期的其他类型所建立的监管计划具有实质可比性；

“（3）外汇市场参与人的银行监管者进行监督的充足程度，包括资本和保证金要求；

“（4）支付和结算系统的适当性；及

“（5）利用对外汇掉期和外汇远期的潜在豁免权以规避适用的监管要求。

“（b）*决定*。如果部长决定对外汇掉期和外汇远期从‘掉期’定义中豁免，则应向国会的相关委员会提交包含以下内容的决定：

“（1）解释有关外汇掉期和外汇远期与掉期的其他类型为什么存在实质性差异，并可能致使该外汇掉期和外汇远期不适合作为掉期进行监管；及

“（2）与保证豁免身份的标准掉期有关的外汇掉期和外汇远期的客观差

异的鉴定。

“（c）决定的效力。部长依据（b）款作出的决定，不应使在被认定合同市场或者掉期执行设施上交易的任何外汇掉期和外汇远期豁免于任何依据本章可适用的反欺诈和反操纵的规定。”

第723条 结算

（a）结算要求

（1）概述。《商品交易法案》第2条修订如下：

（A）删除（d）（e）（g）和（h）款；和

（B）将（i）款重新编号为（g）款。

（2）掉期交易；参与限制。修订《商品交易法案》第2条（经第（1）项的修订），在（c）款之后插入下列条文：

“（d）掉期。本法的规定（除（a）款第（1）项的（A），（B），（C），（D），（G）和（H）分项；（f）和（g）款，1a条，2条（a）款第（13）项，2条（c）款第（2）项（A）分项（ii）则，2条（e）款，2条（h）款，4条（c）款，4a条，4b条，4b－1条；第4c条中的（a），（b）和（g）款；4d，4e，4f，4g，4h，4i，4j，4k，4l，4m，4n，4o，4p，4r，4s，4t，5，5b，5c，5e和5h条，第6条中的（c）和（d）款；6c，6d，8，8a和9条；第12款中的（e）款第（2）项，（f）款和（h）款；第13条中的（a）和（b）款；第17，20，21条和22条（a）款第（4）项，以及本法中任何适用于注册机构或者委员会登记的规定外）不得治理或者适用于掉期。

“（e）参与限制。除合格缔约人之外的任何人参与掉期应为非法，除非该掉期是依据第5条被认定合同市场的商品交易所或者依其规则而建立的。”

（3）掉期交易的强制清算。修订《商品交易法案》第2条，在（g）款（由第（1）项（B）分项重新编号）之后插入下列条文：

“（h）结算要求

“（1）概述

“（A）结算标准。任何人从事掉期应为非法，除非该人向依据本法注册的或者依据本法豁免注册的衍生品清算组织提交清算，如果掉期被要求清算。

“（B）开放共享。分项（A）所述的衍生品清算组织的规则必须：

“（i）规定所有以相同条款与条件提交给衍生品清算组织的掉期交易（但不是远期交割商品销售合同或者此类合同上的期权），在衍生品清算组织内具有经济等价性并可能在衍生品清算组织内相互抵消；且

“（ii）依靠或者通过独立的被认定合同市场或者掉期执行设施执行双边掉期清算（但不是远期交割商品销售合同或者此类合同上的期权）是非歧视的。

“（2）委员会审查

“（A）委员会发起的审查。

“（i）委员会应当持续审查每笔掉期交易或者掉期交易的任何组合、种类、类型或者类别，并决定该掉期交易或者掉期交易的任何组合、种类、类型或者类别是否需要清算。

“委员会依据（i）则作出的任何决定应当有不少于 30 天的公开评论时间。

“（B）掉期的提交

“（i）衍生品清算组织应当向委员会提交其计划受理清算的每笔掉期或者掉期的任何组合、种类、类型或者类别，并将该提交信息通知其会员（方式由委员会决定）。

“（ii）自本款颁布之日起衍生品清算组织列入清算的任何掉期或者掉期的组合、种类、类型或者类别，应当被视为提交给委员会。

“（iii）委员会应：

“（I）使公众可获知依据（i）和（ii）则收到的提交信息；

“（II）审查每一份依据（i）和（ii）则提交的信息并决定所提交的每笔掉期或者掉期的组合、种类、类型或者类别是否需要清算；且

“（III）对依据第（1）项（A）分项作出是否要求清算的决定给予至少 30 天的公开评论时间，应当适用于该提交报告。

“（C）截止日期。委员会应于收到依据（B）分项的（i）和（ii）则提交的报告之后 90 天内依据（B）分项（iii）则作出决定，除非提交报告的衍生品清算组织同意放宽依据本项所确定的时间限制。

“（D）决定

“（i）在审查依据（B）分项提出的报告时，委员会应当审查该提交报告是否符合第 5b 条（c）款第（2）项的规定。

“（ii）在审查依照（A）分项的掉期或者掉期的组合，或者掉期的类别，或者依据（B）分项的提交报告时，委员会应当考虑到下列因素：

“（I）是否存在显著未清偿的名义风险敞口、交易的流动性和充足的定价数据。

“（II）清算合同的规则框架、承受能力、业务专长与资源，

以及信用支持基础设施的可用性与合同赖以交易的实质性条款和交易惯例是一致的。

“（III）对减轻系统性风险的影响，应关注这类合同的市场规模和清算机构可用于清算合同的资源。

“（IV）对竞争的影响，包括清算产生的适当费用与手续费。

“（V）一旦有关衍生品清算组织或者该机构的一个或者多个清算会员发生破产时，关于客户和掉期交易对手方的头寸、资金和财产的处置存在合理的法律确定性。

“（iii）在根据（A）或者（B）分项（iii）则作出必须适用清算要求的决定时，委员会可以规定该清算要求的条款与条件，并由委员会决定其适当性。

“（E）规则。自本款颁布之日后1年内，委员会应当依据本项采取规则以审查衍生品清算组织提交掉期，或者掉期的组合、种类、类型或者类别以寻求受理清算的报告。本分项并不限制委员会依据（B）分项（iii）则随（B）分项（ii）则中所述的掉期作出决定。

“（3）结算要求中止

“（A）概述。在根据第（2）项（B）分项作出决定后，委员会可以根据掉期的交易对手方申请或者自身主动申请，中止（1）项要求的清算，直到委员会完成对该掉期（或者掉期的组合、种类、类型或者类别）的条款和清算协议的审查。

“（B）截止日期。委员会应在中止决定发布后90日内完成依据（A）分项承担的审查，除非清算该掉期，或者掉期的组合、种类、类型或者类别的衍生品清算组织同意放宽本项规定的时间限制。

“（C）决定。依据（A）分项承担的审查一经完成，委员会可以：

“（i）无条件地或者按照委员会认为适当的条款与条件，决定该掉期或者掉期的组合、种类、类型或者类别必须依据本款予以清算，如果委员会发现该清算符合第（2）项（D）分项规定；或者

“（ii）决定第（1）项要求的清算不应适用于该掉期或者掉期的组合、种类、类型或者类别。

“（D）规则。在《2010年华尔街透明度与问责法案》颁布之日后1年内，委员会应当依据本项采取规则，以审查衍生品清算组织已经受理的掉期，或者掉期的组合、种类、类型或者类别的清算。

“（4）防止逃避

“（A）概述。委员会认为有必要防止逃避本法规定的强制清算要求

时，应当依据本款制定规则（并发布依本款所订规则的释义）。

“（B）委员会调查和采取一定行动的职责。如委员会发现某个掉期、掉期的组合、种类、类型或者类别本应强制清算，但没有衍生品清算组织将该掉期、掉期的组合、种类、类型或者类别列入清算，委员会应当：

“（i）调查有关事实和情况；

“（ii）在30日内发布一份包含调查结果的公开报告；和

“（iii）采取委员会认为必要的和符合公众利益的行动，这可能包括要求掉期、掉期的组合、种类、类型或者类别的各相关方保持充足的保证金或者资本。

“（C）对职权的影响。本项不存在：

“（i）授权委员会采取规则要求衍生品清算组织列入掉期、掉期的组合、种类、类型或者类别进行清算，如果该掉期交易及掉期交易的组合、种类、类型或者类别的清算可能威胁该衍生品清算组织的财务健全；和

“（ii）影响委员会执行（1）项（B）分项关于对被衍生品清算组织列入清算的掉期、掉期的组合、种类、类型或者类别公开获取的职权。

“（5）报告转换规则。委员会依据本条采取的规则应当对数据报告作以下规定：

“（A）在本款颁布之日前进行的掉期交易，应当在本款生效之日起180日内向注册的掉期交易数据存储机构或者委员会报告。

“（B）在本款颁布之日或之后进行的掉期，应在下列时期向注册的掉期交易数据存储机构或者委员会报告：

“（i）在生效之后90日内；或者

“（ii）委员会可以采取规则或者规章规定在掉期发生后的其他时间。

“（6）清算转换规则。

“（A）在本款颁布之日前进行的掉期，如果依据第（5）项（A）分项报告，豁免本款的清算要求。

“（B）在本款清算要求适用之前进行的掉期，如果依据第（5）项（B）分项报告，豁免本款的清算要求。

“（7）例外。

“（A）概述。如果掉期的交易对手方之一为下列情形，则第（1）项（A）分项的要求不得适用于该掉期：

“（i）不是一家金融机构；

“（ii）使用掉期对冲或者减轻商业风险；和

“（iii）以委员会要求的方式向委员会报告其一般如何满足因参与非清算的掉期而产生的财务责任。

“（B）清算的选择。（A）分项规定的清算例外仅适用于满足（A）分项中（i）至（iii）则规定条件的掉期的交易对手方。

“（C）金融机构定义

“（i）概述。基于本项目的，名词‘金融机构’是指：

“（I）掉期交易商；

“（II）基于证券掉期交易商；

“（III）主要掉期参与人；

“（IV）基于证券掉期主要参与人；

“（V）商品基金；

“（VI）《1940 年投资顾问法案》第 202 条（a）款定义的私人基金；

“（VII）《1974 年雇员退休收入保障法案》第 3 条第（3）和第（32）项定义的雇员福利计划；

“（VIII）《1956 年银行控股公司法案》第 4 条（K）款定义的主要业务活性质为银行业或者金融业务的个人。

“（ii）例外。委员会应当考虑是否豁免小型银行、储蓄协会、农业信贷体系机构和信用合作社，包括

“（I）总资产在 100 亿美元或者以下的存款机构；

“（II）总资产在 100 亿美元或者以下的农业信贷体系机构；或者

“（III）总资产在 100 亿美元或者以下的信用合作社。

“（iii）限制。该定义应不包括下面的机构，该机构主要业务是提供融资，并使用衍生品对冲与利率和外汇敞口有关的基础商业风险，其中 90% 或者以上的风险来自于为购买或者租赁产品提供便利的融资，而且该产品 90% 或者以上是由母公司或者母公司的另一家附属公司制造。

“（D）联营机构的处理

“（i）概述。依据（A）分项享有另外资格的人的联营机构（包括主要从事提供融资以购买该人的货物或者制造品的联营机构），仅当该联营机构代表该人并作为其代理人，运用掉期以对冲或者减轻该人或者该人的其他非金融机构的附属机构的商业风险时，可以享有该例外资格。

“（ii）关于特定联营机构的禁止。

如果该联营机构属于下列情形，则（i）则的例外不得适用：

“（I）掉期交易商；

“（II）基于证券掉期交易商；

“（III）主要掉期参与人；

“（IV）基于证券掉期主要参与人；

“（V）投资公司的发行人，由《1940 年投资公司法案》第 3 条所定义，但该法（c）款第（1）或者第（7）项除外；

“（VI）商品基金；或者

“（VII）合并资产超过 500 亿美元的银行控股公司。

“（iii）联营机构转换规则。某人的联营机构、附属公司，或者全资拥有的机构依据（A）分项享有例外资格且主要从事提供融资以购买或者租赁该人的货物或者制造品，对其为减轻金融活动风险而进行的掉期交易，应当豁免第 4s 条（e）款的保证金要求和第（1）项的清算要求，时间期限自本则颁布之日起计算，不少于 2 年。

“（E）交易对手方的选择

“（i）要求清算的掉期。掉期交易商或者主要掉期参与人和一位不是掉期交易商、主要掉期参与人、基于证券掉期交易商，或者基于证券掉期主要参与人的交易对手方参与有关任何属于本款强制清算要求的掉期，该交易对手方应当单独有权选择衍生品清算组织执行该掉期的清算。

“（ii）不要求清算的掉期。掉期交易商或者主要掉期参与人和一位不是掉期交易商、主要掉期参与人、基于证券掉期交易商，或者基于证券掉期主要参与人的交易对手方参与有关任何不属于本款强制清算要求的掉期，该交易对手方：

“（I）可以选择要求清算掉期；和

“（II）应当单独有权选择衍生品清算组织执行该掉期的清算。

“（F）例外滥用。委员会可以在认为必要时制定规则或发布规则释义以防止本项所述例外的滥用。委员会也可以向那些要求适用清算例外者索取信息，作为防止本项所述例外滥用之必需。

“（8）交易执行

“（A）概述。有关属于第（1）项清算要求的掉期的交易，交易对手方应当：

“（i）在依据第 5 条被认定为合同市场的商品交易所执行该交

易；或者

“（ii）在依据第5h条注册的掉期执行设施或者依据本法第5h条（f）款豁免注册的掉期执行设施上执行该交易。

“（B）例外。如果没有商品交易所或者掉期执行设施使得掉期能够进行交易，或者掉期交易属于依据（7）项的清算例外，则（A）分项（i）和（ii）则的规定不得适用。”

（b）《商品交易法案》。《修订商品交易法案》第2条，在末尾增加下列条文：

“（j）委员会批准。对（h）款第（1）项规定清算掉期和（h）款第（8）项规定通过商品交易所或者掉期执行设施执行掉期的豁免，交易对手方是依据《1934年证券交易法案》第12条注册证券的发行人，或者是依照《1934年证券交易法案》规定提交的报告，仅当该发行人的董事会的适当委员会或者管理机构已经审查并批准其参与属于此种豁免的掉期时，应当生效。”

（c）祖父条款

（1）特定豁免商品交易的法律确定性。自本法颁布之日起60日内，任何法人可以向商品期货交易委员会提交申请以继续适用《商品交易法案》第2条（h）款（在本法颁布之前生效的）。

（2）考虑因素；商品期货交易委员会的职权。商品期货交易委员会：

（A）应立即考虑依据（A）分项提交的任何申请；且

（B）可以允许继续适用《商品交易法案》第2条（h）款（在本法颁布之前生效的）进行经营，但期限不得超过1年。

（3）农业掉期

（A）概述。除（B）分项的规定外，任何人不得提供进行或者确认执行，任何农业商品（由商品期货交易委员会定义）的掉期交易。

（B）例外。尽管有（A）分项的规定，但根据《商品交易法案》第4条（c）款，或者根据商品期货交易委员会依据该法发布的以允许按照委员会决定的条款与条件进行掉期的任何规则、规章或命令，可以提供进行或者确认执行某种农业商品的任何掉期。

（4）要求报告。如果适用《商品交易法案》第2条（h）款第（8）项（B）分项所述的例外，交易对手方必须遵守委员会可能制定的任何与《商品交易法案》第2条（h）款第（8）项（B）分项规定的掉期有关的存档与交易报告的规定。

第724条　掉期，隔离与破产处理

（a）已清算掉期的隔离规则。修订《商品交易法案》第4条（由第732条修订），在末尾增加下列条文：

“（f）掉期交易

“（1）注册要求。任何人向、为或者代表掉期客户收取任何货币、证券或者财产（或者任何替代货币、证券或者财产的扩展信用）作为被或者通过衍生品清算组织清算的掉期的保证金、担保或者抵押（包括该掉期最终带给客户的增值货币、证券或者财产）应为非法，除非该人已经依据本法在委员会注册为期货经纪商，并且该注册不得过期或者已暂停或者撤销。

“（2）清算的掉期

“（A）要求隔离。期货经纪商应当将收取的任何掉期客户的，作为被或者通过衍生品清算组织清算的掉期的保证金、担保或者抵押的全部货币、证券和财产（包括该掉期最终给其客户带来的货币、证券或者财产的收益）视为掉期客户的财产。

“（B）混合记账禁止。（A）分项所述的掉期客户的货币、证券和财产应当单独核算，不得和期货经纪商的资金混合记账或者被用作同一持有人以外的任何掉期客户或者他人的任何交易或者合同的保证金、抵押或者担保。

“（3）例外

“（A）资金的使用。

“（i）概述。尽管有第（2）项的规定，但为方便起见，第（2）项规定的期货经纪商掉期客户的货币、证券和财产，可以混合并存入任何银行或者信托公司或者衍生品清算组织的同一个或者多个账户。

“（ii）提取。尽管有第（2）项的规定，（i）则规定的该部分货币、证券和财产，在正常业务过程中应当有必要用作和衍生品清算组织或者衍生品清算组织的任何会员之间清算掉期的保证、担保、抵押、转付、调整或者结算，可以提取并用于上述目的，包括支付佣金、手续费、利息、税金、储存费用和其他费用以及与清算的掉期有关的合法增值收益。

“（B）委员会的行动。尽管有第（2）项的规定，根据委员会可能以规则、规章或者命令规定的条款与条件，第（2）项规定的期货经纪商掉期客户的任何货币、证券或者财产，可以和期货经纪商收到的且委员会要求单独核算并当作期货经纪商掉期交易客户的财产处理的任何其他货币、证券和财产混合记账并存入客户账户。

“（4）允许的投资。第（2）项规定的货币可投资于美国的债务、任何州或者州的任何行政分支机构的一般债务，以及本金和利息得到美国充分担保的债务，或者委员会可能以规则或规章规定的任何其他投资，且此类投资应当符合这些规则和规章，并必须符合委员会可能规定的其他条件。

“（5）商品合同。通过或者由衍生品清算组织清算的掉期应被视为按照《美国法典》第11章第761条定义的商品合同，与期货经纪商或者衍生品清算组织收取掉期客户的全部货币、证券和财产用作该掉期的保证、担保，或者抵押（包括该掉期最终给其客户带来的货币、证券或者财产的收益）有关。

“（6）禁止。任何人，包括任何衍生品清算组织和任何存款机构，收取任何货币，证券或者财产存入一个单独账户或者第（2）项规定的账户里，当成属于存入的期货经纪商或者该期货经纪商掉期客户以外的任何他人的货币、证券或者财产而持有、处置或者使用应当为非法。”

（b）已清算掉期的破产处理。《美国法典》第11章第761条修订如下：

（1）在第（4）项中删除（F）分项并插入下列条文：

“（F）（i）任何其他合同、期权、协议，或者类似于合同、期权、协议的交易，或者本项所指的交易；且

“（ii）与期货经纪商或者清算组织有关，任何其他合同、期权、协议或者交易，在每一种情况下，是由清算组织清算的；”和

（2）在第（9）项（A）分项（i）则中删除“商品期货账户”并插入“商品合同账户”。

（c）未清算掉期的隔离要求。修订《商品交易法案》（第731条增加的）第4s条，在末尾增加：

“（1）隔离要求

“（1）未清算掉期交易中作为抵押品持有的资产隔离。

“（A）通知。掉期交易商或者主要掉期参与人必须在掉期交易开始时，告知该掉期交易商或者主要掉期参与人的交易对手方，该交易对手方有权要求将用作保证、担保，或者抵押该交易对手方债务的资金或者其他财产隔离。

“（B）资金的隔离和保留。掉期的交易对手方向掉期交易商或者主要掉期参与人提供用作保证、担保，或者抵押该交易对手方债务的资金或者其他财产，根据该交易对手方要求，该掉期交易商或者主要掉期参与人应当：

“（i）为交易对手方利益隔离资金或者其他财产；和

“（ii）按照委员会可能颁布的规则和规章，将资金或者其他财产保留在一个独立账户中，与该掉期交易商或者主要掉期参与人的资产和其他利益隔离。

“（2）适用性。第（1）项规定的要求应当：

“（A）仅适用于掉期交易对手方和掉期交易商或者主要掉期参与人

之间的不需提交给衍生品清算组织清算的掉期交易；且

“（B）（i）不适用于价格变动保证金支付；或者

“（ii）不妨碍有关下列的任何商业协议。

“（I）隔离的资金或者其他财产仅能投资于委员会可能以规则或规章准许的投资；及

“（II）有关隔离的资金或者其他财产的任何投资造成的收益和损失的分配。

“（3）采用独立的第三方托管人。第（1）项规定的隔离账户应当：

“（A）由独立的第三方托管人看管；和

“（B）基于该交易对手方的利益指定一个隔离账户。

“（4）报告规则。如果该交易对手方不选择要求隔离用作保证、担保，或者抵押其债务的资金或者其他财产，该掉期交易商或者主要掉期参与人应当每季度向该交易对手方报告该掉期交易商或者主要掉期参与人与有关保证金与抵押品规定的后台作业程序符合与该交易对手方的协议。”

第725条　衍生品清算组织

（a）注册要求。删除《商品交易法案》第5b条中的（a）和（b）款，并插入下列条文：

“（a）注册要求

“（1）概述。除第（2）项规定之外，衍生品清算组织直接或者间接采用邮件或者任何州际商务工具履行衍生品清算组织下列有关职能，应为非法：

“（A）远期交割商品销售合同（或者该销售合同上的期权）或者商品期权，在每一种情况下，除非该合同或者期权是：

“（i）被本法第2条（a）款第（1）项（C）分项（i）则、（c）款或者（f）款排除在外；或者

“（ii）被依据《1934年证券交易法案》在证券交易委员会注册的清算机构清算的证券期货产品；或者

“（B）掉期。

“（2）例外。第（1）项规定不得适用于在委员会注册的衍生品清算组织。

“（b）自愿注册。清算一项或者多项本法未要求清算的协议、合同或者交易的人可以在委员会注册为衍生品清算组织。”

（b）存款机构和清算机构的注册；豁免；合规官；年度报告。在《商品交易法案》第5b条的末尾增加下列条文：

“（g）现有存款机构和清算机构

“（1）概述。依据《1934年证券交易法案》在证券交易委员会注册，同时被要求依据本条注册为衍生品清算组织的存款机构或者清算机构，在本款颁布之日前，被视为依据本条注册为：

“（A）作为多边清算组织清算掉期的存款机构；或者

“（B）清算掉期的清算机构。

“（2）存款机构的转换。适用本款的存款机构，提供拥有该存款机构不低于51%有投票权益的股东表决同意，可以按照转换计划转变为州立公司、合伙企业、有限责任公司或者类似的法律形式，如果该转换在州法律适用上不存在违法。

“（3）信息共享。证券交易委员会应当根据委员会的要求，使其能够获得经证券交易委员会认定的，且与被视为依据第（1）项在委员会注册的清算机构有关的全部信息。

“（h）豁免。委员会可以有条件或者无条件地豁免衍生品清算组织依据本条对掉期清算规定的注册义务，如果委员会确定该衍生品清算组织已经受到证券交易委员会或者该组织母国的适当政府职能部门类似且全面的监督管理。这类条件可以包括，但不限于，要求该衍生品清算组织能够接受委员会的检查，并且委员会能够获得所要求的全部信息。

“（i）首席合规官的委任。

“（1）概述。各衍生品清算组织均应委任专人为首席合规官。

“（2）职责。首席合规官应当：

“（A）直接向该衍生品清算组织的董事会或者高级官员报告；

“（B）审查该衍生品清算组织对（c）款第（2）项所述核心原则的遵守情况；

“（C）与该衍生品清算组织的董事会、履行与该衍生品清算组织的董事会类似职能的机构或者该衍生品清算组织的高级官员协商解决可能出现的任何利益冲突；

“（D）负责管理按照本条规定被要求建立的各项政策和程序；

“（E）确保有关协议、合同或者交易符合本法（包括规章）规定，包括委员会依据本条制定的各项规则；

“（F）建立对合规官通过以下任何途径发现的非合规问题的纠正程序：

“（i）合规官审查；

“（ii）回头看；

“（iii）内部或者外部的审计发现；

“（iv）自报告的错误；或者

“（v）经核实的投诉；

“（G）建立并遵守处理、管理层回应、纠正、重新测试和终止不合规问题的适当程序。

“（3）年度报告

“（A）概述。依据委员会制定的规则，首席合规官必须每年编制并签署一份包含下列说明事项的报告：

“（i）合规官所在衍生品清算组织遵守本法（包括规章）的情况；以及

“（ii）合规官所在衍生品清算组织的各项政策和程序（包括衍生品清算组织的道德准则以及利益冲突政策）。

“（B）要求。依据（A）分项提交的合规报告应当：

“（i）随附依据本条规定需向委员会提交的衍生品清算组织的各种相关财务报告；以及

“（ii）包含一份依据法律罚则对该合规报告作出的正确性和完整性的证明。”

（c）衍生品清算组织的核心原则。修订《商品交易法案》第5b条（c）款，删除第（2）项并插入下列条文：

“（2）衍生品清算组织的核心原则

“（A）合规

“（i）概述。要注册并保持为注册的衍生品清算组织，衍生品清算组织必须遵守本项规定的各项核心原则以及委员会依照第8a条第（5）项可能以规则或者规章强制施行的任何要求。

“（ii）衍生品清算组织的自由裁量。根据委员会制定的任何规则或者规章，衍生品清算组织在确立该衍生品清算组织遵守本项规定的各项核心原则的方式上应当有合理的自由裁量。

“（B）财务资源

“（i）概述。各衍生品清算组织必须具备委员会决定的为履行该衍生品清算组织各项责任而需要的足够财务、运营和管理资源。

“（ii）财务资源的最低金额。各衍生品清算组织拥有财务资源的最低金额必须超过以下需求的资金总额：

“（I）使该组织能满足对其会员及参与人的财务责任，即使其会员或参与人造成最大财务风险敞口的违约，该组织处于极端但仍然可信的市场状况；以及

“（II）使该衍生品清算组织能负担该衍生品清算组织一年的运营费用（按滚动基础计算）。

“（C）参与人与产品合格

“（i）概述。各衍生品清算组织应当建立：

“（I）针对该衍生品清算组织的会员及参与人的恰当的入门与持续合格标准（包括为履行因参与衍生品清算组织而产生的义务所需的足够财务资源和运营能力）；以及

“（II）用于确定提交给衍生品清算组织进行清算的协议、合同或者交易的合格性的适当标准。

“（ii）要求的程序。各衍生品清算组织必须建立和施行用于持续核实该衍生品清算组织每项参与和会员资格要求的合规性程序。

“（iii）要求。各个衍生品清算组织的参与和会员资格要求应当：

“（I）客观；

“（II）公开披露；并且

“（III）允许公平和公开地获取。

“（D）风险管理

“（i）概述。各个衍生品清算组织必须确保自身具有通过使用适当的工具与程序以管理与该衍生品清算组织职责有关的风险的能力。

“（ii）信用敞口的计量。各个衍生品清算组织应当：

“（I）在该衍生品清算组织的每个营业日不少于一次计量该衍生品清算组织对其每位会员与参与人的信用敞口；以及

“（II）定时监测（I）分则所述的该衍生品清算组织每个营业日的每个风险敞口。

“（iii）限制违约产生的潜在损失敞口。各个衍生品清算组织通过保证金要求和其他风险控制机制，必须限制因该衍生品清算组织的会员与参与人违约导致的潜在损失给该衍生品清算组织造成的风险敞口，以确保：

“（I）该衍生品清算组织的运营不会受到干扰；以及

“（II）非违约会员或者参与人不会遭受损失，该损失是非违约会员或者参与人未能预期或者控制的。

“（iv）保证金要求。对衍生品清算组织的每位会员与参与人要求的保证金必须足够覆盖正常市场条件下潜在的敞口。

“（v）与模型与参数有关的要求。在依据（iv）则设定保证金要求时所使用的模型和参数应当：

“（I）以风险为基础；和

“（II）定期进行审查。

“（E）结算程序。各个衍生品清算组织必须：

“（i）及时完成货币结算（每个交易日不得少于一次）；

“（ii）运用货币结算安排以消除或者严格限制该衍生品清算组织对结算银行风险敞口（包括运用银行生效货币结算导致的信用与流动性风险）；

“（iii）确保货币结算在生效时是最终的；

“（iv）保留与每次货币结算有关的资金流动的准确记录；

“（v）具备履行与任何其他清算组织进行任何被许可的净额结算或者冲销安排的各项条款与条件的能力；

“（vi）关于实物交割，建立明确规定该衍生品清算组织与实物交割有关的各项义务的规则；以及

“（vii）确保源自（vi）则规定义务的每种风险得到识别和控制。

“（F）资金处理

“（i）要求的标准与程序。各个衍生品清算组织必须建立旨在保护和确保会员和参与人的资金与资产安全的标准和程序。

“（ii）资金和资产的持有。各个衍生品清算组织持有会员与参与人的资金和资产的方式，必须使该衍生品清算组织的损失或者延迟获得该资产与资金的风险最小化。

“（iii）许可投资。衍生品清算组织持有的投资资金和资产应当是信用、市场和流动性风险最小的投资工具。

“（G）违约处理规则和程序

“（i）概述。各个衍生品清算组织必须具有旨在允许对事件进行有效、公平和安全管理的规则和程序，在会员或者参与人出现下列情形时：

“（I）资不抵债；或者

“（II）会员或者参与人对该衍生品清算组织违约。

“（ii）违约处理程序。各个衍生品清算组织应当：

“（I）明确规定该衍生品清算组织的违约处理程序；

“（II）公开提供该衍生品清算组织的违约处理规则；和

“（III）确保该衍生品清算组织可以采取及时行动以：

“（aa）控制损失和流动性压力；以及

“（bb）继续履行该衍生品清算组织的各项责任。

“（H）规则的强制执行。各个衍生品清算组织应当

“（i）保持充分的安排与资源为了：

“（I）有效地监测和执行对该衍生品清算组织规则的遵守；以及

“（II）解决争议。

“（ii）因为某会员或者参与人违反该衍生品清算组织的任何规则而有权且有能力处罚、限制、暂停或者终止该会员或者参与人的活动。

“（iii）向委员会报告关于（ii）则规定的对会员和参与人采取强制行动和实施处罚的规则。

“（I）系统保障。各个衍生品清算组织应：

“（i）通过开发适当的控制措施与程序，以及可靠、安全并且具有足够可扩展容量的自动化系统，建立和保持识别和最小化操作风险源的风险分析与监督计划；

“（ii）建立和保持应急程序、备份设施以及灾难恢复计划，以便能够：

“（I）及时恢复和重新开始该衍生品清算组织的运营；

“（II）完成该衍生品清算组织的各项义务和责任。

“（iii）定期进行测试，以确认该衍生品清算组织的备份资源足以确保日常处理、清算和结算。

“（J）报告。各个衍生品清算组织必须向委员会提供委员会确认对该衍生品清算组织实施监管所必需的全部信息。

“（K）存档。各个衍生品清算组织必须保持该衍生品清算组织作为衍生品清算组织营业有关的全部活动的记录：

“（i）按照委员会认可的格式和方式；并且

“（ii）保存期限不得少于5年。

“（L）公开信息

“（i）概述。各个衍生品清算组织应当向市场参与人提供充分的信息，以使该市场参与人能准确地识别和评估与使用该衍生品清算组织的服务有关的风险和成本。

“（ii）信息的可得性。各个衍生品清算组织应当使市场参与人能够获得有关该衍生品清算组织的清算与结算系统的规则及运营和违约处理程序的信息。

“（iii）公开披露。各个衍生品清算组织应当向公众及委员会披露关于以下情况的信息：

“（I）该衍生品清算组织清算与和结算的每份合同、协议和交易的条款与条件；

“（II）该衍生品清算组织向该衍生品清算组织的会员和参与人收取的每笔清算费用和其他费用；

“（III）该衍生品清算组织保证金设定方法、财务资源组合的规模与构成；

“（IV）该衍生品清算组织结算或者清算的每份合同的日结算价格、交易量和未平仓量；以及

“（V）有关该衍生品清算组织参与结算和清算业务活动的任何其他事项。

“（M）信息共享。各个衍生品清算组织应当：

“（i）参与并遵守各个适当的国内和国际的信息共享协议；以及

“（ii）在实施该衍生品清算组织的风险管理计划时运用从（i）则所述协议获得的相关信息。

“（N）反垄断的考虑。除非对实现本法目的是必要或者恰当的，衍生品清算组织不得：

“（i）采取导致任何不合理的贸易限制的任何规则或任何行动；或者

“（ii）施加任何实质性的反竞争压力。

“（O）治理健康标准

“（i）治理安排。各个衍生品清算组织应当建立透明的治理安排

“（I）以满足公共利益要求；并且

“（II）允许考虑所有者和参与人的意见。

“（ii）健康标准。各个衍生品清算组织应当对以下人员建立和施行适当的健康标准：

“（I）董事；

“（II）任何纪律委员会的成员；

“（III）该衍生品清算组织的会员；

“（IV）直接接触该衍生品清算组织的结算或者清算业务活动的任何其他个人或者机构；以及

“（V）本则所述任何个人或者机构的任何关联方。

“（P）利益冲突。各个衍生品清算组织应当：

“（i）建立和施行使该衍生品清算组织在决策过程中利益冲突最小化的规则；以及

“（ii）建立解决（i）则所述利益冲突的程序。

“（Q）治理委员会的组成。各个衍生品清算组织应当确保在该衍生品清算组织的治理委员会中包含市场参与人。

“（R）法律风险。各个衍生品清算组织应当具有一个针对该衍生品清算组织业务活动各个方面的立论充足、透明且可执行的法律框架。”

(d) 利益冲突。商品期货交易委员会应当采取减轻在掉期交易商或者主要掉期参与人与衍生品清算组织、商品交易所或者掉期执行设施开展清算或者交易掉期的业务中存在利益冲突的规则，该掉期交易商或者主要掉期参与人在衍生品清算组织、商品交易所或掉期执行设施中有大量债务或者大量股权投资。

(e) 报告要求。修订《商品交易法案》第5b条（(b) 款作出的修订），在末尾增加下列条文：

“(k) 报告要求

“(1) 衍生品清算组织的职责。清算掉期的各个衍生品清算组织必须向委员会提供委员会决定的为履行委员会依据本法的各项责任的全部必要信息。

“(2) 数据采集和维护要求。委员会应当针对被衍生品清算组织清算的掉期的数据采集和维护制定与相应规定具有可比性的要求：

“(A) 向掉期数据存储机构报告的掉期数据；以及

“(B) 用掉期执行设施交易的掉期。

“(3) 与证券交易委员会共享基于证券掉期协议报告。

“(A) 概述。清算基于证券掉期协议（第1a条第（47）项（A）分项（v）则所定义）的衍生品清算组织应当根据要求，依照第8条的保密与披露规定，向证券交易委员会开放审核和检查与该基于证券掉期协议有关的全部账簿和记录。

“(B) 管辖权。本项规定不得影响委员会针对在委员会注册的衍生品清算组织的存档和报告事项制定规定的排他性管辖权。

“(4) 信息共享。根据第8条规定，并应要求，委员会应当与下列人员共享依据第（2）项收集的信息：

“(A) 理事会；

“(B) 证券交易委员会；

“(C) 各个适当的审慎监管机构；

“(D) 金融稳定监管委员会；

“(E) 司法部；以及：

“(F) 委员会确定为适当的任何其他人，包括：

“(i) 外国金融监管部门（包括外国期货主管部门）；

“(ii) 外国中央银行；以及

“(iii) 外交部。

“(5) 保密和赔偿协议。在委员会可能与第（4）项所述的任何机构共享任何信息前：

“(A) 委员会应当收到每家机构提供的一份书面协议，该协议声明该机构须遵守第8条规定的对所提供的有关掉期交易信息的保密要

求；和

“（B）每家机构应当同意赔偿委员会因为依据第 8 条规定提供信息而引发诉讼的任何支出。

“（6）信息公开。清算掉期的各个衍生品清算组织应当依据第（2）项规定按照委员会要求的格式和间隔期向委员会（包括委员会指定的任何人员或者机构）提供信息，以符合第 2 条（a）款第（13）项规定的公开报告要求。”

（f）公开披露。《商品交易法案》第 8 条（e）款的最后一句修改如下：

（1）在“部门”一词出现的每一处之后插入“，中央银行和外交部”；以及

（2）删除“。作为一方。”，并插入“，作为一方。”。

（g）经鉴定的银行产品的法律确定性。

（1）废除。《2000 年银行产品的法律确定性法案》修订如下：

（A）删除第 404 和 407 条；

（B）在第 402 条中，删除（d）款；及

（C）在第 408 条中

（i）在（c）款中，

（I）删除从“就”（英文“in the case”）至“混合产品”的内容，并插入“就混合产品而言”；

（II）删除“；或者”，并插入一个句号；及

（III）删除第（2）项。

（ii）删除（b）款；以及

（iii）将（c）款重新编号为（b）款。

（2）《2000 年银行产品的法律确定性法案》。对《2000 年银行产品的法律确定性法案》的第 403 条修订如下：

“第 403 条：经鉴定的银行产品的排除

“（a）例外。除（b）款或者（c）款规定之外，

“（1）《商品交易法案》不得适用于经鉴定的银行产品，商品期货交易委员会也不得依据《商品交易法案》行使与经鉴定的银行产品有关的监管权；和

“（2）《1934 年证券交易法案》第 3 条（a）款第（68）项对“基于证券掉期”的定义以及《商品交易法案》第 1a 条第（47）项（A）分项（v）则和《1934 年证券交易法案》第 3 条（a）款第（78）项对“基于证券掉期协议”的定义不包括任何经鉴定的银行产品。

“（b）例外。适当联邦银行业监管机构可以将其监管的某银行经鉴定的银行产品排除在（a）款规定的例外情形之外，如果该机构在与商品期货交易委员会和证券交易委员会商议后决定该产品：

“（1）符合《商品交易法案》第1a条第（47）项关于‘掉期’的定义或者《1934年证券交易法案》第3条（a）款（68）项关于‘基于证券掉期’的定义；以及

“（2）该交易已经被认知为掉期或者基于证券掉期，或者作为经鉴定的银行产品已经被结构化以逃避《商品交易法案》、《1933年证券法案》或者《1934年证券交易法案》的规定。

“（c）例外。（a）款的排除规定不得适用于下列经鉴定的银行产品：

“（1）是不属于适当联邦银行业监管机构监管的银行的产品；

“（2）符合《商品交易法案》第1a条第（47）项关于‘掉期’的定义或者《1934年证券交易法案》第3条（a）款第（68）项关于‘基于证券掉期’的定义；以及

“（3）该交易已经被认知为掉期或者基于证券掉期，或者作为经鉴定的银行产品已经被结构化以逃避《商品交易法案》、《1933年证券法案》或者《1934年证券交易法案》的规定。”

（h）减轻清算系统风险。修订《商品交易法案》第5b条（f）款第（1）项，在末尾增加：“为了最小化系统风险，在任何情况下衍生品清算组织都不得被强迫接受另一清算组织的交易对手方的信用风险”。

第726条　利益冲突的规则制定

（a）概述。为减轻利益冲突，在《2010年华尔街透明度与问责法案》颁布之日后180日内，商品期货交易委员会应当采取包括对控制权或者投票权进行数量限制的规则，只要该规则与交付掉期或者使掉期可供交易的任何清算掉期的衍生品清算组织、掉期执行设施或者被认定为合同市场的商品交易所有关，且这些掉期交易是由合并总资产在500亿美元或以上的银行控股公司（《1956年银行控股公司法案》第2条定义）、受理事会监管的非银行金融公司（第102条定义）、银行控股公司或者非银行金融公司的附属机构、掉期交易商、主要掉期参与人，或者与掉期交易商或者主要掉期参与人关联的人员开展的。

（b）目的。在完成（a）款规定的审查之后委员会应当采取规则，只要委员会认定这类规则对改善治理，或者减轻系统风险、促进竞争，或者减轻与掉期交易商或者主要掉期参与人的业务开展有关的利益冲突是必要或适当的，该业务是指掉期交易商或者主要掉期参与人和进行清算，或者交付掉期或者使掉期可供交易的，并且该掉期交易商或主要掉期参与人在其中拥有大量债务或股权投资的衍生品清算组织、合同市场或者掉期执行设施一起开展的。

（c）考虑因素。在依据本条采取规则时，商品期货交易委员会应当考虑导致利益冲突的因素，包括单一投资者拥有的股权数量，所有权利益的持有人对任何事项的投票能力、投票理由，或者撤回投票，以及交付掉期或者使掉期可供交易的任何清算掉期的衍生品清算组织，或者掉期执行设施，或者被认定为合同市场的商品交易所的治理安排。

第 727 条　掉期交易数据的公开报告

修订《商品交易法案》，在第 2 条（a）款，在末尾增加下列条文：

“（13）掉期交易数据的公开可得性

“（A）实时公开报告的定义。在本项中，名词‘实时公开报告’是指在某一掉期交易被执行后，在技术上一旦可行就立即报告有关该掉期交易的数据，包括价格和交易量。

“（B）目的。本条的目的是授权委员会按照委员会决定的适当格式和时间点公开披露有关掉期交易和定价的数据，以加强价格发现。

“（C）一般规则。授权并要求委员会采取规则向公众提供掉期交易和定价数据：

“（i）对属于（h）款第（1）项强制清算要求的掉期（包括根据（h）款第（7）项的规定被排除在该要求之外的掉期），委员会应当对这类交易要求实时公开报告。

“（ii）对不属于（h）款第（1）项强制清算要求但被注册的衍生品清算组织清算的掉期，委员会应当对这类交易要求实时公开报告。

“（iii）对不是在注册的衍生品清算组织清算而是依据（h）款第（6）项的规定向掉期数据存储机构或者委员会报告的掉期，委员会应当对这类交易要求实时公开报告，但是报告的方式不应暴露任何人的商业交易与市场头寸。

“（iv）对被确定为依据（h）款第（2）项的规定要求进行清算但尚未清算的掉期，委员会应当对这类交易要求实时公开报告。

“（D）注册机构和公开报告。委员会可以要求注册机构公开传播依据本项规定要求报告的掉期交易和定价数据。

“（E）规则制定要求。有关向公众提供（C）分项（i）和（ii）则规定的掉期的交易和定价数据的规则，委员会制定的该项规则应当包含下列：

“（i）保证通过该信息不能识别参与人；

“（ii）明确对于特定的市场和合同确定构成大额概念上的掉期交易（大宗交易）的标准；

“（iii）明确向公众报告大额概念性的掉期交易（大宗交易）时延迟适当的时间；以及

“（iv）考虑公开披露是否会大量减少市场的流动性。

“（F）报告的及时性。掉期的各方（包括掉期各方的代理人）有义务按照委员会规定的适时方式向适当的注册机构报告掉期交易的信息。

“（G）向注册掉期数据存储机构报告掉期。必须向注册的掉期数据存储机构报告所有掉期（无论是否被清算）。

“（14）汇总掉期数据的半年度和年度的公开报告。

“（A）概述。依据（B）分项的规定，委员会应当每半年和一年发布一份书面报告，公开披露以下方面的信息：

“（i）主要掉期类别的交易和清算；以及

“（ii）市场参与人以及新产品的开发。

“（B）使用；协商。在编制（A）分项规定的报告时，委员会应当：

“（i）使用来自掉期数据存储机构和衍生品清算组织的信息；以及

“（ii）与货币监理署、国际清算银行以及其他可能必要的监管机构进行协商。

“（C）委员会的职权。委员会可以通过规则、规章或者命令，按照委员会决定的适当并且符合公共利益的条款与条件，将本项所规定的委员会公开报告责任授权委托给其他机构。”

第728条　掉期数据存储机构

修订《商品交易法案》，在第20条之后插入下列条文：

“第21条：掉期数据存储机构

“（a）注册要求

“（1）要求；衍生品清算组织的职权。

“（A）概述。除非在委员会注册，否则任何人直接或者间接采用邮件或者任何其他手段或者州际商务工具履行掉期数据存储机构的职能应为非法。

“（B）衍生品清算组织的注册。衍生品清算组织可以注册为掉期数据存储机构。

“（2）检验与检查。各个注册掉期数据存储机构必须接受委员会委派的任何代表的审核与检查。

“（3）遵守核心原则

“（A）概述。要注册及保持注册为掉期数据存储机构，掉期数据存储机构必须遵守：

“（i）本条所述要求和核心原则；以及

“（ii）委员会依照第8a条第（5）项的规定可能强制以规则或者规章作出的任何要求。

“（B）掉期数据存储机构合理的自由裁量。除非委员会采取规则或者规章另有规定，（A）分项所述掉期数据存储机构在确定该掉期数据存储机构遵守本条所规定的核心原则的方式上应当拥合理的自由裁量。

“（b）标准设定

“（1）数据鉴别

“（A）概述。依据（B）分项的规定，委员会应当制定标准，以明确规定各个注册掉期数据存储机构必须采集和保存的每份掉期的数据元素。

“（B）要求。在执行（A）分项的规定时，委员会应当制定适用于注册机构和报告交易对手方的一致性数据元素标准。

“（2）数据采集和保存。委员会应当对掉期数据存储机构制定数据采集和数据保存的标准。

“（3）可比性。委员会依据本款的规定制定的标准应当与委员会制定的衍生品清算组织与掉期清算业务有关的数据标准具有可比性。

“（c）职责。掉期数据存储机构必须：

“（1）接收委员会依据（b）款的规定对每份掉期规定的数据；

“（2）与掉期的双方确认所提交数据的准确性；

“（3）依据委员会可能规定的格式、方式和期限保存第（1）项所述的数据；

“（4）（A）向委员会（或者委员会指定的任何人员或者机构，包括另外注册机构）提供直接的电子接口；以及

“（B）依据委员会可能要求的格式和间隔期提供第（1）项所述的信息，以符合第2a条第（13）项的公开报告要求；

“（5）委员会的方向是建立用于监测、筛查和分析掉期数据的自动化系统，包括个人及关联机构提出的清算豁免请求的最终用户的合规情况和频率；

“（6）保护掉期数据存储机构从掉期交易商、交易对手方或者任何其他注册机构收到的任何所有掉期交易信息的隐私；以及

“（7）在第8条规定保密的基础上，根据要求并且在告知委员会该要求之

后，使下列人员能够获得掉期数据存储机构所获得的全部数据，包括各交易对手方的交易和仓位数据：

"（A）各个适当审慎监管机构；

"（B）金融稳定监管委员会；

"（C）证券交易委员会；

"（D）司法部；以及

"（E）委员会确定为适当的任何其他人，包括：

"（i）外国金融监管部门（包括外国期货主管部门）；

"（ii）外国中央银行；以及

"（iii）外交部。

"（8）建立和保持应急程序、备份设施以及灾难恢复计划，使得该组织能够及时复原和恢复运营以及完成责任与义务。

"（d）保密和赔偿协议。在掉期数据存储机构与（c）款第（7）项所述的任何机构可以共享信息之前：

"（1）掉期数据存储机构应当收到每家机构提供的一份书面协议，该协议声明该机构须遵守第8条规定的对所提供的有关掉期交易信息的保密要求；

"（2）每家机构应当同意赔偿委员会因为依据第8条规定提供信息而引发诉讼的任何支出。

"（e）首席合规官的委任

"（1）概述。各个掉期数据存储机构应当委任专人为首席合规官。

"（2）职责。首席合规官应当：

"（A）直接向该掉期数据存储机构的董事会或者高级官员报告；

"（B）审查该掉期数据存储机构有关本条规定的要求和核心原则的遵守情况；

"（C）与该掉期数据存储机构的董事会、履行与该掉期数据存储机构董事会类似职能的机构或者该掉期数据存储机构的高级官员协商解决可能出现的任何利益冲突；

"（D）负责管理依据本条规定要求建立的各项政策和程序；

"（E）确保协议、合同或者交易遵守本法（包括规章）的规定，包括委员会依据本条制定的各项规则；

"（F）建立对合规官通过以下任何途径发现的不合规问题进行纠正的程序：

"（i）合规官审查；

"（ii）回头看；

“（iii）内部或者外部的审计发现；

“（iv）自报告的错误；或者

“（v）经核实的投诉；

“（G）建立并遵守处理、管理层回应、纠正、重新测试以及终止非合规问题的适当程序。

“（3）年度报告

“（A）概述。根据委员会所制定的规则，首席合规官应当每年编制并签署一份包含下列说明事项的报告：

“（i）该合规官所在掉期数据存储机构遵守本法（包括规章）的情况；以及

“（ii）该合规官所在掉期数据存储机构的各项政策和程序（包括掉期数据存储机构的道德准则与利益冲突政策）。

“（B）要求。依据（A）分项规定提交的合规报告应当：

“（i）随附依据本条规定要求向委员会提交的掉期数据存储机构的各种相关的财务报告；以及

“（ii）包含一份依据法律罚则对该合规报告作出的正确性和完整性的证明。

“（f）适用于掉期数据存储机构的核心原则

“（1）反垄断的考虑。除非为实现本法目的而有必要或者是适当的，掉期数据存储机构不应当：

“（A）采取任何导致任何不合理的交易限制的规则或行动；或者

“（B）对交易的实施、清算或者报告施加任何实质性的反竞争压力。

“（2）治理安排。各个掉期数据存储机构应当建立透明的治理安排

“（A）以满足公共利益要求；并且

“（B）支持联邦政府、所有者和参与人的目标。

“（3）利益冲突。各个掉期数据存储机构应当：

“（A）建立和施行使该掉期数据存储机构在决策过程中利益冲突最小化的规则；以及

“（B）建立解决（A）分项所述利益冲突的程序。

“（4）委员会规定的额外职责。

“（A）概述。委员会可以制订适用于掉期数据存储机构的一项或者多项额外职责。

“（B）考虑发展中的标准。在依据（A）分项制订额外职责时，委员会可以考虑美国或者国际社会任何发展中的标准。

“（C）委员会指定机构的额外职责。委员会应当建立适用于第1a条

第（48）项所述的任何注册人的额外职责，以最小化利益冲突、保护数据、确保合规以及保证掉期数据存储机构的安全。

“（g）掉期数据存储机构注册要求。任何依据本条规定被要求注册为掉期数据存储机构的人必须在委员会注册，不管此人是否也持有银行牌照或者在证券交易委员会注册为掉期数据存储机构。

“（h）规则。委员会应当采取对依据本条规定注册人员的治理规则。”

第 729 条　报告和存档

修订《商品交易法案》，在第 4q 条之后插入下列条文：

“第 4r 条　未清算掉期的报告和存档

“（a）要求报告未被任何衍生品清算组织受理的掉期。

“（1）概述。未被任何衍生品清算组织受理的所有掉期必须报告给：

“（A）第 21 条所述的掉期数据存储机构；或者

“（B）如果没有掉期数据存储机构受理该掉期，则依据本条在委员会可能通过规则或者规章规定的期限内向委员会报告。

“（2）法律颁布前掉期的过渡规则

“（A）在《2010 年华尔街透明度与问责法案》颁布之日前签订的掉期。在《2010 年华尔街透明度与问责法案》颁布之日前签订且在该法颁布之日仍未期满的掉期，必须在不迟于以下日期前报告给注册掉期数据存储机构或者委员会：

“（i）在该暂行最终规则发布之后 30 日内；或者

“（ii）委员会决定的其他适当期限。

“（B）委员会的规则制定。委员会应当在本条被颁布之日后的 90 天内，对（A）分项所指的法律颁布之日前签订的掉期的报告颁布一项暂行最终规则。

“（C）生效日期。本条所述的报告规定应当在本条颁布之日生效。

“（3）报告义务

“（A）只有一个交易对手方为掉期交易商或者主要掉期参与人的掉期。对于只有一个交易对手方为掉期交易商或者主要掉期参与人的掉期，该掉期交易商或者主要掉期参与人必须依据第（1）项和第（2）项的规定报告该掉期。

“（B）交易对手方中一方为掉期交易商，另一方为主要掉期参与人的掉期。对于交易对手方中一方为掉期交易商，而另一方为主要掉期参与人的掉期，该掉期交易商必须依据第（1）和第（2）项的规定报告该掉期。

“(C)其他掉期。对于(A)或者(B)分项规定之外的任何其他掉期，参与该掉期的各交易对手方应当选择一位交易对手方依据第(1)和第(2)项的规定报告该掉期。

“(b)特定人员的义务。任何参与掉期的个人或者机构必须满足(c)款规定的各项要求，如果该个人或机构不：

“(1)按照第2条(h)款第(1)项的规定清算该掉期；或者

“(2)拥有与被掉期数据存储机构按照委员会依据第21条采取的规则(包括时限)接受的该掉期相关的数据。

“(c)要求。(b)款所述个人或者机构应当：

“(1)接到委员会发出的书面要求后，按照委员会要求的格式和方式向委员会提供有关该人或者机构持有掉期的报告；以及

“(2)按照委员会要求的格式、方式和期限保存关于该人或者机构持有掉期的账簿和记录，并应当向下列机构或者人员开放检查：

“(A)委员会的任何代表；

“(B)适当审慎监管机构；

“(C)证券交易委员会；

“(D)金融稳定监管委员会；以及

“(E)司法部。

“(d)相同数据。在依据本条制定规则时，委员会应当要求(b)款所述的个人与机构向委员会递交报告，该报告所包含数据的全面性要求不低于掉期数据存储机构依据第21条所采集的数据。”

第730条 大型掉期交易商的报告

修订《商品交易法案》，在第4s条(第731条已经增加的内容)之后增加下列条文：

“第4t条 大型掉期交易商的报告

“(a)禁止

“(1)概述。除了第(2)项的规定，任何人参与委员会确定的履行与注册机构相关的重大价格发现职能的任何掉期，应为非法，只要：

“(A)该人直接或者间接参与的任何掉期在任何一天中的金额等于或者超过委员会应当定期规定的金额；或者

“(B)该人直接或间接地持有或获得该掉期的仓位等于或者超过委员会应当定期规定的数量。

“（2）例外。第（1）项的规定不得适用，如果：

“（A）该人按照委员会可能以规则或者规章的要求，向委员会恰当指定职员提交或者促使他人提交有关第（1）项（A）和（B）分项所述的任何交易或者仓位情况的报告；以及

“（B）按照委员会的规则和规章，该人保存了所有掉期和在任何被认定合同市场或者掉期执行设施上交易或者依据其规则交易的有关商品上的任何交易与仓位情况，以及在这类商品上的现金或者现货交易、库存、购买与出售承诺的账簿和记录。

“（b）要求

“（1）概述。（a）款第（2）项（B）分项所述账簿和记录应当：

“（A）显示按照委员会可能以规则或者规章规定的关于全部交易与仓位情况的完整细节；

“（B）随时接受委员会任何代表的检验与检查；以及

“（C）随时接受证券交易委员会的检验与检查，但只开放与掉期交易有关的这类账簿和记录（第 1a 条第（47）项（A）分项（v）则定义），并且要符合第 8 条规定的保密和披露要求。

“（2）管辖权。第（1）项的规定不得影响委员会依据本条对大型掉期交易商制定存档和报告要求的排他性管辖权。

“（c）适用性。基于本条目的，任何人持有的掉期、期货、现金或者现货交易以及仓位应当包括被该人直接或者间接控制的任何人持有的掉期、期货、现金或者现货交易以及仓位。

“（d）重大价格发现职能。在作出有关某一掉期是否履行或者影响了与注册机构相关的重大价格发现职能的决定时，委员会应当考虑第 4a 条（a）款第（3）项所述因素。”

第 731 条　掉期交易商和主要掉期参与人的注册和监管

修订《商品交易法案》，在第 4r 条（第 729 条已经增加的内容）之后插入下列条文：

“第 4s 条　掉期交易商和主要掉期参与人的注册和监管

“（a）注册

“（1）掉期交易商。任何人未在委员会注册为掉期交易商而从事掉期交易商的业务，应为非法。

“（2）主要掉期参与人。任何人未在委员会注册为主要掉期参与人而从事主要掉期参与人的业务，应为非法。

"（b）要求

"（1）概述。要注册为掉期交易商或者主要掉期参与人应当向委员会提交注册申请。

"（2）内容

"（A）概述。该申请应当按照委员会规定的格式和方式制作，并应当包含委员会认为与该申请人所从事或者将要从事的业务相关的必要信息。

"（B）持续报告。注册为掉期交易商或者主要掉期参与人的人应当持续向委员会提交包含委员会要求的与此人所从事业务相关的信息的报告。

"（3）期满。依据本条的各项注册应当在委员会以规则或者规章规定的时间到期。

"（4）规则。除（d）和（e）款的规定，委员会可以制定适用于掉期交易商和主要掉期参与人的规则，包括限制掉期交易商和主要掉期参与人的活动的规则。

"（5）过渡。依据本条制定的规则应当规定掉期交易商和主要掉期参与人在《2010年华尔街透明度与问责法案》颁布之日后1年内完成注册。

"（6）法定剥夺资格。除规则、规章或者命令另有明确规定，掉期交易商或者主要掉期参与人如果允许与掉期交易商或者主要掉期参与人有关联、属于法定剥夺资格的任何人，代表该掉期交易商或者主要掉期参与人执行或者卷入执行掉期交易的，如果该掉期交易商或者主要掉期参与人知道，或者以合理的谨慎应当知道该人属于法定剥夺资格的，应为非法。

"（c）双重注册

"（1）掉期交易商。依据本条被要求注册为掉期交易商的任何人应当在委员会注册，不管此人是否也是存款机构或者已在证券交易委员会注册为基于证券掉期交易商。

"（2）主要掉期参与人。依据本条被要求注册为主要掉期参与人的任何人应当在委员会注册，不管此人是否也是存款机构或者已在证券交易委员会注册为基于证券主要掉期参与人。

"（d）规则制定

"（1）概述。委员会应当针对依据本条注册为掉期交易商或者主要掉期参与人的人采取规则。

"（2）审慎要求的例外

"（A）概述。委员会对已受到审慎监管机构监管的掉期交易商或者主要掉期参与人可以不制订施加审慎要求的规则。

“（B）适用性。（A）分项的规定不限制委员会依据本条规定制定规则的职权。

“（e）资本和保证金要求

“（1）概述

“（A）银行作为掉期交易商和主要掉期参与人。已有审慎监管机构监管的各个掉期交易商和主要掉期参与人必须满足该审慎监管机构应当依据第（2）项（A）分项以规则或者规章规定的最低资本要求和最低的初始与变动保证金要求。

“（B）非银行的掉期交易商和主要掉期参与人。没有审慎监管机构监管的各个掉期交易商和主要掉期参与人必须满足委员会应当依据第（2）项（B）分项以规则或者规章规定的最低资本要求和最低的初始与变动保证金要求。

“（2）规则

“（A）银行作为掉期交易商和主要掉期参与人。该审慎监管机构，通过与委员会以及证券交易委员会协商，应当联合对掉期交易商和主要掉期参与人采取规则，与作为掉期交易商或者主要掉期参与人的活动有关的，由某审慎监管机构施加：

“（i）资本要求；以及

“（ii）未被注册的衍生品清算组织清算的所有掉期的初始和变动两项保证金要求。

“（B）非银行的掉期交易商和主要掉期参与人。委员会应当对掉期交易商和主要掉期参与人采取规则，与作为掉期交易商或者主要掉期参与人的活动有关的，不受某审慎监管机构施加：

“（i）资本要求；以及

“（ii）未被注册的衍生品清算组织清算的所有掉期的初始和变动两项保证金要求。

“（C）资本。在对被认定为掉期或者业务活动的某一类型、单一类别或者种类的掉期交易商或者主要掉期参与人设定资本要求时，该审慎监管机构和委员会应当考虑与该人从事的、因为其作为掉期交易商或者主要掉期参与人的身份而不受监管的掉期的其他类型、类别或者种类以及其他业务活动有关的风险。

“（3）资本和保证金的标准

“（A）概述。为抵消该掉期交易商或者主要掉期参与人以及金融系统因使用未被清算的掉期而产生的更大风险，依据第（2）项施加的要求应当：

“(i) 有助于确保该掉期交易商或者主要掉期参与人的安全和稳健；以及

“(ii) 对于作为掉期交易商或者主要掉期参与人持有的与非清算掉期有关的风险是适当的。

“(B) 解释规则

“(i) 概述。本条规定不得限制或者被解释为限制以下职权：

“(I) 委员会按照第4f条(b)款规定对依据4f条(a)款[除第4f条(a)款第(3)项外]注册的期货代理商或者介绍经纪人设立财务责任规则。

“(II) 证券交易委员会按照《1934年证券交易法案》第15条(c)款第(3)项规定对依据《1934年证券交易法案》第15条(b)款[但该法的第15条(b)款第(11)项除外]注册的经纪人或者交易商设立财务责任规则。

“(ii) 期货代理商和其他交易商。期货代理商、介绍经纪人、经纪人或者交易商必须保持充足的资本，以符合依据本法或者《1934年证券交易法案》对期货代理商、介绍经纪人、经纪人或者交易商更加严格的任何可适用资本要求。

“(C) 保证金要求。在依据本款制定保证金要求时，与掉期交易商或者主要掉期参与人有关的该审慎监管机构（受该审慎监管机构监管)、与不受审慎监管机构监管的掉期交易商或者主要掉期参与人有关的委员会，应当允许使用非现金抵押品，只要该监管机构或者委员会确定其符合：

“(i) 维护交易掉期市场的财务健全性；以及

“(ii) 维护美国金融系统的稳定性。

“(D) 资本和保证金要求的可比性

“(i) 概述。该审慎监管机构、委员会和证券交易委员会应当定期（但每年不得少于一次）就最低资本要求和最低的初始和变动保证金要求进行协商。

“(ii) 可比性。(i) 则所的述机构应当尽实际可能，建立和保持可比的最低资本要求和最低的初始和变动保证金要求，包括适用非现金抵押品，为

“(I) 掉期交易商；以及

“(II) 主要掉期参与人

“(f) 报告和存档

“(1) 概述。各个注册掉期交易商和主要掉期参与人：

“（A）必须按照委员会的规则或者规章的要求制作关于该注册掉期交易商或者主要掉期参与人的交易和仓位以及财务状况的报告。

“（B）（i）在受审慎监管机构监管时，必须按照委员会以规则或者规章规定的格式、方式和期限保存与其作为掉期交易商或者主要掉期参与人从事的业务相关的所有活动的账簿和记录；以及

“（ii）在不受审慎监管机构监管时，必须按照委员会以规则或者规章规定的格式、方式和期限保存账簿和记录；

“（C）按照（B）分项规定保存的账簿和记录必须接受委员会的任何代表的审核与检查；以及

“（D）任何与第1a条第（47）项（A）分项（v）则所定义掉期有关的账簿和记录必须接受证券交易委员会的审核与检查。

“（2）规则。委员会应当采取规则管理掉期交易商和主要掉期参与人的报告和存档。

“（g）每日交易记录

“（1）概述。各个注册掉期交易商和主要掉期参与人必须按照委员会的规则或者规章要求的时间期限保存该注册掉期交易商和主要掉期参与人的掉期日常交易记录和所有相关的记录（包括相关的现金或者远期交易）以及通信记录，包括电子邮件、即时讯息和电话记录。

“（2）信息要求。每日交易记录必须包括委员会应当以规则或者规章规定的信息。

“（3）交易对手方记录。各个注册掉期交易商和主要掉期参与人必须保存各个交易对手方的日常交易记录，该记录的方式和格式应能识别每笔掉期交易。

“（4）审计线索。各个注册掉期交易商和主要掉期参与人应当保存可以进行全面和准确的交易复原的完整的审计线索。

“（5）规则。委员会应当采取规则管理掉期交易商和主要掉期参与人的每日交易记录。

“（h）商业行为标准

“（1）概述。各个注册掉期交易商和主要掉期参与人必须遵守第（3）项以及委员会可能以规则或者规章规定的与以下有关的商业行为标准：

“（A）涉及掉期（包括已报价但没有签订的掉期）的欺诈、操纵和其他舞弊行为；

“（B）该注册掉期交易商和主要掉期参与人的业务的尽职监督；

“（C）遵守所适用的仓位限额；以及

“（D）委员会决定为适当的其他事项。

“（2）特殊机构的责任

“（A）为特殊机构担任顾问。为某一特殊机构担任顾问的掉期交易商或者主要掉期参与人应当遵守（4）分项有关该类特殊机构的规定要求。

“（B）与特殊机构签订掉期。与特殊机构签订或者提出签订掉期的掉期交易商应当遵守（5）分项有关该类特殊机构的规定要求。

“（C）特殊机构的定义。基于本款目的，名词‘特殊机构’是指：

“（i）某一联邦机构；

“（ii）某一州、州机构、市、县、市政当局或者州的其他行政分支机构；

“（iii）符合《1974 年雇员退休收入保障法案》第 3 条定义的任何雇员福利计划；

“（iv）符合《1974 年雇员退休收入保障法案》第 3 条定义的任何政府计划；或者

“（v）任何捐赠基金，包括《1986 年国内税收法典》第 501 条（c）款第（3）项所述的设立组织的捐赠基金。

“（3）商业行为要求。委员会采取的商业行为要求应当：

“（A）规定掉期交易商或者主要掉期参与人有责任核实任何交易对手方满足合格缔约人的资格标准；

“（B）要求掉期交易商或者主要掉期参与人向任何交易对手方（不是掉期交易商、主要掉期参与人、基于证券掉期交易商或者基于证券掉期主要参与人）披露：

“（i）关于该掉期的重大风险与特征的信息；

“（ii）该掉期交易商或者主要掉期参与人可能与该掉期有关的任何实质性激励或者利益冲突；以及

“（I）对于已清算掉期，根据交易对手方要求，从相关衍生品清算组织收到的该交易每日记录的收据；以及

“（II）对于未清算掉期，从该掉期交易商或者主要掉期参与人收到的该交易每日记录的收据；

“（C）规定掉期交易商或者主要掉期参与人有责任在公平交易和诚信的原则基础上以公正和平衡的方式进行沟通；以及

“（D）建立其他标准和要求，只要委员会可以决定该标准和要求对公共利益、投资者保护或者促进实现本法目的具有适当性。

“（4）对担任顾问的掉期交易商的特殊要求

“（A）概述。掉期交易商或者主要掉期参与人的下列情形应为非法：

“(i) 运用任何花招、阴谋或者诡计欺骗任何特殊机构或者身为特殊机构的潜在客户；

“(ii) 以欺诈或者欺骗任何特殊机构或者身为特殊机构的潜在客户的运营方式从事任何交易、业务运作或者商业过程；

“(iii) 从事任何欺诈性、欺骗性或者操纵性的行为、业务运作或者商业过程。

“(B) 职责。担任特殊机构顾问的任何掉期交易商应当有责任以符合该特殊机构最佳利益的方式行事。

“(C) 合理努力。担任特殊机构顾问的任何掉期交易商应当作出合理努力，以获得对该掉期交易商推荐的任何掉期符合该特殊机构的最佳利益作出合理决定的必要信息，包括：

“(i) 该特殊机构的财务状况；

“(ii) 该特殊机构的纳税情况；

“(iii) 该特殊机构的投资或者融资目标；以及

“(iv) 委员会可能以规则或者规章规定的任何其他信息。

“(5) 对作为特殊机构的交易对手方的掉期交易商的特殊要求：

“(A) 提出与特殊机构签订或者与其签订掉期的掉期交易商或者主要掉期参与人应当：

“(i) 遵守委员会对掉期交易商或者主要掉期参与人规定的任何责任要求，内容关于交易对手方符合本法第1a条第(18)项(vii)则(I)或者(II)分则规定的合格缔约人的含义，且要求该掉期交易商或者主要掉期参与人要有合理的根据相信该交易对手方是具有一个独立代理的特殊机构，该代理人

“(I) 有充分的知识以评估该交易和风险；

“(II) 不属于法定剥夺资格；

“(III) 独立于该掉期交易商或者主要掉期参与人；

“(IV) 按照其所代表的交易对手方的最佳利益承担职责；

“(V) 作出适当披露；

“(VI) 将向该特殊机构提供关于该交易的公平定价和适当性的书面报告；以及

“(VII) 在雇员福利计划符合《1974年雇员退休收入保障法案》规定的情形下，是该法第3条定义的财产受托人；和

“(ii) 在交易开始之前，向该特殊机构书面说明该掉期交易商现有的能力；

“(B) 委员会可以建立其他标准与要求，只要委员会决定该标准与

要求对公共利益、投资者保护或者促进实现本法目的具有适当性。

“（6）规则。委员会应当依据本款对掉期交易商和主要掉期参与人制定商业行为标准的治理规则。

“（7）适用性。本条不得适用于与下列有关的交易：

“（A）由特殊机构在交易所或者掉期执行设施上发起的交易；以及

“（B）交易中的一位掉期交易商或者主要掉期参与人不知道该交易的该交易对手方的身份。

“（i）文件编制标准。

“（1）概述。各个注册掉期交易商和主要掉期参与人应当遵守委员会以规则或者规章规定的，关于对全部掉期的及时和准确地确认、处理程序、净额结算、文件编制和价值评估的标准。

“（2）规则。委员会应当采取对掉期交易商和主要掉期参与人文件编制标准的治理规则。

“（j）职责。各个掉期交易商和主要掉期参与人在任何时候均应当遵守下列要求：

“（1）交易监测。该掉期交易商或者主要掉期参与人应当监测掉期交易，以防止违反适用的仓位限额。

“（2）风险管理程序。该掉期交易商或者主要掉期参与人应当建立健全与专业的适合管理该掉期交易商或者主要掉期参与人日常业务的风险管理系统。

“（3）一般信息的披露。该掉期交易商或者主要掉期参与人必须向委员会以及该掉期交易商或者主要掉期参与人的审慎监管机构，根据具体情况，披露以下有关信息：

“（A）其掉期的条款与条件；

“（B）掉期交易的操作、机制和惯例；

“（C）与掉期有关的财务健全保护；以及

“（D）与其在掉期中交易的相关其他信息。

“（4）获取信息能力。该掉期交易商或者主要掉期参与人应当：

“（A）建立和施行获取为其履行本条所述任何职能所需的任何信息的内部规则和程序；以及

“（B）向委员会以及该掉期交易商或者主要掉期参与人的审慎监管机构，根据具体情况，提供所要求的信息。

“（5）利益冲突。该掉期交易商和主要掉期参与人应当实施利益冲突规则和程序：

“（A）建立结构化和制度化的保障，以确保企业内部有适当的信息隔离措施，将企业内与研究或者分析任何商品或者掉期的价格或者市场有关的，或者承担提供清算业务或者作出受理清算客户决定的角色的任何人的活动，与企业内对参与定价、交易或者清算业务人员的审查、施压或者监督活动隔离开来，以免可能有潜在的偏向参与人员的判断或者监督以及违反本法所述的开放共享核心原则以及商业行为标准；以及

“（B）解决委员会认定为适当的其他问题。

“（6）反垄断考虑。除非为实现本法目的而有必要或者适当性，掉期交易商或者主要掉期参与人不得：

“（A）采取导致任何不合理的交易限制的任何程序或者任何行动；或者

“（B）对交易或者清算施加任何实质性的反竞争压力。

“（7）规则。委员会应当依据本款对掉期交易商和主要掉期参与人的职责制订治理规则。

“（k）首席合规官的委任

“（1）概述。各个掉期交易商和主要掉期参与人应当委任专人为首席合规官。

“（2）职责。首席合规官应当：

“（A）直接向该掉期交易商或者主要掉期参与人的董事会或者高级官员报告；

“（B）审查该掉期交易商或者主要掉期参与人对本条规定的有关该掉期交易商和主要掉期参与人的要求的遵守情况；

“（C）与董事会、履行与董事会类似职能的机构或者该组织的高级官员协商解决可能出现的任何利益冲突；

“（D）负责管理依据本条规定要求制定的各项政策和程序；

“（E）确保遵守对本法（包括规章）有关掉期的规定，包括委员会依据本条制定的各项规则；

“（F）建立对合规官通过以下任何途径发现的不合规问题进行纠正的程序：

“（i）合规官审查；

“（ii）回头看；

“（iii）内部或者外部的审计发现；

“（iv）自报告的错误；或者

“（v）经核实的投诉；

“（G）建立并遵守处理、管理层回应、纠正、重新测试以及终止不合规问题的适当程序。

“（3）年度报告

“（A）概述。按照委员会制定的规则，首席合规官应当每年编制并签署一份包含以下说明事项的报告：

“（i）合规官所在掉期交易商或者主要掉期参与人遵守本法（包括规章）的情况；以及

“（ii）合规官所在掉期交易商或者主要掉期参与人的各项政策和程序（包括道德准则与利益冲突政策）。

“（B）要求。依据（A）分项提交的合规报告应当：

“（i）随附依据本条规定要求向委员会提交的掉期交易商或者主要掉期参与人的各种相关的财务报告；以及

“（ii）包含一份依据法律罚则对该合规报告作出的正确性和完整性的证明。”

第 732 条 利益冲突

《商品交易法案》第 4d 条修订如下：

（1）将（c）款重新编号为（e）款；和

（2）在（b）款之后插入下列条文：

“（c）利益冲突。委员会应当要求期货经纪商和介绍经纪人实施利益冲突规则和程序，该规则和程序应：

“（1）建立结构化和制度化的保障，以确保企业内部有适当的信息隔离措施，将企业内与研究或者分析任何商品的价格或者市场有关的任何人的活动，与企业内对参与交易或者清算业务人员的审查、施压或者监督活动隔离开来，以免可能有潜在的偏向该参与人员的判断或者监督；以及

“（2）解决委员会认为适当的其他问题。

“（d）首席合规官委任。各个期货经纪商应当委任专人为首席合规官，负责履行应当由委员会采取规章或者依据第 17 条规定注册的期货业协会以规则阐明的职责。”

第 733 条 掉期执行设施

修订《商品交易法案》，在第 5g 条之后插入下列条文：

“第 5h 节 掉期执行设施

“（a）注册

“（1）概述。任何人不得运营交易或者处理掉期的设施，除非该设施依据本条注册为掉期执行设施或者被认定合同市场。

“（2）双重注册。依据本条注册为掉期执行设施的人应当在委员会注册，

无论该人是否也在美国证券交易委员会注册为掉期执行设施。

“（b）交易和交易处理

“（1）概述。除第（2）项明确规定外，依据（a）款注册的掉期执行设施可以：

“（A）使任何掉期可以交易；及

“（B）便利任何掉期的交易处理。

“（2）农业掉期。掉期执行设施不得挂牌交易或者确认农业商品（由委员会定义）的任何掉期，除了按照委员会的规则或者规章允许开展的掉期，委员会对该掉期应当规定条款与条件。

“（c）合同市场用于交易掉期的设施确认：运营合同市场的商品交易所，在该商品交易所同时经营掉期执行设施并使用同一套电子交易执行系统，在该合同市场和掉期执行设施上或者通过上述市场和设施挂牌并执行掉期的交易范围内，应当确认这类掉期的该电子化交易是否正在该合同市场或者掉期执行设施上或者通过上述市场或者设施发生。

“（d）规则制定

“（1）证券交易委员会和商品期货交易委员会可以发布规则定义能在掉期执行设施上执行的掉期范围。这些规则应当考虑到掉期的该交易对手方的价格和非价格要求，以及（e）款所设定的本条目标。

“（2）对于第（1）项定义的不要求通过掉期执行设施执行的所有掉期，其交易可以通过州际商务的任何其他可用方法执行。

“（3）证券交易委员会和商品期货交易委员会应当对这些规则进行必要的更新，以体现技术和其他创新。

“（e）解释规则。本条目标是促进在掉期执行设施上的掉期交易，并促进在该掉期市场上预交易的价格透明度。

“（f）掉期执行设施的核心原则

“（1）遵守核心原则：

“（A）概述。要注册为掉期执行设施并维持该注册，该掉期执行设施应当遵守：

“（i）本款所述的核心原则；及

“（ii）委员会根据第8a条第（5）项以规则或者规章施加的任何要求。

“（B）掉期执行设施的合理自由裁量——除非委员会以规则或者规章另行决定，否则（A）分项所述的掉期执行设施在确立该掉期执行设施遵守本款中所述核心原则的方式上应当有合理的自由裁量。

“（2）遵守规则。掉期执行设施应当：

“（A）建立并施行遵守该掉期执行设施的任何规则，包括：

“（i）在该掉期执行设施上或者通过该设施交易或者处理的掉期的条款与条件；及

“（ii）进入该掉期执行设施的任何限制；

“（B）建立并施行交易、交易处理和防止滥用的参与规则，并有能力发觉、调查和施行这些规则，包括以下方法：

“（i）向市场参与人提供公平进入市场的途径；及

“（ii）捕捉可以用于确定是否已经发生违反规则的信息；

“（C）建立该设施运营的治理规则，包括规定在该设施上登录和执行交易或者发布的指令时所使用的交易流程的规则，包括大宗交易；以及

“（D）按照其规则，当掉期交易商或者主要掉期参与人参与或者推进属于第2条（h）款规定的强制清算要求的掉期时，该掉期交易商或者主要掉期参与人应当负责遵守第2条（h）款第（8）项规定的强制交易要求。

“（3）不易受操纵的掉期。该掉期执行设施应当仅许可交易不易受操纵的掉期。

“（4）对交易和交易处理的监控：掉期执行设施应当：

“（A）建立并施行规则或者条款与条件来定义或者详细说明以下事项：

“（i）在该掉期执行设施的设施上或者通过该设施登录和执行交易指令时所使用的交易流程；和

“（ii）在该掉期执行设施的设施上或者通过该设施进行掉期交易处理的流程；及

“（B）监控掉期交易，通过监管、合规和惩戒措施与流程来防止操纵、价格扭曲以及扰乱交付或者现金结算流程，包括对交易的实时监控和全面准确的交易重建等方法。

“（5）获得信息的能力——掉期执行设施应当：

“（A）建立并施行允许该设施获取履行本条所述任何职能所必需的任何信息的规则，

“（B）根据要求向委员会提供信息；及

“（C）有能力履行委员会可能要求的有关国际信息共享协议。

“（6）头寸限额或者问责

“（A）概述。为减轻市场操纵或者堵塞的潜在威胁，特别是在交割月份的交易，掉期执行设施作为交易设施应当为该设施的每份合同，根

据必要性和适当性，对投机者采取头寸限额或者头寸问责。

"（B）头寸限额：对于任何属于委员会根据第 4a 条（a）款规定建立头寸限额的合同，掉期执行设施应当：

"（i）设定不高于委员会限额的头寸限额；及

"（ii）监控在该掉期执行设施上或者通过该设施建立的头寸，以符合委员会设定的限制以及该掉期执行设施可能自行设定的限制。

"（7）交易的财务健全性。掉期执行设施应当建立并施行相关规则和流程，为确保在该掉期执行设施的设施上或者通过该设施登录的掉期的财务健全性，包括该掉期按照第 2 条（h）款第（1）项的清算与结算。

"（8）应急职权。掉期执行设施应当对应急职权的行使采取规则，根据必要和适当情况，与委员会协商或者合作，包括清盘或者转让任何掉期中的敞口头寸或者暂停或者削减掉期交易的职权。

"（9）交易信息的及时公布

"（A）概述。掉期执行设施应当及时公开委员会规定范围内的掉期价格、交易量和其他交易数据的信息。

"（B）掉期执行设施的性能：应当要求掉期执行设施具备通过电子化捕捉和传输有关在该设施上执行的交易的信息的性能。

"（10）存档和报告

"（A）概述。掉期执行设施应当：

"（i）以委员会认可的格式和方式保存与该设施的业务有关的全部活动记录，包括完整的审计线索，保存期限为 5 年；

"（ii）以委员会认可的格式与方式，向委员会报告由委员会决定对其依据本法履行职责所必需和适当的信息；及

"（iii）应当向证券交易委员会开放与第 1a 条第（47）项（A）分项（v）则定义的掉期有关的任何记录供检查。"

"（B）要求。委员会应当对掉期执行设施的数据采集和报告采取要求，该要求与对衍生品清算组织和掉期数据存储机构的相应要求具有可比性。

"（11）反垄断考虑。除非为实现本法案目的而有必要或者适当，否则掉期执行设施不得：

"（A）采用可能导致对交易任何不合理限制的任何规则或者任何行动；或者

"（B）对交易或者清算施加任何实质性的反竞争压力。

"（12）利益冲突。掉期执行设施应当：

"（A）建立并施行使其决策过程中的利益冲突最小化的规则；和

“（B）建立解决利益冲突的流程。

“（13）财务资源

“（A）概述。掉期执行设施应当有充足的财务、经营和管理资源来履行该掉期执行设施的各项职责。

“（B）资源充足性的确定——如果在滚动基础上，该掉期执行设施的财务资源价值超过该掉期执行设施所需的一年运营成本总额，则该掉期执行设施的财务资源应当被视为充足。

“（14）系统保障。掉期执行设施应当：

“（A）通过开发适当的控制措施和程序以及自动化系统，建立并保持识别和最小化操作风险源的风险分析与监督计划，该系统

“（i）是可靠和安全的；及

“（ii）有充分的可扩展性能；

“（B）建立和保持紧急事件程序、备用设施以及灾害恢复计划，以允许：

“（i）及时恢复和继续运转；及

“（ii）完成掉期执行设施的责任和义务；

“（C）定期进行测试检验掉期执行设施的备用资源是充分的，以保证延续的：

“（i）指令处理和交易匹配；

“（ii）价格报告；

“（iii）市场监督；及

“（iv）保留全面而准确的审计线索。

“（15）首席合规官的委任

“（A）概述。各个掉期执行设施应当委任专人为首席合规官。

“（B）职责。首席合规官应：

“（i）直接向该设施的董事会或者高级官员汇报；

“（ii）审查本款中核心原则的合规情况；

“（iii）通过与设施的董事会、履行类似于董事会职能的机构，或者该设施的高级官员协商后，解决可能出现的任何利益冲突；

“（iv）负责制定和管理根据本条要求建立的政策和流程；

“（v）确保遵守本法以及依据本法发布的规则和规章，包括委员会根据本条制定的规则；和

“（vi）建立流程以纠正在合规官检查、回头看、内部或者外部审计发现、自报告的错误或者经核实的投诉中所发现的非合规问题。

“（C）对流程的要求。在依据（B）分项（vi）则建立流程时，首席

合规官应当设计规定处理、管理层响应、纠正、重新测试和终止非合规问题的流程。

“（D）年度报告

“（i）概述。按照委员会制定的规则，首席合规官应当每年准备并签署包含以下说明事项的报告：

“（I）该掉期执行设施遵守本法的情况；及

“（II）该掉期执行设施的政策和流程，包括道德准则和利益冲突政策。

“（ii）要求。首席合规官应当：

“（I）和按照本条规定该掉期执行设施必须提交给委员会的适当财务报告一起提交（i）则规定的每份报告；及

“（II）报告中包括一份依据法律罚则作出对该报告准确性与完整性的证明。

“（g）豁免。委员会可以有条件或者无条件地豁免掉期执行设施依据本条注册，如果委员会发现该设施在综合的基础上受到证券交易委员会、谨慎监管者或者该设施母国的适当政府职能部门的可比的、全面的监管。

“（h）规则。委员会应当依据本条对另类掉期执行设施监管的制定治理规则。”

第734条 衍生品交易执行设施和豁免商品交易所

（a）概述。废除《商品交易法案》第5a条和5d条。

（b）一致性修订。

（1）《商品交易法案》第2条修订如下：

（A）在（a）款第（1）项（A）分项中，在第一句中，删除“或者5a”；及

（B）在（g）款的第（2）项［第723条（a）款第（1）项（B）分项重新编号的］中，删除“本法第5a条”至“本法第5d条”的内容，并插入“本法第5b条”。

（2）《1934年证券交易法案》第6条（g）款第（1）项（A）分项修订如下：

（A）删除“that”至“（i）则已认定”的内容，并插入“已被认定的”；

（B）删除“；或者”并插入“；和”及

（C）删除（ii）则。

（c）向委员会请求的能力：

（1）概述。在本章中的最终生效日之前，个人可以请求商品期货交易委员会保留《商品交易法案》第5d条规定的适用，只要此类规定在本节生效日之前已经存在。

（2）对请求的考虑。商品期货交易委员会应当立即考虑依据第（1）项提交的任何请求，并可以允许个人继续适用《商品交易法案》第5d条规定经营，自本节生效之日起计算，最长不得超过1年。

第735条　被认定合同市场

（a）认定的标准。修订《商品交易法案》第5条，删除（b）款。

（b）合同市场的核心原则——修订《商品交易法案》第5条，删除（d）款并插入下列条文：

“（d）合同市场的核心原则

“（1）认定为合同市场

“（A）概述。要被认定并保持被认定为合同市场，商品交易所应当遵守：

“（i）本款中所述的核心原则；及

“（ii）委员会可能根据第8a条第（5）项以规则或者规章施加的任何要求。

“（B）对合同市场的合理自由裁量。除非委员会以规则或者规章另行决定，否则（A）分项中所述的商品交易所在确定该商品交易所遵守本款所述核心原则的具体方式上应当有合理的自由裁量。

“（2）合规

“（A）概述。商品交易所应当建立、监督并施行遵守该合同市场的规则，包括：

“（i）准入要求；

“（ii）该合同市场上交易的任何合同的条款与条件；及

“（iii）禁止在该合同市场上滥用交易惯例的规则。

“（B）合同市场的能力。对违反该合同市场任何规则的任何人员，商品交易所应当有能力发现、调查并适用适当的惩罚。

“（C）规则的要求。该合同市场的规则应当使商品交易所有能力与职权获取履行本款所述职能的任何必要信息，包括履行委员会可能要求的此类国际信息共享协议的能力。

“（3）不易受操纵的合同。商品交易所应当在该合同市场上仅对不易受操纵的合同进行挂牌。

“（4）防止市场扰乱。商品交易所应当有能力和责任通过市场监管、合

规和施行惯例与流程来防止操纵、价格扭曲、交付或者现金结算流程的扰乱，包括

“（A）进行交易实时监控的方法；及

“（B）全面和准确的交易重建。

“（5）头寸限额或者问责

“（A）概述。为减轻市场操纵或者堵塞（尤其是在交付月份的交易期间）的潜在威胁，商品交易所应当就其每份合同采取，根据必要性和适当性，针对投机者的头寸限额或者头寸问责。

“（B）最大许可头寸限额：对任何属于委员会根据第4a条（a）款规定建立头寸限额的合同，商品交易所应当设定的头寸限额不得高于委员会所设定的头寸限额。

“（6）应急职权。商品交易所在与委员会协商或者合作的过程中，应当对应急职权的行使采取必要的和适当的规则，包括以下职权：

“（A）清盘或者转让任何合同中的敞口头寸；

“（B）暂停或者削减任何合同的交易；和

“（C）要求任何合同的市场参与人满足特殊保证金要求。

“（7）一般信息的可得性。商品交易所应当使市场管理机构、市场参与人和公众能够获得有关以下事项的准确信息：

“（A）该合同市场的合同的条款与条件；及

“（B）（i）则在该合同市场的设施上或者通过其执行交易的规则、规章和机制；及

“（ii）描述合同市场下述运作的规则和说明：

“（I）电子匹配平台；或者

“（II）交易执行设施。

“（8）交易信息每日公开：商品交易所应当每日公开该合同市场上的结算价格、交易量、未平仓合约，以及交投活跃合约的开市与收市的价幅的信息。

“（9）交易执行

“（A）概述。商品交易所应当提供有一个竞争的、开放的、有效的市场和机制以执行交易，保全在该商品交易所集中化的市场中交易的价格发现过程。

“（B）规则。为了业务诚信，商品交易所的规则可以授权：

“（i）转让交易或者办公室交易；

“（ii）一种交易，包括：

“（I）与现货商品交易相关的期货；

“（II）现货商品的期货；或者

“（III）掉期期货；或者

“（iii）期货经纪商，作为委托人或者代理人，签订或者确认执行远期交割商品的买入或者售出的合同，如果该合同是根据该合同市场或者衍生品清算组织的规则报告、记录或者清算的。

“（10）交易信息。商品交易所应当对所有识别的交易信息按照能让合同市场利用该信息的方式记录与安全储存坚持规则和程序：

“（A）帮助防止客户和市场违规；及

“（B）提供任何违反该合同市场规则的证据。

“（11）交易的财务健全性。商品交易所应当建立并施行：

“（A）为确保在该合同市场的设施上或者通过该设施达成的交易的财务健全性的规则和程序（包括与衍生品清算组织交易的清算与结算）；及

“（B）规则以确保：

“（i）以下任何财务健全性：

“（I）期货经纪商；及

“（II）介绍经纪商；及

“（ii）对客户资金的保护。

“（12）市场和市场参与人的保护。商品交易所应当建立并施行规则

“（A）以保护市场和市场参与人免受任何一方违规行为的侵害，包括参与人的代理人作出的违规行为；及

“（B）促进在该合同市场上交易的公平与公正。

“（13）处罚程序。商品交易所应当建立并施行处罚程序，授权商品交易所处罚、暂停或者撤销违反商品交易所规则的会员或者市场参与人的资格，或者采取有相同功能的类似方法，包括将该处罚功能委托给第三方。

“（14）争议解决。商品交易所应当建立并施行有关规则，并酌情为市场参与人和任何中间商提供备选的争议解决便利。

“（15）治理健康标准。商品交易所应当对董事、任何纪律委员会的成员、该合同市场的会员，以及直接进入该设施的任何其他人员（包括本项所述任何人员的任何关联方）建立并施行适当的健康标准。

“（16）利益冲突。商品交易所应当建立并施行规则

“（A）以最小化该合同市场在决策过程中的利益冲突；及

“（B）为解决（A）分项所述利益冲突建立流程。

“（17）合同市场治理委员会组成。设计商品交易所的治理安排应当允许考虑市场参与人的意见。

“（18）存档：商品交易所应当保存与该合同市场业务有关的全部活动的记录：

“（A）按照委员会认可的格式和方式；及

“（B）保存期限至少为5年；

“（19）反垄断考虑。除非为实现本法案目的而有必要或者是适当的，否则交易所不得：

“（A）采取导致任何不合理的限制交易的任何规则或者任何行动；或者

“（B）对该合同市场上的交易施加任何实质性的反竞争压力。

“（20）系统保护。商品交易所应当：

“（A）通过开发适当的控制措施和程序以及开发可靠、安全并有足够可升级功能的自动化系统，建立并保持识别和最小化操作风险源的风险分析与监督计划；

“（B）建立并维持应急程序、备份设施、灾难恢复计划以允许及时恢复和继续运营以及完成该商品交易所的各项责任与义务；及

“（C）定期进行测试，以检查备份资料对确保持续的指令处理和交易匹配、价格报告、市场监管以及保存全面准确的审计线索是充分的。

“（21）财务资源

“（A）概述。商品交易所应当具有履行该商品交易所的各项职责的充足财务、运营和管理资源。

“（B）充足性的确定：在滚动计算基础上，如果该财务资源的价值超过该合同市场一年运营成本的总额，则该商品交易所的财务资源应当被视为充足。

“（22）董事会的多元化。商品交易所如果是公开交易的公司，应当努力招募能够反映不同文化背景的有资质人员担任董事会和商品交易所其他决策机构（由委员会决定）的职务。

“（23）证券交易委员会——商品交易所应当保持向证券交易委员会开放与第1a条第（47）项（A）分项（v）则定义的掉期有关的任何记录以供检验与检查。”

第736条　保证金

《商品交易法案》第8a条（7）项修订如下：

（1）在（C）分项中，删除“，除保证金等级的设定外”；

（2）将（D）到（F）分项分别重新编号为（E）到（G）；及

（3）在（C）分项之后插入下列条文：

“（D）保证金要求，规则、规章或者命令应当：

“（i）限于保护衍生品清算组织的财务健全性；

“（ii）基于风险管理目的以保护交易的财务健全性；及

“（iii）不设定具体的保证金金额。”

第 737 条 头寸限额

（a）累计头寸限额。《商品交易法案》第 4a 条（a）款修订如下：

（1）在“（a）”之后插入下列条文：

“（1）概述。”；

（2）在第一句中，删除“与显著价格发现合同有关的电子交易设施上”并插入“承担或者影响与注册机构相关的显著价格发现功能的掉期”；

（3）在第二句中：

（A）在“任何人员持有”之后插入“，包括任何小组或者类别的交易员”；及

（B）删除“与显著的价格发现合同相关的电子交易设施上，”，并插入“在被认定合同市场上或者掉期执行设施上或者按照其规则进行交易的掉期，或者不在与注册机构有关的承担显著价格发现功能的被认定合同市场或者掉期执行设施上或者按照其规则进行交易的掉期，”；及

（4）在末尾增加：

“（2）限制的设定

“（A）概述。根据本款第（1）项设定的标准以及（b）款第（2）项列举的诚信例外，关于实物商品，除了委员会定义排除的商品外，委员会应当以规则、规章或者命令建立对任何人员持有的与远期交割的销售合同有关，或者与该合同上的期权，或者在被认定合同市场上或者按照其规则交易的商品有关的头寸金额限制，但依具体情况，真实的对冲避险头寸除外。

“（B）时机

“（i）豁免商品。对于豁免商品，依据（A）分项规定的限制应当在本项颁布之日后 180 日内设定。

“（ii）农业商品。对于农业商品，依据（A）分项规定的限制应在本项颁布之日后 270 日内设定。

“（C）目标。在设定（A）分项规定的限制时，委员会应当力争确保在外国交易所交易相同商品要遵守具有可比性的限制，并且委员会施加的任何限制不应导致商品的价格发现转移到外国交易所交易。

“（3）具体限制。在设定第（2）项规定的限制时，委员会应当酌情设定

限制——

“（A）任何人员持有的现货月份和每两个月份的头寸数量，以及任何人员持有的所有月份累计头寸数量；及

“（B）自行决定达到最大程度上可行：

“（i）以减轻、消除或者防止本条所述的过度投机；

“（ii）以阻碍和防止市场操纵、挤仓或者逼仓；

“（iii）以确保为真实避险人提供充足的市场流动性；及

“（iv）以确保不会扰乱原生市场的价格发现功能。

“（4）显著价格发现功能。在决定掉期是否承担或者影响与受监管市场相关的显著价格发现功能时，委员会应当酌情考虑：

“（A）价格联动。在掉期利用或者另行依赖在受监管市场上交易的基于相同原生商品的其他合同的每日或者最终结算价格，或者其他主要价格参数的范围内，对头寸估值，转移或者转换头寸，对头寸进行财务结算，或者轧平头寸。

“（B）套利。在掉期价格与受监管市场上交易的基于相同原生商品的其他合同的价格足够相关的程度上，以便允许市场参与人通过同时维持头寸或者频繁重复地执行掉期交易在市场间进行有效的套利。

“（C）重要价格参考。其参考程度是在频繁重复的基础，对在受监管市场交易的某合同进行买卖报盘或者交易是直接以该掉期产生的价格为基础的，或者是被用作参考的该掉期价格决定的。

“（D）重要流动性基于在该商品上交易的掉期量达到足以对在受监管市场上交易的其他合同产生重大影响的程度。

“（E）其他重要因素。委员会以规则或者规章规定的与决定某掉期是否具有与受监管市场有关的显著价格发现功能相关的其他重要因素。

“（5）经济上相当于合同

“（A）尽管本条有其他规定，委员会应当对有关任何人持有的经济上相当于远期交割出售合同，或者该合同上的期权，或者在适用第（2）项规定的被认定合同市场上或者按照该市场规则交易的商品上的期权的掉期，建立头寸金额限制，包括酌情累计头寸限额，但真实的对冲避险头寸除外。

“（B）在根据（A）分项设定限制时，委员会应当：

“（i）与依据第（2）项设定的限制同时制定限制，并且该限制应当与依据第（3）项（B）分项的要求相类似；和

“（ii）与依据第（2）项设定的限制同时设立限制。

“（6）累计头寸限额——委员会应当以规则或者规章，对任何人，包括

任何小组或者类别的交易员每个月持有的基于相同原生商品（按委员会定义）的合同上的头寸累计数量或者金额设定限制（包括相关的对冲豁免规定），涵盖：

“（A）被认定合同市场挂牌的合同；

“（B）与协议合同有关的，或者与在注册机构挂牌交易的一个或者多个合同的任何价格（包括每日或者最终结算价格）结算的交易有关的，或者在为美国境内的会员或者其他参与人提供直接访问其电子交易和指令匹配系统的外国交易所交易的合同；及

“（C）承担或者影响与受监管机构有关的显著价格发现功能的掉期合同。

“（7）豁免。委员会以规则或者规章，对任何人或者人员类别，任何掉期或者掉期类别，任何远期交割商品销售合同或者合同类别，任何期权或者期权类别，或者任何交易或者交易类别，可以有条件或者无条件地豁免依据本条建立的有关头寸限额的任何要求。

（b）一致性修订。《商品交易法案》第4a条（b）款修订如下：

（1）在第（1）项中，删除“或者衍生品交易执行设施或者电子交易设施”，并插入“或者掉期执行设施或者设施”；及

（2）在第（2）项中，删除“或者衍生品交易执行设施或者电子交易设施”，并插入“或者掉期执行设施”。

（c）真实的对冲交易——《商品交易法案》第4a条（c）款修订如下：

（1）在“（c）后面插入“（1）”；及

（2）在末尾增加

“（2）为施行（a）款第（2）项对远期交割销售合同或者在该合同或者商品上的期权的规定，委员会应当定义真实的对冲交易或者交易头寸或者头寸。

“（A）（i）代表在稍后时间的实物销售渠道中已作出或者将要作出的交易，或者已持有或者将要持有的头寸的替代物；

“（ii）在经济上适合于降低商业企业的行为与管理的风险；及

“（iii）因下列价值的潜在变化而产生的：

“（I）拥有、生产、制造、加工或者行销的资产或者预计拥有、生产、制造、加工或者行销的资产；

“（II）承担或者预计发生的债务；或者

“（III）提供、购买，或者预计提供或者购买的服务；或者

“（B）减轻以下掉期导致的头寸风险：

“（i）针对交易对手方的交易符合（A）分项真实对冲交易条件

而执行的掉期；或者

"（ii）满足（A）分项的要求。"

（d）生效日期。本条以及本条所作修订应当自本条颁布之日起生效。

第738条 外国交易所

（a）概述。《商品交易法案》第4条（b）款修订如下：

（1）在第一句中，删除"委员会"并插入下列条文：

"（2）位于美国的人员：

"（A）概述。委员会"；

（2）在第二句中，删除"此类规则和规章"并插入下列条文：

"（B）不同要求。（A）分项所述的规则和规章"；

（3）在第三句中：

（A）删除"没有规则或者规章"并插入下列条文：

"（C）禁止。除第（1）和第（2）项规定，没有规则或者规章"；

（B）删除"第（1）项要求"，并插入：

"（i）要求"；及

（C）删除"市场，或者第（2）项管辖"，并插入"市场；或者

"（ii）管辖"；及

（4）在第（2）项之前插入下列条文：

"（1）外国交易所

"（A）注册。委员会可以采取规则和规章，要求为其美国境内的会员或者其他参与人提供直接访问其电子交易和指令匹配系统的外国交易所在委员会注册，包括制定适用于此类外国交易所注册的流程和要求的规则和规章。基于本项目的，'直接访问'是指外国交易所明确授权美国境内的经身份确认的会员或者其他参与人将交易直接录入该外国交易所的交易配对系统。在采取此类规则和规章时，委员会应当考虑：

"（i）任何此类外国交易所是否受到其母国适当政府职能部门有可比性的全面监管；及

"（ii）委员会之前发现该外国交易所受到其母国适当政府职能部门有可比性的全面监管的任何情况。

"（B）挂钩合同。委员会不应允许外国交易所对其位于美国境内的会员或者其他参与人提供，有关在注册机构上交易挂牌的一个或者多个合同的任何价格（包括每日或者最终结算价格）结算的协议、合同或者交易的，直接访问该外国交易所的电子交易和指令匹配系统，除非委员会确定：

“(i) 该外国交易所公开与该协议、合同或者交易相关的每日交易信息，且该信息与注册机构发布的在该外国交易所交易的该协议、合同或者交易结算所根据的一个或者多个合同的每日交易信息具有可比性；及

“(ii) 外国交易所（或者监管该外国交易所的外国期货监管部门）：

“(I) 对该协议、合同或者交易采取头寸限制（包括相关的对冲豁免规定），且该限制与注册机构对在该外国交易所交易的该协议、合同或者交易结算所依据的一个或者多个合同采取的的头寸限制（包括相关的对冲豁免规定）具有可比性；

“(II) 有权要求或者指示市场参与人限制、减轻或者清算该外国交易所（或者对该外国交易所进行监管的外国期货监管部门）决定是必要的任何头寸，以防止或者减轻第4a条所述的价格操纵和过度投机的威胁，以及价格扭曲，或者对交付或者现金结算流程的扰乱；

“(III) 同意即时通知委员会有关根据在注册机构上交易挂牌的一个或者多个合同的任何价格（包括每日或者最终结算价格）结算的该协议、合同或者交易，并与以下有关的任何变化：

“(aa) 外国交易所将公开的信息；

“(bb) 外国交易所或者外国期货监管部门将采用并执行的头寸限制；

“(cc) 要求头寸削减以防止第4a条所述的操纵、过度投机，价格扭曲，或者对交付或者现金结算流程的扰乱；及

“(dd) 委员会向外国交易所或者外国期货监管部门说明的其他利益方面；

“(IV) 向委员会提供有关大额交易商在该协议、合同或者交易中的头寸信息，且此类信息与委员会收集的在该外国交易所交易的该协议、合同或者交易结算依据的一个或者多个合同中大额交易商的头寸信息具有可比性；及

“(V) 向委员会提供为公布该外国交易所交易的该协议、合同或者交易的累计交易商头寸的报告所必要的信息，且与该外国交易所交易的该协议、合同或者交易结算所根据的一个或者多个合同的累计交易商头寸的报告具有可比性。

“(C) 现有外国交易所——(A) 和 (B) 分项的规定不得适用于在

本项颁布之日前，委员会已经授权直接访问许可的任何外国交易所，有效期限至本项颁布日之后180日。”

(b) 在外国交易所交易的注册人的债务。《商品交易法案》第4条修订如下：

(1) 在 (a) 款第 (1) 项之前的事项中，在“除非委员会根据 (c) 款豁免”之后插入“或者由 (e) 款”；及

(2) 在末尾增加：

“(e) 在外国交易所交易的注册人的义务：

“(1) 概述。在委员会注册的人，或者委员会豁免注册的人，依据本法没有被发现违反 (a) 款关于在远期交割商品销售合同中的交易或者与之相关的交易的规定，如果该人

“(A) 有理由相信该交易和合同是根据外国交易所或者其规则作出的，该外国交易所是：

“(i) 根据外国法律合法组建的；

“(ii) 外国期货监管部门授权的交易所；及

“(iii) 受外国期货监管部门监管；及

“(B) 未被委员会认定在经营中违反 (a) 款。

“(2) 解释规则——本款不得被解释为暗示或者创造任何基于 (a) 款目的，交易所或者市场被置于美国以外的国家或领土或属地的假设。”

(c) 对国外期货合同的执行——修订《商品交易法案》第22条 (a) 款 (已经由739条修订)，在末尾增加：

“(6) 国外期货合同的执行——基于第4条 (a) 款目的，在美国境外交易所或者市场的设施上交易或者执行的远期交割商品销售合同不得无效、可撤销或者无法执行，且这类合同的一方不得因该外国交易所未能遵守本法规定而撤销或者收回与该合同相关的任何款项。”

第739条 掉期的法律确定性

修订《商品交易法案》第22条 (a) 款，删除第 (4) 项并插入下列条文：

“(4) 合格交易对手方之间的合同执行：

“(A) 概述。出售给任何投资者的混合工具均不得无效或者可撤销或者无法执行，且混合工具的任何一方均不得仅因为该混合工具未能遵守第2条 (f) 款的条款与条件或者委员会的规章而撤销或者收回依据本条或者联邦法律或者州法律的其他规定的与该混合工具相关的任何款项。

“(B) 掉期。合格缔约人或者有理由被认为是合格缔约人之间的协议、合同或者交易均不得无效或者可撤销或者无法执行，且此类协议、

合同或者交易的任何一方均不得仅因为该协议、合同或者交易未能满足以下条件而撤销或者收回依据本条或者联邦法律或者州法律的其他规定的与该协议、合同或者交易相关的款项。

“（i）满足第1a条的掉期定义；或者

“（ii）根据第2条（h）款第（1）项规定被清算。

“（5）《2010年华尔街透明度与问责法案》颁布之日前订立的长期掉期的法律确定性：

“（A）掉期效力。除非在适用掉期中明确保留，否则《2010年华尔街透明度与问责法案》的颁布，或者依据该法案或者该法案作出修订的任何要求，均不得构成掉期的终止事件、不可抗力、非法性、增加成本、监管变化或者允许一方终止、再协商、修改、修订或者补充该掉期中一个或者多个交易的类似事件（包括所有相关的信用支持安排）。

“（B）头寸限额。依据《2010年华尔街透明度与问责法案》设定的任何头寸限额不得适用于依据该法案的设定头寸限额的规则、规章或者命令生效日之前诚信取得的头寸；但是，如果在头寸限额规则、规章或者命令生效之日后该交易商的头寸出现增加，此类头寸应当计入该交易商。”

第740条　多边清算组织

废除《1991年联邦存款保险公司改进法案》第408和409条。

第741条　执行

（a）执行职权。修订《商品交易法案》，在第4b条之后插入下列条文：

“第4b－1条　执行职权

“（a）商品期货交易委员会：除（b）、（c）、（d）款的规定外，委员会应当拥有执行《2010年华尔街透明度与问责法案》第1节中规定的关于对任何人的排他性职权。

“（b）审慎监管者——审慎监管者应当拥有执行第4s条（e）款规定的关于对掉期交易商或者主要掉期参与人（作为其审慎监管者）的排他性职权。

“（c）移交

“（1）审慎监管者，如果掉期交易商或者主要掉期参与人的审慎监管者有理由相信，该掉期交易商或者主要掉期参与人，或者该掉期交易商或者主要掉期参与人的任何关联机构或者部门，可能存在构成违反本法非审慎要求（包括第4s条或者委员会依据该节采取的规则）的行为，该审慎监管者可以及时以书面报告形式告知委员会，包括以下事项：

“（A）请求委员会依据本法启动执法程序；及

“（B）对编写本报告的事实和情况的解释说明。

“（2）委员会，如果委员会有理由相信，拥有审慎监管者的掉期交易商或者主要掉期参与人可能存在构成违反第4s条或者委员会依据该条采取的规则的审慎要求的行为，委员会可以以书面报告形式告知该审慎监管者此类行为，包括以下事项：

“（A）请求该审慎监管者依据本法或者其他联邦法律（包括规章）启动执法程序；及

“（B）对委员会关注的问题加以解释说明，并描述编写本报告的事实和情况。

“（d）后备执行职权

“（1）审慎监管者启动执法程序。如果委员会在收到依据（c）款第（1）项作出的书面报告之日起90天内没有启动执法程序，该审慎监管者可以启动执法程序。

“（2）委员会启动执法程序如果审慎监管者在收到依据（c）款第（2）项作出的书面报告之日起90天内没有启动执法程序，委员会可以启动执法程序。”

（b）一致性修订

（1）《商品交易法案》第4b条修订如下：

（A）在（a）款第（2）项中，删除“或者根据第5a条（g）款的第（1）和第（2）项的其他协议、合同或者交易”，并插入“或者掉期”；

（B）在（b）款中，删除“或者根据第5a条（g）款的第（1）和第（2）项的其他协议、合同或者交易”，并插入“或者掉期”；

（C）在末尾增加：

“（e）任何人的下述行为应为非法，直接或者间接地利用任何州际商务方法或者工具，或者邮件，或者任何注册机构的任何设施，为了达成或者借以达成任何远期交割商品销售合同（或者此类合同上的期权），或者任何掉期，或者一组证券或者证券指数（或者其中的任何权益或者根据其价值）以

“（1）使用任何花招、阴谋或者诡计来欺诈；

“（2）对重要事实作出任何不实陈述或者忽略陈述重要事实的必要性，以使该陈述按照其作出时所依据的具体情况来看，是没有误导的；或者

“（3）从事对任何人欺诈或者欺骗性的任何行为、业务或者商业过程。”

（2）修订《商品交易法案》4c条（a）款第（1）项，在“若使用或者

可能使用该交易”之前插入“或者掉期”。

(3) 修订《商品交易法案》6 条 (c) 款，在第一句中，在“或者被蓄意作出”之前插入“或者任何掉期的”。

(4) 修订《商品交易法案》6 条 (d) 款，在第一句中，在该限制性条款之前的事项中，在“或者另行违反”之前插入“或者任何掉期的”。

(5) 修订《商品交易法案》6c 条 (a) 款，在该限制性条款之前的事项中，在“远期交割商品”之后插入“或者任何掉期”。

(6)《商品交易法案》第 9 条修订如下：

(A) 在 (a) 中：

(i) 在第 (2) 项中，在“或者逼仓”之前插入“或者任何掉期的”；及

(ii) 在第 (4) 项中，在“期货协会”之前插入“掉期数据存储机构”及

(B) 在 (e) 款第 (1) 项中：

(i) 在“或者注册的期货协会”之前插入“掉期数据存储机构”；及

(ii) 在“基于”之前插入“或者掉期”。

(7) 修订《商品交易法案》第 9 条 (a) 款，在末尾增加：

“(6) 按照委员会决定的，滥用依据第 2 条 (h) 款第 (4) 项终端用户清算豁免的任何人”。

(8)《商品交易法案》2 条 (c) 款第 (2) 项 (B) 分项修订如下：

(A) 删除每一处的“(dd)”；

(B) 在 (iii) 则中，在“应当属于”之前插入“，以及 (vi) 则所述的账户或者联合投资工具”；及

(C) 在末尾增加：

“(vi) 本法适用于为 (i) 则所述的任何协议、合同或者外币交易的交易而提供的账户或者联合投资工具，且委员会应当对其有管辖权。”

(9)《商品交易法案》2 条 (c) 款第 (2) 项 (C) 分项修订如下：

(A) 删除每一处的“(dd)”；

(B) 在 (ii) 则 (I) 分则中，在“应当属于”之前插入“，以及 (vii) 则中所述的账户或者联合投资工具”；及

(C) 在末尾增加：

“(vii) 本法适用于为 (i) 则所述的任何协议、合同或者外币交易的交易而提供的账户或者联合投资工具，且委员会应当对其有

管辖权”。

（10）修订《商品交易法案》1a条第（19）项（A）分项（iv）则（II）分则中，（经第721条（a）款第（1）项重新编号的），在末尾分号之前插入：“但是，在第2条（c）款第（2）项（B）分项（vi）则和第2条（c）款第（2）项（C）分项（vii）则中，名词‘合格缔约人’不得包括任何一位参与人不是合格缔约人的商品基金”。

（11）修订《商品交易法案》第6条（e）款，在末尾增加：

“（4）明知或者肆意逃避或者参与或者协助逃避第2条（h）款要求的任何被认定清算组织，应当对违反第2条（h）款的行为承担所涉金额两倍的民事罚款。

“（5）明知或者肆意逃避或者参与或者协助逃避第2条（h）款要求的任何掉期交易商或者主要掉期参与人，应当对违反第2条（h）款的行为承担所涉金额两倍的民事罚款。”

（c）保留条款。尽管本章有其他规定，本节不得被解释为剥夺任何适当联邦银行业监管机构根据联邦法律而非本章的授权，建立或者施行与其作为适当联邦银行业监管机构所管辖的人有关的审慎或者其他标准的任何职权。

第742条 零售商品交易

（a）概述。《商品交易法案》第2条（c）款修订如下：

（1）在第（1）项中，删除“5a（在5a条（g）款规定的范围内），5b条，5d条或者12条（e）款第（2）项（B）分项）”，并插入“，或者12条（e）款第（2）项（B）分项）”；

（2）在第（2）项中，在末尾增加：

“（D）零售商品交易：

“（i）适用性。除（ii）则规定外，本分项应当适用于下列任何商品的任何协议、合同或者交易：

“（I）与非合格缔约人或者非合格商业机构签订的或者向其发出邀约的（即使没有与其签订）；及

“（II）在杠杆或者抵押金基础上签订或者发出邀约的（即使没有签订），或者在类似基础上由该要约人、该交易对手方，或者与该要约人或者交易对手方有关之人提供资金支持的。

“（ii）例外。本分项不得适用于：

“（I）第（1）项或者（A），（B）或者（C）分项所述的协议、合同或者交易，包括（A），（B）或者（C）分项中明确排除的任何协议、合同或者交易；

“（II）任何证券；

“（III）以下销售合同：

“（aa）将导致在28日内或者委员会根据在现金或者现货市场上的典型商业惯例可能以规则或者规章决定的其他更长时间内进行实际交割；或者

“（bb）造成在卖方和买方之间交割的执行义务，且买卖双方各自具有与其业务线相关的交货和接货的能力；或者

“（IV）在依据《1934年证券交易法案》第6条（a）款注册的全国证券交易所挂牌的协议、合同或者交易；或者

“（V）《2000年银行产品法律确定性法案》第402条（b）款定义的经鉴定的银行产品。

“（iii）执行。第4条（a）款、（b）款和4b条适用于（i）则所述的任何协议、合同或者交易，如同该协议、合同或者交易是远期交割商品销售合同一样。

“（iv）合格商业实体：基于本分项目的，农产品生产商、包装商或者经营商应当被视为与该农产品生产商、包装商或者经营商的业务线相关商品的任何协议、合同或者交易的合格商业实体。”

（b）《G－L－B法案》。修订《G－L－B法案》第206条（a）款，在第（1）项之前的事项中，删除“基于……目的”，并插入“除（e）款规定外，基于……目的”。

（c）与零售外汇交易有关的一致性修订。

（1）《商品交易法案》第2条（c）款第（2）项（B）分项（i）则（II）分则修订如下：

（A）在（aa）目中，在“金融机构”之前插入“美国”；

（B）删除（dd）和（ff）目；

（C）将（ee）和（gg）目分别重新编号为（dd）和（ff）目；及

（D）在（重新编号的）（dd）目中，删除分号并插入“；或者”。

（2）修订《商品交易法案》第2条（c）款第（2）项［经（a）款第（2）项修订］，在末尾增加：

“（E）禁止

“（i）联邦监管机构的定义。在本分项中，名词‘联邦监管机构’是指

“（I）委员会；

“（II）证券交易委员会；

"（III）适当联邦银行业监管机构；

"（IV）国家信用合作社管理局；及

"（V）农业信贷管理局。

"（ii）禁止：

"（I）概述。除（II）分则规定外，（B）分项（i）则（II）分则所述的存在联邦监管机构的人不得向非合格缔约人发出邀约或者与其签订（B）分项（i）则（I）分则所述的任何协议、合同或者外币交易，除非是根据联邦监管机构的规则或者规章，允许按照该联邦监管机构应当规定的条款与条件的协议、合同或者交易。

"（II）生效日期。与（B）分项（i）则（II）分则所述的人有关，如果该人的联邦监管机构在本分则颁布之日前，已经发布有关（B）分项（i）则（I）分则所述的协议、合同或者外币交易的建议规则，则（I）分则应当在本分则颁布之日后90日生效。

"（iii）规则和规章的要求：

"（I）概述。（ii）则所述的规则和规章应当对有关以下事项规定适当要求：

"（aa）信息披露；

"（bb）存档；

"（cc）资本和保证金；

"（dd）报告；

"（ee）业务行为；

"（ff）文档记录；及

"（gg）该联邦监管机构必须决定的必要的其他标准或者要求。

"（II）处理。（ii）则所述的规则或者规章对（B）分项（i）则（I）分则所述的全部协议、合同和外币交易的处理，应当类似于与（B）分项（i）则（I）分则所述的协议、合同或者交易在功能上或者经济上类似的全部协议、合同和外币交易。"

第743条　其他职权

除非本节所作修订另有规定，否则本节所作修订不会剥夺任何适当联邦银行业监管机构、商品期货交易委员会、证券交易委员或者其他联邦或者州监管机构来自其他适用法律的任何职权。

第 744 条　补偿救济

修订《商品交易法案》第 6c 条（d）款，在末尾增加：

“（3）衡平法救济。在本条中提出的任何诉讼中，委员会可以寻求，且经法院实施的对在该诉讼中被发现有任何侵害行为的任何人施加适当的衡平法救济，包括：

“（A）对上述侵害直接造成他人损失的，对其给予补偿救济（与损失金额相当）；及

“（B）与上述侵害相关的所得收益的归入权。”

第 745 条　注册机构加强合规

（a）解释的效力。修订《商品交易法案》第 5c 条（a）款修订，删除第（2）项，并插入下列条文：

“（2）解释的效力。依据第（1）项发布的解释可以为遵守第（1）项所述的各条规定提供唯一方法”。

（b）新合同、新规则和规则修订。修订《商品交易法案》第 5c 条，删除（c）款，并插入下列条文：

“（c）新合同、新规则和规则修订：

“（1）概述。注册机构可以对任何新合同，或者其他工具选择挂牌交易或者受理清算，或者选择批准并实施任何新规则或者规则修订，通过向委员会［以及财政部长，如果是远期交割的政府证券销售合同（或者此类合同上的期权）或者与此类合同相关的规则或者规则修订的情况］提供一份书面证明以表明该新合同或者工具，或者该新合同或者工具的清算、新规则，或者规则修订符合本法（包括依据本法的规章）。

“（2）规则审查——根据该注册机构的证明并向其会员告知此类证明（以委员会决定的方式），第（1）项所述的新规则或者规则修订应当自委员会收到该证明之日后 10 个工作日生效（或者委员会根据规则或者规章决定的更短时间内），除非委员会在此时间内通知该注册机构正在中止该证明，因为存在需要更多时间分析的、新的或者复杂的问题，或者该提交注册机构的解释不充分，或者与本法案（包括依据本法案的规章）有潜在的不一致。

“（3）规则证明的中止

“（A）委员会根据第（2）项作出的通知应当中止该新规则或者规则修订的证明，期限为自该通知发出之日起 90 日。

“（B）适用（A）分项中止的规则或者规则修订，根据该注册机构

的证明，应当在（A）分项所述的期限期满之时生效，除非委员会：

"（i）在此时间之前撤销中止；或者

"（ii）在此期限内通知该注册机构，反对该提出的证明，因为其与本法案（包括依据本法案的规章）不一致。

"（C）无论何时委员会根据本项通知审查规则或者规则修订，在（A）分项所述的该中止生效的90天期限之内，委员会应当提供不短于30天的公开评论期。

"（4）提前批准

"（A）概述。注册机构可以请求委员会授权对任何新合同或者其他工具、新规则或者规则修订提前批准。

"（B）需要提前批准。本条有其他规定，被认定合同市场应当向委员会提交供提前批准的每一份规则修订，如果按照委员会决定，该修订对通过其设施交易的第1a条第（10）项中明确列出的远期交割商品销售合同（或者其中的任何期权）中的条款与条件有实质性变更，且该规则修订适用于合同以及已经挂牌交易并有未平仓合约的交付月。

"（C）截止期限。如果依据（A）分项请求提前批准，委员会应当在该请求提交之日后90日内对该请求采取最终行动，除非该提交请求人同意延长本分项设定的时间期限。

"（5）批准

"（A）规则。委员会应当批准注册机构的新规则或者规则修订，除非委员会发现该新规则或者规则修订与本节（包括规章）不一致。

"（B）合同和工具。委员会应当批准新合同或者其他工具，除非委员会发现该新合同或者其他工具将违反本法（包括规章）。

"（C）审查和批准事件合同与掉期合同的特殊规则：

"（i）事件合同。与以事件的发生、发生的程度或者偶发性（除第1a条第（2）项（i）则所述的商品价格、比率、价值或者等级的变动外）为基础的被排除商品中的协议、合同、交易或者掉期的挂牌有关，且该挂牌是由被认定合同市场或者掉期执行设施执行的，委员会可以决定此类协议、合同或者交易违背公共利益，如果该协议、合同或者交易涉及以下内容：

"（I）依据联邦或者州法律是非法活动；

"（II）恐怖主义；

"（III）暗杀；

"（IV）战争；

"（V）赌博；或者

“（VI）委员会以规则或者规章决定的违背公共利益的其他类似活动。

“（ii）禁止对委员会依据（i）则确定属于违背公共利益的协议、合同或者交易不得在或者通过注册机构挂牌或可供清算或者交易。

“（iii）掉期合同：

“（I）概述。对衍生品清算组织予以清算的掉期的挂牌，委员会接获请求或者根据自己的动议，应当在其自由裁量权范围内确定标准、条件或者规则作为进行掉期清算的衍生品清算组织的初始资格或者持续资格。

“（II）要求。任何此类标准、条件或者规则应当考虑：

“（aa）该衍生品清算组织的财务健全性；及

“（bb）委员会决定是适当的任何其他因素。

“（iv）截止期限。委员会应当自审查开始后90日内，依据（i）和（ii）则采取最终行动，除非寻求提供该合同或者掉期的一方同意延长该时间期限。”

（c）违反核心原则。修订《商品交易法案》第5c条，删除（d）款。

第746条　内幕交易

修订《商品交易法案》第4c条（a）款，在末尾增加下列条文：

“（3）销售合同。对于联邦政府任何部门或者机构的任何职员或者代理人，该职员或者代理人利用其职务或者岗位的便利，获取可能影响或者往往会影响任何州际商务中的或者远期交割的，或者掉期的任何商品价格的，尚未被持有或者创造该信息的联邦政府部门或者机构公开的信息，为获取个人利益而在其个人能力范围内运用该信息签订或者邀约签订下列合同的应为非法。对于该职员或者代理人所获取并运用的未公开信息，联邦政府部门或者机构应按照使该信息能普遍被交易公众知悉的方式持有或者创造该信息，或者使得该信息在刑事、民事或者行政听证，或者国会、行政，或者审计总署报告、听证、审计或者调查中被披露。

“（A）远期交割商品销售合同（或者该类合同上的期权）；

“（B）期权（并非在根据《1934年证券交易法案》第6条（a）款注册的全国证券交易所交易的期权）；或者

“（C）掉期。

“（4）非公开信息

“（A）非公开信息透露。对于联邦政府任何部门或者机构的任何职员或者代理人，该职员或者代理人利用其职务或者岗位的便利，获取可能影响或者往往会影响任何州际商务中的或者远期交割的，或者掉期的任何商品价格的，尚未被持有或者创造该信息的联邦政府部门或者机构公开的信息，为获取个人利益而在其个人能力范围内透露该信息，意图协助他人直接或者间接地运用该信息签订或者邀约签订下列合同的应为非法。对于该职员或者代理人所获取并运用的未公开信息，联邦政府部门或者机构应按照使该信息能普遍被交易公众知悉的方式持有或者创造该信息，或者使得该信息在刑事、民事或者行政听证或者国会、行政，或者审计总署报告、听证、审计或者调查中被披露。

“（i）远期交割商品销售合同（或者该类合同上的期权）；

“（ii）期权（并非在根据《1934 年证券交易法案》第 6 条（a）款注册的全国证券交易所交易的期权）；或者

“（iii）掉期。

“（B）知情使用。任何人接收来自（A）分项所述的任何联邦政府部门或者机构的任何职员或者代理人透露的信息，并蓄意使用这类信息签订或者邀约签订下列合同的应为非法。

“（i）远期交割商品销售合同（或者该类合同上的期权）；

“（ii）期权（并非在根据《1934 年证券交易法案》第 6 条（a）款注册的全国证券交易所交易的期权）；或者

“（iii）掉期。

“（C）盗窃非公开信息。任何人以任何手段偷窃、转换或者盗用任何联邦政府部门或者机构持有或者创造的，可能影响或者往往会影响任何州际商务中的或者远期交割的，或者掉期的任何商品价格的信息，且这类人员知道，或者罔顾后果无视这类信息尚未被持有或者创造该信息的联邦政府部门或者机构公开的事实，使用这类信息，或者透露这类信息，意图协助他人直接或者间接地运用这类信息签订或者邀约签订下列合同的应为非法。联邦政府部门或者机构应按照使该信息能普遍被交易公众知悉的方式持有或者创造该信息，或者使得该信息在刑事、民事，或者行政听证，或者国会、行政，或者审计总署报告、听证、审计或者调查中被披露。

“（i）远期交割商品销售合同（或者该类合同上的期权）；

“（ii）期权（并非在根据《1934 年证券交易法案》第 6 条（a）款注册的全国证券交易所交易的期权）；或者

“（iii）掉期。但本分项的规定不得妨碍自愿或者按照法律规定，已经向任何联邦政府部门或者机构的任何职员或者代理人提供有关该人的经营或者活动，或者由该人的经营或者活动产生的信息的人，运用这类信息签订或者邀约签订（i）、（ii）或者（iii）则所述的销售合同、期权或者掉期。”

第747条　反破坏性做法的职权

修订《商品交易法案》第4c条（a）款（经第746条修订），在末尾增加下列条文：

“（5）破坏性做法。任何人按照注册机构的规则从事下列任何交易、业务或者行为应为非法：

“（A）违反投标或者邀约；

“（B）显示蓄意或者罔顾在收盘期间交易的有序执行；或者

“（C）是“欺骗性”交易，或者有“欺骗性”特征的交易，或者通常被称为“欺骗性”的交易（投标或者邀约时带有在执行前取消该投标或者邀约的意图）。

“（6）规则制定职权。根据委员会的判断，委员会可以制定并颁布合理必要的规则和规章以禁止第（5）项所述的交易行为以及其他破坏公平与公正交易的交易行为。

“（7）利用掉期欺诈。任何人明知或者罔顾后果无视其交易对手方将使用该掉期作为欺诈任何第三方的花招、阴谋或者诡计这一事实而签订该掉期的应为非法。”

第748条　对商品举报人的激励和保护

修订《商品交易法案》，在末尾增加下列条文：

“第23条　对商品举报人的激励和保护

“（a）定义。在本条中：

“（1）所涉司法或者行政诉讼。名词‘所涉司法或者行政诉讼’是指委员会依据本法提出的导致经济制裁超过一百万美元的任何司法或者行政诉讼。

“（2）基金。名词‘基金’是指依据（g）款设立的商品期货交易委员会客户保护基金。

“（3）经济制裁。名词‘经济制裁’，在任何司法或者行政诉讼中使用时，是指：

“（A）命令支付的款项，包括罚款、罚没收入、赔偿及利息；及

“（B）作为此类诉讼的结果或者任何和解，根据《2002年萨班斯—奥克斯利法案》第308条（b）款规定存入罚没收入基金或者其他基金

的任何款项。

“（4）原始信息。名词‘原始信息’是指：

“（A）来源于举报人独立知识或者分析的；

“（B）委员会未从任何其他渠道获知的信息，除非该举报人是该信息的原始来源；及

“（C）并非专门来源于在司法或者行政听证、政府报告、听证、审计、调查中的辩词，或者从新闻媒体得到，除非该举报人是该信息的来源。

“（5）相关诉讼。当与委员会依据本法提起的任何司法或者行政诉讼有关时，名词‘相关诉讼’，是指（h）款第（2）项（C）分项的（I）分则至（VI）分则所述的机构提出的任何司法或者行政诉讼，它以举报人按照（a）款提供的原始信息为基础，该原始信息导致了委员会诉讼的成功实施。

“（6）成功解决。名词‘成功解决’，当与委员会依据本法提起的任何司法或者行政诉讼有关时，包括此类诉讼的任何和解。

“（7）举报人。名词‘举报人’是指按照委员会的规则或者规章确立的方式，向委员会提供有关违反本法行为的信息的任何个人，或者两个或者多个共同行动人。

“（b）奖励

“（1）概述。在任何涉及司法或者行政诉讼或者相关诉讼中，根据委员会制定的规章和（c）款的规定，委员会应当对自愿向委员会提供原始信息导致涉及司法或者行政诉讼的成功实施的一个或者多个举报人给予奖励，奖励金总额为：

“（A）不低于在该诉讼或者相关诉讼中已收取经济制裁总额的10%；及

“（B）不高于在该诉讼或者相关诉讼中已收取经济制裁总额的30%。

“（2）奖励支付——依据第（1）项规定的任何支付应从基金中支付。

“（c）奖励金额的确定；拒绝奖励

“（1）奖励金额的确定：

“（A）自由裁量。依据（b）款规定的奖励金额应当由委员会自行决定。

“（B）标准。在依据（b）款决定奖励金额时，委员会：

“（i）应当考虑：

“（I）该举报人提供的信息对涉及司法或者行政诉讼取得成功的重要性；

“（II）该举报人及其任何法定代表人在涉及司法或者行政

诉讼中提供帮助的程度；

“（III）通过向提供导致此类法律成功实施的信息的举报人进行奖励，来制止违反该法（包括依据该法的规章）行为中的委员会的程序性利益；及

“（IV）委员会以规则或者规章设定的另外相关因素；及

“（ii）不应考虑基金的余额。

“（2）拒绝奖励。依据（b）款规定的奖励不得授予：

“（A）举报人是、或者在该举报人获得提交给委员会的原始信息时是下列组织的会员、官员或者职员：

“（i）适当监管机构；

“（ii）司法部门；

“（iii）注册机构；

“（iv）注册期货协会；

“（v）《1934 年证券交易法案》第 3 条（a）款定义的自律组织；或者

“（vi）执法机构；

“（B）任何被裁定与该司法或者行政诉讼有关的刑事犯罪的举报人，否则该举报人依据本条可以获得奖励；

“（C）向委员会提交的信息系根据其他举报人之前提交的涉及诉讼的基础事实的任何举报人；

“（D）未按照委员会以规则或者规章规定的格式提交信息的任何举报人。

“（d）代表

“（1）允许的代表。任何主张获得（b）款规定奖励的举报人可以由律师代表。

“（2）要求代表：

“（A）概述。任何匿名主张依据（b）款规定奖励的举报人应当由律师代表，如果该举报人的主张所依据的是其提交的信息。

“（B）身份披露。在支付奖励之前，举报人应披露其身份，并直接或者通过其律师提供委员会可能要求的其他信息。

“（e）不需要合同。任何举报人获得依据（b）款规定奖励无须与委员会签订合同，除非委员会以规则或者规章另行要求。

“（f）上诉

“（1）概述。依据本条作出的任何决定，包括是否进行奖励，奖励给谁，奖励金额多少，均应当由委员会自行决定。

“（2）上诉。第（1）项所述的任何决定均可在委员会发布决定后30日内向美国的适当上诉法院提起上诉。

“（3）审查。法院应当根据《美国法典》第5章的第7064条的规定，对委员会作出的决定进行审查。

“（g）商品期货交易委员会客户保护基金

“（1）设立。美国财政部设立一个名为‘商品期货交易委员会客户保护基金’的循环基金。

“（2）基金的使用。基金应当供委员会使用，对下列事项没有进一步限制拨款或者限制财政年度。

“（A）按照（a）款规定向举报人支付奖励；及

“（B）消费者教育活动基金，用于帮助消费者保护自己免受欺诈或者其他违反本法，或者依据本法的规则和规章的侵害。

“（3）存款和贷款。应当有存入或者计入该基金的款项：

“（A）经济制裁。委员会在任何涉及司法或者行政诉讼中收取的、不另行分配给违反本法或者依据本法的规则和规章的诉讼的受害者的经济制裁金，除非基金在收取经济制裁金时的余额超过1亿美元。

“（B）额外金额。如果存入或者计入（A）分项规定基金的金额不能满足依据（b）款作出的奖励，则应当将委员会依据本法根据举报人提供的信息提起的任何司法或者行政诉讼收取的任何经济制裁金存入或者计入基金，其金额等于未满足的奖励金额。

“（C）投资收入。依据第（4）项进行投资的全部收入。

“（4）投资

“（A）基金可用于投资的金额。委员会可以请求财政部长，按照委员会的判断，对基金不必用于当前需求的部分进行投资。

“（B）合格投资。投资应当由财政部长作出，投向美国债务或者由美国担保本金和利息的债务，投资期限适合于委员会决定的对基金的需要。

“（C）计入利息与收益。基金持有的任何债务的利息以及债务出售或者赎回的收益应当计入基金，并构成基金的一部分。

“（5）向国会报告。在每年10月30日之前，委员会应当向参议院农业、营养和林业委员会以及众议院农业委员会提交有关下列事项的报告：

“（A）依据本条规定的委员会的举报人奖励项目，包括说明在前一财政年度中授予奖励的数量和类型；

“（B）在前一财政年度中由基金提供资金支持的第（2）项（B）分项所述的消费者教育活动。

“（C）前一财政年度基金的期初余额；

“（D）在前一财政年度中存入或者计入基金的金额；

“（E）在前一财政年度中基金的投资收益金额；

“（F）在前一财政年度中按照（b）款规定基金向举报人支付的金额；

“（G）在前一财政年度中基金支付给第（2）项（B）分项所述的消费者教育活动的金额；

“（H）前一财政年度基金的期末余额；及

“（I）一套完整的经审计的财务报表，包括资产负债表、损益表和现金流量分析表。

“（h）举报人保护

“（1）禁止报复：

“（A）概述。雇主不得因为举报人的任何合法行为而在雇用条款与条件中对举报人直接或者间接地采取解雇、降职、停职、威胁、侵扰，或者以任何其他方式歧视该举报人：

“（i）根据（b）款向委员会提供信息；或者

“（ii）协助委员会根据此类信息或者与此信息相关的任何调查、司法或者行政诉讼。

“（B）执行。

（i）案由。声称遭受违反（A）分项规定的解雇或者其他歧视的人，可以依据本款向适当的美国地区法院提起诉讼，以获得（C）分项规定的救济，除非声称正遭受违反（A）分项规定的解雇或者其他歧视的个人系联邦政府的职员，在此情况下，该人必须仅依据《美国法典》第5章的第1221条规定提起诉讼。

“（ii）传票。要求证人出席依据本款组织的审判或者听证的传票可以在美国任何地方送达。

“（iii）法定时效。自（A）分项规定的违反行为报告提交之日起2年以后，将不得提起依据本款的诉讼。

“（C）救济。对在依据（B）分项提起诉讼中占有优势的人的救济应当包括：

“（i）复职并享有要不是歧视而本应享有的同等资历地位；

“（ii）支付拖欠的应属该人员的款项与利息；及

“（iii）赔偿因解雇或者歧视引起的任何具体伤害，包括诉讼费用、专家证人费，以及合理的律师费。

“（2）保密。

“(A) 概述。除 (B) 和 (C) 分项规定外，委员会及其任何官员和职员不得披露除《美国法典》第5章第552a条规定外，可以合理推测暴露举报人身份的任何信息，包括举报人向委员会提供的信息，除非直到或要求向与委员会或者 (C) 分项所述的任何机构提起的公开诉讼有关的被告或者答辩人披露。基于《美国法典》第5章552条目的，本项应当被视为该552条 (b) 款第 (3) 项 (B) 分项规定的一条法令。

“(B) 效力。本项无意限制司法部长（首席检察官）在刑事调查过程中向大陪审团陈列此类证据，或者与潜在证人或者被告分享此类证据的能力。

“(C) 对政府机构的可用性：

“(i) 概述。在委员会手中不损失其保密性的情况下，对于 (A) 分项中提到的所有信息，按照委员会自行判断，当委员会决定对实现本法案目的和保护消费者是必要或者适当的并且符合 (ii) 则的规定时，可以提供给：

“(I) 司法部；

“(II) 联邦政府的适当部门或者机构，在其管辖权范围内行事；

“(III)《1934年证券交易法案》第3条 (a) 款定义的注册机构、注册期货协会，或者自律组织；

“(IV) 与任何刑事调查相关的州总检察长；

“(V) 任何州的适当部门或者机构，在其管辖权范围内行事；及

“(VI) 外国期货监管部门。

“(ii) 信息保存。(i) 则中所述的各个实体、机构或者人员应当根据 (A) 分项的要求，将上述规定的信息作为机密妥为保存。

“(iii) 研究信息自由法豁免对商品期货交易委员会的影响：

“(I) 研究。委员会总检查官应当组织研究：

“(aa) 第 (2) 项 (A) 分项建立的依据《美国法典》第5章中552条 (b) 款第 (3) 项（被称为《信息自由法案》）规定的豁免是否会帮助举报人向委员会披露信息；

“(bb) 豁免对公众获取有关委员会对商品期货与期权市场监管的信息有什么影响；及

“(cc) 对委员会是否应继续使用豁免提出建议。

“(II) 报告。在本则颁布之日后30个月内，总监察长应当：

“（aa）向参议院银行、住房和城市事务委员会以及众议院金融服务委员会提交本则所要求的研究结果的报告；及

“（bb）在委员会网站上公布报告使公众可以获得。

“（3）保留权利。本条不得被视为削弱任何举报人依据任何联邦或者州法律，或者任何集体谈判协议的权利、优先权或者救济。

“（i）规则制定职权。委员会应当有权发布必要或者适当的规则和规章，以实施符合本条目的规定。

“（j）实施规则。委员会应当在《2010年华尔街透明度与问责法案》颁布之日后270日内，发布有关实施本条规定的最终规则或者规章。

“（k）原始信息。举报人按照实施本条的规则或者规章提交给委员会的信息，不得仅因该举报人在此类规则或者规章生效日之前提交此类信息而丧失其作为原始信息的地位，只要此类信息是在《2010年华尔街透明度与问责法案》颁布之日后提交。

“（l）奖励。举报人可以获得本条规定的奖励，无论是否对本法案规定或者依据本法案的规则或者规章有任何违反，该奖励所根据的司法或者行政诉讼发生在《2010年华尔街透明度与问责法案》颁布之日之前。

“（m）虚假信息的规定。举报人明知并蓄意制作任何虚假、虚构或者欺诈性陈述或者申述，或者制作或者使用任何虚假的书面材料或者文件并知道其含有虚假、虚构或者欺诈性的陈述或者记录，该举报人无权获得本条规定的奖励，并应当受到依据《美国法典》第18章第1001条规定对其提起诉讼。

“（n）放弃权利和救济或者要求争议仲裁的部分规定的不可执行性

“（1）权利和救济的放弃。本条规定的权利和救济不得通过任何协议、政策形成或者就业条件，包括事先制定的仲裁协议而放弃。

“（2）事先制定的仲裁协议。任何事先制定的仲裁协议不得生效、有效或者强制执行，如果该协议要求对依据本条产生的争议进行仲裁。”

第749条　一致性修订

（a）《商品交易法案》第4d条（经第724条修订）修订如下：

（1）在（a）款中：

（A）在第（1）项之前的事项中：

（i）删除“从事……”，插入“成为”；及

（ii）删除“或者介绍经纪人”直至“或者衍生品交易执行设施”的内容；

（B）在第（1）项中，删除“或者介绍经纪人”；及

（C）在第（2）项中，删除“如果期货经纪商，”；及

（2）在末尾增加：

“（g）除非根据本法案规定已经在委员会注册为介绍经纪人，并且此类注册不得过期或者被暂停或者吊销，否则任何人作为介绍经纪人应为非法。”

（b）《商品交易法案》第4m条第（3）项修订如下：

（1）删除“本条的（i）款第（3）项”，并插入下列条文：

“（3）例外

“（A）概述。第（1）项”；和

（2）删除“对于任何投资信托”，至末尾句号的内容，并插入：“对于主要从事交易商品利益的任何商品基金”。

“（B）主要从事。基于（A）分项，如果商品交易顾问或者商品基金分别主要从事，或者向公众表明其主要从事，或者提出主要从事于商品利益或者投资、再投资、拥有、持有或者对商品利益进行交易的顾问业务，则应被视为“主要从事”商品交易顾问或者商品基金业务。

“（C）商品利益——基于本项，商品利益应当包括远期交割商品销售合同、在此类合同上的期权、证券期货、掉期、杠杆合同、外汇、实物商品的即期和远期合同，以及用于商品利益交易的账户中持有的任何款项。”

（c）《商品交易法案》第5c条修订如下：

（1）在（a）款第（1）项中：

（A）删除“，5a条（d）款，”；及

（B）删除“以及第2条（h）款第（7）项与显著价格发现合同相关的，”；及

（2）在（f）款第（1）项中，删除“本法第4d条（c）款”，并插入“第4d条（e）款”。

（d）修订《商品交易法案》第5e条，删除“或者撤销电子交易设施依赖第2条（h）款第（3）项中规定的与显著价格发现合同有关的豁免权”。

（e）修订《商品交易法案》第6条（b）款，在第一句中，删除“，或者撤销电子交易设施依赖第2条（h）款第（3）项中规定的与显著价格发现合同有关的豁免权，”。

（f）《商品交易法案》第12条（e）款第（2）项（B）分项修订如下：

（1）删除“本法第2条（c）款、（d）款、（f）款或者（g）款”，并插入“本法第2条（c）款或者（f）款”；及

（2）删除“第2条（h）款或者”。

（g）修订《商品交易法案》第17条（r）款第（1）项，删除“本法第4d条

(c) 款”，并插入“第 4d 条 (e) 款”。

(h)《商品交易法案》第 22 条修订如下：

(1) 在 (a) 款第 (1) 项 (B) 分项中，

(A) 在“商品”之后插入“或者掉期”；及

(B) 在“此类合同”之后插入“或者掉期”；

(2) 在 (a) 款第 (1) 项 (C) 分项中，在末尾增加：

“(iv) 掉期；或者”；及

(3) 在 (b) 款第 (1) 项 (A) 分项中，删除“第 2 条 (h) 款第 (7) 项或者从第 5 条到 5c 条”，并插入“5，5b，5c，5h 或者 21 条”。

(i)《1991 年联邦存款保险公司改进法案》第 408 条第 (2) 项 (C) 分项修订如下：

(1) 删除“此类法案的 2 (c)、2 (d)、2 (f) 款或者 2 (g)”，并插入“此类法案 2 (c)，2 (f) 或者 2 (i)”；及

(2) 删除“2 (h) 或者”。

第 750 条　对碳市场监管的研究

(a) 跨部门工作小组。设立跨部门工作小组（本条中称为“跨部门小组”）来履行本条的功能，由以下会员或者指定人员组成：

(1) 商品期货交易委员会（本条中称为“委员会”）主席，担任跨部门小组主席。

(2) 农业部长。

(3) 财政部长。

(4) 证券交易委员会主席。

(5) 环境保护局局长。

(6) 联邦能源监管委员会主席。

(7) 联邦交易委员会专员。

(8) 能源信息管理局局长。

(b) 行政支持。委员会将为跨部门小组提供必要的行政支持服务，使该跨部门小组能够依据本条履行其职能。

(c) 协商。在履行本条职能时，跨部门小组应当与交易所、清算所、自律组织、主要碳市场参与人、消费者与公众的代表进行协商。

(d) 研究。跨部门小组应当对目前和未来碳市场的监管开展研究，以确保一个高效、安全和透明的碳市场，包括对现货市场和衍生品市场的监管。

(e) 报告。在本法颁布之日后 180 日内，跨部门小组应当向国会提交依据 (b) 款规定的研究结果的报告，包括对目前和未来碳市场监管的建议，以确保一

个高效、安全和透明的碳市场，包括对现货市场和衍生品市场的监管。

第 751 条 能源和环境市场顾问委员会

修订《商品交易法案》第 2 条（a）款（经第 727 条修订），在末尾增加：

“（15）能源和环境市场顾问委员会

“（A）设立

“（i）概述。在此设立能源和环境市场顾问委员会。

“（ii）委员。该委员会应当设有 9 名委员。

“（iii）活动。该委员会的目标和活动范围应当为：

“（I）召开公共会议；

“（II）向委员会提交报告和建议（包括异议或者少数人的意见，如果有）；及

“（III）或者作为讨论和沟通事项的载体，就涉及交易所、公司、终端用户、与能源和环境市场有关的监管者以及委员会对他们的监管展开讨论和沟通。

“（B）要求

“（i）概述。委员会应当在必要时召开公共会议，履行其职能，每年不少于两次。

“（ii）委员。委员任期为三年，但委员会可以投票撤销委员资格。

“（C）任命。委员会应当任命各种观点并代表广泛利益的委员，包括套期保值者和消费者。

“（D）报销。委员应当有权向委员会报销每日津贴和差旅费。

“（E）《联邦顾问委员会法》：委员会不应受《联邦顾问委员会法案》的约束。”

第 752 条 国际协调

（a）为了促进对掉期和基于证券掉期进行有效一致的全球监管，商品期货交易委员会，证券交易委员会和审慎监管者（《商品交易法案》第 1a 条第（39）项中定义），应当根据情况与国外监管部门协商和协调，对掉期、基于证券掉期、掉期机构和基于证券掉期机构建立一致的国际监管（包括费用）标准，并商定信息共享协议，只要这可能被视为对公共利益或者保护投资者、掉期交易对手方以及基于证券掉期交易对手方是必要或者适当的。

（b）为了促进对远期交割商品销售合同以及此类合同上的期权进行有效一致的全球监管，商品期货交易委员会应当与国外监管部门协商和协调，对远期交割

商品销售合同以及此类合同上的期权建立一致的国际监管标准，并商定信息共享协议，只要这可能被视为对公共利益以及保护远期交割商品销售合同的用户是必要或者适当的。

第753条　反操纵职权

（a）禁止有关操纵和虚假信息。《商品交易法案》第6条（c）款修订如下：

“（c）禁止有关操纵和虚假信息：

“（1）禁止操纵。任何人直接或者间接地使用或者运用，或者试图使用或者运用，任何操纵性或者欺骗性的手段或者技术，在与任何掉期，或者州际商务中的任何商品销售合同，或者在任何注册机构或者根据该机构规则进行远期交割有关的活动中，违反委员会在《多德—弗兰克华尔街改革和消费者保护法案》颁布之日后1年内颁布的规则或者规章，只要委员会没有颁布规则或者规章要求任何人向他人披露可能对市场价格、费率或者商品交易类别具有重要性的非公开信息，应为非法，除了有必要向另一方作出在所有重要方面没有误导性的有关交易的陈述。

“（A）以虚假报告操纵的特别规定。基于本项，非法操纵包括但不限于，通过邮件或者州际商务等任何通信手段，发布或者促成发布以传播关于谷物或者市场的信息或者条件的虚假的，或者误导的或者不准确的报告，明知或者罔顾后果，而无视此类报告是虚假、误导或者不准确的事实，该报告将影响或者往往会影响州际商务中任何商品价格。

“（B）对其他法律的影响。本项不得影响或者被解释为影响第9条（a）款第（2）项的适用性。

“（C）善意错误。出于善意向价格报告服务误传虚假的，或者误导的或者不准确的信息将不足以违反（c）款第（1）项（A）分项。

“（2）禁止有关虚假信息。任何人向委员会对重要事实作出虚假或者误导性陈述应为非法，包括在任何注册申请或者依据本法向委员会提交的任何报告中，或者在任何其他与掉期、州际商务中的商品销售合同，或者在任何注册机构或者根据该机构规则进行远期交割的商品销售合同有关的信息中，或者在任何此类陈述中忽略说明任何重要的事实，而该事实对保证一项重要事实在任何重要方面的陈述没有误导性是必要的，如果该人知道或者有理由应当知道该陈述是虚假的或者误导性的。

“（3）其他操纵。除第（1）项规定的禁止外，任何人直接或者间接地操纵或者试图操纵任何掉期的价格、州际商务中的任何商品价格，或者在任何注册机构或者根据该机构的规则进行远期交割的任何商品的价格，应为非法。

“（4）执行

“（A）委员会职权。如果委员会有理由相信，任何人（不是注册机构）正在违反或者已违反本款，或者本法的其他规定（包括委员会根据本款或者本法其他规定发布的任何规则、规章或者命令），则委员会可以对该人提出投诉。

“（B）投诉内容。依据（A）分项的投诉应当：

“（i）包含针对属于投诉事项之人的指控说明；及

“（ii）已附或者含有规定该投诉的听证日期和地点的听证通知。

“（C）听证。（B）分项（ii）则所述的听证：

“（i）应当在（A）分项所述的投诉送达之后3日内举行；

“（ii）应当要求该人说明以下事项的原因：

“（I）命令不应当被发出：

“（aa）以禁止该人在任何注册机构或者根据该机构的规则进行交易；及

“（bb）以命令全部注册机构拒绝该人所有的权限，直到委员会发出进一步通知；及

“（II）如果该人在委员会以任何身份注册，该人的注册为何不应被暂停或者撤销；及

“（iii）可以在以下事项之前举行：

“（I）委员会；或者

“（II）委员会指定的行政法官，其中该行政法官应当确保所有证据均以书面形式记录并提交给委员会。

“（5）传票。为了确保本法规定的有效执行，对于依据本法的任何调查或者法律程序，以及依据第12条（f）款采取的任何行动，委员会的任何成员，或者行政法官，或者委员会指定的其他官员（除第（7）项规定外）可以监督宣誓、传唤证人、迫使证人出庭、取证，并要求制作委员会认为与调查有关或者重要的账簿、文件、通信资料、备忘录或者其他记录。

“（6）证人。可以在美国的任何地点、任何州，或者任何一个海外国家，或者在任何司法管辖权听证指定地点要求证人出庭和制作此类记录。

“（7）送达。依据本条发出的传票，可以按照民事程序的联邦规则规定的在外国的传票送达程序，向不在任何美国法院的司法管辖权之内的任何人送达，但向不在任何美国法院的司法管辖权之内的任何人送达的传票，只有获得委员会的事先批准才可签发。

“（8）拒绝服从。如果某人拒不服从，或者拒绝遵守向其发出的传票，委员会可以援引任何美国法院在其管辖权内展开调查或者法律程序的援助，或者在该人居住或者进行交易的地点，要求证人出庭和证言以及制作账簿文

件、通信资料、备忘录或者其他记录。上述法院可以签发命令，要求该人按规定在委员会或者成员或者行政法官或者委员会指定的其他官员面前出庭、制作记录，或者对正在调查或存疑的所涉事项作证。

“（9）不服从。任何不服从法院的命令可以被法院处以藐视法庭惩罚。此类情况下的所有被告传票可以在这类人员居住或者进行交易的地点或者当前所在地的司法辖区内送达。

“（10）证据。收到依据第（4）项（C）分项（iii）则规定的证据后，委员会可以：

“（A）禁止适用听证的该人在任何注册机构或者根据该机构的规则进行交易，并要求所有注册机构按照委员会在命令中规定的期限拒绝该人在该注册机构上的任何权限；

“（B）如果该人在委员会以任何身份注册，委员会可以暂停该人的注册不超过180天，或者吊销其注册；

“（C）课处罚金。

“（i）民事处罚不超过以下两项金额中较高者：

“（I）140,000美元；或者

“（II）这类人因每项这类违反行为所得收入的三倍；或者

“（ii）出现本款或者第9条（a）款第（2）项规定的操纵或者试图操纵的任何违反行为，民事处罚不超过以下两项金额中较高者：

“（I）1,000,000美元；或者

“（II）这类人因每项这类违反行为所得收入的三倍；及

“（D）要求对该人违反行为所直接造成损害的客户进行赔偿。

“（11）命令：

“（A）通知。委员会应当通过以下方式，向第（10）项所述的人员，以及注册机构的适当管理机构发出第（10）项所述命令的通知：

“（i）挂号邮件；

“（ii）保证邮件；或者

“（iii）专人递送。

“（B）审查：

“（i）概述。第（10）项所述人员可以对命令进行审查或者获得由（ii）则所述的法院认为适当的其他公平救济。

“（ii）申请。要获得（i）则规定的审查或者其他救济，该人可以在（i）则规定的通知发给该人之后15日内，向美国上诉法院提交书面申请以搁置该命令：

“（I）在该申诉人经营业务的巡回审判区提出；或者

“（II）对于拒绝注册的命令，在该申诉人的主营业地点所在巡回审判区提出，该地点列示于申诉人的注册申请表。

“（C）程序：

“（i）适当法院书记员的职责。(B) 分项（ii）则规定的适当法院的书记员应当向委员会传送一份依据（B）分项（ii）则提出的申请副本。

“（ii）委员会职责。根据《美国法典》第28章第2112条的规定，委员会应当向（B）分项（ii）则所述的适当法院提交此前作出的记录。

“（iii）适当法院的管辖权。收到（B）分项（ii）则规定的申请后，(B) 分项（ii）则所述的适当法院可以肯定、搁置或者修改委员会的该项命令。”

（b）停止命令，罚款。《商品交易法案》第6条（d）款修订如下：

“（d）如果任何人（不是注册机构）正在违反或者已经违反（c）款或者本法的其他规定，或者委员会依据本法制定的规则、规章或者命令，委员会在通知和听证后，并且在（c）款中规定的其他情形下受上诉的约束，可以制定并发出命令，要求此类人员应当就此结束和停止违反行为，并且如果此类人员在此之后，并且在允许的此类命令上诉期限失效之后，或者在上诉法院肯定此类命令之后，仍然故意忽视或者拒绝遵守或服从此类命令，此类人员，一经由此定罪，应当处以不超过140,000美元或所获收入三倍的罚款，择其较高者执行，或者处以不超过1年的监禁，或者两者并罚，但是如果上述故意忽视或者拒绝遵守或服从此类命令牵涉第9条（a）款或者（b）款中的任何犯罪，此类人员一经由此定罪，应当处以上述（a）款或者（b）款规定的刑罚：倘若在任何操纵的情况下，依据本款针对任何被告发出的任何此类停止命令，必须只有连同依据（c）款针对该被告的命令一同签发。

（c）操纵、诉讼的私人权利。修订《商品交易法案》22条（a）款第（1）项，删除（D）分项，并插入下列条文：

“（D）购买或者出售本法（B）分项所指的合同或者掉期，如果该违规构成：

“（i）在与掉期，或者州际商务中的商品销售合同，或者在任何注册机构或者根据该机构规则进行远期交割有关的活动中，使用或者运用，或者试图使用或者运用，任何操纵性手段或者技术，违反委员会应当在《多德—弗兰克华尔街改革和消费者保护法案》颁布之日后1年内颁布的规则和规章；或者

“（ii）对任何此类合同或者掉期的价格，或者此类合同或者掉

期的基础商品的价格的操纵。”

(d) 生效日期

(1) 本条所作修订应当自商品期货交易委员会根据本法颁布的最终规则生效之日开始生效。

(2) 第 (1) 项不得妨碍委员会在生效日期之前制定任何必要的规则，以实施本条所包含的修订。

第 754 条　生效日期

除非本章另有规定，本节应当自颁布之日后 360 日生效，或者本节规定要求制定施行规则时，则在施行本节条款的最终规则或者规章公布后 60 日内生效。

第二节　基于证券掉期市场的监管

第 761 条　《1934 年证券交易法案》下的定义

(a) 定义。《1934 年证券交易法案》第 3 条 (a) 修订如下：

(1) 第 (5) 项 (A) 与 (B) 分项中，在每个“证券”名词之后插入“(不包括基于证券掉期，除了存在或者为不合格缔约人提供的基于证券掉期)”；

(2) 第 (10) 项中，在“证券期货”之后插入“基于证券掉期”；

(3) 第 (13) 项中，在末尾增加：“关于基于证券掉期，包括执行、终止（优先于预定的到期日）、转让、交易，或者基于证券掉期中的权利或者义务发生类似的出让、移转或者灭失，按上下文的可能规定”；

(4) 第 (14) 项中，在末尾增加：“关于基于证券掉期，包括执行、终止（优先于预定的到期日）、转让、交易，或者基于证券掉期中的权利或者义务发生类似的出让、移转或者灭失，按上下文的可能规定”。

(5) 第 (39) 项中：

(A) 在 (B) 分项的 (i) 则中

(i) 在 (I) 分则中，删除“或者政府证券交易商”并插入“政府证券交易商、基于证券掉期交易商，或者基于证券掉期主要参与人”；和

(ii) 在 (Ⅱ) 分则中，在“政府证券交易商、”之后插入“基于证券掉期交易商、基于证券掉期主要参与人，”；

(B) 在 (C) 分项中，删除“或者政府证券交易商”并插入“政府证券交易商、基于证券掉期交易商，或者基于证券掉期主要参与人”；和

（C）在（D）分项中，在“政府证券交易商、”之后插入“基于证券掉期交易商、基于证券掉期主要参与人，”。

（6）在末尾增加以下内容：

“（65）合格缔约人。‘合格缔约人’一词和《商品交易法案》中第1a条的含义相同。

“（66）主要掉期参与人。‘主要掉期参与人’一词和《商品交易法案》中第1a条的含义相同。

“（67）基于证券掉期主要参与人。

“（A）概述。‘基于证券掉期主要参与人’是指下列任何人：

“（i）非基于证券掉期交易商；和

“（ii）（Ⅰ）该参与人在任何主要类型的基于证券掉期中持有大量头寸，该类型由证券交易委员会界定，不适用于为对冲或者减轻商业风险而持有头寸，也不适用于任何为维持《1974年雇员退休收入保障法案》第3条中第（3）项和第（32）项所定义的雇员福利计划（或者任何因这类计划而持有的合约）而持有头寸，因为对冲或者减轻任何风险的基本目的会直接与该类计划运作有关联；

“（Ⅱ）该参与人未清偿的基于证券掉期造成交易对手方大量风险敞口，可能对美国银行体系或者金融市场的金融稳定具有严重危害；或者

“（Ⅲ）是下列金融机构：

“（aa）资本被高度杠杆化的机构，并且该机构不受适当联邦银行业监管部门所决定的资本要求约束；和

“（bb）在任何主要类型的基于证券掉期中持有大量未清偿头寸，该类型由证券交易委员会界定。

“（B）大量头寸定义。基于（A）分项的目的，证券交易委员会应当以规则或者规章定义‘大量头寸’的门槛水平，证券交易委员会根据对具有系统重要性或者对美国金融体系具有显著影响的机构实施审慎的有效监测、管理和监督来决定该门槛水平。在依据该分项作出定义时，证券交易委员会应当考虑该参与人已清偿的相对于未清偿的掉期头寸，并且可能考虑相对交易对手方风险敞口而持有抵押品的价值与质量。

“（C）认定范围。基于（A）分项目的，某人可以被认定为一个或者多个基于证券掉期种类的基于证券掉期主要参与人，而无须划分为所有基于证券掉期类型的基于证券掉期主要参与人。

“（68）基于证券掉期

“（A）概述。除了（B）分项的规定，名词‘基于证券掉期’是指下列任何协议、合同或者交易：

“（i）它是依据《商品交易法案》第1a条（不考虑该条第（47）项（B）分项（x）则）所定义的掉期；和

“（ii）它建立在下列基础之上：

“（Ⅰ）一个窄基证券指数，包括其中的任何权益或者关于其价值的部分；

“（Ⅱ）单一证券或者贷款，包括其中的任何权益或者关于其价值的部分；或者

“（Ⅲ）与某一证券单个发行人或者属于窄基证券指数中的证券发行人有关事件的发生、不发生，或者发生的程度，只要这类事件直接影响发行人的财务报告、财务状况，或者财务负担。

“（B）关于主协议解释规则：名词‘基于证券掉期’应当解释为包含一份对依据（A）分项的基于证券掉期协议、合同或者交易加以规定的主协议，连同任何这类主协议的全部补充条款，无论该主协议是否包含依据（A）分项规定不是基于证券掉期的协议、合同或者交易，除了该主协议应当被认为是仅与依据该主协议的每份协议、合同或交易有关的基于证券掉期，该主协议是依照（A）分项规定的基于证券掉期。

“（C）例外。名词‘基于证券掉期’不适用于任何满足基于证券掉期定义的协议、合同或者交易，仅因为这类协议、合同或者交易参照基准作为基础，或者结算是通过转让、交付或者接收依据第（12）项规定的豁免证券，因《1982年期货交易法案》制定生效（除了1982年制定生效的《期货交易法案》第（29）项定义的任何市政债券），除非这类协议、合同或者交易具有看涨、看跌或者其他期权的特征，或者是人所熟知的作为上述期权的交易。

“（D）混合掉期。‘基于证券掉期’包括任何依据（A）分项规定的协议、合同或者交易，并且建立在以下基础之上：一种或者多种的利率或者其他比率、货币、商品、债务工具、指数、量化工具、其他财务或者经济利益或者任何类型的财产权（单一证券或者某个窄基证券指数除外），或者是某事件的发生、不发生，或者发生的程度，还或者是与潜在的财务、经济或者商业结果有关的偶发事故（（A）分项（i）则（Ⅲ）分则规定的事件除外）。

“（E）关于指数概念运用的解释规则。名词‘指数’是指某个指数或者证券组合，包括其中的任何权益或者以其价值为基础。

“（69）掉期。名词‘掉期’和《商品交易法案》第1a条的含义相同。

“（70）基于证券掉期交易商或者基于证券掉期主要参与人的关联人。

“（A）概述。名词‘基于证券掉期交易商或者基于证券掉期主要参与人的关联人’或者‘基于证券掉期交易商或者基于证券掉期主要参与人的有关人员’是指下列人员：

“（i）基于证券掉期交易商或者基于证券掉期主要参与人的任何合伙人、高级职员、主管，或者分支机构经理（或者是处在类似职位或者履行类似职能的任何人）；

“（ii）直接或者间接控制基于证券掉期交易商或者基于证券掉期主要参与人，或者被其控制，或者与其共同控制的任何人；或者

“（iii）基于证券掉期交易商或者基于证券掉期主要参与人的任何雇员。

“（B）例外。除了基于第15F条第（1）与第（2）项的目的，‘基于证券掉期交易商或者基于证券掉期主要参与人的关联人’或者‘基于证券掉期交易商或者基于证券掉期主要参与人的有关人员’，不包括任何仅履行文书或者秘书职能的与基于证券掉期交易商或者基于证券掉期主要参与人有关之人。

“（71）基于证券掉期交易商。

“（A）概述。名词‘基于证券掉期交易商’是指下列任何人：

“（i）自身在基于证券掉期中作为交易商；

“（ii）在基于证券掉期中做市；

“（iii）出于自身利益，在日常业务工作中定期和交易对手方签订基于证券掉期；

“（iv）在基于证券掉期中从事任何被公认为交易商或者做市商的活动。

“（B）按类型或者类别认定。某人可以被认定为基于证券掉期的或者业务的单一类型或者单一类别或者类别的基于证券掉期交易商，而不需考虑其作为基于证券掉期或者业务的其他类型、类别或者类别的基于证券掉期交易商。

“（C）例外。名词‘基于证券掉期交易商’不包括要么为个人自己账户，要么以受托人身份，但不是作为经常有规律业务的一部分而参与基于证券掉期的人。

“（D）最小数额例外。证券交易委员会应当对从事与其客户有关或者代表其客户利益的最小数额基于证券掉期交易的机构豁免认定为基于证券掉期交易商。证券交易委员会应当颁布规章以确立有关作出任何豁

免决定的要素。

“（72）适当联邦银行业监管机构。名词‘适当联邦银行业监管机构’与《联邦存款保险法案》第 3 条（q）款的含义相同。

“（73）理事会。名词‘理事会’是指联邦储备理事会。

“（74）审慎监管机构。名词‘审慎监管机构’与《商品交易法案》第 1a 条的含义相同。

“（75）基于证券掉期数据存储机构。名词‘基于证券掉期数据存储机构’是指为基于证券掉期提供集中化存档设施服务的第三方采集和维护与基于证券掉期有关的交易或者头寸，或者条款与条件的信息或者记录的任何人。

“（76）掉期交易商。名词‘掉期交易商’与《商品交易法案》第 1a 条的含义相同。

“（77）基于证券掉期执行设施。名词‘基于证券掉期执行设施’是指一个交易系统或者平台，处于其中的众多参与人通过接受该设施或者系统中的众多参与人凭借任何州际商务工具，包括任何交易设施发出的买卖报价能够执行或者交易基于证券掉期，它：

“（A）为个人之间基于证券掉期的执行提供便利；和

“（B）不是一个全国性证券交易所。

“（78）基于证券掉期协议。

“（A）概述。基于本法第 9、10、16、20 条和 21A 条，以及《1933 年证券法案》第 17 条的目的，名词‘基于证券掉期协议’是指由《G－L－B 法案》第 206A 条所定义的一个掉期协议，其中一项实质性条款是建立在任何证券，或者任何组合或者证券指数，或者是其中的任何权益的价格、收益率、价值，或者波动率的基础上。

“（B）例外。名词‘基于证券掉期协议’不包括任何基于证券掉期。”

（b）另外定义名词的职权。证券交易委员会可以，采取规则，对下列进行另外定义：

（1）名词“商业风险”；

（2）包括本节对《1934 年证券交易法案》作出修订的任何其他名词，和

（3）名词“基于证券掉期”、“基于证券掉期交易商”、“基于证券掉期主要参与人”和“合格缔约人”，与基于证券掉期有关的（诸如这类名词在（a）款作出的修订中给予定义）目的为了包括已被结构化的交易与机构以逃避本节或者本节所作修订的规定。

第 762 条　基于证券掉期协议监管禁止的废除

（a）废除。废除《G－L－B 法案》第 206B 和 206C 条。

(b) 对《G－L－B 法案》的一致性修订。在前述第（1）项中对《G－L－B 法案》第 206A 条（a）款作出修订，删除“除了”和后续内容至“that”并插入以下内容：“除了（b）款规定外，本节中使用的名词‘掉期协议’是指以下任何协议、合同或者交易：”。

(c) 对《1933 年证券法案》的一致性修订。

(1)《1933 年证券法案》的第 2A 条修订如下：

(A) 删除（a）款并保留其款的形式；和

(B) 删除“（如《G－L－B 法案》第 206B 条所定义）”该用语出现的每一处，并插入“（如《1934 年证券交易法案》第 3 条（a）款第（78）项所定义）”。

(2)《1933 年证券法案》第 17 条修订如下：

(A) 在（a）款：

(i) 在“证券”之后插入“（包括基于证券掉期）”；和

(ii) 删除“（如《G－L－B 法案》第 206B 条所定义）”并插入“（如《证券交易法案》第 3 条（a）款第（78）项所定义）”；和

(B) 在（d）款，删除“《G－L－B 法案》第 206B 条”并插入“《1934 年证券交易法案》第 3 条（a）款第（78）项”。

(d) 对《1934 年证券交易法案》的一致性修订。《1934 年证券交易法案》修订如下：

(1) 在第 3A 条中：

(A) 删除（a）款并保留其款的形式；和

(B) 删除“（如《G－L－B 法案》第 206B 条所定义）”该用语出现的每一处；

(2) 在第 9 条中：

(A) 在（a）款中，删除第（2）到第（5）项并插入下列条文：

“（2）为了实施一系列交易，个人或者与一人或者多人，买卖在全国性证券交易所注册的任何证券，未如此注册的任何证券，或者与任何基于证券掉期有关的或者关于造成证券交易在实际上或者表面上的活跃，或者抬高或者压低证券价格的基于证券掉期协议，目的在于包括使其他人购买或者出售证券。”

“（3）如果交易商、经纪人、基于证券掉期交易商、基于证券掉期主要参与人，或者其他人出售或者要约出售或者购买或者要约购买证券、基于证券掉期或者关于该证券的基于证券掉期协议，以诱导买卖在全国性证券交易所注册的任何证券、未如此注册的任何证券、任何基于证券掉期，或者任何由于任意个人或者多个人基于抬高或者压低证券价格的目的组织市场操作而导致该证券价格将会或者很可能上涨或者下跌的信息在正常的商业程序中传播或者扩散的基于证券掉期协议。”

“（4）如果交易商、经纪人、基于证券掉期交易商、基于证券掉期主要参与人，或者其他人出售或者要约出售或者购买或者要约购买证券、基于证券掉期，或者关于该证券的基于证券掉期协议，基于诱导买卖该证券、该基于证券掉期，或者该基于证券掉期协议的目的，作出与在全国性证券交易所注册的任何证券、未如此注册的任何证券、任何基于证券掉期，或者任何关于该证券的基于证券掉期协议有关的任何关于重要事实的不实或者误导性陈述，在当时的具体情况下作出该陈述，并且该人知道或者有合理的理由相信该陈述是不实的或者误导性的。

“（5）为了考虑，直接或者间接地收到来自经纪人、交易商、基于证券掉期交易商、基于证券掉期主要参与人，或者出售或者要约出售或者购买或者要约购买证券、基于证券掉期，或者关于该证券的基于证券掉期协的其他人，以诱导购买在全国性证券交易所注册的任何证券、未如此注册的任何证券、任何基于证券掉期，或者任何由于任意个人或者多人基于抬高或者压低该证券价格目的组织市场操作而导致该证券价格将会或者很可能上涨或者下跌的信息传播或者扩散的基于证券掉期协议。”和

（B）在（i）款中，删除“（如《G－L－B 法案》第 206B 条所定义）”；

（3）在第 10 条中：

（A）在（b）款，删除“（如《G－L－B 法案》第 206B 条所定义），”该用语出现的每一处；并且

（B）在（b）款之后，删除“（如《G－L－B 法案》第 206B 条所定义），该用语出现的每一处”；

（4）在第 15 条：

（A）在（c）款第（1）项（A）分项，删除“（如《G－L－B 法案》第 206B 条所定义），”；

（B）在（c）款第（1）项（B）和（C）分项，删除“（如《G－L－B 法案》第 206B 条所定义）”该用语出现的每一处；

（C）重新划定（i）款，因为增加《2000 年商品期货现代化法案》第 303 条（f）款（公法 106－554，114 Stat. 2763A－455）），作为（j）款；和

（D）在（j）款中，因为（C）分项做了重新划定，删除“（如《G－L－B 法案》第 206B 条所定义）”；

（5）在第 16 条中：

(A) 在 (a) 款第 (2) 项 (C) 分项，删除“(如《G-L-B法案》第206 (b) 条款所定义)”；

(B) 在 (a) 款第 (3) 项 (B) 分项，在“基于证券掉期协议”之后插入“或者基于证券掉期”；

(C) 在 (b) 款第一句中，删除“(如《G-L-B法案》第206B条所定义)”；

(D) 在 (b) 款第三句中，删除“(如《G-L-B法案》第206B条所定义)”并插入“或者基于证券掉期”；和

(E) 在 (g) 款，删除“(如《G-L-B法案》第206B条所定义)”；

(6) 在第20条中：

(A) 在 (d) 款，删除“(如《G-L-B法案》第206B条所定义)”；和

(B) 在 (f) 款，删除“(如《G-L-B法案》第206B条所定义)”；和

(7) 在第21A条中：

(A) 在 (a) 款第 (1) 项，删除“(如《G-L-B法案》第206B条所定义)”；和

(B) 在 (g) 款，删除“(如《G-L-B法案》第206B条所定义)”。

第763条　修订《1934年证券交易法案》

(a) 基于证券掉期的清算。修订《1934年证券交易法案》，在第3B条（因为增加该法案第717条）之后插入下列条文：

“第3C条　基于证券掉期的清算

“(a) 概述

“(1) 清算标准。如果要求对基于证券掉期进行清算，对于从事基于证券掉期的任何人，除非该人向依据本法注册的清算机构或者依据本法豁免注册的清算机构提交基于证券掉期的清算，否则应当为非法。

“(2) 开放共享。第 (1) 项所规定的清算机构规则应当：

“(A) 规定所有以有相同条款与条件提交给清算机构的基于证券掉期，在清算机构内具有经济等价性，并且可能在清算机构内部相互抵消；和

“(B) 依靠或者通过独立的全国性证券交易所或者基于证券掉期执行设施执行基于证券掉期的清算规则对双边是非歧视的。

“（b）证券交易委员会审查

“（1）证券交易委员会发起审查：

“（A）证券交易委员会应当持续审查每一份基于证券掉期，或者任何组合、种类、类型或者类别的基于证券掉期，并对基于证券掉期，或者组合、种类、类型或者类别的基于证券掉期应当要求予以清算的作出决定。

“（B）证券交易委员会依据（A）分项作出的任何决定应当有不少于30天的公开评论时间。

“（2）掉期提交

“（A）清算机构必须向证券交易委员会提交其计划受理清算的每一份基于证券掉期，或者任何基于证券掉期的组合、种类、类型或者类别，并将该提交信息通知其会员（方式由证券交易委员会决定）。

“（B）自该款颁布之日起清算机构列入清算的任何基于证券掉期或者基于证券掉期的组合、种类、类型或者类别，应当被视为提交给证券交易委员会。

“（C）证券交易委员会应当：

“（i）使公众能够获知依据（A）和（B）分项收到的任何提交信息；

“（ii）审查每一份依据（A）和（B）分项提交的信息，并且决定所提交的基于证券掉期，或者基于证券掉期的组合、种类、类型或者类别是否要求予以清算；和

“（iii）对依据（a）款第（1）项作出是否要求清算的决定给予至少30天公开评论时间，应当适用于该提交报告。

“（3）截止期限。证券交易委员会应当在收到依据第（2）项（A）和（B）分项提交的报告之后90天内依据第（2）项（C）分项作出决定，除非提交报告的清算机构同意放宽依据本项所确定的时间限制。

“（4）决定

“（A）在审查依据第（2）项的提交报告时，证券交易委员会应当审查该提交报告是否符合第17A条的规定。

“（B）在审查依照第（1）项的基于证券掉期、基于证券掉期的组合或者基于证券掉期的类别或者依据第（2）项的提交报告时，证券交易委员会应当考虑下列要素：

“（i）存在显著未清偿的预估风险敞口、交易的流动性和充足的定价数据。

“（ii）清算合同的规则框架、承受能力、业务专长与资源，以

及信用支持基础设施的可用性与合同赖以交易的实质性条款和交易惯例是一致的。

“（iii）对减轻系统性风险的影响，考虑这类合同的市场规模和清算机构可用于清算合同的资源。

“（iv）对竞争的影响，包括清算产生的适当费用与手续费。

“（v）一旦有关清算机构或者一个或者多个清算会员发生破产时，关于客户和基于证券掉期交易对手方的头寸、资金和财产的处置存在合理的法律确定性。

“（C）在依据（b）款第（1）项或者第（2）项（C）分项作出必须适用清算要求的决定时，委员会可以规定该清算要求的条款与条件，并由委员会决定其适当性。

“（5）规则。自本条颁布之日后一年内，证券交易委员会应当依据本款采取规则以审查清算机构提交基于证券掉期，或者基于证券掉期的组合、种类、类型或者类别以寻求受理清算的报告。本项不限制证券交易委员会依据第（2）项（C）分项对第（2）项（B）分项所述的基于证券掉期作出决定。”

“（c）清算要求的搁置

“（1）概述。在依照（b）款第（2）项作出决定之后，证券交易委员会可以根据基于证券掉期的交易对手方申请或者自身主动搁置（a）款第（1）项的清算要求，直到证券交易委员会完成对该基于证券掉期（或者基于证券掉期的组合、种类、类型或者类别）条款和清算协议的审查。

“（2）截止期限。证券交易委员会应当在中止决定发布后90日内完成依照第（1）项承担的审查，除非清算基于证券掉期，或者基于证券掉期的组合、种类、类型或者类别的清算机构同意放宽本项规定的时间限制。

“（3）决定。依照第（1）项承担的审查一经完成，证券交易委员会可以：

“（A）无条件地或者按照证券交易委员会所确定的适当条款与条件，决定该基于证券掉期，或者基于证券掉期组合、种类、类型或者类别必须依照本款予以清算，如果它发现该清算符合（b）款第（4）项的规定；或者

“（B）决定依据（a）款第（1）项的清算要求不应适用于该基于证券掉期，或者基于证券掉期的组合、种类、类型或者类别。

“（4）规则。在本条颁布之日后一年内，证券交易委员会应当依照本款采取规则，以审查清算机构已经受理的基于证券掉期，或者基于证券掉期组合、种类、类型或者类别的清算。

"（d）防止逃避

"（1）概述。证券交易委员会决定有必要防止逃避依据本法的强制清算要求，应当依据本条制定规则（并发布依本条所订规则的释义）。

"（2）证券交易委员会调查和采取一定行动的职责。证券交易委员会发现某个基于证券掉期或者任何基于证券掉期组合、种类、类型或者类别本应强制清算，但没有清算机构将该基于证券掉期或者该基于证券掉期组合、种类、类型或者类别列入清算，证券交易委员会应当：

"（A）调查有关事实和情况；

"（B）在30日内发布一份包含调查结果的公开报告；和

"（C）采取证券交易委员会认为必要和符合公共利益的行动，这可能包括要求该基于证券掉期或者该基于证券掉期组合、种类、类型或者类别的相关方保持充足的保证金或者资本。

"（3）对职权的影响。本款不存在：

"（A）授权证券交易委员会采取规则要求清算机构列入基于证券掉期或者任何基于证券掉期组合、种类、类型或者类别进行清算，如果该基于证券掉期或者该基于证券掉期组合、种类、类型或者类别的清算可能威胁到清算机构的财务健全；和

"（B）影响证券交易委员会执行（a）款第（2）项关于对被清算机构列入清算的基于证券掉期或者基于证券掉期组合、种类、类型或者类别公开获取的职权。

"（e）报告移交规则。证券交易委员会依据本条采取的规则应当对数据报告做以下规定：

"（1）在本条颁布之日前进行的基于证券掉期，应当在本条生效之日后180日内向注册的基于证券掉期数据存储机构或者证券交易委员会报告。

"（2）在本条颁布之日或者之后进行的基于证券掉期，应当在下列时限向注册的基于证券掉期数据存储机构或者证券交易委员会报告：

"（A）在生效之日后90日内；或者

"（B）证券交易委员会可通过规则或者规章规定在基于证券掉期发生之后的其他时间。

"（f）清算移交规则

"（1）在本条颁布之日前进行的基于证券掉期，如果按照（e）款第（1）项报告，豁免本款的清算要求。

"（2）在按照本条清算要求适用之前已经参与基于证券掉期的，如果按照（e）款第（2）项报告，豁免本条的清算要求。

"（g）例外

“（1）概述。如果基于证券掉期的交易对手方之一为下列情形，则（a）款第（1）项的要求不得适用于基于证券掉期：

“（A）不是一家金融机构；

“（B）使用基于证券掉期对冲或者减轻商业风险；和

“（C）以证券交易委员会要求的方式告知证券交易委员会其一般如何满足因参与非清算的基于证券掉期而产生的财务责任。

“（2）清算选择权。第（1）项规定的清算例外仅适用于满足第（1）项中从（A）到（C）分项规定条件的基于证券掉期的交易对手方。

“（3）金融机构定义

“（A）概述。基于本款目的，名词‘金融机构’是指：

“（i）掉期交易商；

（ii）基于证券掉期交易商；

（iii）主要掉期参与人；

（iv）基于证券掉期主要参与人；

（v）《商品交易法案》第1a条第（10）项定义的商品基金；

（vi）《1940年投资顾问法案》第202条（a）款定义的私人基金；

（vii）《1974年雇员退休收入保障法案》第3条第（3）和第（32）项定义的雇员福利计划；

（viii）《1956年银行控股公司法案》第4条（k）款定义的主要业务活性质为银行业或者金融业务的个人。

“（B）例外。证券交易委员会应当考虑是否豁免小型银行、储蓄协会、农业信贷体系机构和信用合作社，包括：

“（i）总资产在100亿美元或者以下的存款机构；

“（ii）总资产在100亿美元或者以下的农业信贷机构；或者

“（iii）总资产在100亿美元或者以下的信用合作社。

“（4）对联营机构的处理

“（A）概述。依据本款享有例外资格的人的联营机构（包括主要从事提供融资以购买该人的货物或者制造品的联营机构），仅当该联营机构代表该人并作为其代理人，运用基于证券掉期来对冲或者减轻该人的或者该人的其他非金融机构联营机构的商业风险时，可以享有例外资格。

“（B）关于特定联营机构的禁止。如果联营机构属于下列情形，则（A）分项的例外不得适用：

“（i）掉期交易商；

“（ii）基于证券掉期交易商；

“（iii）主要掉期参与人；

“（iv）基于证券掉期主要参与人；

“（v）投资公司的发行人，由《1940 年投资公司法案》第 3 条所定义，但该法（c）款第（1）项或者第（7）项除外；

“（vi）商品基金；或者

“（vii）合并资产超过 500 亿美元的银行控股公司。

“（C）适用于联营机构的移交规则。某人的联营机构、附属公司，或者全资拥有的机构依据（A）分项享有例外资格且主要从事提供融资以购买或者租赁该人的货物或者制造品，对其为减轻金融活动风险而参与基于证券掉期的，应当豁免第 15F 条（e）款的保证金要求和（a）款的清算要求，时间期限自本分项颁布之日起计算，不少于 2 年。

“（5）交易对手方的选择

“（A）要求清算的基于证券掉期。基于证券掉期交易商或者基于证券掉期主要参与人和一位不是掉期交易商、主要掉期参与人、基于证券掉期交易商，或者基于证券掉期主要参与人的交易对手方参与有关任何属于（a）款强制清算要求的基于证券掉期，该交易对手方应当单独有权选择清算机构执行该基于证券掉期的清算。

“（B）不要求清算的基于证券掉期。基于证券掉期交易商或者基于证券掉期主要参与人和一位不是掉期交易商、主要掉期参与人、基于证券掉期交易商，或者基于证券掉期主要参与人的交易对手方参与有关任何不属于（a）款强制清算要求的基于证券掉期，该交易对手方：

“（i）可以选择要求清算基于证券掉期；和

（ii）应当单独有权选择清算机构执行该基于证券掉期的清算。

“（6）例外滥用。证券交易委员会决定有必要防止本款所述例外的滥用，可以制定规则或者发布规则的释义。证券交易委员会也可以向那些要求适用清算例外者索取信息，作为防止本款所述例外滥用之必需。

“（h）交易执行

“（1）概述。有关属于（a）款第（1）项清算要求的基于证券掉期的交易，交易对手方应当：

“（A）在交易所执行交易；或者

“（B）在依据第 3D 条注册的基于证券掉期执行设施或者依据第 3D 条（e）款豁免注册的基于证券掉期执行设施上执行交易。

“（2）例外。如果没有交易所或者基于证券掉期执行设施使得基于证券掉期能够进行交易，或者由于基于证券掉期的交易属于依据（g）款的清算例外，则第（1）项中（A）和（B）分项的规定不得适用。

“(i) 董事会批准。对本条规定清算基于证券掉期或者通过全国性证券交易所或者基于证券掉期执行设施来执行基于证券掉期的豁免，交易对手方是依据第 12 条注册的证券的发行人或者是按照第 15 条（d）款要求呈递报告的，仅当该发行人董事会的适当委员会或者管理机构已经审查并批准该发行人参与属于此种豁免的基于证券掉期的决定时，应当生效。

“(j) 首席合规官的委任

“(1) 概述。每家注册的清算机构应当委任专人为首席合规官。

“(2) 职责。首席合规官应当：

“(A) 直接向董事会或者向清算机构的高级官员报告工作；

“(B) 和董事会，或者和另外承担类似董事会职能的机构，或者和注册清算机构的高级官员商讨解决可能出现的任何利益冲突问题；

“(C) 负责管理实施依照本条要求建立的各项政策与程序；

“(D) 确保与本章（包括依据本章发布的规章）有关的协议、合同，或者交易的合规性，包括证券交易委员会依据本章制定的每项规则；

“(E) 建立对合规官员通过下列任何方式识别的非合规问题予以纠正的程序：

“(i) 合规官员的审查；

“(ii) 回头看；

“(iii) 内部或者外部的审计发现；

“(iv) 自报告错误；或者

“(v) 经核实的投诉；和

“(F) 建立并遵守处理、管理层反应当、纠正、重新测试和终止非合规问题的适当程序。

“(3) 年度报告

“(A) 概述。依照证券交易委员会制定的规则，首席合规官必须每年编制并签署一份包含下列说明事项的报告：

“(i) 合规官所属注册清算机构或者基于证券掉期执行设施与本章（包括依据本章的规章）有关的合规性；和

“(ii) 合规官所属注册清算机构的每一项政策与程序（包括注册清算机构的道德准则和利益冲突政策）。

“(B) 要求。依据（A）分项的合规报告应当：

“(i) 依照本条要求与注册清算机构的每份适当财务报告一起提交证券交易委员会；和

“(ii) 包括一份依据法律罚则作出对合规报告准确性和完整性的证明。

“（b）清算机构要求。修订《1934 年证券交易法案》第 17A 条，在末尾增加：

“（g）注册要求。一家清算机构，除非在证券交易委员会注册，否则直接或者间接使用邮件或者任何州际商务工具或者手段执行与基于证券掉期有关的清算机构的功能应当为非法。

“（h）自愿注册。对依据本章并不要求清算的协议、合同或者交易进行清算的人可在证券交易委员会注册为清算机构。

“（i）清算基于证券掉期交易的清算机构标准。清算机构注册并保持注册为清算基于证券掉期交易的清算机构，必须符合证券交易委员会以规则建立的标准。在设立任何这类标准，以及依据本章对清算机构履行监督过程中，证券交易委员会可以顺应不断进化的美国和国际的标准或者监督。除了证券交易委员会的决定之外，否则以规则或者规章明确，清算机构在建立符合任何这类标准的方式时应当有适当的灵活性。

“（j）规则。证券交易委员会应当对依据本章注册为基于证券掉期的清算机构采取治理规则。

“（k）豁免。证券交易委员会可以有条件或者无条件地豁免清算机构依据本条清算基于证券掉期规定的注册义务，如果证券交易委员会确定该清算机构已经受到商品期货交易委员会或者该机构母国的适当政府职能部门类似且全面的监管。这类条件可以包括，但不限于，要求清算机构能够接受证券交易委员会的检查，并且证券交易委员会能够获得所要求的全部信息。

“（l）现有存款机构和衍生品清算组织。

“（1）概述。依据《商品交易法案》在商品期货交易委员会注册的存款机构和衍生品清算组织，依据本条要求注册为清算机构的被认为是仅仅为了清算基于证券掉期的目的而依据本条注册，在本款颁布之日前：

“（A）存款机构作为多边清算组织清算掉期；或者

“（B）衍生品清算组织依照豁免注册的清算机构清算掉期。

“（2）存款机构的转换。适用本款的存款机构，通过不少于拥有该存款机构 51% 投票权益的股东投票同意，可以按照转换计划转换为州立公司、合伙企业、有限责任公司，或者类似的法律形式，如果该转换在州法律适用上不存在违法。

“（3）信息共享。商品期货交易委员会应当根据证券交易委员会的要求，使其能够获得由商品期货交易委员会确定有关联的，与被视为依据第（1）项在证券交易委员会注册的衍生品清算组织有关的全部信息。

“（m）核心原则的改进。证券交易委员会可以使依据本条建立的核心原则符合不断进化的美国与国际标准的变化。”

（c）基于证券掉期执行设施。修订《1934 年证券交易法案》，在第3C 条（因为增加这一条的（a）款）之后插入以下内容：

“第 3D 条　基于证券掉期执行设施。

“（a）注册

“（1）概述。任何人不得经营一套用于交易或者处理基于证券掉期的设施，除非该设施依据本条注册为基于证券掉期执行设施或者全国性证券交易所。

“（2）双重注册。依据本条注册基于证券掉期执行设施的任何人应当在证券交易委员会注册而不必考虑该人是否也向商品期货交易委员会注册为掉期执行设施。

“（b）交易与交易处理。依据（a）款注册的基于证券掉期执行设施可以：

“（1）提供执行任何基于证券掉期交易；和

“（2）方便任何基于证券掉期的交易处理。

“（c）使用全国性证券交易所交易基于证券掉期设施的鉴定。全国性证券交易所，如果同样运营基于证券掉期执行设施并使用相同的电子交易执行系统在或者通过该交易所与设施为基于证券掉期的挂牌上市与交易提供服务，应当核实基于证券掉期的电子化交易是否正在或者通过全国性证券交易所或者基于证券掉期执行设施而发生。

“（d）基于证券掉期执行设施的核心原则

“（1）符合核心原则

“（A）概述。注册为并保持基于证券掉期执行设施的注册资格，该基于证券掉期执行设施必须符合：

“（i）本款所述核心原则；和

“（ii）证券交易委员会以规则或者规章强制实行的任何要求。

“（B）基于证券掉期执行设施的合理自由裁量。除非证券交易委员会另外以规则或者规章加以规定，在建立（A）分项规定的基于证券掉期执行设施以何种方式符合本款规定的核心原则的过程中应当有合理的自由裁量。

“（2）遵守规则。基于证券掉期执行设施应当：

“（A）建立并施行遵守任何由该基于证券掉期执行设施所建立的规则，包括

“（i）在或者通过设施交易或者处理基于证券掉期交易的条款与条件；和

（ii）对使用设施的任何限制；

“（B）建立并施行交易、交易处理和参与的规则以阻止滥用并且有能力发现、调查和施行这些规则，包括：

“（i）让市场参与者公平进入市场；和

“（ii）在建立规则过程中获取可能使用的信息是否存在违反规则；和

“（C）建立该设施运营的治理规则，包括规定在该设施上登录和执行交易或者发布的指令时所使用的交易流程的规则，包括大宗交易。

“（3）基于证券掉期不易受到操纵。基于证券掉期执行设施应当允许只有不易受到操纵的基于证券掉期交易。

“（4）对交易和交易程序的监控。交易证券掉期执行设施应当：

“（A）建立和施行规则或者条款与条件来定义或者规定细节。

“（i）在或者通过基于证券掉期执行设施的设施登录和执行交易指令时使用的交易程序；和

（ii）在或者通过基于证券掉期执行设施的设施对基于证券掉期的交易处理程序；和

“（B）通过监视、遵从和惩戒性的操作与程序，监控基于证券掉期交易以防止操纵、价格扭曲，以及交割破裂或者现金结算的过程，包括实行交易实时监控和全面、准确的交易复原方法。

“（5）获取信息能力。基于证券掉期执行设施应当：

“（A）建立和施行允许设施获得任何必要信息的规则以承担本款规定的任何功能；

“（B）按照该类委员会的要求提供信息；和

“（C）在证券交易委员会要求时有能力实现国际信息共享协议。

“（6）交易的财务完整性。基于证券掉期执行设施应当建立和施行规则与程序，以确保在或者通过基于证券掉期执行设施的设施登录的基于证券掉期的财务完整性，包括依照第3C条（a）款第（1）项规定的基于证券掉期的清算与结算。

“（7）应急职权。基于证券掉期执行设施应当采取提供履行应急职权的规则，这在和证券交易委员会的咨商或者合作过程中，是必要和适当的，职权包括对任何基于证券掉期的清盘，或者转移未平仓合约，或者暂停或者限制基于证券掉期。

“（8）及时公布交易信息

“（A）概述。基于证券掉期执行设施应当及时公布基于证券掉期的价格、交易量以及其他交易数据，信息公开要达到证券交易委员会规定的程度。

"（B）基于证券掉期执行设施的性能。基于证券掉期执行设施应当按要求具有电子化采集、传导和传播关于在或者通过设施执行交易的交易信息的性能。

"（9）存档与报告

"（A）概述。基于证券掉期执行设施应当：

"（i）保存和设施业务有关的全部活动的记录，包括完整的审计线索，按照证券交易委员会认可的格式和方式保存5年时间；和

"（ii）当证券交易委员会决定为履行本章规定的职责有必要或者合适时，要按照证券交易委员会认可的格式和方式，向证券交易委员会报告信息。

"（B）要求。证券交易委员会应当比照对清算机构和基于证券掉期数据存储机构的一致要求，对基于证券掉期执行设施的数据采集和报告采取要求。

"（10）反垄断考虑。除了为达成本章目的的必要性或者适当性，基于证券掉期执行设施不得：

"（A）采用任何规则或者采取任何行动导致对交易的任何不合理限制；或者

"（B）对交易或者清算强加任何实质性反竞争压力。

"（11）利益冲突。基于证券掉期执行设施应当：

"（A）建立和施行使决策过程中的利益冲突最小化的规则；和

"（B）建立解决利益冲突的程序。

"（12）金融资源

"（A）概述。基于证券掉期执行设施应当有适当的金融、营运和管理资源以履行按照证券交易委员会所确定的基于证券掉期执行设施的各项职责。

"（B）资源适当性的确定。如果金融资源的价值达到下列标准，应当认为基于证券掉期执行设施的金融资源是适当的：

"（i）使该组织能满足其对会员与参与人的财务责任，即使其会员或者参与人造成最大风险敞口的违约，导致该组织处于极端但仍然可信的市场状况；和

"（ii）超出能使基于证券掉期执行设施覆盖基于证券掉期执行设施一年的运营成本的总金额，运营成本按照滚动基础计算。

"（13）系统保障。基于证券掉期执行设施应当：

"（A）建立并保持识别和最小化操作风险源的风险分析与监督计划，通过开发适当的控制措施和程序以及自动化系统，该系统

“（i）是可靠和安全的；并且

“（ii）有适当的可扩展性能；

“（B）建立和保持紧急事件程序，备用设施，以及灾害恢复计划，以允许：

“（i）及时恢复和继续运转；和

“（ii）完成基于证券掉期执行设施的责任与义务；和

“（C）定期进行测试检验基于证券掉期执行设施的备用资源是充分的，以保证延续的

“（i）指令处理和交易匹配；

“（ii）价格报告；

“（iii）市场监督；和

“（iv）保留全面和准确的审计线索。

“（14）首席合规官的委任

“（A）概述。各基于证券掉期执行设施应当委任专人为首席合规官。

“（B）职责。首席合规官应当：

“（i）直接向董事会或者该设施的高级官员报告工作；

“（ii）审查符合本条规定的核心原则；

“（iii）与公司设施的董事会，或者与承担类似董事会职能的机构，或者与设施的高级官员商讨解决可能出现的任何利益冲突；

“（iv）负责建立和管理依照本条要求建立的政策与程序；

“（ⅴ）保证遵守本章和依据本章所发布的规则与规章，包括证券交易委员会依据本条制定的规则；

“（ⅵ）建立程序以纠正下列工作中发现的非合规问题：

“（Ⅰ）合规官审查；

“（Ⅱ）回头看；

“（Ⅲ）内部或者外部审计发现；

“（Ⅳ）自报告的错误；或者

“（Ⅴ）经核实的投诉；和

（ⅶ）建立并遵守处理、管理层应对、纠正、重新测试和终止非合规问题的适当程序。

“（C）年度报告

“（i）概述。依照证券交易委员会制定的规则，首席合规官必须每年编制并签署一份包含下列说明事项的报告：

“（Ⅰ）基于证券掉期执行设施与本章有关的合规情况；和

“（Ⅱ）政策与程序，包括基于证券掉期执行设施的道德准

则和利益冲突政策。

“（ii）要求。首席合规官应当：

“（Ⅰ）和依据本条要求提交证券交易委员会的基于证券掉期执行设施的适当财务报告一起提交（i）则规定的每一份报告；

“（Ⅱ）报告中包括一份依据法律罚则作出对该报告准确性与完整性的证明。

“（e）豁免。证券交易委员会可以有条件或者无条件地豁免基于证券掉期执行设施依据本条注册，如果证券交易委员会发现该设施受到商品期货交易委员会在统一的基础上类似的、全面的监督管理。

“（f）规则。证券交易委员会应当依据本条制定基于证券掉期执行设施监管的治理规则。”

（d）在基于证券掉期交易中持有作为抵押的资产隔离。修订《1934 年证券交易法案》，在第 3D 条（因为增加了（b）款）之后插入以下内容：

“3E 条　在基于证券掉期交易中持有作为抵押的资产隔离。

“（a）注册要求。任何人向/为或者代表基于证券掉期客户收取任何货币、证券或者财产（或者任何替代货币、证券或者财产的扩展信用）作为被或者通过清算机构清算的基于证券掉期的保证、担保或者抵押（包括该基于证券掉期最终为其客户带来货币、证券或者财产的收益）应为非法，除非该人已经依据本章在证券交易委员会注册为经纪人、交易商，或者基于证券掉期交易商，并且该注册不得过期或者已暂停或者撤销。

“（b）清算的基于证券掉期

“（1）隔离要求。经纪人、交易商，或者基于证券掉期交易商必须将收到的基于证券掉期客户的、作为通过清算机构清算基于证券掉期的保证、担保或者抵押的全部货币、证券以及财产（包括基于证券掉期的结果为基于证券掉期客户带来货币、证券或者财产的收益）当成属于基于证券掉期客户的财产处理。

“（2）混合记账禁止。第（1）项所述基于证券掉期客户的货币、证券以及财产应当单独核算，不得与经纪人、交易商，或者基于证券掉期交易商的资金混合记账或者被用作同一持有人以外的任何基于证券掉期客户或者他人的任何交易或者合同的保证金、抵押或者担保。

“（c）例外

“（1）资金使用

“（A）概述。尽管有（b）款的规定，但为方便起见，（b）款规定的经纪人、交易商或者基于证券掉期交易商的基于证券掉期客户的货币、证券以及财产可以混合并存入任何银行或者信托公司或者清算机构的同一个或者多个账户。

“（B）提取。尽管有（b）款的规定，（A）分项规定的这部分货币、证券以及财产，在正常业务过程中应当有必要用作和清算机构或者和清算机构的任意会员之间清算基于证券掉期的保证、担保、抵押、转付、调整或者结算，可以提取并用于上述目的，包括支付佣金、手续费、利息、税金、储存费用和其他费用，以及与清算的基于证券掉期有关的合法增值收益。

“（2）证券交易委员会的行动。尽管有（b）款规定，根据证券交易委员会可能以规则、规章或者命令规定的条款与条件，（b）规定的经纪人、交易商或者基于证券掉期交易商的基于证券掉期客户的任何货币、证券或者财产，可以和经纪人、交易商或者基于证券掉期交易商收到的且证券交易委员会要求独立核算并当作经纪人、交易商或者基于证券掉期交易商的基于证券掉期客户的财产处理的任何其他货币、证券或者财产，按照本条规定混合记账并存放。

“（d）允许的投资。（b）款规定的货币可以投资于美国的债务、任何州或者州的任何行政分支机构的一般债务，以及本金与利息得到美国充分担保的债务，或者证券交易委员会可能以规则或者规章规定的任何其他投资，且此类投资应当符合这些规则和规章，并必须符合委员会可能规定的其他条件。

“（e）禁止。任何人，包括任何清算机构和任何存款机构，收取任何货币，证券或者财产存入一个单独账户或者（b）款规定的账户里，当成属于存入的经纪人、交易商或者基于证券掉期交易商，或者该经纪人、交易商或者基于证券掉期交易商的掉期客户以外任何他人的货币、证券或者财产而持有、处置或者使用，应当为非法。

“（f）未清算的基于证券掉期隔离要求

“（1）在未清算的基于证券掉期交易中持有作为抵押的资产隔离。

“（A）通知。基于证券掉期交易商或者基于证券掉期主要参与人必须在基于证券掉期交易开始时，告知该基于证券掉期交易商或者基于证券掉期主要参与人的交易对手方，该交易对手方有权要求将用作保证、担保或者抵押该交易对手方债务的资金或者其他财产隔离。

“（B）资金的隔离与保存。基于证券掉期的交易对手方向基于证券掉期交易商或者基于证券掉期主要参与人，提供用作保证、担保或者抵押该交易对手方债务的资金或者其他财产，根据该交易对手方要求，该基于证券掉期交易商或者基于证券掉期主要参与人必须

“（i）为该交易对手方的利益隔离资金或者其他财产；和

“（ii）按照证券交易委员会可能颁布的规则和规章，将资金或者其他财产保留在一个独立账户中，与基于证券掉期交易商或者基于证券掉期主要参与人的资产和其他利益隔离。

“（2）适用性。第（1）项规定的要求应当：

“（A）仅适用于交易对手方和基于证券掉期交易商或者基于证券掉期主要参与人之间不需要提交给清算机构清算的基于证券掉期；和

“（B）（i）不适用于变动保证金支付；或者

“（ii）不妨碍有关下列的任何商业协议：

“（Ⅰ）隔离的资金或者其他财产仅投资于证券交易委员会可能以规则或者规章允许的投资；以及

“（Ⅱ）有关隔离的资金或者其他财产的任何投资造成的收益与损失的分配。

“（3）采用独立的第三方托管人。第（1）项规定的隔离账户应当：

“（A）由独立第三方托管人看管；和

“（B）基于该交易对手方的利益指定一个隔离账户。

“（4）报告要求。如果该交易对手方不选择要求隔离用作保证、担保或者抵押该交易对手方债务的资金或者其他财产，该基于证券掉期交易商或者基于证券掉期主要参与人，应当每季度向该交易对手方报告该基于证券掉期交易商或者基于证券掉期主要参与人有关保证金与抵押品规定的后台作业程序符合与该交易对手方的协议。

“（g）破产。在第3条（a）款第（68）项定义的基于证券掉期应当被视为一种证券，因为在《美国法典》101（53A）（B）和第11章的第Ⅲ分章中使用了此名词。一个带有基于证券掉期的账户，不同于一个依据第15条（c）款第（3）项（C）分项提到的组合保证金账户，应当被视为一个证券账户，因为该名词在《美国法典》第11章741条有定义。在第3条（a）款第（13）和第（14）项规定的名词‘购买’与‘销售’，应当适用于《美国法典》第11章741条所使用的名词‘购买’与‘销售’。在《美国法典》第11章741条中定义的名词‘客户’，排除了基于任何未结回购协议、未结逆回购协议、股票借用协议、非清算期权，或者非清算基于证券掉期有权利要求的任何人，除了任何向客户或者由客户交付保证金关系到依据第15条（c）款第（3）项存在的客户保护要求或者隔离要求。”

“（e）基于证券掉期中的交易。修订《1934年证券交易法案》第6条，在末尾增加下列内容：

“（1）基于证券掉期。任何人在基于证券掉期市场和或者为非合格缔约人实施交易，应当为非法，除非该交易是在按照（b）款注册的全国性证券交易所上实施的。”

（f）基于证券掉期某些强制条款的附加。修订《1934 年证券交易法案》第 9 条（b）款，删除第（1）至第（3）项并插入以下内容：

“（1）有关任何证券的任何交易导致该交易的任何参与方获得：

“（A）不必一定要执行的任何看跌期权、看涨期权、跨式期权组合或者其他期权，或者是向他人购买证券或者向他人出售证券的免责特权；

“（B）在证券上的如何证券期货产品；或者

“（C）涉及该证券或者该证券发行人的任何证券掉期；

“（2）与直接或者间接地拥有下列任何方面任何利益的人有关的任何证券的任何交易：

“（A）看跌期权、看涨期权、跨式期权组合、期权或者免责特权；

“（B）证券期货产品；或者

“（C）基于证券掉期；或者

“（3）任何有理由相信，并且事实上直接或者间接地拥有下列任何方面任何利益的任何人的任何待结算证券的任何交易：

“（A）看跌期权、看涨期权、跨式期权组合、期权或者免责特权；

“（B）和证券有关的证券期货产品；或者

“（C）任何涉及证券或者证券发行人的基于证券掉期。”

（g）防止基于证券掉期的欺诈、操纵、欺骗行为的规则制定职权。修订《1934 年证券交易法案》第 9 条，在末尾增加下列内容：

“（j）任何人直接或者间接地使用任何州际商务手段或者工具，或者使用邮件，或者任何全国性证券交易所的任何设施进行任何基于证券掉期交易，或者诱导或者试图诱导购买或者出售，与此人从事任何欺诈、欺骗或者操纵性的行为与做法有关，造成任何虚假报价，或者从事欺诈或者欺骗任何人的任何交易、业务或者商业过程，应当为非法。基于本款目的，证券交易委员会应当采取规则和规章定义和说明合理设计的手段，以防止此类欺诈、欺骗或者操纵性的交易、行为、业务和商业过程，以及此类虚假报价。”

（h）交易证券掉期的头寸限额和头寸责任。修订《1934 年证券交易法案》，在第 10A 条之后插入下列内容：

“第 10B 条　基于证券掉期和大额交易商报告的头寸限额与头寸责任

“（a）头寸限额。作为防止欺诈和操纵的合理设计手段，证券交易委员会基于公共利益或者投资者保护的必要性或者适当性，应当采取规则或者规章对任何人持有的任何基于证券掉期的头寸规模建立限制（包括有关的对冲豁免）。在建立此类限制时，证券交易委员会可以要求任何人加总计算下列头寸：

“（1）任何基于证券掉期和该基于证券掉期为基础的、该基于证券掉期为参照基准的，或者是按照第3条（a）款第（68）项规定与该基于证券掉期有关的任何证券或者贷款或者一组证券或者多笔贷款，以及与该证券或者贷款或者组合或者证券指数或者多笔贷款有关的任何其他工具；或者

“（2）任何基于证券掉期和：

“（A）任何证券或者组合或者证券指数，其价格、收益率、价值或者其波动率，或者其中的任何权益是作为第3条（a）款第（68）项规定的该基于证券掉期实质性条件基础的；和

“（B）与（A）分项规定的相同的证券或者组合或者证券指数有关的任何其他工具。

“（b）豁免。证券交易委员会可以采取规则、规章或者命令，有条件或者无条件的对任何个人或者同一类人、任何基于证券掉期或者同类的基于证券掉期、任何一项交易或者同类的交易，豁免证券交易委员会可能依据本条建立的任何关于头寸的限制要求。

“（c）授权自律机构（SRO）规则

“（1）概述。作为防止欺诈或者操纵的合理设计手段，证券交易委员会基于公共利益、投资者保护，或者另外促进本章目的达成的必要性或者适当性，可以采取规则、规章或者命令指引授权自律机构：

“（A）对下列人员持有任何基于证券掉期的头寸规模采取有关规则：

“（i）该授权自律机构的任何会员；或者

“（ii）在基于证券掉期市场为该授权自律机构的会员进行交易的任何人；和

“（B）采取合理设计的规则以保证符合证券交易委员会依据本款作出的规定要求。

“（2）累计头寸要求。在依据第（1）项建立头寸限额过程中，授权自律机构可以要求会员或者此人加总计算下列头寸：

“（A）任何基于证券掉期和该基于证券掉期为基础的、该基于证券掉期为参照基准的，或者是按照第3条（a）款第（68）项规定与该基于证券掉期有关的任何证券或者贷款或者一组证券或者证券的窄基证券指数或者多笔贷款，以及与该证券或者贷款或者一组证券或者证券的窄基证券指数或者多笔贷款有关的任何其他工具；或者

“（B）（i）任何基于证券掉期；和

“（ii）任何基于证券掉期和任何与相同的证券或者一组证券或者证券的窄基证券指数有关的其他工具。

“（d）大额交易商报告。证券交易委员会可以用规则或者规章要求，在任何基于证券掉期或者未清算的基于证券掉期和本条（a）款第（1）项与第（2）项所述的任何证券或者贷款或者一组证券或者证券的窄基证券指数或者多笔贷款中，以自营账户或者为他人账户进行交易的任何人，按照证券交易委员会可能的规定，报告有关任何头寸的信息，或者报告其在任何基于证券掉期或者未清算的基于证券掉期和本条（a）款第（1）项与第（2）项所述的任何证券或者贷款或者一组证券或者证券的窄基证券指数或者多笔贷款，以及与该证券或者贷款或者一组证券或者证券的窄基证券指数或者多笔贷款有关的任何其他工具上的各种头寸信息。”

（i）公开报告与基于证券掉期的储存。修订《1934 年证券交易法案》，在末尾增加下列内容：

“（m）基于证券掉期交易数据的公开获取。

“（1）概述

“（A）实时公开报告的定义。在本项中，名词“实时公开报告”是指基于证券掉期交易执行之后，在技术上一旦可行就立即报告有关基于证券掉期交易的信息，包括价格和交易量。

“（B）目的。本款目的是授权证券交易委员会，按照证券交易委员会决定的适当格式和时间点公开披露基于证券掉期交易与定价的数据，以增强价格发现。

“（C）一般规则。证券交易委员会在授权下按照规则向公众提供以下基于证券掉期交易、交易量和定价的数据：

“（i）与第 3C 条（a）款第（1）项规定的那些属于强制清算要求的基于证券掉期有关的数据（包括那些依据第 3C 条（g）款享有例外的基于证券掉期），证券交易委员会对这类交易应当要求实时公开报告。

“（ii）与第 3C 条（a）款第（1）项规定的那些不属于强制清算要求有关的，但在注册清算机构清算的基于证券掉期有关的数据，证券交易委员会应当要求对此类交易实时公开报告。

“（iii）与不在注册清算机构清算的并且依据第 3C 条（a）款第（6）项规定，向基于证券掉期储存者或者证券交易委员会报告的基于证券掉期有关的数据，证券交易委员会应当要求以不暴露任何人的商业交易和市场头寸的方式对此类交易实时公开报告。

“（iv）与依据第 3C 条（b）款决定的被要求清算但未清算的基于证券掉期有关的数据，证券交易委员会应当要求对此类交易实时公开报告。

“（D）注册机构与公开报告。对依据本项要求报告的基于证券掉期交易和定价的数据，证券交易委员会可以要求注册机构公开传播。

“（E）规则制定要求。有关向公众提供（C）分项（i）、（ii）则规定的基于证券掉期的交易和定价信息的规则，证券交易委员会颁布的该项规则应当包含下列：

“（i）保证通过该信息不能识别参与人；

“（ii）明确对于特定市场或者合同构成大额的基于证券掉期交易（大宗交易）的标准；

“（iii）明确向公众报告大额的基于证券掉期交易（大宗交易）的适当延迟时间；和

“（iv）考虑公开披露是否会大量减少市场的流动性。

“（F）报告的及时性。基于证券掉期的各方（包括基于证券掉期的各方代理人）必须负责按照证券交易委员会可能规定的及时方式向适当的注册机构报告基于证券掉期的交易信息。

“（G）向注册的基于证券掉期数据存储机构报告掉期。应当向注册的基于证券掉期数据存储机构报告所有基于证券掉期（无论是否被清算）。

“（H）清算机构的注册。清算机构可以注册为基于证券掉期数据存储机构。

“（2）基于证券掉期汇总数据的半年度和年度性公开报告。

“（A）概述。依照（B）分项规定，证券交易委员会应当发布每半年和每年度的书面报告，使公众获得以下有关信息：

“（i）基于证券掉期主要类别的交易与清算；和

（ii）市场参与人和新产品的开发。

“（B）使用；协商。在准备（A）分项规定的报告时，证券交易委员会应当：

“（i）使用从基于证券掉期数据存储机构和清算机构所获得的信息；和

（ii）和货币监理署、国际清算银行以及其他可能有必要的此类监管机构协商。

“（C）证券交易委员会职权。证券交易委员会可以通过规则、规章或者命令，按照证券交易委员会决定的适当并且符合公共利益的条款与条件，将本项规定的证券交易委员会的公开报告责任授权委托给其他机构。

“（n）基于证券掉期数据存储机构。

“（1）注册要求。除非在证券交易委员会注册，否则任何人直接或者间接地使用邮件或者任何州际商务手段或者工具、执行基于证券掉期数据储存功能的应当为非法。

“（2）检查与检验。每一家注册的基于证券掉期数据存储机构应当受到任何代表证券交易委员会方面的检查和检验。

“（3）遵从核心原则

“（A）概述。注册为基于证券掉期数据存储机构并保持该注册资格，基于证券掉期数据存储机构应当符合

“（i）本款规定的要求与核心原则；和

“（ii）证券交易委员会可能以规则或者规章强制实行的任何要求。

“（B）基于证券掉期数据存储机构的合理自由裁量。除非证券交易委员会另外以规则或者规章加以规定，（A）分项规定的基于证券掉期数据存储机构，在建立基于证券掉期数据存储机构以何种方式符合本款规定的核心原则过程中，应当有合理的自由裁量。

“（4）标准设定

“（A）数据鉴定

“（i）概述。按照（ii）则规定，证券交易委员会应当规定应当被每家注册的基于证券掉期数据存储机构采集并且维护的每一项基于证券掉期的数据元素标准。

“（ii）要求。在实现（i）则规定过程中，证券交易委员会应当规定适用于注册机构和报告对应当方的一致性的数据元素标准。

“（B）数据采集和维护。证券交易委员会应当规定基于证券掉期数据存储机构的数据采集和数据维护的标准。

“（C）可比性。证券交易委员会依据本款规定的标准，应当与证券交易委员会对清算机构有关基于证券掉期清算中强制执行的数据标准具有可比性。

“（5）职责。基于证券掉期数据存储机构应当：

“（A）接收依据（b）款由证券交易委员会规定的每一项基于证券掉期的数据；

“（B）向基于证券掉期交易的对手双方证实所提交数据的准确性；

“（C）依据（A）分项规定按照证券交易委员会可能要求的格式、方式和时间间隔维护数据；

“（D）（i）向证券交易委员会（或者证券交易委员会指派的任何人，包括另外注册的机构）提供直接的电子化接口；和

“（ii）按照证券交易委员会可能要求符合（m）款阐明的公开

报告要求的格式与频率提供（A）分项规定的信息；

“（E）证券交易委员会的方向是建立自动监测、筛查和分析基于证券掉期数据的系统；

“（F）维护基于证券掉期数据存储机构从基于证券掉期交易商、交易对手方或者任何其他注册机构接收的、任意的和全部的基于证券掉期交易信息的隐私；和

“（G）在依照第24条规定的保密基础上，根据要求，并且在告知证券交易委员会之后，基于证券掉期数据存储机构所获得的全部数据，包括个别交易对手方的交易和头寸数据，下列机构人员能够获得：

“（i）每个适当的审慎监管者；

“（ii）金融稳定监督委员会；

“（iii）商品期货交易委员会；

“（iv）司法部；和

“（v）证券交易委员会决定的任何其他适当的人，包括：

“（Ⅰ）外国金融监管机构（包括外国期货监管当局）

“（Ⅱ）外国中央银行；和

“（Ⅲ）外交部。

“（H）保密与赔偿协议。在基于证券掉期数据存储机构可能和（G）分项列出的任何机构共享信息之前，

“（i）基于证券掉期数据存储机构应当收到每家机构的一份书面协议，该协议声明该机构须遵守第24条规定的对所提供的有关基于证券掉期交易信息的保密要求；和

“（ii）每家机构应当同意赔偿基于证券掉期数据存储机构和证券交易委员会因为依据第24条提供信息而引发诉讼的任何支出。

“（6）首席合规官的委任

“（A）概述。每家基于证券掉期数据存储机构应当委任专人为首席合规官。

“（B）职责。首席合规官应当：

“（i）直接向董事会或者向基于证券掉期数据存储机构的高级官员报告工作；

“（ii）审查基于证券掉期数据存储机构符合本款规定的有关要求和核心原则；

“（iii）与基于证券掉期数据存储机构的董事会，或者与基于证券掉期数据存储机构中承担类似董事会职能的机构，或者与基于证券掉期数据存储机构的高级官员商讨解决可能出现的任何利益冲突；

“（iv）负责执行依据本条要求建立的各项政策和程序；

“（ⅴ）保证有关的协议、合同或者交易符合本章（包括规章），包括证券交易委员会依据本条颁布的每项规则；

“（ⅵ）建立对首席合规官通过下列任何渠道识别的非合规问题的纠正程序：

“（Ⅰ）合规官审查；

“（Ⅱ）回头看；

“（Ⅲ）内部或者外部的审计发现；

“（Ⅳ）自报告错误；或者

“（Ⅴ）经核实的投诉；和

“（ⅶ）建立并遵守处理、管理层反应当、纠正、重新测试以及终止非合规问题的适当程序。

“（C）年度报告

“（i）概述。按照证券交易委员会规定的规则，首席合规官必须每年编制并签署一份包含下列说明事项的报告：

“（Ⅰ）首席合规官所属的基于证券掉期数据存储机构关于本章（包括规章）的合规性；和

“（Ⅱ）首席合规官所属的基于证券掉期数据存储机构的各项政策与程序（包括基于证券掉期数据存储机构的道德准则与利益冲突政策）。

“（ii）要求。依据（i）则出具的一份合规报告应当：

“（Ⅰ）与基于证券掉期数据存储机构的每份适当财务报告一起依照本条要求提交证券交易委员会；和

“（Ⅱ）包括一份依据法律罚则作出对合规报告准确性和完整性的证明。

“（7）适用于基于证券掉期数据存储机构的核心原则

“（A）反垄断考虑。除非为实现本章目的有必要或者是适当的，掉期数据存储机构不得：

“（i）采取导致任何不合理的限制交易的任何规则或者任何行动；或者

（ii）对交易的执行、清算或者报告强制施加任何实质性的反竞争压力；

“（B）治理安排。每家基于证券掉期数据存储机构应当建立透明的治理安排

“（i）以满足公共利益的要求；和

“（ii）支持联邦政府、所有者和参与人的目标。

“（C）利益冲突。每家基于证券掉期数据存储机构应当：

“（i）建立和施行在基于证券掉期数据存储机构的决策过程中使利益冲突最小化的规则；和

“（ii）建立程序以解决（i）则所述的任何利益冲突。

“（D）证券交易委员会开发的另外职责。

“（i）概述。证券交易委员会可以开发一项或者多项适用于基于证券掉期数据存储机构的另外职责。

“（ii）进化标准的考虑。在依据（A）分项开发另外职责过程中，证券交易委员会可以考虑美国或者国际社会任何进化的标准。

“（iii）证券交易委员会委任人的另外职责。证券交易委员会应当为第13条（m）款第（2）项（C）分项所述的任何注册者建立另外职责以最小化利益冲突、保护数据、保证合规，以及保证基于证券掉期数据存储机构的安全。

“（8）对基于证券掉期数据存储机构要求注册。按照要求依据本款注册为基于证券掉期数据存储机构的任何人，应当在证券交易委员会注册，不考虑该人是否也依据《商品期货交易法案》获得了掉期数据存储机构的许可。

“（9）规则。证券交易委员会应当采取对依据本款注册者的治理规则。”

第764条 基于证券掉期交易商和基于证券掉期主要参与人的注册与监管

（a）概述。修订《1934年证券交易法案》，在第15E条之后插入下列内容：

“第15F条 基于证券掉期交易商和基于证券掉期主要参与人的注册与监管

“（a）注册

“（1）基于证券掉期交易商。任何人除非其在证券交易委员会注册为基于证券掉期交易商，否则以基于证券掉期交易商的名义作业应当为非法。

“（2）基于证券掉期主要参与人。任何人除非其在证券交易委员会注册为基于证券掉期主要参与人，否则以基于证券掉期主要参与人的名义作业应当为非法。

“（b）要求

“（1）概述。应当向证券交易委员会备案注册申请，以注册成为基于证券掉期交易商或者基于证券掉期主要参与人。

“（2）内容

“（A）概述。申请应当按照证券交易委员会规定的格式和方式制作，并且应当包含证券交易委员会认为与申请人所从事业务有关的必要信息。

“（B）持续汇报。注册为基于证券掉期交易商或者基于证券掉期主要参与人的，应当向证券交易委员会持续提交包含证券交易委员会可能要求的与其业务有关的信息的报告。

“（3）期满。依据本条的每项注册应当在证券交易委员会可能以规则或者规章规定的时点期满终止。

“（4）规则。除了（d）款和（e）款的规定，证券交易委员会可以制定适用于基于证券掉期交易商和基于证券掉期主要参与人的规则，包括限制非银行的基于证券掉期交易商和基于证券掉期主要参与人的业务活动规则。

“（5）过渡。在《2010年华尔街透明度与问责法案》颁布之日后一年内，证券交易委员会应当依据本条发布规定基于证券掉期交易商和基于证券掉期主要参与人的注册规则。

“（6）法定剥夺资格。除了以规则、规章或者证券交易委员会命令特别规定之外，基于证券掉期交易商或者基于证券掉期主要参与人允许与基于证券掉期交易商或者基于证券掉期主要参与人有关联的、属于法定剥夺资格的任何人，代表该基于证券掉期交易商或者基于证券掉期主要参与人的利益，执行或者卷入执行基于证券掉期交易的，如果该基于证券掉期交易商或者基于证券掉期主要参与人知道，或者以合理的谨慎应当知道该人属于法定剥夺资格的，应当为非法。

“（c）双重注册

“（1）基于证券掉期交易商。依据本条，被要求注册为基于证券掉期交易商的任何人，应当在证券交易委员会注册，不考虑该人是否也在商品期货交易委员会注册为掉期交易商。

“（2）基于证券掉期主要参与人。依据本条，被要求注册为基于证券掉期主要参与人的任何人，应当在证券交易委员会注册，不考虑该人是否也在商品期货交易委员会注册为主要掉期参与人。

“（d）规则制定

“（1）概述。证券交易委员会应当依据本条采取对注册为基于证券掉期交易商或者基于证券掉期主要参与人的规则。

“（2）审慎要求的例外。

“（A）概述。因为存在审慎监管者，证券交易委员会可以不制定对基于证券掉期交易商或者基于证券掉期主要参与人强制实行的审慎要求规则。

“（B）适用性。（A）分项不限制证券交易委员会依据本条指导制定规则的职权。

“（e）资本与保证金要求

“（1）概述

“（A）基于证券掉期交易商和基于证券掉期主要参与人是银行。审慎监管者应当依据第（2）项（A）分项以规则或者规章规定，对于没有审慎监管者的每个注册的基于证券掉期交易商和基于证券掉期主要参与人应当满足的最低资本要求和最低的初始与变动保证金要求。

“（B）基于证券掉期交易商和基于证券掉期主要参与人不是银行。证券交易委员会应当依据第（2）项（B）分项以规则或者规章规定，对于没有审慎监管者的每个注册的基于证券掉期交易商和基于证券掉期主要参与人应当满足的最低资本要求和最低的初始与变动保证金要求。

“（2）规则

“（A）基于证券掉期交易商和基于证券掉期主要参与人是银行。审慎监管者，与证券交易委员会以及商品期货交易委员会协商，应当对基于证券掉期交易商和基于证券掉期主要参与人，采取与作为基于证券掉期交易商或者基于证券掉期主要参与人的业务活动有关的规则，因为存在强制实行下列要求的审慎监管者：

“（i）资本要求；和

“（ii）对未被注册清算机构清算的全部基于证券掉期有初始的和变动的两项保证金要求。

“（B）基于证券掉期交易商和基于证券掉期主要参与人不是银行。证券交易委员会应当对基于证券掉期交易商和基于证券掉期主要参与人采取与作为基于证券掉期交易商或者基于证券掉期主要参与人的业务活动有关的规则，因为没有强制实行下列要求的审慎监管者：

“（i）资本要求；和

“（ii）对未被注册清算机构清算的全部基于证券掉期有初始的和变动的两项保证金要求。

“（C）资本。对于被认定为单一类型或者单一类别或者种类的基于证券掉期或者业务的基于证券掉期交易商或者基于证券掉期主要参与人，在对该人设定资本要求时，审慎监管者和证券交易委员会应当考虑与该人所从事的其他类型的基于证券掉期或者其他类别的基于证券掉期或者其他种类的基于证券掉期以及所开展的其他业务活动有关的风险，否则不属于适用以该人地位而受到监管。

“（3）资本与保证金的标准

“（A）概述。为抵消使用未清算的基于证券掉期对基于证券掉期交易商或者基于证券掉期主要参与人以及金融系统产生的更大风险，依据第（2）项强制实行的要求应当：

“（i）有利于保证基于证券掉期交易商或者基于证券掉期主要参与人的安全和稳固；和

“（ii）对于和作为基于证券掉期交易商或者基于证券掉期主要参与人持有的非清算的基于证券掉期有关的风险是适当的。

“（B）规则解释

“（i）概述。本条对下列职权不得做任何限制，或者理解为限制：

“（Ⅰ）证券交易委员会对依照第 15 条（b）款（除第 15 条（b）款第（11）项）注册的经纪人或者交易商设定符合第 15 条（c）款第（3）项的财务责任规则；或者

“（Ⅱ）商品期货交易委员会对依照《商品交易法案》第 4f 条（a）款（除第 4f 条（a）款第（3）项）注册的期货经纪商或者介绍经纪人设定符合《商品交易法案》第 4f 条（b）款的财务责任规则。

“（ii）期货经纪商和其他交易商。期货经纪商、介绍经纪人、经纪人，或者交易商应当保持充足资本，以遵守任何适用于属于依据本章或者《商品交易法案》的期货经纪商、介绍经纪人、经纪人或者交易商的更严格资本要求。

“（C）保证金要求。在依据本章制定保证金要求过程中，与是存款机构的基于证券掉期交易商和基于证券掉期主要参与人有关的审慎监管者，以及与不是存款机构的基于证券掉期交易商和基于证券掉期主要参与人有关的证券交易委员会，应当允许使用非现金抵押品，由监管者或者证券交易委员会确定与下列相一致：

“（i）保持基于证券掉期交易市场的财务健全性；和

“（ii）保持美国金融系统的稳定性。

“（D）资本和保证金要求的可比性。

“（i）概述。审慎监管者、证券交易委员会，以及证券交易委员会应当定期（但不得少于每年）咨商最低资本要求和最低的初始与变动保证金要求。

“（ii）可比性。（i）则中所述的机构应当，在最大程度上可行，建立和保持可比的最低资本要求和最低的初始与变动保证金要求，包括使用非现金抵押品，对于：

“（Ⅰ）基于证券掉期交易商；和

"（Ⅱ）基于证券掉期主要参与人。

"（f）报告与存档

"（1）概述。每个注册的基于证券掉期交易商和基于证券掉期主要参与人：

"（A）应当按照证券交易委员会的要求、规则或者规章的要求报告该注册的基于证券掉期交易商或者基于证券掉期主要参与人的有关交易、头寸和财务状况；

"（B）（i）存在审慎监管者时，应当按照证券交易委员会可能以规则或者规章规定的格式、方式和时间间隔，保存与掉期参与人业务有关的全部活动的账簿与记录；和

（ii）在没有审慎监管者时，应当按照证券交易委员会可能以规则或者规章规定的格式、方式和时间间隔保存账簿与记录；和

"（C）应当按（B）分项所述保持账簿与记录向证券交易委员会的任何代表开放进行检查与检验。

"（2）规则。证券交易委员会应当对基于证券掉期交易商和基于证券掉期主要参与人采取报告与存档事项的治理规则。

"（g）日交易记录

"（1）概述。每个注册的基于证券掉期交易商和基于证券掉期主要参与人，应当按日保留该注册的基于证券掉期交易商和基于证券掉期主要参与人的基于证券掉期的交易记录和全部的有关记录（包括有关现金与远期交易），以及通信记录，包括电子邮件、即时信息、电话呼叫记录，证券交易委员会可以用规则或者规章对时间期限作出要求。

"（2）信息要求。日交易记录应当包括证券交易委员会应当以规则或者规章作出要求的信息。

"（3）交易对手方记录。每个注册的基于证券掉期交易商和基于证券掉期主要参与人，应当为每一个交易对手方以能够识别每笔基于证券掉期交易的方式与格式保留日交易记录。

"（4）审计线索。每个注册的基于证券掉期交易商和基于证券掉期主要参与人，应当为实施全面和准确的交易复原而保存完整的审计线索。

"（5）规则。证券交易委员会应当对基于证券掉期交易商和基于证券掉期主要参与人采取日交易记录的治理规则。

"（h）商业行为准则

"（1）概述。每个注册的基于证券掉期交易商和基于证券掉期主要参与人，应当遵守第（3）项所规定的以及证券交易委员会可能以规则或者规章规定的与下列有关的商业行为准则：

“（A）欺诈、操纵以及其他涉及基于证券掉期的欺骗性做法（包括报价但未录入的基于证券掉期）；

“（B）对注册的基于证券掉期交易商和基于证券掉期主要参与人业务的勤勉监督；

“（C）遵守全部适用的头寸限额；和

“（D）证券交易委员会确定的其他适当事项。

“（2）有关特殊机构的责任

“（A）咨询特殊机构。作为有关基于证券掉期特殊机构顾问的基于证券掉期交易商或者基于证券掉期主要参与人，应当遵守第（4）项关于特殊机构的规定要求。

“（B）与特殊机构有关的基于证券掉期的进入。基于证券掉期交易商和特殊机构一起进入或者提供进入基于证券掉期的应当遵守第（5）项关于特殊机构的规定要求。

“（C）特殊机构定义。基于本款的目的，名词‘特殊机构’是指：

“（i）一个联邦机构；

（ii）一个州，州机构，市，县，自治区，或者一州的其他政治性分支机构；或者

（iii）任何雇员福利计划，依据《1974 年雇员退休收入保障法案》第 3 条的定义；

（iv）任何政府计划，依据《1974 年雇员退休收入保障法案》第 3 条的定义；或者

（v）任何捐赠基金，包括《1986 年国内税收法案》第 501 条（c）款第（3）项规定的作为一个组织的捐赠基金。

“（3）商业行为要求。证券交易委员会应当采取商业行为要求：

“（A）建立基于证券掉期交易商或者基于证券掉期主要参与人对任何交易对手方核实满足合格缔约人资格标准的职责；

“（B）要求基于证券掉期交易商或者基于证券掉期主要参与人向任何交易对手方披露交易的（除了基于证券掉期交易商、基于证券掉期主要参与人）：

“（i）有关基于证券掉期的实质性风险与特征信息；

“（ii）基于证券掉期交易商或者基于证券掉期主要参与人可能拥有与该基于证券掉期有关的任何实质性激励或者利益冲突；和

“（iii）（Ⅰ）对于清算的基于证券掉期，根据交易对手方的要求，适当的衍生品清算组织出具的每日交易标志的收据；和

“（Ⅱ）对于未清算的基于证券掉期，基于证券掉期交易商

或者基于证券掉期主要参与人出具的每日交易标志的收据；

“（C）建立基于证券掉期交易商或者基于证券掉期主要参与人在公平交易原则和良好信念的基础上，以公平和平衡的态度沟通交流的职责；和

“（D）建立证券交易委员会基于公共利益、投资者保护，或者其他促进本法目标而可能确定为适当的其他标准与要求。

“（4）基于证券掉期交易商作为顾问的特别要求

“（A）概述。对于任何基于证券掉期交易商或者基于证券掉期主要参与人，下列应当为非法：

“（i）使用任何花招、阴谋或者诡计来诈取任何特殊机构或者期望中的特殊机构客户；

“（ii）所从事的任何交易、业务或者商业过程以欺诈或者欺骗任何特殊机构或者期望中的特殊机构客户方式运营；或者

“（iii）所从事的任何行为、业务或者商业过程是欺诈的、欺骗的或者操纵性的。

“（B）职责。作为特殊机构顾问的任何基于证券掉期交易商应当有代表特殊机构最佳利益行事的职责。

“（C）合理的努力。作为特殊机构顾问的任何基于证券掉期交易商应当作出合理的努力，以获取对由基于证券掉期交易商代表特殊机构最佳利益推荐的任何基于证券掉期作出合理决定是必要的信息，包括与下列有关的信息：

“（i）特殊机构的财务状况；

“（ii）特殊机构的税收状况；

“（iii）特殊机构的投资或者融资目标；和

“（iv）证券交易委员会可能以规则或者规章规定的任何其他信息。

“（5）对基于证券掉期交易商作为特殊机构的交易对手方的特别要求

“（A）概述。任何基于证券掉期交易商或者基于证券掉期主要参与人和特殊机构一起提供或者进入基于证券掉期应当：

“（i）遵守由证券交易委员会建立的对基于证券掉期交易商或者基于证券掉期主要参与人的任何职责，该职责与交易对手方是《商品交易法案》第1a条第（18）项（ⅶ）则（Ⅰ）和（Ⅱ）分则规定所包含的合格缔约人有关，并要求基于证券掉期交易商或者基于证券掉期主要参与人有合理的根据相信该交易对手方是具有独立代理人的特殊机构，依据该代理人：

“（Ⅰ）有充分的知识以评估该交易与风险；

“（Ⅱ）不属于法定剥夺资格者；

“（Ⅲ）独立于基于证券掉期交易商或者基于证券掉期主要参与人；

“（Ⅳ）按照其所代表的该交易对手方的最佳利益承担职责；

“（Ⅴ）作出适当披露；

“（Ⅵ）将向特殊机构提供关于该交易的公平定价和适当性的书面报告；和

“（Ⅶ）在雇员福利计划符合《1974 年雇员退休收入保障法案》规定的情形下，是该法案第 3 条所定义的财产受托人；和

“（ii）在交易发起之前，向特殊机构书面说明基于证券掉期交易商现有的能力。

“（B）证券交易委员会职权。证券交易委员会可以依据本项建立其他的标准与要求，只要证券交易委员会决定该标准与要求对公共利益、投资者保护，或者其他促进本法目的具有适当性。

“（6）规则。证券交易委员会应当依据本款制定对基于证券掉期交易商和基于证券掉期主要参与人的商业行为标准的治理规则。

“（7）适用性。本款不得适用于下列有关交易：

“（A）由特殊机构在交易所或者基于证券掉期执行设施上发起；和

“（B）基于证券掉期交易商或者基于证券掉期主要参与人不知道该交易的交易对手方身份。”

“（i）文档编制标准

“（1）概述。每个注册的基于证券掉期交易商和基于证券掉期主要参与人应当遵守由证券交易委员会、规则或者规章规定的有关全部基于证券掉期的适时与准确性确认、处理程序、净额结算、文档编制，以及价值评估的标准。

“（2）规则。证券交易委员会应当采取对基于证券掉期交易商和基于证券掉期主要参与人文档编制标准的治理规则。

“（j）职责。每个基于证券掉期交易商和基于证券掉期主要参与人应当一直遵守下列要求：

“（1）交易监测。基于证券掉期交易商或者基于证券掉期主要参与人应当监测其基于证券掉期的交易，以防止违反适用的仓位限额。

“（2）风险管理程序。基于证券掉期交易商或者基于证券掉期主要参与人应当建立健全与专业的适合管理基于证券掉期交易商或者基于证券掉期主

要参与人日常业务的风险管理系统。

“（3）一般信息披露。基于证券掉期交易商或者基于证券掉期主要参与人应当向证券交易委员会和对基于证券掉期交易商或者基于证券掉期主要参与人的审慎监管者，根据具体情况，披露下列有关信息：

“（A）其基于证券掉期的条件与条款；

“（B）基于证券掉期交易的操作、机制和惯例；

“（C）与基于证券掉期有关的财务健全保护；和

“（D）有关其在基于证券掉期中交易的其他信息。

“（4）获取信息能力。基于证券掉期交易商或者基于证券掉期主要参与人应当：

“（A）建立并实施内部规则和程序以获取其承担本条所述任何职能所必要的任何信息；和

“（B）按照要求，向证券交易委员会和对基于证券掉期交易商或者基于证券掉期主要参与人审慎监管者，根据具体情况，提供信息。

“（5）利益冲突。基于证券掉期交易商和基于证券掉期主要参与人应当执行利益冲突系统与程序：

“（A）建立结构化和制度化的保障，以确保企业内部有适当的信息隔离措施，将企业内与研究或者分析任何基于证券掉期的价格或者市场有关的，或者承担提供清算业务或者作出受理清算客户决定的角色的任何人的活动，与企业内对参与定价、交易或者清算业务人员的审查、施压或者监督活动隔离开来，以免可能有潜在的偏向参与人员的判断或者监督以及违反本法所述的开放共享核心原则以及商业行为标准；以及

“（B）解决证券交易委员会认定为适当的此类其他问题。

“（6）反垄断考虑。除非为实现本章目的而有必要或者适当性，基于证券掉期交易商或者基于证券掉期主要参与人不得：

“（A）采取导致任何不合理的交易限制的任何程序或者任何行动；或者

“（B）对交易或者清算施加任何实质性的反竞争压力。

“（7）规则。证券交易委员会应当依据本款制定对基于证券掉期交易商和基于证券掉期主要参与人职责的治理规则。

“（k）首席合规官的委任

“（1）概述。每个基于证券掉期交易商和基于证券掉期主要参与人应当委任专人为首席合规官。

“（2）职责。首席合规官应当：

“（A）直接向基于证券掉期交易商或者基于证券掉期主要参与人的

董事会或者高级官员报告工作；

“（B）审查基于证券掉期交易商或者基于证券掉期主要参与人关于本条对基于证券掉期交易商和基于证券掉期主要参与人的规定要求的合规性；

“（C）和董事会、承担类似董事会职能的机构或者该组织的高级官员商讨解决任何可能出现的利益冲突；

“（D）负责执行依照本条要求建立的每项政策与程序；

“（E）保证有关的基于证券掉期符合本章（包括规章），包括证券交易委员会依据本条制定的每项规则；

“（F）建立对首席合规官通过下列任何渠道识别的非合规问题的纠正程序：

“（i）合规官审查；

“（ii）回头看；

“（iii）内部或者外部的审计发现；

“（iv）自报告错误；或者

“（v）经核实的投诉；和

“（G）建立并遵守处理、管理层应对、纠正、重新测试和终止非合规问题的适当程序。

“（3）年度报告

“（A）概述。按照证券交易委员会制定的规则，首席合规官必须每年编制并签署一份包含下列说明事项的报告：

“（i）基于证券掉期交易商或者基于证券掉期主要参与人关于本章（包括规章）的合规性；和

“（ii）首席合规官所属的基于证券掉期交易商或者基于证券掉期主要参与人的每项政策与程序（包括道德准则与利益冲突政策）。

“（B）要求。依据（A）分项作出的一份合规报告应当：

“（i）与基于证券掉期交易商或者基于证券掉期主要参与人的每份适当财务报告一起依照本条要求提交证券交易委员会；和

“（ii）包括一份依据法律罚则作出对合规报告准确性和完整性的证明。

“（l）执法与行政程序职权：

“（1）初级执法职权

“（A）证券交易委员会。除了（B）、（C）或者（D）分项的规定，证券交易委员会应当拥有对于任何人的初级执法职权，以实施第2节和《2010年华尔街透明度与问责法案》第2节修订案。

“(B)审慎监管者。审慎监管者应当拥有排他性的职权，以实施(e)款规定和本章中其他的审慎要求(包括风险管理标准)，就其作为基于证券掉期交易商或者基于证券掉期主要参与人的审慎监管者而言。

“(C)转送

“(i)违反非审慎要求。如果适当的联邦银行业机构因为基于证券掉期交易商或者基于证券掉期主要参与人是存款机构，有理由相信该基于证券掉期交易商或者基于证券掉期主要参与人可能从事的行为，依据本条或者由证券交易委员会采取的规则构成违反非审慎要求，该机构可以书面推荐给证券交易委员会，由证券交易委员会依据本章授权发起执法程序。该推荐书应当伴有对发出推荐书顾虑的书面解释。

“(ii)违反审慎要求。如果证券交易委员会有理由相信有审慎监管者的基于证券掉期交易商或者基于证券掉期主要参与人，可能从事的行为构成违反(e)款或者据以所采取的规则规定的审慎要求，证券交易委员会书面推荐给该审慎监管者，由该审慎监管者依据本章授权发起执法程序。该推荐书应当伴有对发出推荐书顾虑的书面解释。

“(D)增援执法职权

“(i)审慎监管者发起执法程序。如果证券交易委员会依据(C)分项(i)则，自收到书面报告之日起在90天期限结束之前没有发起执法程序，该审慎监管者可以发起一项执法程序。

“(ii)证券交易委员会发起执法程序。如果审慎监管者依据(C)分项(ii)则，自收到书面报告之日起在90天期限结束之前没有发起执法程序，证券交易委员会可以发起一项执法程序。

“(2)谴责、否定、暂停；通知与听证。证券交易委员会，通过命令，对依据(b)款在证券交易委员会已经注册的任何基于证券掉期交易商或者基于证券掉期主要参与人应当给予谴责，对其活动、功能，或者业务营运设置限制，或者撤销注册，如果证券交易委员会发现，在通知和听证机会之后，这种谴责、设置限制，或者撤销是为公共利益，并且发现基于证券掉期交易商或者基于证券掉期主要参与人，或者任何与基于证券掉期交易商或者基于证券掉期主要参与人有关联的人，是代表基于证券掉期交易商或者基于证券掉期主要参与人的利益，执行或者参与执行基于证券掉期的交易，无论以前或者以后变得和下列有关：

“(A)对列举在第15条(b)款第(4)项(A)、(D)和(E)分项中的内容，违反或者无视任何法案，或者有违某项命令或者发现；

“（B）第（4）项（B）分项规定的任何犯法行为已经被判有罪，在依据本款的程序开始10年之内；

“（C）被禁止第（4）项（C）分项规定的任何行动、行为或者做法；

“（D）属于第（4）项（F）或者（H）分项各自规定的命令或者最终命令；

“（E）被国外金融监管机构发现已经违犯或者无视任何法案，或者违犯任何国外的法规或者规章，列举在第（4）项（G）分项中。

“（3）关联人。关于任何有关联的人、寻求成为有关联的人，或者处在有嫌疑的不当行为时间与基于证券掉期交易商或者基于证券掉期主要参与人之间有关联或者寻求成为有关联的人，代表该基于证券掉期交易商或者基于证券掉期主要参与人的利益，执行或者被卷入执行基于证券掉期交易，证券交易委员会，采用命令，应当予以谴责、对该人的业务活动或者功能设置限制，或者处以不超过12个月的暂停，或者禁止该人与基于证券掉期交易商或者基于证券掉期主要参与人之间发生关联，如果证券交易委员会发现，在通知和听证机会之后，这种谴责、设置限制、暂停或者禁止是符合公共利益的，并且该人：

“（A）对列举在第15条（b）款第（4）项（A）、（D）或者（E）分项中的内容，违犯或者无视任何法案，或者有违某项命令或者发现；

“（B）第（4）项（B）分项规定的任何犯法行为已经被判有罪，在依据本款的程序开始10年之内；

“（C）被禁止第（4）项（C）分项规定的任何行动、行为或者做法；

“（D）属于第（4）项（F）分项或者（H）分项各自规定的命令或者最终命令；

“（E）被国外金融监管机构发现已经违犯或者无视任何法案，或者违犯任何国外的法规或者规章，列举在第（4）项（G）分项中。

“（4）非法行为。下列行为应当为非法：

“（A）未经证券交易委员会批准，应遵守第（3）项命令的任何人，蓄意成为或者意图与基于证券掉期交易商或者基于证券掉期主要参与人有关联；或者

“（B）对于任何基于证券掉期交易商或者基于证券掉期主要参与人，未经证券交易委员会批准，放纵他人违反命令，或者使他人与该基于证券掉期交易商或者基于证券掉期主要参与人共同违反命令，如果该基于证券掉期交易商或者基于证券掉期主要参与人知道，或者以合理的谨慎

应当知道命令。”

“（b）附加条款。尽管本章任何其他条款另有规定，本节不应被解释为剥夺可能需要建立和行使任何职权的任何适当联邦银行业监管机构，对于某人而言，该机构是依照不同于本章的联邦法律授予职权的审慎的或者其他标准的适当的联邦银行业机构。

第 765 条 利益冲突的规则制定

（a）概述。为了弱化利益冲突，在《2010 年华尔街透明度与问责法案》颁布之日后 180 天内，证券交易委员会应当采取规则，可以包括对控制权或者有关投票权进行数量限制，即规定对由联邦储备理事会监管的合并总资产达到 500 亿美元或者以上的银行控股公司（依据《1956 年银行控股公司法案》第 2 条的定义）、非银行金融公司（依据第 102 条定义）、该银行控股公司或者非银行金融公司的联营机构、基于证券掉期交易商、基于证券掉期主要参与人，或者和基于证券掉期交易商或者基于证券掉期主要参与人有关联之人，在控制任何承担基于证券掉期清算的清算机构或者任何基于证券掉期执行设施，或者承担或者提供基于证券掉期交易的全国性证券交易所方面予以数量限制。

（b）目的。证券交易委员会应当采取规则，如果证券交易委员会确定，在审查（a）款规定之后，该规则对于改善治理、减轻系统性风险、促进竞争或者弱化与基于证券掉期交易商或者基于证券掉期主要参与人的商业行为有关的，以及和基于证券掉期交易商或者基于证券掉期主要参与人在其中拥有大量债务或者股权投资的、承担清算、承担或者提供基于证券掉期交易的清算机构、全国性证券交易所，或者基于证券掉期执行设施有关的利益冲突是必要的或者适当的。

（c）注意事项。在依照本条采取规则的过程中，证券交易委员会应当考虑由单个投资者拥有股权的数量、投票能力、投票理由，或者所有权利益持有人有权在任何事情上拒绝投票，以及承担掉期清算的任何衍生品清算组织或者执行设施，或者指定作为设立掉期或者提供掉期交易的合约市场的商品交易所的治理协议所引起的任何利益冲突。

第 766 条 报告与存档

（a）概述。修订《1934 年证券交易法案》，在第 13 条之后插入下列内容：

“第 13A 条 对特定基于证券掉期的报告与存档

“（a）要求报告未被任何清算机构或者衍生品清算组织接受的基于证券掉期

“（1）概述。未被任何清算机构或者衍生品清算组织接受清算的每个基于证券掉期应当报告给：

“（A）依据第 13 条（n）款规定的基于证券掉期数据存储机构；或者

“（B）在没有可以接受基于证券掉期的基于证券掉期数据存储机构的情况下，依照本条，在证券交易委员会可能以规则或者规章规定的期限内报告给证券交易委员会。

“（2）颁布之前基于证券掉期的过渡规则

“（A）《2010 年华尔街透明度与问责法案》颁布之日前参与的基于证券掉期。在《2010 年华尔街透明度与问责法案》颁布之日前参与的每一项基于证券掉期，其条款在《2010 年华尔街透明度与问责法案》颁布之日尚未到期的，应当在下列日期期限内向注册的基于证券掉期数据存储机构或者证券交易委员会报告，

“（i）在过渡期最终规则发布之后 30 天；或者

“（ii）按照证券交易委员会决定的其他适当期限。

“（B）证券交易委员会规则制定。证券交易委员会应当在本条颁布之日后 90 天之内发布过渡期最终规则，以规定在（A）分项所指的颁布之日前参与的每一项基于证券掉期的报告事项。

“（C）生效日期。本条所述报告条款应当在本条颁布之日生效。

“（3）报告责任

“（A）仅有一个交易对手方是基于证券掉期交易商或者基于证券掉期主要参与人的基于证券掉期。关于仅有一个交易对手方是基于证券掉期交易商或者基于证券掉期主要参与人的基于证券掉期，基于证券掉期交易商或者基于证券掉期主要参与人应当依据第（1）项和第（2）项的规定要求报告基于证券掉期。

“（B）一个交易对手方是基于证券掉期交易商而另一个是基于证券掉期主要参与人的基于证券掉期。关于一个交易对手方是基于证券掉期交易商而另一个是基于证券掉期主要参与人的基于证券掉期，基于证券掉期交易商应当依据第（1）项和第（2）项的规定要求报告基于证券掉期。

“（C）其他的基于证券掉期。其他不属于（A）或者（B）分项所述的基于证券掉期，在该基于证券掉期的交易对手方中应当选择一个交易对手方依据第（1）项和第（2）项的规定要求报告基于证券掉期。

“（b）特定个人的职责。参与基于证券掉期的任何个人或者机构应当满足（c）款规定的每项要求，如果个人或者机构不能：

“（1）按照第 3C 条（a）款第（1）项规定清算基于证券掉期；或者

“（2）持有基于证券掉期数据存储机构接受的有关基于证券掉期的数据

符合证券交易委员会依据本章采取的规则（包括时间表）。

“（c）要求。（b）款所述的个人或者机构应当：

“（1）按照证券交易委员会的书面要求，以证券交易委员会可能规定的格式与方式向证券交易委员会提供关于个人或者机构所持有的基于证券掉期的报告；和

“（2）保存属于个人或者机构持有的基于证券掉期的账簿与记录，按照证券交易委员会可能要求的格式、方式和时间间隔，应当向下列方面的检查公开：

“（A）证券交易委员会的任何代表；

“（B）适当的审慎监管者；

“（C）商品期货交易委员会；

“（D）金融稳定监管委员会；和

“（E）司法部。

“（d）相同数据。在依据本条制定规则时，证券交易委员会应当要求（b）款所述的个人与机构向证券交易委员会递交报告，该报告所包含数据的全面性要求不低于基于证券掉期数据存储机构依据本章所采集的数据。”

（b）实益所有权报告。《1934 年证券交易法案》第 13 条修订如下：

（1）在（d）款第（1）项，在“《阿拉斯加土著人权利要求清算法案》”之后，插入“或者另外成为或者被认为成为任何前述经购买或者出售证券交易委员会可能以规则定义的基于证券掉期的实益所有者，和”；和

（2）在（g）款第（1）项，在“本条（d）款第（1）项”之后，插入“或者另外成为或者被认为成为（d）款第（1）项所述的任何一类证券的实益所有者，经购买或者出售证券交易委员会可能以规则定义的基于证券掉期”。

（c）机构投资经理的报告。修订《1934 年证券交易法案》第 13 条（f）款第（1）项，在“本条（d）款第（1）项”之后，插入“或者另外成为或者被认为成为（d）款第（1）项所述的任何一类证券的实益所有者，经购买或者出售证券交易委员会可能以规则定义的基于证券掉期”。

（d）行政诉讼职权。《1934 年证券交易法案》第 15 条（b）款第（4）项修订如下：

（1）在（C）分项中，在“政府证券交易商”之后，插入“基于证券掉期交易商、基于证券掉期主要参与人，”；和

（2）在（F）分项中，删除“经纪人或者交易商”，并插入“经纪人、交易商、基于证券掉期交易商；或者基于证券掉期主要参与人”。

（e）基于证券掉期实益所有权。修订《1934 年证券交易法案》第 13 条，在

末尾增加以下内容：

“（o）实益所有权。基于本条和第16条目的，一个人被认为以购买或者出售基于证券掉期为基础获取权益证券的实益所有权，只有达到如下程度才成立，即证券交易委员会在与审慎监管者和财政部长商讨之后，以规则确定购买或者出售该基于证券掉期，或者基于证券掉期的类型，导致与该权益证券直接所有权相类似的所有权冲突事件，并且对实现本条目而购买或者出售该基于证券掉期或者基于证券掉期的类型，被视为获取权益证券的实益所有权都是必要的。”

第767条　州博弈与投机商法

《1934年证券交易法案》第28条（a）款修订如下：

“（a）判决的限制

“（1）概述。无人被允许依据本章条款保留损害赔偿诉讼，应当通过一项或者多项满意判决使收回的赔偿总额超过由于所投诉行为对该人的实际损害。除了本章另有具体规定之外，本章不得影响任何州的证券委员会（或者其他机构或者执行类似功能的官员）在其与本章条款或者依据本章的规则与规章没有冲突的范围内对任何证券或者任何人的裁判权。

“（2）规则释义。除了（f）款的规定之外，本章规定的权利和救济方法应当附加于在法律上或者在权益上可存在的任何与所有的其他权利与救济方法。

“（3）州投机商法。禁止或者管制赌博或者博彩合同的制作与推销、‘投机商’或其他类似有关活动经营的州法律，不得废止下列事项：

“（A）任何看跌期权、看涨期权、跨式期权组合、其他期权，特别权益，或者属于本章规定的其他证券（除了任何有彩金支出的或者另外由证券交易委员会采取规则、规章或者命令确定的适合此类法律的），或者适用于任何此类证券的报盘、购买、出售、履行、结算或者清盘的附属性或者有关的任何活动；

“（B）合格缔约人之间的任何基于证券掉期；或者

“（C）在依照第6条（b）款注册的全国性证券交易所上实施的任何基于证券掉期。

“（4）其他州法律条款。与对证券的报盘、出售或者分销有关的州法律，应当适用于基于证券掉期或者证券期货产品的任何交易，除了本项不能解释为限制一般适用的任何反欺诈的州法律。基于证券掉期可以不作为依据任何州法律条款的保险合同受到管制。”

第768条　修订《1933年证券法案》；处理基于证券掉期

（a）定义。修订《1933年证券法案》第2条（a）款

（1）在第（1）项中，在“证券期货，”之后插入“基于证券掉期，”；

（2）在第（3）项中，在末尾增加：“基于证券掉期作为基础或者参照基准的该证券的发行人，或者代表该人利益对基于证券掉期的任何报盘或者出售，发行人的联营机构，或者承销商应当订立合同以出售、出售、报盘出售或者要约出售此证券。”和

（3）在末尾增加以下内容：

“（17）名词‘掉期’和‘基于证券掉期’和《商品交易法案》第1a条的含义相同。

“（18）基于证券掉期的‘购买’和‘出售’应当被认为是指，依据上下文的可能要求，对基于证券掉期的执行、终止（在预定到期日之前）、转让、交换或者类似的转移或者转易，或者是权利或者义务的灭失。”

（b）基于证券掉期的注册。修订《1933年证券法案》第5条，在末尾增加下列内容：

“（d）尽管有第3条或者第4条的规定，关于基于证券掉期除非满足第10条（a）款要求的注册说明是有效的，否则任何人直接或者间接地，利用州际商务的任何运输或者通信的方法或者工具，或者利用邮件向《商品交易法案》第1a条第（18）项定义的任何非合格缔约人进行要约出售，或者要约收购或者购买或者出售基于证券掉期的应当为非法。”

第769条　依据《1940年投资公司法案》的定义

修订《1940年投资公司法案》的第2条（a）款，在末尾增加下列内容：

“（54）名词‘商品基金’、‘商品基金经理’、‘商品交易顾问’、‘主要掉期参与人’、‘掉期’、‘掉期交易商’和‘掉期执行设施’和《商品交易法案》第1a条的含义相同。”

第770条　依据《1940年投资顾问法案》的定义

修订《1940年投资顾问法案》的第202条（a）款，在末尾增加下列内容：

“（29）名词‘商品基金’、‘商品基金经理’、‘商品交易顾问’、‘主要掉期参与人’、‘掉期’、‘掉期交易商’和‘掉期执行设施’和《商品交易法案》第1a条的含义相同。”

第771条　其他职权

除非另外有条款规定，本章不剥夺任何适当联邦银行业监管机构、证券交易委员会、商品期货交易委员会，或者联邦的或者州的任何其他机构源自于任何可适用法律条款的任何职权。

第772条　管辖权

（a）概述。修订《1934年证券交易法案》第36条，在末尾增加下列内容：

“（c）衍生金融商品。除非按照本款的任何规定明确授权证券交易委员会给予豁免，证券交易委员会不得对与《2010年华尔街透明度与问责法案》B节修订的条款有关的，与第3条（a）款的第（65）、第（66）、第（68）、第（69）、第（70）、第（71）、第（72）、第（73）、第（74）、第（75）、第（76）、第（79）项以及10B（a）、10B（b）、10B（c）、13A、15F、17A（g）、17A（h）、17A（i）、17A（j）、17A（k）以及17A（l）条款有关的情况给予豁免；依据本章证券交易委员会应当拥有与基于证券掉期有关的豁免职权，与此相同，依据《2010年华尔街透明度与问责法案》，包括依据《商品交易法案》第4条（c）款，商品期货交易委员会拥有与掉期有关的豁免职权。”

（b）规则解释。修订《1934年证券交易法案》第30条，在末尾增加以下内容：

“（c）规则解释。《2010年华尔街透明度与问责法案》，或者依据此法案的任何规则或者规章对本章所增加的规定条款，皆不得适用于办理基于证券掉期业务而不受美国司法管辖的任何人，除非该人办理此业务违反证券交易委员会为防止逃避《2010年华尔街透明度与问责法案》对本章所增加的任何规定条款而可能规定的必要或者适当的规则与规章。本款不得解释为限制证券交易委员会在《2010年华尔街透明度与问责法案》颁布之日前生效的依据本章任何规定的管辖权。”

第773条　民事处罚

修订《1934年证券交易法案》第21B条，在末尾增加下列条文：

“（f）基于证券掉期

“（1）清算机构。任何故意地或者鲁莽地逃避或者参与或者助长逃避第3C条要求的清算机构应当承担违反第3C条双倍金额的民事处罚。

“（2）基于证券掉期交易商或者基于证券掉期主要参与人。任何故意地或者鲁莽地逃避或者参与或者助长逃避第3C条要求的基于证券掉期交易商或者基于证券掉期主要参与人应当承担违反第3C条双倍金额的民事处罚。”

第774条　生效日期

除非另有规定，本节条款应当在其颁布之日后360日生效，或者按照本节条款要求制定规则，在使本节条款生效的最终规则或者规章公示之后60日内生效。

第八章　支付、清算与结算监管

第 801 条　标题

本章全称为《2010 年支付、清算与结算监管法案》

第 802 条　调研结论与目的

（a）调研结论。国会调研结果如下：

（1）金融市场发挥正当功能依赖于对支付、证券以及其他金融交易安全、高效的清算与结算安排。

（2）组织或支持多边支付、清算及结算业务活动的金融市场设施可以降低市场参与者与更大范围内金融体系的风险，但该设施同时也可能聚集和创造新的风险，因此必须妥当设计并且使之处于安全与可靠的运营状态。

（3）金融机构实施支付、清算及结算业务活动也会对参与其中的金融及机构以及金融体系本身产生重大风险。

（4）加强对系统性重要的金融市场设施与金融机构实施的具有系统性重要的支付、清算及结算业务活动的管制与监督有利于：

（A）维持市场稳定；

（B）促进健全的风险管理以及安全性与可靠性；

（C）降低系统性风险；以及

（D）维护更广范围内金融体系的稳定。

（b）目的。本章旨在降低金融体系系统性风险并促进金融稳定，通过

（1）授权联邦储备理事会促进实施以下统一标准：

（A）系统性重要金融市场设施的风险管理；和

（B）金融机构实施的具有系统性重要的支付、清算及结算业务活动

（2）加强联邦储备理事会对系统性重要的金融市场设施风险管理标准的监管作用；

（3）强化系统性重要的金融市场设施的流动性；以及

（4）加强联邦储备理事会对金融机构实施的系统性重要的支付、清算及结算业务活动风险管理标准的监管。

第 803 条　定义

本章应适用以下定义：

（1）适当金融监管者。名词“适当金融监管者”是指：

（A）本法案第2条定义的主要金融监管机构；

（B）国家信用合作社管理局，与任何依据《联邦储蓄互助社法案》参加保险的信用合作社；以及

（C）联邦储备理事会，与依据《联邦储备法案》第25A条营业的组织以及与从事被认定业务有关的任何其他金融机构。

（2）被认定业务。名词“被认定业务”是指金融稳定监督委员会依据第804条将其认定为具有系统性重要的支付、清算或结算业务活动。

（3）被认定清算主体。名词“被认定清算主体”是指被认定的金融市场设施，该设施是依据《商品交易法案》第5b条注册的衍生品清算组织或者依据《1934年证券交易法案》第17A条在证券交易委员会注册的清算机构。

（4）被认定的金融市场设施。名词“被认定的金融市场设施”是指金融稳定监督委员会已经依据第804条将其认定为具有系统性重要的金融市场设施。

（5）金融机构

（A）概述。名词“金融机构”是指：

（i）《联邦存款保险法案》第3条定义的存款机构；

（ii）《1978年国际银行法案》第1条（b）款定义的外国银行支行或代理行；

（iii）依据《联邦储备法案》第25条或第25A条营业的组织；

（iv）《联邦储蓄互助法案》第101条定义的信用合作社；

（v）《1934年证券交易法案》第3条定义的经纪人或交易商；

（vi）《1940年投资公司法案》第3条定义的投资公司；

（vii）《1940年投资公司法案》第2条定义的保险公司；

（viii）《1940年投资顾问法案》第202条定义的投资顾问公司；

（ix）《商品交易法案》第1a条款定义的期货经纪商、商品交易顾问和商品基金经理；以及

（x）《1956年银行控股公司法案》第4条定义的从事金融性质的活动或附带金融活动的任何公司。

（B）例外。名词“金融机构”不包括依据《商品交易法案》注册的指定合约市场、注册期货协会，以及掉期数据储存机构、掉期执行设施，或依据《1934年证券交易法案》注册的全国性证券交易所、全国性证券业协会、另类交易系统、仅从事有关证券信息处理业务的证券信息处理商、基于证券掉期数据储存机构和掉期执行设施，或被认定的清算机构，只要本项规定的例外仅适用于要求如此注册的机构的业务。

(6) 金融市场设施

(A) 包含：名词“金融市场设施”是指管理或经营多边系统的任何人，旨在服务于金融机构相互之间或金融机构与该人之间的资金转移、清算或结算支付、证券以及其他金融交易。

(B) 例外：名词“金融市场设施”不包括：

(i) 依据《商品交易法案》注册的指定合约市场、注册期货协会、掉期数据储存机构及掉期执行设施，或依据《1934年证券交易法案》(15 U.S.C. 78a et seq.) 注册的全国性证券交易所、全国性证券业协会、另类交易系统，基于证券掉期数据储存机构和掉期执行设施，仅仅是因为它们为有关在交易所或利用该机构经营或控制的任何电子系统实施的证券或期货交易的结算条款的数据提供便利，只要本则规定的例外仅适用于要求如此注册机构的业务；和

(ii) 任何经纪人、交易商、转让登记代理人，或投资公司，或任何期货经纪商、介绍经纪人、商品交易顾问或商品基金经理，仅仅是因为该机构提供的服务是一部分经纪业务、交易、过户代理机构或投资公司业务，或者仅仅是因为代表了金融市场设施，或是其中的参与人的利益行动，该参与人是和金融市场设施对参与人提供的服务或者参与人对金融市场设施服务的使用有关的，只要该机构提供的服务不构成该金融市场设施的关键性风险管理或业务处理过程。

(7) 支付、清算或结算业务活动

(A) 概述。名词“支付、清算或结算业务活动”是指由单一或多个金融机构执行的以便金融交易顺利完成的活动，但不应包括依据《1933年证券法案》的证券的任何报盘或销售，或任何报价单、指令输入、票据流通转让协议，或其他盘前交易或执行活动。

(B) 金融交易。基于(A)分项，名词“金融交易”包括：

(i) 资金转账；

(ii) 证券交易合同；

(iii) 远期交割商品销售合同；

(iv) 远期合约；

(v) 回购协议；

(vi) 掉期；

(vii) 基于证券掉期；

(viii) 掉期协议；

(ix) 基于证券掉期协议；

（x）外汇合同；

（xi）金融衍生品合同；以及

（xii）金融稳定监督委员会基于本章目的确定为金融交易的任何类似交易。

（C）活动内容。当实施有关金融交易时，支付、清算和结算业务活动可以包括：

（i）交易对手方之间未结金融交易的计算与传递；

（ii）交易的净额结算；

（iii）交易、合同或工具信息的条款及维持；

（iv）与持续性金融交易相关的风险与业务管理；

（v）支付指示的传送与保管；

（vi）资金流转；

（vii）金融交易的最终结算；以及

（viii）金融稳定监督委员会可以确定的其他类似功能。

（D）例外。支付、清算和结算业务活动不应当包括依据《2010 年华尔街透明度与问责法案》第 727 条或第 763 条（i）款规定的掉期交易数据公开报告。

（8）监管机构

（A）概述。名词“监管机构”是指依据联邦银行业、证券或商品期货的法律规定对被认定金融市场设施有最初管辖权的联邦机构，具体包括：

（i）证券交易委员会，有关的被认定金融市场设施是在证券交易委员会注册的清算机构。

（ii）商品期货交易委员会，有关的被认定金融市场设施是在商品期货交易委员会注册的衍生品清算组织。

（iii）适当联邦银行业监管机构，有关的被认定金融市场设施是《联邦存款保险法案》第 3 条（q）款所规定的机构。

（iv）联邦储备理事会，有关的被认定金融市场设施时不属于（i）、（ii）和（iii）则中所列机构管辖的其他主体。

（B）多重机构管辖。如果被认定金融市场设施属于（A）分项所列的一个以上监管机构管辖，则这些机构应当同意其中一家作为监管机构，如果这些机构之间不能达成某一家作为最初管辖机构，金融稳定监督委员会应基于本章决定某家机构作为监管机构。

（9）系统性重要的与系统重要性

名词“系统性重要的”（systemically important）与“系统重要性”（systemic importance）是指金融市场设施或支付、清算或结算业务活动功能的失败或混乱可能产生，或增加显著的流动性风险或信用问题，并在在金融机构或金融市场间蔓延，从而威胁美国金融体系稳定的状态。

第804条 系统重要性的认定

（a）认定

（1）金融稳定监督委员会。在不可授权委托基础上，获得包括委员会主席的赞成票在内不少于2/3时任委员会成员投票通过，金融稳定监督委员会应该对是否是，或有可能成为系统性重要的金融市场设施或支付、清算或结算业务活动予以认定。

（2）考虑因素。在决定某一金融市场设施或支付、清算或结算业务活动是否是，或有可能成为系统性重要的过程中，金融稳定监督委员会应当考虑以下事项：

（A）由金融市场设施处理或通过支付、清算或结算业务活动实现的交易的货币总价值。

（B）金融市场设施或参与支付、清算或结算业务活动金融机构对其交易对手方的总计风险敞口。

（C）金融市场设施或支付、清算或结算业务活动与其他金融市场设施或支付、清算或结算业务活动之间的关系、相互依赖或其他相互作用。

（D）金融市场设施或支付、清算或结算业务活动的经营失败或混乱对关键市场、金融机构或更大范围金融体系的影响。

（E）金融稳定监督委员会认为是适当的任何其他因素。

（b）认定的撤销

（1）概述。如果金融稳定监督委员会决定被认定金融市场设施或业务活动不再符合认定为系统重要性的标准，在不可授权委托基础上，获得包括委员会主席的赞成票在内不少于2/3时任委员会成员投票通过，金融稳定监督委员会应撤销对该设施或业务活动系统重要性的认定。

（2）撤销的效力：撤销之后，该金融市场设施或开展该业务活动的金融机构将不再受本章条款或依据本章制定的任何规则或命令的约束。

（c）磋商、通告和听证机会

（1）磋商。在依据（a）款或（b）款作出任何决定之前，金融稳定监督委员会应与相关监管机构以及联邦储备理事会进行磋商。

（2）预先通告与听证机会

（A）概述。在依据（a）款或（b）款作出任何决定之前，金融稳定监督委员会对所提决定应预先通告金融市场设施或者在支付、清算或结算业务活动中的金融机构。

（B）《联邦公报》通告：金融稳定监督委员会应在《联邦公报》上发布给金融机构的预先通告。

（C）听证请求：自金融稳定监督委员会所提决定的任何通告之日起30日内，在金融稳定监督委员会论证所提议的认定或撤销认定缺乏大量证据支持之前，从事被认定业务活动的金融市场设施或者在支付、清算或结算业务活动中的金融机构，可以书面请求进行书面或口头形式的听证。

（D）书面意见。除非根据该金融市场设施或金融机构的要求延期，金融稳定监督委员会及时收到请求之后，应确定在收到请求后30日之内的某个时间，安排某家金融市场设施或金融机构可能出庭作证，亲自或通过律师提交书面材料，或者由金融稳定监督委员会自行决定，采取口头证言或口头辩论。

（3）紧急例外

（A）由金融稳定监督委员会表决放弃或修改：如果有三分之二以上时任委员会成员赞成，包括委员会主席赞成，金融稳定监督委员会确定放弃或修改第（2）项的要求对防止或减轻金融市场设施或者支付、清算或结算业务活动构成对金融体系的现实威胁是必要的，金融稳定监督委员会可以放弃或修改第（2）项的要求。

（B）放弃或修改的通告：金融稳定监督委员会应在可行范围内尽快将放弃或修改通告通知所涉及的金融市场设施或在支付、清算或结算业务活动中的金融机构，有关金融市场设施的应在决定后24小时内，有关金融机构的应在决定后的3个工作日之内进行通告。金融稳定监督委员会应在其网站和《联邦公报》上发布对金融机构的通告。

（d）最终决议通告

（1）完成听证。在依据（c）款第（2）项进行任何听证后的60日之内，金融稳定监督委员会应当将最终决定以书面形式通知该金融市场设施或金融机构，该决议应当包括金融稳定监督委员会赖以决定的事实的调查结果。

（2）未提出听证请求。如果金融稳定监督委员会未及时收到依据（c）款第（2）项提出的听证请求，金融稳定监督委员会应当自金融市场设施或金融机构可提出听证请求期满之日起30日之内，将最终决议以书面形式通知该金融市场设施或金融机构。依据本款对金融机构的所有通告应当在《联邦公报》上发布。

（e）期限延长。金融稳定监督委员会认为在有必要或适当时可以延长（c）款和（d）款所规定的时间期限。

第805条 系统性重要的金融市场设施与支付、清算或结算业务活动的标准

(a) 制定标准的职权

(1) 联邦储备理事会。除了第(2)项规定之外，联邦储备理事会经与金融稳定监督委员会以及监管机构协商，考虑相关的国际标准和现有的审慎监管要求，应以规则或命令制定风险管理标准，并管理

(A) 与被认定金融市场设施的支付、清算和结算业务活动有关的运营；和

(B) 金融机构对被认定业务活动的经营。

(2) 被认定清算主体和金融机构被认定业务活动的特别程序：

(A) 商品期货交易委员会与证券交易委员会：商品期货交易委员会与证券交易委员会经与金融稳定监督委员会和联邦储备理事会协商，针对被认定清算主体和从事被认定业务活动的金融机构，考虑相关的国际标准和现有的审慎监管要求，可以各自制定内容包括风险管理标准的规章制度，因为这两者均是监管机构或适当金融监管人，并管理

(i) 与被认定清算主体相关的支付、清算和结算业务活动的运营；和

(ii) 金融机构对被认定业务活动的经营。

(B) 审查与决议。联邦储备理事会可以决定商品期货交易委员会、证券交易委员会或两者（包括依照(A)分项制定的规章制度）与被认定清算主体和从事被认定业务活动金融机构有关的现有审慎监管要求，因为证券交易委员会或商品期货交易委员会的一方作为监管机构或适当金融监管人不足以防止或减低威胁金融市场或美国金融稳定的显著流动性风险、信用风险、操作风险或其他风险。

(C) 书面决议。联邦储备理事会依据(B)分则作出的任何决定应当以书面形式送达商品期货交易委员会或证券交易委员会，根据适用情况，并送达金融稳定监督委员会，并且应当解释现有审慎监管要求在整体上为什么不足以确保(B)分则所述的被认定清算主体或金融机构的经营活动将不会构成对金融市场或美国金融稳定的显著流动性风险、信用风险、操作风险或其他风险。联邦储备理事会的决定应当包含支持其调研发现的详细分析并明确指出审慎监管要求的不足之处。

(D) 商品期货交易委员会与证券交易委员会的回复。商品期货交易委员会或证券交易委员会，根据适用情况，应当在60日内要么对现有审慎监管要求的充足性进行详细分析以反对联邦储备理事会的决定，要么

向金融稳定监督委员会和联邦储备理事会提交说明阐述其针对联邦储备理事会决定所要采取的措施。

（E）授权。在不少于三分之二以上时任委员会成员投票赞成之后，金融稳定监督委员会应当认定依据（D）分项提交的回复是充分的，或者要求商品期货交易委员会或证券交易委员会，根据适用情况，制定金融稳定监督委员会认为是必要的风险管理标准，以处理被确定的特定审慎监管要求存在的不足。

（b）目标与原则。依据（a）款制定风险管理标准的目标与原则应当：

（1）促进健全的风险管理；

（2）增强安全性与可靠性；

（3）降低系统性风险；以及

（4）维护更广范围内金融体系的稳定。

（c）范围。依据（a）款制定的标准可以处理：

（1）风险管理政策与程序；

（2）保证金与抵押品要求；

（3）市场参与者或交易对手方违约政策与程序；

（4）适时完成金融交易清算与结算的能力；

（5）被认定金融市场设施的资本与金融资源要求；以及

（6）为达成（b）款的目标与原则所必需的其他方面。

（d）范围限制。除了第807条（e）款和（f）款的规定，本章不应被解释为许可金融稳定监督委员会或联邦储备理事会采取任何行动或执行依据《商品期货交易法案》第2条（h）款对商品期货交易委员会或依据《1934年证券交易法案》第3C条（a）款对证券交易委员会所授予的任何职权，包括：

（1）批准、不批准或搁置对被认定清算主体可能受理清算的任何群组、种类、类型、层级的掉期清算要求；

（2）决定任何群组、种类、类型、层级的掉期属于《商品交易法案》第2条（h）款第（1）项或《1934年证券交易法案》第3C条（a）款第（1）项的强制清算要求；

（3）决定任何人享有豁免《商品交易法案》第2条（h）款第（1）项或《1934年证券交易法案》第3C条（a）款第（1）项的强制清算要求；或者

（4）授予商品期货交易委员会或证券交易委员会有关交易报告或交易执行的任何职权。

（e）门槛值。依据（a）款制定监管金融机构开展被认定业务活动的标准，在适当情况下，应当对开展该业务活动的水平或程度建立门槛值，达到该门槛值的金融机构将受到与该业务活动有关的标准约束。

(f) 合规要求。受到依据（a）款制定的标准约束的被认定金融市场设施和金融机构应当遵从该适用的风险管理标准开展经营活动。

第806条 被认定金融市场设施的运营

(a) 联邦储备账户与服务。联邦储备理事会可以授权联邦储备银行对被认定金融市场设施建立与保持账户以及提供《联邦储备法案》第11A条（b）款规定的服务，并依据《联邦储备法案》第13条的第一非指定项为被认定金融市场设施建立与保持存款账户，该账户是联邦储备银行根据《联邦储备法案》的授权为存款机构提供的，受到联邦储备理事会制定的任何可适用的规则、指令、标准或指引约束。

(b) 贷款。联邦储备理事会可以授权联邦储备银行，仅在非正常或紧急情况下，依据《联邦储备法案》第10B条对被认定金融市场设施提供贴现和借款的特权，这需要在与财政部长协商后由联邦储备理事会时任委员多数票赞成通过（或依《联邦储备法案》第11条（r）款第（2）项规定的其他人数），并且被认定金融市场设施明显不能从其他银行机构获得足够的信贷融资。所有这些贴现和借款特权应当受到联邦储备理事会制定的其他限制、约束和规章制度的管制。在本条授权下依据《联邦储备法案》第10B条获得贴现和借款特权并不要求被认定金融市场设施是或转变为银行或银行控股公司。

(c) 联邦储备余额收益。联邦储备银行依据《联邦储备法案》可以向存款机构支付收益，也可以按照同样的方式和水平支付给被认定金融市场设施所持余额的收益，这受到联邦储备理事会制定的任何可适用的规则、命令、标准或指引的约束。

(d) 准备金要求。对于依据《联邦储备法案》第19条可适用于被认定金融市场设施的准备金要求，联邦储备理事会可以豁免或修改被认定金融市场设施的任何准备金要求。

(e) 规则、程序或经营的变更：

(1) 预先通告：

(A) 提议变更的预先通告要求。被认定金融市场设施应就其规则、程序或经营的任何可能的变更提前60日向其监管机构预先通告，按照各监管机构规则的定义告知其可能产生的实质性影响、风险性质或程度。

(B) 监管机构规定的条件与标准。各监管机构经与联邦储备理事会协商，应当制定规章制度以界定和说明作出决定的标准，依据（A）分项规定要求对该决定进行告知。

(C) 通告内容。提议变更的通告应说明：

(i) 变更的性质和对被认定金融市场设施、参与者或该市场的

预期风险效应；及

（ii）被认定金融市场设施如何计划管理任何确定的风险。

（D）附加信息。监管机构可以要求被认定金融市场设施提供任何必要的信息，以评估该提议变更对与被认定金融市场设施的支付、清算或结算业务活动有关的风险的性质或程度可能产生的影响，以及任何提议风险管理技术的完备性。

（E）异议通告。监管机构应当告知被认定金融市场设施任何有关该提议变更的异议，自下述较晚时间开始60日之内：

（i）收到提议变更通告之日；或

（ii）通告有需考虑的其他附加信息收到之日。

（F）如有异议则不许变更：被认定金融市场设施不应执行被监管机构提出异议的变更。

（G）如果60日内无异议则允许变更：如果被认定金融市场设施自以下较晚时间起60日内未收到提议变更的异议，则可以执行该变更：

（i）监管机构收到提议变更通告之日起；或

（ii）监管机构收到通告任何需考虑的其他附加信息之日起。

（H）异常或复杂问题的审查延期。在60日的审查期限内，监管机构可以因异常或复杂问题对提议变更的审查期限再延长60日，监管机构需要对延期即时书面通知被认定金融市场设施。依据本分项的任何延期同时基于（E）和（G）分项规定的期限。

（I）如果告知无异议则更早允许变更。如果监管机构书面通知被认定金融市场设施对提议变更没有异议并授权被认定金融市场设施依照监管机构设定的其他条件较早执行该变更，被认定金融市场设施可以自监管机构收到提议变更通告之日起或监管机构收到任何其他要求信息之日起不到60日即执行该变更。

（2）紧急变更

（A）概述。被认定金融市场设施执行变更可以先于本款要求的预先通告，如果确定

（i）存在紧急情况；及

（ii）即刻执行变更对被认定金融市场设施在安全和可靠基础上持续提供服务是必要的。

（B）要求24小时内通告：被认定金融市场设施应在实际可行时尽快向其监管机构告知任何紧急变更，应在执行该变更后24小时之内告知。

（C）紧急通告内容。除预先通告变更所要求的信息之外，紧急变更

通告还应说明：

(i) 紧急事态的性质；及

(ii) 被认定金融市场设施在安全和可靠基础上持续提供服务有必要变更的理由。

(D) 修改或撤销变更的要求。如果监管机构发现该变更不符合本法案或任何依据第805条（a）款制定的适用规则、命令或标准，则可以要求修改或撤销该变更。

(3) 抄送联邦储备理事会。监管机构应当同时向联邦储备理事会提供依据本款规定公布、提交或接收的任何通告、要求或其他信息的完整副本。

(4) 与联邦储备理事会磋商。在对被认定金融市场设施提议变更采取任何行动或完成对其审查之前，监管机构应当与联邦储备理事会进行磋商。

第807条　对被认定金融市场设施的检查与强制措施

(a) 检查。尽管有其他法规与（d）款的规定，监管机构仍应每年至少一次对被认定金融市场设施进行检查，以确定以下事项：

(1) 被认定金融市场设施的经营性质与风险承担。

(2) 被认定金融市场设施对金融机构、关键市场或更广范围金融体系产生的金融风险和经营风险。

(3) 被认定金融市场设施用以监测与控制该风险的资源与能力。

(4) 被认定金融市场设施的安全性与可靠性。

(5) 被认定金融市场设施是否符合：

(A) 本章；及

(B) 依据本章制定的其他规则与命令。

(b) 服务提供商。无论其他机构是否为分支机构或非分支机构，或是否在被认定金融市场设施经营场所之内或之外为被认定金融市场设施履行构成被认定金融市场设施整体运营的某项服务，监管机构均可以检查该服务的提供是否符合适用的法律、规则、命令及标准，在合规程度上与被认定金融市场设施在自己的经营场所提供的服务是相同的。

(c) 强制实施。基于执行本章条款之目的，对于被认定金融市场设施，适当监管机构应当有权依据《联邦存款保险法案》第8条（b）款至（n）款的规定，以同样方式和同样程度将该被认定金融市场设施视为参保存款机构，并且该监管机构即为此参保存款机构的适当联邦银行业监管机构。

(d) 联邦储备理事会介入检查：

(1) 联邦储备理事会就检查计划的磋商：监管机构应当每年与联邦储备理事会就依据（a）款和（b）款开展任何检查的范围与方法进行磋商。监管机构应当领导依据（a）款和（b）款开展的全部检查活动。

（2）联邦储备理事会参加检查：联邦储备理事会可以根据自己判断参加监管机构领导的依据（a）款和（b）款开展的检查活动。

（e）联邦储备理事会的执行建议

（1）建议。在与金融稳定监督委员会和监管机构协商之后，联邦储备理事会可以在任意时间建议监管机构对被认定金融市场设施采取强制措施，以防止或减低对金融市场或美国金融稳定造成显著的流动风险、信用风险、操作风险或其他风险。任何采取强制措施的建议应当提供支持该项联邦储备理事会建议的详细分析。

（2）考虑。监管机构应当考虑联邦储备理事会的建议并在60日内向理事会提交回复。

（3）约束仲裁。如果监管机构全部或部分地拒绝联邦储备理事会的建议，联邦储备理事会可以将该建议提交金融稳定监督委员会对是否需要强制措施作出约束性决定。

（4）强制执行措施。依据第（3）项规定，金融稳定监督委员会多数赞成票支持联邦储备理事会建议后，金融稳定监督委员会可以要求监管机构

（A）实施（c）款所述的强制措施；及

（B）对被认定金融市场设施采取强制措施。

（f）联邦储备理事会采取紧急强制措施

（1）迫在眉睫的重大损害风险。经与监管机构协商并经金融稳定监督委员会多数投票赞成通过之后，联邦储备理事会可以对被认定金融市场设施采取强制执行措施，只要其有理由认为：

要么：

（A）（i）被认定金融市场设施从事，或考虑的行为（包括被认定金融市场设施对其属于第806条（e）款规定的规则、程序或经营的任何提议变更）对金融机构、关键市场，或更广范围美国金融体系造成迫在眉睫的重大损害风险；要么

（ii）被认定金融市场设施的现状对金融机构、关键市场，或更广范围内金融体系造成迫在眉睫的重大损害风险；以及

（B）迫在眉睫的重大损害风险妨碍联邦储备理事会运用（e）款规定的程序。

（2）强制执行职权。为实施第（1）项规定的强制措施，对于被认定金融市场设施，联邦储备理事会应有权依据《联邦存款保险法案》第8条（b）款至（n）款的规定，以同样方式和同样程度将被认定金融市场设施视为参保存款机构，并且联邦储备理事会即为该参保存款机构的适当联邦银行业监管

机构。

第 808 条　对达到被认定业务活动标准的金融机构的检查与强制措施

（a）检查。授权适当金融监管机构检查达到第 805 条（a）款规定的被认定业务活动标准的金融机构，以确定以下事项：

（1）金融机构从事被认定业务活动的性质与范围。

（2）金融机构从事被认定业务活动对金融机构安全性与可靠性可能产生的金融风险或经营风险。

（3）金融机构从事被认定业务活动对其他金融机构、关键市场，或更广范围金融体系可能产生的金融风险或经营风险。

（4）金融机构可用于监测与控制第（2）项和第（3）项所述风险的资源与能力。

（5）金融机构遵从本章和依据第 805 条（a）款所订规则与命令的情况。

（b）强制措施。基于执行本章条款以及依据本条所订规则与命令的目的，对于达到第 805 条（a）款规定的被认定业务活动标准的金融机构，适当金融监管机构应有权依据《联邦存款保险法案》第 8 条（b）款至（n）款的规定，以同样方式和同样程度将该金融机构视为参保存款机构，并且该适当金融监管机构即为此参保存款机构的适当联邦银行业监管机构。

（c）技术支持。联邦储备理事会应当与适当金融监管机构进行协商并为其提供可能要求的技术支持，以保证采取一致和统一的切实可行方式解释与适用依据本章所制定的规则与命令。

（d）授权

（1）检查。

（A）对联邦储备理事会的要求：适当金融监管机构可以要求联邦储备理事会实施或参与对达到第 805 条（a）款规定的被认定业务活动标准的金融机构的检查，以评估该金融机构行为是否符合：

（i）本章规定；或

（ii）依据本章制定的规则或命令。

（B）联邦储备理事会的检查。收到适当的书面请求后，联邦储备理事会将根据其与适当金融监管机构共同同意的条款与条件实施检查。

（2）强制措施

（A）对联邦储邦委员会的要求。适当金融监管机构可以要求联邦储备理事会对达到第 805 条（a）款规定的被认定业务活动标准的金融机构强制执行本章或依据本章制定的规则或命令。

（B）联邦储备理事会的强制措施。收到有效的书面请求后，联邦储备理事会应决定是否是必要的执法行动，如果是，应当遵从本章或依据本章制定的规则或命令采取强制措施，同时对于该金融机构，联邦储备理事会应有权依据《联邦存款保险法案》第 8 条（b）款至（n）款的规定，以同样方式和同样程度将该金融机构视为参保存款机构，并且联邦储备理事会即为该参保存款机构的适当联邦银行业监管机构。

（e）联邦储备理事会的后备职权

（1）检查与强制措施。尽管其他法规另有规定，联邦储备理事会可以：

（A）对任何达到第 805 条（a）款规定的被认定业务活动标准的金融机构实施（a）款规定的检查；和

（B）对任何达到第 805 条（a）款规定的被认定业务活动标准的金融机构强制执行本章或依据本章制定的规则或命令。

（2）限制

（A）检查。联邦储备理事会可以实施第（1）项（A）分项中规定的职权，当且仅当，联邦储备理事会：

（i）有充分理由相信金融机构从事被认定业务活动没有遵守本章或依据本章制定的规则或命令；

（ii）以书面形式告知适当金融监管机构和委员会其依据（i）则的观点，并且包含有支持性文档；

（iii）要求适当金融监管机构对金融机构立即进行检查；

（iv）要么：

（I）在依据（ii）则发出通知之日后 30 日之内，没有合适机会参与适当金融监管机构对金融机构的检查；要么

（II）有充分理由相信金融机构不遵守本章或依据本章制定的规则或命令的行为对其他金融机构、关键市场或更广范围金融体系造成重大风险，对此联邦储备理事会要提供合适机会参与适当金融监管机构的检查；以及

（v）获得金融稳定监督委员会多数赞成票的批准。

（B）强制措施。联邦储备理事会可以实施依据第（1）项（B）分项规定的职权，当且仅当，联邦储备理事会：

（i）有充分理由相信金融机构与被认定业务活动有关的行为没有遵守本章或依据本章制定的规则或命令；

（ii）以书面形式告知适当金融监管机构和委员会其依据（i）则的观点，并包含有支持性文档，而且建议适当金融监管机构对该金融机构采取一项或多项特定的强制执行措施；

（iii）要么：

(I) 在依据 (ii) 则发出通知之日起60日之内，未收到适当金融监管机构以书面形式告知启动由联邦储备理事会建议的对金融机构的强制措施；要么

(II) 有充分理由相信金融机构不遵守本章或依据本章制定的规则或命令的行为对金融市场或美国的金融稳定造成显著的流动性风险、信用风险、操作风险或其他风险，对此联邦储备理事会告知适当金融监管机构其所采取的强制措施；以及

(iv) 获得金融稳定监督委员会多数赞成票的批准。

(3) 强制措施条款。为实施第 (1) 项规定的强制措施，对于金融机构，联邦储备理事会应有权依据《联邦存款保险法案》第8条 (b) 款至 (n) 款的规定，以同样方式和同样程度将该金融机构视为参保存款机构，并且联邦储备理事会即为该参保存款机构的适当联邦银行业监管机构。

第809条　信息、报告或记录的要求

(a) 评估系统重要性的信息

(1) 金融市场设施。授权金融稳定监督委员会要求任何金融市场设施提供仅用于评估金融市场设施是否具有系统重要性所要求的信息，但是当且仅当金融稳定监督委员会有充分理由相信该金融市场设施满足第804条阐明的系统重要性标准。

(2) 参与支付、清算或结算业务活动的金融机构。授权金融稳定监督委员会要求任何金融机构提供仅用于评估其参与支持的支付、清算或结算业务活动是否具有系统重要性要求的信息，但是当且仅当金融稳定监督委员会有充分理由相信该业务活动满足第804条阐明的系统重要性标准。

(b) 认定后的报告

(1) 被认定金融市场设施。联邦储备理事会和金融稳定监督委员会可以各自要求被认定金融市场设施，按照联邦储备理事会或委员会认为必要的频率与格式提交报告或数据，以评估该设施的安全性和稳健性以及其运营对金融体系造成的系统性风险。

(2) 达到被认定业务活动标准的金融机构。联邦储备理事会和金融稳定监督委员会可以各自要求一家或多家达到第805条 (a) 款规定的被认定业务活动标准的金融机构，按照联邦储备理事会或金融稳定监督委员会认为必要的频率与格式提交仅与被认定业务活动有关的报告或数据，并且仅用于评估：

(A) 依据第805条 (a) 款制定有关被认定业务活动的规则、命令或标准是否恰当处理了由该项业务活动对金融体系造成的风险；及

(B) 金融机构从事有关被认定业务活动是否遵从本章和依据第805

条（a）款制定的规则与命令。

（3）限制。经金融稳定监督委员会多数票赞成，联邦储备理事会可以依据本条制定规章制度，对达到第 805 条（a）款第（2）项规定的被认定业务活动标准的清算主体或金融机构强制要求存档或报告。

（c）与适当联邦监管机构的协调

（1）预先协调。在要求任何金融市场设施或从事支付、清算，或结算业务活动的任何金融机构提交任何实质性信息，或强制要求报告或存档之前，联邦储备理事会或金融稳定监督委员会应与金融市场设施的监管机构或金融机构的适当金融监管机构协商，以确定是否可以从或通过该监管机构获得联邦储备理事会或金融稳定监督委员会所要求形式、格式及详情的信息。

（2）监管报告。尽管其他法规另有规定，监管机构、适当金融监管机构和联邦储备理事会有权相互相互之间以及与金融稳定监督委员会披露有关任何金融市场设施或从事支付、清算，或结算业务活动的任何金融机构的检查报告或类似报告的文本。

（d）适当联邦监管机构的回复时间。如果联邦储备理事会或金融稳定监督委员会依据（c）款第（1）项要求的信息、报告、记录或数据，在提出要求之日起 15 日内监管机构或适当金融监管机构未能完整提供，联邦储备理事会或金融稳定监督委员会可以直接要求（a）款与（b）款规定的人员提交信息或强制要求存档或报告并通知监管机构。

（e）信息共享

（1）实质性关注。尽管其他规章另有规定，联邦储备理事会、金融稳定监督委员会、适当金融监管机构以及任何监管机构均有权：

（A）各方立即相互通告对被认定金融市场设施或从事被认定业务活动金融机构的实质性关注；及

（B）共享关于该关注事项的适当报告、信息和数据。

（2）其他信息。尽管其他规章另有规定，联邦储备理事会、金融稳定监督委员会、适当金融监管机构，或任何监管机构可以在适当条件下相互提供保密监管信息以及依据本章所获得的其他信息，也包括向财政部长、联邦储备银行、各州金融监管机构、外国金融监管者、外国中央银行和外国财政部提供该类信息，但受到合理的保密保证约束，即依据本条获得信息的任何人或机构不得违反可适用法律、包括《商品交易法案》第 8 条向非本项所列的任何人或机构传播该类信息。

（f）特权维持。依据本条提供报告或数据的联邦储备理事会、金融稳定监督委员会、适当金融监管机构以及任何监管机构向另一方提供报告或数据，或允许另一方使用该报告或数据或其任意副本时，不应被认为是放弃适用于该报告或数据或其中任意部分的任何特权。

(g) 披露豁免。联邦储备理事会、监管机构，或金融稳定监督委员会依据本条获得的信息和由联邦储备理事会、监管机构，或金融稳定监督委员会准备的有关评估金融市场设施或由金融机构从事的支付、清算，或结算业务活动的系统重要性，以及与其对被认定金融市场设施与被认定业务活动监管相关的任何材料，均应作为保密监管信息并豁免依据《美国法典》第5章第552条规定的披露要求。基于第552条的目的，本款应被认为是第552条（b）款第（3）项所述的规章。

第810条 规则制定

授权联邦储备理事会、监管机构和金融稳定监督委员会依据本章制定并发布必要的规则与命令，以实施管理和履行并防止逃避各自依本章所授的职权与职责。

第811条 其他职权

除非另有规定，本章不剥夺任何适当金融监管机构、监管机构，或任何其他联邦或州的监管机构源自其他可适用法律的任何职权，但由联邦储备理事会依据第805条制定的任何标准应取代其他职权机构建立的有任何冲突的不太严格的任何要求除外。

第812条 磋商

(a) 商品期货交易委员会。商品期货交易委员会应与联邦储备理事会磋商：

(1) 优先行使其依据《商品交易法案》第2条（h）款第（2）项（C）分项、第（3）项（A）分项、第（3）项（C）分项、第（4）项（A）分项和第2条（h）款第（4）项（B）分项以及《2010年华尔街透明度与问责法案》所修订的职权；

(2) 关于衍生品清算组织的任何规则或规则修订，因为依据《2010年华尔街透明度与问责法案》第745条（b）款第（3）项已经发布对其延缓认证；及

(3) 优先行使其依据《2010年华尔街透明度与问责法案》第728条规定的制定规则职权。

(b) 证券交易委员会。委员会应与联邦储备理事会磋商：

(1) 优先行使其依据《1934年证券交易法案》第3C条（a）款第（2）项（C）分项、第（3）项（A）分项、第（3）项（C）分项、第（4）项（A）分项和第3C条（a）款第（4）项（B）分项以及《2010年华尔街透明度与问责法案》所修订的职权；

(2) 关于清算机构任何提议的规则变更，因为依据《1934年证券交易法

案》第 19 条（b）款（2）项已经指定延长对其审查的时间；及

（3）优先行使其依据《1934 年证券交易法案》第 13 条（n）款规定的和《2010 年华尔街透明度与问责法案》第 763 条（i）款增加的制定规则职权。

第 813 条　被认定清算主体风险管理的通用框架

商品期货交易委员会与证券交易委员会应当配合联邦储备理事会共同开发对被认定清算主体风险管理的监管程序。自本法案颁布之日起一年之内，商品期货交易委员会、证券交易委员会和联邦储备理事会应当向参议院银行、住房与城市事务委员会和农业、营养与林业委员会，以及众议院金融服务委员会与农业委员会提交联合报告以：

（1）改善证券交易委员会与商品期货交易委员会对被认定清算主体监督程序的一致性；

（2）促进被认定清算主体健全风险管理；

（3）促进被认定清算主体的监管者健全风险管理监督；及

（4）改善监管者监测被认定清算主体的风险管理对美国金融体系稳定性的潜在影响能力。

第 814 条　生效日期

自本法案颁布之日起本章开始生效。

第九章　投资者保护及加强证券监管

第 901 条　标题

本章全称为《2010 年投资者保护及证券改革法案》。

第一节　加强对投资者的保护

第 911 条　已设立的投资者顾问委员会

《1934 年证券交易法案》的第 1 章，在其结尾增加如下条款进行修订：

“第 39 条　投资者顾问委员会

“（a）设立与宗旨

“（1）设立。在证券交易委员会中设立投资者顾问委员会（在本条中简称‘顾问委员会’）

“（2）宗旨。顾问委员会应当：

“（A）在如下问题上给予证券交易委员会建议并与其协商：

“（i）证券交易委员会的监管重点；

“（ii）关于对证券产品的监管，交易策略，收费结构以及信息披露有效性的问题；

“（iii）保护投资者权益的诉讼；

“（iv）提升投资者信心和证券市场完整性的诉讼。

“（B）在顾问委员会认为适当时，向证券交易委员会提交调查结果和建议书，包括其提议的立法修订建议书。

“（b）成员资格

“（1）概述。顾问委员会的成员应当是：

“（A）投资者维权律师；

“（B）州证券委员会的代表；

“（C）老年人利益的代表者；及

“（D）由证券交易委员会从下列人员中指定的多于 10 人但少于 20 人的成员：

“（i）代表个人股权和债权投资者（包括共同基金投资者）利

益的人员；

“（ii）代表金融机构投资者（包括养老金和注册投资公司）利益的人员；

“（iii）擅长投资和决策；

“（iv）正直，并享有良好的社会声望。

“（2）任期。根据第（1）项（B）分项指定的顾问委员会的成员应在任4年。

“（3）非证券交易委员会的雇员。根据第（1）项（B）分项指定的顾问委员会的成员，不能仅因为顾问委员会成员的身份而被视为证券交易委员会的雇员或代理人。

“（c）主席；副主席；秘书；助理秘书

“（1）概述。应当从顾问委员会的成员中选举产生如下人员：

“（A）主席一名，其非证券发行者的雇员；

“（B）副主席一名，其非证券发行者的雇员；

“（C）秘书一名；

“（D）助理秘书一名。

“（2）任期。依据上述第（1）项选举产生的成员应任期3年。

“（d）顾问委员会会议

“（1）召开会议的频率。顾问委员会

“（A）在顾问委员会主席的召集下，每年应当至少召开2次会议；及

“（B）在证券交易委员会提议时随时召开。

“（2）会议通知。顾问委员会的主席应当于会议召开2周前书面通知各成员。

“（e）报酬及差旅费。兼职担任顾问委员会成员的人员，

“（1）在履行顾问委员会成员职责期间，有权获得报酬，日报酬不超过根据《美国法典》第5章第5316条行政雇员薪金表中规定的第5级职位年基本工资计算的日报酬。

“（2）可以报销因公出差期间的差旅费，包括代替最低生活费的出差津贴，与《美国法典》第5章第5703条（b）款规定的在政府部门间断性地履行职责的人员一样领取相关费用。

“（f）工作人员。证券交易委员会应提供一些顾问委员会主席认为必要的工作人员。

“（g）证券交易委员会审查。证券交易委员会应当

“（1）对顾问委员会的调查结果和建议书进行审查；

“（2）一旦顾问委员会提交调查结果和建议书，立即对如下内容进行公告：

“（A）对提交的调查结果和建议书进行的分析；

“（B）如果要根据提交的调查结果和建议书采取任何诉讼，对该诉讼进行公告。

“（h）顾问委员会的调查结果。本条的任何规定均不能要求证券交易委员会同意或遵从顾问委员会的调查结果或建议。

“（i）联邦顾问委员会法案。联邦顾问委员会在适用法案时，不应考虑顾问委员会和它的活动。

“（j）经费的批准。为执行本条规定而必需的经费，经批准而划拨给证券交易委员会。”

第 912 条　证券交易委员会进行投资者测试权限的说明

《1933 年证券法案》的第 19 条在结尾部分增加如下条款进行修订：

“（e）对法条或程序的评定。正如《1934 年证券交易法案》第 3 条所规定的，为了评定证券交易委员会根据证券法律条文发布或执行的任何法条或程序，也为了考虑、提议、采纳或适用任何此类法条或程序，或者是为了制定新法条，证券交易委员会应该：

“（1）从投资者或公众中收集信息并与其进行交流；

“（2）参与证券交易委员会认为是对公众利益或保护投资者利益有益的暂时的投资者抗风险压力测试项目；

“（3）如有必要，执行本款时咨询学者或专家。

“（f）编制的原则

为了实现《文书削减法案》的目的，任何依据如上（e）款采取的行为不应当被编制为只是相关信息的整合。”

第 913 条　对经纪人、交易商及投资顾问义务的研究和规则的制定

（a）定义。为了实现本条规定的目的，“零售客户”是指满足以下条件的自然人或自然人的法定代表人：

（1）从经纪人、交易商或投资顾问处接受个人化的证券投资建议；

（2）并且将这些建议主要用于个人或家庭用途的。

（b）研究。证券交易委员会应进行一项研究对如下事项进行评估：

（1）证券交易委员会、全国证券协会现行的法律或监管标准的有效性。这些法律或监管标准是对经纪人、交易商、投资顾问、与经纪人或交易商相关联的人，以及与为零售客户提供个人化的证券投资建议的投资顾问相关联

人员的保护；及

（2）在对零售客户保护的法律或监管标准上，是否存在法律或监管上的漏洞、缺陷或重合。这些漏洞或缺陷也涉及法律或规章中规定的，对经纪人、交易商、投资顾问、与经纪人或交易商相关联的人，以及与为零售客户提供个人化的证券投资建议的投资顾问相关联人员的保护标准。

（c）考虑因素。为实施如上（b）款规定的研究，证券交易委员会应考虑如下因素：

（1）证券交易委员会、全国证券协会现行的法律或监管标准的有效性。这些法律或监管标准是对经纪人、交易商、投资顾问、与经纪人或交易商相关联的人，以及与为零售客户提供个人化的证券投资建议的投资顾问相关联人员的保护。

（2）在对零售客户保护的法律或监管标准上，是否存在法律或监管上的漏洞、缺陷或重合。这些漏洞或缺陷也涉及法律或规章中规定的，对经纪人、交易商、投资顾问、与经纪人或交易商相关联的人，以及与为零售客户提供个人化的证券投资建议的投资顾问相关联人员的保护标准。

（3）在对经纪人、交易商、投资顾问、与经纪人或交易商相关联的人，以及与为零售客户提供个人化的证券投资建议的投资顾问相关联人员的保护上，零售客户是否知道存在着不同的标准。

（4）对经纪人、交易商、投资顾问、与经纪人或交易商相关联的人，以及与为零售客户提供个人化的证券投资建议的投资顾问相关联人员不同的保护标准，是否会造成零售客户对上述人员提供的个人化投资建议质量的不确定与疑惑。

（5）用于监管、检查和执行的各种资源，以及证券交易委员会、各州和全国证券协会执行对经纪人、交易商、投资顾问、与经纪人或交易商相关联的人，以及与为零售客户提供个人化的证券投资建议的投资顾问相关联人员的保护标准上进行的各种活动，包括：

（A）在遵守法规的情况下，对经纪人、交易商、投资顾问的检查的有效性；

（B）检查的频率；及

（C）检查的时间长度。

（6）在给零售客户提供个人化的证券投资建议时，对经纪人、交易商、投资顾问监管上的实质性的区别；

（7）与个人化的证券投资建议的规定相关的一些特定情形：

（A）对投资顾问的监管和监督比对经纪人和交易商的管制和监督为零售客户提供更有力的保护的情形；

(B) 对经纪人和交易商的管制和监督比对投资顾问的管制和监督为零售客户提供更有力的保护的情形;

(8) 现存的用来保护零售客户的州证券监管者和其他监管者制定的法律或监管标准;

(9) 对零售客户可能产生的影响, 包括对零售客户接触经纪人和交易商提供的产品和服务范围可能产生的影响, 以及对零售客户接触强加于经纪人、交易商及与经纪人、交易商相关联的人身上的责任可能产生的影响, 具体包括:

(A) 对于给零售客户提供个人化的证券投资建议, 根据《1940 年投资顾问法案》所实施的对零售客户保护标准, 证券交易委员会和法院也对此进行了说明;

(B)《1940 年投资顾问法案》所要求的其他条件。

(10) 去除《1940 年投资顾问法案》第 202 条 (a) 款第 (11) 项 (C) 分项对"投资顾问"的定义中关于不包括经纪人和交易商的限定, 定义内涵的扩展可能产生的影响, 包括:

(A) 因这种变化而引起的对零售客户的影响和一些可能产生的潜在的益处和危害, 包括对零售客户在接触个人化的证券投资建议方面可能产生的影响, 甚至会影响零售客户获得此类建议;

(B) 根据《1940 年投资顾问法案》的规定需要登记, 或要成为该法案主体而需要满足的额外的机构和个人在数量方面的要求, 以及经纪人、交易商及与经纪人、交易商相关联的人要成为该法案的主体而必须满足的其他附加的要求, 这些要求包括:

(i) 相关联人在许可、注册和检查方面可能产生的附加要求;

(ii) 如果有, 任何附加的机构或个人的额外成本;

(C) 对证券交易委员会和州政府的资源造成的影响:

(i) 对注册的投资顾问和注册投资顾问的代表进行检查活动的影响, 包括对检查周期的影响;

(ii) 对根据《1940 年投资顾问法案》实施保护的标准和其他适用的必备要件的影响。

(11) 经纪人、交易商、投资顾问以及与经纪人、交易商、投资顾问相关联的人提供的不同等级的服务, 和经纪人、交易商、投资顾问以及与经纪人、交易商、投资顾问相关联的人与零售客户的关系中所约定的不同的范围和条款;

(12) 由于监管要求或法定保护标准可能产生的变化而可能引起的对零售客户的影响, 这些法定标准会影响经纪人、交易商、投资顾问以及与经纪人、交易商、投资顾问相关联的人对零售客户提供投资建议的责任的履行；以下事项可能会受到影响：

（A）使客户免受欺诈而提供的保护；

（B）零售客户获得个人化的证券投资建议的机会；

（C）这些意见或建议的可得性；

（13）可能要付给以下人员的额外成本与费用：

（A）因对零售客户的投资利润可能产生影响而需相关零售客户承担的额外费用；及

（B）由监管要求或法定标准可能产生的对经纪人、交易商、投资顾问，以及与经纪人、交易商、投资顾问相关联的人的责任（包括谨慎的义务）构成影响的变化所引起，需要经纪人、交易商和投资顾问承担的成本和费用；及

（14）在决定是否根据（f）款制定相应规则时，证券交易委员会所需考虑的必要和适当的其他事项。

（d）报告

（1）概述。在本法案颁布 6 个月之内，证券交易委员会应当向参议院银行、住房和城市事务委员会，众议院金融服务委员会提交（b）款要求进行的研究的报告。

（2）内容要求。如上第（1）项中规定的报告应充分表述证券交易委员会从（b）款进行的研究中得出的调查结果、结论及建议，具体包括如下内容：

（A）正如（b）款所要求的，作出这些调查结果、结论及政策建议，证券交易委员会认为的应考虑事项、分析结果、公共投入和工业投入。

（B）在零售客户的法定的或监管的保护标准上，进行是否存在确定的法律或监管上的漏洞、缺陷或重合的分析。这些标准与对经纪人、交易商、投资顾问，或为零售客户提供个人化的证券投资建议的与经纪人、交易商或投资顾问相关联人员的保护标准相关。

（e）公众评论。证券交易委员会应当寻找并考虑公共投入，公共评价和公共信息，以准备（d）款所要求的报告。

（f）规则制定。证券交易委员会应着手制定对于维护公共利益及保护零售客户（及证券交易委员会规则中规定的其他的客户）的利益必要的和适当的规则，来规定对经纪人、交易商、投资顾问，或为零售客户提供个人化的证券投资建议的与经纪人、交易商或投资顾问相关联人员的法定的或监管的保护标准。在制定这些标准时，证券交易委员会应当考虑（b）款规定的对调查结果、结论及建议的研究。

（g）确立经纪人和交易商的受信人义务的权力

（1）《1934 年证券交易法案》。《1934 年证券交易法案》的第 15 条在结尾增加如下条款进行修订：

“（k）行为准则

“（1）概述。即使此法案及《1940 年投资顾问法案》有任何其他规定，证券交易委员会仍可以发布法条来规定在向‘零售客户’（及证券交易委员会制定的规则中规定的其他的客户）提供个人化的证券投资建议时，经纪人和交易商的行为准则。这些行为准则应当与《1940 年投资顾问法案》中第 211 条规定的投资顾问的行为准则相同。在佣金及为证券销售而制定的其他标准的补偿的基础上而接受补偿金不应当被认为是对这些行为准则的违反。本条的任何规定并不能使经纪人、交易商或注册代表在提供了个人化的证券投资建议后仍继续对客户负有保护义务和忠诚义务。

“（2）提供的产品范围的信息披露。经纪人、交易商只销售独家创造的产品或其他有限范围的产品时，正如证券交易委员会所决定的，证券交易委员会可以在条款中规定这些经纪人或交易商应通知每个零售客户，并且得到这些客户同意或承认。经纪人、交易商只销售独家创造的产品或其他有限范围的产品不应当被认为是对上述第（1）项中规定的标准的违反。

“（l）其他事项。证券交易委员会应：

“（1）在投资者与经纪人、交易商和投资顾问关系的相关条款方面，向投资者提供简单明了的信息披露，包括任何实质性利益冲突；及

“（2）对于其认定的有损公众利益和投资者保护的特定销售行为、利益冲突以及经纪人、交易商和投资顾问的补偿方案，进行检查并制定禁止或限制规定。”

（2）《1940 年投资顾问法案》。《1940 年投资顾问法案》的第 211 条在结尾增加了如下进行修订：

“（g）行为准则

“（1）概述。证券交易委员会可以制定相应法规来规范经纪人、交易商和投资顾问在向零售客户（及证券交易委员会制定的规则中规定的其他的客户）提供个人化的证券投资建议时的行为准则。经纪人、交易商和投资顾问在进行如上活动时应当最大化客户的利益，而不应当考虑自身的经济利益或其他利益。根据这些规章，所有的实质性利益冲突都应当被公布，而且应当得到客户的同意。这些规定的行为准则应当比此法案 206 条第（1）和（2）项中对投资顾问在提供个人化的证券投资咨询时的行为准则更严格，但对于客户已经与投资顾问达成了顾问合约情况下，证券交易委员会定义的‘顾客’的范围不应包括投资顾问管理的私营资金的投资者。基于佣金或酬金的补偿不应当被认为是适用于经纪人、交易商及投资顾问的行为准则的违反。

“（2）零售客户的定义。为了实现本款规定的目的，‘零售客户’是指满足以下条件的自然人或自然人的法定代表人：

“（A）从经纪人、交易商或投资顾问处接受个人化的证券投资建议；并且

“（B）将这些建议主要用于个人或家庭用途。

“（h）其他事项。证券交易委员会应：

“（1）在投资者与经纪人、交易商和投资顾问关系的相关条款方面，向投资者提供简单明了的信息披露，包括任何实质性利益冲突；及

“（2）对于其认定的有损公众利益和投资者保护的特定销售行为、利益冲突以及经纪人、交易商和投资顾问的补偿方案，进行检查并制定禁止或限制规定。”

（h）执行中的协调

（1）《1934年证券交易法案》。《1934年证券交易法案》的第15条，（g）款第（1）项已经对此进行了修订，在第15条的结尾增加如下款继续修订：

“（m）执行中的协调。在经纪人或交易商向零售客户提供个人化的证券投资建议违反行为准则时，证券交易委员会的执行机关包括：

“（1）此法案规定的此类违反行为准则时，证券交易委员会的执行机关；

“（2）《1940年投资顾问法案》规定的适用于投资顾问违反行为准则时，证券交易委员会的执行机关，包括对此类违规行为进行处罚的机关；

证券交易委员会在起诉及处罚向零售客户提供个人化的证券投资建议的经纪人及交易商时，应当达到《1940年投资顾问法案》规定的起诉及处罚违反行为准则的投资顾问时同样的处罚程度。”

（2）《1940年投资顾问法案》。《1940年投资顾问法案》的第211条（g）款第（2）项已经对此进行了修订，在第211条的结尾增加下款进行继续修订：

“（i）执行中的协调。在投资顾问违反行为准则时，证券交易委员会的执行机关包括：

“（1）此法案规定的此类违反行为准则时，证券交易委员会的执行机关；

“（2）《1934年证券交易法案》规定的适用于经纪人或交易商向零售客户提供个人化的证券投资建议时违反行为准则时，证券交易委员会的执行机关，包括对此类违规行为进行处罚的机关；

证券交易委员会在起诉及处罚投资顾问时，应当达到《1934年证券交易法案》规定的起诉及处罚违反行为准则的向零售客户提供个人化的证券投资建议的经纪人及交易商时同样的处罚程度。”

第 914 条　加强对投资顾问的检查的研究

（a）需要的研究

（1）概述。证券交易委员会应当对是否有必要加强检查和加强用于投资顾问的执行资源进行审查和分析。

（2）考虑的范围。本条要求的研究应当对如下事项进行检查：

（A）在本款制定以后的 5 年里，证券交易委员会对投资顾问检查的次数和频率；

（B）国会授权证券交易委员会指定一个或更多的自律组织来加强证券交易委员会对投资顾问的监管，授权的程度将会提高对投资顾问检查的频率；

（C）对双重注册的经纪人兼交易商及投资顾问，或关联经纪人兼交易商及投资顾问的投资顾问活动进行检查，目前的和可能存在的方法；

（b）需要的报告。证券交易委员会应在本条实施以后的 180 日内将其调查结果报告给众议院的金融服务委员会和参议院的银行、住房和城市事务委员会，并且在必要时应根据这些调查结果对法律、法规进行修订。这个报告应当对推荐的或处理上述研究中认定的担忧事项所必需的立法上或监管上可采取的步骤进行探讨。

第 915 条　投资者维权律师的办公室

《1934 年证券交易法案》第 4 条通过在结尾增加如下条款进行修订：

“（g）投资者维权律师办公室

“（1）设立办公室。证券交易委员会已经设立了投资者维权律师的办公室（以下简称“办公室”）

“（2）投资者维权律师

“（A）概述。办公室应由投资者维权律师领导，

“（i）投资者维权律师应直接向证券交易委员会主席报告工作；及

“（ii）在同证券交易委员会协商后，主席从在证券和投资者保护方面有为证券投资者利益辩护经验的个人中任命投资者维权律师。

“（B）报酬。投资者维权律师年收入应与直接向证券交易委员会主席报告工作的其他的高级行政人员中最高收入水平相一致。

“（C）服务的限制。投资者维权律师在如下期限内不得在证券交易委员会其他部门任职：

“（i）在被任命为投资者维权律师之前的 2 年内；

“（ii）从不再担任投资者维权律师之日起的5年内；

“（3）办公室雇员。如投资者维权律师为了执行办公室的功能、权力及职责之所需，在咨询证券交易委员会主席以后，他可以聘用独立顾问、研究人员及服务人员。

“（4）投资者维权律师的职能。投资者维权律师应当：

“（A）帮助零售客户解决其与证券交易委员会或自律组织之间产生的重要的问题；

“（B）确定投资者可以从证券交易委员会的规章或自律组织的规则变化中收益的领域；

“（C）确定投资者与金融服务提供者和投资产品之间所产生的问题；

“（D）分析以下规则的改变对投资者可能产生的影响：

“（i）证券交易委员会拟议的规章；及

“（ii）根据本章规定注册的自律组织拟议的规则；及

“（E）在可行的范围内，向证券交易委员会提议对规章或法令的修订，并向国会提议立法、行政和人事变动方面的事项，以达到减轻本款确认的一些问题和促进投资者的利益的目的。

“（5）相关文件的可得性。为了发挥办公室的功能之所需，证券交易委员会应保证投资者维权律师可以充分地接触到证券交易委员会和任何自律组织的资料文件。

“（6）年度报告

“（A）目标方面的报告

“（i）概述。2010年之后的每年6月30日之前，投资者维权律师应向参议院银行、住房和城市事务委员会以及众议院的金融服务委员会各提交一份关于下一财政年度投资者维权律师目标的报告。

“（ii）报告内容。（i）则中要求的每一份报告都应包括完整的实质性的分析和解释。

“（B）关于活动的报告

“（i）概述。2010年之后的每年的12月31日之前，投资者维权律师应向参议院银行、住房和城市事务委员会以及众议院金融服务委员会各提交一份关于下一财政年度投资者维权律师要进行的活动的报告。

“（ii）报告内容。（i）则中要求的每一份报告都应包括：

“（I）适当的统计数据信息和完整的实质性分析；

“（II）为提高投资者服务以及证券交易委员会和自我监管机构对投资者顾虑的反应灵敏度，投资者维权委员会在报告期间采取的措施方面的信息；

“（III）对报告期间投资者面临的最严重问题的概括；

“（IV）对如上（III）中规定问题的详细目录，包括：

“（aa）证券交易委员会和自我监管机构采取的诉讼及诉讼后果的确认；

“（bb）这份详细目录中每一项目持续的时间；及

“（cc）对于没有采取相应诉讼的项目，不作为的原因和为不作为决定负责的官员的确认；

“（V）为解决投资者遇到的问题，应采取的适当的行政和立法行为的建议；及

“（VI）投资者维权律师认为适当的其他信息。

“（iii）独立性。本条规定的任何报告都应直接提交给（i）则中列出的委员会。证券交易委员会及其委员、官员或雇员，以及管理和预算办公室都不应进行任何提前审查或评议。

“（iv）保密性。（i）则规定的报告不应含有任何机密信息。

“（7）相应规章。证券交易委员会应通过制定规章来建立相应的程序，使投资者维权律师提交给证券交易委员会的所有建议在提交以后的3个月内都能得到正式回复。”

第916条 自律组织的登记程序的改进

（a）备案程序。在《1934年证券交易法案》的第19条（b）款通过删除第（2）项（包括（B）分项的未指明的情况），并增加如下条款进行修订：

“（2）批准程序

“（A）已建立的批准过程：

（i）概述。除了如下（ii）则中规定的，根据第（1）项提议的法条修订在发布之日后的45日内，证券交易委员会应：

“（I）通过法令的形式，发布对提议的法条修订的批准或不批准决定；或

“（II）根据（B）分项的规定，开始相应的程序来决定提议的法条修订是否应得到批准。

“（ii）期间的延期。如果满足如下条件，证券交易委员会可以进行不超过45日的期间延长：

“（I）证券交易委员会认为更长的期间是适当的，并且应当公布延长的原因；

“（II）提议法条修订的自律组织同意延长期限。

（B）程序

“（i）通知和听证。证券交易委员会批准或不批准（A）分项规定的提议的法条修订，证券交易委员会都应当向提议法条修订的自律组织提供：

“（I）作出不予批准考虑的理由的通知；及

“（II）在对提议的法条修订进行登记的通知公告后的180天内进行听证的机会。

“（ii）批准或不予批准的法令

“（I）概述。除了出现（II）分则所规定的延期情况，在（1）项中规定的公告后的180日内，证券交易委员会应发布一项批准或不予批准提议的法条修订的法令。

“（II）期间的延期。如果满足如下条件，证券交易委员会可以将（I）分则中的发布法令期进行不超过60日的期间延长：

“（aa）证券交易委员会认为更长的期间是适当的，并且应当公布延期决定的原因；

“（bb）提议法条修订的自律组织同意延长期限。

“（C）批准或不予批准的标准

“（i）批准。如果自律组织提议的法条修订与本章的关于提议修订的规定及适用于此类组织的规定相一致，则证券交易委员会应当批准此法条的修订；

“（ii）不予批准。如果不能满足（i）则规定的条件，则证券交易委员会不予批准自律组织提议的法条修订；

“（iii）批准的期限。除非证券交易委员会可以提供延期的合理理由并将理由公布，否则在（1）项中规定的公告后的30日内，证券交易委员会可以不就是否批准提议的法条修订作出决定。

“（D）未能开始或结束相应程序的法定后果。在如下情况下，提议的法条修订应当被视为已得到证券交易委员会的批准：

“（i）如果证券交易委员会未能在（A）分项规定的期限内，按照（B）分项规定的程序，批准或不予批准提议的法条修订或开始相应程序；或

“（ii）证券交易委员会未能在（B）分项（ii）则规定的期限，按照（B）分项的规定，发布批准或不予批准提议的法条修订的法令。

“（E）基于联邦登记公告处的公告日期。为了实现本项的目的，根据第（1）项在证券交易委员会登记了一项提议的法条修订后，自律组织

应在公众可接触到的网站上公告法条修订的登记情况及法条修订的重要条款。之后，证券交易委员会应在网站公告后的 15 日内，书面通知联邦登记公告处。如果证券交易委员会未能在 15 日内发出公告的通知，那么公告的日期应被认定为网站公告发布之日。

“（F）规则制定

“（i）概述。在《2010 年投资者保护和证券改革法案》施行后的 180 日内，在同其他监管机构协商后，证券交易委员会应制定规则来规范本项的程序要求。

“（ii）对公告及公众评价不做强制要求。证券交易委员会根据（i）则制定的法规不必对提议的法条修订进行再公告，也不必游说征得公众支持。”

（b）登记日期的阐明

（1）解释规则。《1934 年证券交易法案》第 19 条（b）款通过在结尾增加如下条款进行修订：

“（10）建立关于提议的法条修订的登记日期的规则

“（A）概述。为实现本款之目的，登记提议的法条修订的日期应被视为证券交易委员会收到提议的法条修订的日期。

“（B）例外。除了证券交易委员会认为提议的规则修订过长且复杂，或提议的修订提出了新的监管问题，并且在收到后的 7 个工作日内进行了相应通知以外，在证券交易委员会收到提议的法条修订的 7 个工作日内，其应通知提议的自律组织这项提议与证券交易委员会规定的形式不相符，就（A）分项的规定而言视为证券交易委员会未收到修订法条的提议。在证券交易委员会收到提议的法条修订的 21 日内，其应通知提议的自律组织这项提议与证券交易委员会规定的形式不相符，就（A）分项的规定而言视为证券交易委员会未收到提议的规则修订。”

（2）发布。《1934 年证券交易法案》第 19 条（b）款第（1）项删除“upon”，插入“在……后尽可能快的”。

（c）提议法条的有效期。《1934 年证券交易法案》第 19 条（b）款第（3）项在以下部分进行了修订：

（1）在（A）分项：

（A）删除“可以生效”，并插入“应当生效”；及

（B）在“自律组织收取的费用”后插入“适用于任何人，不论此人是否是自律组织的成员，

（2）在（C）分项：

（A）把第二句改为“根据第（1）项的规定，在提议的法条修订登

记后的 60 日内，在证券交易委员会认为为了公共利益或保护投资者利益所必要或适当的，或为了实现本款的目的情况下，证券交易委员会可以暂停对自律组织的法条的修订”；

（B）在第二句结尾插入：

“如果证券交易委员会采取此类诉讼，证券交易委员会应当执行第（2）项（B）分项规定的程序来决定提议的法条应批准或不批准”，及

（C）在第三句中，删除“前面的句子”，插入“此分项”；

（d）一致性的变化。《1934 年证券交易法案》第 19 款（b）款第（4）项（D）分项进行如下修订：

“（D）（i）如果清算机构的适当的监管机构在提议的修订登记后的 30 日内将如下事项通知了证券交易委员会，证券交易委员会应命令暂停根据第（3）项已经生效的对结算机构的提议法条修订：

“（I）适当的监管机构认为对清算机构的法条的修订可能会与清算机构在进行并负责监管控制的证券和基金的安全性的提高不一致；

“（II）（I）分则描述的作出如上决定的原因。

“（ii）如果证券交易委员会采取了上述（i）则中规定的诉讼，证券交易委员会应当执行第（2）项（B）分项规定的程序来决定提议的法条应批准或不批准。”

第 917 条　对投资者金融知识的研究

（a）概述。证券交易委员会应进行一项研究来确定如下事项：

（1）零售投资者（包括证券交易委员会认可的投资者小团体）金融知识的现有水平；

（2）改善向投资者披露金融中介、投资产品、投资服务方面信息的时间安排、内容及格式的方法；

（3）零售投资者在选择面向零售投资者的金融中介、投资产品或服务时，作出有根据的财务决策所需要的最有用的和最易理解的相关信息；面向零售投资者的投资产品包括根据《1940 年投资公司法案》第 8 条规定注册的开放式公司的股份，其定义参见同一法案第 5 条；

（4）提高涉及投资产品及服务（包括第（3）项所提的开放式公司的股份）的交易中产生的费用和利益冲突的透明度；

（5）现存的培训投资者的最有效的私人或公共努力；

（6）在咨询金融知识和培训委员会后，为提高投资者金融知识从而使投资者的行为发生积极的转变的策略（包括实际可行的目标和目的）。

（b）报告。在本法案颁布后的2年内，证券交易委员会应针对（a）款要求的研究向下列机构提交一份报告：

（1）参议院的银行、住房和城市事务委员会；及

（2）众议院的金融服务委员会。

第918条 对共同基金宣传的研究

（a）概述。美国总审计长应进行一项关于共同基金宣传的研究来确定以下事项：

（1）现有的和拟议的对开放式投资公司宣传活动的监管要求；

（2）目前开放式投资公司的股份的市场营销情况，包括对以前的股份性能数据，融资情况，创业基金的利用；

（3）这些宣传对投资者的影响；及

（4）关于在共同基金宣传中加强对投资者的保护的建议，以及保证投资者在购买股份时可作出有根据的财务决定所必需的额外信息。

（b）报告。在本法案颁布后的18个月内，美国总审计长应就（a）款要求的研究得出的结论向以下机构提交一份报告：

（1）参议院的银行、住房和城市事务委员会；和

（2）众议院的金融服务委员会。

第919条 对在投资者选择投资产品和服务前，要求进行信息披露的证券交易委员会权力的阐明

《1934年证券交易法案》第15条进行如下修订：

“（n）向零售投资者的信息披露

“（1）概述。即使证券法律中有其他的规定，证券交易委员会仍可制定法规，规定在投资者购买投资产品或服务前，经纪人或交易商应该向零售投资者披露指定的文件或信息；

“（2）考虑事项。在制定第（1）项中的任何规章时，证券交易委员会都应考虑制定的规章是否可以增强对投资者的保护、效率、竞争力及资本的形成。

“（3）文件和信息的内容及格式。根据第（1）项的规定，指定的文件和信息应当：

“（A）以概括的格式；且

“（B）包含以下方面清楚、确切的信息：

“（i）关于投资目标、策略、费用及风险；及

“（ii）与购买零售投资产品相关的经纪人、交易商及其他中介

收取的报酬或财务奖励。”

第919A条　对利益冲突的研究

（a）概述。美国总审计长应进行一项对利益冲突的研究来确定以下事项：

（1）确认及检查在同一公司工作的投资银行的员工与权益和固定收益类证券的分析师可能产生的利益冲突；及

（2）在出现此类冲突时，向国会提出投资者保护的建议；

（b）考虑事项。为开展（a）款中规定的研究，总审计长应：

（1）考虑如下事项：

（A）因利益冲突而对投资者可能造成的损害，包括考虑2003年全球分析师研究处理中心处理的几个证券公司和个人的疏忽职守行为；

（B）那些公司已同意执行程序的事项的性质和收益，包括研究与投资银行业务之间的防火墙、独立的报告流程，尽职的法律和合规人员、预算分配、机体分离、报酬，雇员绩效评价、保险范围、对兜售投资银行业务的限制、信息披露、透明度和其他措施；

（C）这些事项是否应被模式化并永久地适用于证券公司，还是证券交易委员会应制定规章将此类事项适用于证券公司；及

（D）是否推荐设计的监管或立法措施，用来减轻因利益冲突而对投资者可能产生的负面影响，以及加强对投资者保护及投资者对证券市场完整性的信心；及

（2）咨询州总检察长、州证券监管官员、证券交易委员会、金融业监管当局、纽约证券交易所监管会、投资者维权律师、经纪人、交易商、零售投资者、机构投资者及学者。

（c）报告。在本法案颁布后的18个月内，美国总审计长应就（a）款要求的研究结果向参议院的银行、住房和城市事务委员会以及众议院的金融服务委员会提交一份报告。

第919B条　关于改善投资者对于投资顾问和经纪自营商的信息获取的研究

（a）相关研究

（1）概述。在本法案颁布后的6个月内，证券交易委员会应完成相关的研究，包括增加投资者接触在中央登记保管中心和投资顾问登记保管中心注册的或曾经注册的投资顾问、投资顾问相关联人、经纪人、交易商、他们的相关联人的注册信息（包括纪律处分行为，监管、司法、仲裁程序及其他信息），同时也确定一下应向公众公布的其他信息。

（2）内容。（a）款要求的研究应包含对2个系统所包含的信息更趋集中的获得而产生的优、劣势的分析，包括：

（A）确认与投资者相关的数据；及

（B）确认展示和发布这些数据的方法及格式，从而保证投资者能获得这些数据并加以利用。

（b）实施。在（a）款规定的这项研究完成后的18个月内，证券交易委员会应实施该研究所提建议。

第919C条　关于财务规划师和财务职称的使用的研究

（a）概述。美国总审计长应进行一项研究来确定以下事项：

（1）在保护投资者及其他消费者，以使他们免受一直利用容易引起误导的头衔、职称或营销资料而标榜为财务规划师的人的不利影响方面，州和联邦法规的有效性；

（2）现行的适用于财务规划师的州和联邦监督结构和法规；

（3）对财务规划师及其他提供或欲向消费者提供财务计划服务的人的法律或监管上的漏洞。

（b）考虑事项。为开展（a）款规定的研究，总审计长应考虑：

（1）财务规划师在提供财务资源建议时所起的作用，包括进行投资计划、收入税计划、教育计划、退休计划、不动产计划和风险管理；

（2）州和联邦现行的法规是否对财务规划师提出了足够的道德和职业标准；

（3）投资者及其他消费者，在面临标榜自己为财务规划师或为包括保险和证券的金融产品提供财务计划服务的人时可能面临的风险；

（4）投资者及其他消费者在面临利用容易引起误导的头衔、职称或营销资料提供财务建议的人时，可能面临的风险；

（5）投资者及其他消费者知道对标榜自己为财务规划师或提供财务计划服务的人的注册要求及保护标准；

（6）对财务规划师进行法律和职业监管，投资者及其他的消费者可能获得的益处；

（7）总审计长认为有效地执行（a）款要求的研究所必要或适当的其他考虑因素。

（c）建议。为了合理的规范财务规划师和提供或欲提供财务计划服务的人，从而保护投资者及其他接受财务计划服务的消费者的利益，总审计长应考虑如下因素，并提出相应的建议：

（1）规范财务规划师或提供财务计划服务的人行为的法规的合理结

构；及

（2）为保护投资者及其他消费者，相应规章规范的合理范围，包括但不限于建立履职能力标准、实践标准、道德准则、惩戒权及对投资者和其他消费者的透明度等。

（d）报告

（1）概述。在本法案颁布后的180日内，美国总审计长应针对（a）款的研究向以下机构提交一份报告：

（A）参议院的银行、住房和城市事务委员会；

（B）参议院的老龄化特别委员会；及

（C）众议院的金融服务委员会。

（2）内容要求。第（1）项中要求的报告应对调查结果和总审计长为了执行（a）款的研究而作出的决定进行表述，包括考虑事项、相关分析，以及总审计长认为得出调查结果、结论及法律的、规章的或其他建议，而需要政府、公共、产业、非营利性的和消费者的投入。

第919D条　申诉专员

《1934年证券交易法案》的第4条（g）款，第914条已经对此进行了修订，在其结尾增加如下内容进行继续修订：

“（8）申诉专员

“（A）任命。在根据第（2）项（A）分项（i）则任命了第一位投资者维权律师后的180日内，投资者维权律师应任命一位申诉专员，申诉专员直接向投资者维权律师汇报工作。

“（B）职责。申诉专员应：

“（i）为解决证券交易委员会与零售投资者之间或零售投资者与自律组织之间的问题，做证券交易委员会和零售投资者间的联系人；

“（ii）对政策及程序进行审查并提出相关建议，以鼓励投资者将遵守证券法方面的问题提交给投资者维权律师；

“（iii）建立相应的保护措施来保证投资者与申诉专员之间交流的机密性。

“（C）限制。在执行（B）分项规定的职责时，申诉专员应该在可行范围内利用证券交易委员会的人力资源。本项的规定不应替代、改变或减损相同办事机构或其他机构申诉专员的活动。

“（D）报告。申诉专员应向投资者维权律师提交半年报告，来报告前一年申诉专员的活动并对其活动的效率进行评估。投资者维权律师应将本条要求的报告与第（6）项要求的报告一起存放。”

第二节 加强执法的强制力及法律救济

第921条 限制强制性的约定仲裁协议的权力

(a) 对《1934年证券交易法案》的修订。在《1934年证券交易法案》的第15条的结尾增加如下新款以进行继续修订：

“(o) 限制强制性的约定仲裁协议的权力。只要证券交易委员会认为此类禁止或限制是为了公共利益和保护投资者利益，其即可通过法律规定，禁止、限制或强加条件来限制在合同中经纪人、交易商、市政证券交易商及客户约定将他们之间根据联邦证券法律等规定将可能发生的争议提交仲裁。”

(b) 对《1940年投资顾问法案》的修订。在《1940年投资顾问法案》的第205条的结尾增加如下新款以修订：

“(f) 限制强制性的约定仲裁协议的权力。只要证券交易委员会认为此类禁止或限制是为了公共利益和保护投资者利益，其即可通过法律规定，禁止、限制或强加条件来限制在合同中投资顾问及客户约定将他们之间根据联邦证券法律等规定将可能发生的争议提交仲裁。”

第922条 对检举人的保护

(a) 概述。在《1934年证券交易法案》的第21E条后插入：

“21F 证券检举人的激励及保护措施

“(a) 定义。本条适用如下定义：

“(1) 隐秘的司法及行政诉讼。‘隐秘的司法及行政诉讼’是指根据证券法，证券交易委员会所采取的任何可能导致超过1,000,000美元罚款的司法及行政诉讼。

“(2) 基金。“基金”是指证券交易委员会投资者保护基金。

“(3) 原始信息。‘原始信息’是指：

“(A) 检举人自己独立的认识或分析所产生的信息；

“(B) 检举人是这类信息的最初来源，证券交易委员会没有任何其他渠道获得该信息；

“(C) 除非检举者是信息的一个来源，否则这类信息并不只是来源于司法或行政听证，在政府报告、听证会、审计或调查中，或来源于新闻媒体中的指控。

“(4) 货币罚金。任何司法或行政诉讼中的‘货币罚金’都是指：

“(A) 任何金额的货币，包括责令缴纳的罚金、罚没金及利息；及

“（B）存入罚没收入基金中的任何金额的货币或根据《2002 年萨班斯—奥克斯利法案》第 308 条（b）款规定的其他基金。

“（5）相关诉讼。证券交易委员会根据证券法所采取的任何司法或行政‘相关诉讼’，是指根据（a）款定义的检举者提供的原始信息，（h）款第（2）项（D）分项（i）则的（I）到（IV）分则中描述的主体所采取的司法或行政诉讼。

“（6）检举者。‘检举者’是指一个人单独、两个或两个以上的人共同，以证券交易委员会通过法律或规章规定的方式，向证券交易委员会提供关于违反证券法的行为的信息。

“（b）奖励

“（1）概述。在任何隐蔽的司法或行政诉讼，或相关的行为中，检举者自愿提供给证券交易委员会的原始信息使该诉讼得以成功执行，证券交易委员会应据其制定的规定，按照（c）款对检举者给予奖励。奖励的累计金额为：

“（A）不少于通过此类诉讼缴获罚金的 10%；且

“（B）不多于通过此类诉讼缴获罚金的 30%。

“（2）奖励金额的支付。任何据第（1）项需支付的奖励金额都应从基金中支付。

“（c）奖励金额的确定；拒绝给予奖励的情形

“（1）奖励金额的确定。

“（A）自由裁量权。证券交易委员会享有如（b）款确定奖励金额的自由裁量权。

“（B）标准。在据（b）款决定奖励金额时，证券交易委员会应：

“（i）考虑的事项为：

“（I）检举者提供的信息对于隐秘的司法或行政诉讼的成功执行所起到的作用；

“（II）检举者或检举者的法定代表人在隐秘的司法或行政诉讼中提供帮助的程度；

“（III）通过奖励因提供信息使隐秘的司法或行政诉讼得以成功执行的检举人，从而阻止违反证券法行为，证券交易委员会由此获得的计划可得的利益；及

“（IV）证券交易委员会通过法律或规章确立的其他额外相关因素；及

“（ii）不应考虑基金的余额问题。

“（2）拒绝给予奖励的情形。不应给予（b）款规定的给检举者奖励

的情况：

“（A）该检举者向证券交易委员会提供的原始信息，是其是或曾是其从上交给以下机构的成员、官员或雇员的信息中获得的：

“（i）适当的监管机构；

“（ii）司法部；

“（iii）自律组织；

“（iv）上市公司会计监督委员会；或

“（v）法律执行机构。

“（B）该检举者是与其检举的司法或行政诉讼有关的刑事案件的犯罪人，否则其按照本条规定可以获得奖励；

“（C）该检举者是在根据证券法审计财务报表的过程中获得这些信息，而这些检举行为将与《1934年证券交易法案》第10A条的规定相左；

“（D）该检举者未能以证券交易委员会规定的形式提交信息。

“（d）代理行为

“（1）授权的代理行为。申请奖励的检举者可以授权他人代理领取奖励。

“（2）必须由代理人领取：

“（A）概述。匿名检举的检举者根据（b）款申请奖励时，应由其律师代理领取。

“（B）身份的披露。在支付奖励之前，检举者应披露其身份，并直接或通过其律师向证券交易委员会提交委员会要求的其他信息。

“（e）无须与证券交易委员会签订合同。除非证券交易委员会通过法律或规章另有规定，未与证券交易委员会签订合同是检举者领取（b）款规定的奖励的必要条件。

“（f）上诉。根据本条做的任何决定，包括是否支付、向谁支付及支付奖励的金额，都由证券交易委员会酌情决定。除了按照（b）款的规定给予的奖励的金额的决定以外，在证券交易委员会发布其决定之日起的30日内，检举人可针对这些决定向美国适当的上诉法院上诉。法院应根据《美国法典》第5章第706条的规定对这些决定进行审查。

“（g）投资者保护基金

“（1）已建立的基金。在美国财政部里已经建立了‘证券交易委员会投资者保护基金’（简称‘保护基金’）。

“（2）保护基金的使用。保护基金应由证券交易委员会控制，在进行以下事项时不必进一步的划拨，也没有财政年度限额：

“（A）根据（b）款对检举者进行奖励；及

“（B）为第 4 条（i）款中规定的委员会的总检查官的活动提供资金。

“（3）存款和信贷

“（A）概述。如下货币都应当存入或信贷入保护基金：

“（i）未被归入《2002 年萨班斯—奥克斯利法案》第 308 条规定的罚没收入基金或其他基金，也未根据证券法或其他法律法规对受害者赔偿，根据证券法在司法或行政诉讼中的罚金都应进行存贷行为，除非在收取货币处罚时保护基金的余额超过 300,000,000 美元。

“（ii）被归入《2002 年萨班斯—奥克斯利法案》第 308 条规定的罚没收入基金或其他基金的货币。除非在证券交易委员会作出不把罚金从保护基金分配给受害者的决定时，罚没收入基金的余额超过 200,000,000 美元。

“（iii）根据第（4）项所做投资产生的收入。

“（B）额外的金额。如果根据（A）分项存入或信贷入保护基金的金额不能付清（b）款规定的对检举者的奖励，那么不足的部分将从证券交易委员会根据隐秘的司法或行政诉讼所获得的罚金存入保护基金来补足。

“（4）投资

“（A）保护基金中可以用来投资的金额。证券交易委员会可以要求财政部长将保护基金中委员会认为的不必满足基金目前需求的额外部分用来进行投资。

“（B）合格的投资。由财政部长进行投资，其对美国负有职责，还对美国国家利益及委托人负有经担保的职责。投资的收回期限由证券交易委员会正式记录的保护基金的需要来确定。

“（C）利润及收益的归入。由保护基金所获得的任何利润或收益都应归入保护基金中。

“（5）对国会的报告。本款颁布后的每个财政年度的 10 月 30 日前，证券交易委员会应向参议院的银行、住房和城市事务委员会以及众议院的金融服务委员会提交关于以下内容的报告：

“（A）按本条设立的检举者奖励计划，包括：

“（i）奖励数量的描述；及

“（ii）在之前的一财政年中授予奖励的案件类型；

“（B）上一财政年度开始时保护基金的结余；

“（C）上一财政年度中，存入或信贷入保护基金的金额；

“(D) 上一财政年度中，根据第（4）项规定保护基金进行投资的收入；

“(E) 上一财政年度中，根据（b）款从基金中奖励给检举者的数额；

“(F) 上一财政年度结束时基金的结余；以及

“(G) 一整套的经审计的财务报表，包括：

“(i) 资产负债表；

“(ii) 收益表；及

“(iii) 现金流量分析。

“(h) 对检举者的保护

“(1) 使其免受报复

“(A) 概述。任何雇佣者不得因检举者采取的合法检举行为而直接或间接地解雇、降级、停职、威胁、骚扰，或以其他任何方式在雇佣的期限和条件上歧视检举者，合法的检举行为包括：

“(i) 根据本条的规定向证券交易委员会提供信息；

“(ii) 发起调查，或在证券交易委员会的调查或司法与行政诉讼中作证或辅助其诉讼；

“(iii) 根据《2002 年萨班斯—奥克斯利法案》、《1934 年证券交易法案》、《美国法典》，或其他的法律规章中证券交易委员会有管辖权的事项，进行披露行为。

“(B) 执行

“(i) 诉讼的起因。主张雇主有违反（A）分项规定进行解雇或其他歧视行为的个人，可在美国合适的区法院提起诉讼，来根据（C）分项的规定来寻求法律救济。

“(ii) 传票。根据本条的规定要求证人出庭或听证的传票可被送达至美国的任何地方。

“(iii) 限制条例

“(I) 概述。如下情况出现时不能提起诉讼：

“(aa) 在（A）分项规定的侵权事项出现后已逾六年，

“(bb) 在雇员知道或应知道（A）分项规定的侵权事项发生之日起已逾三年。

“(II) 必须在 10 年内提起诉讼。尽管有（I）则的规定，在侵权事项出现后的 10 年后，不能根据本款的规定提起任何诉讼。

“(C) 法律救济。在（B）分项规定的诉讼中胜诉的当事人可获得如下救济：

“（i）恢复在不歧视的情况下与原职工作同等资格的职位；

“（ii）支付欠付工资2倍的工资，并支付利息；以及

“（iii）诉讼花费、专家鉴定费和合理的律师费的补偿。

“（2）保密性

“（A）概述。除了按照（B）分项和（C）分项的规定，以及根据《美国法典》第5章第552a条，证券交易委员会进行公诉而不得不将信息披露给被告的情况以外，证券交易委员会及证券交易委员会的官员或雇员都不应披露任何信息，包括检举者提供给证券交易委员会的信息，因为披露行为可能会暴露检举者的身份。

“（B）除外条例。为了实现《美国法典》第5章第552条的目的，本条应被认为是（b）款（3）项（B）分项中认定的规章。

“（C）释义规则。本款的任何规定都不应用来限制，或被理解为用来限制总检察长向起诉陪审团出示此类证据，或在刑事调查的过程中把证据出示给证人或被告的权力。

“（D）此类信息对于政府机构的可得性。

“（i）概述。在证券交易委员会认为为了实现本法案目的或为保护投资者利益时，证券交易委员会可酌情将所有（A）分项提及的信息提供给如下人员，这并不使得这类信息丧失其机密性：

“（I）美国总检察长

“（II）适当的监管机关；

“（III）自律组织；

“（IV）进行刑事调查的州总检察长；

“（V）任何适当的州监管机关；

“（VI）上市公司会计监督委员会；

“（VII）外国证券监管机关；

“（VIII）外国法律执行机关；

“（ii）保密性

“（I）概述。上述（i）则（I）至（VI）分则所描述的主体应保持此类信息的机密性。

“（II）外国机关。上述（i）则（VII）和（VIII）分则所描述的外国机关应保持此类信息处于证券交易委员会认为合适的保密状态。

“（3）权利的保留。本款的任何规定都不得视为是减损检举者根据联邦或州法律所享有的权利、特权及法律救济。

"（i）错误信息的规定。检举者无权获得本条规定的奖励，如果检举者：

"（1）明知且故意地做虚假的、虚构的、欺诈性的陈述或代理；或

"（2）明知该文件含有虚假、虚构或欺诈性的陈述或记录，仍利用该虚假文件。

"（j）制定规章权。证券交易委员会在必要时有权制定法律规章来补充本款规定的不足。"

（b）对全国认可的统计评级组织的雇员的保护。对《美国法典》第18章第1514A条（a）款进行如下修订：

（1）在"78o（d）"后插入"或者全国认可的统计评级组织（定义参见《1934年证券法案》第3条（a）款）"；及

（2）在"此类公司"后插入"或者全国认可的统计评级组织"。

（c）《美国法典》第18章1514A条

（1）限制条例；陪审团审判

对《美国法典》第18章1514A条（b）款（2）项进行如下修订：

（A）在（D）分项

（i）删除"90"，并插入"180"；及

（ii）删除结尾的句号，并插入"，或在该雇员知道该侵权之日起。"；及

（B）在结尾增加：

"（E）陪审团审判。任何根据第（1）项（B）分项提起诉讼的一方都有权申请陪审团审判。"

（2）私募证券诉讼证人；非强制执行性；信息。

在《美国法典》第18章1514A条的结尾增加：

"（e）放弃权利与救济的特定条款或要求仲裁解决纠纷的特定条款不具有强制执行力

"（1）权利与救济的放弃。本条规定的权利和救济不能通过任何协议、政策，或包括纠纷前约定的仲裁协议在内的雇佣条件等形式予以放弃。

"（2）纠纷前仲裁协议。如果争议前约定的协议需要仲裁来解决本条规定的情形下发生的纠纷，则任何在争议前约定的仲裁协议均无效，无强制执行力。"

（d）对检举人保护程序的研究

（1）研究。证券交易委员会的总检查官应对本条所做的修订而建立的检举人保护程序进行研究：

（A）本条经修订后的最终法律和规定是否明确界定了检举人保护计

划且方便用户使用；

（B）此程序是否在证券交易委员会的网站上进行推动，且广泛发布；

（C）证券交易委员会是否及时地

（i）对以下内容回复：

（I）检举人提供的信息；及

（II）检举人的奖励申请；

（ii）对检举人申请进展情况的更新；及

（iii）与利害关系人及时沟通；

（D）最低和最高的奖励水平是否足以吸引检举人提供信息，奖励水平是否会过高，而诱使非法的检举人申请奖励；

（E）是否上诉程序对证券交易委员会造成了过度的负担；

（F）投资者基金的资金来源是否充足；

（G）为了保护投资者的利益及确认和防止欺诈行为，国会是否可以赋予检举者或欲通过证券交易委员会来处理此类案件的人一项诉讼私权利，使其有权代表政府或自己，根据同一案件的事实起诉进行证券欺诈行为的人；

（H）（i）第5章第552条（b）款第（3）项（《信息自由法案》）规定的、《1934年证券交易法案》确立的，以及本法案增加的免责条款是否有助于检举者向证券交易委员会披露信息；

（ii）（i）则规定的免责条款对公众接触证券法律法规的能力有何影响；

（iii）（i）则规定的免责条款是否应继续适用的建议；及

（I）总检察官认为适当的其他事项。

（2）报告。在本法案颁布30个月之内，总检察官应当：

（A）向参议院的银行、住房和城市事务委员会以及众议院的金融服务委员会提交一份第（1）项要求的研究的结果的报告；并

（B）将（A）分项提到的这份报告在证券交易委员会的网站上进行公布。

第923条　与保护检举者的规定相一致性修订

（a）概述

（1）《1933年证券法案》。《1933年证券法案》第20条（d）款第（3）项（A）分项中，在“《2002年萨班斯—奥克斯利法案》”后插入“和《1934年证券交易法案》第21F条”进行修订。

(2)《1940年投资公司法案》。《1940年投资公司法案》第42条(e)款第(3)项(A)分项在"《2002年萨班斯—奥克斯利法案》"后插入"和《1934年证券交易法案》第21F条"进行修订。

(3)《1940年投资顾问法案》。《1940年投资顾问法案》第209条(e)款第(3)项(A)分项在"《2002年萨班斯—奥克斯利法案》"后插入"和《1934年证券交易法案》第21F条"进行修订。

(b)证券交易法案

(1)第21条。《1934年证券交易法案》第21条(d)款第(3)项(C)分项(i)则在"《2002年萨班斯—奥克斯利法案》"后插入"和本章的第21F条"进行修订。

(2)第21A条。《1934年证券交易法案》的21A修订如下:

(A)在(d)款第(1)项,删除"从属于(e)款",在"《2002年萨班斯—奥克斯利法案》"后插入"和本章的21F条";

(B)删除(e)款;并

(C)分别重新指定(f)和(g)款为(e)和(f)。

第924条 对检举者保护规定的完善及转变

(a)执行性法规。在本法案颁布后的270日内,证券交易委员会应发布最终规章,来执行本节增加的《1934年证券交易法案》第21F条。

(b)原始信息。只要是检举者在本节规定颁布之后以书面形式提交的信息,那么就不能仅仅因为检举者在相关规章生效之前提交信息,就认定检举者提交给证券交易委员会的书面信息不是原始信息(定义参见《1934年证券交易法案》第21F条(a)款(3)项)。

(c)奖励。在本法案颁布之前,不论奖励所依据的司法或行政诉讼对象是否违反证券法或其他法律或法规,检举者均可根据本章增加的《1934年证券交易法案》第21F条接受奖励。

(d)管理及执行。证券交易委员会应在其内部建立单独的办公室来执行《1934年证券交易法案》第21F条的规定(参见922条(a)款的新增内容)。此办公室应将就自身诉讼、检举者投诉、证券交易委员会处理投诉的方式向参议院的银行、住房和城市事务委员会以及众议院的金融服务委员会做年度汇报。

第925条 其他禁止

(a)《1934年证券交易法案》

(1)第15条。《1934年证券交易法案》的第15条(b)款第(6)项(A)分项中删除"12个月或禁止此类人再与经纪人或交易商联系,",并插入“12个月或禁止此类人再涉及经纪人、交易商、投资顾问、市政证券交易商、市政顾问、转让代理人，或全国认可统计评级组织，”。

(2) 第15B条。《1934年证券交易法案》的第15B条(c)款第(4)项中删除“12个月或禁止此类人再与市政证券交易商联系，”，并插入“12个月或禁止此类人再涉及经纪人、交易商、投资顾问、市政证券交易商、市政顾问、转让代理人、全国认可统计评级组织，”。

(3) 第17A条。《1934年证券交易法案》的第17A条(c)款第(4)项(C)分项中删除“12个月或禁止此类人再与转让代理人联系”，增加“12个月或禁止此类人再涉及经纪人、交易商、投资顾问、市政证券交易商、市政顾问、转让代理人、全国认可统计评级组织，”。

(b)《1940年投资顾问法案》。《1940年投资顾问法案》的第203条(f)款中删除“12个月或禁止此类人再与投资顾问联系”，增加“12个月或禁止此类人再涉及经纪人、交易商、投资顾问、市政证券交易商、市政顾问、转让代理人、全国认可统计评级组织”。

第926条　剥夺罪犯及其他“表现不当之人”的相关资格

在本法案颁布后的1年内，证券交易委员会应根据《联邦法典》第17章第230.506条，制定规则对剥夺证券提供及销售的权利进行规定：

(1) 与《联邦法典》第17章下的230.262条的规定基本相同；及

(2) 如下人员不得提供或销售证券：

(A) 受州证券交易委员会（或者有相似功能的州机关或官员），各州负责监管和检查银行、储蓄协会、信用合作社的机关，各州保险委员会（或者有相似功能的州机关或官员），适当联邦银行业监管机构，或美国信用合作社管理局的管辖，而且：

(i) 禁止

(I) 与上述委员会、机关、机构或官员监管的机构相联系的人；

(II) 从事证券、保险、银行业务的人；或

(III) 从事储蓄协会、信用合作社的业务的人；

(ii) 在证券提供或销售登记备案日之前的10年内，违反禁止欺诈性、操纵性、欺骗性行为的法律规章的人；或

(B) 在证券购买和销售或在证券交易委员会登记时造假而犯罪或有不正当行为的人。

第927条　自律组织制定规章的同等对待

《1934年证券交易法案》第29(a)款中删除“因此要求的交易”，并插入

"一个自律组织,"。

第928条 《1940年投资顾问法案》第205条不适用于州注册顾问的澄清

《1940年投资顾问法案》第205条(a)款进行如下修订:

(1)删除",除非根据第203条(b)款免于注册",并插入"注册或要求在证券交易委员会注册的";

(2)删除"利用邮件、其他方式或州际贸易手段等直接或间接的方式";及

(3)在"以任何方式"后删除"到(to)"。

第929条 非法利润外借

《1934年证券交易法案》第7条(c)款第(1)项(A)分项中删除";和",并插入";或"。

第929A条 对公开交易公司附属公司或关联公司雇员的保护

《美国法典》第18章第1514A条,在"《1934年证券交易法案》"后插入"包括将财务信息与总公司统一计算的附属公司或关联公司"。

第929B条 对公平基金的修订

《2002年萨班斯—奥克斯利法案》的第308条进行以下修订:

(1)删除(a)款,并插入以下部分:

"(a)对受害者救助的民事罚金。如果根据证券法采取的任何司法或行政诉讼中,证券交易委员会对违法之人进行民事罚金,或在证券交易委员会的提议或指导下,违法之人为了解诉讼而同意的此类民事罚金金额,该罚金应当归入罚没收入基金或为受害者的利益设立的其他基金。"

(2)在(b)款,

(A)删除"(a)款规定的罚没收入基金",并插入"(a)款规定的罚没收入基金或其他基金";及

(B)删除"在罚没收入基金中",并插入"在此类基金中"。

(3)删除(e)款。

第929C条 增加财政借款限额

《1940年证券投资者保护法案》第4条(h)款的首句,删除"1,000,000,000美元",并插入"2,500,000,000美元"。

第929D条　丢失及被盗证券

《1934年证券交易法案》第17条（f）款第（1）项进行如下修订：

（1）在（A）分项中，删除“丢失，伪造或被盗证券”，插入“丢失，伪造，被盗或取消的证券”；及

（2）在（B）分项中，删除“或被盗”，插入“被盗或取消，或证券交易委员会通过法律规定的其他方式”。

第929E条　传票的全国通用性

（a）《1933年证券法案》。《1933年证券法案》的第22条（a）款的第2句后插入：“根据本章的规定，在美国区法院进行的证券交易委员会的任何诉讼程序中，法院签发的指令证人出庭或在听证、审判中提供文件或其他有形证据（或均可）的传票可在美国全境适用。《联邦民事诉讼法案》第45条（c）款第（3）项（A）分项（ii）则不适用于根据以上规定发出的传票。”。

（b）《1934年证券交易法案》。《1934年证券交易法案》的第27条的第三句后插入：“根据本章的规定，在美国区法院进行的证券交易委员会的任何诉讼程序中，法院签发的指令证人出庭或在听证、审判中提供文件或其他有形证据（或均可）的传票可在美国全境适用。《联邦民事诉讼法案》第45条（c）款第（3）项（A）分项（ii）则不适用于根据以上规定发出的传票。”。

（c）《1940年投资公司法案》。《1940年投资公司法案》第44条的第4句后插入：“根据本章的规定，在美国区法院进行的证券交易委员会的任何诉讼程序中，法院签发的指令证人出庭或在听证、审判中提供文件或其他有形证据（或均可）的传票可在美国全境适用。《联邦民事诉讼法案》第45条（c）款第（3）项（A）分项（ii）则不适用于根据以上规定发出的传票。”。

（d）《1940年投资顾问法案》。《1940年投资顾问法案》第214条第3句后插入：“根据本章的规定，在美国区法院进行的证券交易委员会的任何诉讼程序中，法院签发的指令证人出庭或在听证、审判中提供文件或其他有形证据（或均可）的传票可在美国全境适用。《联邦民事诉讼法案》第45条（c）款第（3）项（A）分项（ii）则不适用于根据以上规定发出的传票。”。

第929F条　原关联人

（a）市政证券法规制定委员会的成员或雇员。《1934年证券交易法案》的第15B条（c）款第（8）项删除“任何成员或雇员”，并插入“任何是，或在指控的违反法律的行为发生时曾是，成员或雇员”。

（b）与市政证券经纪人或交易商相关联的人。《1934年证券交易法案》的第

15C 条（c）款修订如下：

（1）在第（1）项（C）分项中，“任何关联人，或寻求成为关联人的”，并插入“任何是，或在指控的违反法律的行为发生时曾是，关联人或寻求成为关联人的”；及

（2）在第（2）项中：

（A）在（A）款，“任何关联人”后插入“，寻求成为关联人的，或在指控的违反法律的行为发生时曾是，关联人或寻求成为关联人的”；

（B）在（B）款，“任何关联人”后插入“，寻求成为关联人的，或在指控的违反法律的行为发生时曾是，关联人或寻求成为关联人的”。

（c）全国性证券交易所或注册的证券协会的成员的关联人。《1934 年证券交易法案》第 21 条（a）款第（1）项的第 1 个句子插入“关联成员或一个关联人”后插入“，或，在进行任何作为或实践，或无视而不作为时，但与上述成员关联，曾经关联”。

（d）注册清算机构的参与者。《1934 年证券交易法案》第 21 条（a）款第（1）项的第 1 个句子的“此类人是此类机构的参与者，”后插入“或，在进行任何作为或实践，或无视而不作为时，是参与者，曾是参与者，”。

（e）自律组织的官员或负责人。《1934 年证券交易法案》第 19 条（h）款第（4）项修订如下：

（1）删除“任何官员或负责人”，并插入“是，或在进行陈述的不当行为时曾是自律组织的官员或负责人”；

（2）删除“此类官员或负责人”，并插入“此类人”。

（f）投资公司的官员或负责人

《1940 年投资公司法案》第 36 条（a）款修订如下：

（1）删除“服务人或操作人”，并插入“是，或在进行陈述的不当行为时曾是服务人或操作人”；

（2）删除“此类服务或操作的人”，并插入“是，或在进行陈述的不当行为时曾是进行此类服务或操作的人”。

（g）会计师事务所的关联人

（1）《2002 年萨班斯—奥克斯利法案》。《2002 年萨班斯—奥克斯利法案》的第 2 条（a）款第（9）项的结尾增加如下内容进行修订：

“（C）调查及执行机关。为了实现第 3 条（c）款，第 101 条（c）款，第 105 条和第 107 条（c）款的目的，除非出现法条所排除的以下情况，（A）分项界定的名词应包括任何与会计师事务所关联的、寻求成为相关联的，或曾经关联的人：

“（i）只有在此类人进行任何作为或实践，或无视而不作为时，

与会计师事务所相关联或寻求与会计师事务所相关联时，对第105条（b）款规定的人进行调查的权力；及

“（ii）在发生以下情况时，根据第105条（c）款（1）项目进行纪律处分，或根据第105条（c）款第（4）项进行制裁的权力：

“（I）发生了与会计师事务所相关联或寻求与会计师事务所相关联的行为；或

“（II）如105条（b）款第（3）项所描述的，在委员会调查需要此人与会计师事务所相关联或寻求与会计师事务所相关联方面的证据、文件或其他信息时，不配合工作。”

（2）《1934年证券交易法案》。《1934年证券交易法案》的第21条（a）款第（1）项，删除“或与此类公司关联的人”，并插入“与此公司关联的人，或在作为或不作为时，与此公司相关联或曾关联”。

（h）审计公司的监察人员。《2002年萨班斯—奥克斯利法案》的第105条（c）款第（6）项修订如下：

“（1）在（A）款，删除“监察人员”，并插入“任何监察的或未能合理监察的人，都是监察人员”；及

“（2）在（B）款：

（A）删除“无相关联的人员”，并插入“没有目前或曾经是监察人员的人”；及

（B）删除“任何其他人”，并插入“任何其他相关人”。

（i）上市公司会计监督委员会的成员

《2002年萨班斯—奥克斯利法案》的第107条（d）款第（3）项，删除“任何成员”，并插入“在进行任何不正当行为时，是或曾是该成员”。

第929G条 精简的聘用市场专家的用人部门

（a）任命权。《美国法典》第5章第3114条，删除从本条的标题到（a）款结尾的内容，并插入：

“§ 3114 证券交易委员会竞争性服务职位候选人的任命

“（a）适用性。本条的规定适用于证券交易委员会里竞争性的会计师、经济学家和证券法合规监管员职位或委员会里其他需要关于金融和资本市场形成或监管、金融市场结构或监督，或信息技术的专业化知识的职位。”

（b）错误更正。《美国法典》第5章第31篇的目录中，删除关于3114条的条目，并插入：

“3114. 证券交易委员会竞争性服务职位候选人的任命。”

（c）薪酬支付的权力。证券交易委员会可与确立证券交易委员会雇员的报酬水平同样的方式，来设立《美国法典》第5章第3109条任命的专家及顾问的薪酬水平。

第929H条 美国证券投资者保护公司（SIPC）改革

（a）增加保护的现金额度。《1970年证券投资者保护法案》第9条修订如下：

（1）在（a）款第（1）项中，删除“每个客户100,000美元”，并插入“根据（d）款决定的每个客户标准的最大现金垫款”；及

（2）增加如下新款：

“（d）标准的最大现金垫款。根据本条的规定，“标准的最大现金垫款”是指250,000美元，这个数目可以在2010年12月31日后根据（e）款进行调整；

“（e）通货膨胀调整

“（1）概述。在2011年1月1日前，以及以后每5年，根据第3条（e）款第（2）项的规定，在证券交易委员会批准的情况下，美国证券投资者保护公司的董事会应决定是否根据通货膨胀对标准的最大现金垫款进行调整。如果理事会认为调整是适当的，那么最大现金垫款应是：

“（A）250,000美元乘以

“（B）商务部公布的个人消费支出链形物价指数（或任何未来使用的相关指数）在作出此决定的前一日历年的年值与本款规定制定前一日历年所公布的该指数年值的比率。

本项计算中使用的指数价值应是在进行计算日商务部最新公布的价值。

“（2）近似处理。如果根据第（1）项确定的任何阶段的标准最大现金垫款不是10,000美元的倍数，那么确定的数额应向下近似降低为最接近10,000美元的倍数的数额。

“（3）向国会公告及报告。在根据第（1）项作出决定后的每日历年的4月5日之前，

“（A）证券交易委员会应在《联邦公报》上公布标准的最大现金垫款；

“（B）美国证券投资者保护公司的董事会应向国会提交一份关于标准最大现金垫款的报告。

“（4）实施期。对标准最大现金垫款的任何调整应在调整作出后的下一日历年的1月1日开始生效实施。

“（5）通货膨胀调整的考虑因素。第（1）项中规定的任何增加标准最大

现金垫款的决定作出时，美国证券投资者保护公司的董事会都应考虑：

“（A）影响美国证券投资者保护公司成员的资金的整体状况和经济情况；

“（B）影响美国证券投资者保护公司成员的潜在问题；及

“（C）美国证券投资者保护公司的董事会认为应考虑的其他事项。”

（b）经纪自营商的破产。《1970 年证券投资者保护法案》第 5 条（a）款第（3）项修订如下：

（1）删除（B）分项后直接相连的未指明事项；

（2）将（A）分项中的“美国证券投资者保护公司的任何成员”删除，并插入“成员”。

（3）删除（B）分项结尾的逗号，并插入句号。

（4）将“如果美国证券投资者保护公司”删除，并插入：

“（A）概述。美国证券投资者保护公司在通知其成员后，可以向根据《1934 年证券交易法案》第 21 条（e）款至第 27 条的规定有管辖权的法院申请保护令，除了依据第 9 条规定美国证券投资者保护公司成员因美国证券投资者保护公司垫付金未满足该成员的客户索偿要求，而不能申请保护令的情况以外”；及

（5）在结尾插入：

“（B）必需的同意。未得到美国证券投资者保护公司的同意，美国证券投资者保护公司有客户的成员不能直接根据联邦或州法律进入资不抵债、破产管理或破产程序，除了在《多德—弗兰克华尔街改革和消费者保护法案》第 2 章中规定外。”

第 929I 条　保护提交给证券交易委员会的材料的机密性

（a）《1934 年证券交易法案》。《1934 年证券交易法案》第 24 条修订如下：

（1）在（d）款，删除“（e）款”，并插入“（f）款”；

（2）重新指定（e）款为（f）款；

（3）在（d）款后插入以下条款：

“（e）从已注册的人处取得的记录。

“（1）概述。如果证券交易委员会获得的此类记录或信息是为了实现本条的目的，包括进行监督、风险评估或实现其他的监管措施，除按照（f）款的规定，证券交易委员会不应被强制披露根据第 17 条（b）款取得的记录或信息，也不披露从此类信息上推知或衍生的信息。

“（2）信息的处理。为实现《美国法典》第 5 章第 552 条的目的，本款应被认为是第 552 条（b）款（3）项（B）分项所提及的法令。根据第 17 条

进行的信息收集应是机构对《美国法典》第44章3518条（c）款第（1）项规定的机构或个人的行政诉讼。”

（b）《1940年投资公司法案》。《1940年投资公司法案》的第31条进行以下修订：

（1）删除原有的（c）款，并插入：

“（c）对证券交易委员会信息披露的限制。即使法律中有其他规定，如果证券交易委员会获得的此类记录或信息是为了实现本条的目的，包括进行监督、风险评估或实现其他的监管措施，证券交易委员会也不应被强制披露根据本条规定取得的记录或信息，也不披露从此类信息上推知或衍生的信息。但本条的规定不能使证券交易委员会有权拒绝向国会提供此类信息；证券交易委员会应服从其他联邦部门或机构要求提供这些部门管辖权范围内的信息的命令；证券交易委员会应服从国家或证券交易委员会提起的诉讼中，美国法院要求提供信息的命令。为实现《美国法典》第5章第552条的目的，本条应被认为是第552条（b）款第（3）项（B）分项规定的法规。根据第31条进行的信息收集应是机构对《美国法典》第44章3518条（c）款第（1）项规定的机构或个人的行政诉讼。”

（2）删除（d）款；及

（3）分别重新指定（e）款和（f）款分别为（d）和（e）款。

（c）《1940年投资顾问法案》。《1940年投资顾问法案》的第210条的结尾插入：

“（d）对证券交易委员会信息披露的限制。即使法律中有其他规定，如果证券交易委员会获得的此类记录或信息是为了实现本条的目的，包括进行监督、风险评估或实现其他的监管措施，证券交易委员会也不应被强制披露根据第204条规定取得的记录或信息，也不披露从此类信息上推知或衍生的信息。但本条的规定不能使证券交易委员会有权拒绝向国会提供此类信息；证券交易委员会应服从其他联邦部门或机构要求提供这些部门管辖权范围内的信息的命令；证券交易委员会应服从国家或证券交易委员会提起的诉讼中，美国法院要求提供信息的命令。为实现《美国法典》第5章第552条的目的，本条应被认为是552条（b）款第（3）项（B）分项规定的法规。根据第31条进行的信息收集应是机构对《美国法典》第44章3518条（c）款第（1）项规定的机构或个人的行政诉讼。”

第929J条　制作及交换的审计信息的扩展

《2002年萨班斯—奥克斯利法案》的第106条进行以下修订：

“（1）删除（b）款，并插入：

“（b）文件的产生。

“（1）外国公司的制作。如果会计师事务所依据外国的会计师事务所提供的材料，进行审计或中期审查、发布审计报告、进行审计工作，外国会计师事务所应当：

“（A）在证券交易委员会或理事会要求时，制作本会计师事务所审计工作报告、与此项审计工作有关的其他文件，或中期审查并提交给证券交易委员会或理事会；

“（B）为执行提供此类文件的要求，外国会计师事务所受美国法院的管辖；

“（2）其他的研究成果。任何全部或部分地依据外国会计师事务所的研究来发布审计报告、进行审计工作，或进行中期审查的注册会计师事务所都应：

“（A）在证券交易委员会或理事会要求时，制作外国会计师事务所审计工作报告、与此项审计工作有关的其他文件；及

“（B）保证由任何外国会计师事务所提供此类信息的协议的安全性，在此基础上才能依据外国会计师事务所出具的研究结果进行审计工作。”

（2）重新指定（d）款为（g）款；及

（3）在（c）款后插入：

“（d）*要求或程序的服务*

“（1）概述。任何为国内注册的会计师事务所提供研究成果的外国会计师事务所应向国内的会计师事务所提供一份不可更改的书面承诺书及授权书，指定国内会计师事务所作为代理人，接受本条规定的证券交易委员会或理事会的命令、接受因本条的规定提起的诉讼中的程序、诉状及其他文书。

“（2）特定的审计工作。任何为国内会计师事务所进行审计或中期审查、发布审计报告、进行审计工作提供所依据的材料的外国会计师事务所，应当向证券交易委员会或理事会提供在美国的代理人，由代理人接受本条规定的证券交易委员会或理事会的命令、接受因本条的规定提起的诉讼中的程序、诉状及其他文书。

“（e）*处罚*。部分或全部地故意拒绝履行证券交易委员会或理事会根据本条规定的要求，应被视为是对本法案的违反。

“（f）*其他的履行制作义务的方式*。即使本条有其他的规定，证券交易委员会或理事会仍可要求如上所提的外国会计师事务所通过其他的方式来履行本条的制作义务，比如通过外国的与证券交易委员会或理事会相同等级的机构来履行。”

第 929K 条　与其他机构共享特许信息

对《1934 年证券交易法案》第 24 条进行修订如下：

（1）在（d）款，与（d）款第（1）项（A）分项的修订一样，删除

"（f）款"并插入"（g）款"；

（2）在（e）款，与（d）款第（1）项（C）分项的修订一样，删除"（f）款"并插入"（g）款"；

（3）重新指定（f）款为（g）款；及

（4）在（e）款后插入：

"（f）与其他机构共享特许信息

"（1）证券交易委员会提供的特许信息。证券交易委员会转交相关信息或允许以下机构使用信息，并不应被认为放弃对该信息的特有权：

"（A）任何机构（参见《美国法典》第18章第6条的界定）；

"（B）上市公司会计监督委员会；

"（C）任何自律组织；

"（D）任何外国证券监管机构；

"（E）任何外国法律执行机构；或者

"（F）任何州证券或法律执行机构。

"（2）向证券交易委员会提供的特许信息的非公开性。如果外国证券监管机构、外国法律执行机构有确定的良好信誉，并向证券交易委员会证明这些信息是特许的，证券交易委员会不应被强迫公开从这些机构获取的特许信息。

"（3）提供给证券交易委员会特许信息不视为特权的放弃

"（A）概述。联邦机构、州证券和法律监督执行机关、自律组织及上市公司会计监督委员会向证券交易委员会转交相关信息或允许其使用信息，并不应被认为放弃对该信息的特权。

"（B）例外。在（A）分项中的规定不适用于证券交易委员会对自律组织或上市公司会计监督委员会的诉讼中，证券交易委员会使用此类信息。

"（4）定义。为了实现本条的目的：

"（A）'特权'包括任何工作——产品特权、律师——客户特权、政府特权，或其他的由联邦、州或外国法规定的特权；

"（B）'外国法律执行机构'指根据外国法律有权侦查、调查或起诉可能违反法律的行为的外国机构；

"（C）'州证券及法律执行机构'是指任何根据州法律有权侦查、调查或起诉可能违反法律的行为的州机构。"

第929L条　提高反欺诈条款的应用

《1934年证券交易法案》的修订如下：

（1）在第9条：

（A）删除所有的“在全国性证券交易中心注册”，并插入“除了政府证券”；

（B）在（b）款，删除“通过利用全国性证券交易中心的设施，”；及

（C）在（c）款，插入“对任何……不合法”后加“经纪人、交易商，或”

（2）在第10条（a）款第（1）项，删除“在全国性证券交易中心注册”，插入“除了政府证券”；

（3）在第15条（c）款第（1）项（A）分项，删除“否则在其是成员的全国性证券交易中心”。

第929M条　《证券法案》和《投资公司法案》中的帮助与教唆权限

（a）根据《1933年证券法案》。修订《1933年证券法案》第15条如下：

（1）删除“每个人”，插入“（a）控制人。每个人”；

（2）在末尾增加：

“（b）对帮助犯与教唆犯的追诉。基于证券交易委员会根据第20条（b）款与（d）款规定提起诉讼之目的，任何故意或轻率为违反本法案或根据本法案制定的规则或规章任何规定的人提供实质性帮助的人，应被视为与被提供帮助的人同等程度地违反该规定。”

（b）《1940年投资公司法案》。《1940年投资公司法案》第48条（b）款重新指定为（c）款，并在（a）款后插入以下：

“（b）基于证券交易委员会根据第42条（d）款与（e）款规定提起诉讼之目的，任何故意或轻率为违反本法案或根据本法案制定的规则或规章任何规定的人提供实质性帮助的人，应被视为与被提供帮助的人同等程度地违反该规定。”

第929N条　对帮助及教唆违反《投资顾问法案》的人实施处罚权

修订《1940年投资顾问法案》第209条，在其末尾插入新款：

“（f）帮助及教唆。基于证券交易委员会根据（e）款规定提起诉讼之目的，任何故意或轻率地帮助、教唆、指导、指挥、引诱、促成违反本法案或根据本法案制定的规则或规章任何规定的人提供实质性帮助的人，应被视为与被提供帮助的人同等程度地违反该规定。”

第929O条　帮助及教唆的轻率知晓程度

修订《1934年证券交易法案》第20条（e）款，在“明知”后增加“或轻

率地”。

第 929P 条　强化证券交易委员会执行

(a) 在停止和终止程序中进行民事惩罚的权力

(1) 在《1933 年证券法案》中。修订《1933 年证券法案》第 8A 条，在末尾增加新款：

“(g) 收取罚金的权力

“(1) 理由。在 (a) 款规定的任何停止和终止程序中，如果证券交易委员会在通知并给予听证机会后，在记录中发现如下情况，证券交易委员会应对其进行民事处罚：

“(A) 该人：

“(i) 正在违反或已经违反本章任何条款，或根据本章发布的任何规则或规章；

“(ii) 是或曾是违反本章任何条款，或根据本章发布的任何规则或规章的诱因；

“(B) 该处罚是为了公共利益。

“(2) 罚金的最大数额

“(A) 第一层级。对第 (1) 项规定的每一项作为或不作为的最大罚金数额为自然人 7,500 美元，其他人 75,000 美元。

“(B) 第二层级。尽管 (A) 分项中已做规定，如果第 (1) 项规定的作为或不作为涉及欺诈、欺骗、操纵、故意或轻率地无视监管要求，则对该类作为或不作为的罚金最大限额为自然人 75,000 美元，其他人 375,000 美元。

“(C) 第三层级。尽管 (A) 分项与 (B) 分项已做规定，罚金最大额度为自然人 150,000 美元，其他人 725,000 美元，如果

“(i) 第 (1) 项规定的作为或不作为涉及欺诈、欺骗、操纵、故意或轻率地无视监管要求；并且

“(ii) 该作为或不作为直接或间接的导致：

“(I) 给他人造成实质性损失或带来造成实质性损失的重大风险；或

“(II) 给作为或不作为的人带来了实质性金钱利益。

“(3) 关于支付能力的证据。在证券交易委员会根据本条规定可能实施罚金的任何程序中，被告可能提供证据证明其支付罚金的能力。证券交易委员会对通过这些证据决定该罚金是否为了公共利益享有自由裁量权。考虑到美国或其他第三方对被告财产及被告财产数量进行的索赔请求，该证据就涉

及被告继续进行业务活动的能力程度和支付罚金的能力程度。”

（2）在《1934 年证券交易法案》中。修订《1934 年证券交易法案》第 21B（a）款如下：

（A）删除第（4）项后的事项；

（B）在第（1）项之前的事项中，在“听证的机会”后插入“该处罚是为了公共利益”；

（C）将第（1）至第（4）项分别重新指定为（A）至（D），并相应地调整页边距；

（D）删除“在任何程序中”，插入以下：

“（1）概述。在任何程序中；”以及

（E）在末尾增加：

“（2）停止和终止程序。在任何根据 21C 条开始的针对任何人的程序中，如果证券交易委员会在通知并给予听证机会后，在记录中发现如下情况，证券交易委员会应对其进行民事处罚，该人：

“（A）正在违反或已经违反本章任何条款，或根据本章发布的任何规则或规章；

“（B）是或曾是违反本章任何条款，或根据本章发布的任何规则或规章的诱因。”

（3）在《1940 年投资公司法案》中修订《1940 年投资公司法案》第 9 条（d）款第（1）项以下：

（A）删除（C）分项后的事项；

（B）在（A）分项之前的事项中，在“听证的机会”后插入“该处罚是为了公共利益”；

（C）（A）至（C）分项分别重新指定为（i）至（iii），并相应地调整页边距；

（D）删除“在任何程序中”，插入

“（A）概述。在任何程序中”；以及

（E）在末尾增加：

“（B）停止和终止程序。在任何根据（f）款开始的针对任何人的程序中，如果证券交易委员会在通知并给予听证机会后，在记录中发现如下情况，证券交易委员会应对其进行民事处罚，该人：

“（i）正在违反或已经违反本章任何条款，或根据本章发布的任何规则或规章；

“（ii）是或曾是违反本章任何条款，或根据本章发布的任何规则或规章的诱因。”

(4)《1940 年投资顾问法案》

修订《1940 年投资顾问法案》第 203 条（i）款第（1）项如下：

（A）删除（D）分项后的事项；

（B）在（A）分项之前的事项中，在“听证的机会”后插入“该处罚是为了公共利益”；

（C）将（A）至（D）分项重新指定为（i）至（iv），并相应地调整页边距；

（D）删除“在任何程序中”，增加以下条款：

“（A）概述。在任何程序中”；以及

（E）在末尾增加新款：

“（B）停止和终止程序。在任何根据（k）款开始的针对任何人的程序中，如果证券交易委员会在通知并给予听证机会后，在记录中发现如下情况，证券交易委员会应对其进行民事处罚，该人：

“（i）正在违反或已经违反本章任何条款，或根据本章发布的任何规则或规章；

“（ii）是或曾是违反本章任何条款，或根据本章发布的任何规则或规章的诱因。”

（b）联邦证券法反欺诈条款的域外管辖权

（1）在《1933 年证券法案》中。修订《1933 年证券法案》，在第 22 条末尾增加如下新款：

“（c）域外管辖权。对证券交易委员会或美国按照第 17 条（a）款提起的任何诉讼或程序，美国地区法院及美国任何未正式成为州的地区法院都享有管辖权。包括如下诉讼或程序：

“（1）即使证券交易在美国之外发生并且只涉及外国投资者，但是在美国境内的行为极大地促进了违法行为；并且

“（2）在美国之外发生的行为会对美国产生可预见的实质性影响。”

（2）在《1934 年证券交易法案》中

修订《1934 年证券交易法案》第 27 条如下：

（A）删除“地区”，插入：

“（a）概述。地区”以及

（B）在末尾增加如下新款：

“（b）域外管辖权。对证券交易委员会或美国根据本章的反欺诈条款提起的任何诉讼或程序，美国地区法院及美国任何未正式成为州的地区法院都享有管辖权。包括如下诉讼或程序：

“（1）即使证券交易在美国之外发生并且只涉及外国投资者，但是在美

国境内的行为极大地促进了违法行为；并且

“（2）在美国之外发生的行为会对美国产生可预见的实质性影响。

（3）在《1940 年投资顾问法案》中

修订《1940 年投资顾问法案》第 214 条如下：

（A）删除“地区”，插入：

“（a）概述。地区”。以及

（B）在末尾增加如下新款：

“（b）域外管辖权。对证券交易委员会或美国根据第 206 条提起的任何诉讼或程序，美国地区法院及美国任何未正式成为州的地区法院都享有管辖权。包括如下诉讼或程序：

“（1）即使证券交易在美国之外发生并且只涉及外国投资者，但是在美国境内的行为极大地促进了违法行为；并且

“（2）在美国之外发生的行为会对美国产生可预见的实质性影响。

（c）《1934 年证券交易法案》中规定控制人责任

《1934 年证券交易法案》第 20 条（a）款在“控制人要承担相应责任”后插入“（包括在证券交易委员会根据第 21 条（d）款第（1）项或第（3）项提起的任何诉讼中）”。

第 929Q 条　修订记录保存规则

（a）修订《1940 年投资公司法案》。修订《1940 年证券公司法案》第 31 条如下：

（1）在（a）款第（1）项结尾增加“照管或使用已注册投资公司的证券、存款或贷款的每个人，都应保留并保存所有关于其照管或使用投资公司的证券、存款、信贷的记录，保留期限为证券交易委员会为了公共利益或保护投资者利益，如有必要或适当，可通过规则或规章规定的期限。

（2）在（b）款的结尾增加：“（4）照管或使用人的记录

“（A）概述。照管或使用已注册投资公司的证券、存款的人同该照管或使用有关的记录，应在任何时间或随时接受合理的阶段性、特别的或其他的检查；在证券交易委员会认为为了公共利益或为了保护投资者时，提供证券交易委员会代表要求的信息或文件。

“（B）需遵守其他规章的特定人。受联邦金融机构监管机构监管和检查的任何人（《美国法典》第 18 章第 212 条（c）款第（2）项），应向证券交易委员会提交对其监管的已注册投资公司的证券、存款、贷款的详细书面列表，以满足根据（A）分项规定的任何检查要求、信息要求、文件要求。”

（b）修订《1940 年投资顾问法案》。修订《1940 年投资顾问法案》，在第 204 条结尾增加新款：

“（d）照管或使用人的记录

“（1）概述。照管或使用已注册投资公司的证券、存款的人同该照管或使用有关的记录，应在任何时间或随时接受合理的阶段性、特别的或其他的检查；在证券交易委员会认为为了公共利益或为了保护投资者时，提供证券交易委员会代表要求的信息或文件。

（2）（B）需遵守其他规章的特定人。受联邦金融机构监管机构监管和检查的任何人（《美国法典》第 18 章第 212 条（c）款第（2）项），应向证券交易委员会提交对其监管的已注册投资公司的证券、存款、贷款的详细书面列表，以满足根据（A）分项规定的任何检查要求、信息要求、文件要求。”

第 929R 条 实益所有权及短线收益报告制度

（a）实益所有权报告。修订《1934 年证券交易法案》第 13 条如下：

（1）在（d）款第（1）项，

（A）在“收购后 10 天内”后插入“或证券交易委员会通过规则确定的更短时间内”；

（B）删除“在其主要行政办公室，向证券发行人通过注册的或认证的电子邮箱送达，向其证券在该地进行交易的每个证券交易所送达，以及”；

（2）在（d）款第（2）项，

（A）删除“在向发行人或证券交易所发送的报表中，以及”；以及

（B）删除“应传送给发行人或证券交易所以及”。

（3）在（g）款第（1）项，删除“应送达证券发行人”；

（4）在（g）款第（2）项，

（A）删除“送达给发行人”；以及

（B）删除“应传送给发行人与”

（b）短线收益报告。修订《1934 年证券交易法案》第 16 条（a）款如下：

（1）在第（1）项中，删除“（以及，如果该证券在全国性证券交易所注册，也在交易所）”；以及

（2）在第（2）项（B）分项中，在“官员”后插入“或在证券交易委员会通过规则确定的更短时间内”；

第 929S 条 指纹识别

修订《1934 年证券交易法案》第 17 条（f）款第（2）项如下：

（1）删除第一句中的“和已注册清算机构”，插入“已注册清算机构，已注册证券信息处理商，全国性证券交易所，全国性证券交易协会”；以及

（2）删除第二句中“或已注册清算机构”，插入“已注册清算机构，已注册证券信息处理商，全国性证券交易所，全国性证券交易协会”。

第929T条 自律组织规则的同等待遇

《1934年证券交易法案》第29条（a）款，删除“一个因此要求的交易所”，改为“一个自律组织”。

第929U条 完成审查、检察和执行行为的截止期

在《1934年证券交易法案》第4D条后增加新的一条：

第4E条 完成执行调查和合规审查及检察的截止期

“（a）执行调查

“（1）概述：自证券交易委员会工作人员向某人提供书面威尔斯声明（Wells notification）后180日内，证券交易委员会工作人员应当要么对该人提起诉讼，要么将不提起诉讼的决定通知执行部主管。

“（2）特定复杂行动的例外：尽管第（1）项中另有规定，如果证券交易委员会执行部主管或主管授权的人员认为特定的执行调查过于复杂，以至于对该人提起诉讼的决定不能在第（1）项中规定的截止期内完成，执行部主管或主管授权的人员可在通知证券交易委员会主席后，按需要将截止期延长180日。如果在延长的180日后，证券交易委员会执行部主管或主管授权的人员认为特定的执行调查过于复杂，以至于对该人提起诉讼的决定不能在延长的180日内完成，执行部主管或主管授权的人员可在通知证券交易委员会主席并得到批准后，按需要再将截止期作出一次或多次180日的延长。

“（b）合规审查和检察

“（1）概述。自证券交易委员会工作人员完成合规审查和检察的现场部分之日或收到接受审查或检察机构所有被要求的记录之日起180日内，以较晚的日期为准，证券交易委员会工作人员应书面通知该接受审查或检察的机构，告知该机构审查或检察已结束，已结束且无违规，或者要求该机构采取纠正行为。

“（2）特定的复杂行动的例外。尽管在第（1）项中另有规定，如果证券交易委员会负责合规审查和检察的部门主管或办公室的主管或主管授权的人员认为特定的合规审查和检察过于复杂以至于结束合规审查或检察，或证券交易委员会工作人员要求该机构采取纠正行为的决定，不能在第（1）项中规

定的截止期内完成，证券交易委员会负责合规审查和检察的部门主管或办公室的主管或主管授权的人员可以，在通知证券交易委员会主席后，按需要将截止期延长 180 日。”

第 929V 条 《证券投资者保护法案》的修订

（a）增加美国证券投资者保护公司会员的最低资产评估费。在《1970 年证券投资者保护法案》第 4 条（d）款第（1）项（C）分项中删除“每年 150 美元”，并插入如下表述：“美国证券投资者保护公司会员的证券业务收入的 0.02%”。

（b）增加对美国证券投资者保护公司规定的禁止行为的罚金。对《1970 年证券投资者保护法案》第 14 条（c）款做如下修订：

（1）在第（1）段中，删除“50,000 美元”，并插入“250,000 美元”；及

（2）在第（2）段中，删除“50,000 美元”并插入“250,000 美元”。

（c）对美国证券投资者保护公司会员或受保护人失实陈述的处罚。在《1970 年证券投资者保护法案》第 14 款的结尾增加如下新款：

“（d）美国证券投资者保护公司会员或受保护人的失实陈述

“（1）概述。任何人通过任何手段（包括通过网络或其他的大众传媒方式）进行失实陈述，明知陈述的虚假性，并以欺骗或对他人造成损害为目的，如果此人或他人是美国证券投资者保护公司会员，或其中的任何一人或账户受到或应受到此法案或美国证券投资者保护公司的保护，对造成的损害负责，并应被处以 250,000 美元以内的罚金或 5 年以内的监禁。

“（2）强制令：当法院认为制止或约束任何对第（1）项的违反合理时，任何根据此法案对民事行为享有管辖权的法院可以签发暂时强制令或最终强制令。此类强制令可适用于美国境内的任何人，并且对该人有管辖权的任意美国法院具有法律效力，而且不受程序约束。当强制令的强制执行被其他法院要求时，签发强制令的法院书记员应立即将此案所有文件经鉴定合格的复印件移送其他法院。”

第 929W 条 通知失踪的证券持有者

在《1934 年证券交易法案》第 17A 条结尾增加如下新款：

“（g）对支付红利、利息及其他的财产权利的尽职调查

“（1）必要的法条修订：证券交易委员会应修订 1997 年 12 月 8 日生效的《联邦法案》第 17 编 240.17Ad 条的规定，从而使本部分的规定适用于经纪人及交易商，并增加：

“（A）付款代理人向每个失踪的证券持有者提供一份书面通知的要

求，告知失踪的证券持有者，已向其发出一份还未承兑的支票。书面通知可以与支票或其他信件相继寄给失踪的证券交易者，但是必须在未承兑的支票邮寄后的7个月内。

“（B）免除在未承兑的支票数额小于25美元时，付款代理人的通知要求。

“（C）明确（A）分项描述的要求不得影响国家充公法律的规定的条款。

“（D）为实现修订该规章的目的：

“（i）如果将支票寄给证券持有者，并且在付款代理人按规定时间邮寄下一支票时或在未承兑支票邮寄后6个月，以较早时间为准，支票仍未承兑，证券持有者应被认定为失踪；且

“（ii）‘付款代理人’包括任何证券发行者、转让代理人、经纪人、交易商、投资顾问、契约受托人、管理人，或任何从证券发行者处收取报酬并向证券持有者支付的人。

“（2）规则制定：在本款施行后的1年内，证券交易委员会应制定必要的规则、规章和命令对本款进行完善。在对该规则进行提案时，证券交易委员会应当寻求对‘付款代理人’使用的或者代表付款代理人利益对账户持有者进行支付的当前系统的最小变动，并且避免多个付款代理人针对同一个未承兑支票向失踪的证券持有者邮寄书面通知。”

第929X条　卖空改革

（a）卖空披露：将《1934年证券交易法案》第13（f）款第（2），（3），（4），（5）项相应变更为第（3），（4），（5），（6）项，并在第（1）项后增加：

“（2）在披露发行者名字、称号、类别、库斯普号码、每个证券短线销售的数量，以及任何证券交易委员会在报告期末决定的附加信息时，证券交易委员会应当制定规则。该项披露至少每个月应进行一次。”

（b）卖空执行。对《1934年证券交易法案》第9条修订如下：

（1）将第（d），（e），（f），（g），（h），（i）款分别变更为第（e），（f），（g），（h），（i）和（j）款；并且

（2）在（c）款后增加如下新款：

“（d）有关证券卖空的交易：任何人直接或间接地通过邮件或州际贸易的媒介或手段，或利用国家证券交易中心设施，或国家证券交易中心的成员，单独或与他人，进行操纵性的证券卖空是违法的。证券交易委员会应发布其他必要和适当的规则来保证对违反本款的行为存在适当的执行选择和补救措施，从而保护公共利益或保护投资者。”

（c）投资者通知。对《1934 年证券交易法案》第 15 条修订如下：

（1）将第（e），（f），（g），（h），（i）款分别变更为第（f），（g），（h），（i）和（j）款；并且

（2）在（d）款后增加新款：

“（e）证券借贷的客户通知。所有的注册经纪人或交易商应向其客户提供通知，告知他们可以选择不允许将他们付讫的证券用于卖空交易。如果经纪人或交易商卖空客户证券，经纪人或交易商应向其客户提供通知，告知其客户经纪人或交易商可从证券借贷中获得报酬。证券交易委员会，按照规则，在其认为为了公共利益或保护投资者是必要的和适当之时，可以对本项要求的通知的形式、内容、时间及发达方式进行规定。”

第 929Y 条 对域外私权行为的研究

（a）概述。美国证券交易委员会应征求公众意见进行研究，根据《1934 年证券交易法案》的反欺诈条款，确定下列私权行为的范围：

（1）即使证券交易在美国域外发生并且只涉及外国投资者，但是在美国境内的行为成为违法行为进一步滋长的重要一环；

（2）在美国域外发生的，会在美国国内产生可预见的重大影响的行为。

（b）内容。进行的研究应考虑并分析以下事项：

（1）私权行为的范围，包括私权是否应扩展至所有的私人投资者，还是只是局限于机构投资者；

（2）该私权行为对国际合作的影响；

（3）对跨国证券欺诈进行私权行为的经济成本及收益；

（4）是否应采取更低的域外标准。

（c）报告。在本法案颁布 18 个月之内，证券交易委员会应当向参议院银行、住房和城市事务委员会，众议院金融服务委员会提交研究报告及建议书。

第 929Z 条 审计总署对证券诉讼的研究

（a）研究。美国总审计署应进行一项关于对帮助或教唆他人违反证券法的人实施私权行为影响的研究。在可行基础上，该研究应包括：

（1）对中级投资者在公司证券发行中作用的审查；

（2）依据 2008 年 1 月 14 日后的联邦证券法，法院对中级投资者责任范围的解释；以及

（3）《1995 年私人证券诉讼法案》规定的诉讼类型。

（b）报告。在本法案施行后 1 年内，总审计署应向国会提交一份依据（a）款要求得出的调查结果的报告。

第三节　信用评级机构监管规章的完善

第931条　调研结果

国会发现以下事实：

（1）因为信用评级的系统重要性及个人和机构投资者及金融监管者对信用评级的依赖，信用评级机构是信息形成、投资者信心及美国经济有效运转的核心，信用评级机构的活动和评级效果，包括全国认可统计评级组织，事关国家公共利益。

（2）信用评级机构，包括全国认可统计评级组织，在债务市场上扮演了关键性的“守门员”作用，该功能与评估证券市场中证券质量的证券分析师及审查公司财务报告的审计员是相似的。该作用代表了公共监督和审计的相似水平。

（3）因为信用评级机构与其他的金融“守门员”相似，为客户提供评估及分析服务，所以信用评级机构的活动从根本性质上讲是商业化的，并且应承担适用于审计员、证券分析者和投资银行家的同等标准的义务和监管。

（4）在特定活动中，尤其是向结构化的金融产品组织者提出关于此类产品可能的级别建议时，信用评级机构面临着需要认真监控的利益冲突，并且因此应当从而在立法中予以明确规定，以给予证券交易委员会更明确的授权。

（5）在最近的金融危机中，对结构化金融产品评级被证明是不准确的。这种不准确在很大程度上归因于金融机构及投资者的风险管理的缺失，并最终对美国及世界的经济健康造成了不利冲击。这种不准确性使对信用评级机构的监管成为必要。

第932条　加强全国认可统计评级组织的管理、责任及透明度

（a）概述。对《1934年证券交易法案》第15E条修订如下：

（1）在（b）款中，

（A）在第（1）项（A）分项中删除“已提供的”，并插入“已递交的”，删除“正提供的”，并插入“正在递交的”；

（B）在第（1）项（B）分项中删除“正提供的”，并插入“正在递交的”；

（C）在第（2）段第一个句子中，删除“提供给”，并插入“递交给”；

（2）在（c）款中：

(A) 在第 (2) 项中,

(i) 在第二个句子中的“尽管”后,插入“本条其他条文另有规定,或”;且

(ii) 在结尾句号后增加:“本项的任何规定不得构成抗辩证券交易委员会为执行证券法的反欺诈条款而采取的行动或提起的诉讼的理由。”;并且

(B) 在结尾增加如下内容:

“(3) 信用评级程序的内部控制:

“(A) 概述:所有的全国认可统计评级组织应建立、保持、执行和记录有效的内部控制结构,以实现确定信用评级的政策、程序及方法的执行和遵守,在这个过程中应考虑证券交易委员会可能通过规章规定的因素。

“(B) 证明要求:证券交易委员会应制定规则,要求所有的全国认可统计评级组织向证券交易委员会提交年度内部控制报告,报告应包括:

“(i) 在建立及保持 (A) 分项规定的有效内部控制结构时,全国认可统计评级组织的管理责任描述;

“(ii) 全国认可统计评级组织内部控制结构有效性的评估;以及

“(iii) 全国认可统计评级组织首席执行官或同等职位人员的证明。”

(3) 在 (d) 款中:

(A) 在“或撤销全国认可统计评级组织的注册”后增加:“,或对任何关联人,或寻求成为关联人的人,或在指控的不正当行为发生时,与全国认可统计评级组织相关联或寻求关联的人,证券交易委员会,依据规则,应谴责、限制此类人的活动,勒令其停职不超过一年,或阻止此类人与全国认可统计评级组织相关联”;

(B) 在“进行限制或停职”后插入“限制”;

(C) 在第 (2) 项中,删除“提供给”,并插入“递交给”;

(D) 在第 (2) 项中,将 (A) 分项和 (B) 分项相应变更为 (i) 则和 (ii) 则,并相应调整该则页边距;

(E) 将第 (1) 项至第 (5) 项相应变更为 (A) 分项至 (E) 分项,并相应调整分项页边距。

(F) 在变更后的 (A) 分项中,删除“证券交易委员会”,并插入如下内容:

“(1) 概述。证券交易委员会”

(G) 在变更后的 (D) 分项中，

(i) 删除“提供”，并插入“递交”；并且

(ii) 删除结尾的“或”。

(H) 在变更后的 (E) 分项中，删除结尾的句号，并插入分号；并且

(I) 在结尾增加如下内容：

“(F) 如果违法人正受其监管，未能对违反证券法的人进行合理监管；”

“(2) 暂停或取消特定证券种类

“(A) 概述：如果证券交易委员会，根据公告及听证后的记录，认为全国认可统计评级组织没有足够的金融和管理资源作出诚信的信用评级，证券交易委员会可以暂时或永久取消全国认可统计评级组织就某特定证券种类或子类的注册。

“(B) 考虑事项：在依据 (A) 分项作决定时，证券交易委员会应考虑：

“(i) 在由证券交易委员会确定的持续时间段内，全国认可统计评级组织是否就某特定证券种类或子类作出准确评级；以及

“(ii) 证券交易委员会确定的其他因素。”

(4) 在 (h) 款结尾增加如下内容：

“(3) 销售及市场与评级的隔离

“(A) 要求规则：证券交易委员会应制定规则，来防止全国认可统计评级组织对销售及市场的考虑影响其作出信用评级。

“(B) 规则内容：依据 (A) 分项制定的规则应包括：

“(i) 小型全国认可统计评级组织的例外，当证券交易委员会认为评级与销售及市场活动的隔离是不适当的；以及

“(ii) 如果证券交易委员会根据公告及听证后的记录，认为有以下情况发生，证券交易委员会可暂时或永久取消该全国认可统计评级组织：

“(I) 全国认可统计评级组织违反了依据本款制定的规则；以及

“(II) 对依据本款制定的规则的违反影响了评级。

“(4) 回头看要求

“(A) 全国认可统计评级组织进行的审查：所有全国认可统计评级组织应建立、保持和执行设计合理的政策及程序，如果该程序是用以保证，在与信用评级有关的活动被实施之日前的 1 年内，全国认可统计评

级组织管理下的单位的职员，或其管理的发行者、承兑商及证券、货币市场工具的发起人被全国认可统计评级组织雇佣，并且参与对个人或证券或货币市场工具的信用评级活动，全国认可统计评级组织应当：

"（i）进行审查来确定雇员的利益冲突是否影响了信用评级；以及

"（ii）依据证券交易委员会制定的规则，在适当时修订评级级别。

"（B）证券交易委员会的审查

"（i）概述。证券交易委员会应对（A）分项规定的政策及政策在全国认可统计评级组织内的实施进行定期审查，以保证他们是合理设计与实施的，从而有效地降低了利益冲突。

"（ii）审查的时间安排。证券交易委员会应审查每个全国认可统计评级组织的道德标准及利益冲突政策：

"（I）至少每年一次；以及

"（II）当此类政策存在重大调整或修订时。

"（5）对特定雇用变动佣金的报告

"（A）报告要求。所有的全国认可统计评级组织应向证券交易委员会提交报告，如果其知道或应当知道，5 年前和某全国认可统计评级组织相关联的某人被债务人、发行者、承销商或证券或货币市场工具的发起人雇佣，而该债务人、发行者、承销商或证券或货币市场工具的发起人在该雇佣发生前 12 个月内，该统计评级组织曾对其进行评级，如果该雇员：

"（i）曾是该评级组织的高管人员；

"（ii）参与了对上述债务人、发行者、承销商或发起人的信用评级活动；或者

"（iii）监管（ii）则规定的职员；

"（B）信息披露：证券交易委员会收到报告后，应将此类信息公开。"

（5）在（j）款中，

（A）删除"每一个"，并插入如下内容：

"（1）概述。每一个"；及

（B）在结尾增加：

"（2）限制

"（A）概述。除了（B）分项中规定的情形，第（1）项指定的人，在履行指定职责时，可以不：

“（i）进行评级；

“（ii）参与开发评级方法或模型；

“（iii）进行市场营销；或

“（iv）参与建立其雇员以外的人的报酬等级。

“（B）例外。证券交易委员会可以豁免小型全国认可统计评级组织依据本项的限制，如果证券交易委员会认为遵守这些限制会给全国认可统计评级组织施加不合理的负担。

“（3）其他责任。依据第（1）项指定的个人应建立关于接收、保持和处理以下事项的程序：

“（A）对信用评级、模型和方法以及遵守证券法和依据本条规定开发的政策和程序的投诉；

“（B）信用评级的雇员或用户的绝密、匿名投诉。

“（4）报酬。依据第（1）项指定的合规主任的报酬不应与全国认可统计评级组织的财政收入相关联并且应当作必要安排保证合规主任在作出决定时的独立性。

“（5）年度报告要求。

“（A）年度报告要求。依据第（1）项指定的人都应对全国认可统计评级组织遵守证券法及其政策和程序的情况，向全国认可统计评级组织提交一份年度报告，具体包括：

“（i）全国认可统计评级组织的道德标准及利益冲突政策的重大修订；以及

“（ii）此报告准确和完善的证明。

“（B）向证券交易委员会递交报告

所有的全国认可统计评级组织应递交（A）分项规定的报告，并提交根据本条规定要求提交给证券交易委员会的财务报告。”

（6）在（k）款中，删除“提供”，并插入“递交”；

（7）在第（1）项和第（2）项（A）分项（i）则，删除“提供的”，并插入“递交的”；以及

（8）删除（p）款，插入如下内容：

“（p）对全国认可统计评级组织的监管

“（1）信用评级办公室的建立

“（A）建立办公室

证券交易委员会应在其内部建立信用评级办公室（以下简称办公室）来执行证券交易委员会关于以下事项的规章：

“（i）为保护信用评级的使用者及保护公共利益，全国认可统计

评级组织的评级实践；

“（ii）提高全国认可统计评级组织的信用评级的准确性；

“（iii）保证以上评级不受利益冲突的影响。

“（B）办公室主任。办公室的领导应是办公室主任，办公室主任向主席汇报工作。

“（2）人员配备

办公室应配备足够的人员来全面地执行本款的规定。办公室职员应具有公司、政府和结构性借贷融资方面的知识和技术。

“（3）委员会检查

“（A）年度检查

办公室应对每个全国认可统计评级组织每年至少进行一次检查。

“（B）检查行为。（A）款下的检查应包括对如下事项的审查：

“（i）全国认可统计评级组织是否根据其政策、程序及评级方法进行评级；

“（ii）全国认可统计评级组织对利益冲突的管理；

“（iii）全国认可统计评级组织对道德政策的实施；

“（iv）全国认可统计评级组织的内部监管控制；

“（v）全国认可统计评级组织的管辖；

“（vi）全国认可统计评级组织依据（j）款第（1）项指定的个人的行为；

“（vii）全国认可统计评级组织对投诉的处理；

“（viii）全国认可统计评级组织对其前任职工离职后行为控制的政策；

“（C）检查报告

证券交易委员会应以易于理解的样式，向社会公开年度报告，并对以下事项进行概括：

“（i）证券交易委员会认为适当的依据（A）分项进行的检查得出的重要的调查结果；

“（ii）全国认可统计评级组织对证券交易委员会依据（i）款确认的任何重大的监管缺陷的反应；

“（iii）全国认可统计评级组织是否合理地处理了证券交易委员会依据本分项规定的之前报告中的建议。

“（4）规则制定权

证券交易委员会应：

“（A）通过相应规章，建立适用于对违反本条和以下规则规定的全国认可统计评级组织的罚金或其他处罚措施；

“（B）发布为执行本条规定而必需的规章。

“（q）信用程序的透明度

“（1）规则制定要求

证券交易委员会应，依据规则，要求所有的全国认可统计评级组织公开披露全国认可统计评级组织为每种债权、证券、货币市场工具最初确定级别的信息，以及随后对级别的变更，从而可以使信用评级的用户衡量评级的准确度，并对不同的全国认可统计评级组织的评级工作进行比较。

“（2）内容。本款中证券交易委员会要求披露的信息至少应：

“（A）可在全国认可统计评级组织之间进行比较，使信用评级的用户可以对不同的全国认可统计评级组织的评级工作进行比较；

“（B）对于使用或可能使用信用评级的有广泛投资素养的投资者来说，清楚并且内容充实；

“（C）包括数年的评级工作信息和各种信用级别，其中包括全国认可统计评级组织撤销的信用评级；

“（D）全国认可统计评级组织在其网站的明显位置公布并可随意取得，并在特别要求时提供书面形式；

“（E）对全国认可统计评级组织商业模式而言是适当的；

“（F）每个全国认可统计评级组织发布的级别应随附证明，以保证其评级未受其他商业行为的任何影响，评定只是基于被评级的货币市场工具的性质和该工具的风险和性质作出的独立评定。

“（r）信用评级方法。为保护投资者及公共利益，证券交易委员会应制定程序和方法的规则，包括全国认可统计评级组织使用的定性和定量的数据及模式，这要求全国认可统计评级组织：

“（1）保证信用评级是使用包括定性和定量的数据及模型的程序及方式确定的，该程序及方法是：

“（A）获得全国认可统计评级组织理事会，或其他履行相似职责机构的批准；

“（B）与全国认可统计评级组织为发展及修订信用评级程序及方法的政策及程序相一致；

“（2）保证在信用评级程序及方法出现重大变更时（包括定性和定量数据和模型的变更）：

“（A）该变更继续地应用于所有适用此方法的信用评级；

“（B）若对信用评级监督程序及方法进行变更，该变更适用于全国认可统计评级组织在证券交易委员会以规则决定的一个合理时间内进行着的评级；

“（C）全国认可统计评级组织应公开披露变更原因；

“（3）通知信用评级的用户：

“（A）程序或方法的版本，包括用于特定的信用评级的定性方法或定量输入；

“（B）当对程序或方法进行了重大变更时，其包括对定性模型或定量输入的变更；

“（C）当评级活动的程序或方法中的重大错误，包括定性或定量模型被确认时；

“（D）（B）分项中表述的导致目前信用评级重大变更的可能性；

“（s）信用评级方法及审查信息的透明度

“（1）披露的形式。证券交易委员会应以规则要求每个全国认可统计评级组织指定公布信用评级的形式。

“（A）信息涉及：

“（i）信用评级程序及方法的假设；

“（ii）用以决定信用评级的数据；

“（iii）如果适用，全国认可统计评级组织如何利用服务器或汇款报告及对信用评级监管的频率；

“（B）帮助投资者及信用评级的其他用户更好地理解全国认可统计评级组织发布的各级级别的信息；

“（2）格式。依据第（1）项制定的表格应当：

“（A）容易使用，并且有利于信用评级的用户理解报告中的信息；

“（B）要求全国认可统计评级组织以依据证券类型直接可比的形式提供第（3）项（B）分项中的内容；

“（C）使信用评级使用者可以按照证券交易委员会的规定直接以电子或书面形式获得。

“（3）表格的内容

“（A）质量内容。每个全国认可统计评级组织都应依据第（1）项规定在表格披露：

“（i）全国认可统计评级组织制作的信用评级；

“（ii）构建程序和方法的主要假设及原则，包括质量方法，定量输入，以及关于对结构化产品评级中使用的基础资产违约相关性的假设；

“（iii）信用评级潜在的局限性和全国认可统计评级组织未评论的排除在信用评级外的各种风险，包括流动性风险、市场风险及其他风险；

“（iv）关于信用评级不确定性的信息，包括：

“（I）决定信用评级所依据的关于可靠性、准确性的信息及数据的质量；

“（II）在多大程度上，所依据用以确定级别的数据是可靠或者有限的表述，包括：

“（aa）历史数据范围上的局限性；以及

“（bb）特定文件或其他信息可得性上的局限，这些文件能更好地充实信用评级；

“（v）第三方的尽职调查是否以及在多大程度上为全国认可统计评级组织所应用，此第三方为进行尽职调查审查的信息的表述，以及此第三方对调查结果或结论的表述；

“（vi）为确定信用评级所依据的关于债务人、发行者、证券或货币市场工具方面的数据的描述；

“（vii）在给债务人、证券或现金市场工具评定等级的过程中，对可得的及考虑的信息质量进行总体评估的表述，同时参考全国认可统计评级组织评定相似发行者时信息的质量；

“（viii）涉及全国认可统计评级组织利益冲突的信息；以及

“（ix）证券交易委员会可以要求的其他信息。

“（B）数量内容。每个全国认可统计评级组织应依据本款在表格中披露：

“（i）对信用评级可能的波动性的衡量及解释，包括：

“（I）可能导致信用评级变化的因素；

“（II）在不同的市场条件下用户可预期的变化幅度；

“（ii）级别内容的信息，包括：

“（I）特定级别的历史表现；

“（II）违约的可能性及发生违约时的预期损失；

“（iii）级别对全国认可统计评级组织设定假设弹性的信息，包括：

“（I）如果假设被证明有误或不准确，不考虑任何其他因素，在评级程序中设定的5个假设将对级别产生的重大影响；

“（II）用具体例子，对（I）分则中确定的5个假设中的每一个是如何影响级别的分析；

“（iv）证券交易委员会可能要求的其他信息。

“（4）对资产支持证券的尽职调查服务

“（A）调研结果。资产支持证券的发行者或承销商应将其获得的第三方进行尽职调查报告中的调查结果及结论公示。

“（B）需要的证明。在任何全国认可统计评级组织聘用第三方进行的尽职调查服务中，发行者或承销商、提供尽职调查服务的人应向进行评级的全国认可统计评级组织提交（C）分项中规定的与该服务相关的书面证明。

“（C）格式及内容。证券交易委员会应为（B）分项中规定的书面证明确定适当的格式及内容，从而保证尽职调查的提供者能对全国认可统计评级组织作出准确评级所依据的数据、文件及其他相关信息进行全面的审查。

“（D）证明的披露。证券交易委员会应制定相应的规则，要求全国认可统计评级组织，在评级时，披露（B）分项中规定的书面证明，以使公众确定第三方尽职调查服务的充分性及调查程度等方式。

“（t）公司治理，组织及对利益冲突的处理

“（1）董事会。每个全国认可统计评级组织应有一董事会。

“（2）独立董事

“（A）概述。董事会中应有不少于二分之一的董事或不少于两名成员是独立于全国认可统计评级组织的。全国认可统计评级组织的评级用户应当构成独立董事的一部分。

“（B）独立决定。为实现本款规定的独立目的，全国认可统计评级组织董事会的成员：

“（i）在董事会或其他委员会成员权限范围之外，不得：

“（I）接受全国认可统计评级组织的咨询、建议或其他报酬；或

“（II）与全国认可统计评级组织或其附属公司相关联；以及

“（ii）若独立董事故意参与在评级中会产生金融利益的特定评级，则丧失资格。

“（C）报酬及任期。全国认可统计评级组织董事会独立董事的报酬不应与全国认可统计评级组织的业务收入相关联，如此安排以保证其独立判断。

独立董事的任期应当有事先确定的确定期限，但不得超过 5 年，并且不得连任。

“（3）董事会的职责。除了董事会的综合职责，董事会应对以下事项进行监管：

“（A）建立、维持及执行评级的政策及程序；

“（B）建立、维持及执行处理、控制及披露利益冲突的政策及程序；

“（C）评级政策及程序中信用评级内部控制系统的有效性；

“（D）全国认可统计评级组织收入及晋升的政策及实践。

“（4）对全国认可统计评级组织子公司的处理。如果全国认可统计评级组织是母公司的子公司，通过指定该董事会的委员会履行第（3）项中的职责，母公司的董事会可以满足本款规定的要求，如果

“（A）至少委员会的二分之一的成员（包括委员会主席）是本条定义的独立董事；并且

“（B）至少委员会的1名成员是全国认可统计评级组织的评级用户。

“（5）例外职权。如果证券交易委员会认为小型全国认可统计评级组织遵守本款规定，会给其施加不合理的负担，证券交易委员会可允许该全国认可统计评级组织授权给至少有1名成员是全国认可统计评级组织评级的用户的为委员会。”

（b）一致性修订。在《1934年证券交易法案》第3条（a）款第（62）项中，删除（A）分项，并将（B）分项和（C）分项相应变更为（A）分项和（B）分项。

第933条　私人行为的主观状态

（a）责任。《1934年证券交易法案》第15E条（m）款作如下修订：

“（m）责任

“（1）概述。如同此类条款依证券法适用于注册会计师事务所或证券分析师的报告，本章的执行及处罚条款应以同样的方式和同样的程度适用于信用评级机构的报告。此类报告不应被认定为第21E条的中的前瞻性报告。

“（2）规则制定。证券交易委员会为执行本部分规定，应在必要时制定相应的法规。

“（b）主观状态。对《1934年证券交易法案》第21D条（b）款第（2）项作如下修订：

（1）删除“在任何”，并插入：

（A）概述。除（B）分项规定外，

（B）在任何”；以及

（2）在结尾增加：

“（B）例外。在针对信用评级机构或本章规定的控制人提起的要求现金补偿的诉讼中，出于判断与该行为相关的主观状态的目的，其充分性应当在于，陈述特定事实，并出具强有力的证明，信用评级机构故意

或轻率进行了以下的行为，而未能：

"（i）根据评定信用风险的方法所依据的事实元素，对评级的证券进行合理调查；

"（ii）从信用评级机构认为有证明力的并且独立于发行者和承销商的其他渠道获得对该事实要素的合理证明（该证明可能基于并不足以支持审计的取样技术）。"

第 934 条　法律执行或监管机关的参考提示

在本节修订的《1934 年证券交易法案》第 15E 条结尾，再增加如下内容：

"（u）报告关于重大违法行为的提示的责任

"（1）报告义务。每个全国认可统计评级组织应当参考适当的法律执行或监管机构全国认可统计评级组织从第三方获得的信息，认定由全国认可统计评级组织评级的证券发行人已经或正在构成对被联邦或州法院裁决的法律的实质性违反。

"（2）规则解释。不能将第（1）项中的规定解释为要求全国认可统计评级组织改变如上要求信息的准确性。"

第 935 条　评级中对发行者之外信息的考虑

在本节修订的《1934 年证券交易法案》第 15E 条结尾，再增加如下内容：

"（v）发行者之外的信息

在进行信用评级中，全国认可统计评级组织应考虑发行者或承销商之外他人提供的，全国认可统计评级组织认为可信和可能较大地影响评级决定的信息。"

第 936 条　信用评级分析师的资质标准

在本法案施行后的一年内，证券交易委员会应颁布规章确保全国认可统计评级组织的工作人员在评级活动中：

（1）满足对其评级证券发行者进行准确评级所必要的培训标准、经验及能力；

（2）通过证券评级知识的考试。

第 937 条　规章的时间安排

除非本节有特别规定，证券交易委员会应在本法案施行后的 1 年内，依据本节和本节修正案的要求，发布最终规章。

第 938 条　通用等级标志

（a）规则制定。证券交易委员会应制定规章，约束每个全国认可统计评级组织建立、维持及执行书面政策及程序，包括：

(1) 根据证券或货币市场工具的规定，对证券或货币市场工具发行人违约、不能及时付款或向投资者支付可能性的分析；

(2) 对全国认可统计评级组织使用的评级标志的含义，进行清楚的规定并公布；

(3) 以与所有种类的证券和货币市场工具相一致的方式，将第（2）项中规定的标志应用于其上；

(b) 规则解释。本部分的规定不应禁止全国认可统计评级组织使用不同的标志来标示不同种类的证券或货币市场工具的信用级别。

第939条　成文法中对信用评级规定的删除

(a)《联邦存款保险法案》。对《联邦存款保险法案》进行以下修订：

(1) 在第7条（b）款第（1）项（E）分项（i）则，删除“证券评级机构，及其他私人经济”，并插入“私人经济、信用”；

(2) 在第28条（d）款，

(A) 在开头的规定中，删除“不是投资等级”；

(B) 在第（1）项，删除“不是投资等级”，并插入“未达到公司确立的信用可靠性的标准”；

(C) 在第（2）项，删除“不是投资等级”；

(D) 删除（3）项；

(E) 将第（4）项变更为第（3）项；

(F) 在变更后第（3）项中，

(i) 删除（A）分项；

(ii) 将（B）和（C）分项变更为（A）和（B）分项；

(iii) 在变更后的（B）分项，删除“不是投资等级”，并插入“未达到公司确立的信用可靠性的标准”；

(3) 在第28条（e）款中，

(A) 在开头处，删除“不是投资等级”；

(B) 在第（1）项，删除“不是投资等级”，并插入“未达到公司确立的信用可靠性的标准”；

(C) 在第（2）和第（3）项，删除每处的“不是投资等级”，并插入“未达到公司确立的信用可靠性的标准”；

(b)《1992年联邦房地产企业金融财务安全性与稳健法性案》。删除《1992年联邦房地产企业金融财务安全性与稳健法性案》第1319条中规定的“是《1934年证券交易法案》第3条（a）款规定的全国认可统计评级组织”。

（c）《1940 年投资公司法案》。《1940 年投资公司法案》的第 6 条（a）款第（5）项（A）分项（iv）则（I）分则，删除“不少于 1 个全国认可统计评级组织评定投资等级”，并插入“达到证券交易委员会确定的信用可靠性的标准”。

（d）修订的规章。对《美国修订法案》第 LXII 编的第 5136A 条进行如下修订：

（1）在（a）款第（2）项（E）分项，删除“任何适当的等级”，并插入“达到总会计长确立的信用可靠性的标准”；

（2）删除（a）款第（3）项开头处的“等级或可比性要求”，并插入“要求”；

（3）对（a）款第（3）项中的（A）分项修订如下：

“（A）概述

如果全国性银行是前 100 强被保险银行，并且拥有 1 个以上的未偿债务，且该债务达到信用可靠性标准或财政部长及联邦储备银行储备委员会联合确立的其他标准，则全国性银行满足本项的要求。”

（4）删除（f）款开头的“保持公共评级或”，并插入“满足信用可靠性的标准”；

（5）在（f）款第（1）项，删除“任何适当的等级”，并插入“达到总会计长确立的信用可靠性的标准”。

（e）《1934 年证券交易法案》。《1934 年证券交易法案》第 3 条（a）款进行如下修订：

（1）在第（41）项，删除“至少一个全国认可统计评级组织的评级为两个最高等级之一”，并插入“达到证券交易委员会确定的信用可靠性的标准”；

（2）在第（53）项（A）分项，删除“至少一个全国认可统计评级组织评级为四个最高等级之一”，并插入“达到证券交易委员会确定的信用可靠性的标准”；

（f）世界银行讨论

1988 年 9 月 22 日银行、金融和城市事务委员会的命令将作为 H. R. 4645 附录修订案的第 3 条（a）款第（6）项作为公法的第 555 款施行，删除“信用评级”，并插入“信用可靠性”。

（g）生效日期

对本条的修订应在本法案施行后的 2 年内生效。

（h）研究及报告

（1）概述。证券交易委员会应对如下事项的可行性及可取性进行研究：

（A）标准化信用评级术语，使所有的信用评级机构使用相同的术语进行评级；

(B) 标准化等级评定的市场压力条件；

(C) 要求信用级别、违约可能性范围，在经济压力标准化条件下预期损失之间的定量关系；

(D) 标准化资产类别的信用级别术语，从而使被评定的等级与违约可能性标准范围和独立于资产类别及发行实体的预期损失相一致。

(2) 报告。在本法案施行后的1年内，证券交易委员会应向国会提交一份报告，报告包括基于第(1)项研究的调查结果及证券交易委员会关于此研究的建议书。

第939A条　评级可靠性的审查

(a) 审查机构。在本节施行之日起的1年内，每个联邦监管机构都应对以下事项进行审查：

(1) 此类机构制定的要求对证券或货币市场工具信用可靠性使用评估的规章；

(2) 此类规章规定的任何其他参考或要求。

(b) 修订要求。所有的此类机构，在认为适当时，应对根据(a)款进行审查确定的此类规章进行修订，删除参考或依靠信用评级的规定，并以信用可靠性标准代替。在作出决定时，此类机构应，考虑此类机构监管的实体及此类实体依赖信用可靠性标准的目的，寻求建立对监管机构可行的统一的信用可靠性标准。

(c) 报告。在结束(a)款要求的审查时，每个联邦监管机构都应向国会提交一份报告，内容包括该监管机构根据(b)款对规章的修订的描述。

第939B条　对《公平披露信息规章》中免责规定的删除

在本节施行后的90日内，证券交易委员会应对《公平披露信息规章》进行修订，删除对主要业务是信用评级的组织的豁免规定。

第939C条　证券交易委员会关于加强信用评级机构独立性的研究

(a) 研究。证券交易委员会应对以下事项进行研究：

(1) 全国认可统计评级组织的独立性；

(2) 全国认可统计评级组织的独立性如何影响其信用评级；

(b) 评估的对象。为进行(a)款中的研究，证券交易委员会应评估以下事项：

(1) 全国认可统计评级组织对为提供其他服务所引起的利益冲突的管理，其他服务包括风险管理咨询服务，辅助工作，或顾问服务。

（2）禁止从事评级服务的全国认可统计评级组织对发行人提供其他服务可能产生的潜在影响；

（3）证券交易委员会主席认为适当的关于全国认可统计评级组织的其他问题。

（c）报告。本法案施行后的3年内，证券交易委员会主席应向参议院银行、住房和城市事务委员会以及众议院金融服务委员会提交根据（a）款进行的研究报告，包括提高全国认可统计评级组织评定级别真实性的建议。

第939D条 审计总署对可供选择的商业模式的研究

（a）研究。美国总审计长应对可供选择的对全国认可统计评级组织的报酬方式进行研究，以鼓励其提供更准确的评级，包括是否要进行规章修订以便利可选择报酬方式的使用。

（b）报告。本法案施行后的18个月内，总审计长应向参议院银行、住房和城市事务委员会以及众议院金融服务委员会提交根据（a）款进行的研究报告，包括鼓励信用评级机构优化信用评级程序的建议。

第939E条 审计总署对设立独立的专业分析机构的研究

（a）研究。美国总审计长应研究对为全国认可统计评级组织雇佣的评级师设立独立的专业分析机构的可行性及价值，专业分析机构应负责以下事项：

（1）建立监管评级师的独立标准；

（2）建立道德行为准则；以及

（3）监管职业评级师。

（b）报告。在证券交易委员会根据第936条发布规章后的1年内，总审计长应向参议院银行、住房和城市事务委员会以及众议院金融服务委员会提交根据（a）款进行的研究报告。

第939F条 对指定信用评级的研究及规则制定

（a）定义。在本条中，“结构化的金融产品”是指《1934年证券交易法案》第3条（a）款第（77）项规定的资产支持证券，以及任何证券交易委员会规章规定的其他资产支持证券基础上的结构化产品。

（b）研究。证券交易委员会应对以下事项进行研究：

（1）结构化的金融产品的信用评级过程及发行者付款及购买者付款模式的利益冲突；

（2）建立一个私营或公营公共事业公司或自律组织以指定全国认可统计评级组织进行结构化金融产品的信用评级的系统的可行性，具体包括：

（A）对全国认可统计评级组织付费潜在机制的评估；

（B）向全国认可统计评级组织支付费用的合理方法；

（C）联邦政府对此类系统的存在会制造道德风险程度的审查；

（D）任何关于此系统设立的体制或其他问题。

（3）决定信用评级准确度的度量范围；

（4）鼓励全国认可统计评级组织创造准确评级的替代性方法；

（c）报告及建议。在本法案施行后的24个月内，证券交易委员会应向参议院银行、住房和城市事务委员会以及众议院金融服务委员会提交研究报告，内容包括：

（1）根据（b）款进行的研究的调查结果；

（2）为实施上述调查结果，证券交易委员会认为应进行的对法律规章的修订建议。

（d）规则制定

（1）规则制定

在提交（c）款规定的报告后，为了公共利益或保护投资者利益，证券交易委员会应建立确定结构化的金融产品初始信用评级的全国认可统计评级组织的分配系统，从而防止结构化的金融产品的发行者、发起者或承销商选择确定初始信用评级的全国认可统计评级组织和对此类评级进行监管的机构。在发布根据本项制定的任何规章时，证券交易委员会应对《1934年证券交易法案》的第15E（w）款的规定进行全面的考虑。

（2）规则解释

本款规定不能被理解为限制或暂停证券交易委员会的其他规则制定权。

第939G条　第436（g）规则的效力

证券交易委员会公布的《1933年证券法案》第436（g）规则失效。

第939H条　国会的判断

国会决定，证券交易委员会根据《1934年证券交易法案》第15E条（h）款第（2）项（B）分项享有规章制定权，以防止因全国认可统计评级组织的雇员向证券发行者提供与信用评级不相关的服务所引起的不合理的利益冲突，该不相关的服务包括咨询、建议或其他服务。

第四节　资产支持证券过程的完善

第941条　信用风险保留监管

（a）资产支持证券的定义。在《1934年证券交易法案》第3条（a）款结尾增加以下内容：

“（77）资产支持证券。资产支持证券是指：

“（A）以固定收入或其他可变现的金融资产作担保的证券，证券持有者主要从该财产所产生的现金流获得其收益的收益证券，包括：

“（i）贷抵押款支持证券；

“（ii）债务抵押证券；

“（iii）债券抵押证券；

“（iv）资产支持证券的债务抵押证券；

“（v）债务抵押证券的债务抵押证券；

“（vi）为实现本条目的，证券交易委员会确定的资产支持证券。

“（B）如果不受母公司控制的子公司发行证券，那么资产支持证券不包括金融子公司发行的被母公司或被母公司控制的公司持有的证券。

（b）金融风险自留。在《1934年证券交易法案》第15F条后增加以下内容：

“15G条　金融风险自留

“（a）定义，在本条

“（1）联邦银行监管机构指货币审计署、联邦储备银行储备委员会、联邦存款保险公司。

“（2）“参保存款机构”与《联邦存款保险法案》中第3条（c）款规定的含义相同；

“（3）证券化机构是指：

“（A）资产支持证券的发行者；

“（B）通过直接或间接地，包括通过附属机构，向发行者销售、转移资产进行资产支持证券交易的组织者和发起人；

“（4）发起人指从事以下活动的人员：

“（A）通过信用延伸，创造为资产支持证券担保的金融资产；

“（B）直接或间接地向证券化机构销售资产。

“（b）规则要求

“（1）概述。在本条施行后的270日内，联邦银行监管机构及证券交易委员会应联合制定规章，规定在信用风险中，通过发行资产支持证券而转移或销售给第三方的资产，证券化机构应为其保持一定的经济利益。

“（2）住房抵押贷款。在本条施行后的270日内，联邦银行机构、证券交易委员会、住房和城市发展委员会秘书及联邦房屋金融机构应联合制定规章，规定在信用风险中，通过发行资产支持证券而转移或销售给第三方的住房抵押贷款资产，证券化机构应为其保持一定的经济利益。

“（c）监管标准

“（1）标准。根据（b）款制定的规章应：

“（A）禁止证券化机构，直接或间接的套期保值或将其应自留的信用风险转移；

“（B）要求证券化机构保留：

“（i）为如下资产自留不低于5%的信用风险：

“（I）证券化机构通过发行资产支持证券而转移、销售的不合格的住房抵押贷款；

“（II）如果对资产支持证券进行担保的一个或多个资产是不合格的住房抵押贷款，证券化机构通过发行资产支持证券而转移、销售的合格的住房抵押贷款应自留不低于5%的信用风险；

“（ii）低于5%的信用风险，如果该资产的始发者满足第（2）项（B）分项中规定的承销标准，证券化机构通过发行资产支持证券而转移、销售的不合格的住房抵押贷款。

“（C）根据（6）款制定的规章应明确以下事项：

“（i）自留风险的许可形式；

“（ii）自留风险的最低持续时间；

“（iii）如果资产支持证券进行担保的资产是合格的住房抵押贷款，证券化机构对通过发行资产支持证券而转移、销售的资产可不自留信用风险。

“（D）不管证券化机构是否是参保存款机构；根据（b）款制定的规章都适用；

“（E）涉及商业抵押时，明确规定许可的种类、形式、联邦银行机构及证券交易委员会决定的满足（B）分项规定的自留风险量，包括：

“（i）自留的资产信用风险的数量或百分比；

“（ii）通过谈判购买第一损失顺位的第三方购买者的第一损失顺位的保留，享有足够的财务资源来弥补损失，在发行资产支持证券前对所有个人财产进行尽职调查，并且满足联邦银行机构及证券交易委员会要求证券化机构的同等风险自留水平；

“（iii）联邦银行监管机构及证券交易委员会决定承销标准及对资产的控制是否足够；

“（iv）足够的陈述、担保及相关执行机制的规定；

“（F）对债务抵押证券，债务抵押证券担保的证券及其他资产支持证券担保的相似金融工具，建立适当的经济利益风险自留标准；

“（G）提供：

“（i）为公共利益或保护投资者，对证券化的全部或部分豁免；

“（ii）联邦银行监管机构和证券交易委员会联合决定，为公共利益或保护投资者，国家、国家机构发行或担保的证券资产的全部或部分可以免责，但联邦国民抵押协会及联邦家庭贷款保险公司不是政府机构。

“（iii）国家、国家的行政区，根据《1933年证券法案》第3条（a）款第（2）项免于注册的公共部门发行或担保的资产支持证券，或根据《1986年国内税收法案》第150条（d）款第（2）项被定义为合格的学术偿债债券的证券，可全部或部分免责。

“（iv）依据联邦银行业监管机构和证券交易委员会的联合决定，证券化机构从发起人处购买资产时，证券化机构及发起人之间的风险自留责任的分配。

“（2）资产等级

“（A）资产等级。根据（b）款制定的规章应建立，为不同资产等级的证券化机构制定不同的规则来确立资产等级，包括住房抵押贷款，商业抵押，商业贷款，汽车贷款及联邦银行机构和证券交易委员会认为适当的其他资产等级。

“（B）内容。对于（A）建立的资产等级，根据（b）款制定的规章应包括联邦银行业监管机构确立的承销标准，该承销标准在资产等级内应明确较低信用风险的贷款的期限、前提条件和特征。

“（d）发起人。在决定根据（c）款第（1）项（E）分项（iv）则如何分配证券化机构与发起人的风险自留责任时，联邦银行机构和证券交易委员会应当：

“（1）将要求证券化机构自留风险的比例减少相当于要求发起人自留风险的比例；

“（2）考虑：

“（A）出售给证券化机构的资产是否有反映低信用风险的期限、前提条件和特征；

“（B）在证券市场上交易的形式、数量，是否会促使发行者轻率发行出售给证券化机构的贷款或资产；

“（C）自留风险责任对客户或企业在合理期限内的信贷产生的潜在影响，该期限不包括向第三方转移信贷风险。

“（e）豁免、例外、修订

“（1）概述。联邦银行业监管机构和证券交易委员会可联合采取或发布对本条规则的豁免、例外或修订，包括与风险自留要求和禁止套值保期有关的对机构或资产的等级的豁免、例外及修订。

“（2）可适用的标准。联邦银行机构和证券交易委员会采取或发布的豁免、例外及修订应当：

“（A）帮助证券化机构及证券化资产或可证券化资产的发行人保证高质量的承销标准；

“（B）鼓励证券化机构和资产发行人进行适当的风险管理，提高客户或企业在合理的期限内接触信贷的可能性，或为了公共利益及保护投资者的其他事项。

“（3）特定机构和项目的豁免

“（A）农业信贷体系机构

即使本条另有规定，农业信贷部门，包括联邦农业抵押贷款公司，监管的机构担保或购买的贷款或其他金融资产不适用本条规定的要求。

“（B）其他的联邦项目

任何由政府或政府部门担保的住房贷款、多户住房抵押贷款、疗养所抵押贷款，或直接或间接地基于此类资产的证券化，都不适用本条的规定。为实现本款目的，联邦国民抵押协会、联邦住宅贷款抵押公司、联邦住宅贷款银行都不是政府部门。

“（4）合格住房抵押贷款的例外

（A）概述。联邦银行业贷款机构、证券交易委员会、住房和城市发展委员会秘书长、联邦住房融资委员会会长应联合发布规章来免除合格的住房抵押贷款要满足的自留风险要求。

（B）合格的住房抵押贷款。联邦银行业监管机构、证券交易委员会、住房和城市发展委员会秘书长、联邦住房融资委员会会长应在考虑承销及产品特征的基础上，为实现本款目的，共同定义‘合格的住房抵押贷款’，产品特征应考虑以往贷款性能数据显示较低风险的产品，例如：

“（i）依赖于合格抵押人的金融资源的文件编制及确认；

“（ii）关于以下方面的标准：

“（I）抵押人在履行完每月偿还责任后剩余收入；

“（II）住房付款占抵押人月收入的百分比；

“（III）月分期付款占抵押人月收入的百分比；

“（iii）通过产品特征及承销标准，减轻对利息可调整抵押贷款潜在的支付压力；

“（iv）在发行时取得抵押担保保险、其他保险或信贷增进措施，以降低违约的风险；以及

“（v）禁止或限制气球式支付，分期付款，提前支付处罚、单付利息，或其他显示较高的借款者违约风险的特征的使用；

“（C）定义的限制。联邦银行监管机构、证券交易委员会、住房和城市发展委员会、联邦住房金融管理局在定义‘合格的住房抵押贷款’时，不应比《诚信借贷法案》第129C条（c）款第（2）项及修订的《2010年消费者金融保护法案》规定的‘合格抵押贷款’定义还要宽泛。

“（5）合格住房抵押贷款的豁免条件。根据第（4）项发布的规章应规定以其他的资产支持证券的一个层级作担保的资产支持证券不得要求对本款规定的自留风险的豁免。

“（6）证明。证券交易委员会应要求发行者在每次发行仅由合格的住房抵押贷款担保的资产支持证券时，证明其已经评估了保证所有为资产支持证券担保的资产都是合格的住房抵押贷款的过程进行的内部监管的有效性。

“（f）执行。本条的规定应由以下机构执行：

“（1）在证券化机构是被保险存款机构时，由适当联邦银行业监管机构执行；

“（2）在证券化机构不是被保险存款机构时，由证券交易委员会执行。

“（g）证券交易委员会的权力。证券交易委员会根据本款享有的权力应当排除证券交易委员会执行证券法的权力。

“（h）在规章制定上的权力协调。金融稳定监管委员会主席应协调本条所有的联合制法行为。

“（i）规则生效日期。根据本款发布的规章应在以下日期生效：

（1）涉及住房抵押贷款担保的资产支持证券的证券化机构及发行人时，在根据本条制定的最终法令在联邦公报公布后的1年内；

（2）涉及其他的资产支持证券的证券化机构及发行人时，在根据本条制定的最终法令在联邦公报公布后的2年内。”

（c）自留风险研究

（1）研究。在与货币监理官，储蓄机构监督办公室主任，联邦存款保险公司主席，证券交易委员会协调及咨询后，联邦储备理事会应对《1934年证券交易法案》第15G条（c）款第（2）项规定的每个资产支持证券等级产生的综合影响进行一项研究，具体包括：

（A）在（b）款的修订案中新规定的自留信用风险要求，包括自留信用风险要求对增加联邦补助贷款市场的影响；

（B）财务会计标准委员会发布的第166和167号财务年报。

（2）报告。在本法案施行后的90日内，联邦储备理事会应向国会提交一份根据第（1）项的研究作出的报告。此报告应包括消除对资产支持证券市场的不利影响及研究确认的新债务信用的可得性法定的和监管的建议。

第942条 对资产支持证券的信息披露及报告

(a)《1934年证券交易法案》

对《1934年证券交易法案》第15条（d）款作如下修订：

（1）删除“（d）每个”，并增加以下内容：“（d）补充性信息和定期信息

“（1）概述。每个”

（2）在第三句中“每个等级的证券”后插入“不是任何等级的资产支持证券”

（3）在结尾增加：

“（2）资产支持证券

“（A）登记义务的暂停

证券交易委员会可通过法律或规章的形式，规定对资产支持证券登记义务的暂停或终止，暂停或终止的期限、前提及条件由证券交易委员会认为公共利益或保护投资者利益必要或适当时决定。

“（B）发行人的归类

为实现本款的目的，证券交易委员会可对发行人进行归类，并针对每种资金支持证券的发行人制定规章。”

(b)《1933年证券法案》

在《1933年证券法案》的第7条结尾增加如下内容：

“（c）信息披露要求

“（1）概述。证券交易委员会应根据本款制定规则，要求资产支持证券的每个发行人为每一份额或每一证券种类，披露关于作为该证券担保资产的信息。

“（2）规章内容。在适用本款规定的规章时，证券交易委员会应当：

“（A）对资产支持证券的发行人提供数据的格式设立标准，此标准应可行并且便于对相似资产等级的证券数据进行比较；

“（B）要求资产支持证券的发行人至少披露资产等级数据及贷款等级数据，如果此类数据是投资者独立进行尽职调查所必需的，具体包括：

“（i）涉及贷款经纪人或发行人的独有标识的数据；

“（ii）资产支持证券的经纪人或发行人的报酬性质及数量；

“（iii）此类资产的发行人及证券化机构自留风险的数量。”

第943条 资产支持证券发行过程中的代理及担保

在本法案颁布后的180日内，证券交易委员会应对资产支持证券（《1934年

证券交易法案》第3条（a）款第（77）项进行了定义）市场中代理及担保的应用制定法规。

（1）要求每个全国认可统计评级组织在证券评级的随附报告中包含以下事项：

（A）投资者可使用的代理、担保和执行机制；

（B）上述机制与相似证券发行中的代理、担保及执行机制有何不同；

（2）要求每个证券化机构（《1934年证券交易法案》第15G条（a）款对其进行了定义，在本节中进行了补充）披露证券化机构统计的在所有的信托业务中，实现或未实现的回购请求，从而投资者可确认有明显承销缺陷的资产的发行人。

第944条 《1933年证券法案》规定的豁免交易

（a）豁免限制。对《1933年证券法案》第4条修订如下：

（1）删除第（5）项；

（2）删除“（6）交易”，并插入：

“（5）交易”

（b）一致性修订。删除《1934年证券交易法案》第3条（a）款第（4）项（B）分项（vii）则（I）分则中的“4（6）”，并插入“4（5）”。

第945条 尽职调查分析与资产支持证券发行披露

在本节修订后的《1933年证券法案》第7条结尾处增加以下内容：

“（d）资产支持证券的登记报告。在本法案颁布后的180日内，证券交易委员会应针对每个资产支持证券的发行者应提交的登记报告，制定规章。要求资产支持证券的发行者：

“（1）对担保资产支持证券的资产进行审查；

“（2）披露第（1）项中审查的性质。”

第946条 对风险自留要求微经济影响的研究

（a）研究要求。金融服务监督委员会主席应对本节及修订案要求的风险自留对微经济的影响进行一项研究，重点研究对稳定不动产市场可能产生的益处。此项研究应包括：

（1）自留风险对不动产资产价格泡沫的影响的分析，包括如果自留风险要求在几年前生效，不动产损失的哪部分可被扭转的回头看评价；

（2）作为区域或国家市场条件的功能，通过预先调整债权人和不动产债权的证券化机构所拥有的自留风险的比例，最小化不动产价格泡沫的可行性分析；

（3）预先调整抵押贷款发行要求比较分析；

（4）对此类预先调整是否应由独立的监管者制定，是否应以公式化或透明化的方式进行的分析；

（5）此类调整应独立进行，还是应与金融政策相一致的评定；

（6）履行及立法可行化的建议。

（b）报告。在本节颁布后的180日内，金融服务监督委员会主席应向国会提交一份报告，报告包含执行（a）款规定的研究得到的研究成果及决定。

第五节　责任及高级职员薪酬

第951条　执行薪酬披露的股东投票

在《1934年证券交易法案》第14条后增加以下内容：

“第14A条　执行薪酬股东会投票

“（a）隔离决策要求

“（1）概述。每3年或更短时间内，证券交易委员会薪酬披露的代理表决权规则要求的股东年会或其他会议代理、同意或授权事项应包括由股东投票产生单独决议来许可高级职员的薪酬，并根据《联邦法典》第17章第229.402条进行披露。

“（2）投票的频率。每6年或更短时间内，证券交易委员会薪酬披露的代理表决权规则要求的股东年会或其他会议代理、同意或授权事项应包括由单独的股东投票决议来决定第（1）项要求的决议投票是否每1、2、3年产生一次。

“（3）生效日期。在本条施行后6个月后，第一届年度或其他股东会议中的代理、同意或授权事项应包括：

“（A）根据第（1）项产生的决议；

“（B）股东投票决定依据第（1）项要求的决议投票是否每1、2、3年产生一次的单独决议。

“（b）黄金降落伞计划的股东会赞成

“（1）披露。在本条施行后的6个月后召开股东会，股东被要求通过一项收购、兼并、合并或提议购买或其他处理发行者的全部或大部分资产的决议，作出此项请求的人应在其代理或同意请求材料中，根据证券交易委员会规则规定的简略清楚的形式披露其与此发行者的高管人员基于或与收购、兼并、合并或提议购买或其他处理发行者的全部或大部分资产的决议相关的，关于报酬或会付给高管的全部报酬的协议或谅解书。

“（2）股东会同意。任何涉及包含第（1）项要求披露的代理或同意请求材料的代理、同意或授权事项应包括股东同意此决议、谅解书和披露报酬的单独决议，除非此类决议、谅解书已根据（a）款由股东会通过。

“（c）规则解释。（a）款和（b）款规定的股东投票不应对发行者或发行者的董事会有约束力，并且不应被解释为：

“（1）否决此发行者或董事会的决议；

“（2）制造或暗示对此发行者或董事会信托责任的改变；

“（3）制造或暗示增加此发行者或董事会的信托责任；或者

“（4）约束或限制股东在涉及高管薪酬时对代理材料增加提议的能力。

“（d）公开投票。每个应遵守第13条（f）款的机构投资经理应至少一年进行一次汇报，汇报根据（a）款和（b）款的股东投票情况，除非根据证券交易委员会的规则此类投票需要公开。

“（e）免责条款。证券交易委员会可以，依据规则或命令，免除某发行者或某类发行者根据（a）款和（b）款规定的义务。在决定是否进行免责时，证券交易委员会应考虑是否（a）款与（b）款的义务会给小型发行者带来不成比例的负担。”

第952条　薪酬委员会的独立性

（a）概述。在《1934年证券交易法案》第10B条后增加，如第753条增加的内容：

“第10C条　薪酬委员会

“（a）薪酬委员会的独立性

“（1）列表标准。证券交易委员会应通过规章，指导全国性证券交易和全国性证券协会，禁止列示不符合本款规定的发行者的任何权益类证券。除非发行者是受控制公司、有限合伙、清算中的公司、根据《1940年投资公司法案》登记的开放的投资管理公司，或者每年向股东披露其没有独立薪酬委员会原因的外国私人发行者。

“（2）薪酬委员会的独立性。第（1）项规定的证券交易委员会规则应要求发行者董事会的薪酬委员会的每个成员都应是：

“（A）发行者董事会的成员；

“（B）独立的。

“（3）独立性。第（1）项规定的证券交易委员会规则应要求，在决定第（2）项中‘独立性’的定义时，全国性证券交易所及全国性证券协会应考虑相关因素，包括：

“（A）发行者董事会成员的薪酬来源，包括发行者付给董事会成员的任何咨询、建议或其他补偿费；

“（B）发行者的董事会成员是否隶属于发行者、发行者的分支机构，或者发行者分支机构的附属机构。

“（4）豁免权。第（1）项规定的证券交易委员会规则应允许全国性证券交易所及全国证券协会，考虑发行者的大小及其他因素后，并在认为适当时，豁免发行者的薪金委员会成员依据第（2）项要求的特定关系。

“（b）薪金咨询师的独立性及其他薪金委员会顾问

“（1）概述。在考虑了第（2）项证券交易委员会确定的因素后，发行者的薪金委员会可只挑选薪金咨询师、法律顾问或薪酬委员会的其他顾问。

“（2）规则。证券交易委员会应确认影响发行者薪金委员会的薪金咨询师、法律顾问或其他顾问独立性的因素。此类因素在各类咨询师、法律顾问或其他顾问中应相对中立，并保持薪金委员会保留该类成员的服务的能力，此类因素应包括：

“（A）薪金咨询师、法律顾问及其他顾问的雇佣者向发行者提供的其他服务；

“（B）发行者付给薪金咨询师、法律顾问及其他顾问的雇佣者的费用及占薪金咨询师、法律顾问及其他顾问的雇佣者总收入的百分比；

“（C）薪金咨询师、法律顾问及其他顾问的雇佣者用来防止利益冲突的政策及程序；

“（D）薪金咨询师、法律顾问及其他顾问与薪金委员会的成员的商业或个人关系；以及

“（E）薪金咨询师、法律顾问及其他顾问拥有的发行者的任何股票。

“（c）薪金委员会对薪金咨询师的职权

“（1）保留薪金咨询师的职权

（A）概述。发行者的薪金委员会，在其作为董事会的委员会职权范围内，可以自由裁量，保留或采纳薪金咨询师的建议。

“（B）薪金委员会的直接义务。发行者的薪金委员会应对薪金咨询师的任命、报酬及监管工作直接负责。

“（C）规则解释。本项的规定不应被解释为：

“（i）要求薪金委员会根据薪金咨询师的建议或推荐执行或行动；或者

“（ii）影响薪金委员会依自身判断实现薪酬委员会职责的能力或义务；

“(2) 信息披露。在本条施行之日起1年内召开的股东年会（或年度内特别会议）的代理或同意请求材料中，所有发行者都应在其代理或同意请求材料中，根据证券交易委员会的规定，披露是否：

“（A）发行者的薪金委员会保留或采纳了薪金咨询师的建议；以及

“（B）薪金咨询师的工作引起了利益冲突，如果是，冲突的性质及冲突是如何被解决的。

“（d）聘用独立的法律顾问或其他顾问的权力

“（1）概述。发行者的薪金委员会，在其作为董事会的委员会职权范围内，可自由裁量，保留或采纳独立法律顾问和其他顾问的建议。

（2）薪金委员会的直接职权。发行者的薪金委员会应对独立法律顾问或其他顾问的任命、报酬及监管工作直接负责。

（3）规则解释。本款不应被解释为：

“（A）要求薪金委员会根据独立法律顾问或其他顾问的建议或推荐执行或行动；

“（B）影响薪金委员会依自身判断实现薪酬委员会职责的能力或义务；

“（e）薪金咨询师、独立法律顾问或其他顾问的薪酬

每个发行者都应提供足够的资金，在薪金委员会作为董事会的委员会职权范围内，作为向以下人员支付的合理薪酬：

“（1）薪金咨询师；以及

“（2）独立法律顾问或薪酬委员会其他顾问。

“（f）证券交易委员会规则

“(1) 概述。在本条施行之日起的360日内，证券交易委员会应当，通过规章，指导全国性证券交易所及全国性证券协会禁止列明不符合本款规定的发行者的任何权益类证券。

(2) 矫正缺陷的机会。依据第（1）项的证券交易委员会规章应为发行者提供适当的程序，使其在实施被禁止前，有机会矫正不满足第（1）项规定的缺陷的机会。

(3) 豁免权

“(A) 概述。第（1）项的证券交易委员会规章，应当允许全国性证券交易所及全国性证券协会在认为适当时，豁免各类发行人对本条规定的要求。

“（B）考虑因素。在决定根据（A）分项的适当豁免时，全国性证券交易所及全国性证券协会应考虑本条要求对较小的报告发行人的潜在影响。

（g）被控制公司的豁免

（1）概述。本条的规定不应适用于任何被控制的公司。

（2）定义。为实现本条目的，‘被控制公司’是指，发行人：

“（A）是列示在全国性证券交易所及全国性证券协会的发行人；以及

“（B）控制发行人董事会50%以上的投票权，并被个人、集团或其他发行人控股的发行人。”

（b）研究及报告

（1）研究。证券交易委员会应进行一项研究，审查薪金咨询师的利用情况及利用的效果。

（2）报告。在本法案施行之日起2年内，证券交易委员会应向国会提交依据本款要求的研究和审查结果的报告。

第953条　执行薪酬披露

（a）薪酬与经济效益的披露。在经本章修订的《1934年证券交易法案》第14条结尾增加如下条款：

“（i）薪酬与经济效益的披露。证券交易委员会应通过规章，要求所有的发行者在其股东年会的代理或同意请求材料中，披露根据《联邦法典》第17编第229.402条要求披露的薪金的清晰描述，包括高管薪金实际支付和发行者的金融效益之间关系的信息，该金融效益应考虑发行者的股票和红利以及任何分配的价值变化。本款要求的披露应包括所有要求披露的信息的图示。

（b）附加的披露要求

（1）概述。证券交易委员会应对《联邦法典》第17编第229.402条进行修订，要求发行人在根据《联邦法典》第17章第229.402条（或任何继承者）规定的文件中，披露以下信息：

（A）除发行人首席执行官（或任何同等职务的人员）之外的所有发行人雇员年度总薪酬水平的中间值；

（B）发行人首席执行官（或任何同等职务的人员）的年度总薪酬；以及

（C）（A）分项规定值与（B）分项规定值的比例；

（2）总薪酬。为实现本款目的，在本法案施行前，发行者雇员薪酬总值应根据《联邦法典》第17编第229.402（c）（2）（x）条进行确定。

第954条　错误奖励薪酬的追回

在《1934年证券交易法案》第10C条后增加，如第952条增加的内容：

"**第 10D 款　错误奖励薪酬追回政策**

"（a）列示的标准。证券交易委员会应通过规章，指导全国性证券交易所及全国性证券协会，禁止列示不符合本条规定的发行者的任何权益类证券。

"（b）基金的追回。根据（a）款规定的证券交易委员会的规则应要求发行人开发及执行关于以下事项的政策：

"（1）发行者以《证券法案》要求报告的经济信息为基础的激励补偿机制政策的披露；

"（2）在发行者因为材料不符合《证券法案》的财务报告要求而被要求重新准备会计报表时，发行者应追回在被要求重新准备会计报表之日起 3 年前，基于错误数据向现任或前任发行人高管支付的激励机制的薪酬（包括作为奖励薪酬的股票期权）。"

第 955 条　关于雇员及董事套值保期的披露

在经本章修订的《1934 年证券交易法案》第 14 条结尾增加如下内容：

"（j）雇员及董事套值保期的披露。证券交易委员会应通过规章，要求所有的发行者在其股东年会的代理或同意请求材料中，披露发行者的雇员或董事会成员，或此类成员的代理人，是否被允许购买用于对冲或抵消产权益类证券市场价值降低的金融工具（包括预付款可变期货合同、权益掉期、项圈以及外汇基金），用来：

"（1）授予发行者的雇员或董事会成员作为其薪酬的一部分；或者

"（2）由发行者的雇员或董事会成员直接或间接地持有。"

第 956 条　加强薪酬结构报告

（a）加强对薪金安排的披露与报告

（1）概述。本章施行之日起 9 个月内，适当联邦监管者应联合制定规章或行为准则来要求已承保金融机构向适当联邦监管者披露其制订的激励机制薪酬的安排结构，从而决定薪酬结构是否：

（A）提供给已承保金融机构高管、雇员、董事或主要股东过量的薪酬、费用或津贴；或者

（B）会给已承保金融机构带来重大金融损失。

（2）规则解释。本条规定不应解释为要求报告特定人的实际薪酬。本条规定不应解释为要求没有激励机制报酬安排的已承保金融机构进行依据本款要求的披露。

（b）对特定薪金安排的禁止。自本章施行之日起 9 个月内，适当联邦监管者应联合制定规章或行为准则禁止其认为以下会鼓励使已承保金融机构承担不适当

风险的激励机制报酬安排，或其他拥有此功能安排：

（1）提供给已承保金融机构高管、雇员、董事或主要股东过量的薪金、费用或津贴；或者

（2）会给已承保金融机构带来重大金融损失。

（c）标准。适当联邦监管者应当：

（1）保证根据（a）款或（b）款建立的薪酬标准与依据《联邦存款保险法案》为被保险存款机构建立的标准相当；

（2）根据本款建立标准时，考虑依据《联邦存款保险法案》第 39 条（c）款的规定的薪酬标准。

（d）执行。本条款与根据本条发布的规章应依据《金融服务现代化法案》第 505 款的规定执行，为实现条目的，对本条或规章的违反应被视为对该法案第 V 章 A 节的违反。

（e）定义。本条中所使用的：

（1）“适当联邦监管者”指联邦储备理事会，货币监理署，联邦存款保险公司董事会、储蓄机构监督办公室主任、全国信用合作社管理局、证券交易委员会和联邦住房融资委员会；

（2）“已承保金融机构”指：

（A）《联邦存款保险法案》第 3 条已定义的存款机构或存款机构控股公司；

（B）根据《1934 年证券交易法案》第 15 条注册的经纪自营商；

（C）《联邦储备法案》第 19 条（b）款第（1）项（A）分项（iv）则规定的信用合作社；

（D）《1940 年投资顾问法案》第 202 条（a）款第（11）项已定义的投资顾问；

（E）联邦国民抵押贷款协会；

（F）联邦住房贷款抵押公司；

（G）为实现本条目的，适当联邦监管者共同通过法律确定的应被视为已承保的金融机构的其他任何金融机构。

（f）特定金融机构的豁免。本条要求不适用于资产少于 1,000,000,000 美元的已承保金融机构。

第 957 条　经纪人投票

对《1934 年证券交易法案》第 6 条（b）款作如下修订：

（1）在第（9）项中：

（A）在（A）分项中，将（i）则至（v）则相应变更为（I）分则至

（V）分则，并相应调整页边距；

（B）将（A）分项至（D）分项相应变更为（i）分项至（iv）分项，并相应调整页边距；

（C）在（9）项后插入“（A）”；以及

（D）在变更后的（iv）则后，删除“正如所用”，并插入：

“（B）正如所用”；

（2）在结尾增加如下内容：

“（10）（A）交易规则禁止不是依据第2条注册的证券受益人的人提交投票代理书，进行（B）分项的股东投票，除非证券受益人已经确认成员投票代理权与受益人的投票相一致。

“（B）本分项中描述的股东投票，由证券交易委员会根据规则确定的，是与发行人董事会成员的选举、高管薪酬，或其他重大事项相关的股东投票，且并不包括与根据《1940年投资公司法案》注册的投资公司对董事会成员无争议选举相关的投票。

“（C）本项规定不应被解释为禁止全国性证券交易所，在对（A）分项没有规定的股东投票中，禁止不是依据第12条注册证券的受益人的成员授予代理投票权。”

第六节 提高证券交易委员会的管理

第961条 内部监督控制系统的报告及认定

（a）年度报告及证明书。在每个财政年度结束后的90日内，证券交易委员会应向参议院银行、住房和城市事务委员会以及众议院金融服务委员会提交一份关于证券交易委员会检查注册实体、执行调查、审查公司金融证券备案的报告。

（b）报告内容。（a）款规定的报告应包括：

（1）对最近几个财政年度以下事项的评估：

（A）证券交易委员会内部监督控制的有效性；以及

（B）适用于检查注册实体、执行调查、审查公司金融证券备案的证券交易委员会工作人员的程序的有效性；

（2）证券交易委员会有足够内部监督控制能力来执行第（1）项（B）分项规定的证券交易委员会职责的证明；以及

（3）总审计长根据（d）款规定进行审查的总结。

（c）证明

（1）签名。（b）款第（2）项的证明书应由执法部门负责人、公司财务部门负责人、合规检查和审查办公室负责人签署；

（2）证明的内容。第（1）项提及的个人都应证明该个人：

（A）直接对建立和保持本部门或本办公室内部监督控制系统负责；

（B）对本部门或本办公室的内部监督控制系统十分了解；

（C）在财政年度结束之日起的90日内，已评估了内部监督控制系统的有效性；

（D）已向证券交易委员会披露了内部监督系统在设计或操作上，存在可能对本部门或本办公室德才兼备地持续进行检查、调查或备案审查有不利影响的缺陷。

（d）新负责人或代理负责人。尽管（a）款中有规定，如果执法部门负责人、公司财务部门负责人、合规检查和审查办公室负责人在需要提交报告之日起就职不足90天，证券交易委员会可允许上述人员在就职满90日后再提交报告。如果在需要提交报告之日，执法部门、公司财务部门、合规检查和审查办公室没有负责人，代理负责人可制作（c）款要求的证明。

（e）总审计长的审查

（1）报告。总审计长应至少每三年一次，在证券交易委员会报告发布的时间，向参议院银行、住房和城市事务委员会以及众议院金融服务委员会提交一份报告，报告包含对（b）款第（1）项中规定的内部监督控制系统结构及程序的充分性和有效性的审查。

（2）聘用专家的权力。总审计长可聘用在其相关职责范围内有专业技能的独立顾问，来帮助总审计长履行职责。

第962条　对人事管理的三年一次的报告

（a）每3年一次的报告。总审计长应每3年向参议院银行、住房和城市事务委员会以及众议院金融服务委员会提交一份关于证券交易委员会人事管理质量的报告。

（b）报告内容。报告应包括以下内容：

（1）对以下事项的评估：

（A）在利用证券交易委员会雇员的技能、才智及积极性来实现证券交易委员会目标过程中，监管人员的效率；

（B）证券交易委员会的职员升职为监管人员的标准；

（C）升职标准适用于证券交易委员会决定的公平性；

（D）证券交易委员会工作人员的专业能力；

（E）证券交易委员会内部部门工作沟通的有效性及证券交易委员会为促进沟通所做的努力；

(F) 证券交易委员会各部门人员流动，包括其下属是否有异常高的人员流动率的监管人员的考虑；

(G) 是否有过多的低级别、中等级别或高级别的管理者；

(H) 证券交易委员会采取的提高证券交易委员会工作人员能力的措施；

(I) 证券交易委员会对未履行其职责的工作人员所采取的措施，以及证券交易委员会工作人员签发终止通知的情况；

(J) 总审计长认为适当的关于证券交易委员会管理的其他因素。

(2) 在上次报告提交之后，第 (1) 项规定的事项是否改进的评估；

(3) 关于证券交易委员会如何更有效和高效地利用其人力资源来完成证券交易委员会使命的建议。

(c) 咨询。在准备 (a) 款规定的报告的过程中，总审计长应咨询证券交易委员会的在职及退休雇员，证券交易委员会的总检查官、同证券交易委员会有业务关系的人、代表证券交易委员会雇员的工会、私人管理顾问、学术机构或总审计长认为适当的其他资源。

(d) 证券交易委员会的报告。在总审计长提交了 (a) 款规定的每一报告后 90 日内，证券交易委员会应向参议院银行、住房和城市事务委员会以及众议院金融服务委员会提交一份报告，报告证券交易委员会在收到 (a) 款规定的报告中的建议后采取的措施。

(e) 报告支出的偿还

(1) 要求的偿还。证券交易委员会应向审计总署偿还总审计长支付的根据本条规定完成报告的所有支出。

(2) 记入及偿还用途

该偿还应：

(A) 当收到付款后，记入国家拨款账户"工资及开支，审计总署"；

(B) 在用完之前，保持可得性。

(f) 聘用专家的权力。总审计长可聘用在其相关职责范围内有专业技能的独立顾问，来帮助总审计长履行职责。

第 963 条 年度财务控制审计

(a) 证券交易委员会的报告

(1) 年度报告。在每个财政年度结束后的 6 个月内，证券交易委员会应发布并向国会提交一份报告：

(A) 为建立及维持充分的内部监督结构及财务报告程序，证券交易委员会管理职责的描述；

(B) 包括对一财政年度内，内部监督结构及财务报告程序有效性的分析。

(2) 证明。第 (1) 项规定的报告应由证券交易委员会主席及主要财务官员制作证明。

(b) 总审计长的报告

(1) 报告。在本法案颁布后的第一财政年度结束后的6个月内，总审计长应向国会提交一份报告，报告对以下事项进行评估：

(A) 内部监督结构及财务报告程序有效性；

(B) 按照 (a) 款第 (1) 项 (B) 分项，证券交易委员会的评估。

(2) 鉴证。总审计长应鉴证证券交易委员会根据 (a) 款规定的所做评估的结果，并以此为基础进行报告。

(c) 报告支出的偿还

(1) 要求的偿还。证券交易委员会应向审计总署偿还总审计长支付的根据本条规定完成报告的所有支出。

(2) 记入及偿还用途

该偿还应：

(A) 当收到付款后，记入国家拨款账户“工资及开支，审计总署”；

(B) 在用完之前，保持可得性。

第964条　对全国性证券协会监督的报告

(a) 要求的报告。在本法案颁布之日起2年内并在其后每3年，总审计长应向参议院银行、住房和城市事务委员会以及众议院金融服务委员会提交一份报告，报告包括证券交易委员会对根据《1934年证券交易法案》第15A条注册的全国性证券协会的监督工作的评价，具体包括：

(1) 全国性证券协会的治理，包括全国性证券协会对利益冲突的确认及管理，以及对利益冲突对全国性证券协会的监管执行或规则制定的影响进行分析；

(2) 全国性证券协会进行的检查，包括检查人员的专业技能；

(3) 全国性证券协会的高级职员薪酬惯例；

(4) 全国性证券协会提供的仲裁服务；

(5) 全国性证券协会对其成员广告进行的复审；

(6) 为促进投资者保护，与州证券管理者的合作与配合；

(7) 全国性证券协会的经费是如何用来支持其任务的，包括：

(A) 经费筹集方法；

(B) 经费的充足程度；

（C）全国性证券协会对将使用的经费如何投资；

（D）经费筹集方法、经费充足程度、投资情况对全国性证券协会执行监管的影响；

（8）被监管实体雇佣全国性证券协会前雇员的政策；

（9）全国性证券协会现行规则在实现规则的目的方面的有效性；

（10）全国性证券协会治理和活动的透明度；

（11）总审计长认为影响全国性证券协会履行其职责和处理投资者与其成员关系的其他因素。

（b）报告支出的偿还

（1）要求的偿还。证券交易委员会应向审计总署偿还总审计长支付的根据本条规定完成报告的所有支出。

（2）记入及偿还用途

该偿还应：

（A）当收到付款后，记入国家拨款账户“工资及开支，审计总署”；

（B）在用完之前，保持可得性。

第965条　合规审查人员

修订《1934年证券交易法案》，在第4条末尾增加以下条款：

“（h）审查人员

“（1）交易与市场部门。证券交易委员会的交易与市场部门，或任何其接替部门，应有合规审查人员岗位：

“（A）对本部门管辖的实体进行合规检查和审查；

“（B）报告给本部门的负责人。

“（2）投资管理部门。证券交易委员会的投资管理部门，或任何接替部门，应有合规审查人员岗位：

“（A）对本部门管辖的实体进行合规检查和审查；

“（B）报告给本部门的负责人。”

第966条　证券交易委员会雇员建议程序

修订《1934年证券交易法案》，在第4C条后增加以下条款：

“第4D条　总检查官的附加职责

“（a）雇员提案

“（1）设立热线。证券交易委员会的总检查官应设立及保持一电话热线，来接收：

“（A）证券交易委员会雇员提出的提高工作效率、有效性、生产率及资源利用率的建议；

“（B）雇员提出的证券交易委员会内浪费、滥用职权、不当行为或不当管理行为的指控。

“（2）保密性。总检查官应保持下列资料的机密性：

“（A）按照（a）款第（1）项规定设定的方式提供信息的雇员的身份，除非该雇员书面要求公开；

“（B）应该雇员的请求，该职员提供的特定信息。

“（b）*报告的考虑事项*。总检查官应考虑按照（a）款第（1）项规定设定的方式取得的建议及指控，并根据此建议或指控建议适当的行动。

“（c）*表彰*。总检查官可表彰按照（a）款第（1）项规定设定的方式进行建议并取得以下效果的雇员：

“（1）提高了证券交易委员会的效率或生产率；或者

“（2）减少了证券交易委员会的浪费、滥用职权、不当行为或不当管理行为。

“（d）*报告*。证券交易委员会的总检查官应向国会提交年度报告，报告应包括：

“（1）按照（a）款规定设定的方式取得的建议的性质、数量及可能获得的收益；

“（2）按照（a）款规定设定的方式取得的指控的性质、数量及严峻性；

“（3）根据上述建议与指控，总检查官提出的建议或采取的行动；以及

“（4）根据上述建议与指控，证券交易委员会采取的行动。

“（e）*经费*。总检查官按照本款规定的活动应由根据第21F条的规定建立的证券交易委员会投资者保护基金给予经费支持。”

第967条　证券交易委员会机构研究及改革

（a）*要求的研究*

（1）概述。在本节规定颁布后90日期间内，证券交易委员会应聘用在机构重组和资本市场运作上具备专业知识的高技能独立顾问，来检查内部运作、结构、经费和证券交易委员会全面改革的必要性，以及检查证券交易委员会与自律组织或其他证券交易委员会监督下证券投资者保护组织的关系以及证券交易委员会对它们的依赖关系。

（2）研究的特定领域。第（1）项要求的研究应至少包括以下：

（A）证券交易委员会不必要或多余部门的裁减；

（B）提高证券交易委员会办公室与部门之间的交流；

（C）推出清晰指挥系统结构，尤其为执行审查和合规检查的需要；

（D）高频交易及其他市场技术发展的影响，以及证券交易委员会要求所检测该类交易及市场技术发展的影响；

（E）证券交易委员会的用人部门、工作纪律及个人行为，包括：

（i）是否有必要进一步精简用人部门中那些不是律师、会计师、合规检查官或经济学家的人；

（ii）是否有必要进一步进行工资改革；

（iii）证券交易委员会雇员的技能组合的多元化，以及目前技能组合多样性是否有效且高效地促进了证券交易委员会保护投资者的任务；

（iv）证券交易委员会文职职位法律的适用；

（F）证券交易委员会监管及依赖自律组织是否有效及高效地促进对证券市场的管理；

（G）是否有必要调整证券交易委员会对自律组织监督和信赖来促进对证券市场的更有效及高效地治理。

（b）顾问报告。在被聘用后150日内，根据（a）款第（1）项规定雇佣的独立顾问应向证券交易委员会和国会提交一份报告，包括：

（1）在进行（a）款第（1）项规定的研究时得到的结果及结论的详细描述；

（2）顾问认为适当的可使证券交易委员会或其他实体履行法定或授权职责的立法、监管或行政行动建议。

（c）证券交易委员会报告。在顾问提交了根据（b）款的报告后6个月内及在该报告提交后的两年内每6个月，证券交易委员会应向参议院银行、住房和城市事务委员会以及众议院金融服务委员会提交一份报告，报告证券交易委员会执行顾问报告中的监管或行政行动建议的情况。

第968条　对证券交易委员会旋转门的研究

（a）审计总署。总审计长应进行一项对以下事项的研究：

（1）审查从证券交易委员会离职去证券交易委员会监管的金融机构工作的雇员数量；

（2）确定曾为证券交易委员会监管的金融机构服务过的从证券交易委员会离职的雇员的数量；

（3）审查从证券交易委员会离职去证券交易委员会监管的金融机构工作的人员工作在证券交易委员会工作的时间；

（4）审查现存的内部控制，加强该类控制从而保证离职后被金融机构雇佣的证券交易委员会雇员在证券交易委员会工作期间没有帮助该机构违反证券交易委员会的规则或规章的建议；

（5）确定雇员离职后对其进行更大限制以防止证券交易委员会离职后被金融机构雇佣是否必要；

（6）确定离职后被金融机构雇佣的证券交易委员会雇员数量是否已导致执行的低效率；

（7）确定离职后被金融机构雇佣的证券交易委员会雇员是否在被证券交易委员会雇佣期间帮助金融机构规避联邦规则和规章；

（8）审查从证券交易委员会离职去金融机构工作的雇员数量的信息，然后向国会提交建议；

（9）审查进行款规定的研究中可能产生的其他问题。

（b）报告。在本节颁布后 1 年内，总审计长应向参议院银行、住房和城市事务委员会以及众议院金融服务委员会提交一份根据（a）款规定的研究所得结果的报告。

第七节 加强公司治理

第 971 条 代理参与

（a）代理参与。《1934 年证券交易法案》进行以下修订：

（1）在“（a）”后插入“（1）”；以及

（2）在末尾增加以下条款：

“（2）证券交易委员会根据第（1）项制定的规则和规章可包括：

“（A）发行人（或代表发行人）征集代理、征集同意或征集授权，包括股东提名的作为发行人董事会成员的被提名人的规定；

“（B）在涉及（A）中规定征集时，要求发行者遵循特定程序。”

（b）规章。证券交易委员会应发布规则，允许股东，为了提名个人作为发行人董事会成员，根据证券交易委员会为保护股东及投资者的利益确定的条款和条件，利用证券发行人提供的征集代理材料。

（c）豁免。证券交易委员会，可通过规则或命令，豁免某发行人或某类别发行人不必遵守本条及本条所作修订的规定。在决定是否进行豁免时，证券交易委员会应考虑（a）款的规定是否给小发行人造成了不成比例的负担。

第 972 条 关于主席及 CEO 结构的信息披露

修订《1934 年证券交易法案》，在第 14A 条后插入以下条款：

“第 14B 条　公司治理

“在本款颁布后 180 日内，证券交易委员会应发布规则，要求发行人在送达投资者的年度代理书中披露发行人进行如下选择的原因：

“（1）选择同一个人同时担任董事会主席及首席执行官（或同等职位）；或

“（2）选择不同的人担任董事会主席及首席执行官（或发行人的同等职位）。”

第八节　市政证券

第 975 条　市政证券规章及对市政证券规则制定委员会（MSRB）的变动

（a）市政证券经纪人及顾问的注册。《1934 年证券交易法案》第 15B 条（a）款下修订如下：

（1）在第（1）项中，

（A）在“（1）”后插入“（A）”；

（B）在末尾增加：

“（B）除非市政顾问根据本部分规定注册，否则其在市政金融产品或市政证券的发行中，提供建议或代表市政实体或责任人是违法的。”

（2）在第（2）项中，在条文中每个“市政证券交易商”后增加“或市政顾问”；

（3）在第（3）项中，在条文中每个“市政证券交易商”后增加“或市政顾问”；

（4）在第（4）项中，删除“交易商、市政证券交易商或经纪人、交易商等级或市政证券交易商”，插入“交易商、市政证券交易商、市政顾问，或经纪人、交易商等级、市政证券交易商或市政顾问”；

（5）在末尾增加以下条款：

“（5）市政顾问在涉及市政金融产品或市政证券的发行中，不得利用邮件或其他方式，或州际贸易手段来提供建议或代表市政实体或责任人，进行欺诈、欺骗或操纵行为。”

（b）市政证券规则制定委员会。《1934 年证券交易法案》第 15B 条（b）款进行以下修订：

（1）在第（1）项中，

（A）在第一句中，删除从“不迟于”到“证券交易委员会指定”

之间的规定，插入“市政证券规则制定委员会应由15人组成，或根据委员会按照第（2）项（B）分项发布的规则特别规定的人数组成。”

（B）删除第二个句子，插入以下规定：“委员会成员应任期3年，或为根据委员会按照第（2）项（B）分项发布的规则特别规定任期。委员会应由以下人员组成：（A）独立于市政证券经纪人、交易商或市政顾问的8位人员，至少有1人是机构或零售投资者的代表，至少有1人是市政实体代表，至少1人是在市政工业领域有专业知识或经验的公众代表；（B）与经纪人、交易商、市政证券交易商或市政顾问相关联的7位代表，包括至少有1人是银行或银行附属公司的经纪人、交易商、市政证券交易商的关联人或代表；至少有1人是银行或银行附属公司的市政证券交易商的关联人或代表；至少有1人是市政顾问；以及经纪自营商代表及银行代表。委员会的每个代表都应对市政证券市场事项十分了解。

（C）在第三句中，删除“最初的”；

（2）在第（2）项中，

（A）在（A）分项前的规定中，

（i）在第一句的句号前，插入以下规定“在涉及市政金融产品，市政证券的发行，经纪人交易商、市政证券交易商、市政顾问同意的市政实体或责任人的请求时，经纪人、交易商、市政证券交易商、市政顾问、市政证券的发行者提供的建议或代表市政实体或责任人。”

（ii）删除第二个句子；

（B）在（A）分项

（i）在（i）则后的规定，

（I）在“任何市政证券的销售”后插入“涉及市政金融产品或市政证券的发行时，任何经纪人、交易商、市政证券交易商、市政顾问都不能提供建议或代表市政实体或责任人；

（II）在“对投资者的保护”后插入“以及市政实体或责任人”；

（ii）在（i）则，删除每个“市政证券经纪人及交易商”，增加“市政证券经纪人、交易商及市政顾问”；

（iii）在（ii）则，删除末尾的“和”；

（iv）在（iii）则，删除“和”，插入句号；

（v）删除（iv）则；

（C）对（B）分项进行以下修订：

“（B）为委员会成员的提名及选举建立公平的程序，在公共代表、经纪交易商代表、银行代表及顾问代表的提名及选举中保证公平代表；此类规则：

"（i）应规定公共代表的人数总是超过受监管代表的总数，公共代表和受监管代表的人数应尽可能地达到总体均衡；

"（ii）应明确规定委员会成员任期；

"（iii）如果组成委员会的成员数量是奇数，可增加委员会的成员数量；以及

"（iv）应设定公共代表独立性的要求。"

（D）在（C）分项

（i）在前两次出现的"市政证券"后插入"和市政金融产品"；

（ii）在"和公共利益"前增加"市政实体、责任人"；

（iii）删除"两者之间"，插入"之间"；

（iv）删除"发行者、市政证券经纪人或交易商来整理"，增加"市政实体、责任人、市政证券经纪人、交易商或市政顾问来整理"；

（v）删除"经纪人或市政证券交易商来监管"，增加"经纪人、市政证券交易商、市政顾问来监管"；

（E）在（D）分项

（i）在"市政证券交易"后增加"和关于市政金融产品的建议"；

（ii）删除"（句首的）那些不"，增加"（句中的）那些不"；

（iii）在"关联人"前插入"市政顾问"；

（iv）删除"市政证券经纪人或交易商可能不得不"，插入"市政证券经纪人、交易商或市政顾问可能不得不"；

（F）在（E）分项

（i）删除"市政证券经纪人及交易商"，插入"市政证券经纪人、交易商和市政顾问"；

（ii）删除"市政证券经纪人或交易商"，插入"市政证券经纪人、交易商或市政顾问"；

（G）在（G）分项，删除"市政证券经纪人及交易商"，插入"市政证券经纪人、交易商和市政顾问"；

（H）在（J）分项

（i）删除"市政证券经纪人及交易商"，插入"市政证券经纪人、交易商和市政顾问"；

（ii）删除第二句末尾的句号，插入"可能包括在规定的期限内，未能按照委员会的规定向委员会或委员会运行的信息系统提交

要求提交的信息或文件所引起的费用。”

(I) 在（K）分项

(i) 在每个“市政证券交易商”前插入“经纪人、交易商或”；

(ii) 删除“市政证券投资资产组合”，插入“经纪人、交易商，或市政证券交易商的相关账户”；

(J) 在末尾增加以下条款：

“（L）涉及市政顾问时

“(i) 规定设计合理的方法来防止与市政顾问的受信义务不一致的行为、实践及交易过程；

“（ii）要求市政顾问继续教育；

“（iii）要求专业标准；

“（iv）如果存在对投资者的稳健保护，不是为了公共利益或保护投资者、市政实体、责任人所必须或适当，则不对小的市政顾问施加监管负担。

(3) 重新指定第（3）项为第（7）项；

(4) 在第（2）项后插入以下内容：

“（3）委员会，连同或代表联邦金融监管者或自律组织，可以：

“（A）建立信息系统；

“（B）设立的作为从市政市场参与者处获取的信息的储备库或推动实现委员会、联邦金融监管者或自律组织的目的而存在的系统，分析向此类系统提交信息或从此类系统中获取信息的合理的收费，除非以下情况：

“(i) 不向给委员会提交文件或其他信息的市政实体或责任人收取费用，也不向从委员会网站直接获取市政实体、责任人、经纪人、交易商、市政证券交易商或市政顾问提供的文件或信息的任何人收取费用；

“（ii）不应禁止自动以订户为基础的订阅页面或相似服务向用户收取合理的费用，也不应禁止应某人要求而提供数据或基于文件的服务，而向用户收取费用，不论这些数据是通过网络还是其他方式向商业企业、市政证券市场专家或公众公开，都可收取证券交易委员会根据第（19）项（b）款许可的费用。

“（4）委员会可对证券交易委员会、根据第15A条规定注册的证券协会或其他适当监管机构的规则的执行、审查及遵守提供指导或帮助；

“(5) 委员会、证券交易委员会、根据第15A条规定注册的证券协会，或委员会、证券交易委员会、此类协会的代理人，应至少一年召开2次会议：

“（A）汇报委员会、证券交易委员会、注册的证券协会监管市政证券的情况；

“（B）分享关于以下内容的信息：

“（i）委员会、证券交易委员会、注册的证券协会对委员会的规则的解释；

“（ii）检查和执行委员会规则的遵守情况。

（c）经纪人、交易商、市政证券交易商、市政顾问的纪律；市政顾问的受信义务

（1）《1934年证券交易法案》第15B条（c）款进行以下修订：在第（1）项中，在“任何市政证券”后插入“经纪人、交易商、市政证券交易商或市政顾问，在涉及市政金融产品或市政证券的发行中，不得利用邮件或其他方式，或州际贸易手段来提供建议或代表市政机构或责任人”；

（2）在第（1）项末尾增加以下内容：“市政顾问或任何市政顾问的关联人应被视为对其顾问的市政实体有受信义务。任何市政顾问都不得进行违背其受信义务或违反委员会法规的行为或交易。”

（3）在第（2）项中，在每个“市政证券交易商”后插入“市政顾问”；

（4）在第（3）项中，

（A）在每个“保护投资者”后插入“市政实体或责任人”；

（B）在每个“市政证券交易商”后插入“或市政顾问”；

（5）在第（4）项中，在“市政证券交易商或责任人”后插入“或市政顾问”；

（6）在第（6）项（B）分项，在“保护投资者”后插入“市政实体或责任人”；

（7）在第（7）项中，

（A）在（A）分项，

（i）在（i）则，删除“和”，插入一个分号；

（ii）在（ii）则，删除句号，插入“和”；

（iii）在末尾增加：“（iii）在涉及市政顾问的情况下，证券交易委员会或其指定人员”；

（B）在（B）分项，在“保护投资者”后插入“市政实体或责任人”；

（8）在末尾增加：

“（9）（A）证券交易委员会对违反委员会规章进行的罚款应在证券交易委员会及委员会之间平均分配；

“（B）根据第15A条第（7）项注册的证券协会对违反委员会规章进

行的罚款应与其根据第 15A 条（7）项收取的其他罚款分开，该罚款在协会与委员会之间进行分配；该分配要求证券协会将罚款的 1/3 付给委员会，或根据证券交易委员会指导下的证券协会与委员会之间的协议进行分配。

(d) 市政证券的发行。《1934 年证券交易法案》的第 15B 条（d）款第（2）项修订如下：

（1）删除“通过市政证券经纪人或市政证券交易商”，插入“通过市政证券交易商、市政证券经纪人、市政顾问”；

（2）在“提交”前插入“或市政顾问”。

(e) 定义

在《1934 年证券交易法案》的末尾增加以下规定：

“(e) 定义，基于本条之目的，

“（1）‘委员会’是指‘市政证券规则制定委员会’；

“（2）‘担保投资合同’包括任何有特别撤销或再投资条款和特别协商或竞价利率的投资，也包括任何在未来 2 天或更多天提供投资的协议，比如远期供应合同；

“（3）‘投资策略’包括不是市政衍生品、担保投资合同的市政证券收益的投资计划或项目和市政托管投资建议和佣金；

“（4）‘市政顾问’是指：

“（A）不是市政实体或市政实体的雇员的人，并且：

“（i）在涉及市政金融产品或市政证券的发行时，向市政实体、责任人或代表市政实体、责任人的人提供建议，包括对此类金融产品的结构、时机、期限或其他事项的建议；

“（ii）接受市政实体的请求的人。

“（B）如果（A）分项（i）则到（iii）则任一则中有规定，则包括财务顾问、担保投资合同经纪人、第三方营销商，销售代理、律师、掉期交易顾问；

“（C）不包括经纪人、交易商或作为承销商的市政证券交易商、根据《1940 年投资顾问法案》注册的投资顾问或提供投资建议的投资顾问的关联者、根据《商品交易法案》注册的商品交易顾问、提供关于掉期交易建议的商品交易顾问的关联人、提供法律建议或传统法律性质服务的律师、提供技术建议的工程师；

“（5）‘市政金融产品’是指市政衍生品、担保投资合同、投资策略；

“（6）‘委员会规则’是指根据（b）款第（2）项，委员会制定及采用的规则；

“（7）‘市政顾问的关联人’或‘顾问的关联人’是指：

“（A）该市政顾问的任何合伙人、官员、主管、分支机构经理（或履行相同职务或职能的人）；

“（B）该市政顾问的其他进行管理、指导、监管或履行市政顾问的提供关于市政金融产品或市政证券发行建议或代表市政实体或责任人的职责的职员；

“（C）任何直接或间接地控制市政顾问、被市政顾问控制的人；

“（8）‘市政实体’是指任何州、州的政治分支、州市政公司部门，具体包括：

“（A）州的机构、机关、部门，州的政治分支、市政公司部门；

“（B）州、政治分支、市政公司部门或其他部门、机构发起或设立的计划、项目或资产集合；

“（C）任何市政证券的发行者。

“（9）‘市政实体或责任人的请求’是指某人代表经纪人、交易商、市政证券交易商、市政顾问或投资顾问（《1940年投资顾问法案》第202条定义），为了直接或间接取得酬金，所进行的同市政实体或责任人直接或间接的交流，经纪人、交易商、市政证券交易商、市政顾问或投资顾问不控制该人，也不被该人控制，也不与该人共同控制，这些经纪人、交易商、市政证券交易商、市政顾问或投资顾问接受这类请求的目的是为了经纪人、交易商、市政证券交易商、市政顾问或投资顾问的市政实体或者责任人获得或保有经营市政金融产品、市政证券的发行，或者作为投资顾问向市政实体或代表市政实体提供投资顾问服务，或者从事与之有关的业务。

“（10）‘责任人’是指包括市政证券的发行者在内，任何是或通过该人的企业、基金或账户，在出售市政证券时，受合同约束，履行市政证券的部分或全部付款责任的人。

（f）注册的证券协会

《1934年证券交易法案》在末尾增加以下条款进行修订：

“（15）协会的规则要求协会应当：

“（A）从市政证券规则制定委员会处得到关于市政证券规则制定委员会制定的规则的解释的指导；

“（B）向市政证券规则制定委员会提供关于协会根据第15B条（b）款第（2）项（E）分项执行行动及检查活动的信息，从而市政证券规则制定委员会可以进行以下活动：

“（i）协助执行行动及检查活动；

“（ii）衡量委员会规则的有效性。

(g) 经纪人及交易商的注册及监管。《1934 年证券交易法案》进行以下修订：

(1) 在（b）款第（4）项，在每个“市政证券交易商”后插入“市政顾问”；

(2) 在（c）款，在每个“市政证券交易商”前插入“经纪人、交易商或”；

(h) 账目、记录、报告、交易监管、成员及其他。

《1934 年证券交易法案》第 17 条（a）款第（1）项在“市政证券交易商”后插入“市政顾问”。

(i) 生效日期。本条及本条所作修订案，应于 2010 年 10 月 1 日生效。

第 976 条　审计总署对增加向投资者的披露的研究

(a) 研究。总审计长应进行一项研究，审查要求市政证券发行者进行的披露。

(b) 评估的客体。为执行（a）款的研究，总审计长应：

(1) 广泛的记述：

(A) 市政证券市场和发行者、投资者的规模；及

(B) 发行者向投资者披露的信息。

(2) 将为了市政证券持有者的利益，市政证券的发行者被要求披露的信息的数量、频率及披露质量（包括市政证券发行者实际披露的数量、频率）与公司证券发行者披露信息的数量及频率进行比较，并考虑市政证券发行者与公司证券发行者的区别；

(3) 评估为了投资者的利益，要求不同种类的市政证券的发行者披露额外财务信息的成本及收益；

(4) 评估市政证券的发行者披露额外财务信息，对投资者可能带来的收益；

(5) 关于要求证券发行者披露信息的建议，包括废除或保留《1934 年证券交易法案》第 15B 条（d）款规定的可取性。

(c) 报告。在本法案施行后的 24 个月内，总审计长应向国会提交一份报告，报告根据（a）款进行的研究的结果，包括如何提高市政证券发行者披露质量的建议。

第 977 条　审计总署对市政证券市场的研究

(a) 研究。总审计长应对市政证券市场进行研究。

(b) 报告。在本法案颁布后的 18 个月内，总审计长应向参议院银行、住房和城市事务委员会以及众议院金融服务委员会提交（a）款研究的结果，并抄送参议院老人特别委员会及证券交易委员会，具体包括：

（1）对交易、交易执行质量、市场透明度及交易报告、市场定价、清算结算、信用增强机制的分析；

（2）市场、投资者需求、最新革新的影响；

（3）提高市政证券市场贸易的透明度、效率、公平、流通性的建议，包括参考第（1）项中所列项目；

（4）市政证券市场衍生品的作用。

（c）答复。在收到（b）款规定的报告后的180日内，证券交易委员会应向参议院银行、住房和城市事务委员会以及众议院金融服务委员会提交其答复，并抄送参议院老龄化特别委员会，提交证券交易委员会根据该报告中的建议所采取的行动。

第978条　政府会计准则委员会（以下简称GASB）的经费

（a）对《1933年证券法案》的修订。在《1933年证券法案》第19条的末尾增加以下条款进行修订：

“（g）GASB的经费

“（1）概述。证券交易委员会可根据《1934年证券交易法案》的第15B条规定的限制，要求根据《1934年证券交易法案》注册的全国性证券协会确定：

“（A）合理的年度会计支持费，为GASB的年度预算提供足够的资金；

“（B）规则和程序，在同代表州长的主要组织、立法机构、地方被选官员、州及地方财政官员之后，规定来自协会成员处（A）分项规定的会计支持费公平分配、评估和筹集以及将会计支持费用向财务会计基金会的汇款。

“（2）年度预算。为实现本款目的，GASB的年度预算是根据财务会计基金会的内部程序审查和通过的年度预算；

“（3）经费用途。本款筹集的任何经费或基金应被用于支持GASB建立被广泛接受为会计原则的财务会计及报告标准；

“（4）费用限制。根据本部分规定收取的年度会计支持费不应超过GASB的可收回年度预算费用（包括操作费用、资金和应记项目）。

“（5）规则解释。（A）非公款。根据本款收取的会计支持费及GASB的其他收费不应被视为美国的公款。

“（B）证券交易委员会权力的限制。

本款的任何规定都不应被解释为：

“（i）授权证券交易委员会或全国性证券协会直接或间接地监管

GASB 预算或技术日程；或

“（ii）影响 GASB 确定广泛接受的会计原则。

“（C）不干预州权力。本款的任何规定不应解释为损害或限制州或地方政府确定会计或财务报告标准。”

（b）GASB 经费的研究

（1）研究。总审计长应进行一项研究，评估以下事项：

（A）GASB 在市政证券市场上的作用及重要性；

（B）GASB 得到经费的方式及经费数量。

（2）咨询。在进行第（1）项中规定的研究时，总审计长应咨询代表州长主要组织、立法机构、地方被选官员及州或地方财政官员的主要机构。

（3）报告。在本法案颁布后的 180 日内，总审计长应向参议院银行、住房和城市事务委员会以及众议院金融服务委员会提交一份根据第（1）项研究得出的报告。

第 979 条 证券交易委员会内的市政证券办公室

（a）概述。在证券交易委员会内应设立市政证券办公室，其应：

（1）执行关于市政证券经纪人、交易商、市政证券顾问、市政证券投资者、市政证券发行者的证券交易委员会的规则；

（2）与市政证券规则制定委员会协调法律要求的规则制定及执行活动。

（b）办公室主任。市政证券办公室应由办公室主任领导，办公室主任直接向证券交易委员会主席报告工作。

（c）工作人员

（1）概述。市政证券办公室应配备足够的人员来执行本条之规定。

（2）要求。市政证券的工作人员应包括有市政财政专业知识及专长的人。

第九节 美国上市公司会计监督委员会，证券投资组合保证金及其他事项

第 981 条 与外国监督机构共享特定信息的权力

（a）定义。修订《2002 年萨班斯—奥克斯利法案》，在第 2 条（a）款结尾增加以下内容：

“（17）外国审计监督机构。外国审计监督机构是指由外国政府授权的、对会计师事务所或其他进行检查以管理或执行与会计师事务所有关的法律任何政府机构或者其他组织。”

（b）共享信息的可行性。修订《2002 年萨班斯—奥克斯利法案》，在第 105 条（b）款第（5）项结尾增加下列内容：

“（C）外国审计监督机构（信息的）获取。在委员会不丧失对信息掌握的保密或特权地位的情况下，若外国政府已授权一外国审计监督机构来检查或者强制执行与会计师事务所有关的法律，所有在（A）分项中提及的与会计师事务所有关的信息都可以由委员会自主决定使外国审计监督机构能够获取，如果：

“（i）委员会认为，为了实现本法的目的或者保护投资者，有必要（共享信息）；

“（ii）外国审计监督机构提供：

“（I）委员会可能要求的保密的保证；

“（II）可适用的信息系统及外国审计监督机构控制的说明；及

“（III）外国政府关于获取信息的外国审计监督机构的相关法律与规章的说明；且

“（iii）委员会认定共享这些信息是适当的。”

（c）一致性修订。《2002 年萨班斯—奥克斯利法案》第 105 条（b）款第（5）项（A）分项删除“（B）”，插入“（B）分项和（C）分项”。

第 982 条　对经纪人及交易代表的监督

（a）定义

（1）修订后的定义。修订《2002 年萨班斯—奥克斯利法案》，在第 1 章结尾增加下列内容：

“第 110 条　定义

“在本章中，应适用以下定义：

“（1）审计。审计是指由独立的会计师事务所依照委员会的规定对任一发行人、经纪人或者交易商的财务报告、财务报表、财务文件、财务程序、财务管理或者财务公告进行审查，目的是就前述财务报表发表意见或者提供审计报告。

“（2）审计报告。审计报告是指（符合下列条件的）任一文件、报告、公告或者其他记录：

“（A）以使发行人、经纪人或者交易商遵守《证券法案》为目的而进行的审计所作出的；并且

“（B）在报告中，会计师事务所

“（i）提出了该事务所就任一财务报表、财务报告、财务公告，

或者其他财务文件、财务程序或者财务管理所做的意见；或者

“（ii）断定无法提出这种意见。

“（3）经纪人。经纪人是指，按照《1934 年证券交易法案》第 17 条（e）款第（1）项（A）分项规定应制作资产负债表、损益表或者其他财务报表的经纪人（《1934 年证券交易法案》第 3 条（a）款第（4）项中定义的经纪人）。前述资产负债表、损益表或者其他财务报表应由已注册的会计师事务所提供鉴证。

“（4）交易商。交易商是指，按照《1934 年证券交易法案》第 17 条（e）款第（1）项（A）分项规定应制作资产负债表、损益表或者其他财务报表的交易商（《1934 年证券交易法案》第 3 条（a）款第（5）项中定义的交易商）。前述资产负债表、损益表或者其他财务报表应由已注册的会计师事务所提供鉴证。

“（5）行业标准。‘行业标准’是指：

“（A）会计准则是

“（i）由《1933 年证券法案》第 19 条（b）款说明的标准制定机构制定、由本法修订的，或者是由委员会按照《证券法案》第 19 条（a）款或《1934 年证券交易法案》第 13 条（b）款规定的（会计准则）；及

“（ii）与对特定发行人、经纪人或者交易商作出的审计报告有关的，或者是在某一特定的已注册的会计师事务所的质量管理系统中涉及的（会计准则）；及

“（B）审计标准，鉴证业务标准，质量管理政策及程序，职业道德及竞争力标准，独立性标准（包括执行第 2 章的规则），如果委员会认为这些标准：

“（i）与对发行人、经纪人或者交易商的审计报告的准备与出具有关；并且

“（ii）由委员会按照第 103 条（a）款确立或者采用的，或者作为委员会的规则发布的。

“（6）自律组织。‘自律组织’与《1934 年证券交易法案》中第 3 条（a）款规定的‘自律组织’一词有相同的含义。”

（2）一致性修订。修订《2002 年萨班斯—奥克斯利法案》第 2 条（a）款第（1）项之前的事项，删除“在此”并插入“除非本法另有特别规定，在此”。

（b）会计师事务所监督委员会的建立与管理。修订《2002 年萨班斯—奥克斯利法案》第 101 条：

（1）删除所有的“发行人”，并分别插入“发行人、经纪人及交易商”；及

（2）在（a）款中：

（A）删除“上市公司”插入“公司”；及

（B）删除“对其证券向公共投资者发售、持有及适用的公司”。

（c）在委员会注册。修订《2002 年萨班斯—奥克斯利法案》第 102 条：

（1）在（a）款中：

（A）删除从“最初 180”到“101 条（d）款，这”的所有内容，插入“这”；并且

（B）删除“发行人”，并插入“发行人、经纪人及交易商”；

（2）在（b）款中：

（A）在第（2）项（A）分项下，删除“发行人”，并插入“发行人、经纪人及交易商”；并且

（B）删除所有出现的“发行人”，并分别插入“发行人、经纪人及交易商”。

（d）审计与独立性。修订《2002 年萨班斯—奥克斯利法案》第 103 条（a）款：

（1）在第（1）项，删除“及这些职业道德标准”，并插入“这些职业道德标准及独立性标准”；

（2）在第（2）项（A）分项（iii）则，删除“在每份审计报告中说明”并插入“在每份关于发行人的审计报告中，说明”；及

（3）在第（2）项（B）分项（i）则，删除“发行人”，并插入“发行人、经纪人及交易商”。

（e）对注册的会计师事务所的检查

（1）修订。修订《2002 年萨班斯—奥克斯利法案》第 104 条（a）款：

“（A）删除‘委员会应’并插入下述内容：

“（1）总体检查。委员会应；并且

（B）在结尾增加下面的内容：

“（2）对经纪人及交易商的审计报告的检查

“（A）委员会根据第（1）项规定，按照规则，可以基于委员会的决定，制定和规定一项检查程序，对为一名经纪人或交易商提供一份或一份以上审计报告的、已注册的会计师事务所进行检查。委员会，通过该程序的设立，可以允许在不同类别的经纪人及交易商之间存在适当的差异。

“（B）如果委员会决定按照（A）分项设立检查程序，在确定检查

时间表时，委员会应当考虑，对仅为一名或多名不接受、处理或持有客户证券或现金的，或者不是证券投资者保护公司成员的经纪人或交易商出具审计报告的已注册的会计师事务所来说，有区别的时间表是否合适。

“（C）委员会任何根据本项制定的规则应由证券交易委员会按照第107条（b）款事先批准方能生效，包括公告和评论的机会。

“（D）尽管有与本法第102条相反的情况，如果一会计师事务所被委员会豁免按照（A）分项确定的检查程序，那么不应要求该会计师事务所在委员会进行注册。”

（2）一致性修订。《1934年证券交易法案》第17条（e）款第（1）项（A）分项进行如下修订，删除“已注册的会计师事务所”，插入“独立的会计师事务所，或者由已注册的会计师事务所，如果按照《2002年萨班斯—奥克斯利法案》该会计师事务所被要求注册，”。

（f）调查与纪律处分程序。《2002年萨班斯—奥克斯利法案》第105条（c）款第（7）项（B）分项做如下修订：

（1）在分项的标题中“发行人”后面插入“，经纪人或交易商”；

（2）删除所有出现的“任何发行人”并分别插入“任何发行人、经纪人或交易商”；并且

（3）删除“本项中的发行人”，并插入“本项中的已注册的会计师事务所”。

（g）外国会计师事务所。《2002年萨班斯—奥克斯利法案》第106条（a）款做如下修订：

（1）第（1）项中删除“发行人”并插入“发行人、经纪人或交易商”；并且

（2）在第（2）项中，删除“发行人”并插入“发行人、经纪人或交易商”。

（h）经费。《2002年萨班斯—奥克斯利法案》第109条做如下修订：

（1）在（c）款第（2）项中，删除“（i）款”并插入“（j）款”；

（2）在（d）款中：

（A）在第（2）项中，删除“允许不同类别的发行人之间存在适当的差异”并插入“在经纪人及交易商之间，按照（h）款的要求，允许在不同类别的发行人、经纪人及交易商之间存在适当的差异”；及

（B）在结尾增加下列内容：

“（3）经纪人与交易商。委员会应按照第（2）项规定，开始涉及经纪人和交易商的支持费的分配、评估和筹集，以资助自《2010年投资者保护及证券改革法案》颁布之日后第一个完整财政年度的开始，开始分配、评估及收

取第（2）项下规定的涉及经纪人与交易商的费用；”

（3）分别重新指定（h）（i）（j）款的序号为（i）（j）（k）；及

（4）在（g）款后插入下列内容：

“（h）在经纪人和交易商之间分配会计支持费：

“（1）支付的义务。每一经纪人或交易商都应向委员会支付按照本条规定分配给该经纪人或交易商的年度会计支持费。

“（2）分配。根据本条规定从经纪人或交易商（或从某一特定类别的经纪人或交易商）处收取的数额都应在经纪人与交易商之间分配，并且这个数额应是该经纪人或交易商（或者该特定类别的经纪人或交易商）可支付的。

“（3）比例。按照委员会发布的规则，一个经纪人或交易商负责的数额同所有经纪人或交易商的总净资本（调整之前或之后）相比，应与该经纪人或交易商的净资本成比例。”

（i）向自律组织推荐调查。《2002年萨班斯—奥克斯利法案》第105条（b）款第（4）项（B）分项做如下修订：

（1）（ii）（iii）分别重新指定为（iii）（iv）；且

（2）在（i）则后插入下列内容：

“（ii）向自律组织（提交），在一项调查涉及一份关于该自律组织的管辖下的某个经纪人或交易商的审计报告时；”。

（j）涉及某项检查或调查的文件使用。《2002年萨班斯—奥克斯利法案》第105条（b）款第（5）项（B）分项（ii）则做如下修订：

（1）在（III）分则，删除最后的“并且”；

（2）在（IV）分则，删除逗号并插入“；并且”；且

（3）在（IV）分则，增加下列内容：

“（V）自律组织，涉及关于该自律组织的管辖下的经纪人或交易商的审计报告时”。

第983条　投资组合保证金

（a）预付款。修订《1970年证券投资者保护法案》第9条（a）款第（1）项，在“对证券的请求权”后之插入“或者商品远期合同的期权”。

（b）定义。《1970年证券投资者保护法案》第16条做如下修订：

（1）删除第（2）项并插入下列内容：

“（2）客户

“（A）概述。债务人的‘客户’是指，对由债务人作为经纪人或交易商在其日常经营的过程中，为妥善保管该人的证券账户作为抵押、担保以覆盖完善的销售、进行购买，或者是为了有效的过户的目的，从或

为该人的证券账户收到、取得或持有证券而享有请求权的人。

“（B）客户的范围

‘消费者’包括：

“（i）将现金交给债务人以购买证券的人；

“（ii）因收到、取得或者持有在证券投资组合保证金账户中的现金、证券、远期合同或远期合同的期权而对债务人享有请求权的人，该证券投资组合保证金账户是被视为符合证券交易委员会批准的证券投资组合保证金项目的证券账户的；以及

“（iii）对由于该类证券的销售或转换而产生的债务人享有请求权的人。

“（C）客户不包括的范围

‘客户’一词不包括下列范围的任何人：

“（i）其请求权来源于与证券投资者保护公司的任一成员的外国分支机构的交易；或者

“（ii）其对现金或证券享有请求权，但该现金或证券因合同、协议或谅解备忘录或法律规定而属于债务人的资本的一部分的，或是该债务人的任何或所有债权人对该现金或证券有请求权，即使在该请求权人与该债务人的诉讼中存在可以宣告该合同、协议或谅解备忘录无效或可撤销的理由。”

（2）在第（4）项中：

（A）在（C）分项下，删除结尾的“并且”；

（B）（D）重新指定为（E）；并且

（C）在（C）分项后插入下列内容：

“（D）消费者的证券投资组合保证金账户被视为符合证券交易委员会批准的证券投资组合保证金项目的证券账户，由债务人的账户从该证券投资组合保证金账户收到、取得或者持有的远期合同或远期合同的期权以及由此产生的收益；以及”；

（3）在第（9）项下的（L）分项中，在“这一术语”的后面插入下面的内容：“包括经纪人或交易商在有关的交易中获得的收入，该交易是发生在被视为符合证券交易委员会批准的证券投资组合保证金项目的证券账户的客户的证券投资组合保证金账户中的。这一术语”；以及

（4）在第（11）项中：

（A）在其（A）分项中：

（i）删除从“备案日，所有”直到本分项结尾的内容，并插入下列：“备案日：

"（i）所有该客户的证券头寸（而不是由该客户回收的客户记名证券）；以及

"（ii）所有的远期合同中的头寸及由被视为符合证券交易委员会批准的证券投资组合保证金项目的证券账户的证券投资组合保证金账户持有的远期合同的期权，包括所有以这些头寸作抵押的财产，只要该财产没有被包括在内；减去"；以及

（B）在（C）分项中，删除"在决定"并插入"对符合证券交易委员会批准的证券投资组合保证金项目的证券账户的证券投资组合保证金账户接受的、取得的或者持有的在某一商品远期合同的请求权或者是，应当被视为与该合同的备案日有关的请求权，并且该请求权应当看做对现金的请求权。在决定"。

第 984 条　证券贷款与借贷

（a）规则制定权。修订《1934 年证券交易法案》第 10 条，在结尾增加下列内容：

"（c）（1）违反证券交易委员会从公共利益出发或为了保护投资者的利益而认为必要或适当的规章或规则，使涉及证券贷款或借贷的交易生效、承认或便利该交易的。

"（2）第（1）项中的内容不能被解释为对适当联邦银行业监管机构（如《联邦存款保险法案》第 3 条（q）款所定义的）全国信用合作社管理委员会或任何其他联邦部门或机构的权力的限制。按照联邦法律规定，这些联邦部门或机构负责制定规则或规章限制涉及证券贷款或借贷的交易以保护金融机构的安全性和稳健性或保护金融体系免受系统性风险。"。

（b）要求的规则制定。本法案颁布之日起 2 年内，在涉及证券的贷款或借贷的领域，证券交易委员会应颁布旨在增强经纪人、交易商及投资者可得信息透明度的规则。

第 985 条　对联邦证券法律的技术性调整

（a）《1933 年证券法案》。《1933 年证券法案》作如下调整：

（1）第 3 条（a）款（4）项，删除"个人;"并插入"个人,"；

（2）在第 18 条：

（A）在（b）款第（1）项（C）分项，删除"是一种证券"并插入"一种证券"；并且

（B）在（c）款第（2）项（B）分项（i），删除"州，或者"并插入与"州或者"；

（3）在第19条（d）款第（6）项（A）分项，删除“在第（3）项的第（1）项”并插入“在第（3）项或第（1）项”；以及

（4）第27A条（c）款第（1）项（B）分项（ii），删除“企业实体;”插入“,”

（b）《1934年证券交易法案》。《1934年证券交易法案》做如下修订：

（1）第2条，删除“受影响的”，并插入“生效的”；

（2）第3条，

（A）在（a）款第（55）项（A）分项，删除“《1934年证券交易法案》第3条（a）款第（12）项”，并插入“本章第3条（a）款第（12）项”；并且

（B）在（g）款，在“账户”与“个人”之间加逗号；

（3）第10A条（i）款第（1）项（B）分项：

（A）在分项的标题中，删除“MINIMUS”，并插入“MINIMIS”；并且

（B）在（i）款中，删除“非审计的”，并插入“非审计的”；

（4）第13条（b）款第（1）项，删除“earning statement”，并插入“earnings statement”；

（5）第15条：

（A）（b）款第（1）项：

（i）在（B）分项中，删除从“准许的命令”到“免除（成为）成员（的义务）”的部分；并且

（ii）在紧接着（B）分项的未指定序号的部分，第一句后面插入“除非证券交易委员会以规则或命令的形式豁免该经纪人或交易商成为会员的义务，授权注册的命令应在该经纪人或交易商成为某注册证券协会的会员后方能生效，或者如果该经纪人或交易商的有效交易只在某个交易所进行，直到该经纪人或交易商成为该证券交易所的会员后方能生效。”；

（6）第15C条（a）款第（2）项：

（A）（i）（ii）重新指定为（A）（B），并相应调整该分项页边距；

（B）在前述重新指定的（B）分项中，删除从“授权的命令”到“豁免会员资格。”的部分；以及

（C）在前文指定的（B）分项后的内容中，第一句话后面插入下列内容：“除非证券交易委员会以规章或命令的形式豁免该政府证券经纪人或政府证券交易商成为会员的义务，授权注册的命令应在该政府证券经纪人或政府证券交易商成为按照本章第6条进行注册的证券交易所的会

员，或者成为按照本章第 15A 条进行注册的证券协会的会员以后方能生效。”；

(7) 在第 17 条 (b) 款第 (1) 项 (B) 分项中，删除“第 15A 条 (k) 款给予”，并插入“第 15A 条 (k) 款，给予”；以及

(8) 在第 21C 条 (c) 款第 (2) 项中，删除“第 (1) 项”，并插入“第 (1) 项”。

(c)《1939 年信托契约法案》。《1939 年信托契约法案》做如下修订：

(1) 第 304 条 (b) 款，删除“本法第 2 条”，并插入“本法第 2 条 (a) 款”；以及

(2) 第 317 条 (a) 款第 (1) 项，删除“，在”并插入“在”。

(d)《1940 年投资公司法案》。《1940 年投资公司法案》做如下修订：

“(1) 第 2 条 (a) 款第 (19) 项 (B) 分项 (vii) 则后的内容：

(A) 删除出现的所有“(vi)”，并分别插入“(vii)”；以及

(B) 在 (A) 分项 (vi) 则和 (B) 分项 (vi) 则中的 (III) 分则结尾分别插入“并且”；

(2) 在第 9 条 (b) 款第 (4) 项 (B) 分项中，在结尾插入分号后增加“或者”；

(3) 在第 12 条 (d) 款第 (1) 项 (J) 中，删除“本款的任何规定”，并插入“本项的任何规定”；

(4) 在第 17 条 (f) 款中：

(A) 第 (4) 项中，删除“任何会员都不”，并插入“任何证券交易所的会员都不”；并且

(B) 第 (6) 项中，在“公司”与“可以作为”中间加“,”；以及

(5) 第 61 条 (a) 款第 (3) 项 (B) 分项 (iii) 则：

(A) 删除“第 205 条第 (1) 项”，并插入“第 205 条 (a) 款第 (1) 项”；并且

(B) 删除“该条的 (A) 或 (B) 分项”，并插入“第 205 条 (b) 款的第 (1) 项或第 (2) 项”。

(e)《1940 年投资顾问法案》。《1940 年投资顾问法案》做如下修订：

(1) 第 203 条中：

(A) 在 (c) 款第 (1) 项 (A) 分项中，删除“主要营业部”，并插入“主要营业部，主要营业地和”；并且

(B) 在 (k) 款第 (4) 项 (B) 分项 (ii) 则下的内容中，删除“主要营业地”，并插入“主要营业部或主要营业地”；

(2) 第 206 条第 (3) 项，结尾的分号后插入“或者”；

（3）213 条（a）款，删除“主要营业地”，并插入“主要营业部或主要营业地”；以及

（4）第 222 条中，删除出现的所有的“主要营业地”，并分别插入“主要营业部和主要营业地”。

第 986 条　涉及 1935 年公用事业控股公司法的废止的一致性修订

（a）《1934 年证券交易法案》。

《1934 年证券交易法案》做如下修订：

（1）第 3 条（a）款第（47）项中，删除“《1935 年公用事业控股公司法案》”；

（2）第 12 条（k）款，将第（7）项修订为下列内容：

“（7）定义

在本款中，‘紧急情况’是指：

“（A）具有下述特征或构成的较大的市场混乱：

“（i）股票价格总体上出现急剧的、过大的波动，或者存在重大威胁，将对公平有序的市场构成威胁；或者

“（ii）对证券交易清算和结算的全国体系的安全、有效运行会造成重大破坏，或者是存在重大破坏的威胁；或者

“（B）某种重大干扰，会实质性扰乱或威胁造成实质性扰乱：

“（i）证券市场、投资公司，或证券市场任何其他重要部分或部门的运行；或者

“（ii）证券交易的传输与处理；以及”

（3）第 21 条（h）款第（2）条，删除“《1935 年公用事业控股公司法案》第 18 条（c）款。”

（b）《1939 年信托契约法案》。《1939 年信托契约法案》做如下修订：

（1）第 303 条，删除第（17）项，并加入下列内容：

“（17）‘《1933 年证券法案》’及‘《1934 年证券交易法案》’应分别视为指向该法，无论该修订是在本章颁布之前还是颁布之后；

（2）第 308 条，删除所有的“《1933 年证券法案》，《1934 年证券交易法案》，或者《1935 年公用事业控股公司法案》”，并非别插入“《1933 年证券法案》或《1934 年证券交易法案》”；

（3）第 310 条中，删除（c）款；

（4）第 311 条中，删除（c）款；

（5）第 323 条（b）款，删除“《1933 年证券法案》，《1934 年证券交易法案》，或者《1935 年公用事业控股公司法案》”，并插入“《1933 年证券法

案》或《1934 年证券交易法案》"；以及

（6）第 326 条，删除"《1933 年证券法案》，《1934 年证券交易法案》，或者《1935 年公用事业控股公司法案》"，并加入"《1933 年证券法案》或《1934 年证券交易法案》"。

（c）《1940 年投资公司法案》。《1940 年投资公司法案》做如下修订：

（1）第 2 条（a）款第（44）项，删除"《1935 年公用事业控股公司法案》"；

（2）第 3 条（c）款，删除第（8）项并加入下列内容：

"（8）［已废除］"；

（3）第 38 条（b）款，删除"《1935 年公用事业控股公司法案》"；以及

（4）第 50 条，删除"《1935 年公用事业控股公司法案》"。

（d）《1940 年投资顾问法案》。修订《1940 年投资顾问法案》第 202 条（a）款第（21）项删除"《1935 年公用事业控股公司法案》"。

第 987 条 为了总检查官一般性审查对存款保险基金的实质性损失和非实质性损失定义的修订

（a）概述。《联邦存款保险法案》第 38 条（k）款做如下修订：

（1）在第（2）项中，删除（B）分项，加入下列内容：

"（B）实质性损失的定义

'实质性损失'是指任何预计超过下列数额的损失：

"（i）200，000，000 美元，如果该损失发生在 2010 年 1 月 1 日与 2011 年 12 月 31 日之间；

"（ii）150, 000, 000 美元，如果该损失发生在 2012 年 1 月 1 日与 2013 年 12 月 31 日之间；以及

"（iii）50, 000, 000 美元，如果该损失发生于 2014 年 1 月 1 日或发生于 2014 年 1 月 1 日之后，如果任一联邦银行业监管机构的总检查官向参议院银行、住房和城市事务委员会以及众议院金融服务委员会证明预计的存款机构破产的数量（这将会要求在接下来的 12 个月内进行实质性损失的检查）将在 30 家以上并且将阻碍其监督职能的有效性，那么'实质性损失'的定义就应为自证明之日起一年的期间内 75, 000, 000 美元。

（2）在第（4）项（A）分项中，删除"报告"，并插入"依本款的要求任何关于损失的报告,"；

（3）删除第（6）项；

（4）第（5）项重新指定为第（6）项；并且

(5) 在第 (4) 项后插入下列内容：

“(5) 不属于实质性损失的：

“(A) 半年度报告。截至2010年3月31日之前的6个月，这一期间及以后的以6个月为期的每个期间，每个联邦银行业监管机构的总检查官均应：

“(i) 涉及由该联邦银行业监管机构监管的参保存款机构时，确定存款保险基金在该6个月的期间内已遭受总检查官预计的损失；

“(ii) 对于存款保险基金遭受的、不属于实质性损失的每笔损失，确定：

“(I) 为根据第11条 (c) 款第 (5) 项规定指定联邦存款保险公司作为清算管理人，联邦银行业监管机构或州银行监管者确定的理由；以及

“(II) 存在的任何不正常的情况，是否可能构成对损失进行一次深入审查的正当理由；以及

“(iii) 就总检查官决定的任何结果，起草并向适当联邦银行业监管机构和国会提交一份书面报告，包括：

“(I) 对有正当理由进行深入审查的任何损失的确认，以及为什么这一审查是具有正当性的理由，或者，如果总检查官确认没有正当理由进行审查，那么对这一决定所进行的解释；以及

“(II) 对按照 (I) 分则规定确认的存在正当理由对其进行深入审查的每项损失，进行该审查的日期，以及按照第 (1) 项 (A) 分项规定的报告的形式起草的关于该审查的报告，将被完成并提交给联邦银行业监管机构和国会。

“(B) 半年度报告的最后期限。所有联邦银行业监管机构的总检查官应：

“(i) 迅速提交 (A) 分项要求的报告，且不能晚于报告涉及的6个月的期限结束后的90日；并且

“(ii) 按照 (A) 分项的规定，应任一国会议员的要求，提交一份该报告的副本。”

(b) 技术性及一致性修订。《联邦存款保险法案》第38条 (k) 款的标题修订为：

“(k) 存款保险基金产生损失时要求的审查”。

第988条 为了总检查官的一般性审查对全国性信用合作份额保险基金的实质性损失和非实质性损失定义的修订

(a) 概述。修订《联邦信用合作社法案》第216条(j)款如下:

“(j) 份额保险基金遭受损失时要求的审查

“(1) 概述。如果份额保险基金遭受到与某一参保信用合作社有关的实质性损失,总检查官应:

“(A) 提交给委员会一份书面报告审查全国信用合作社管理委员会对该信用合作社的监管(包括管理委员会对本条的执行),该报告应包括:

“(i) 对信用合作社的问题导致基金实质性损失的理由进行说明;以及

“(ii) 将来防止任何类似损失的建议;并且

“(B) 提交(A)分项规定的报告的副本给:

“(i) 美国总审计长;

“(ii) 联邦存款保险公司;

“(iii) 当报告涉及一个州信用合作社时,适当的州监管者;以及

“(iii) 任何国会议员,应请求。

“(2) 实质性损失的定义。为了确定在涉及一个参保信用合作社时基金是否遭受了实质性损失,损失是实质性的,如果总额超过:

“(A) 25,000,000美元;以及

“(B) 在委员会按照第208条启动援助或被指定清算代理人,这一数额相当于该信用合作社全部资产的10%。

“(3) 要求的公开披露

“(A) 概述。经符合《美国法典》第5章第552条的要求,委员会应根据本款规定披露报告,但不能删除:

“(i)《美国法典》第552条(b)款第(5)项规定的任何部分;

“(ii)《美国法典》第552条(b)款第(8)项规定的任何有关参保信用合作社的任何信息(除商业秘密以外)。

“(B) 规则解释。对(A)分项不能被解释为要求该机构披露参保该信用合作社的任何客户的姓名,也不能要求其披露能够合理地确定这些客户的身份的信息。

“(4) 非实质性损失

“(A) 半年度报告。截至2010年3月31日之前的6个月，这一期间及以后的以6个月为期的每个期间，委员会的总检查官应：

“(i) 涉及参保信用合作社时，确认基金在该6个月期间内已遭受总检查官预计的损失；

“(ii) 对于基金遭受的、不属于实质性损失的每项损失，确认：

“(I) 委员会或对州信用合作社有管辖权的州官员确定的、将委员会指定为任何联邦或州信用合作社的清算代理人的理由；以及

“(II) 是否存在任何不正常的情况可能构成对损失进行一次深入审查的正当理由；以及

“(iii) 就总检查官确定的结果，起草并向委员会和国会提交一份书面报告，包括：

“(I) 对有正当理由进行深入审查的任何损失的确认，以及为什么这一审查是具有正当性的理由，或者，如果总检查官确定没有正当理由进行审查，那么对这一决定所进行的解释；以及

“(II) 对按照(I)分则规定确认的存在正当理由对其进行深入审查的每项损失，进行该审查的日期，以及按照第(1)项(A)分项规定的报告的形式起草的关于该审查的报告，将被完成并提交给联邦银行业监管机构和国会。

“(B) 半年度报告的最后期限。委员会的总检查官应：

“(i) 迅速提交(A)分项要求的报告，且不能晚于报告涉及的6个月的期间结束后的90日；并且

“(ii) 按照(A)分项的规定，应任一国会议员的要求，提交一份该报告的副本。

“(5) 审计总署审查。美国总审计长应按照总审计长认为适当的条件：

“(A) 审查每份按照第(1)项规定作出的报告，包括涉及每份报告时，委员会总检查官遵守《1978年总检查官法案》第8L条规定的情况；以及

“(B) 对参保信用合作社的监管提出改进建议(包括关于对本条的执行的改进建议)。”

第989条 审计总署对自营交易的研究

(a) 定义。在本条中：

(1)“相关实体”是指：

（A）参保存款机构，参保存款机构附属公司，银行控股公司，金融控股公司，或者银行控股公司或金融控股公司的附属公司，这些术语在《1956年银行控股公司法案》中的定义；及

（B）美国总审计长可以确定的任何其他实体；并且

（2）“自营交易”是指，任一相关实体作为当事人投资于证券、商品、衍生产品、对冲基金、私人股本公司，或者总审计长可以决定的其他金融产品或实体的行为。

（b）研究

（1）概述。美国总审计长应就由相关实体进行的或在相关实体之间进行的、与自营交易有关的风险与冲突进行研究，包括评估：

（A）自营交易是否对美国金融体系稳定性构成一种实质的、系统性风险；

（B）自营交易是否对从事该业务的相关实体的安全性和稳健性构成实质的风险，如果构成，减轻该利益冲突的选择的成本与收益；

（C）自营交易是否会使已参与自营交易的相关实体与利用公司来进行交易或信赖该公司为其管理资产的客户之间的利益产生实质性的冲突，如果会产生冲突，减轻该利益冲突的选择的成本与收益；

（D）对自营交易风险与冲突是否向参与自营交易的相关实体的存款人、交易及资产管理客户以及投资者进行了充分披露，如果未充分披露，选择对这种披露进行改进的成本与收益；

（E）参与自营交易的银行业、证券及商品监管机构有适当的充分的体系及管理来监管和容纳任何涉及自营交易的风险与利益冲突，如果没有，提高该披露的选择的成本与收益。

（2）考虑因素。在进行第（1）项要求的研究时，总审计长应当考虑：

（A）关于自营交易的当前实践；

（B）全面禁止自营交易的适当性；

（C）对相关实体可以参与的自营交易的业务范围的限制；

（D）参与自营交易的相关实体有额外资本要求的适当性；

（E）加强关联人之间涉及自营交易的交易活动的限制；

（F）加强涉及自营交易的会计披露；

（G）加强涉及自营交易的公开披露；以及

（H）任何总审计长认为适当的其他措施。

（c）向国会报告。自本法颁布之日起15个月内，总审计长应就按照（b）款进行的研究结果向国会提交一份报告。

（d）总审计长的获取权。为了进行（b）款规定的研究，应请求，在总审计

长要求的合理的时间内，总审计长应有权获取属于参与自营交易的相关实体或正由其使用的任何信息、数据、日程表、账目、账户、财务记录、报告、文件、电子通信或其他资料、物品或财产，以及接触相关实体的经理、董事、雇员、独立公共会计师、财务顾问、员工、代理人及代表（若涉及该代理人及代表以该实体的名义所为的行为）。如果总审计长认为有必要，可以制作并保留账目、记录、账户和其他记录的副本。

（e）报告的机密性

（1）概述。除了第（2）项规定以外，总审计长不能披露关于下列事项的信息：

（A）一个相关实体的任何自营交易活动，除非这些信息是概括披露的，并未揭示该相关实体对任何特定的证券、商品、衍生品或其他投资、金融产品的投资或交易仓位或交易策略；或者

（B）总审计长为进行（b）款规定的研究而面谈的任何个人，除非这些信息是概括披露的，并未揭示：

（i）该个人的姓名或者表明身份的细节；或者

（ii）在个人是为一个相关参保实体提供职业服务的第三方的雇员且该参保实体被认为参与了自营交易的情况下，该第三方的姓名或其他与该第三方有关的表明身份的细节。

（2）例外。总审计长可以披露在第（1）项中规定的信息：

（A）向联邦政府部门、机构或官员，应请求，出于官方使用的目的；

（B）向国会的一个委员会，应请求；以及

（C）向法院，应该法院命令。

第989A条　年长投资者的保护

（a）定义。本条中使用的：

（1）“适格实体”是指：

（A）任一州证券委员会（或行使类似职能的任何机构或办公室），如果办公室决定采纳在证券发售或销售中适当使用名称的规则，或采纳提供投资的条款，这些规则或条款是达到或超过北美证券管理协会（NASAA）《关于年长者特别认证及职业名称使用示范规则》（或其后继规则）的最低要求。

（B）任一州保险委员会（或行使类似职能的任何机构或办公室），如果办公室决定：

（i）采纳销售保险产品时关于适当使用名称的规则，在可操作

的范围内，与全国保险监督官协会《关于在人身保险及年金保险销售中年长者特别认证及职业名称使用示范规章》（或其后继规章则）的最低要求相一致；且

（ii）在年金保险的销售中涉及受信或适当性要求时，采纳的规则达到或超过了全国保险监督官协会《年金保险交易适当性示范规章》（或其后继规章）的最低要求；或者

（C）任一州消费者保护机构，如果：

（i）该州证券委员会（或行使类似职能的任何机构或办公室）按照（A）分项的规定是适格的；或者

（ii）该州保险委员会（或行使类似职能的任何机构或办公室）按照（B）分项的规定是适格的；

（2）“金融产品”是指一种证券、保险产品（包括支付收益的保险产品，不管是固定收益或是浮动收益）、银行产品及信贷产品；

（3）“具有误导性的名称”：

（A）是指认证、职业名称或其他声称的凭证，明示或默示某一销售人员或顾问在为年长投资者提供建议或服务方面具有特别的资质或经过了专业训练；并且

（B）不包括下列证书、职业名称、执照或其他凭证：

（i）由具有区域性鉴定资格的学术机构颁发的或从该学术机构获得的；

（ii）达到北美证券管理协会《关于年长者特别认证及职业名称使用示范规则》（或其后继规则）或全国保险监督官协会《关于在人身保险及年金保险销售中年长者特别认证及职业名称使用示范规章》（或其后继规章）概括的认证、职业名称的标准；或者

（iii）由某一州颁发或从某一州获得；

（4）“具有误导性的或欺诈性的营销”是指一个人使用具有误导性的名称向年长者出售某种金融产品或就某种金融产品的买卖向其提供建议；

（5）“NASAA”是指北美证券管理协会；

（6）“办公室”是指金融知识局办公室；

（7）“年长者”是指任何年龄达到62岁及以上个人；

（8）“州”与《1934年证券交易法案》第3条中规定的含义相同。

（b）*拨款给州以加强对年长者的保护以防其被错误的名称误导*。金融知识局办公室应制定计划，按照该计划，办公室可以给州或者适格实体拨款：

（1）雇用职员来识别、调查或者追诉（通过民事、行政或者刑事强制措施）涉及具有误导性或欺诈性的营销的案件；

（2）为监管人员、检察官及执法人员资助技术、设备及专业培训以识别使用具有误导性的名称的、以年长者为目标的销售人员及顾问；

（3）为追诉人资助技术、设备及专业培训以提高对使用具有误导性名称的、以年长者为目标的销售人员及顾问的追诉的成功率；

（4）为监管人员就销售人员及顾问在金融产品的销售与营销中名称使用的适当性提供教育材料及专业培训；

（5）为年长者提供教育材料及专业培训以提高理解和认识具有误导性或欺诈性的营销的能力；

（6）制订全面的计划来打击对年长者进行的具有误导性或欺诈性的金融产品的营销；并且

（7）加强州法律中对年长者提供针对具有误导性或欺诈性的营销的保护规定。

（c）申请。如果某一州或某一适格实体想要取得本条中规定的拨款，应向办公室提交申请，办公室可以决定申请的形式及方式，包括：

（1）针对具有误导性或欺诈性的营销为年长者提供保护的建议，有关保护的行为可使用本条中规定的拨款而获得资助，包括：

（A）对该州具有误导性或欺诈性的营销问题的范围的识别；

（B）说明所提出的建议将如何：

（i）在金融产品的销售中，保护年长者免于具有误导性或欺诈性的营销，包括通过主动地识别具有误导性或欺诈性营销的受害人中的年长者；

（ii）协助使用具有误导性或欺诈性营销的调查及追诉；

（iii）阻止并减少涉及具有误导性或欺诈性营销的案件；并且

（C）说明所提出的建议如何与州的其他努力相协调；及

（2）办公室认为适当的其他任何信息。

（d）绩效目标及报告要求。办公室可以为按照本条获得拨款的州及适格实体制定绩效目标及报告要求，只要办公室认为其对执行和评估本条规定计划的有效性是必要的。

（e）最大金额。本条中规定的拨款的金额不可超过：

（1）连续3个财政年度每年500,000美元，如果接受拨款的是某个州或某个州的一个适格实体，且：

（A）采纳在证券发售或销售或提供投资建议中适当使用名称的规则，这些规则是达到或超过北美证券管理协会（NASAA）《关于年长者特别认证及职业名称使用示范规则》（或其后继规则）的最低要求；

（B）采纳销售保险产品时关于适当使用名称的规则，在可操作的范围内，与全国保险监督官协会《关于在人身保险及年金保险销售中年长者特别认证及职业名称使用示范规章》（或其后继规章）的最低要求相一致；以及

（C）在年金保险的销售中涉及受信或适当性要求时，采纳的规则达到或超过了全国保险监督官协会《年金保险交易适当性示范规章》（或其后继规章）的最低要求；

（2）连续3个财政年度每年100,000美元，如果接受拨款的是某个州或某个州的一个适格实体，已采纳：

（A）在证券发售或销售或提供投资建议中适当使用名称的规则，这些规则是达到或超过北美证券管理协会（NASAA）《关于年长者特别认证及职业名称使用示范规则》（或其后继规则）的最低要求：或者

（B）规则

（i）采纳销售保险产品时关于适当使用名称的规则，在可操作的范围内，与全国保险监督官协会《关于在人身保险及年金保险销售中年长者特别认证及职业名称使用示范规章》（或其后继规章）的最低要求相一致；并且

（ii）在年金保险的销售中涉及受信或适当性要求时，采纳的规则达到或超过了全国保险监督官协会《年金保险交易适当性示范规章》（或其后继规章）的最低要求。

（f）*再拨款*。接受本条中规定的拨款的一州或适格实体可以再进行拨款，如果该州或适格实体认为这对实施由本条规定的拨款资助的活动有必要。

（g）*再申请*。接受本条规定的拨款的一州或适格实体可以再申请本条规定的拨款，尽管（e）款对拨款的数额有限制。

（h）*拨款权限*。自2011年至2015年的每个财政年度，每年有8,000,000美元拨款可以用于执行本条的规定。

第989B条 指定联邦实体总检查官的独立性

《1978年总检查官法案》第8G条做如下修订：

（1）在（a）款第（4）项中，

（A）在（A）分项之前，插入“指定联邦实体的委员会或在指定的联邦实体没有委员会的情况下”，在（A）分项之后，插入“是指”；

（B）在（A）分项中，删除分号后的“并且”；以及

（C）在（B）分项之后，插入下列内容：

“（C）涉及联邦劳资关系局时，该术语是指劳资关系局的成员（《美国法典》第5章第7104条对其进行了说明）；

“（D）涉及国家档案局时，该术语是指美国国家档案局局长；

“（E）涉及全国信用合作社管理时，该术语是指美国信用合作社管理委员会（《联邦信用合作社法案》第102条对其进行了说明）；

“（F）涉及国家艺术基金会时，该术语是指国家艺术理事会；

“（G）涉及国家人文基金会时，该术语是指国家人文理事会；及

“（H）涉及美国和平部队时，是指美国和平部队主任”；以及

（2）在（h）款，在“指定的联邦实体与”之后插入“如果指定的联邦实体不是一个委员会”。

第989C条　强化总检查官问责

《1978年总检查官法案》第5条（a）款做如下修订：

（1）第（12）项，删除分号后的“并且”；

（2）第（13）项，删除句号并插入一个分号；以及

（3）在结尾增加下列内容：

“（14）（A）一份附录，包括在报告期间由其他总检查官办公室进行的同业互查的结果；或者

“（B）在报告期间，没有进行任何的同业互查，确认上一次由其他总检查官办公室进行的同业互查的时间的说明；

“（15）一份关于来自任何由其他总检查官办公室进行的同业互查的重要建议的清单，如果这些建议尚未被执行，包括说明执行的状态及尚未完成的原因；以及

“（16）一份由其他总检查官办公室的总检查官在报告期间进行的同业互查的清单，包括一份关于来自任何之前的同业互查的所有重要建议的清单（包括所有在报告期间之前进行的同业互查），如果这些建议仍然具有重要性或尚未被完全执行。”

第989D条　指定联邦实体的总检查官的免职

《1978年总检查官法案》第8G条（e）款做如下修订：

（1）重新指定“（e）”后的句子为第（2）项；并且

（2）删除“（e）”并且加入下列内容：

“（e）（1）如果一个指定联邦实体是以委员会为领导的，本条规定的免职只能在由委员会三分之二多数的书面同意的前提下才能作出。”

第989E条　对金融监管体系的额外监督

（a）金融监督总检查官理事会

（1）设立与成员资格。设立金融监督总检查官理事会（在本条中简称为“总检查官理事会”），并由财政部的总检查官担任主席，由下列实体的总检查官组成：

（A）联邦储备理事会。

（B）商品期货交易委员会。

（C）住房和城市发展部。

（D）财政部。

（E）联邦存款保险公司。

（F）联邦住房金融管理局。

（G）美国信用合作社管理局。

（H）证券交易委员会。

（I）问题资产救助计划（TARP）（除非该计划的特别总检查官依照《2008年紧急经济稳定法案》第121条（k）款的规定不再拥有该项权限）

（2）职责

（A）会议。总检查官理事会会议每季度不得少于一次，如果主席认为是适当的，会议的召开可以更频繁，以便利各总检查官之间信息交换以及讨论作为总检查官理事会成员的每名总检查官正在进行的工作，并重点关注可能适用于更多金融部门的工作以及改进金融监督的措施。

（B）年度报告。每年总检查官理事会都应向金融稳定监督委员会和国会提交一份报告，报告内容包括：

（i）对于作为总检查官理事会成员的每名总检查官，应单独撰写报告的一部分且突出该总检查官正在进行及已经结束的工作中的关注点及建议，并重点关注可能适用于更多的金融部门的问题；以及

（ii）在每个总检查官按照（i）则的要求表达其观点的基础上形成的对总检查官理事会的所有意见的总结，并重点关注为改进金融监督而采取的措施。

（3）评估金融稳定监督委员会的工作组

（A）工作组的召集。总检查官理事会可以通过多数投票来召集一个总检查官理事会工作组，对金融稳定监督委员会的有效性及内部运作进行评估。

（B）人力与资源。作为总检查官理事会成员的总检查官可以按照本项的规定向总检查官理事会工作组派遣工作人员及提供所需资源以使工作组能够执行其职务。

（C）报告。依照本项规定设立的总检查官理事会工作组应就依本项规定进行的评估定期向金融稳定监督委员会及国会提交报告。

（b）金融稳定监督委员会对报告的回应。金融稳定监督委员会应对按照（a）款第（2）项（B）分项作出的该年的总检查官理事会报告中提及的事项作出回应。

第989F条　审计总署对个人向个人借款的研究

（a）研究

（1）概述。美国总审计长应对个人向个人借款进行研究以确定最佳的联邦监管结构。

（2）咨询。在进行第（1）项中规定的研究时，总审计长应向联邦银行业监管机构、证券交易委员会、消费者团体、外部专家以及个人向个人借款行业进行咨询。

（3）研究的内容。第（1）项中规定的研究应包括对下列事项的审查：

（A）本法颁布时，证券交易委员会确定的现存的监管结构，并具体关注：

（i）《1933年证券法案》在个人向个人借款领域的适用情况；

（ii）证券交易委员会电子数据收集和弥补系统数据库中对消费者借贷信息的记录；以及

（iii）将私人持股的个人向个人借款平台作为上市公司的处理；

（B）负有监督及监管个人向个人借款市场责任的州及其他联邦监管者；

（C）在本法颁布之日，已完成的或正在进行的对个人向个人借款的任何联邦、州或地方政府或私人的研究；

（D）在本法颁布之日，监管结构中现存的消费者隐私及数据的保护、最低贷款标准、反洗钱及风险管理制，以及是否需要额外的或替代保障措施；以及

（E）个人向个人借款的使用。

（b）报告

（1）概述。本法颁布之日后一年内，总审计长应就（a）款规定的研究向参议院银行、住房和城市事务委员会及众议院金融服务委员会提交一份报告。

（2）报告的内容。第（1）项中规定的报告应当包括可替代的监管选择，包括：

（A）其他联邦机构的参与；以及

（B）证券交易委员会的替代方法及替代方法是否有效的建议。

第989G条　豁免非非快速申报公司

（a）豁免。修订《2002年萨班斯—奥克斯利法案》在第404条结尾增加下列内容：

“（c）豁免小发行人。如果一个发行人既不是证券交易委员会规则12b－2（17C. F. R. 240. 12b－2）中定义的‘大快速申报公司’也不是‘快速公司’，那么（b）款的规定不应适用于为该发行人出具的任何审计报告。”

（b）研究。对于市值在75,000,000美元与250,000,000美元之间的公司、在相关报告期内，在维持些公司投资者保护的同时，证券交易委员应进行一项研究以确定如何能减轻这些公司遵守《2002年萨班斯—奥克斯利法案》第404条（b）款的负担。该研究也应考虑任何这类减轻遵守合规负担的方法或使这些公司不需适用该部分是否会在其首次公开募集时鼓励公司在美国上市。本节规定颁布后9个月内，证券交易委员会应向国会提交关于这项研究的报告。

第989H条　特定机构领导对总检查官确认的缺陷作出的纠正回应

美国联邦储备委员会主席、商品期货交易委员会主席、美国信用合作社管理委员会主席、养老金收益保证公司董事长、证券交易委员会主席均应：

（1）对于相关机构总检查官进行的调查或作出的报告所确认的缺陷，应采取措施解决；或者

（2）针对第（1）项中说明的某一缺陷，向国会两院证明采取措施是没有必要的或不适当的。

第989I条　审计总署对小发行人豁免的研究

（a）对小发行人豁免的研究。美国总审计长应就本法对《2002年萨班斯—奥克斯利法案》第404条（b）款作出的修订的影响进行一项研究，研究应包括对下列事项的分析：

（1）对于豁免适用第404条（b）款的发行人来说，与适用第404条（b）款的发行人相比，其公开会计报告的重述是增加还是减少了；

（2）与适用第404条（b）款的发行人的资本成本相比，豁免适用第404条（b）款的发行人的资本成本；

（3）在投资者对发行人的财务报表的完整性的信心方面，豁免适用第404条（b）款的发行人与适用第404条（b）款的发行人之间是否存在任何差别；

（4）按照第404条（b）款未接受内部控制鉴证的发行人，是否应要求其向投资者披露其是缺乏鉴证的；以及

(5) 豁免适用第404条(b)款，但自愿接受独立审计师鉴证的发行人的成本与收益。

(b) 报告。本法颁布之日起3年内，总审计长应向参议院银行、住房和城市事务委员会及众议院金融服务委员会提交一份关于(a)款规定研究的结果的报告。

第989J条　进一步促进加强对年长者与其他消费者保护的美国保险监督官协会示范规章的采纳

(a) 概述。对于下列任何保险、人寿保险单、年金保险合同或期权式年金保险合同，证券交易委员会应将其视为《1933年证券法案》第3条(a)款第(8)项规定的豁免注册证券：

(1) 其价值不因单独账户的绩效而发生变化；

(2) 其：

(A) 发行时满足非丧失法律标准或适用的州的类似要求；

(B) 在没有可适用的非丧失法律标准或要求时，满足人寿保险非丧失法律示范标准或个人延缓年金保险的非丧失法律的示范标准，或由美国保险监督官协会颁布的任何后继的示范法；以及

(3) 签发：

(A) 2013年6月16日及之后，在某一州签发或由营业地在某一州的保险公司签发的：

(i) 采纳管辖保险、人寿保险单、年金保险合同或期权式年金保险合同销售的适当性要求的规则，且该规则应实质上达到或超过美国保险监督官协会采纳的《年金保险交易适当性示范规章》确定的最低要求；及

(ii) 在协会任何后继者采纳修订规则后5年内，采纳实质上达到或超过(A)分项规定的对示范规章修订的最低要求；或者

(B) 为了保险、人寿保险单、年金保险合同或期权式年金保险合同的销售，保险公司在全国范围的基础上采纳及执行达到或超过美国保险监督官协会确定的《年金保险交易适当性示范规章》(示范275)及其后继规章中的最低要求的惯例，且为了根据本条规定的合规情况的监督，应受该保险公司营业地所在州，或保险公司对这该类产品进行销售的任何其他州的检查。

(b) 规则解释。本条任何规定都不能被解释为影响本条中规定的保险、人寿保险单、年金保险合同或期权式年金保险合同是否成为《1933年证券法案》第3条(a)款第(8)项中规定的豁免注册证券。

第十节 证券交易委员会匹配经费

第991条 证券交易委员会匹配经费

(a) 匹配经费的权限

(1) 修订。修订《1934年证券交易法案》第31条如下:

(A) 删除(a)款并插入下列内容:

"(a) 年度拨款的成本的收回

证券交易委员会应按照本条的规定收取交易费用及评估费,该交易费用及评估费是旨在收回由于国会对证券交易委员会年度拨款而给政府带来的成本。"

(B) 在(e)款第(2)项中,删除"9月30日",并插入"9月25日";

(C) 在(g)款中,删除"在适用该费率的财政年度之前的该财政年度的4月30日",并插入"在关于向委员会于该财政年度内进行定期拨款的法律生效后30天";

(D) 删除(j)款,并插入下列内容:

"(j) 对费率的调整

"(1) 年度调整。按照(i)款第(1)项(B)分项及(k)款的规定,每一财政年度,证券交易委员会都应通过命令调整(b)款和(c)款中规定的、该财政年度所适用的费率至统一调整后的水平,且当该费率适用于该财政年度销售总额(以美元计)的基线估算时,有理由相信该利率会引起本条中规定的费用总额的收取(包括按照本条(d)款规定收取的评估费),且收取的费用与该财政年度国会向委员会的定期拨款相等。

"(2) 年中调整。按照(i)款第(1)项(B)分项及(k)款的规定,每一财政年度,证券交易委员会应确定至该财政年度3月1日,以该财政年度前5个月的实际的累计销售额为基础,第(1)项中规定的该财政年度的累计销售额的基线是否能合理地比该财政年度的实际累计销售额多或少10个百分点(或更多)。如果证券交易委员会得到肯定的答案,那么证券交易委员会应通过命令,不迟于3月1日,调整(b)款和(c)款下规定的该财政年度的所有费率至统一调整后的水平,且当该财政年度的剩余部分适用修订后的累计销售额基线时,有理由相信该费率会引起本条中规定的费用总额的收取(包括按照本条(d)款规定收取的评估费和该5个月期间内收取的费用),且收取的费用与该财政年度国会向委员会的定期拨款相等。在得出该修订后的累计销售额基线的过程中,委员会应在与国会预算局及行政管理和预算办公室协商后，使用与第（1）项中所要求的方法同样的方法。

"（3）审查。在按照本条规定行使权力时，证券交易委员会不应被要求遵守《美国法典》第5章第553条的要求。第（1）项或第（2）项中规定的、按照（g）款规定公布的调整后的费率不受司法审查。

"（4）生效日期

"（A）年度调整。按照（i）款第（1）项（B）分项及（k）款的规定，第（1）项中规定的调整的费率在下列时间后生效：

"（i）适用该费率的财政年度的第一天；或者

"（ii）规定该财政年度向证券交易委员会定期拨款的法律颁布60天后。

"（B）年中调整。第（2）项中规定的调整费率于适用该费率的财政年度的4月1日生效；"

（E）在（k）款中，删除"30天"，并插入"60天"；并且

（F）在第（1）项中，删除从"定义"开始一直到"销售。——基线"的部分，并加入"累计销售额的基线估算。——基线"。

（1）生效日期。本款作出的修订在下列日期后生效：

（A）2011年10月1日；或者

（B）规定2012财政年度向委员会定期拨款的法律颁布之日。

（b）注册费用条款的修订

（1）《1933年证券法案》第6条（b）款。修订《1933年证券法案》第6条（b）款如下：

（A）删除所有的"补偿"，并分别插入"费用"；

（B）删除第（1）、（3）、（4）、（6）、（8）、（9）项；

（C）重新指定第（2）项为第（1）项；

（D）重新指定第（5）项为第（2）项；

（E）重新指定第（7）项为第（3）项；

（F）重新指定第（10）项为第（5）项；

（G）重新指定第（11）项为第（6）项；

（H）重新指定序号的第（1）项中，删除"第（5）项或第（6）项"，并插入"第（2）项"；

（I）重新指定序号的第（2）项中：

（i）删除"2003财政年度至2011财政年度"，并插入"财政年度"；并且

（ii）删除"第（2）项"，并插入"第（1）项"

（J）在重新指定序号后的第（3）项后，插入下列内容：

“（4）审查与生效日期。在按照本条规定行使权力时，证券交易委员会不应被要求遵守《美国法典》第5章第553条的规定。第（5）项中规定的、按照第（2）项规定公布的调整后的费率不受司法审查。第（2）项规定的调整费率于适用该费率的财政年度的第一天生效。”

（K）在重新指定序号后的第（5）项中，删除“4月30日”，并插入“8月31日”；

（L）在重新指定序号后的第（6）项中：

（i）删除“2002财政年度至2011财政年度”，并插入“财政年度”；并且

（ii）在（A）分项结尾的表格中，插入下列内容：

“2012	425,000,000美元
2013	455,000,000美元
2014	485,000,000美元
2015	515,000,000美元
2016	550,000,000美元
2017	585,000,000美元
2018	620,000,000美元
2019	660,000,000美元
2020	705,000,000美元

2021及其后的每个财政年度与上个财政年度收取的目标费用额度相等的额度，已根据通货膨胀率进行了调整。”

（2）《1934年证券交易法案》第13条（e）款。《1934年证券交易法案》第13条（e）款做如下修订：

（A）第（3）项中，删除“第（5）项和第（6）项”，并插入“第（4）项”；

（B）删除第（4）项、第（5）项和第（6）项；

（C）在第（3）项后插入下列内容：

“（4）年度调整。每个财政年度，证券交易委员会都应通过命令调整第（3）项中规定的，该财政年度所适用的费率至符合《1933年证券法案》第6条（b）款规定的该财政年度的费率（以百万美元计）。

“（5）费用的收取。按照本条规定2012财政年度及其以后的每个财政年度的费用的收取应作为财政部的一般收入进行存储和记账，且不能用于清偿债务。

“（6）生效日期及公布。在按照本条规定行使权力时，证券交易委员会不应被要求遵守《美国法典》第5章第553条的规定。第（4）项中规定的调

整后的费率应当按照《1933 年证券法案》的第 6 条（b）款的规定予以公布与生效。”以及

(D) 删除第（8）项、第（9）项和第（10）项；

(3)《1934 年证券交易法案》第 14 条（g）款。《1934 年证券交易法案》第 14 条（g）款做如下修订：

(A) 在第（1）项中，删除所有出现的“第（5）项和第（6）项”，并非别插入“第（4）项”；

(B) 在第（3）项中，删除“第（5）项和第（6）项”，并插入“第（4）项”；

(C) 删除第（4）项、第（5）项和第（6）项；

(D) 在第（3）项后插入下列内容：

“（4）年度调整。每个财政年度，证券交易委员会都应通过命令调整第（1）项和第（3）项中规定的、该财政年度所适用的费率至符合《1933 年证券法案》第 6 条（b）款规定的该财政年度的费率（以百万美元计）。

“（5）费用的收取。按照本条规定 2012 财政年度及其以后的每个财政年度的费用的收取应作为财政部的一般收入进行存储和记账，且不能用于清偿债务。

“(6) 审查；生效日期；公布。在按照本条规定行使权力时，证券交易委员会不应被要求遵守《美国法典》第 5 章第 553 条的规定。第（4）项中规定的调整后的费率应当按照《1933 年证券法案》的第 6 条（b）的规定予以公布与生效。”

(E) 删除第（8）项、第（9）项和第（10）项；

(F) 重新指定第（11）项为第（8）项；

(4) 生效日期。本条所作修订自 2011 年 10 月 1 日起生效；另外，证券交易委员会应于 2011 年 8 月 31 日公布按照《1933 年证券法案》的第 6 条（b）款（经本法修订后）确定的 2012 财政年度的费率。

(c) 拨款权限。《1934 年证券交易法案》第 35 条做如下修订：

“第 35 条　拨款权限

“除了用于向证券交易委员会拨款的任何其他资金外，下列款项可以拨付给证券交易委员会以履行其职能，行使其权力及职责：

“（1）2011 财政年度，1,300,000,000 美元；

“（2）2012 财政年度，1,500,000,000 美元；

“（3）2013 财政年度，1,750,000,000 美元；

“（4）2014 财政年度，2,000,000,000 美元；以及

“（5）2015 财政年度，2,250,000,000 美元。”

(d) 预算要求的传达

(1) 修订。修订《1934 年证券交易法案》第 31 条在结尾增加下列内容：

“(m) 证券交易委员会预算要求的传达

“(1) 预算要求。2012 财政年度及其后的每个财政年度，证券交易委员会应起草并向总统提交一份预算。不论证券交易委员会何时向总统或行政管理和预算办公室提交预算估算或预算要求，证券交易委员会应同时将估算或要求的副本传达给参议院拨款委员会、众议院拨款委员会、参议院银行、住房和城市事务委员会及众议院金融服务委员会。

“(2) 提交国会。总统应将按第 (1) 项要求提交的预算原封不动地提交国会，并同时提交政府年度预算。

“(3) 内容。证券交易委员会在按第 (1) 项要求提交的每份预算中应包括：

“(A) 履行证券交易委员会职能所必需的资金的数额的逐条记载；

“(B) 证券交易委员会使用以备不时之需的被指定为意外开支准备金的数额；

“(C) 证券交易委员会的任何指定活动，如果该活动需要多年的预算授权才是适当的。”

(2) 总统的预算。2012 财政年度及其后的每个财政年度，总统向国会提交的政府的年度预算应反映本条中所作的修订。

(e) 证券交易委员会准备金

(1) 修订。《1934 年证券交易法案》第 4 条，经本法修订后，在结尾增加以下内容：

“(i) 证券交易委员会准备金：

“(1) 建立准备金。美国财政部建立一项独立的资金，即‘证券交易委员会准备金’(本款中简称为‘准备金’)。

“(2) 准备金额度。

“(A) 概述。除 (B) 分项规定以外，任何由证券交易委员会按照《1933 年证券法案》第 6 条 (b) 款或者《1940 年投资公司法案》第 24 条 (f) 款收取的注册费用都应被存入准备金。

“(B) 限制。对任一财政年度来说：

(i) 存入准备金的额度不得超过 50,000,000 美元；以及

“(ii) 准备金中的余额不得超过 100,000,000 美元。

“(C) 超出的费用。对于证券交易委员会按照《1933 年证券法案》第 6 条 (b) 款或者《1940 年投资公司法案》第 24 条 (f) 款收取的注册费用，超出 (B) 分项限制的额度都应存入美国财政部一般性基金中，

不应被用来清偿证券交易委员会债务。

“（3）准备金额度的使用。如果证券交易委员会认为对履行证券交易委员会职能所必需，证券交易委员会可以用准备金额度清偿债务，只要在一个财政年度内总额不超过100,000,000美元。准备金所有额度在用完之前都可以用做该用途。证券交易委员会按照此项规定用额度清偿债务后的10天内，证券交易委员会应通知国会清偿债务的时间、数量及目的。

“（4）规则释义。准备金收取与存储的额度不应被视为政府资金或拨款，不受以《美国法典》第31章第15篇为目的的拨款的约束，也不受其他任何机构约束。”

（2）生效日期

本款所做修订自2011年10月1日起生效。

第十章　消费者金融保护局

第1001条　标题

本章全称为《2010年消费者金融保护法案》。

第1002条　定义

除本章另行规定以外，为明确本章之目的，适用以下定义：

（1）关联人。“关联人”是指与另外之人发生控制、被控制或者共同控制关系的人。

（2）保护局。“保护局”是指消费者金融保护局。

（3）保险业务。“保险业务”是指保险公司的保险业务或风险再保险业务，其中包括担任或充当保险公司的高层、主管、代理、雇员，或获得这些人授权并代表其开展以上保险、再保险业务的所有必要活动以及相关活动。

（4）消费者。“消费者”是指个人或代表个人行事的代理人、受托人或代表人。

（5）消费者金融产品或服务。“消费者金融产品或服务”是指下列描述的金融产品或服务中的至少一项：

（A）第（15）项规定的金融产品或服务，且向消费者供应或提供之目的是满足个人、家庭成员或家庭需要；或

（B）第15项（A）分项（i）则、（iii）则、（ix）则、（x）则规定的金融产品或服务，且其交付、供应或提供与（A）分项所指的消费者金融产品或服务有关；

（6）相关人。“相关人”是指

（A）从事供应或提供消费者金融产品或服务之人；以及

（B）（A）分项所述之人的关联人，如果该关联人担任该人的服务提供人。

（7）信用。“信用”是指消费者被他人赋予的延期偿还债务、发生债务并延迟支付或购买资产或服务并推迟支付的权利。

（8）吸收存款业务。“吸收存款业务”是指

（A）接受存款、维持存款账户，或者与接受存款或维持存款账户相关的服务；

（B）接受资金、与接受资金相关的其他服务，或信用合作社维持其成员份额账户的服务；或者

（C）接收资金，按照保护局通过规则或命令许可的、关于相关人（或相关人的代理）为方便消费者与第三方之间的支付或者划转资金或资金价值而接收或持有相应资金的业务活动。

（9）指定移交之日。“指定移交之日”是指第1062条规定的日期。

（10）局长。“局长”是指保护局局长。

（11）电子渠道服务 。“电子渠道服务”

（A）是指个人所提供的电子数据的传输、发送、过渡性或暂时性存储，或者与通信系统或网络的连接；并且

（B）如果在提供此类服务时，服务提供人有如下行为，则其不包括在电子渠道服务范围内：

（i）选择或修订电子数据的内容；

（ii）在传输、发送、存储或连接包括金融数据的电子数据时，这些金融数据不同于该人传输、发送、存储及提供相关连接的同一形式的其他类型数据；或者

（iii）是收款人、付款人、信息传输人，或与消费者发生支付交易的类似当事人。

（12）列举的消费者法。除第1029条、第G节或第H节规定的特定解释以外，“列举的消费者法”是指：

（A）《1982年另类抵押交易对等法案》；

（B）《1976年消费者租赁法案》；

（C）《电子资金转账法案》，除该法案第920条以外；

（D）《平等信贷机会法案》；

（E）《公平信用票据法案》；

（F）《公平信用报告法案》除关于本法案第615条（e）款和第628条以外；

（G）《1998年住房所有人保护法案》；

（H）《公平债务托收业务法案》；

（I）《联邦存款保险法案》第43条（b）款至（f）款；

（J）《G－L－B法案》第502条至第509条，除第505条适用第501条（b）款以外；

（K）《1975年住房抵押披露法案》；

（L）《1994年住房所有权与股权保护法案》；

（M）《1974年不动产结算程序法案》；

(N)《2008 年抵押贷款许可安全与公平执行法案》;

(O)《诚信贷款法案》;

(P)《诚信储蓄法案》;

(Q)《2009 年公共拨款法案》第 626 条;和

(R)《州际土地出售充分披露法案》。

(13) 公平贷款。“公平贷款”是指使消费者公平、公正、无歧视地获得贷款。

(14) 联邦消费者金融法律。“联邦消费者金融法律”是指本章条款、列举的消费者法律、关于依照第 F 节、第 H 节移交权力的法律、保护局依照本章,或列举的任意一条消费者法律、或依照第 F 节和第 H 节移交权力制定的规则或命令。本名词不包括《联邦贸易委员会法案》。

(15) 金融产品或服务。

(A) 概述。“金融产品或服务”是指

(i) 提供信用和贷款服务,包括信用的获得、购买、出售、代理或信用的其他提供方式(不包括仅向消费者信用交易的发起人提供商业信用);

(ii) 提供或佣金代理私产或不动产租赁,其功能等同于购买金融协议,如果

(I) 租赁是非经营性质的;

(II) 租赁的初始期限为 90 日或以上;并且

(III) 对于涉及不动产的租赁,依照保护局有关标准,在初始租赁的开始时期,交易目的是转移租赁的不动产所有权至承租人;

(iii) 提供除了第 C 分项排除在外的不动产处置服务,或从事不动产或私产估价业务的服务;

(iv) 从事吸收存款业务、传递或兑换资金,或者代表消费者或以供其使用为目的,充当资金或金融工具保管人;

(v) 出售、提供或发行储值工具或支付工具,但不包括对于销售储值或充值再交易,如果卖方对提供消费者的储值工具的条款施加实质性限制的情况,本则规定的下列情形除外:

(I) 如果卖方并不是与消费者签订关于储值工具产品的合同方,而是另外有人对规定储值工具条款负主要责任,则不应认为卖方对储值工具的条款施加实质性限制,并且

(II) 对提供非金融产品或服务的卖方的储值卡或设备所做的广告宣传本身不应被视为对条款施加的实质性限制;

（vi）提供支票现金、支票托收，或支票担保服务；

（vii）通过任何技术手段对消费者提供支付或者其他处理金融数据的产品或服务，包括处理或者存储任何支付工具的金融或银行数据，或者通过任何网上银行系统或移动通讯网络实现支付。除了因为某人出现以下情况而不应被视为与金融数据处理有关的相关人：

（I）该人是批发商、零售商，或任何非金融产品或服务的销售商，通过传送或存储消费者支付数据进行金融数据处理，仅出于按照消费者指示支付该人直接对该消费者出售的非金融产品或服务或其商品交易的目的；或者

（II）该人提供他人主机服务器以供他人建立和维护网页。

（viii）向消费者提供关于个人金融事务或私人金融产品或服务（不包括通过印刷任何常规或定期发行的实物性报纸、新闻杂志或商业和金融刊物，以及印刷市场数据、新闻、数据分析和投资信息以及非针对个别需求或特定消费者的建议）的金融咨询服务（不包括证券交易委员会或受州证券委员会监管之人提供的证券服务，但此仅指该人行使受监管之职权之时），包括：

（I）向消费者提供信用咨询；以及

（II）提供服务以帮助消费者进行债务管理或债务处置、改变信用期限或避免赎回权的取消；

（ix）收集、分析、维护或提供关于消费者记录的信息或其他账户信息，包括关于消费者历史信用，这些信息有助于或将有助于在决定是否供应或提供消费者金融产品或服务方面发挥作用或将发挥作用，但下列情形除外：

（I）某人

（aa）仅收集、分析、维护有关其与消费者之间交易的信息；

（bb）将（aa）描述的有关信息提供给其关联人；或者

（cc）提供有助于或将有助于决定是否供应或提供并非消费者金融产品或服务的信息，包括关于消费者就业、政府许可，或住宅租赁的决定；并且

（II）该人或关联人未将（I）分则（aa）所述的信息用于任何决定是否供应或提供关于消费者金融产品或服务方面，除第 1027 条（a）款（2）项（A）分项所述的信用外；

（x）托收与任何消费者金融产品或服务有关的债务；并且

（xi）保护局为明确本章之目的，可以通过条例定义其他金融产品或服务，如果保护局认为这些金融产品或服务：

（I）具有欺骗性或为逃避联邦消费者金融法；或者

（II）是适用的联邦法律或条例允许银行或金融控股公司供应或提供的，并对消费者已经或可能将要产生重大影响的。

（B）释义规则

（i）概述。为了明确（A）分项（xi）则（II）分则之规定，依照本分项第（ii）则，向相关人提供的以下业务不应视为依照适用的联邦法律或条例从事允许金融控股公司从事的金融业务的附属或补充的部分：

（I）向相关人提供用于标识鉴别的信息产品或服务。

（II）提供信息产品或服务，用于反欺诈或确认盗窃侦查、预防，或调查。

（III）提供文件检索和传送服务。

（IV）提供公共记录信息检索。

（V）提供用于反洗钱活动的信息产品或服务。

（ii）限制。第（i）则不得视为对保护局在以下方面权力的限制：

（I）依照本章规定对相关人或提供服务之人从事（A）分项（ix）则所述之活动进行检查或强制执行的权力；或者

（II）依照本章行使规定制定规则、发布命令的权力，或者依据列举的消费者法律或依据第6节和第8节的权力移交的法律而采取其他的行动。

（C）例外。“金融产品或服务”不包括：

（i）保险业务；或者

（ii）电子渠道服务。

（16）外汇。“外汇”是指美国货币或外国政府货币与另一政府货币之间的兑换以实现补偿和抵消的目的。

（17）参加存款保险的信用合作社。“参加存款保险的信用合作社”与《联邦信用合作社法案》第101条的含义相同。

（18）支付工具。“支付工具”是指支票、银行汇票、提款单、邮政汇票、旅行支票、电子工具，或其他工具，以及资金支付，或货币价值（不同于货币）。

（19）人。“人”是指个人、合伙人、公司、企业、联盟（公司或非公司性质的）、信托、房产、合作组织或其他实体。

（20）商品期货交易委员会监管之人。“商品期货交易委员会监管之人”是指已经在商品期货交易委员会注册或按照章程或条例规定将要注册的、业务活动依照《商品交易法案》属于商品期货贸易委员会管辖范畴的人。

（21）证券交易委员会监管的人。“证券交易委员会监管之人”是指处于下列情形之人：

（A）依照《1934 年证券交易法案》规定注册的经纪人或交易商；

（B）依照《1940 年投资顾问法案》规定注册的投资顾问；

（C）依照《1940 年投资公司法案》规定注册的投资公司以及任何公司自愿依据该法案作为商业发展公司接受管辖；

（D）依照《1934 年证券交易法案》规定注册的国家级证券交易所；

（E）依照《1934 年证券交易法案》规定注册的清算公司；

（F）在证券交易委员会注册的自律性组织；

（G）要求在证券交易委员会注册的国家承认的统计评级机构；

（H）要求在证券交易委员会注册的证券信息分理人；

（I）要求在证券交易委员会注册的地方证券交易商；

（J）依照《1934 年证券交易法案》规定在证券交易委员会注册的其他人；以及

（K）代表、在册或向（A）分项至（K）分项所述之人提供服务的雇员、代理人，或订约人，但仅限于（A）分项至（K）分项所述之人或上述雇员、代理人，或订约人接受监管的行为范围。

（22）州保险监管机构监管之人。“州保险监管机构监管之人”是指从事保险业务、服从州保险监管机构监管的人，但仅限于该人接受监管的行为范围。

（23）为消费者提供所得税安排之人。“为消费者提供所得税安排之人”是指：

（A）准备纳税申报的人（依据《1986 年国内税收法典》第 7701 条（a）款第（36）之定义），无论是否取酬，但仅限于该人接受监管的行为范围。

（B）依照《美国法典》第 31 章第 330 条受财政部长监管的人，但仅限于该人接受监管的行为范围。

（C）授权提供美国国税局电子文档的人（依照《1986 年国内税收法典》第 7216 条的定义），但仅限于该人接受监管的行为范围。

（24）审慎监管机构。“审慎监管机构 ”是指：

（A）对于参加存款保险的存款机构或存款机构控股公司（依照《联邦存款保险法案》第 3 条之定义），或者上述机构或公司的分支机构，是

指相应的联邦银行管理机构，名词定义可参见《联邦存款保险法案》第3条；以及

（B）对于参加存款保险的信用合作社，是指全国信用合作社管理局。

（25）有关人。“有关人”

（A）适用于不是银行控股公司（该名词定义参见《1956年银行控股公司法案》第2条）、信用合作社，或存款机构的相关人；

（B）可视为联邦消费者金融法所规定的相关人；

（C）是指

（i）担任管理相关人，或其股东或是其代理人的主管、高层或雇员；

（ii）保护局（根据规则或依据个案情况）规定的实质参与上述相关人事务处理的股东、顾问、合资合伙人或其他人；以及

（iii）独立订约人（包括律师、估价师、会计师），有意或无意地参与：

（I）违反任何法律法规的行为；或者

（II）违背信用义务的行为。

（26）提供服务之人。

（A）概述。“提供服务之人”是指向相关人提供实质性服务的人，而此服务与该相关人向消费者提供金融产品或服务有关。包括以下情形的人：

（i）参与设计、经营，或维护消费者金融产品或服务的人；或者

（ii）处理关于消费者金融产品或服务的交易（不包括不知情或附带性质的传送或处理无异于本人传送或处理的同一格式下的其他类型的金融数据）。

（B）例外。“提供服务之人”不包括仅向相关人提供以下服务的人：

（i）向企业广泛提供支持服务或类似辅助性服务；或者

（ii）通过印刷、报纸或其他电子媒介为消费者金融产品或服务提供广告宣传的时间或场所。

（C）释义规则。提供服务之人应视为相关人，其从事供应或提供自有的消费者金融产品或服务的相关人。

（27）州。“州”是指美国所有的州、领地、属地，哥伦比亚特区、波多黎各共和国、北马里亚纳群岛、关岛、美国萨摩亚群岛，或美属维尔京群岛，或内务部长依照《1994年联邦承认的印第安部落名单法案》第104条（a）

款定义的所有联邦承认的印第安部落。

（28）储值工具

（A）概述。“储值工具”是指以电子格式代表的、加密或不加密的、无论金额是否可增加或可充值，或能在电子媒介上存储，具有可检索、可电子传送的功能的资金或货币价值；也包括预付借记卡或借记产品，或所有其他类似产品。

（B）例外。“储值工具”不包括具有特殊目的的卡或凭证，尽管它们也具有第（A）分项中关于电子格式的资金或货币价值的描述以及加密或不加密的特征，但是

（i）是由批发商、零售商，或其他非金融或服务的销售商发行的；

（ii）兑现的条件仅为当与批发商、零售商，或其他非金融或服务的销售商或与批发商、零售商，或其他非金融或服务的销售商关联的关联人进行交易时；

（iii）定额发行、不可充值，专门用于电话服务的卡或产品除外；

（iv）为便于支付以预付方式购买；以及

（v）向批发商、零售商，或其他非金融或服务的销售商或与批发商、零售商，或其他非金融或服务的销售商关联的关联人出示即可支付账单。

（29）划转或兑换资金。“划转或兑换资金”是指从消费者处接收货币、货币价值，或支付工具，在美国境内或境内外之间进行划转或兑换，以包括电报、传真、电子转账、快邮、互联网，或票据支付服务系统及其他促进实现向第三方转移的任何方式。

第一节　消费者金融保护局

第1011条　消费者保护局的建立

（a）保护局的建立。联邦储备体系成立了一个独立的保护局“消费者保护局”。它负责依照联邦消费者金融法对消费者金融产品或服务的供应与提供进行监管。根据《美国法典》第5章第105条，保护局应视为一个执行机构。除法律另行明确规定以外，所有关于公共或联邦合同、产权、工程、官员、雇员、预算或资金的联邦法律，包括《美国法典》第5章第5篇和第7篇的规定，都适用于保护局权力的行使。

（b）局长和副局长

（1）概述。保护局的主管职位为局长。

（2）任命。依照第（3）项，局长之职应由总统在征求参议院意见并经其同意后任命。

（3）任命资格。总统应从美国公民中提名。

（4）薪酬。根据《美国法典》第5章第5313条，局长薪酬将依照行政人员等级表的第II级水平发放。

（5）副局长。保护局设立副局长职位，副局长

（A）应由局长任命；并且

（B）在局长缺席或职务空缺时，暂时行使局长职责。

（c）任期

（1）概述。局长任期为5年。

（2）任职期限。局长任届期满后可以继续担任该职位，直至继任者具有任命资格并获得任命。

（3）免职理由。总统可因在职期间的缺乏效率、失职或渎职而免去局长职务。

（d）任职限制。局长或副局长在供职期间不允许在联邦储备银行、联邦住宅贷款银行、相关人或提供服务之人处设立办公室、任职或受聘。

（e）办公地点。保护局的主要办公地点在哥伦比亚特区。局长可在联邦储备银行或其分行所在的城市设立地区性保护局的地区性办公室，以便充分履行联邦消费者金融法所赋予的职责。

第1012条　行政与管理权力

（a）保护局权力。保护局被授予制定保护局有关所有行政与管理职能方面的总体政策的权力，具体包括：

（1）制定保护局开展总体事务的规则，其内容不得与本章冲突；

（2）承担法律责任和签署合同；

（3）负责保护局各部门或其他处室的建立和正常运转，以行使联邦消费者金融法赋予的职责以及落实其他适用法律的要求；

（4）协调、监督保护局所有管理、执行、研究活动的运行情况；

（5）持有并使用印章；

（6）决定保护局债务和开支的性质与必要性；

（7）人事任命与监督；

（8）局长任命并监督的人员业务分配和保护局管理部门的业务分配；

（9）资金开支与使用；

（10）通过制定规则、发布命令、传达指引、给予说明、发表政策声明、实施调查和强制执行等方式贯彻联邦消费者金融法；以及

（11）履行法律授权或规定的其他职能。

（b）权力委派。保护局局长可以委派适当的雇员、代表或代理人执行法律赋予保护局的权力。

（c）保护局的自主权

（1）与联邦储备理事会合作。尽管联邦消费者金融法对相关人士的监督与调查另有规定，但联邦储备理事会可依照联邦消费者金融法在其管辖权力范围内，委托保护局开展对人的调查。

（2）自主权。尽管《联邦储备法案》赋予联邦储备理事会权力，但联邦储备理事会不得：

（A）干预局长的事务或工作程序，包括实施调查和强制执行措施，除非法律另行规定；

（B）任命、指示或免除保护局官员职务或雇员的职位；

（C）将保护局或者任何职能或职责并入联邦储备理事会的任何部门、处室或联邦储备银行。

（3）规则与命令。保护局的任何规则与命令无须经过联邦储备理事会批准或审查。管理委员会不得延迟或阻止保护局任何规则与命令的发布。

（4）建议与声明。在保护局局长或其他任何官员表达自己的观点，向国会提交立法建议、有关法律声明或意见之前，尽管这些意见未必反映联邦储备理事会或总统的观点，美国任何官员或机构无权要求保护局局长或其他任何官员向美国任何官员或机构提交关于立法建议或有关法律的声明或意见，供其批准、表态或审阅。

（5）法律程序的自主权声明。在任何法律规定下，保护局均无须对联邦储备理事会的作为或不作为负责；在任何法律规定下，管理委员会均无须对保护局的作为或不作为负责。

第 1013 条　管理

（a）人事

（1）任命

（A）概述。根据《美国法典》第 5 章规定，局长可负责确定保护局所有的雇员人数、人员任命和管理。

（B）保护局雇员。局长有权雇用律师、规制检查官、规制监督分析师、经济学家、统计学家以及开展保护局工作而应该的其他雇员。除非法律另行规定，按照本条任命的雇员将遵照《美国法典》第 5 章第 2105

条的定义，遵守该章有关规定和其他普遍适用于执行机构雇员的法律。

（C）弃权

（i）概述。依照（A）分项的任命，局长可免于遵守《美国法典》第5章第33篇的规定及其执行条例，但对雇员的任命应该依照《联邦储备法案》第11条（1）款，并考虑下列因素：

（I）按照公平、可信、透明的方式制定职位的资格要求、录用条件和任命规定；

（II）在考虑和选择职务人选时依据公平、公开竞争和同等待遇原则。

（ii）有经验者优先。在执行本分项时，局长应遵守依照《美国法典》第5章第33篇制定的第2302条（b）款第（11）项，优先录用有经验者。局长依照本分项免于遵守《美国法典》第33篇的有关规定，但期限为本法案颁布之日后的5年。

（2）薪酬。尽管《美国法典》第5章第51篇和第53篇对薪酬另有规定，下列条款仍将适用于保护局雇员：

（A）保护局所有雇员的基本工资水平由局长负责制定并调整。

（B）局长应确保向各级雇员提供的薪酬（包括保险金）不低于联邦储备理事会同级雇员的薪酬水平。

（C）所有雇员的薪酬（包括保险金）条件应与《联邦储备法案》第11条（1）款的规定的薪酬条件相一致。

（3）保护局加入联邦储备体系的退休金计划和联邦储备体系的储蓄计划。

（A）雇员的选择加入。在保护局任职的雇员可选择加入下列任意一项：

（i）联邦储备体系的退休金计划和储蓄计划，其条件参照联邦储备理事会向雇员提供的计划并依据第1064条（i）款第（1）项（C）分项条款。

（ii）依据《美国法典》第5章第83篇的公民服务退休体系或依据《美国法典》第5章第84篇的联邦雇员退休体系，如果雇员过去已经加入其中的一项。

（B）决定期限。保护局雇员应依据本项要求在保护局任命或依据第F节移交至保护局之日后的1年内作出决定。在加入联邦储备委员会退休金计划和联邦储备委员会储蓄计划并获得收益之日前，应终止已加入的联邦政府建立或支持的任何其他计划及收益。

（C）雇主缴纳。依照《美国法典》第5章第84篇有关规定，保护局应为选择加入联邦储备委员会退休金计划的保护局雇员，向该计划缴纳雇主承担的部分，按照联邦雇员退休体系的规定的额度。保护局应依照计划的要求，向选择加入联邦储备委员会储蓄计划的保护局雇员支付雇主承担的部分。

（D）既定团体地位。为明确《1986 年国内财政税收法典》第 414 条（b）款、（c）款、（m）款及（o）款的规定，保护局具有与联邦储备体系（在本法案颁布前由联邦储备理事会和 12 个联邦储备银行组成）同样的雇主身份。

（4）劳务—管理关系。《美国法典》第 5 章第 71 篇适用于保护局和保护局雇员。

（5）机构巡视官。

（A）依法设立。在指定移交之日的 180 天之内，保护局应任命巡视官。

（B）巡视官职责。依据（A）分项规定，任命的巡视官应当：

（i）负责保护局与受保护局监管活动影响之人的沟通，协调该人与保护局发生的问题；以及

（ii）为投诉者的作证提供充分的保护和保密。

（b）专职部门

（1）研究。局长应设立专职部门，负责研究、分析与汇报以下方面：

（A）消费者金融产品或服务市场的发展，包括发展较快的新型金融产品或服务市场容量及其风险；

（B）长期处于服务水平低下的社区对公平的、可负担的信用的获得情况；

（C）消费者对消费者金融产品或服务的信息披露和通信工具的关注、理解和使用情况；

（D）消费者对消费者金融产品或服务的成本、风险和收益情况的关注和理解程度；

（E）有关消费者金融产品或服务的消费者行为，包括抵押贷款的还款情况；以及

（F）长期处于服务水平低下的消费者的体验情况，包括未接受银行服务的以及接受服务程度不足的消费者。

（2）社区事务。关于对长期服务水平低下的消费者及社区提供金融产品或服务方面，局长应设立专门的信息提供、指导、技术支持的部门。

（3）收集并处理投诉。

（A）概述。局长应设立相关部门，主要职能包括设立免费专线电话、网站、数据库或利用现有数据库，集中接受、监控并反馈有关消费

者金融产品或服务方面的投诉。局长应协调联邦贸易委员会或其他联邦机构，适时将相关投诉分别转至上述机构。

(B) 向各州转达投诉。在可行的情况下，州监管机构可接受来自依照（A）分项建立的投诉系统的相应投诉，如果

(i) 州监管机构系统具备接受从保护局系统转达的电话或电子报告；

(ii) 州监管机构达到加入保护局系统的要求，包括个人的识别信息的处理、投诉的处理及有关规制程序和资源的信息分享；以及

(iii) 州监管机构参与对联邦监管机构个人识别信息保护的提供，并遵守（D）分项所述之联邦机构采用的个人识别信息保密保护和数据的完整性与安全性标准。

(C) 向国会提交报告。局长应于每年3月31日之前向国会提交年度报告，汇报上一年度消费者金融产品与服务的投诉情况。该报告应对投诉数量、种类以及投诉处理情况等进行说明与分析。

(D) 数据分享规定。为完成（C）分项所述之报告，了解诸如监管与实施情况、消费者金融产品与服务市场的监控等方面的情况，保护局应与审慎监管机构、联邦贸易委员会、其他联邦机构以及各州监管机构分享消费者投诉信息。上述信息分享行为应遵照联邦机构采用的个人识别信息保护和数据完整性与安全性的标准。审慎监管机构、联邦贸易委员会及其他联邦机构应与保护局分享有关消费者金融产品与服务的消费者投诉信息，并遵守联邦机构实行的关于个人识别信息保护和数据的完整性与安全性的标准。

(c) 公平贷款与机会均等办公室

(1) 设立。局长应在保护局设立公平贷款与机会均等办公室。

(2) 职能。公平贷款与机会均等办公室应依照局长的委托，行使以下权力与职责：

(A) 监督并强制执行包括《平等信贷机会法案》与《住宅抵押信息披露法案》在内的联邦法律，以确保个人或社区公平、同等、无歧视的获得贷款；

(B) 与其他联邦机构及州级监管机构，视情况而定地开展合作并促进保护局公平贷款原则的实现，以推动持续、高效、有效地执行联邦公平贷款法；

(C) 与促进私营业、平等贷款、公民权力、消费者与社区服务的倡导者合作，推动公平贷款的遵守与教育的推广；以及

(D) 向国会提交年度报告，汇报关于保护局为实现公平贷款任务而

作出的努力。

（3）行政设置。保护局应设立助理局长之职，负责保护局的公平贷款与机会均等工作，助理局长应：

（A）由局长任命；并且

（B）受保护局委派行使以上职责。

（d）金融教育办公室

（1）设立。局长应设立金融教育办公室，负责制订并执行有关方案，以提高消费者在知情的基础上作出合理决策的能力。

（2）其他职责。金融教育办公室应制定并执行有关战略规划。该战略规划应具有可衡量的目标和目的，征求金融技能与教育委员会的意见并符合国家金融技能规划，通过为消费者享有以下待遇提供条件，提高消费者的金融技能水平：

（A）金融咨询，有条件的可设立服务社区的金融咨询；

（B）信用产品的估值信息和对信用历史和评级的理解；

（C）储蓄、贷款以及主流金融机构的其他服务；

（D）具有如下目的的行为：

（i）帮助消费者筹备教育费用、提交金融援助申请以及筹备其他主要费用；

（ii）降低债务水平；以及

（iii）改善消费者的金融状况；

（E）帮助制订长期储蓄计划；以及

（F）在申请劳动所得税抵免和联邦保险金过程中的财富积累与金融服务。

（3）合作。在行使职责时，金融教育办公室应与保护局其他部门开展以下方面的合作：

（A）与社区事务办公室共同制定战略规划，以提高消费者金融技能水平；并且

（B）与局长设立的研究部门共同开展有关消费者金融教育与咨询的研究；

（4）报告。局长应在指定移交之日后的24个月之内及此后的每年，完成关于消费者金融技能之普及情况和提高消费者金融技能之战略规划的报告，提交下列机构：

（A）参议院银行、住宅和城市事务委员会；以及

（B）众议院金融服务委员会。

（5）金融技能与教育委员会全体会员。《金融技能与教育改善法案》第

513 条（c）款第（1）项进行以下修订：

（A）删除（B）分项末的“和”字；

（B）（C）分项改为（D）分项；并且

（C）在（B）分项后加入下列内容作为新的（C）分项：

“（C）消费者金融保护局局长；并且”

（6）相应修订。《金融技能与教育改善法案》第513条（d）款末尾补充“消费者金融保护局局长应担任副主席。”

（7）金融技能项目研究与报告。

（A）概述。美国总审计长应围绕以下方面开展研究：

（i）对提供第（2）项所述的活动或项目之人实施认证的可行性，诸如表彰成绩显著的项目、发展社区性从业者指引与资源等，具体包括：

（I）认证程序与认证标准；

（II）适合的发证机关；

（III）推行认证的资金来源；以及

（IV）认证的成本收益分析；

（ii）用于收集、分析、评估，或改善金融技能与咨询项目的技术资源；

（iii）对提高消费者个人金融管理能力行之有效的方法、工具和策略；以及

（iv）推进金融技能项目发展的建议，有效提高金融教育产出及消费者在知情基础上作出合理决策的能力。

（B）报告。在本法案颁布之日后的1年内，美国总审计长应将依据本项要求而展开的研究结果提交参议院银行、住宅和城市事务委员会和众议院金融服务委员会。

（e）服役人员事务办公室

（1）概述。局长应设立服役人员事务办公室，制定并执行服役人员及其家庭成员的有关策略，以实现：

（A）传授技能并提高服役人员及其家庭成员在知情基础上作出合理决策的能力；

（B）与保护局依照（b）款第（3）项而设立的部门进行合作，监管服役人员和其家庭成员的投诉以及保护局或其他相应联邦、州级监管机构对投诉意见的反馈；以及

（C）与联邦和州级监管机构视情况而定地合作，推进就服役人员及其家庭成员使用的，或向其提供的消费者金融产品和服务的消费者保护。

（2）合作

（A）地区服务。局长有权指派必要的保护局雇员开展服役人员事务办公室的工作，包括建立并维护保护局位于军事基地、军用医疗场所，或其他类似军事设施附近的地区办公室的职能。

（B）协议。保护局有权与国防部及其授权的分支机构或代表处，签订谅解备忘录及类似协议，确保服役人员事务办公室业务的顺利开展。

（3）定义。在本款中所使用的名词“服役人员”是指美国军队及所有国民警卫队或预备队成员。

（f）设立的期限。公平贷款与机会均等办公室、金融教育办公室和服役成员办公室均应在指定移交之日后的1年内设立。

（g）美国老年公民金融保护办公室

（1）设立。指定移交之日起的180日内，局长应设立美国老年公民金融保护办公室，其职能包括通过散发材料等宣传方式，向年龄在62岁及以上的公民（本款称之为“老年人”）传授如何避免不公平的、欺骗性的、不法的业务，以及当前与将来的金融决策等金融技能。

（2）助理局长。保护局助理局长应主管美国老年公民金融保护办公室（本款中简称“办公室”）。

（3）职责。办公室应负责：

（A）制定项目目标，有关向老年人提供金融技能、咨询方面，这些项目包括：

（i）帮助老年人识别不公平的、欺骗性的、不法的行为，以避免遭受侵害；

（ii）采取一对一的方式，提供长期储蓄和老年经济保障的金融咨询；以及

（iii）建议使用个人消费者信用，以应对不公平的、欺骗性的、不法业务给消费者造成困难；

（B）监督向老年人提供咨询服务的行业认证和资格授予，当行业认证和资格授予出现不公平的、欺骗性的、不法的行为，应向证券交易委员会和州级监管机构提出警示；

（C）在办公室设立之日后的18个月之内，向国会及证券交易委员会提交有关立法和监管建议，以优化下列业务操作：

（i）宣传如何识别面向老年人的金融咨询师的认证合法性；

（ii）教授老年人如何根据自身要求选择合适的咨询师；

（iii）教授老年人如何核实金融咨询师证书；

（D）研究并找出教会老年人管理个人财务的有效方法与实践、手

段、技术和策略，这些个人财务的内容涉及：

(i) 避免遭受不公平的、欺骗性的、不法的业务侵害；

(ii) 长期储蓄；以及

(iii) 退休及长期护理计划；

(E) 与其他联邦机构及州级监管机构视情况而定地合作，并共同促进针对老年人的消费者保护，促进法律执行的持续性、有效性和高效性；以及

(F) 与社区组织、非营利组织以及其他实体（包括国家妇女与退休规划教育与资源中心）建立合作关系，共同教育、帮助老年人。

第 1014 条　消费者咨询委员会

(a) 成立要求。局长应设立消费者咨询委员会，对保护局依据《联邦消费者金融法案》的职责行使，提供建议与咨询，并负责收集有关消费者金融产品或服务业的新兴业务和地区趋势、地区事务及其他信息。

(b) 全体成员。在任命消费者咨询董事会成员时，局长应着重于甄选从事消费者保护、金融服务、社区发展、公平贷款与公民权利、消费者金融产品或服务方面的专家，以及面向水平低下的社区的存款机构代表、受抵押贷款提高定价影响较大的社区代表，以及关注相关人和消费者利益的代表，不受政党取向影响。委员会应包括至少 6 名由地区联邦储备银行行长轮流推荐的人选。

(c) 会议。消费者咨询委员会应在局长的召集下不定期召开会议，但每年会议应不少于 2 次。

(d) 薪酬与差旅费。消费者咨询董事会成员不是美国政府的全日制雇员，应对其给予以下条件：

(1) 对于参加消费者咨询委员会会议，包括路途在内的期间，成员应按局长规定的水平获得薪酬；并且

(2) 报销在出差离家或固定工作场所期间所发生的，包括交通费及生活费在内的差旅费。

第 1015 条　合作

保护局应与证券交易委员会、商品期货交易委员会、联邦贸易委员会及其他联邦机构和州级监管机构视情况而定地开展合作，促进消费者金融投资产品与服务的监管实施的一致性。

第 1016 条　出席国会和向国会提交报告

(a) 出席国会。保护局局长应出席参议院银行、住宅和城市事务委员会，众

议院金融服务委员会和众议院能源与商业委员会的半年度听证会，讨论下列（b）款所述之报告。

（b）提交报告。参加（a）款所述之所有半年度听证会的同时，保护局应在指定移交之日后完成报告并向总统，参议院银行、住宅和城市事务委员会，众议院的金融服务委员会和能源与商业委员会等提交报告。此外，保护局可同时将上述报告提交参议院商业、科学与交通委员会。

（c）内容。（b）款要求的报告应包括以下内容：

（1）讨论消费者购买或获得消费者金融产品或服务遭遇的重要问题；

（2）对上年度申请经费的使用说明；

（3）上年度保护局批准的重要规则和命令的明细，包括保护局制定的其他重要倡议；下年度将要启动的规则、命令及其他倡议；

（4）分析保护局中央数据库在上年度收到或收集的有关消费者金融产品或服务的投诉情况；

（5）简要陈述上年度保护局参与的关于公共政策监督和强制执行的行动；

（6）针对非信用机构或存款机构的相关人在规则、命令以及监督方面采取的行动；

（7）评估州总检察长或州级监管机构关于联邦消费金融法采取的显著行动；

（8）分析保护局在推行公平贷款方面所做的努力；以及

（9）分析保护局依据少数种族和妇女权益办公室有关规定，关于增加就业、消除歧视方面所作出的努力。

第1017条　筹资、惩罚与罚款

（a）联邦储备理事会拨款

（1）概述。自指定移交之日起的每年（或每季度）及此后的每季度，联邦储备理事会应从联邦储备体系总收入中向保护局划拨资金，具体数额为局长确定的、应为保护局行使联邦消费者金融法律权力所必需且合理的，并综合考虑到上年度（或上年的季度）所划拨的资金数额。

（2）拨款上限

（A）概述。尽管第（1）项有规定，拨款金额还应依照本款规定，每财政年度拨付保护局的资金不得超过联邦储备体系业务总开支的固定比例，根据联邦储备理事会2009年度报告，该金额应相当于：

（i）2011财政年度的上述总开支的10%；

（ii）2012财政年度的上述总开支的11%；并且

（iii）2013及其之后的财政年度的上述总开支的12%。

（B）金额调整。（A）分项第（iii）所述之拨款金额应每年给予调整，在出现指数增加的情况下，按照联邦政府公布的州级和地方政府雇员总薪酬的就业成本指数或其后继指数的增长，为以拨款日之前的9月30日为限往前的12个月做百分比递增调整。

（C）审查。尽管本章下有其他规定，依照本款实现的联邦储备体系拨款不接受众议院和参议院有关委员会的审查。

（3）过渡期。在本法案颁布之日至指定移交之日的期间，联邦储备理事会应依照财政部长的估算向保护局划拨资金，以保证其在本法案颁布之日至指定移交之日，正常行使联邦消费者法赋予的权力。

（4）预算与财务管理

（A）财务运行计划与预测。局长应向管理与预算办公室主管提交其在保护局日常运行过程中形成的、有关财务运行计划与预测的报告以及保护局关于财务条件和经营结果的季度报告。

（B）财务报表。保护局应制定年度报表，包括内容如下：

（i）资产与负债、盈余或赤字；

（ii）收入与支出；以及

（iii）资金来源和运用。

（C）财务管理系统。对于运用与维护财务管理系统，保护局应严格遵守联邦财务管理系统的要求和适用的联邦会计标准。

（D）内部控制的保证。局长应依照《美国法典》第31章3512条（c）款规定的标准向美国总审计长保证保护局财务报告采用的内部控制的有效性。

（E）释义规则。本款不得视为要求局长针对关于（A）分项所述之报告、计划、预测或其他信息，或者管辖或监督保护局事务或运行等方面，有向管理与预算办公室主任征求意见或请求批准的义务。

（F）财务报表。保护局的财务报表不与联邦储备体系或联邦储备理事会的财务报表进行并表。

（5）对保护局的审计

（A）概述。总审计长应依据可能由总审计长发表的美国公认的政府审计标准，对保护局的财务交易进行年度审计。审计地点应设在保护局账目保存的地点。来自政府会计办公室的审计代表有权接触所有涉及财务交易和进行审计所必需的，保护局所有的、管理的、使用的或受雇的人或物品，查阅所有账簿、账目、文件、论文、记录（包括电子记录）、报告、卷宗，以及其他所有文稿、自动化数据、物件或财产。为核实交易情况，该审计代表还有权了解保管库、财政机构及保管人持有的余额或证券情况。所有上述账簿、账目、文件、记录、报告、卷宗、论文以及保护局财产应处于保护局所有和保管状态。总审计长有权无条件地获取并复制上述任何账簿、账目、文件、记录、工作论文、自动化数据、卷宗或其他与审计有关的信息，且依据《美国法典》第31章第716条（c）款规定，总审计长具有强制行使获得上述信息的权力。

（B）报告。总审计长每年应向国会提交本款所指之审计报告。向国会提交的报告应阐明审计范围，说明资产负债及盈亏情况、损益情况、资金来源与使用情况以及视做有必要向国会报告的保护局财务运行和状态的信息或评价，以及总审计长认为有价值的建议。在向国会提交的同时，年度报告副本还应呈交总统和保护局。

（C）资金帮助与费用。为了明确本款审计之目的，总审计长可以不受《美国修订法令》第3709条的约束，自主决定通过签订合约的方式在特定时期或为特定目的，雇用具有资格认证的公众会计师公司或机构所提供的专业服务。应总审计长的要求，保护局局长应从所有资金中划转一定金额至政府会计办公室，用于支付总审计长进行审计和提交报告所需的所有费用。总审计长应将收到的拨款用于开支政府会计办公室的工资与费用而开设的专门账户，该拨款应处于入账即可支配的状态并且在支付审计与提交相关报告的开支时不受财政年度限制。

（b）消费者金融保护资金

（1）联邦储备专项资金的设立。美联储设立名为“消费者金融保护局资金”的专项基金（本条简称“保护局资金”）。如联邦储备理事会要求，保护局基金应在联邦储备银行设立并维持。

（2）资金进款。所有依照（a）款划拨保护局的资金均需存入保护局资金。

（3）投资授权

（A）可用于投资的保护局基金。保护局可要求联邦储备理事会将保护局资金超出当前需要的那部分资金用于投资。

（B）符合条件的投资。本项允许的投资部分应投于美国国债或美国担保本金与利息的债券，其到期时间由保护局决定，但应符合保护局基金使用的需要。

（C）利息和收益入账。出售或赎回保护局基金持有的债券所得利息和收益应存入保护局基金账户。

（c）资金的使用

（1）概述。无论是保护局资金收到、划入还是存入的资金，应立即处于局长控制、可供保护局支配的状态，以保证保护局行使职责而产生的花费和支付活动，直至耗尽。保护局局长和其他雇员的薪酬及其他所有相关费用均可从保护局基金中支付、获得、划转或记账。

（2）不属于政府资金的拨款。保护局资金的收益或收到的转款不应被视为政府资金或政府款项。

（3）不参加分配部分。尽管法律另有规定，保护局资金和（d）款所述之民事惩罚基金资金不应依照《美国法典》第31章第15篇或其他法律规定进行分配。

（d）惩罚与罚款

（1）受害人补偿基金的设立。联邦储备体系设立名为“消费者金融民事惩罚基金”的专项基金（本条简称“民事罚款基金”）。如联邦储备理事会要求，民事罚款基金应在联邦储备银行设立与维持。如果保护局依照《联邦消费者金融法》在司法或行政诉讼中实现对某人的民事处罚，保护局应将罚款所得存入民事罚款基金。

（2）对受害人的补偿。保护局依照联邦消费者金融法对违法行为处以民事罚款，并不受财政年度限制将该款项用于补偿上述违法行为的受害人。当出现受害人无法确定或无法实现补偿的情况时，保护局可将这些资金用于消费者教育与金融技能项目。

（e）政府下拨资金的批准、年度报告

（1）要求政府下拨资金的决定。

（A）概述。局长有权作出决定，关于本节所述之保护局可支配资金不足承担下一年度执行联邦消费金融法律所需费用的决定。

（B）要求的报告。当作出（A）分项的决定时，局长应准备有关保护局资金情况的报告，并提交总统、参议院拨款委员会和众议院拨款委员会，报告应包括保护局的资产负债，以及保护局预计资金超出（a）款第（2）项所述金额的缺口。

（2）资金的批准。如果局长作出决定并依照第（1）项提交报告，保护局将获准相继在2010、2011、2012、2013和2014财政年度得到每年2亿美元政府拨款，以行使联邦消费者金融法赋予的权力。

（3）分配。尽管法律另行规定，第（2）项所指之资金应按照《美国法典》第31章第1517条进行分配，对分配的限制应依照《美国法典》第31章及其他法律关于下拨资金使用的规定 。

（4）年度报告。局长应每年向参议院拨款委员会和众议院拨款委员会提交报告，主要包括为局长制订的财务运行计划与预测、关于财务条件和经营结果，以及保护局资金来源与使用情况和依照本款分配的资金。

第1018条　生效日期

本节自本法案颁布之日起开始生效。

第二节　消费者金融保护局的一般权力

第1021条　宗旨、目标与职能

(a) 宗旨。保护局应努力贯彻执行适用的联邦消费者金融法，确保所有消费者能够进入消费者金融产品与服务市场，确保消费者金融产品与服务市场的公平性、透明度和竞争性。

(b) 目标。保护局有权依据联邦消费者金融法行使权力，以实现有关消费者金融产品与服务的下列目标：

(1) 消费者能够在获得及时的、通俗易懂的信息基础上对金融交易作出合理的决策；

(2) 消费者免于遭受不公平的、欺骗性的、不法的行为或业务的侵害或遭受歧视；

(3) 定期发现并处理过期的、不必要的，或过于繁杂的规定，从而减轻无谓的管理负担；

(4) 为了促进公平竞争，联邦消费者金融法一贯坚持不考虑作为存款机构之人的地位；并且

(5) 消费者金融产品与服务市场能够透明地、高效地运转以促进市场进入和创新。

(c) 职能。保护局的主要职能是：

(1) 开展金融教育项目；

(2) 收集、调查消费者投诉并作出反馈；

(3) 收集、研究、监测和发布关于消费者金融产品与服务市场功能的信息，识别消费者的风险和该市场应有的功能；

(4) 根据第1024条至第1026条规定，依据《联邦消费者金融法案》监督相关人并采取相应强制行动处置违反联邦消费者金融法之行为；

(5) 制定规则、命令和指引以贯彻联邦消费者金融法；以及

(6) 采取可能对实现保护局其他职能有必要的或有用的支持行动。

第1022条　制定规则的权力

(a) 概述。保护局有权依照《联邦消费者金融法案》，行使管理、执行、贯

彻联邦消费者金融法律的有关规定的权力。

(b) 规则制定、命令和指引

(1) 权力概述。保护局管理、执行《联邦消费者金融法案》的宗旨与目标以及避免逃避责任的情况，局长可在认为是必要或适当的情况下，制定规则、发布命令和指引。

(2) 规则制定标准。依照《联邦消费者金融法案》制定规则时，

(A) 保护局应考虑到：

(i) 消费者及其相关人的潜在收益和成本，包括规则对消费者获得消费者金融产品或服务的数量减少的潜在影响；以及

(ii) 提出的规则对第 1026 条所述之相关人的影响以及对农村地区消费者的影响；

(B) 在建议某项规则之前以及评价阶段，保护局应向相关的审慎监管机构或其他联邦机构征求意见，以保证与这些机构负责的审慎、市场，或系统性目标相一致；并且

(C) 如果在依照 (B) 分项接受评价的阶段，审慎监管机构对建议的规则或其中的部分向保护局提出书面反对，则保护局在宣布规则的批准时，应对反对意见以及保护局决定的依据加以说明，但本条款的任何内容不得视为更改或限制保护局发布命令可采用的第 1023 条规定之程序。

(3) 责任豁免

(A) 概述。在保护局结合 (B) 分项的考虑因素，并认为对执行本章的宗旨和目标有所必要或视情况而定的条件下，保护局可依照惯例有条件地或无条件地豁免任何阶层的相关人、服务提供人，或消费者金融产品或服务，免于其遵守本章任何规定或依照本章制定的规则。

(B) 因素。按照 (A) 分项之规定执行责任豁免时，保护局应酌情考虑下列因素：

(i) 相关人阶层的总资产；

(ii) 与相关人阶层从事的消费者金融产品或服务有关的交易规模；以及

(iii) 适用于消费者金融产品或服务的现行法律规定及这些规定对消费者保护的充分程度。

(4) 制定规则的专属权。

(A) 概述。尽管联邦法律有另行规定，以及除第 1061 条 (b) 款第 (5) 项规定以外，保护局具有依照法律规定制定条例的专属权，在《联邦消费者金融法案》的某项规定授权保护局和其他一家联邦机构依照法律规

定制定规则的范围内，保护局应具有依照上述法律制度规则的专属权。

（B）服从。尽管本章赋予联邦机构或成员监管机构的权力，依照第1061条（b）款第（5）项（E）分项的规定，法院应对保护局给予尊重，关于保护局对联邦消费者金融法任何规定的含义或释义的确定，应视同保护局是采纳、强制执行、解释、管理该联邦消费者法的规定的唯一权力机构。

（c）监控

（1）概述。为了支持规则制定和其他职能，保护局应监控在提供或供应消费者金融产品或服务中消费者承担的风险以及这些产品或服务市场的发展状况。

（2）考虑因素。为了依据本条实行监控，保护局在资源分配时应考虑下列因素：

（A）消费者在购买或使用消费者金融产品或服务时产生的成本和可能的风险；

（B）消费者对消费者金融产品或服务存在的风险认识；

（C）适用于消费者金融产品或服务供应或提供的法律保护，包括法律可能对消费者保护的充分程度；

（D）消费者金融产品或服务的供应或提供量的增长率；

（E）消费者金融产品或服务的风险可能对长期服务水平低下的消费者的差异性影响；以及

（F）供应或提供消费者金融产品或服务的相关人的类型、数目和其他有关特征。

（3）重要发现

（A）概述。保护局应每年至少发布1本关于依照本款实行监控的重要发现，第一年应自指定移交之日后的至少1年后开始。

（B）保密信息。保护局可公开发布依照本节获得的涉及公共利益的信息，通过依照第（4）、（6）、（8）、（9）项规定，在保护保密信息的方式下，以连续报告或其他适合的形式发布。

（4）信息的收集

（A）概述。在依照本款开展监控或评估活动时，保护局有权不断收集关于相关人和提供服务之人的机构、业务操作、业务活动、市场等方面的信息。

（B）方法论。为了收集（A）分项所述的信息，保护局可以：

（i）收集、汇编来自各种渠道的信息，包括关于相关人或提供服务之人的调查报告、消费者投诉、自发消费者民意调查与访谈、

自发对相关人或提供服务之人的民意调查和访谈，以及现有数据库的评估；以及

(ii) 要求参与消费者金融服务的相关人和提供服务之人按照保护局规则或命令要求的形式和合理的时间内，以宣誓或其他表明真实性的方式，向保护局提交必要的年度或专项报告，或对特定问题的书面回答、提供第（4）项所述之信息，以供保护局完成国会要求的监控、评估和报告任务。

(C) 限制。保护局不得利用本项赋予的权力获得参与消费者金融服务市场的相关人和提供服务之人的有关记录用于收集或分析消费者的个人识别金融信息。

(5) 限制性的信息收集。为了依照第1002条之定义评估某个非存款机构是否是相关人，保护局可以要求非存款机构按照保护局规则或命令要求的形式和合理的时间内，以宣誓或其他表明真实性的方式，提交年度或专项报告，或对特定问题作出书面回答。

(6) 保密规则

(A) 制定规则。保护局应制定有关信息保密规则，保护依照《联邦消费者金融法案》行使权力所获取的信息。

(B) 保护局对其他监管机构报告的获得。

(i) 检查与金融环境报告。在保证合理保密的情况下，保护局应有权获得所有关于审慎监管机构或其他联邦机构对其管辖的相关人或提供服务之人的检查与金融环境报告及其所有修订版本。

(ii) 对保护局其他报告的提供。除了第（i）则所述之报告以外，对某个相关人或提供服务之人具有管辖权的审慎监管机构或其他联邦机构可以慎重地向保护局提供，有关在联邦法律其他条款授权下接受上述监管机构检查的参加存款保险的存款机构、信用合作社，或其他实体机构的其他报告或其他保密性监督信息。

(C) 其他监管机构对保护局报告的获得。

(i) 检查报告。在保证合理保密的情况下，对某个相关人或提供服务之人具有管辖权的审慎监管机构、州级监管机构，或其他联邦机构有权获得保护局对上述人实施检查的报告及其所有修订版本。

(ii) 对其他监管者其他报告的提供。除了第（i）则所述的报告以外，保护局可以慎重地向相关人或提供服务之人接受管辖的审慎监管机构或其他机构提供，联邦法律其他规定授权保护局对上述人实施检查的报告或其他保密性监管信息。

(7) 注册

（A）概述。保护局可以制定规则，要求不包括参加存款保险的存款机构、信用合作社或有关人在内的相关人进行注册。

（B）注册信息。按照保护局规定的条例，保护局可以公开披露注册信息，消费者可根据保护局注册系统识别相关人。

（C）向州级监管机构征求意见。在依照本项建立和执行注册要求时，保护局应根据具体情况，向州级监管机构征求有关注册要求或系统方面（包括合作或合并注册系统）的意见。

（8）隐私的考虑。在收集有关之人的信息并公开发布保护局所有信息、或要求相关人公开报告信息时，保护局应采取措施确保在依照本章公布信息时，不公开《美国法典》第5章第552条（b）款或第552a条a或其他法律规定的防止公开泄露私有的、个人的，或是保密性消费者信息。

（9）消费者隐私

（A）概述。保护局不得从相关人或提供服务之人的金融记录中获取任何个人识别金融信息，但下列情况除外：

（i）如果应保护局要求的金融记录信息属合理范围，且消费者书面同意相关人或提供服务之人向保护局披露信息；或者

（ii）按照《1978年金融隐私权法案》和其他适用的法律规定要求或表示允许的情况。

（B）相关人或提供服务之人的对待。对于适用《1978年金融隐私权法案》规定的披露信息，关于遵守本章的相关人或提供服务之人方面，该相关人或提供服务之人应视做该法案第1101条定义之“金融机构”。

（d）重要规则的评价

（1）概述。对于依照联邦消费者金融法通过的每项重要规则或命令，保护局应进行一次评价。评价应结合其他相关因素，说明规则或命令在实现本章宗旨与目标方面以及保护局声明的特定目标的有效性，评价应反映现有信息和保护局可以合理收集的所有数据。

（2）报告。依照本款规定，保护局应在规则或命令生效之日后的5年之内，发布相应评估报告。

（3）公众意见的规定。在发布评估报告之前，保护局应向公众征求关于修订、补充，或删除新批准的重要规则或命令方面的意见。

第1023条　保护局条例的审查

（a）保护局规章的审查。应成员监管机构成员的要求，如果依照（c）款的规定，成员监管机构认为保护局制定的条例或规则可能危害美国银行体系的安全和稳健或美国金融体系的稳定，成员监管机构可以驳回保护局制定的最终的条例

或规则。

(b) 要求

(1) 程序。根据 (f) 款制定的规则，在成员监管机构有代表的成员机构可书面请求成员监管机构暂缓执行或驳回某项条例。如果在提出请求时，该成员机构：

(A) 关于规则对美国银行体系的安全与稳健或美国金融体系的稳定性构成危害的问题上，表现出与保护局合作并共同解决的诚意；并且

(B)《联邦公报》上发布条例通告之日的10日内，向成员监管机构提出请求。

(2) 公开发布。所有向成员监管机构提交的请求需在《联邦公告》上刊登，并同时提交参议院银行、住房和城市事务委员会以及众议院金融服务委员会。

(c) 暂缓执行与驳回

(1) 暂缓执行。

(A) 概述。对于任何成员机构的请求，成员监管机构的主席可以暂缓执行某项条例，以便机构酌情考虑是否采纳请求的意见。

(B) 到期。依照本项作出暂缓执行的到期应为下列较早的那个日期：

(i) 依照 (b) 款提出请求之日后的90天；或者

(ii) 依照第 (3) 项成员监管机构作出决定的日期。

(2) 禁止逆向推断。本条所述之暂缓执行到期之后，不应对请求针对之条例的有效性或强制性作任何推断。

(3) 投票

(A) 概述。依照本条作出的暂缓执行或驳回条例决定，应依照 (B) 分项的投票结果产生，条件为成员监管机构超过2/3的在职成员投票赞成。

(B) 投票权力。成员监管机构成员可以投票要求暂缓执行或驳回保护局制定的最终条例，只有在该成员代表的机构或部门已经：

(i) 充分考虑提交请求的机构和保护局提供的所有相关信息；并且

(ii) 有关公开会议场合作出正式决定，表示请求针对之条例可能对美国银行体系的安全与稳健或美国金融体系的稳定性构成危害。

(4) 驳回决定

(A) 决定的结果。成员监管机构关于驳回保护局制定的条例或相关规定的决定，将导致该条例或相关规定无法实施。

（B）及时行动的规定。成员监管机构依照本条规定驳回保护局制定的条例或相关规定的决定，不应迟于下列较晚的那个日期：

（i）提出请求之日后的45天，除非依照第（1）项规定作出了暂缓执行的决定；或者

（ii）成员监管机构作出暂缓执行的到期。

（C）独立的权力。依照本条作出暂缓执行不影响成员监管机构驳回该条例的权力。

（5）表示否决的不作为。如果成员监管机构未在第（4）项（B）分项规定的期限内采取及时的行动，驳回某项条例或相关规定，在依照本条提出的请求应视为被否决。

（6）决定的发布。本款所指之决定，包括暂缓执行或驳回条例或相关规定，应在作出决定后可能的最短时间内，由成员监管机构在《联邦公报》给予公布，公布内容还应包括作出该决定的依据。

（7）不适用的规则制定程序。《美国法典》第5章第553条规定的通告或评论程序，不适用成员监管机构依照本款作出暂缓执行或驳回条例的决定。

（8）司法审查成员监管机构的决定。成员监管机构作出暂缓执行或驳回保护局制定的某项条例或相关规定的决定，应依照《美国法典》第5章第7篇接受司法审查。

（d）适用其他法律。除本条另行规定以外，本条的任何内容不得视为修订、限制或约束保护局依照包括《美国法典》第5篇、第7篇在内的其他法律规定，制定接受依照本条所指之请求的条例。

（e）保留条款。本章的任何内容均不应视为限制或约束保护局依据适用的法律制定规则。

（f）执行规则。为了本条的执行，成员监管机构应制定程序性规则。

第1024条　对非存款机构相关人的监督

（a）涵盖范围

（1）适用。尽管本章另有规定，除第（3）项所述以外，本条应适用于以下相关人：

（A）从事供应或提供发起、代理或服务于消费者个人、家庭成员或家用居住的不动产担保贷款，或贷款变更或与提供有关贷款的没收担保品的补偿服务；

（B）依照第（2）项定义之其他消费者金融产品或服务市场主要提供者；

（C）在来自第1013条（b）款第（3）项所述系统的投诉和其他信

息来源的基础上，在通告相关人并给予合理机会供其回应投诉之后，保护局有充分理由发表命令，认为上述相关人在供应或提供消费者金融产品或服务中，正在实施，或已经实施对消费者构成风险的行为；

（D）依照《诚信贷款法案》第140条之定义，向消费者供应或提供私人教育贷款的人，尽管第1027条（a）款第（2）项（A）分项有所规定并遵守第1027条（a）款第（2）项（C）分项规定；或者

（E）向消费者供应或提供发薪日贷款的人。

（2）本条定义之相关人的规则制定。在依照第（1）项（B）分项规定制定关于定义遵守本条之相关人的规则前，保护局应向联邦贸易委员会征求意见。保护局应在指定移交之日后的1年内制定出规则的初稿。

（3）释义规则。

（A）例外的人。本条不适用于第1025条（a）款或第1026条（a）款所述之人。

（B）业务等级。在依照第（1）项或其相关规则计算业务等级时，关联公司的业务（除参加存款保险的存款机构或参加存款保险的信用合作社以外）应予累计。

（b）监督

（1）概述。保护局应定期要求（a）款第（1）项所述之人提交报告或接受检查，以实现下列目的：

（A）评估对联邦消费者金融法的遵守情况；

（B）收集该人业务的有关信息及其合规系统或程序的信息；以及

（C）识别并评估消费者及消费者金融产品和服务的消费者风险和市场风险。

（2）基于风险的监督。保护局应第（1）项的授权，确保对有关（a）款第（1）项所述之人的权利行使建立在保护局评估相关产品市场和地域市场的消费者风险基础上，并对下列因素加以考虑：

（A）相关人的资产规模；

（B）相关人提供消费者产品或服务的交易量；

（C）由于提供该消费者金融产品或服务的消费者风险；

（D）接受关于消费者保护的州级监管机构的监督情况；以及

（E）保护局认为与相关人阶层有关的其他因素。

（3）合作。为最大限度地降低监管成本，保护局应与从事监督活动的审慎机构及州级银行监管机构合作实现其监督业务，包括各自制定检查（a）款第（1）项所述之人的进度表以及要求该人提交报告等。

（4）现有报告的利用。保护局应尽可能最大限度地利用：

（A）（a）款第（1）项所述之人向联邦或州级监管机构提交的或按照要求提交的有关报告；以及

（B）公开报道的信息。

（5）权力的保留。本章的任何内容均不得视为限制局长依照第（1）项规定、要求（a）款第（1）项所述之人提交报告的权力，有关这些人所有或支配的信息，无论这些信息是否处于其他人维护、保存或处理之中。

（6）税法合规报告。保护局应向国内财政税收委员会提供所有涉及涉嫌税法违规行为的调查或相关信息报告。

（7）对相关人注册、登记和其他要求

（A）概述。保护局应制定规则，以便监督与评估（a）款第（1）项所述之人及评估、识别相关消费者风险。

（B）登记。保护局可以要求（a）款第（1）项所述之人生成、提供或保留记录以实现对上述人的监管、评估和识别消费者风险。

（C）有关义务的规定。保护局可以制定对（a）款第（1）项所述之人的规则，确保该人成为合法机构并履行对消费者的义务。这类规则可包括对负责人、高管、主管或主要人员的背景调查，及其他相关或合适的财务要求的规定等。

（D）向州级监管机机构征求意见。在依照本项制定、执行规则时，保护局应就规则要求及系统（包括合作或合并的注册系统），视情况而定地征求州级监管机构意见。

（c）强制执行的权力

（1）保护局强制执行的权力。除第（3）项和第1061条另行规定以外，对有关（a）款第（1）项所述之人，在联邦法律赋予保护局和另一方联邦机构强制执行联邦消费者法的权力的范围内，消费保护局应具有强制执行《联邦消费者金融法案》的专属权。

（2）移交。依照第（1）项规定行使强制执行某项《联邦消费者金融法案》权力的联邦机构，可书面建议保护局在联邦法律或本章授权范围内提起强制执行程序。

（3）与联邦贸易委员会的合作

（A）概述。保护局和联邦贸易委员会应就消费者金融产品或服务，由（a）款第（1）项所述之人或其提供服务之人提供或供应的方面，商定协调各监管机关提起强制执行程序的协议。协议应包括在启动民事诉讼强制执行消费者金融产品或服务供应或提供方面的联邦法律之前，对另一方监管机构的告知程序。

（B）民事诉讼。当发生违反（A）分项所述之联邦法律规定或据此制定之条例，保护局或联邦贸易委员会提起或其代理人提起民事诉讼时：

(i) 在该诉讼判决前，另一方机构不得依照上述法律规定，对该案被告人提起关于在该未决诉讼案件中被控的任何违法行为；并且

(ii) 当双方的任一方提起此类诉讼时，保护局或联邦贸易委员会可作为当事人进行干预，并且在干预的过程中，保护局或联邦贸易委员会可：

(I) 陈述关于强制执行诉讼的所有相关事件；以及

(II) 在此类诉讼中提出上诉申请。

(C) 协议条款。依照（A）分项商定之协议的条款可用于修订或替代（B）分项的规定。

(D) 期限。各机构应在指定移交之日的6个月内依照（A）分项要求达成协议。

(d) 规则制定与检查的专属权。为确保符合《联邦消费者金融法案》及其条例规定，尽管联邦法律的其他规定，除第1061条所述以外，在联邦法律授予保护局及另一方联邦机构的权力范围内，关于制定条例或指引、实施检查、或要求（a）款第（1）项所述之人按照法律提交报告方面，保护局应具有专属权力，依照上述法律规定制定条例、发布指引、实施检查、要求提交报告或决定对（a）款第（1）项所述之人实施责任豁免。

(e) 提供服务之人。向（a）款第（1）项所述的人提供服务之人应遵守保护局依据本条行使的权力，其遵守情况参照提供服务之人向银行提供服务而保护局则是《银行服务公司法案》第7条（c）款所述之对应的联邦银行管理机构的情况。在要求本款所述的提供服务之人接受检查或提交报告时，保护局也应酌情与相应的审慎监管机构协调。

(f) 保留农场信用保护局权力。本章的任何内容均不得借以修订、限制，或妨碍农场信用保护局的权力。

第1025条　对大银行、储蓄协会以及信用合作社的监督

(a) 涵盖范围。本条应适用于符合下列任一条件的相关人：

(1) 总资产超过100亿美元的参加保险的存款机构及其关联人；或者

(2) 总资产超过100亿美元的参加保险的信用合作社及其关联人。

(b) 监督

(1) 概述。保护局具有要求（a）款所述之人提交报告和接受定期检查的专属权，以实现下列目的：

(A) 评估对《联邦消费者金融法案》的遵守情况；

(B) 收集该人依照上述法律开展活动的有关信息及其对及其合规系统或程序的信息；以及

(C) 识别并评估消费者风险以及消费者金融产品和服务的市场风险。

(2) 合作。为最大限度地降低监管成本，保护局应与从事监督活动的审慎机构及州级银行监管机构合作实现其监督业务，包括各自制定检查（a）款第（1）项所述之人的进度表以及要求该人提交报告等。

(3) 现有报告的利用。保护局应尽可能最大限度地利用：

(A)（a）款第（1）项所述之人向联邦或州级监管机构提交的或按照要求提交的有关报告；以及

(B) 公开报道的信息。

(4) 权力的保留。本章的任何内容均不得视为限制局长依照第（1）项规定，要求（a）款所述之人提交报告的权力，有关这些人所有或支配的信息，无论这些信息是否处于其他人维护、保存或处理之中。

(5) 税法合规报告。保护局应向国内财政税收委员会提供所有的涉及涉嫌税法违规行为方面的调查或相关信息报告。

(c) 主要的强制执行权力

(1) 保护局为主的强制执行权力。在赋予保护局和另一联邦机构强制执行《联邦消费者金融法案》权力的方面，保护局应具有对（a）款所述之人强制执行《联邦消费者金融法案》的主要权力。

(2) 移交。被赋予强制执行《联邦消费者金融法案》的任何联邦机构，除联邦贸易委员会之外，可书面建议保护局依照《联邦消费者金融法案》授予保护局的权力，提起对（a）款所述之人的强制执行程序。

(3) 其他联邦机构对强制执行权力的支持。在收到第（2）项所述的建议之日的120天内，若保护局不启动强制执行程序，在第（2）项提及的另一方机构可以启动强制执行程序，包括符合程序的后续监管和及其附带的支持功能的执行。

(d) 提供服务之人。向（a）款所述的人提供服务之人应遵守保护局依据本条行使的权力，其遵守情况是参照保护局《银行服务公司法案》第7条（c）款所述之对应的联邦银行管理机构的情况。在要求本款所述的提供服务之人接受检查或提交报告时，保护局也应与相应的审慎监管机构协调。

(e) 同时进行的合作监督

(1) 检查。对于接受审慎监管机构和保护局监督的参加保险的存款机构、参加保险的信用合作社，或（a）款所述之其他相关人，该审慎监管机构与保护局应分别：

（A）协调对参加保险的存款机构、参加保险的信用合作社，或（a）款所述之其他相关人的检查进度；

（B）同时检查参加保险的存款机构、参加保险的信用合作社，除非该机构要求分别接受检查；

（C）共享每份检查报告的草案，允许收到报告的一方在合理期限（应为收到之日后的至少 30 天）内对尚未最终定稿的草案提出意见；并且

（D）在发布最终检查报告或实施监督活动之前，充分考虑另一方监管机构在意见中关注的问题。

（2）与州级银行监管机构的合作。保护局应依照第（1）项与州级银行监管机构在合作检查方面并达成协议。

（3）监管冲突的避免

（A）请求。如果保护局和审慎监管机构（本条统称为“机构们”）提出的监督决定相互冲突，参加保险的存款机构、参加保险的信用合作社，或（a）款所述之其他相关人可以请求机构之间相互协调并发表关于协调后监督行动的联合声明。

（B）联合声明。在收到参加保险的存款机构、参加保险的信用合作社，或（a）款所述之其他相关人请求之日后的 30 日内，机构们应发表（A）分项的联合声明。

（4）向管理小组投诉

（A）概述。如果机构们未能消除冲突或发表（B）分项所述之联合声明，或如果一家机构未经另一家机构的同意，采取或试图采取任何有关需联合声明的监管行动，参加保险的存款机构、参加保险的信用合作社，或（a）款所述之其他相关人，可在依照第（3）项（B）分项提出联合声明的期限到期后的 30 日之内，依照本款规定向管理小组提交投诉。

（B）管理小组的组成。依照本项，投诉管理小组应由下列人员组成：

（i）来自保护局的代表和另一方审慎监管机构的代表，二者：

（I）均未实质性参与遭到投诉的监管决定；并且

（II）不直接或间接向遭到投诉的实质参与监管决定的人汇报；并且

（ii）由行长委员会、联邦储蓄保险公司，全国信用合作社管理局、货币监理署办公室循环产生的一位代表，涉及纠纷的机构除外。

（C）投诉的实施。在依照本项进行投诉时：

（i）参加保险的存款机构、参加保险的信用合作社，或（a）款所述之其他相关人：

（I）应将关于事件的所有事实和法律论据纳入投诉中；并且

（II）可以通过法律顾问、雇员，或代理到场或电话的方式向管理小组投诉；并且

（ii）管理小组：

（I）可请求参加保险的存款机构、参加保险的信用合作社，或（a）款所述之其他相关人、保护局，或另一方审慎监管机构补充投诉的信息；并且

（II）在收到信息完全的投诉之日后的 30 日内或管理小组与参加保险的存款机构、参加保险的信用合作社，或（a）款所述之相关人达成的更长的期限内，以多数通过的投票方式产生的最终裁决，应以书面方式发布。

（D）公布裁决。管理小组应公布管理小组最终裁决包含的所有信息，并依照《美国法典》第 5 章第 552 条有关不予披露的规定，采用恰当的方式进行编写。

（E）禁止报复。对于依照本项提交投诉的（a）款所述之参加保险的存款机构、参加保险的信用合作社，或（a）款所述之其他相关人，以及他们的高管和雇员，为了防止有关报复行为，保护局和其他审慎监管机构应制定规则给予保护。

（F）限制。本项所述之程序不适用审慎监管机构在以下方面作出的裁决或决定，即关于视具体情况指定参加保险的存款机构的保护人或破产管理人，或参加保险的存款机构的清算公司方面，或可能出现的依照《联邦存款保险法案》第 38 条或《联邦信用合作社法案》第 212 条采取行动的决定。

（G）对其他权力的影响。本部分的任何内容均不得视为修订或限制保护局依照《联邦消费者金融法案》解释，或采取强制执行行动的权力；或审慎监管机构依照其他联邦法律，为实现安全和稳健之目的，解释，或采取强制执行行动权力。

第 1026 条　其他银行、储蓄协会及信用合作社

（a）*涵盖范围*。本条应适用符合下列任一条件的相关人：

（1）总资产不足 100 亿美元的参加保险的存款机构；或者

（2）总资产不足 100 亿美元的参加保险的信用合作社。

(b) 报告。保护局可以要求(a)款所述的人在必要时提交报告，以便保护局行使《联邦消费者金融法案》所赋予之职能、实施(c)款所述之检查，以及评估与识别消费者风险及消费者金融市场风险。

(1) 现有报告的利用。保护局应尽可能在最大限度内利用：

(A)(a)款所述之人向联邦或州级监管机构提交的或按照要求提交的有关报告；以及

(B) 公开报道的信息。

(2) 权力的保留。本章的任何内容均不得视为限制局长依照第(1)项规定，要求(a)款所述之人提交报告的权力，有关这些人所有或支配的信息，无论这些信息是否处于其他人维护、保存或处理之中。

(3) 税法合规报告。保护局应向国内财政税收委员会提供所有涉及涉嫌税法违规行为方面的调查或相关信息报告。

(c) 检查

(1) 概述。保护局可慎重决定允许调查人员对审慎监管机构所实施的检查活动实行抽样调查，评估对《联邦消费者金融法案》关于(a)款所述之人的规定的遵守情况。

(2) 机构合作。审慎监管机构应当：

(A) 及时并不断地向保护局提供与对第(1)项所述之样本机构抽样调查有关的所有报告、记录和文件；

(B) 允许保护局调查人员涉及对上述人实施检查的全过程；以及

(C) 充分考虑保护局提出的关于检查范围、检查的实施、检查报告的内容、注意事项的确定以及检查等级等意见。

(d) 强制执行

(1) 概述。除了要求依照(b)款提交报告以外，审慎监管机构有权强制执行《联邦消费者金融法案》的规定，并具有强制执行该法律关于(a)款所述之相关人方面规定的专属权(相对于保护局)。

(2) 与审慎监管机构的合作。

(A) 移交。如果保护局有理由相信(a)款所述之人涉嫌《联邦消费者金融法案》的违法行为，保护局应以书面方式通知审慎监管机构并提出相应行动的建议。

(B) 回应。审慎监管机构应在收到(A)分项所述的建议之后的60日内，向保护局提供书面回复。

(e) 提供服务之人。向大批(a)款所述的人提供服务之人应遵守保护局依照第1025条行使的权力，其遵守情况参照保护局是《银行服务公司法案》第7条(c)款对应的联邦银行管理机构的情况。在要求本款所述的提供服务之人接受检查或提交报告时，保护局也应与相应的审慎监管机构协调。

第1027条 保护局权力的限制、权力的保留

(a) 非金融产品或服务的批发商、零售商和其他销售商的除外

(1) 非金融产品或服务的销售或代理。保护局不允许对从事销售或代理非金融产品或服务、作为提供非金融产品或服务的批发商、零售商和其他销售商的人，行使本章授予的规则制定、监督、强制执行或其他权力，除非上述人从事消费者金融产品或服务的供应或提供，或属于列举的消费者金融法律或者第F节或第H节规定的权力转让的法律的司法管辖范畴。

(2) 消费者金融产品或服务的提供或供应与非金融产品或服务的销售或代理的联系。

(A) 概述。除 (B) 分项规定外，依照 (C) 分项，保护局不得对作为非金融产品或服务的批发商、零售商和其他销售商，在其以下行为范围内，行使本章授予的规则制定、监督、强制执行或其他权力：

(i) 向消费者直接提供信用，以促成消费者直接从批发商、零售商或销售商处购买非金融产品或服务为唯一目的，其中被提供的产品或服务本身并非消费者金融产品或服务（不包括本分项所述之信用）；

(ii) 直接或通过协议向另一人托收由于提供 (i) 则所述之信用而产生的债务；或者

(iii) 销售或转让 (i) 则所述之逾期或违约债务。

(B) 适用。除 (C) 分项 (i) 则规定以外， (A) 分项不适用由 (A) 分项所述之交易产生的信用交易或债务托收，并且在交易中：

(i) 非金融产品或服务的批发商、零售商和销售商将消费者的债务（不包括 (A) 分项 (iii) 则所述之逾期未付或违约债务的出售）转让、出售或让与给另外之人；

(ii) 提供的信用明显超过提供的非金融产品或服务的市场价值，或者保护局发现非金融产品或服务的销售属于欺诈行为，其目的是逃避或回避本章规定；或者

(iii) 非金融产品或服务的批发商、零售商和销售商经常提供信用，并收取金融费用。

(C) 限制

(i) 概述。尽管 (B) 分项有所规定，(A) 分项应适用于从事非金融产品或服务且不以提供或供应消费者金融产品或服务为主的批发商、零售商和销售商。

(ii) 例外。(A) 分项和本分项 (i) 则不适用于以下非金融服务或产品的批发商、零售商或销售商：

(I) 如果该批发商、零售商或销售商从事 (B) 分项 (i) 则或 (B) 分项 (ii) 则所述交易；或者

(II) 该批发商、零售商或销售商服从任一列举的消费者金融法律或者第 F 或第 H 节规定的权力转让的法律，但保护局可行使该法律赋予的权力。

(D) 规则

(i) 其他监管机构的权力。本章的任何内容均不得视为修订、限制或取代联邦贸易委员会或其他监管机构（保护局除外），关于促成消费者直接从批发商或零售商处购买非金融产品或服务为唯一目的的，由批发商或零售商直接对消费者的信用提供，或信用提供而产生的债务托收的监管或强制执行权力。

(ii) 小企业。由于适用 (B) 分项 (iii) 则规定而仅服从保护局管辖的非金融产品或服务的批发商、零售商和销售商，应视为 (C) 分项 (i) 则所述的不以提供或供应消费者金融产品或服务为主，如果该人：

(I) 依照 (A) 分项 (i) 则所述，仅为非金融产品或服务的销售而提供信用；

(II) 将上述信用保留在自己的账户上（出售或让与逾期或违约债务除外）；并且

(III) 依照《小企业法案》第 3 条及其相关规定，年度收入达到相关工业规模要求的小型企业。

(iii) 初始年份。在开展经营的第一年，非金融产品或服务的批发商、零售商，或销售商应被视为达到依照 (ii) 则 (III) 分则所述之工业规模标准，如果该年营业收入达到相关规模要求。

(iv) 小企业的其他标准。当非金融产品或服务的批发商、零售商或销售商实行其他分类方法而非依照《小企业法案》第 3 条的年收入标准及其执行规则时，该批发商、零售商或销售商应被视为达到 (ii) 则 (III) 分则规定的相关规模要求，如果按照该法案规定的雇员数量或其他标准，该批发商、零售商或销售商达到的相关小企业工业规模要求。

(E) 州强制执行的例外。正如保护局不应对本款所述之非金融产品或服务的批发商、零售商或销售商行使权力，州总检察长或州监管者不应对依照本章主张的权利，对提供非金融产品或服务的批发商、零售商

或销售商在开展（A）分项（i）则至（iii）则所述之业务，依照第1042条（a）款规定提起有关诉讼。

(b) 不动产佣金业务的例外

（1）不动产佣金业务的例外。除（a）款的限制规定和第（2）项的允许规定以外，保护局不应对依照州级法律持有许可证或注册的不动产经纪人或不动产代理人，行使本章授予的规则制定、监督、强制执行或其他权力，如果该人：

（A）充当不动产购买人、出售人、出租人或承租人的不动产经纪人或不动产代理人；

（B）撮合有意出售、购买、租赁、出租或置换不动产的各方当事人；

（C）代表任一方，商洽关于出售、购买、租赁、出租或置换不动产的合同（交易中涉及融资提供的除外）；或者

（D）以任何身份要约提供（A）分项、（B）分项、（C）分项所述之业务。

（2）业务的说明。保护局可对第（1）项所述之人，行使本章授予的规则制定、监督、强制执行或其他权力，如果该人：

（A）从事提供或供应消费者金融产品或服务业务，保护局仅对此业务行使上述权力除外；或者

（B）服从任一列举的消费者法或第6或第8节规定的权力转让的法律，保护局仅可依照该法律行使上述权力。

(c) 制造式住宅零售商和组件式住宅零售商的除外

（1）概述。局长不应对下列范围内的人行使规则制定、监督、强制执行或其他权力；

（A）不是第（2）项所述之人；并且

（B）此人：

（i）作为制造式住宅和组件式住宅的出售人或销售人的代理人或经纪人；

（ii）通过商洽购买价格或销售合同条款（不包括对交易提供融资），促成消费者购买制造式住宅和组件式住宅；或者

（iii）要约提供（i）则，或（ii）则所指之业务。

（2）行为的说明。本项所指之人是从事消费者金融产品或服务的提供或供应或服从任一列举的消费者法或第6节或第8节规定的权力转让的法律。

（3）定义。为明确本款之目的，特作以下定义：

（A）制造式住宅。“制造式住宅”与《1974年国家制造式住宅建设

与安全标准法案》第603条的含义相同。

(B) 组件式住宅。“组件式住宅”是指在工厂利用2块或以上组件建造的房屋，达到房屋所在地，组件运达、安装并完成建造的州级或地方的建筑准则。

(d) 会计师与报税师的例外

(1) 概述。除第(2)项有关允许的规定以外，保护局不得对下列人行使任何规则制定、监督、强制执行，或者其他权力：

(A) 具有资格认证的公众会计师、获许依照资格认证的公众会计师公司行事之人，或者具有各州类似的许可和认证之人，或者受雇于或持有本分项所指之人的所有者权益的人，当该人从事或要约从事：

(i) 受州级会计委员会或联邦权力机构监管的例行的、常规的会计活动，包括会计、纳税、咨询及其他服务的提供；或者

(ii) 上述例行的、常规的会计活动附带的其他服务，且这些服务：

(I) 不能由与上述例行的、常规的会计活动脱离或分离的人提供或供应；或者

(II) 提供或供应于不接受上述例行的、常规的会计活动的消费者；或者

(B) 除(A)分项所指的为消费者提供所得税报税的人。

(2) 行为的说明

(A) 概述。第(1)项不得适用于第(1)项(A)分项或第(1)项(B)分项所指之人，并且这些人从事的活动并非第(1)项(A)分项所述之例行的、常规的会计活动或者相关附带的服务活动，而是从事消费者金融产品或服务的供应或提供，但不包括第(1)项(A)分项所述之从事例行的、常规的会计活动或相关附带服务活动的人。

(B) 不是例行的、常规的会计活动。为了明确本款之规定，提供信用或从中获得佣金不是例行的、常规的会计活动或其附带活动。

(C) 释义规则。为了明确(A)分项和(B)分项的规定，第(1)项(A)分项所指之人的行为不应视为提供信用活动，如果该人以促成消费者购买第(1)项(A)分项(i)则或(ii)则所述之服务为唯一目的，向消费者直接提供信用，并且此信用：

(i) 没有支付金融费用；并且

(ii) 通过书面协议，以不超过4次的分期付款方式支付。

(D) 其他限制。第(1)项不适用于第(1)项(A)分项或第(1)项(B)分项所述的人，但遵守列举的消费者法或第6节或第8节

规定的权力转让的其他法律。

(e) 法律执业的例外

(1) 概述。除第(2)项规定外，对依照州法律规定取得法律执业许可证的律师在从事的法律执业活动方面，保护局不得行使监督或强制执行权力。

(2) 释义规则。第(1)项不应被视为对保护局依照第1002条第(5)项所指之消费者金融产品或服务的提供或供应，行使监督、强制执行或其他权力的限制，如果：

(A) 该消费者金融产品或服务不作为律师—客户关系产生的法律业务的部分或其附带部分加以提供或供应；或者

(B) 该消费者金融产品或服务由上述律师提供或供应，向没有接受与该消费者金融产品或服务相关的律师所提供的法律建议或服务的消费者。

(3) 现有权力。第(1)项不应被视为限制保护局对律师的权力，当该律师服从列举的消费法律或根据第6节或第8节转让的权力。

(f) 受州级保险监管机构监管之人的例外

(1) 概述。本章任何内容均不得视为更改、修订或妨碍州级保险监管机构关于受州级保险监管机构监管之人方面批准规则、启动强制执行程序，或采取其他行动的权力。除第(2)项规定以外，保护局不具有对州级保险监管机构的人强制执行本款的权力。

(2) 行为的说明。第(1)项不适用于分项所指之人，当该分项之人从事消费者金融产品或服务的提供或供应或遵守列举的消费者法或根据第6节或第8节移交权力的法律。

(3)《G－L－B法案》规定的州级保险权力。尽管第(2)项的有所规定，保护局不得对受州级保险监管机构监管之人，行使《G－L－B法案》第505条(a)款第(6)项赋予州级保险监管机构的任何权力。

(g)《1986年国内财政税收法典》规定的雇员保险与薪酬计划与其他某些安排的例外

(1) 其他机构的权力保留。本章的任何内容均不得视为更改、修订或妨碍财政部、劳工部，或国内财政税收督察批准条例、启动强制执行程序，或对指定计划或安排采取行动的权力。

(2) 不构成消费者金融产品或服务的提供或供应的业务。为了明确本章之规定，一个人不应被视为进行消费者金融产品或服务的提供或供应，当该人：

(A) 是某个指定的计划或安排；

(B) 为了该人的雇员(或为了某个雇员机构的成员)的利益，从事

制定、维持某项指定计划或安排；或者

（C）依照《1986年国内财政税收法典》第529条（b）款第（1）项规定从事建立或维持具有资质的、由州支持的某项预付费项目资助的或州资助的预付费项目。

（3）保护局权力的限制

（A）概述。除（B）分项和（C）分项规定以外，保护局不得对有关指定计划或安排的产品或服务，行使规则制定或强制执行的权力。

（B）对机构请求的保护局行动。

（i）机构请求。财政部长和劳工部长可以向保护局联合发表书面请求，要求依照本章对有关特定计划或安排的服务提供，执行相应的消费者保护标准。

（ii）机构的回应。对于保护局提出的请求，财政部长和劳工部长应作出联合书面回应，在收到上述请求的90日之内，同意或否决保护局的请求，关于依照本章对有关指定计划或安排的服务提供方面执行相应的消费者保护标准。

（iii）保护局行动的范围。对于（i）则或（ii）则所述之机构依照本分项提出请求或给予回应，保护局可以行使制定规则的权力，也可以依照本章规定，根据上述请求或回应制定规则并予以强制执行。本分项所述之财政部部长和劳工部部长提出的请求或给予的回应，应说明依照本章所要执行的、有关指定计划或安排的服务提供方面的相应消费者保护标准的依据和范围。

（C）产品或服务的说明。对于从事有关指定计划或安排的产品或服务提供、并服从任何列举的消费者法律或依照（6）分项或（8）分项的权力转让法律之人，（A）分项的内容不适用于该法律。

（4）指定计划或安排。为了明确本款规定，“指定计划或安排”是指《1986年国内财政税收法典》第220条、第223条、第401条（a）款、第403条（b）款、第408条、第408条A分项第529条，或第530条规定的计划、账户或安排，或雇员保险或薪酬计划或安排，包括《1974年雇员退休收入保障法案》第I章规定的计划，或者由州提供的预付费计划。

（h）州证券委员会监管之人

（1）概述。本章任何内容均不得视为更改、修订或妨碍州证券委员会（或任何行使类似职能的机构或部门）批准规则、启动强制执行程序，或关于州级证券委员会（或任何行使类似职能的机构或部门）监管之人采取其他行动的权力。除第（2）项和（f）款的允许规定以外，保护局不具有任何对州证券委员会（或任何行使类似职能的机构或部门）监管的人实施强制执行本章的权力。

（2）行为的说明。第（1）项不得适用于任何从事消费者金融产品或服务的提供或供应的人，或遵守列举的消费者法或依照（F）分项或（H）分项的权力转让法律的人。

(i) 证券交易委员会监管之人的例外

（1）概述。本章任何内容不得视为更改、修订或妨碍证券交易委员会关于证券交易委员会监管之人方面批准规则、启动强制执行程序，或采取其他行动的权力。保护局不具有任何对证券交易委员会监管的人实行强制执行本章的权力。

（2）征求意见与合作。尽管第（1）项规定，证券交易委员会应在可行的情况下，就与依照本章或其他法律接受保护局管辖的消费者金融产品或服务属于相同类型或形成直接竞争的投资产品或服务的规则（包括提议规则制定的事先通知），向保护局征求意见并合作。在执行本项的过程中，当证券交易委员会着手制定规则时，机构们应通过磋商并达成有关合作程序的协议，包括对保护局的提前通知程序。

(j) 商品期货交易委员会监管之人的例外

（1）概述。本章的任何内容不得视为更改、修订或妨碍商品期货交易委员会关于对商品期货交易委员会监管之人批准规则、启动强制执行程序，或采取其他行动的权力。保护局不具有任何对商品期货交易委员会监管之人实行强制执行本章的权力。

（2）征求意见与合作。除第（1）项的规定，商品期货交易委员会应与依照本章或其他法律接受保护局管辖的消费者金融产品或服务属于相同类型的或形成直接竞争的投资产品或服务的规则（包括提议规则制定的事先通知），向保护局征求意见和合作。

(k) 农场信用保护局监管之人的例外

（1）概述。本章的任何内容不得视为更改、修订或妨碍农业信用保护局关于农业信用保护局监管之人方面批准规则、启动强制执行程序，或采取其他行动的权力。保护局不具有对农业信用保护局监管之人实行强制执行本章的权力。

（2）定义。为了明确本款的规定，“农场信用保护局监管之人”是指依据《1971 年农场信用法案》并经其特许的农场系统制度。

(l) 有关慈善捐献的行为的例外

（1）概述。局长和保护局不得对美国国税总署承认的免税机构，或该机构的代理人、志愿者或代表的自愿或请求的捐献行为，包括免税机构、代理人、志愿者或其代表向该免税机构的捐献者或潜在捐献者请求或提供建议、信息、教育或指示，行使任何规章制度、监管、强制执行或下令惩罚等其他权力。

(2) 限制。第（1）项的例外情况不适用于第（1）项未加说明的其他业务，即消费者金融产品或服务的提供或供应，或遵守列举的消费者法或依照（F）分项或（H）分项权力转让的法律的其他业务。

(m) 保险。保护局不得以条例及其他方式，将从事保险业务定义为金融产品或服务。

(n) 保护局权力的限制。尽管（a）款至（h）款以及第（1）项有所规定，由一个或以上的上述条款规定或描述的人：

(1) 可以是提供服务之人；并且

(2) 可以服从保护局强制实施的关于信息方面的要求或规定，为实现第1022条、第1052条或第1053条规定的保护局职责和职能。

(o) 无权施加高利贷限制。本章任何内容不得视为赋予保护局任何权力，适用于相关人对消费者提供信用的高利贷限制规定，除非法律明确授权。

(p) 总检察长。本章的任何内容，包括第1024条（c）款第（1）项，不应妨碍总检察长依照其他适用法律规定行使权力。

(q) 财政部长。本章的任何内容不应妨碍财政部长对在关于消费者提供所得税报税的人方面，制定规则、实施强制执行程序或其他行动。

(r) 存款保险和股份保险。本章任何内容不应妨碍联邦储蓄保险公司依照《联邦存款保险法案》或全国信用合作社管理局依照《联邦信用合作社法案》分别行使关于存款保险和股份保险方面的权力。

(s)《公平住房法案》。本章任何内容不应视为妨碍《公平住房法案》所产生的任何权力。

第1028条　未来争议仲裁的限制

(a) 研究与报告。对于相关人和消费者在提供与供应消费者金融产品或服务方面可能发生的争议，保护局应对如何达成当事人仲裁协议问题进行研究并向国会提交报告。

(b) 未来的权力。对相关人和消费者达成在提供与供应消费者金融产品或服务方面，关于未来争议的仲裁协定，保护局可依照条例以禁止或施加条件或限制，如果保护局发现该禁止或施加条件或限制的行为符合公众利益并有利于消费者保护。支持采取行动的这些发现应与（a）款下进行的研究结果一致。

(c) 限制。(b) 款规定的权力不得视为禁止或限制消费者在与相关人发生争议时，自愿与相关人达成仲裁协议。

(d) 生效日期。尽管其他法律的规定，保护局依据（b）款制定的条例应适用于消费者与相关人在该条例生效之日起的180日之后签订的协议，并且协议规定与该条例条款相一致。

第1029条 汽车交易商的例外

(a) 销售、服务和租赁机动车辆的除外。除(b)款的允许规定以外，保护局不得对主要从事机动车辆的销售与服务和从事机动车辆的租赁与服务中的一项或全部的机动车辆交易商，行使任何规则制定、监督、强制执行或包括下令评估在内的其他权力。

(b) 某些职能的例外。(a)款不应适用于下列人，当该人：

(1) 向消费者提供有关不动产方面的住宅或商业抵押或资金自筹交易；

(2) 经营下列行业：

(A) 有关机动车辆零售信用的提供或零售租赁；并且

(B) 其中：

(i) 机动车辆零售信用的提供或零售租赁直接向消费者提供；并且

(ii) 规定机动车辆零售信用的提供或零售租赁的合同并非依照惯例地指派无关联性的金融或租赁第三方；或者

(3) 提高或供应的消费者金融产品或服务，与机动车辆、机动车辆部件，或者相关的或附属的产品或服务的销售、融资、租赁、租用、修理、整修、保养或其他服务不相关或不涉及。

(c) 其他机构权力的保留

除(b)款和(d)款规定以外，本章的任何内容，包括第6节在内，不得视为修订、限制或取代联邦法律任何条款的执行，或者妨碍联邦储备理事会、联邦贸易委员会或其他联邦机构关于(a)款所述之人的权力。

(d) 联邦贸易委员会的权力。尽管《联邦贸易委员会法案》第18条有所规定，联邦贸易委员会依照《联邦贸易委员会法案》第5条和第18条(a)款第(1)项(B)分项的规定，被赋予依照《美国法典》第5章第533条，制定有关(a)款所指之人的规则的权力。

(e) 与服役成员事务办公室的合作。行长董事会和联邦贸易委员会应与服役成员事务办公室合作并确保

(1) 关注军事设施的附近的机动车辆交易商，向服役成员及其家庭成员传授技能，使其知情的前提下对机动车辆交易商提供的消费者金融产品和服务作出合理的决策；并且

(2) 有效地监控服役成员及其家庭成员对机动车辆交易商的投诉情况，并作出反应，根据具体情况，由授权的机构作出强制执行的决定。

（f）定义。为了明确本款的规定，下列定义应加以适用：

（1）机动车辆。"机动车辆"是指

（A）以在街道、高速公路或其他道路上运载人或物为目的的所有自行驱动的车辆；

（B）游船和海运设施；

（C）摩托车；

（D）房车，娱乐性车辆的拖车，以及滑入式野营车，以及《联邦监管法典》第49章第571.3条和第575.103条（d）款，或其后续法律所定义的名词；以及

（E）由交易商所有并出售的其他车辆。

（2）机动车辆交易商。"机动车辆交易商"是指在美国的或美国领土的人或居民，并且：

（A）经州、美国领地的、哥伦比亚特区许可从事机动车辆销售；并且

（B）对机动车辆拥有所有权、物权或物理保管权。

第1029A条　生效日期

本节应在指定移交之日起生效，除第1022条、第1024条和第1025条（e）款应在法案颁布之日生效以外。

第三节　消费者金融保护局的特定权限

第1031条　禁止不公平的、欺骗性的或滥用的业务或实务

（a）概述。保护局可依照第5节所赋予的权力，防止相关人或提供服务之人，在与消费者进行消费者金融产品或服务的交易，或提供消费者金融产品或服务时，进行或从事联邦法律认定的某种不公平的、欺骗性的或滥用的业务或实务。

（b）制定规则。保护局可以制定规则，适用于进行或从事被认定为违法性的、不公平的、欺骗性的或滥用的业务或实务的相关人或提供服务之人，当与消费者进行消费者金融产品或服务的交易或提供消费者金融产品或服务时，依据本条制定的规则可以包括以避免上述业务或实务为目的的规定。

（c）不公平

（1）概述。保护局不得依据本条，以某项涉及与消费者进行消费者金融产品或服务的交易或提供消费者金融产品或服务的业务或实务是不公平的、欺骗性的或滥用的为由，认定该行为或业务是违法的，除非保护局有充分的

依据认定：

(A) 该行为或业务导致或可能导致消费者无法合理避免的实质性的伤害；并且

(B) 这种伤害尚未超出消费者或竞争中可以用于抵消的利益。

(2) 公众政策的考虑。在决定某项行为或业务是否不公平时，保护局可以将现有的公共政策作为证据，与其他证据一并加以考虑。对上述公共政策的考虑不得视为作出决定的根本依据。

(d) 欺骗性的。保护局不得依据本条，认定有关消费者金融产品或服务有关的行为或业务存在欺骗性，除非该行为或业务：

(1) 确实干扰消费者对于消费者金融产品或服务的理解能力；或者

(2) 不合理地利用：

(A) 消费者对产品或服务的实际风险、成本或条件的不理解；

(B) 在其选择或使用消费者金融产品或服务时，消费者未能保护消费者利益；或者

(C) 消费者合理地依赖相关人按照消费者利益行事。

(e) 征求意见。在依据本条行使规章制定的权力时，保护局就提议的规则是否符合与该机构审慎的、市场的或系统的目标的方面应酌情向联邦银行机构或其他联邦机构征求意见。

(f) 季节性收入的考虑。保护局依照本条制定的规则应考虑，在有关住宅不动产或寓所担保的信用提供方面，如果借款人提交的收入，包括小企业的收入，是有关住宅不动产或寓所担保的信用提供的还款来源，那么贷款人在信用还款的和时间安排方面应考虑上述收入的季节性和不规律性。

第 1032 条　披露

(a) 概述。保护局可以制定规则，确保消费者金融产品或服务的特性，按照初期和时间跨度，根据实际情况，完全地、准确地、有效地告知消费者，以允许消费者理解产品或服务的成本、利益以及风险。

(b) 披露的范式

(1) 概述。保护局依照本条制定的有关披露要求的最终规则，可以规定供需要披露的相关人选择使用某种模板样式。

(2) 格式。第（1）项所述之模板样式应保证清楚、明显的披露方式，至少：

(A) 使用消费者易于理解的通俗语言；

(B) 使用清楚的格式和式样，例如易于阅读的字体类型；并且

(C) 简明扼要地说明需要告知消费者的信息。

（3）消费者测试。任何依照本分项制定的模板样式应通过消费者测试加以验证。

（c）规则制定的依据。在依据本条制定规则时，保护局应考虑验证在以下方面的可获得性，即关于消费者对消费者金融产品或服务的认识、理解以及对有关风险、成本、利益的披露和交流的反应。

（d）避风港。采用依据本条产生的规则所规定的模板样式的相关人应视为在模板样式方面符合本条的披露要求。

（e）试验性披露安排

（1）概述。保护局可以允许相关人依照指定的标准和程序，实施限制时间和范围的试验性安排，向消费者提供试验性披露，以优化依照（b）款第（1）项或某一列举的章程而制定模板样式为目的。

（2）避风港。保护局制定的标准和设计的程序应鼓励相关人实施试验性安排。为了执行本款，保护局可以规定时间限制，在此期间的实施试验性安排的相关人应被视为符合或可以免除遵守某项规章的某一规定或某一列举的消费者法律。

（3）公众披露。保护局的规则应以试验性披露的方式对公众披露，规则可以对公众披露进行必要的限制，以鼓励相关人实施有效的试验。

（f）合并抵押贷款的披露。在指定移交之日后的1年内，保护局应提议合并《诚信贷款法案》和《1974年不动产结算程序法案》第4条和第5条的披露要求，形成统一的、完整的关于上述法律规定的抵押贷款交易的披露要求，除非保护局认为联邦储备理事会和住宅与城市发展部部长的提案包含相同目的。

第1033条　消费者的知情权

（a）概述。依照保护局制定的规则，相关人应依据消费者的请求，使其从相关人处获知，关于相关人控制或拥有的、从该相关人处获得的消费者金融产品或服务有关的信息，包括与任何交易、系列交易，或包括成本、费用和使用数据在内的说明。信息应以可供消费者使用的电子形式。

（b）例外。相关人不得依照本条向消费者提供以下信息：

（1）保密的商业信息，包括得出信用评分或其他风险评分算法或预测值；

（2）相关人收集的信息，其目的是防止欺诈或洗钱，或者是关于其他违法或可能违法行为的调查或报告；

（3）依照其他法律规定要求保密的信息；或者

（4）相关人在正常经营过程中不可能得到的有关信息。

（c）不具有维护记录的义务。本条的任何内容不得视为向相关人强加任何维护或保留有关消费者的信息的义务。

（d）标准化数据格式。保护局依照惯例应规定适用于相关人的标准，包括通过机读文件的使用，促进依照本条使消费者获知的信息的标准化格式的发展与使用。

（e）征求意见。在依据本条制定规则时，保护局应酌情向联邦银行机构和联邦贸易委员会征求意见，确保规则：

（1）对相关人施加原则上相似的要求；

（2）对相关人在美国和其他国家同时开展业务的环境条件加以考虑；并且

（3）不因提高系统的协同而要求或推动任何特定技术的使用。

第1034条　对消费者投诉和询问的答复

（a）监管机构对消费者及时的回应。保护局应在征求相关联邦监管机构意见基础上，制定合理程序，对消费者关于相关人的投诉或询问，在适当的场合给予及时的、书面的答复。答复包括：

（1）监管机构应消费者的投诉或询问而采取的行动；

（2）监管机构从相关人处得到的答复；以及

（3）监管机构应消费者的投诉或询问而采取的后续行动和计划后续行动。

（b）相关人对监管机构的及时答复。第1025条规定的服从保护局监管和主要强制执行权力的相关人应在适当的场合向保护局、审慎监管机构以及其他对该相关人具有管辖权的机构，提供及时的、书面的关于消费者投诉或询问的答复。答复包括：

（1）相关人应消费者的投诉或询问而采取的行动；

（2）相关人从消费者处得到的回应；以及

（3）相关人应消费者的投诉或询问而采取的后续行动和计划后续行动。

（c）对消费者提供信息

（1）概述。第1025条规定的接受保护局监管和主要强制执行权力的相关人应及时服从消费者关于获知相关人控制或拥有的、与该消费者从上述相关人处获得的消费者金融产品或服务有关的信息的请求，包括与消费者账户有关的支持性书面文件。

（2）例外。第1025条规定的服从保护局监管和主要强制执行权力的相关人、第1025条规定的服从保护局监管和主要强制执行权力的审慎监管机构和对相关人具有管辖权的其他机构，不得依照本条向消费者提供以下信息：

（A）任何保密性商业信息，包括得出信用评分或其他风险评分算法或预测值；

（B）相关人收集信息，其目的是防止欺诈或洗钱，或者是调查或报告关于其他违法或者可能违法行为；

(C) 依照其他法律规定要求保密的信息；或者

(D) 任何非公开或保密信息，包括保密的监督信息。

(d) 与其他机构的协议。保护局应与其他有关的联邦监管机构签订谅解备忘录，关于相关人和审慎监管机构以及对相关人具有管辖权的其他机构，包括住宅与城市发展部部长和教育部部长，依照本章达成的一致程序。

第1035条 私人教育贷款巡视官

(a) 建立。财政部部长在征求局长的意见后，应从保护局指定私人教育贷款调查官（本条称之为“巡视官”），对私人教育贷款的借款人提供及时的帮助。

(b) 公共信息。财政部部长和局长应发布关于巡视官对借款人和潜在借款人的可获取性和职能，同时也包括对高等教育金融机构、贷款人、担保机构、贷款服务人和参与私人教育学生贷款项目的其他参与者的作用。

(c) 巡视官的职能。依照本款指定的巡视官应当：

(1) 根据局长制定的条例，接受、审查并着手解决（a）款所述之借款人非正式的投诉，包括适当地通过与教育部和高等教育金融机构、贷款人、担保机构、贷款服务人和参与私人教育学生贷款项目的其他参与者协商以图解决投诉；

(2) 在指定移交之日后的90日之内，与依照《1965年高等教育法案》第141条（f）款规定而设立的学生贷款巡视官共同签订谅解备忘录，对借款人在有关联邦学生贷款或私人教育方面的投诉的解决提供帮助和服务。

(3) 编辑和分析借款人关于私人教育贷款投诉的有关数据；并且

(4) 向局长、财政部部长、教育部部长、参议院银行、住宅和城市事务委员会、参议院健康、教育、劳工和养老金委员会、众议院金融服务委员会以及众议院教育和劳工委员会提供恰当的建议。

(d) 年度报告

(1) 概述。巡视官应拟定年度报告，说明上一年度的活动并对其有效性作出评估。

(2) 提交。第（1）项所指之报告应在每年的固定日期提交财政部部长、教育部部长、参议院银行、住宅和城市事务委员会、参议院健康、教育、劳工和养老金委员会、众议院金融服务委员会以及众议院教育和劳工委员会。

(e) 定义。为了明确本条之规定，“私人教育贷款”和“高等教育金融机构”参照《诚信贷款法案》第140条的含义。

第1036条 禁止的法律

(a) 概述。下列情况应视为违法：

（1）相关人或提供服务之人：

（A）向消费者提供或供应金融产品或服务时，未按照《联邦消费者金融法案》的规定，或违反《联邦消费者金融法案》的行为或疏忽；或者

（B）进行任何不公正的、欺骗性的滥用的业务或实务；

（2）相关人或提供服务之人未按照《联邦消费者金融法案》的要求或据此发布的规则或命令的要求，而未能或拒绝：

（A）允许使用或复制记录；

（B）建立或维护记录；或者

（C）向保护局拟定报告或提供信息；或者

（3）有意或无意地向违反第 1031 条或据此发布的规则或命令的相关人或提供服务之人提供实质性帮助的人，尽管本章有其他规定，该提供帮助的人应被视为与接受帮助的人同样的违法。

（b）例外。仅向相关人或提供服务之人提供或出售广告宣传的时间或场所的人不得视为违反（a）款第（1）项。

第 1037 条　生效日期

本款应在指定移交之日生效。

第四节　州法律的保留

第 1041 条　与州法律的相关性

（a）概述

（1）释义规则。除第 1044 条至第 1048 条以外，本章不得视为废除、更改或妨碍、或豁免服从本章条款之人免于遵守州级有效的章程、条例、命令或解释，除非这些法律规定与本章规定不一致并仅限于不一致的范围。

（2）州法律的更加充分保护。为了明确本款之规定，州级有效的章程、条例、命令或说明与本章规定不存在不一致，如果该章程、条例、命令或解释比本章给予消费者更加充分的保护。在保护局主动建议或回应有利害关系的人提出的重要请求时，保护局可以裁定州级有效的章程、条例、命令或解释是否与本章规定存在不一致。

（b）列举的消费者法与州法律有关的其他规定。除第 1083 条以外，本章任何内容不得视为修订、限制、取代列举的消费者法关于对适用于该法律的州级有效法律的有关规定的执行。

(c) 州级要求补充的消费者保护条例

(1) 通知提议规则的规定。当大多数州颁布主张保护局制定或修订消费者保护条例的决议时，保护局应发布关于提议的规则制定的通知。

(2) 保护局发布最终条例的考虑因素。在依据第（1）项发布制定最终条例的通知之前，保护局应充分考虑是否：

(A) 提议的条例将对消费者提供比现有条例更加充分的保护；

(B) 提议的条例试图给予消费者之利益应超过增加消费者之成本与不便，并不对任何阶层或类别的消费者构成不公正的歧视；以及

(C) 有联邦银行管理机构认为提议的条例可能对参加存款保险的机构的安全和稳健产生极其不利的风险。

(3) 考虑因素的解释。保护局：

(A) 应在《联邦公告》发布依照本款制定之最终条例的通告，其中包括第（2）项所述之考虑因素的相关讨论；以及

(B) 当决定放弃最终条例时，保护局应在《联邦公告》上发表有关决定的说明，并将该说明的副本提交予颁布决议并主张保护局制定或修订消费者保护条例的各州、参议院银行、住宅和城市事务委员会以及众议院金融服务委员会。

(4) 权利的保留。本款的任何内容不得视为限制或约束保护局在推动保护局依照本章自主地或应其他利益相关人要求地制定消费者保护标准方面的权力。

(5) 释义规则。本款的任何内容不应视为豁免保护局遵守《美国法典》第5章第5篇第II子篇。

(6) 定义。为了明确本款规定，“消费者保护条例”是指保护局依照《联邦消费者金融法案》赋予的权力制定的条例。

第1042条　州强制执行权力的保留

(a) 概述

(1) 州提起的诉讼。除第（2）项规定以外，各州级总检察长（或对等职务）可以以该州名义，在该州的美国任何地区法院或位于该州的、对被告具有管辖权的州法院提起民事诉讼，要求执行本章规定或依照本章制定的条例，并依照本章或其他法律规定的获得补偿。州监管机构可以提起民事诉讼或其他相应的程序，要求执行本章规定或依据本章制定的条例，在州法律（除第（2）项规定以外）的州特许的、成立公司的、取得许可的或其他批准下开展经营活动的实体方面，以依照本章或其他法律有关上述实体之规定获得法定补偿。

（2）州对全国性银行或联邦储蓄协会提起的强制执行规则的诉讼。

（A）概述。除（B）分项的允许规定以外，各州级总检察长（或对等职务）不得以本州名义，对全国性银行或联邦储蓄协会提起要求执行本章规定的民事诉讼。

（B）强制执行规则。各州级总检察长（或对等职务）可以以本州名义，在该州的美国任何地区法院或位于该州的、对被告具有管辖权的州法院提起对全国性银行或联邦储蓄协会的民事诉讼，要求执行保护局依照本章规定制定的条例，并依照本章或其他法律规定获得补偿。

（3）释义规则。本章任何内容不得视为修订、限制或取代列举的消费者法有关规定的实施，即关于州级总检察长或州级监管机构强制执行上述消费者法律权力方面的实施。

（b）征求意见的规定

（1）通知

（A）概述。依照（a）款规定，法院对相关人提起强制执行本章规定和保护局依照本章制定的条例的诉讼或其他行政或监管的程序之前，州级总检察长或州级监管机构应及时向保护局和审慎监管机构（如果涉及）或其指派人，提交完整诉状的副本及对描述该诉讼或程序的书面通知。

（B）紧急诉讼。如果无法执行事先通知，在启动诉讼或程序时，州级总检察长或州监管机构应立即向保护局和审慎监管机构（如果涉及），提交完整诉状的副本和通知。

（C）通知的内容。本款要求的通知应至少包括以下内容：

（i）当事人的身份；

（ii）诉讼中主张的事实；以及

（iii）是否有必要调解控诉，以不干涉保护局、审慎监管机构或另外的联邦机构采取制定规则在内的行动为目的。

（2）保护局反应。在第（1）项所述之诉讼中，保护局可以：

（A）作为当事人介入；

（B）在介入的过程中：

（i）将诉讼转入相应的美国地区法院，如果该诉讼的原法院地点不当；并且

（ii）陈述有关诉讼的全部事实；并且

（C）和其他诉讼当事人一样，可对命令或裁决进行上诉。

（c）条例。保护局应制定相关条例以贯彻本条之规定，并不断发布指引以加强协调与州级总检察长及其他监管机构行动。

(d) 州权力的保留

(1) 州的权力。本条的任何内容均不得视为更改、限制或妨碍，州级总检察长或其他监管或强制执行机构或单凭州级有效的法律提起诉讼或其他监管程序的权力机构的权力。

(2) 州证券监管机构。本章的任何内容均不得视为更改、限制或妨碍州证券监管机构委员会（或行使类似职能的机构或部门）依照州法律，对该委员会或权力机构监管之人，行使对规则的采用、启动强制执行程序，或采取其他行动的权力。

(3) 州保险监管机构。本章的任何内容均不得视为更改、限制或妨碍州保险监管机构委员会或州保险监管机构依照州法律，对该委员会或监管机构监管之人，行使对规则的采用、启动强制执行程序，或采取其他行动的权力。

第1043条　现有合同的保留

本章和由保护局制定的、发布的、规定的条例、命令、指引和解释，不得视为更改或妨碍货币监理署或储蓄机构监督办公室主管，制定、发布、规定的条例、命令、指引和解释的适用性，即在关于该货币监理署或储蓄机构监督办公室主管监督之全国性银行、联邦储蓄协会或其分支机构，依照《联邦银行法》，在本法案颁布之日或之前分别缔结的合同适用州法律的方面。

第1044条　全国性银行及其分支机构的州法律优先权标准

(a) 概述。《美国修正法令》第62章第1篇修订为：在第5136B条之后插入新条：

“第5136C条　全国性银行和分支机构的州法律优先权标准

“(a) 定义。为了明确本条规定，特作以下定义：

“(1) 全国性银行。‘全国性银行’包括：

“(A) 依照美国法律组建的银行；并且

“(B) 所有联邦分行均依照《1978年国际银行法案》建立。

“(2) 州消费者金融法律。‘州消费者金融法律’是指没有直接或间接歧视全国性银行的州法律，并且直接明确地规定有关消费者的金融交易（可能允许全国性银行从事的）的方式、内容或条款，或相关记录。

“(3) 其他定义。‘关联人’、‘分支机构’、‘包含’、‘包括’的含义参照《联邦存款保险法案》第3条。

“(b) 取代标准

“(1) 概述。州消费者金融法律将被取代，仅当：

“（A）与州特许的银行法律相比，州消费者金融法律的采纳将对全国性银行产生歧视性后果；

“（B）根据美国最高法院关于马里恩县巴涅特银行（北美）诉弗罗里达保险委员会委员耐尔森一案的裁决所界定的优先权的法律标准，州消费者金融法律阻碍或严重干预了全国性银行权力的行使；并且依照本分项对先占权的裁决，可以根据适用的法律，由法院作出或依据由货币监理署在逐项原则基础上发布的条例或指令作出；或者

“（C）非本章的联邦法律某项规定先占于州消费者金融法律。

“（2）保留条款。本章与《联邦储备法案》第24条不取代、废除、妨碍任何州法律对全国性银行的分支机构或关联人的适用性。（被特许为全国性银行的分支机构或关联人除外）。

“（3）逐案原则

“（A）定义。本条使用的名词‘逐案原则’是指货币监理署依照本条作出的决定，关于某个特定的州消费者法律对服从该法律或实质相同的条款的其他州法律的全国性银行的影响。

“（B）征求意见。当货币监理署依据逐案原则准备作出决定，由实质相同条款的其他州的州级金融法律取代一项法律的时候，货币监理署应首先征求消费者金融保护局的意见并将其意见纳入作出决定的考虑因素。

“（4）释义规则。本章的规定不取代州法律任何方面的内容。

“（5）审查标准。

“（A）取代。法院在审查货币监理署作出的关于依照本章或《联邦储备法案》第24条取代某个州级法律的决定时，应评估该决定的有效性，考虑特定解释作出考虑时所表现出的明显的透彻详尽性、推理的正确性、与过去及其后的看法的一致性，以及所有法院认为有说服力或相关的因素。

“（B）保留条款。除（A）分项规定以外，本部分的任何内容不得视为影响法院对监理署的尊重，关于其在《美国修订法案》第62章及其他联邦法律的含义或解释的决定。

“（6）不可委托作出监管官决定。货币监理署依照第（1）项（B）分项发出的条例、命令或决定，应由监理署本人作出，而不得委托给货币监理署的其他官员或雇员。

“（c）*充分证据*。货币监理署依照（b）款第（1）项（B）分项作出的条例或命令不应被释为宣布州消费者金融法规定无效或不适用于全国性银行，除非在诉讼记录的基础上得到充分证据，支持关于取代上述法律的明确结论符合美国最高法院关于马里恩县巴涅特银行（北美）诉弗罗里达保险委员会委员耐尔森一案

中作出的优先权裁决的法律标准。

"（d）取代决定的定期审查

"（1）概述。货币监理署应通过通告和公众评论的方式，对联邦法律条款取代州消费者金融法的每个决定进行定期审查。该机构应在规定或发布决定的5年期内进行上述的审查，并在此之后的每5年期至少进行一次。在审查决定及视察有关评论之后，该机构应在《联邦公告》发表通告，宣布维持或废除有关决定或修订决定的建议。建议修订决定的通告和后续的建议的决议以应遵守《美国修订法案》第5244条（a）款和（b）款规定的程序。

"（2）提交国会的报告。依照第（1）项规定实行审查时，货币监理署应向众议院金融服务委员会和参议院银行、住宅和城市事务委员会提交关于审查的报告。提交委员会代表的报告应说明是否该机构有意维持或废除或提出修订关于联邦法律条款取代州消费者金融法律的决定及其相关理由。

"（e）州消费者金融法适用于分支机构和关联人。尽管本章和《联邦储备法案》第24条有所规定，一项州消费者金融法应适用于全国性银行的分支机构和关联人（被特许为全国性银行的分支机构或关联人除外），其适用性参照州消费者金融法适用于服从州法律的任何人、公司或其他实体机构的情况。

"（f）有关授权利息的权力的保留。本章任何内容不得视为更改或妨碍全国性银行依照《美国修订法案》第5197条授予的权力，按照银行所在地的州、准州、地区法律允许的利率和规定的利息的含义收取利息。

"（g）货币监理署取代决定的透明性。货币监理署应在不超过季度的期限内定期发表和更新货币监理署即将颁布的取代决定的名单，应表明每个决定所包括的行为和业务以及决定取代的规定和限制。"

（b）字面修订。《美国修正法令》第62章第1篇的条的目录应修订为：在第5136B条的条目后插入以下新的条目：

"第5136C条　对全国性银行和分支机构的州法律取代标准。"

第1045条　适用于非存款机构分支机构法律的说明

《美国修正法令》第5136C条（本节补充的）应修订为：在条款的最后增加：

"（h）适用于全国性银行非存款机构分支机构和关联人的法律的说明

"（1）定义。为了明确本款，'非存款机构'、'分支机构'、'关联人'的含义参见《联邦存款保险法案》第3条。

"（2）释义规则。本章和《联邦储备法案》第24条的任何内容均不得视为取代、废除或妨碍州法律对全国性银行的分支机构、关联人或代理人（被特许为全国性银行的分支机构或关联人除外）的适用。"

第 1046 条　对联邦储蓄协会和分支机构的州法律的取代标准

(a) 概述。在《住房所有人贷款法案》的第 5 条之后插入新的一条：

“第 6 条　对联邦储蓄协会和分支机构的州法律的取代标准

“(a) 概述。法院或保护局或其继任官员或机构关于州法律与本法案的某项规定或依照本法案制定的条例和命令的关联性的裁定应依照适用于全国性银行的、关于州法律先占权方面的法律或法律标准。

“(b) 取代冲突的适用原则。尽管第 4 条和第 5 条授予相关权力，本法案不取代州法律的任何方面内容。”

(b) 字面修订。《住房所有人贷款法案》条的目录应删除有关第 6 条的条目并插入新的条目如下：

“第 6 条　对联邦储蓄协会和分支机构的州法律的取代标准。”

第 1047 条　全国性银行和储蓄协会的巡查标准

(a) 全国性银行。《美国修正法令》第 5136C 条（本节补充的）末尾增加：

“(i) 巡查权力

“(1) 概述。根据美国最高法院关于科莫（Cuomo）诉票据交换协会有限责任公司的判决，本章关于巡查权力或对全国性银行服从的巡查权力的限制或约束的内容不应视为限制或约束州总检察长（或其他首席法律执行官），在具有相应管辖权的法院，对全国性银行提起诉讼，要求强制执行适用的法律并获得法定赔偿。

“(j) 强制执行的诉讼。货币监理署依照本章或《联邦贸易委员会法案》第 5 条提起强制执行的诉讼的权力不得妨碍任何个人当事人在法庭行使联邦或州法律赋予的权利。”

(b) 储蓄协会。《住房所有人贷款法案》第 6 条（本章补充的）的末尾增加：

“(c) 巡查权。《美国修正法令》第 5136C 条 (i) 款之规定应适用于联邦储蓄协会及其分支机构，并依照该储蓄协会或其分支机构分别为全国性银行或全国性银行的分支机构的情况加以适用。”

“(d) 强制执行的诉讼。货币监理署依照本法案或《联邦贸易委员会法案》第 5 条提起诉讼的权利不得妨碍任何个人当事人在法庭行使联邦或州法律赋予的权利。”

第 1048 条　生效日期

本节自指定移交之日起开始生效。

第五节 强制执行的权力

第1051条 定义

为了明确本节之规定，特作下列定义：

（1）保护局的调查。“保护局的调查”是指为了明确某人是否正在从事或曾经从事过本条定义的违法行为，由保护局调查人员进行的问询。

（2）保护局调查人员。“保护局调查人员”是指受雇于具有强制执行或付诸实施联邦消费者金融法律权力的保护局的律师或调查者。

（3）托管人。“托管人”是指保护局指定的保管人或代理保管人。

（4）文件性材料。“文件性材料”包括以任何介质形式储存的书、文件、记录、报告、备忘录、官方文件、信件、表格、观察日志、电子文档或其他数据或数据汇编的原件与复件。

（5）违法行为。“违法行为”是指如经证实构成对《联邦消费者金融法》的任何条款的违反的行为或疏忽。

第1052条 调查与行政披露

（a）联合调查

（1）概述。保护局或为保护局调查人员可以依照本章授权，进行联合调查并索取信息。

（2）公平贷款。第（1）项赋予的权力包括公平贷款事宜、适时与参议院住宅与城市发展委员会或美国司法部的其一或共同开展联合调查并向其索取信息等。

（b）传唤

（1）概述。保护局或保护局调查人员可以依照本章规定，传唤与听证相关的证人到场并作证并提供相关文件、书籍、资料或其他相关材料。

（2）不服从的情况。如果出现有人不服从或拒绝服从依照本项作出并送达的传唤，该人被发现的、居住的或开展业务所在地区的美国地区法院，应保护局或保护局调查人员的申请，可命令该人出席并提供证词或出席并提供资料或其他材料。

（3）蔑视。任何不服从法院依照本款之命令的行为可能视为蔑视而受到惩罚。

（c）强制性要求

（1）概述。当保护局有理由相信某人可能拥有、保管或控制文件性材料或确凿的物品，或可能拥有与某违法行为有关的信息，保护局可以在依照《联邦消费者金融法案》启动诉讼程序之前，以书面形式发出强制性的民事调查要求并送达该人，要求该人：

(A) 提供上述文件性材料以供调查和以保护局要求的形式或介质进行复印或复制；

(B) 提交上述确凿的物品；

(C) 提交书面报告或回答问题；

(D) 关于文件性材料、确凿的物品或其他信息方面，提供口述证词；或者

(E) 一并提供上述材料、回答问题或证词。

(2) 要求。每一强制性的民事调查要求应阐明接受调查的违法行为的性质，以及该违法行为适用的法律规定。

(3) 文件的提供。每一强制性的民事调查要求，在文件性材料的提供方面，应当：

(A) 以明确的确定的方式说明需要提供的文件性材料的种类，以确保上述材料易于识别；

(B) 规定返回的一个或多个日期以便给出合理的时间期限，确保收集要求材料的时间，以供接受调查和复印或复制；并且

(C) 指定托管人接受上述材料的提供。

(4) 物品的提供。每一强制性的民事调查要求，在确凿物品的提供方面，应当：

(A) 以明确的确定的方式说明需要提供的确凿物品的种类，以确保上述物品易于识别；

(B) 规定返回的一个或多个日期以便给出合理的时间期限，确保收集要求物品的时间；并且

(C) 指定托管人接受上述物品的提供。

(5) 书面报告或回答问题的要求。每一强制性的民事调查要求，在要求书面报告或回答问题方面，应当：

(A) 以明确的确定的方式说明需要提交的报告或需要回答的问题；

(B) 对提交的报告或回答的问题，规定一个或多个日期以便给出合理的时间期限；并且

(C) 指定托管人接受上述报告和回答的提交。

(6) 口述证词。每一强制性的民事调查要求，在要求口述证词的提供方面，应当：

(A) 规定采集口述证词的日期、时间、地点；并且

(B) 指定保护局调查人进行问询调查以及指定托管人接受调查记录的提交。

(7) 送达。本条所指之强制性民事调查要求和强制执行的申请可以：

(A) 由美国法院的管辖地域内的保护局调查人员送达；以及

(B) 送达至不在美国法院的管辖地域内的人：

(i) 按照《联邦民事程序规则》对送达国外的规定；并且

(ii) 如果美国法院对该人具有管辖权，按照正当的程序，哥伦比亚特区的美国地区法院对该人服从本条方面具有与上述法院相同的采取行动的管辖权力，就如同该人在该地区法院的管辖范围内一样。

(8) 送达方法。任何依照本条规定提出强制性的民事调查要求或强制执行的申请的送达，可以对包括法律实体在内的某个人，通过：

(A) 送交个人或该人的合伙人、执行官、经理人或总代理人或通过委托或法律授权的代理人，代表上述人接受正式颁布的关于上述要求或强制执行申请的复件；

(B) 送交接受人的主要的办公室或开展业务的所在地，正式颁布的关于上述要求或强制执行申请的复件；或者

(C) 将正式颁布的关于上述要求或强制执行申请的复件通过挂号或保证信件的方式通过美国邮寄系统，按照其主要的办公室或开展业务的所在地及时投寄给上述人，并保留收据回执。

(9) 送达的证据

(A) 概述。经依照本条规定进行强制性的民事调查要求或强制执行的申请的个人核实的，载有该送达方式的回执，应作为该送达的证据。

(B) 收据回执。通过挂号或保证信件实现的送达，上述回执应附有上述请求和强制执行申请的邮件收据回执。

(10) 文件性材料的提供。应强制性的民事调查要求提供文件性材料之人应在宣誓下，以要求指定的形式准备。如果该人是自然人，要求应直接向其提出；如果该人不是自然人，要求应向了解事实或情形的任何人提出。目的是确保由拥有、保管或控制要求的文件性材料并且受到要求提供该资料之人向保管人准备并提供全部的文字性材料。

(11) 确凿物品的提交。应强制性的民事调查要求提交确凿物品之人应在宣誓下，以要求指定的形式准备。如果该人是自然人，要求应直接向其提出；如果该人不是自然人，要求应向了解事实或情形的任何人提出。目的是确保由拥有、保管或控制要求的确凿物品并且受到要求提供该确凿物品之人向保管人准备并提供全部的确凿物品。

（12）分别回答。应强制性的民事调查要求提交报告和回答问题应在宣誓下分别全面地给予书面回答，除非出现异议的情况，则应不作回答并说明异议的理由。该人应在宣誓下，以要求指定的形式准备。如果该人是自然人，要求应直接向其提出；如果该人不是自然人，要求应向负责提交报告和回答问题的任何人提出。目的是确保由拥有、保管、控制或了解所要求的所有信息且受到要求提供该信息之人提交全部信息。

（13）证词

（A）概述

（i）宣誓与记录。依照本款的有关要求提供口述证词的对人的调查应在授权的官员面前进行，并依照美国或实施检查的所在地法律主持宣誓和不宣誓作证。见证作出口述证词的官员应见证宣誓和不宣誓作证，并亲自或通过在场指示其他人代理的方式，作出见证证词的记录。

（ii）记录。证词应速记方式记录。

（iii）移交至托管人。在证词全部记录成文字后，见证口述证词的调查官员应立即将证词记录的副本移交给托管人。

（B）在场当事人。见证口述证词的保护局调查人员应清除作证地点的所有其他人，除了作证的人、该人的律师、见证口述证词的保护局调查官员、与保护局共同进行联合调查的机构的调查人员或代表，以及记录证词的速记员。

（C）地点。依照强制性的民事调查要求进行的口述证词应在作证人的住所、被发现或开展业务的所在地或见证口述证词的保护局调查人员和作证人共同同意地点之美国司法地区。

（D）律师的代表

（i）概述。依照本条的强制性的民事调查要求进行的口述证词的人可以由律师陪同、代表或建议。

（ii）授权。当第（i）则所述人回答提问时，应该人的要求或出于主动，律师可以私下给出建议。

（iii）异议。第（i）则所述的人或该人的律师，可以公开对提到的问题提出全部或部分的异议，该人应简要说明异议的原因以供记录。当该人以宪法或其他法律权利或特权（包括拒绝自首的特权）为由声称有权拒绝回答提问时，异议应恰当地提出、接受以及记载，但该人不得反对或拒绝回答任何问题，并且该人及其律师不得中断口头调查。

（iv）拒绝回答。如第（i）则所述的人拒绝回答，那么：

(I) 保护局可以依照本条请求美国地区法院下达强制该人回答问题的命令；并且

(II) 如果以拥有不自首的特权为由加以拒绝，可以依照《美国法典》第18章第6004条规定强制作证。

(E) 记录。为了明确本款规定：

(i) 在证人证词全部被记录后，保护局调查人员应提供合理机会让证人（可能由律师陪同）查看记录；

(ii) 应对证人宣读记录或由其本人阅读，除非证人放弃检查的权力；

(iii) 按照证人要求对证词记录作出形式或内容的变动，应由保护局调查人员实施并作出标记，并注明证人对作出变动的理由陈述；

(iv) 证人应在记录上签字，除非书面作出放弃签字权力，或证人患病、缺席或拒绝签字；并且

(v) 如果在证人首次被给予检查记录的合理机会之后的30天内，证人未在记录上签字，保护局调查人员应在记录上签字并说明证人弃权、患病、缺席或拒绝签字的事实，以及未能签字的理由。

(F) 调查人员的证明。保护局调查人员在记录上证明证人向其正式宣誓并且记录是证人作出证词的真实记载，保护局调查人员应立即送交或通过挂号或保证邮件的方式投寄给托管人。

(G) 记录的副本。保护局调查人员应向证人本人提供记录的副本（在收取合理的记录费后），除非保护局出于正当理由限制证人审查其证词的正式记录。

(H) 证人的费用。按照强制性的民事调查要求提供口述证词的证人应有权获得与美国地区法院支付证人相同的费用。

(d) 要求材料的保密处理

(1) 概述。应强制性的民事调查要求的文件性材料和确凿物品，应服从保护局制定的规章相符的有关保密的规定和程序。

(2) 对国会的披露。如果保护局没有对有关提交或提供的材料的保密作出规定的话，保护局应注意避免向国会或其相关委员会披露，除非保护局获批依据有关规则，允许事先通知将这些材料归为保密之列并向保护局提供或占有材料的当事人。

(e) 强制执行的请求

(1) 概述。当某人未能遵守依照本条正式送达的应强制性的民事调查要求，或该人拒绝提供有关材料而导致无法按照要求实现完成令人满意的材料复印或复制，保护局通过其指定的调查官员或律师，可以向该人被发现的、

居住的或开展业务所在地区的美国地区法院，提起请求法院发布强制执行本条的命令。

（2）传票的送达。依照本款提交申请的法院的所有传票，可送达任何司法地区。

（f）下达修订或驳回要求的命令的申请

（1）概述。强制性的民事调查要求送达（b）款规定的人之后的20日内或要求规定的返还日期内的二者之间较短的期限内，或由调查要求所指定的保护局调查人员在送达后即书面规定的超过送达或返还日期之后的20日后的期限内，该人可以向保护局提起请求保护局下达修订或驳回要求的命令。

（2）尚未决定期间的规定。保护局恰当地决定或下令关于完全或部分遵守调查要求的所允许的时间，不得计算保护局尚未对依照第（1）项提起之请求作出决定的时间。

（3）明确的理由。按照第（1）项提起的请求应说明请求人试图解除要求的每项理由，并可基于要求未遵守本条规定或该人的宪法或其他法定权力或特权理由。

（g）托管控制。在托管人依照强制性民事诉讼保管文件性材料、确凿物品、报告、回答问题、或应民事调查要求某个提供口述证据的记录的任何时候，该人可以向托管人办公地点所在之司法地区的美国地区法院提出并送达该托管人，关于请求法院下达要求上述托管人执行依照本条或保护局颁布的规章赋予义务的命令。

（h）法院的司法权力

（1）概述。当依照本章规定向美国地区法院提起的任何请求，上述法院应具有审理和决定所述事件，并依法下达要求执行本章规定的命令的司法权力。

（2）上诉。任何依照第（1）项所述下达的最终命令，应依照《美国法典》第28章第1291条接受上诉。

第1053条　审理与宣判程序

（a）概述。保护局有权按照《美国法典》第5章第5篇规定的程式，执行关于人的审理和宣判程序，以确保或强制执行

（1）本章条款，包括保护局依照本章规定的条例；以及

（2）保护局有权强制执行的其他联邦法律，包括列举的消费者法及据此规定的规章指令，除非上述联邦法律明确限制保护局执行审理和宣判程序的权力并仅在限制的范围内。

（b）停止命令程序的专门规定

(1) 命令的批准

(A) 概述。如果保护局认为，相关人或提供服务之人从事或曾经从事违反法律、条例或保护局书面要求遵守的条件的活动，当今可以依据第1024条、第1025条和第1026条发布并送达某相关人或提供服务之人，关于据此指控其违法行为的通告。

(B) 通告内容。(A) 分项规定的通告应包括表述被控违法的构成事实，确定决定是否对相关人或提供服务之人发布停止命令的听证会的时间和地点，上述听证会应在通告送达日期后的30日之后并且60日之前，除非应送达的当事人请求，保护局作出提前或推迟听证的决定。

(C) 同意。如果 (B) 分项所述送达通告的当事人本人或正式授权的代表人未出席听证，则可认为当事人同意发布的停止命令。

(D) 程序。如果出现 (C) 分项所述的同意的情况，或保护局根据听证会的审判记录认为通告中所指控的违法行为已经成立，保护局可以对相关人或提供服务之人下达并送达停止违法行为或终止实务的命令。该命令可以要求相关人或提供服务之人停止指控的活动并采取肯定的措施纠正由于违法而产生的情况。

(2) 命令的颁布。停止命令应于 (1) 分项所述的命令送达涉及的相关人或提供服务之人之日后（由于同意而送达停止命令的情况除外）的30日后开始颁布，并据其规定保持有效性和可强制执行性，除非出现保护局或复审法院暂缓执行、修订、终止或取消命令的情况。

(3) 判决和上诉。本款规定的审判应在被控人的住所、主要办公场所或经营场所所在联邦司法地区或所在特区举行，并依照《美国法典》第5章第5篇的规定实施，在该审判结束后和保护局通告当事人该案件已提交保护局进行最终裁决后的90日之内，保护局应对案件作出判决（应包含判决依据的证据调查结果）并依据本条规定向到场听证的各方当事人发布并送达命令。依照本款规定，上述命令的司法复审应是唯一的。除非要求复审的请求，依照 (4) 分项的规定及时提交美国上诉法院，并直至依照 (4) 分项提交审理的审判记录，否则保护局可随时依照保护局应有的程序并通告，恰当作出修订、终止或驳回上述命令的决定。在按照规定向法院提交的审判记录的过程中，保护局可以经法院允许，修订、终止或取消上述命令。

(4) 向上诉法院上诉。本款规定的到场听证会的当事人可在本款规定的命令（除经当事人同意而发布的命令）送达的30天内，向相关人主要办公场所所在地的巡回审判的美国上诉法院，或哥伦比亚特区巡回审判的美国上诉法院提出请求修订、终止或驳回保护局命令的书面申请并获得复审机会。依照《美国法典》第28章第2112条的规定，上述请求的副本应由法院工作人员即刻送往保护局，保护局应随后将听证会的审判记录提交法院。由此，上述法院，除第（3）项最后一句规定之情况，应具有唯一性地认可、修订、终止或取消保护局作出命令的部分或全部的司法管辖权。上述听证的复审应依照《美国法典》第5章第7篇的规定进行。法院的审判和裁决是终极的，除非出现《美国法典》第28章第1254条所述的情况，由美国最高法院通过下达调取卷宗令进行复审。

（5）不许暂缓执行。依照第（4）项启动的司法复审听证不得视为对保护局下达的命令的暂缓执行，除非法院专门下达暂缓命令。

（c）临时性停止命令程序的专门规定

（1）概述。倘若保护局确定依照（b）款或其延续部分的规定对包括提供服务之人在内的人送达通告所指控的违法行为，可能在依照（b）款规定之程序结束之前导致该人破产或损害消费者利益，保护局可以下达临时命令，要求该人停止相应违法行为或终止实务，并采取肯定的措施防止或弥补上述破产或其他条件直至程序的结束。上述命令可以包括本节批准的任何要求。上述命令应在送达该人时开始颁布，除非法院依据第（2）项的授权对诉讼作出撤销、限制或暂缓执行命令的判决，此外上述命令应保持有效和强制执行效力，在与通告相对应的行政程序结束之前，并且直至这一时刻，保护局方可不再考虑通告所述的指控，或直至停止命令生效之日，如果保护局对该人发表过这一命令。

（2）上诉。在相关人或提供服务之人收到临时停止命令之日的10日内，该人应向其住所、主要办公地点或经营场所所在的司法地区的美国地区法院或美国哥伦比亚特区的美国地区法院申请下达在与依照（b）款送达该人的通告相对应的行政程序结束之前，取消、限制或暂缓执行上述命令的强制执行、实施或有效性，此外，该法院应具有发布这一命令的司法权力。

（3）不完整或不正确的记录

（A）临时命令。如果（b）款所述指控通告表明根据特定的实施和条件，相关人或提供服务之人的账簿或记录不够完整或不够正确，以致保护局无法确定该人的金融条件或可能对确定其金融条件起到重要作用的交易细节或目的，当今可以下达临时命令，要求：

（i）停止所有导致（无论是整体还是局部的）不完整或不正确账簿或记录的行为或经营；或者

（ii）采取肯定的措施将账簿或记录恢复至完整和正确的状态，直至（b）款第（1）项规定之诉讼结束。

（B）有效期限。任何依照（A）分项下达的临时命令：

（i）应于送达之时开始颁布；并且

(ii) 除非法院依照第（2）项在听证后作出取消、限制或暂缓执行的判决，否则该命令应保持有效和强制执行效力，直至下列事件发生的较早日期：

(I) 依照（b）款启动的与指控通告相对应之诉讼的结束；或者

(II) 保护局通过调查或其他方式确定相关人或提供服务之人的账簿和记录是准确反映了其金融条件。

(d) 强制执行命令的专门规定

(1) 概述。保护局可以慎重地对该人主要办公地点或经营场所所在地具有司法权力的美国地区法院提起申请，要求强制执行依照本节发出的任何有效的、尚未实现的通告或命令，并且该法院应具有相应的下达命令和要求遵守的司法权力和能力。

(2) 例外。除本款另行规定，任何法院不得通过下达禁令或发布、强制执行有关通告或命令，从而达到审查、修订、暂缓执行、终止或取消对上述通告或命令的目的。

(e) 规则。保护局应制定规章为执行本节而必要的有关程序作出规定。

第 1054 条　诉讼权力

(a) 概述。如果任何人违反《联邦消费者金融法案》，保护局可以依照第 1024 条、第 1025 条和第 1026 条规定，对该人提起民事诉讼，要求实施民事处罚或请求适当的合理的法定补偿，包括法律允许的永久性或暂时性禁令。

(b) 代表。保护局可以以自己名义并通过自己的律师，强制执行本章任何规定及据此制定的规则，或其他法律或规章，或在作为当事人的诉讼、程序或诉讼中。

(c) 诉讼的和解。保护局可以对诉讼案件进行和解或调停，如果法院批准该和解协议。

(d) 对总检察长的通知

(1) 概述。依据《联邦消费者金融法》或相关规则规定启动民事诉讼时，保护局应通知总检察长及相关审慎监管机构，关于对参加存款保险的存款机构或参加存款保险的信用合作社提起民事诉讼。

(2) 通知和协调。

(A) 其他诉讼的通知。除第（1）项规定的通知，保护局应通知总检察长，关于保护局作为当事人的任何行动、程序或诉讼，涉及消费者金融产品或服务的提供或供应的行动、程序或诉讼除外。

(B) 协调。为了避免冲突并促进一致性，在依照法律进行诉讼方面，总检察长和保护局应早就调查和诉讼进行协商，包括在指定移交之日的180日内商讨合作协议。依照本分项达成的协议应包括确保有关《联邦消费者金融法案》的平行调查和诉讼的过程中，防止出现冲突并不能妨碍总检察长对违反联邦刑法的行为提起公诉的权力。

（C）释义规则。本项的任何内容不得视为限制本章赋予保护局的权力，包括解释《联邦消费者金融法案》的权力。

（e）出席最高法院。保护局可以以自己的名义出席美国最高法院，如果保护局在宣判之日起的10天内向总检察长提出书面请求，这是允许当事人提起调取卷宗令的申请的期间，总检察长在保护局提出申请后的60日之内对申请作出同意或未采取行动的决定。

（f）诉讼地。任何依照本章提起的民事诉讼可以在美国地区法院或被告所在的、居住的或开展业务所在地区的具有完全管辖权的任何法院予以受理，上述法院应具有对被告采取行动和要求遵守《联邦消费者金融法》的司法权力。

（g）提起诉讼的时间

（1）概述。除普通法或衡平法允许以外，在超过发现违法行为之日后的3年之后，不得依照本章提起有关诉讼。

（2）其他联邦法律规定的限制。

（A）概述。依照本章提起的诉讼不包括仅根据列举的消费者法提出的主张 。

（B）保护局权力。在仅根据列举的消费者法提起的诉讼中，根据适用法律条款的有关规定，保护局可启动、辩护、介入诉讼。

（C）权力移交。在仅根据规定权力移交的第6节和第8节提起的诉讼中，保护局可适时根据该法律条款启动、辩护，或介入诉讼。

第1055条 法定补偿的获得

（a）行政程序或法院诉讼

（1）司法权力。对于依照《联邦消费者金融法》提起之诉讼或宣判程序，法院（或保护局，视情况而定）应具有《联邦消费者金融法》及据此规定的规则或命令认定的违法行为，给予相应的合理的法定补偿的管辖权力。

（2）法定补偿。依照本条规定的法定补偿无限制地包括：

（A）废除或修订合同；

（B）退款或归还不动产；

（C）恢复原状；

（D）退回不正当收入或进行补偿；

（E）支付损害赔偿金或其他货币补偿；

(F) 公开发布违法行为及其造成损失的通告;

(G) 限制被告人的活动或功能; 以及

(H) 民事罚款, 具体参见 (c) 款。

(3) 禁止惩戒性或处罚性损害赔偿金。本款任何内容不得视为允许强加惩戒性或处罚性损害赔偿金。

(b) 费用的补偿。对于保护局、州首席监察官或其他州级监管机构提起的强制执行《联邦消费者金融法》的诉讼, 如果保护局、州首席监察官或其他州级监管机构胜诉, 保护局、州首席监察官或其他州级监管机构可获得提起诉讼所发生的费用。

(c) 法院或行政诉讼的民事罚款

(1) 概述。对任何作为或不作为地违反《联邦消费者金融法》条款的人, 应依照本款受到处罚并支付民事罚金。

(2) 罚款数额

(A) 第一层级。对于违反保护局书面规定的法律、规则或最终命令或要求的行为, 在发生违法行为或罚款未缴纳期间, 民事罚款不得超过5,000美元/天。

(B) 第二层级。尽管 (A) 分项有所规定, 对于任何因疏忽而从事违反《联邦消费者金融法》的行为, 在发生违法行为或罚款未缴纳期间, 民事罚款不得超过25,000美元/天。

(C) 第三层级。尽管 (A) 分项和 (B) 分项有所规定, 对于任何故意而从事违反《联邦消费者金融法》的行为, 在发生违法行为或罚款未缴纳期间, 民事罚款不得超过1,000,000美元/天。

(3) 减轻的情节。在依据第 (2) 项决定罚款数额时, 保护局或法院应从以下因素考虑适度的处罚:

(A) 被指控人的资金规模和对违法行为认识的真诚度;

(B) 违法的严重性或未予支付;

(C) 消费者遭受的风险程度或损失程度, 应对销售或提供的产品或服务数量加以考虑;

(D) 过去违法的历史情况; 以及

(E) 需要考虑的其他因素, 例如公正性。

(4) 修订或免除处罚的权力。保护局可以降低、修订或取消依照第 (2) 项可以评估或已经评估的处罚。上述处罚的数额, 当最终确定时, 不应包括该人赊欠美国的诉讼费用, 但可以扣除美国赊欠被指控之人的金额。

(5) 通知与审理。任何对违法《联邦消费者金融法》的民事处罚不得依照本款进行评估, 除非:

(A) 保护局发出通知并对被指控违法的人进行审理；或者

(B) 相应的法院已经下令评估并作出支持保护局的判决。

第 1056 条　刑事诉讼的移交

如果保护局持有证据证明国内或国外的任何人实施构成违反联邦刑法的行为，保护局应将该证据移交给可依据相关法律启动刑事诉讼的美国司法部。本条的任何内容均不影响保护局披露信息的其他权力。

第 1057 条　雇员保护

(a) 概述。任何相关人或提供服务之人不得终止或以其他方式歧视，或导致终止或歧视任何相关雇员或相关雇员授权的代表，由于该雇员或代表，无论雇员出于积极性还是属于正常职责范围（或任何按照雇员的要求行事的人）：

(1) 向雇主、保护局或其他州、当地或联邦、政府授权的或法律的强制执行机构，提供、导致提供，或将要提供、或将要导致提供如下信息，即关于该雇员有理由认为是违反本章规定或其他服从保护局管辖权力的法律规定，或保护局制定的规则、命令、标准或禁令的违法行为，或相应的作为或不作为；

(2) 作证或将要作证，在关于实施或强制执行本章规定或其他服从保护局管辖权力的法律规定，或保护局制定的的规则、命令、标准或禁令的程序中；

(3) 依照《联邦消费者金融法》，提起、启动、导致提起或启动程序；或者

(4) 反对或拒绝参与任何雇员（或其他此类人员）理应认为违反服从保护局管辖权力或保护局强制执行的法律、规则、命令、标准或禁令的任何活动、政策、业务或分派的任务。

(b) 相关雇员的定义。为了明确本条的规定，“相关雇员”是指任何执行有关提供或供应消费者金融产品或服务任务的个人。

(c) 程序和时间表

(1) 投诉

(A) 概述。任何认为违反（a）款的人对其实行免职或歧视性对待的人，可以在上述违法嫌疑出现之日后的 180 日之内，向劳工部长提起（或由他人代表提起）投诉，声称遭受上述免职或歧视性对待并指认对该行为应负责任的人。

(B) 劳工部长的行动。当受到上述投诉，劳工部长应书面通知投诉提到的被控实施违法行为的人，关于：

(i) 投诉的提出;

(ii) 投诉所述内容;

(iii) 支持投诉的证据的实质;并且

(iv) 依照第(2)项,提供被控违法的上述人的机会。

(2) 劳工部部长调查

(A) 概述。在第(1)项所述投诉收到之日的60日之内,并在给予投诉人和投诉提及的被控实施违法行为的人向劳工部长提交关于投诉书面答复的机会和与劳工部长代表见面并依据证据提出陈述之后,劳工部部长应当:

(i) 启动调查并确定是否存在充分理由相信投诉内容的真实性;并且

(ii) 书面通告投诉人和被控涉嫌违反(a)款规定的人有关上述裁决。

(B) 获得补偿的通告。如果劳工部部长认为存在充分理由相信违反(a)款规定的事实,在依照(A)分项(ii)则书面通知的同时,劳工部长应下达初步命令,允许依照第(4)项(B)分项进行法定补偿。

(C) 要求审理。在收到关于劳工部部长依照本项裁决的通告之日的30日之内,被控违法的人或投诉人可以对调查结果或(和)初步命令提出反对,并要求对裁决记录进行审理。该反对的提起不应对初步命令起到任何修订纠正的作用。上述审理应及时进行,如果在上述30日期限内未提出审理要求,初步命令应视为最终命令而无须接受司法审查。

(3) 投诉裁决的理由

(A) 概述。劳工部长应驳回本款所述的提起的投诉,不应启动第(2)项规定的调查,如果通过投诉人通过初步印象认为(a)款的第(1)项至第(4)项所述行为导致了投诉指控的不利人事行为。

(B) 驳回理由。尽管劳工部长调查结果认为(A)分项所述的投诉符合陈述要求,但不得依照第(2)项规定实行调查,如果雇主通过清楚和令人信服的证据,表明雇主在没有上述行为情况下会作出同样不利的人事行为。

(C) 证据标准。劳工部部长可确定存在违反(a)款规定的事实,只要投诉人证实(a)款的第(1)项至第(4)项所述行为导致了投诉指控的不利人事行为。劳工部长不得依照(A)分项下令给予法定补偿,如果雇主通过清楚和令人信服的证据,表明雇主没有上述行为的情况下会作出同样不利的人事行为。

(4) 最终命令的发布、审查程序。

（A）期限。在依照第（2）项作出听证决定之日的120日内，劳工部部长应发布最终命令，允许依照本项规定进行法定补偿或否决投诉。在发布最终命令前的任何时间，根据劳工部长、投诉人和被控违法的人的和解协议，可终止本款规定的听证。

（B）处罚。

（i）劳工部部长命令。如果在针对第（1）项所述的投诉作出反应时，劳工部长确定存在违反（a）款规定的事实，劳工部部长应命令实施违法行为的人：

（I）采取肯定的行动减少违法；

（II）恢复投诉人过去的职务，并提供补偿金（包括欠付工资）并恢复其职务相关的任期、地位、特权；并且

（III）对投诉人给予补偿性损失赔偿。

（ii）处罚。如果依照第（i）则发布命令，劳工部部长应投诉人的要求，依照劳工部部长发布的命令，应评估依照命令要求被控人的，等同投诉人为提起发布命令所针对的投诉而合理发生的所有成本和费用（包括律师费和专家证据人的费用）的金额。

（C）不必要投诉的处罚。如果劳工部部长发现第（1）项所述的投诉并无必要或存在居心不良，劳工部部长可要求投诉人合理支付胜诉雇主的律师费。

（D）重新开始的审查。

（i）劳工部部长的不作为。如果劳工部部长未能发布最终命令，在依照本款提起投诉之日的210天内，或投诉人收到书面裁决的90天内，投诉人可以依照普通法或衡平法提起诉讼，向具有司法权力的合适的美国地区法院要求重新开始审查，该法院应对上述诉讼具有司法权力，但不包括对处罚金额的争议，并且应依任一方当事人的要求，由具有陪审团的法院审理。

（ii）程序。依照第（i）则实施的诉讼应受到第（3）项详述的举证责任的约束。法院应具有给予雇员包括以下情形在内的所有必要的补偿的司法权力，还包括禁令救济和补偿性损害赔偿：

（I）恢复雇员遭受免职或不公平对待前原有的职位地位；

（II）欠薪的金额和利息；以及

（III）由于免职或歧视对待而遭受的任何专门的损失赔偿，包括诉讼费用、专家证人的费用和合理的律师费用。

（E）其他上诉。除非投诉人依照（D）分项提起诉讼，否则依照（A）分项发布的最终命令使任何遭受不利影响或受到侵害的人，在劳工

部部长依照（A）分项发表最终命令之日的60天内，可以向被控违法的所在地或投诉人住所所在地的美国巡回上诉法院提起复审请求。审查应遵照《美国法典》第5章第7篇。依照本分项启动的诉讼不应作为暂缓执行命令的依据，除非法院下达命令。劳工部部长发布的命令可以依照本分项接受复审，但不接受刑事或其他民事诉讼的司法审查。

（5）不服从命令

（A）劳工部部长的诉讼。如果有人不服从依照第（4）项发布的最终命令，劳工部部长可以向违法行为发生所在地的美国联邦地方法院或者美国哥伦比亚特区地方法院提起民事诉讼以强制执行该命令。在本项所指的诉讼中，地方法院应具有给予所有相应的赔偿的司法权力，包括禁令救济和损害赔偿。

（B）民事诉讼的强制执行。能够代表服从第（4）项命令的人可以对那些不服从命令的人提起民事诉讼，要求他们遵守这些命令。相应的美国地方法院应具有强制执行该命令的司法权力，但不包括处罚金额的争议或者当事人的公民资格。

（C）讼费的裁决。根据本项发布的最终命令，法院可以将诉讼费用判决付给任何一方（包括合理的律师以及专家证人费），只要法院认定裁决是恰当的。

（D）书面训令诉讼。本条要求的所有不可任意支配之义务的执行，应根据《美国法典》第28章第1361条，提起书面训令的诉讼。

（d）不可执行的某些协议

（1）不得放弃权利与赔偿。除第（3）项规定以外，尽管其他法律有所规定，本条规定的权利与赔偿不得因任何雇佣的协议、政策、形式或者条件而放弃，包括事先制定的仲裁协议。

（2）禁止事先制定仲裁协议。除第（3）项规定以外，尽管其他法律有所规定，本条所指的争议的仲裁，任何事先制定的仲裁协议均无效或者不可执行。

（3）例外。尽管第（1）项及第（2）项有所规定，应当实施集体协议中有关（a）款第（4）项所指的争议的仲裁规定，除非保护局按照规则认定该仲裁协定与本章意图相悖。

第1058条　生效日期

该节应于指定移交之日起生效。

第六节　职能和人事的移交；过渡性规定

第1061条　消费者金融保护职能的移交

（a）定义。为了明确本节的规定：

（1）“消费者金融保护职能”是指：

（A）依据《联邦消费者金融法》发布规则、命令、指导方针的权力，包括颁布和审查上述规章、命令、指引等相应职能的履行；以及

（B）（c）款第（1）项所述的与第1025条（a）款所述之人相关的调查权；以及

（2）“转出机构”和“转出机构们”分别指：

（A）联邦储备理事会（以及任何联邦储备银行，依照上下文规定）、联邦存款保险公司、联邦贸易委员会、全国信用合作社管理局、货币监理局办公室、储蓄机构监督办公室、住宅与城市发展部，以及以上机构的负责人；以及

（B）“转出机构们”是（A）分项所述机构的集合。

（b）概述。除（c）款所述以外，消费者金融保护职能移交如下：

（1）联邦储备理事会

（A）职能的移交。联邦储备理事会所有的消费者金融保护职能都移交给保护局。

（B）联邦储备理事会的职权。保护局应具备联邦储备理事会移交前的所有关于消费者金融保护职能的权力与职责。

（2）货币监理署

（A）职能的移交。货币监理署所有的消费者金融保护职能移交给保护局。

（B）货币监理署的职权。保护局应具备货币监理署移交前的所有关于消费者金融保护职能的权力与职责。

（3）储蓄机构监督办公室主管

（A）职能的移交。储蓄机构监督办公室主管所有的消费者金融保护职能移交给保护局。

（B）主管的职权。保护局应具备储蓄保护局移交前的所有关于消费者金融保护职能的权力与职责。

（4）联邦存款保险公司

（A）职能的移交。联邦存款保险公司所有的消费者金融保护职能移

交给保护局。

(B) 公司的职权。保护局应具备联邦存款保险公司移交前的所有关于消费者金融保护职能的权力与职责。

(5) 美国联邦贸易委员会

(A) 职能的移交。在指定移交之日，联邦贸易委员会依照列举的消费者法制定规章、发布方针、完成研究，或发布报告的职权均应移交给保护局。本章所述任何内容不得解释为强制要求联邦贸易委员会移交其雇员。

(B) 联邦贸易委员会的职权

(i) 概述。保护局应具有移交前美国联邦贸易委员会拥有的，根据列举的消费者法制定规章、发布方针、实施研究，或发布报告的权力和职责。

(ii)《联邦贸易委员会法案》。根据第B节规定，保护局可以依照联邦贸易委员制定的联邦贸易委员会法，强制执行关于不平等或者欺骗性的行为或实务的命令，该命令适用于相关人或提供服务之人在提供或供应消费者金融产品或服务方面，正如本章第1031条规定的那样。

(C) 联邦贸易委员会的职权

(i) 概述。本章任何条款不得解释为修订、限制，或影响《联邦贸易委员会法案》及其他相关法律规定的联邦贸易委员会的职权(包括第1025条(a)款第(1)项所指的对关联人的职权)，不包括列举的消费者法规定的制定规则、发布正式指引、开展研究、发布报告的权力。

(ii) 涉及保护局制定规则的委员会职权。依照第B节规定，联邦贸易委员会应有权依照《联邦贸易委员会法案》，强制执行保护局依照本章制定的，关于服从联邦贸易委员会依照《联邦贸易委员会法案》规定的司法权力的相关人的规则，此外，违反该规章的相关人应视为违反依照美国联邦贸易委员会法第18条制定的，有关不公平或者欺骗性的行为或实务的规则。

(D) 协调。为避免规则制定的重复和冲突，在保护局根据本章第1031条和联邦贸易委员会根据《联邦贸易委员会法案》第18条(a)款第(1)项(B)分项，有关相关人或提供服务之人向消费者提供或供应金融产品或者服务方面，各机构应就规章制定的协议进行协商，包括在提出规则之前阶段和评论阶段应与另外机构协商。

(E) 尊重。本章任何内容不得解释为更改、限制、扩大、或影响法院对以下机构的尊重：

(i) 联邦贸易委员会，关于对《联邦贸易委员会法案》规定的含义及释义的说明，或委员会对于其他联邦法律的解释和阐述权力；或者

(ii) 保护局，关于对《联邦消费者金融法》条款的含义及释义的说明（不包括第 (i) 则所述之法律）。

(6) 全国信用合作社管理局

(A) 职能的移交。全国信用合作社管理局所有的消费者金融保护职能移交给保护局。

(B) 全国信用合作社管理局的职权。保护局应具有全国信用合作社管理局移交日之前的所有关于消费者金融保护职能的权力与职责。

(7) 住房与城市发展部

(A) 职能的移交。住房与城市发展部部长有关《1974 年不动产结算程序法案》、《2008 年安全与公平执行抵押许可法案》和《州际土地销售完全披露法案》的所有消费者金融保护职能移交给保护局。

(B) 住房与城市发展部的职权。保护局将具有住房与城市发展部部长移交日之前的有关《1974 年不动产结算程序法案》、《2008 年安全与公平执行抵押许可法案》、和《州际土地销售完全披露法案》的所有权力和职责。

(c) 审慎监管机构的职权

(1) 调查。作为审慎的监管机构的转出机构，应当具有：

(A) 依照《联邦消费者金融法》，向第 1025 条 (a) 款中所述之人索要报告或进行调查的权力，这是第 1025 条 (c) 款赋予监管机构的支持或强制执行程序所附带的；以及

(B)（相对于保护局的）专属权力，依照《联邦消费者金融法》，向第 1026 条 (a) 款所述之人索要报告或进行调查的权力，除依照第 1026 条 (b) 款与 (c) 款赋予保护局权力以外。

(2) 强制执行。

(A) 限制。作为审慎监管机构的转出机构，其强制要求第 1025 条 (c) 款所述之人遵守《联邦消费金融法》的权力，应限于第 1025 条 (c) 款所述的支持和强制执行程序。

(B) 专属权力。作为审慎监管机构的转出机构，应具有（相对于保护局的）专属权力，其强制要求第 1025 条 (a) 款所述之人遵守《联邦消费金融法案》的权力，除依照第 1026 条 (b) 款与 (c) 款赋予保护局权力以外。

（C）依法执行。为了执行 B 节赋予的权力并服从其施加的限制，每个审慎的监管机构可强制要求相关人，遵守本章的有关规定以及保护局依据本章或以下法律制定的规章或命令：

（i）《联邦信用合作社法案》，由全国信用合作社管理局委员会制定的，关于依照该法属于委员会的司法管辖范围内的相关人或参加保险的信用合作社及其他相关服务提供者，或参加保险信用合作社的关联人的内容；以及

（ii）《联邦存款保险法案》的第 8 条，由《联邦存款保险法案》第（3）条（q）款中所规定的适当的联邦银行管理机构制定的、该法第 3 条（q）款所指的、并服从联邦存款保险法第 3 条（q）款和第 8 条所阐述的该机构司法管辖范围内的相关人或服务提供者。

（iii）《银行服务公司法案》。

（d）生效日期。（b）款和（c）款在指定移交之日起生效。

第 1062 条　指定移交日期

（a）概述。该法颁布之日后的 60 日之内，财政部部长应当：

（1）部长应当与联邦储备理事会主席、联邦存款保险公司主席、联邦贸易委员会主席、全国信用合作社管理局委员会主席、货币监理署监理长、储蓄机构监督办公室主管、住房与城市发展部部长、管理与预算局局长进行磋商，依据第 1061 条所规定，指定统一的移交日期；并且

（2）在《联邦公报》发布指定移交日期的通告。

（b）指定日期的变更。财政部部长：

（1）应当与联邦储备理事会主席、联邦存款保险公司主席、联邦贸易委员会主席、全国信用合作社管理局委员会主席、货币监理署监理长、储蓄机构监督办公室主管、住房与城市发展部部长、管理与预算局局长进行磋商，依据（a）款变更指定的移交日期；以及

（2）应在《联邦公报》发布变更指定移交日期的通告。

（c）许可日期

（1）概述。除第（2）项规定以外，依据本条指定的日期应在此法案颁布之日的 180 天之后与 12 个月之前的期间。

（2）延期。部长可指定一个迟于颁布之日 12 个月的日期，如果财政部长送达相应的国会委员会：

（A）书面决议，关于说明自颁布之日起 12 个月内执行本章不可行；

（B）解释延期执行本章的必要性；以及

（C）说明在延期期限内有序、及时执行本章所需采取的措施。

（3）延期的限制。无论如何本章的执行日期不得拖延至本法案颁布之日的 18 个月后。

第 1063 条　保留条款

（a）联邦储备理事会

（1）现有的权利、职责、义务不受影响。第 1061 条（b）款第（1）项不应影响美国联邦储备理事会（或其他任何联邦储备银行）或其他人的，任何关于以下方面的权利、职责和义务：

（A）联邦储备理事会依照本章移交给保护局的有关消费者金融保护职责的条款而产生的；以及

（B）在移交之日前的。

（2）诉讼的延续。在联邦储备理事会（或任何联邦储备银行）将有关消费者金融保护职责移交保护局之前，本法案任何条款不会撤销任何经由联邦储备理事会（或任何联邦储备银行）提起的或接受的诉讼。除依照第 1024 条、第 1025 条和第 1026 条规定，保护局代替联邦储备理事会（或联邦储备银行）在指定移交之日作为诉讼当事人的情况以外。

（b）联邦存款保险公司

（1）现有的权利、职责、义务不受影响。第 1061 条（b）款第（4）项不应影响联邦存款保险公司及其委员会或其他人，任何关于以下方面的权利、职责和义务：

（A）联邦存款保险公司依照本章移交给保护局的有关消费者金融保护职责的条款而产生的；以及

（B）在移交之日前的。

（2）诉讼的延续。在联邦存款保险公司（或其委员会）将有关消费者金融保护职责移交保护局之前，本法案任何条款不会撤销任何经由联邦存款保险公司（或其委员会）提起或接受的诉讼。除依照第 1024 条、第 1025 条和第 1026 条规定，保护局代替联邦存款保险公司（或其委员会）在移交之日作为诉讼当事人的情况以外。

（c）联邦贸易委员会。第 1061 条（b）款第（5）项不应影响联邦贸易委员会或其他人，任何关于以下方面的权利、职责和义务：

（1）美国联邦贸易委员依照本章移交保护局的有关消费者金融保护职责的条款而产生的；以及

（2）在移交之日前的。

（d）全国信用合作社管理局。

（1）现有的权利、职责、义务不受影响。第 1061 条（b）款第（6）项不应影响全国信用合作社管理局及其委员会或其他人，任何关于以下方面的权利、职责和义务：

（A）全国信用合作社管理局依照本章移交保护局的有关消费者金融保护职责的条款而产生的；以及

（B）在移交之日前的。

（2）诉讼的延续。在全国信用合作社管理局将有关消费者金融保护职责移交保护局之前，本法案任何条款不会撤销任何经由全国信用合作社管理局（或其全国信用合作社管理局委员会）提起或接受的诉讼。除依照第 1024 条、第 1025 条和第 1026 条规定，保护局代替全国信用合作社管理局（或其全国信用合作社管理局委员会）在移交之日作为诉讼当事人的情况以外。

（e）货币监理署办公室

（1）现有的权利、职责、义务不受影响。第 1061 条（b）款第（2）项不应影响货币监理署或货币监理署办公室或其他人的，任何关于以下方面的权利、职责和义务：

（A）通货货币监理署依照本章移交保护局的有关消费者金融保护职责的条款而产生的；以及

（B）在移交之日前的。

（2）诉讼的延续。在货币监理署将有关消费者金融保护职责移交保护局之前，本法案任何条款不会撤销任何经由货币监理署（或货币监理署办公室）提起或接受的诉讼。除依照第 1024 条、第 1025 条和第 1026 条规定，保护局代替货币监理署（或货币监理署办公室）在移交之日作为诉讼当事人的情况以外。

（f）储蓄机构监督办公室

（1）现有的权利、职责、义务不受影响。第 1061 条（b）款第（3）项不应影响储蓄机构监督办公室或储蓄机构监督办公室主管或其他人的，任何关于以下方面的权利、职责和义务：

（A）储蓄机构监督办公室依照本章移交保护局的有关消费者金融保护职责的条款而产生的；以及

（B）在移交之日前的。

（2）诉讼的延续。在储蓄机构监督办公室主管将有关消费者金融保护职责移交保护局之前，本法案任何条款不会撤销任何经储蓄机构监督办公室主管（或储蓄机构监督办公室）提起或接受的诉讼。除依照第 1024 条、第 1025 条和第 1026 条规定，保护局代替储蓄机构监督办公室主管（或储蓄机构监督办公室）在移交之日作为诉讼当事人的情况以外。

（g）住房与城市发展部

(1) 现有的权利、职责、义务不受影响。第 1061 条 (b) 款第 (7) 项不应影响储蓄机构监督办公室或储蓄机构监督办公室主管或其他人的，任何关于以下方面的权利、职责和义务：

(A) 住房与城市发展部关于《1974 年不动产结算程序法案》、《2008 年安全与公平执行抵押许可法案》和《州际土地销售完全披露法案》移交的职责有关的条款而产生的；以及

(B) 在移交之日前的。

(2) 诉讼的延续。在住房与城市发展部将有关消费者金融保护职责移交保护局之前，本法案任何条款不会撤销任何经住房与城市发展部部长（或住房与城市发展部）提起或接受的诉讼。除依照第 1024 条、第 1025 条和第 1026 条规定，保护局代替住房与城市发展部部长（或住房与城市发展部）在移交之日作为诉讼当事人的情况以外。

(h) 现有命令、规章、决定、协议和决议的延续

(1) 概述。除第 (2) 项以及 (i) 款所述以外，由正在履行依据本章移交的消费者金融保护职责的转出机构或者具有司法权的法院颁布、制定、规定、批准颁布的，并在移交前已经颁布的命令、决议、裁定、决定、协议和规章，应继续有效，由相应的转出机构在命令、决议、裁定、决定、协定和规章的有效期限内继续执行，保护局不得执行或接受执行。

(2) 第 1025 条 (a) 款所述之人适用命令的例外。由正在履行依据本章移交的消费者金融保护职责的转出机构或者具有司法权的法院已经颁布、制定、规定、批准颁布的，并在移交前已经颁布的，关于第 1025 条 (a) 款所述之人的命令、决议、裁定、决定、协议和规章，在命令、决议、裁定、决定、协定和规章的有效期限内应继续有效，由保护局或转出机构执行或接受执行。

(i) 规则与命令延续的确定。在不迟于指定的移交日期的期限内，保护局：

(1) 与转出机构的领导磋商后，保护局应确认将由自己实施规章与命令；并且

(2) 保护局应在《联邦公报》公布这些规则与命令。

(j) 提出的和尚未颁布的规则

(1) 提出的规章。由正在履行依据本章移交的消费者金融保护职责的转出机构，在指定移交之日前已经提出的但是尚未作为最终规章颁布的规章，应视为保护局建议的规章。

(2) 尚未颁布的规章。由正在履行依据本章移交的消费者金融保护职责的转出机构制定的临时性或者最终规定，如果在指定移交之日前已经颁布但尚未颁布，保护局应根据其期限给予颁布。

第1064条 人事移交

（a）概述

（1）联邦储备体系雇员的移交。

（A）移交雇员的确定。保护局与联邦储备理事会应

（i）联合确定联邦储备理事会履行或支持其消费者金融保护职能所必需的依照本章所移交的雇员人数；以及

（ii）与（i）则确定人数保持一致，联合确定移交至保护局的联邦储备理事会雇员，并确保保护局与联邦储备理事会具有独立的判断力和公正的决策力。

（B）确定的雇员的移交。根据（A）分项（ii）则确定的联邦储备理事会的雇员应移交至保护局并继续受聘。

（C）联邦储备银行雇员。为了明确（A）分项与（B）分项的规定，任何联邦储备银行的雇员，代表联邦储备理事会行使消费者金融保护职能时，应视为联邦储备理事会的雇员。

（2）联邦存款保险公司雇员的移交

（A）移交雇员的确定。保护局与联邦存款保险公司委员会应当：

（i）联合确定联邦存款保险公司履行或支持其消费者金融保护职能所必需的依照本章所移交的雇员人数。

（ii）与（i）则确定人数保持一致，联合确定移交至保护局的联邦存款保险公司委员会雇员，并确保保护局与联邦存款保险公司委员会具有独立的判断力和公平的决策力。

（B）确定的雇员的移交。根据（A）分项（ii）则确定的联邦储备理事会的雇员应移交至保护局并继续受聘。

（3）全国信用合作社管理局雇员的移交

（A）移交雇员的确定。保护局与全国信用合作社管理局会应当：

（i）联合确定全国信用合作社管理局履行或支持其消费者金融保护职能所必需的依照本章所移交的雇员人数。

（ii）与（i）则确定人数保持一致，联合确定移交至保护局的全国信用合作社管理局雇员，并确保保护局与全国信用合作社管理局具有独立的判断力和公平的决策力。

（B）确定的雇员的移交。根据（A）分项（ii）则确定的全国信用合作社管理局的雇员应移交至保护局并继续受聘。

（4）货币监理署办公室雇员的移交

（A）移交雇员的确定。保护局与货币监理署办公室应当：

(i) 联合确定货币监理署办公室中履行或支持依照本章移交的消费者金融保护职能所必需的雇员人数；以及

(ii) 与 (i) 则确定人数保持一致，联合确定移交至保护局的货币监理署办公室雇员，并确保保护局与货币监理署办公室具有独立的判断力和公平的决策力。

(B) 确定的雇员的移交。根据 (A) 分项 (ii) 则确定的货币监理署办公室的雇员应移交至保护局并继续受聘。

(5) 储蓄机构监督办公室雇员的移交。

(A) 移交雇员的确定。保护局与储蓄机构监督办公室应当：

(i) 联合确定储蓄机构监督办公室履行或支持其消费者金融保护职能所必需的依照本章移交的雇员人数。

(ii) 与 (i) 则确定人数保持一致，联合确定移交至保护局的储蓄机构监督办公室雇员，并确保保护局与货币监理署办公室具有独立的判断力和公平的决策力。

(B) 确定的雇员的移交。根据 (A) 分项 (ii) 则确定的储蓄机构监督办公室的雇员应移交至保护局并继续受聘。

(6) 住房与城市发展部雇员的移交。

(A) 移交雇员的确定。保护局与储蓄机构监督办公室应当：

(i) 联合确定住房与城市发展部履行或支持其消费者金融保护职能所必需的依照本章移交的雇员人数；以及

(ii) 与 (i) 则确定人数保持一致，联合确定移交至保护局的住房与城市发展部雇员，并确保保护局与住房与城市发展部具有独立的判断力和公平的决策力。

(B) 确定的雇员的移交。根据 (A) 分项 (ii) 则确定的住房与城市发展部的雇员应移交至保护局并继续受聘。

(7) 消费者教育、金融技能传授 、消费者投诉和研究的职能。保护局与各转出机构（除联邦贸易委员会以外）应共同确定所需雇员人数、雇员类型与等级，以确保履行 A 节所述的机构职能，包括消费者教育、金融技能传授、政策分析、消费者投诉与询问的处理、研究以其他有关职能。本节所指的共同确定的雇员将全部移交至保护局继续受聘。

(8) 总统解决争端的权力

(A) 授权的行动。截至移交之日前，如果保护局与转出机构无法依照第 (1) 项至第 (7) 项规定达成相关协议，则总统或其指定之人，可向转出机构发布命令或指令并依照本节规定实现人事与财产的转交。

(B) 抄送国会。对于发布的 (A) 分项所指之命令或指令，总统应将相关书面决议的副本，包括命令或指令必要性的说明在内，抄送至参议院的银行、住房和城市事务委员会、拨款委员会，以及众议院的金融服务委员会和拨款委员会。

（C）日落条款。本项赋予的权力在指定移交之日后的3年内有效。

（9）除外的岗位和高级执行官岗位的任命权

（A）概述。如果一个雇员从事除外的业务或位居高级执行官职位，所有法律或人事保护局规定的相关职位任命权应按照（B）分项规定进行移交。

（B）允许拒绝移交。对于不同于竞争性职位的具有保密性、政策制定、政策决策或政策主导性质的职位，以及高级执行官级别的非终身职位（按照《美国法典》第5章第3132条（a）款第（7）项所指范围）的移交，机构或实体可以拒绝依照（A）分项进行权力（以及权力下任命的雇员）的移交。

（b）人员移交和职位安排的期限。本节所述之雇员的移交应保证：

（1）在指定移交之日后的90日内完成；并且

（2）雇员在其实际移交之日后的120日内收到职位安排通知。

（c）职能的移交

（1）概述。尽管其他法律有所规定，依照《美国法典》第5章第3503条规定，雇员的移交应视为职能的移交。

（2）本章优先。如果本章的规定与《美国法典》第5章第3503条有关移交雇员的保护相矛盾，则依照本章规定。

（d）职位的同等地位和任期

（1）自联邦储备体系、联邦存款保险公司、住房与城市发展部、全国信用合作社管理局、货币监理署办公室、储蓄机构监督办公室移交的雇员。这些机构的雇员应该获得与指定移交之日前相同地位和任期的职位。

（2）从联邦储备体系移交来的雇员。为了确定被移交雇员的身份与职位，在联邦储备委员会或联邦储备银行的任何任职应视为联邦机构的任职经历。

（e）对于额外证明要求的限制。移交至保护局的审查员，在获得相当于移交前审查同样机构的审查员职位之前，不需要任何额外的证明。

（f）对于人事变动的限制

（1）两年保护。除第（2）项规定以外，自指定移交之日起的2年内，对于指定移交之日前拥有永久职位的每位雇员，不得在违背本人意愿的情况下辞退或调离原职位。

（2）例外。第（1）项规定不对保护局的以下权力构成限制：

（A）由于令人失望的表现辞退某雇员；

(B) 对具有保密性、政策制定、政策决策或者政策主导性质等非竞争性任职的终止；或者

(C) 为了保证保护局的高效运作，将某监管雇员调离原工作岗位。

(g) 工资

(1) 两年期保护

(A) 概述。除第 (2) 项规定以外，自指定移交之日起2年内，每位移交的雇员的工资不低于移交之日前的基本工资水平（考虑地区差异）。

(B) 限制规定。尽管 (A) 分项有所规定，如果雇员在移交之日前临时（因为临时性工作、临时提拔或其他临时性安排）获得较高水平的工资，保护局可在如果不发生移交情况下降低其工资的日期，将其工资水平降至在2年保护期的剩余时间如不发生移交而适用的工资水平。

(2) 例外。第 (1) 项不限保护局根据以下情况降低移交的雇员的工资水平：

(A) 出于合理原因；

(B) 由于雇员令人失望的表现；或者

(C) 经雇员同意。

(3) 受雇期间的保护。第 (1) 项仅适用于仍受雇保护局的移交雇员。

(4) 允许加薪。第 (1) 项不限制保护局对移交雇员的加薪权力。

(h) 重组

(1) 在第一年至第三年间。

(A) 概述。在指定移交之日一年后开始的的两年内，如果保护局决定进行人员重组，则：

(i) 重组应为“实质性重组”。该重组应以负担受影响雇员的退休金为目的，依照《美国法典》第5章第8336条 (d) 款第 (2) 项或第5章第8414条 (b) 款第 (1) 项 (B) 分项规定；

(ii) 重组前，由人事管理办公室定义的同一计薪区的所有雇员应被归为统一的职位分类系统；并且

(iii) 任何因此导致的人员规模的减少符合《美国法典》第5章第35篇的相关规定，除非保护局：

(I) 建立竞争性领域（参照人事管理办公室规定的定义），至少包括按照人事管理办公室定义的计薪区的所有雇员；

(II) 建立竞争性等级（参照人事管理办公室规定的定义），不论该雇员是否已在竞争性岗位或除外的岗位任职；并且

(III) 给予任命于除外岗位（不包括不同于竞争性岗位的

具有保密性、政策指定、政策决策或政策主张性质的除外岗位）的雇员，与任命于竞争性岗位雇员同样的获得职位的权力。

（B）减少人员规模的任职规定。为了明确本项的规定，在联邦住宅贷款银行、联邦住宅贷款银行联合办公室、联邦储备理事会、联邦储备银行、联邦储蓄保险公司或全国信用合作社管理局的任职应视为在联邦机构的任职。

（2）第三年后

（A）概述。如果保护局决定在指定移交之日的 3 年以后的任何时间里重组人员，人员规模的减少符合《美国法典》第 5 章第 35 篇的相关规定，除非保护局建立竞争性等级（依照人事管理办公室相关规定的定义），不包括依照本条移交的特定雇员的职位类别。

（B）减少人员规模的任职规定。为了明确本项的规定，在联邦住宅贷款银行、联邦住宅贷款银行联合办公室、联邦储备理事会、联邦储备银行、联邦储蓄保险公司或全国信用合作社管理局的任职应视为在联邦机构的任职。

（i）保险金

（1）移交雇员的退休保险金

（A）概述

（i）现有退休金计划的延续。除非出现依照（iii）则或（B）分项进行选择的情况，否则，自移交开始之日起，每位依照本节进行移交的雇员应在现有退休金计划保持在册，直至在保护局继续受雇的时期。

（ii）雇主缴纳。现有退休金计划，雇主应依照雇员现有退休金计划的要求，为所有移交的雇员缴纳雇主应分担的部分。

（iii）选择联邦储备委员会退休金计划或联邦储备委员会储蓄计划。每位依照本节进行移交的雇员可在指定移交之日起 6 个月后的一年内，退出现有退休金计划并终止保险金收益，选择参加覆盖受雇保护局期间的联邦储备委员会退休金计划以及联邦储备体系储蓄计划，本条款同样适用于（C）分项所指之联邦储备体系的移交雇员。选择参加联邦储备委员会退休金计划以及联邦储备委员会储蓄计划，应在指定移交之日起的 18 个月后的第一天开始，而现有退休金计划中的保险金收益应在指定移交之日起的 18 个月的最后一天终止。如果雇员选择参加联邦储备委员会退休金计划或联邦储备委员会储蓄计划，自指定移交之日起的 18 个月后的第一天起，当前退休金计划承认的雇员所有的任职均应移至联邦储备委员会退休金计划。

（iv）保护局缴纳。保护局应依照《美国法典》第5章第84篇规定的，按照雇主在联邦雇员退休体系应缴纳的数额，为所有依照本分项规定选择参加联邦储备委员会退休金计划的移交雇员，向联邦储备委员会退休金计划支付分担部分。对于选择联邦储备委员会储蓄计划的每位雇员，依照联邦储备委员会储蓄计划规定，保护局应向该计划缴纳分担部分。

（v）额外资金。保护局应向联邦储备委员会退休金计划划转资金，具体数额由联邦储备理事会征求保护局意见之后决定，以补偿联邦储备委员会退休金计划的费用，该费用是由于向联邦储备体系之外移交至保护局的、并依照（iii）则规定选择该计划的雇员提供保险金而产生的。

（vi）选择保护局设立的储蓄计划。如果保护局决定设立储蓄计划，则依照本节移交的雇员应有权根据保护局该计划的相关条款规定选择保护局设立的储蓄计划。如果雇员决定参加保护局储蓄计划，则不能在原转出机构的储蓄计划中继续保留在册。

（B）联邦储备体系转出的雇员选择联邦雇员退休金计划的权力

（i）选择。在转入保护局之日前参加联邦储备委员会退休金计划的联邦储备体系转出雇员，在指定移交之日起6个月后的一年内，可决定参加联邦雇员退休金计划。

（ii）承保颁布日期。依照本分项决定联邦雇员退休金计划的承保颁布日期，应自指定移交之日后18个月后的第一天开始，并且现有退休金计划的保险金收益应在指定移交之日后的18个月的最后一天终止。

（C）保护局参与联邦储备系统退休金计划

（i）保险金的提供。本节所述之联邦储备体系转出雇员在保护局任职期间，应有资格参加联邦储备委员会退休金计划以及联邦储备委员会储蓄计划，除非该雇员依照（A）分项（vi）则或（B）分项作出其他选择，向联邦储备体系转出雇员提供的保险金，准则和特征应与提供给参加联邦储备委员会退休金计划以及联邦储备委员会储蓄计划的联邦储备理事会雇员相同，并进行不断修订。

（ii）限制规定。保护局不具备下列权力或责任：

（I）修订现有退休金计划（包括联邦储备委员会退休金计划以及联邦储备委员会储蓄计划）；

（II）管理现有退休金计划（包括联邦储备委员会退休金计划以及联邦储备委员会储蓄计划）；或者

(III) 确保计划符号适用的法律、信托规则以及相关责任。

(iii) 具有纳税资格。尽管其他法律有所规定，依照本节规定向联邦储备体系转至保护局的雇员或依据（A）分项（iii）则或第1013条（a）款第（2）项（B）分项规定选择计划的雇员进行保险金的提供，不得导致现有退休金计划（包括联邦储备委员会退休金计划以及联邦储备委员会储蓄计划）丧失《1986年国内财政税收法典》第401条（a）款以及第501条（a）款规定的纳税资格地位。

(iv) 保护局的缴纳。保护局应在指定移交之日后，向现有退休金计划（包括联邦储备委员会退休金计划以及联邦储备委员会储蓄计划），为参加上述计划的每位联邦储备体系转出雇员缴纳上述计划规定的雇主分担份额。

(v) 既定团体地位。为明确《1986年国内财政税收法典》第414条（b）款、（c）款、（m）款及（o）款的规定，保护局具有与联邦储备体系（在本法案颁布前由联邦储备理事会和12个联邦储备银行组成）同样的雇主身份。

(D) 定义。为明确本章规定：

(i)“现有退休金计划”是指，依照本节移交的雇员，在雇员移交之日前参加的所在机构的退休金计划（包括金融机构退休基金）和其他关联的理财储蓄计划；

(ii)“联邦雇员退休金计划”是指，个人任职经历所确定的根据《美国法典》第5章第83篇制订的公民服务退休金计划，或者《美国法典》第5章第84篇制订的联邦雇员退休金计划；

(iii)“联邦储备体系转出雇员”是指，依据本章所述，在指定移交之日前受雇于联邦储备理事会或联邦储备银行，在指定移交之日调到保护局的雇员；

(iv)“联邦储备委员会退休金计划”是指，联邦储备体系雇员的退休金计划；并且

(v)“联邦储备委员会储蓄计划”是指，联邦储备系统雇员的储蓄计划。

(2) 移交雇员除退休保险外的其他权益

(A) 第一年内。

(i) 现有计划的延续。依照本节每位移交雇员可在指定移交之日后的一年内，保留其原受雇机构或银行雇员保险计划的成员资格，包括医疗、牙齿保健、视力、长期看护或人寿保险计划。

(ii) 雇主缴纳。保护局应偿还转出机构依照与雇员的计划或商

定的协议，在雇员移交之前为其提供保险计划所产生的一切费用。

（B）第一年后的医疗、牙齿保健、视力、长期看护或人寿保险计划。如果在指定调出之日的一年后，保护局没有建立其自身的、或者安排参加其他实体的医疗、牙齿保健、视力、长期看护或人寿保险计划，那么依照本节移交的、作为曾受雇转出机构上述计划成员的雇员或从联邦储备银行转出的雇员，可在（A）分项（i）则所指之承保期终止之前，不考虑旺季定价变动因素，选择参加：

（i）依照《美国法典》第5章第89A篇制订的强化的牙齿保健计划；

（ii）依照《美国法典》第5章第89B篇制订的强化的视力保健计划；

（iii）依据《美国法典》第5章第87篇制订的联邦雇员人寿保险计划，不考虑可保险性的规定；以及

（iv）依据《美国法典》第5章第89篇制定的联邦雇员健康保险项目。

（C）第一年后的长期护理险。如果在指定移交之日起的一年期内，保护局没有建立其自身的，或者安排参加其他实体的长期护理险计划，那么依照本节移交的、作为曾受雇转出机构上述计划成员的雇员或从联邦储备银行转出的雇员，可在（A）分项（i）则所指之承保终止之前，依据适用于新的可工作的劳动力成员的保险业规定（参照《联邦规章法典》第5章第875部之定义），决定参保依据《美国法典》第5章第90篇有关规定设立的联邦雇员长期护理保险项目。

（D）雇员缴纳。参加联邦雇员健康保险项目的个人应根据该计划规定缴纳保险费。

（E）额外资金。保护局应向依据《美国法典》第5章第8909条建立的联邦雇员健康保险基金划转资金，具体数额由人事管理办公室主管在征求保护局和管理与预算办公室意见后确定 ，以补偿基金依据本项规定提供保险金而产生的费用。

（F）确定参与其他计划的时间。根据本章移交的雇员，在视实际情况而定地参加依据《美国法典》第5章第89篇建立的健康保险计划之前，参加由转出机构或联邦储备银行管理的健康保险计划，应视为参加了依据《美国法典》第5章第8095条（b）款第（1）项（A）分项所建立的健康保险计划。

（G）确保人寿保险收益持续性的专门规定

（i）概述。在指定移交之日前参加了由转出机构管理的人身保

险计划而领取年金的人（参照《美国法典》第5章第8901条第（3）项之定义），应有资格参加根据第5章第8706条（b）款、第8714a条、第8714b条和第8714c条建立的人寿保险计划，或参加由保护局制订的人身保险计划，不考虑旺季定价变动因素和可保性的规定。

（ii）雇员缴纳。参加依照本分项所指之人寿保险计划的雇员应根据计划要求缴纳保险费。

（iii）额外资金。保护局应向根据《美国法典》第5章第8714条制定的雇员人寿保险基金划转资金，具体数额由人事管理办公室主管在征求保护局和管理与预算办公室意见后确定，以补偿基金依据本分项规定提供保险金而产生的费用，而不受第（ii）则关于雇员支付规定的限制。

（iv）确定参与其他计划的时间。根据本章移交的雇员，在视实际情况而定地参加依据《美国法典》第5章第87篇建立的人寿保险计划之前，参加的由转出机构管理的人寿保险计划，应视为参加依据《美国法典》第5章第8706条（b）款第（1）项（A）分项所建立的人寿保险计划。

（3）人事管理办公室规则。人事管理办公室应发布执行本款的相关规则。

（j）执行统一工资与分级系统。在指定移交之日后的两年期内，保护局应对根据本章移交的所有雇员执行统一工资与分级系统。

（k）同等待遇。为了执行本条相关规定，保护局：

（1）相对其过去受雇于联邦储备理事会、联邦储蓄保险公司、住房与城市发展部、全国信用合作社管理局、货币监理署办公室、储蓄机构监督办公室、联邦储备银行、联邦住宅贷款银行或联邦住宅贷款银行联合办公室，对待移交雇员不应采取不公平行动；并且

（2）可在个别事件中酌情采取的有关行动，以致依照本条移交的雇员在身份、任期、工作、收益（除人事管理办公室管理计划的收益以外的）、累积休假时间等方面，获得与其过去受雇于联邦储备理事会、联邦储蓄保险公司、住房与城市发展部、全国信用合作社管理局、货币监理署办公室、储蓄机构监督办公室、联邦储备银行、联邦住宅贷款银行或联邦住宅贷款银行联合办公室同等待遇。

（l）执行。为执行本条之规定，保护局应与人事管理办公室以及其他专业处理雇佣事务的实体机构合作，确保公平、有序地移交雇员。

第1065条 附带的移交

（a）授权的附带移交。管理与预算局局长可以决定为了达成本章之目的，有

必要针对与本章职权移交相关的、资产或债务的移交与安排事宜与部长磋商，使已有的、使用过的、制定中的资产与债务继续有效或即将颁布。

（b）日落条款。本条规定之权力在本法案颁布5年后终结。

第1066条 财政部长在过渡期间的职权

（a）概述。根据本节之规定，部长可以行使保护局的职能直到保护局局长由参议院根据第1011条确认。

（b）财政部的过渡期间的管理服务。财政部可以在指定移交之日前向保护局提供必要的管理服务。

第1067条 过渡过程的监督

（a）意义。本条的目的是保证保护局

（1）能够有秩序、有组织地启动；

（2）吸引和留住合格的雇员；及

（3）建立完善的雇员培训和福利方案。

（b）报告要求。

（1）概述。保护局应该每年向参议院的银行、住房与城市事务委员会，以及众议院的金融服务委员会提交报告，包括本款第（2）项中的计划。

（2）计划。本项中的计划包括：

（A）培训与人力开发计划。保护局应该提交一份人力开发与培训计划，具体而言

（i）技能与专业技术认证以及与这些需求相关的表现；

（ii）培养创新的措施；

（iii）领导力的发展与传承计划；以及

（iv）雇员技术的高效运用。

（B）工作地点的灵活性计划。保护局应该提交一份人力灵活性计划，具体而言

（i）远程办公；

（ii）灵活的工作计划；

（iii）分阶段退休；以及

（iv）退休人员的续聘。

（v）兼职工作；

（vi）工作交流；

（vii）育儿假和儿童保育帮助；

（viii）家属福利；

(ix) 其他工作场所的灵活计划；或者

(x) (i) 则至 (ix) 则中描述的任何项目的组合计划。

(C) 招聘和稳定雇员计划在可行性前提下，保护局提交的招聘和稳定雇员计划应包括以下有关条文：

(i) 采取必要的步骤锁定素质高、背景多元化的应聘人员；

(ii) 精简工作申请流程；

(iii) 及时通知申请人的申请状况；以及

(iv) 收集信息，测量指标，观测雇佣的成效性。

(c) 终结期。根据 (b) 款，报告的要求将在本法颁布之日起五年后终止。

(d) 释疑规则。对本节的解释不得影响：

(1) 集体谈判协议已在《美国法典》第 5 章第 7103 条 (a) 款第 (8) 项定义，此协议将与本法同时颁布；或者

(2) 雇员权利依照《美国法典》第 5 章第 71 节的规定。

(e) 参与检查为了使保护局依照第 1025 条在指定转让日期履行监督职能，保护局和审慎监管部门可在抽样的基础上，允许检查人员参与监督。此职能，在指定转让日期前，依照第 1025 条 (a) 款所述的联邦消费金融机构法，将由审慎监管者执行。

第七节　监督管理的改进

第 1071 条　小企业数据收集

(a) 概述。《平等信贷机会法案》现予修订，在第 704A 条以下增加新条：

"第 704B 条　小企业贷款数据收集

"(a) 目的。本节的目的是促进公平借贷法的实施，使社区，政府类实体和债权人确定社区发展需求和所有权为妇女或少数族裔的企业和小企业的发展机遇。

"(b) 信息收集。根据本章节的要求，在任何向金融机构为所有权为妇女或少数族裔的企业和小企业申请贷款，金融机构应当：

(1) 调查企业的所有权是否为妇女或少数族裔，调查企业是否为小企业，不论申请函的递送方式是本人亲自递送、通过邮件、电话、电子邮件或者其他形式的电子传输，或以任何方式，以及是否这样的申请是为了回复金融机构的招标。

(2) 保留问讯回馈记录，并独立于申请信息和附带信息。

"(c) 拒绝权。任何信贷申请人依据 (b) 款可拒绝提供任何被要求用于信贷

申请的信息。

“（d）承销商禁入

“（1）限制。如果可行，任何贷款承销商或其他人员或金融机构雇员，或者任何金融机构的子公司不可以参与决定有关信贷的申请，亦不可接触申请人根据（b）款提交的任何申请信息。

“（2）有限接触。如果金融机构决定贷款承销商或其他人员或金融机构雇员，或者任何金融机构的子公司可参与决定有关信贷的申请，并可获得申请人根据（b）款提交的任何申请信息，那么金融机构应当把承销商会获得信息的事情通知申请人，同时声明金融机构并不会因此而有差异地对待贷款申请。

“（e）信息的形式和方式

“（1）概述。依照保护局的规定，各金融机构应当编制和维护申请人根据（b）款提交信息的记录。

“（2）逐项列出。按照第（1）项规定编制和维护的信息应做到逐项列出，以明确、清楚地显示

“（A）申请编号和申请收到的日期；

“（B）申请借款或其他正在申请的信用类型和目的；

“（C）申请的信用额度或信用限制和信用交易额度或已批准的信用限额；

“（D）对申请所采取的行动类别和采取行动的时间；

“（E）数据普查在主要营业地的所有权为妇女或少数族裔的企业和小企业贷款申请人；

“（F）拥有权为妇女或少数族裔的企业和小企业贷款申请前在上一财年的年度的总收入。

“（G）企业主要负责人的民族、性别、种族；以及

“（H）其他任何保护局认为会有助于实现本章节目的的数据。

“（3）无个人认证信息。依本章要求，编制和维护的任何信息，金融机构不得在这些信息中包括以下内容：即名称、具体地址（第（1）项（E）分项人口普查所需信息除外）、电话号码、电子邮件地址，或任何他人身份，如：谁，或与拥有权为妇女或少数族裔的企业和小企业贷款申请者相关人员的信息。

“（4）决定删除或修订可供公众查阅的数据。如果保护局确定删除或修订根据本章所收集的面向公众的数据将提升隐私利益，保护局可以根据自己的判断，对其进行删除或修订。

“（f）信息的可得性

“（1）递送给保护局。根据本章要求，金融机构编制和维护的数据应当每年向保护局提交。

“（2）信息的可得性。根据本章要求，编制和维护的数据应当：

“（A）在准备日期之后，保留期不少于3年；

“（B）依照保护局所订的形式规则，按公众要求提供数据；

“（C）一般情况下，信息由保护局每年向公众公布，形式和方式是由保护局依照规则决定。

“（3）编制增加的数据。保护局可在酌情决定：

“（A）依照本章节，编制和增加数据并供本保护局使用；以及

“（B）公布编辑的增加数据。

“（g）保护局行动

“（1）概述。保护局应规定并依照需要实施，执行此类规则和颁布此类方针；保护局按照本节规定汇编数据。

“（2）例外。保护局认为必要或适当执行本章节目的，因此，保护局按规则或命令，可以采取本章节规定的任何例外，并可以有条件或无条件地豁免任何金融机构或此类金融机构满足本章节的要求。

“（3）指导方针。保护局应当颁布指导方针，满足本章节的要求和目的，包括协助金融机构工作，确定申请公司的所有权是否是妇女、少数族裔或是小企业。

“（h）定义根据本款目的，特定义下列词语：

“（1）金融机构。‘金融机构’是指从事任何金融活动的合伙企业、公司、企业、协会（法人、非法人）、信托、不动产、合作组织或其他实体。

“（2）小企业。‘小企业’与小企业法第3章中‘小企业公司’的含义相同。

“（3）小企业贷款。‘小企业贷款’是指贷款给小企业。

“（4）少数族裔。‘少数族裔’与《1989年金融机构改革，恢复和执行法案》中第1204条（c）款第（3）项规定的含义相同。

“（5）所有权为少数族裔的企业。‘所有权为少数族裔的企业’是指一个企业：

“（A）超过百分之五十的企业所有权或控制权的持有人为1位或以上的少数族裔；以及

“（B）超过百分之五十的净盈利或亏损应属于1位或以上的少数族裔。

“（6）所有权为妇女的企业。‘所有权为妇女的企业’是指一个企业：

“（A）超过百分之五十的企业所有权或控制权的持有人为1位或以

上的妇女；以及

“（B）超过百分之五十的净盈利或亏损应属于1位或以上的妇女。”

（b）技术与修订完善。第701条（b）款的《平等信贷机会法案》进行以下修订：

（1）在第（3）项，在结束部分删除“或者”；

（2）在第（4）项，在结束部分删除句号并插入“；或者”；以及

（3）在第（4）项，插入：

“（5）根据该条规定，依照第704B条，作出调查。”

（c）行政修订。《消费者信用保护法案》的第7章被修订如下：在关于第704A条后插入新条款：**“第704B条　小企业贷款数据采集。”**

（d）生效日期。本节应当在指定移交日生效。

第1072条　对经济困难的个人和家庭的援助

（a）《住房和经济恢复法案》的修订。《2008年住房和经济恢复法案》的第1132条现予修订：

（1）在（a）款的第（1）项、第（2）项、第（3）项、第（4）项的“在购房者”后面插入“或经济困难的个人和家庭”；

（2）（b）款第（1）项的“购房者”后插入“或经济困难的个人和家庭”；

（3）在（C）款第（1）项：

（A）在（a）款的末尾插入“或者”；

（B）在（b）款的末尾删除句号并插入“；或者”；以及

（C）在末尾增加：

“（C）一个非营利性公司，它

（i）根据《1986年国内税收法典》中第501条（c）款第（3）项规定，享有税务豁免；以及

（ii）专注于或有专业人员为经济困难的个人和家庭工作，但其主要目的不是提供信贷咨询服务”；以及

（4）在（d）款第（1）项，插入“不多于5”。

（b）适用性。依照（a）款制定的修订不适用于根据《2008年住房和经济恢复法案》的第1132条批准的项目，这些项目已获得2011财年前拨款的资助。

第1073条　汇款记录

（a）汇款待遇。《电子资金转账法案》修订如下：

（1）在第902条（b）款中，在“电子基金”后插入“和汇款额”；

（2）在第904条（c）款中，在第一句“电子资金转账”后插入“或汇款后”；

（3）重新编号原有的第919条、第920条、第921条和第922条分别为第920条、第921条、第922条和第923条；以及

（4）在原有的第918条之后插入：

“第919条　汇款的转账

“（a）汇款转账的信息披露

“（1）概述。根据本章节要求和联邦储备理事会的规定，每个转账机构都应披露汇款信息。本条要求的信息披露应是本章下要求的其他披露的补充。

“（2）信息披露。根据联邦储备理事会的规则，若汇款人要求转账时并且符合以下情况，转账机构应向每位汇款人提供书面和可以保留的凭证：

“（A）汇款人要求转账和汇款人链接转账支付之前，信息披露应描述：

“（i）收款人将收到的金额，金额应换算为基金的价值单位；

“（ii）转账金额和转账机构收取的任何转账费用；以及

“（iii）转账机构的兑换率，计算单位应计算到百分之一；以及

“（B）当转账人支付转账时：

“（i）收据显示：

“（I）（A）分项描述的信息；

“（II）承诺到款日；以及

“（III）如果电话号码或指定收件人的地址是由发件人提供，那么信息应包括姓名和电话号码或指定收件人的地址；以及

“（ii）声明包含：

“（I）根据本章节规定，发送者的发送错误解决权利；以及

“（II）向如下机构提供适当的联络信息：

（aa）汇款机构；以及

（bb）规定汇款机构和联邦储备理事会的国家机构，同时向国家机构提供根据《2010年消费者金融保护法案》第1013条规定的免费接入电话号码。

“（3）信息披露的相关要求。根据第（2）项对每条信息披露的规定，汇款机构应当：

“（A）根据第（2）项下的（A）分项和（B）分项的规定，提供初步通知和收据并根据（d）款要求出具错误解决文件，文件应清楚而显著

地指出错误出处；以及

“（B）就汇款者进行的任何电子转账交易，应遵守《全球和国家商业法案》对电子签名的规定。

“（4）具体收款金额免于信息披露的规定：

“（A）概述。根据联邦储备理事会的规则规定，除了（B）分项，信息披露要求指定接收人接收金额数据应该准确以外，接收的外国货币只要提供了合理的金额估算即可。本款仅适用于参加存款保险系统的汇款机构，存款保险机构的定义参见《联邦存款保险法案》；或者参加保险的信用合作社，其定义参加《联邦信用合作社法案》，并且具备如下条件：

“（i）汇款是通过活期存款、储蓄存款进行，或通过汇款人具有的其他汇款功能的资产账户进行；以及

“（ii）当汇款人要求转账，而转账机构因不可控力无法知道转给指定接收人的货币总量。

“（B）截止时间。（A）分项将在《2010年消费者金融保护法案》颁布之日起5年后失效；若联邦储备理事会认为，（A）分项的失效对转账机构转账国外的能力造成消极影响，那么通过规则，联邦储备理事会可以在《2010年消费者金融保护法案》颁布之日起延长其有效期，最长不得超过10年。

“（5）豁免权。联邦储备理事会可根据规则，允许汇款机构满足如下要求：

“（A）如交易完全是通过电话进行，则口头形式应满足第（2）项（A）分项的要求；

“（B）满足第（2）项（B）分项，在交易完全通过电话和邮寄完成的情况下，依本章节要求，信息在转账操作后不得迟于一个工作日披露给发送者；或如果转账是通过活期存款、储蓄存款或其他资产转移方式操作，那么信息应在下次定期报表中包含；

“（C）第（2）项的（A）分项和（B）分项整合在一份书面文件中披露，但只限于所提供的信息与第（3）项（A）分项相符并且在转账时间方面是正确的；以及

“（D）第（2）项（A）分项，没有遵守《全球商务电子签章法案》的第101条（c）款，如果发件人采用电子交易和发送者可以以电子方式保留信息。

“（6）网点和网络通知

“（A）概述

“（i）主要发布信息。根据（B）分项，联邦储备理事会可制定规则要求汇款机构发布主要信息并及时更新，联邦储备理事会可决定公布转账数量，公布信息应该显示指定收款人将收到的金额，面值用接收单位表示。

“（ii）网点位置信息公布。依照这一分项规定，联邦储备理事会可以要求信息披露内容包括汇款提供机构的每家网点位置，无论汇款机构对该网点有拥有权还是控制权。

“（iii）网络通知。依据第（3）项，联邦储备理事会应制定规则要求提供网络汇款服务的汇款机构提供通知，类似于本分项所描述的店面信息，通知应处于主页或所有或管理的登录页（提供相关转账服务）。

“（iv）规则制定的权力。在本分项下制定的规则，关于根据本分项要求提供网点和网络通知，和根据第（2）项和第（3）项要求提供信息披露的事宜，联邦储备理事会应加强标准或要求的制定。

“（B）研究和分析。在（A）分项下制定规则之前，联邦储备理事会应符合第904条（a）款第（2）项要求开展正确的研究和分析；还可以包括规则制定的提前通知；开展的研究和分析应决定网点或网站通知是否有助于消费者：

“（i）比较汇款价格；以及

“（ii）了解汇款产生费用或花费的类别和金额。

“（b）外语披露。本条要求的信息披露应使用英语和汇款提供机构或任何代理机构在办公室无论是口头还是书面，应用在广告、市场方面的主要语言。

“（c）关于转账到其他国家的规定。如果联邦储备理事会认为接收国在法律上或因转账方式不允许转账机构知道接收方将要收到的转账金额，联邦储备理事会可以制定规则（自《2010年消费者金融保护法案》颁布之日后18个月内）解决问题，规则应为转账机构提供标准：

“（1）符合（a）款和（b）款要求的收据凭证；以及

“（2）以转账人在转账机构转账当时汇率为标准，合理估算转账接收方将收到的外国货币金额。

“（d）转账错误

“（1）错误解决

“（A）概述。如果转账机构在承诺完成转账的180天内从转账方接到口头或书面的错误通知，转账发生错误包括未根据（a）款第（3）项（A）分项要求将转账金额用接收方国家的货币单位表示，那么转账机构应该解决错误并找出错误原因。

“（B）补救方案。汇款机构在收到（A）分项中问题通知后，在90天内找出既可适用错误解决也可被发送者接受的方案，应当：

“（i）退还转账人全部转账错误的转账金额；

“（ii）指定转账接收人可以操作，对指定转账接收人或转账发送人不收取任何附加费用；

“（iii）提供类似的其他补救办法，如为保护转账发送者根据联邦储备理事会的裁定认为合适的办法；或者

“（iv）向发送者提供无错的书面通知，解释发送者的具体投诉。

“（2）规则。联邦储备理事会应该建立规则，规则的发布在《2010年消费者金融保护法案》颁布实施18个月之内完成。规则中应为转账机构的转账错误解决制定清晰和适当的标准，使转账发送人免于转账错误的影响。本项所阐述的标准应包括记录保存的适当标准，包括：

“（A）转账发送者投诉抱怨的记录；

“（B）转账发送者向转账机构提交的错误申诉；以及

“（C）转账机构对转账发送者提交错误申诉的调查发现。

“（3）取消和退款政策规则。委员会应该颁布有关取消转账和消费者退款的最终适当政策，政策的颁布不得晚于《2010年消费者金融保护法案》颁布实施的18个月。

“（e）本章的适用性

“（1）概述。据第903条定义，转账不是电子货币转账，不受第905条至第913条的约束。据第903条定义，转账是电子货币转账，应受到本章所有条款的约束，除第908条以外，否则均适用于本章的条款。

“（2）构架规则。所有内容的释疑不得：

“（A）影响任何转账申请，影响任何转账机构或者任何《美国法典》第31章第53节第II小节和《联邦存款保险法案》第21章或者《公法》的第1章第2节第91～508条或任何此法条下发布的规定中的任何人；或者

“（B）造成任何转账未得到与电子转账同等方式处理或，根据本章转账未能满足（A）分项或下文公布条款的目的。

“（f）代理条款

“（1）概述。当代理、授权代表，或隶属于转账机构的个人行使代理转账机构服务时，转账机构应对以上机构或个人所作出任何违反本条规定的错误负责。

“（2）转账机构职责。联邦储备理事会应该制定规则以正确实施转账机构责任的标准或条件，机构也包含通过代理或授权代表操作的机构。承担执

行本条要求，或本条中联邦储备理事会制定规则的代理机构，可在违反任何行为或其他诉讼的情况下，考虑机构设立、维护政策或承诺程序，包括政策、程序，或其他恰当的预防办法，确保代理机构或授权机构可以正确行使提供机构的权利和作用。

“（g）本章节词语定义

“（1）‘指定收款人’除不符合本法中对消费者的规定任何人，且收款人位于国外、并由发款人确认为转账的合法接收人；

“（2）‘汇款转账’包含内容为：

“（A）位于任何国家、通过转账机构、要求转账给指定接收者的转账者的电子（定义见《全球和国家商务电子签章法案》第106条第（2）项转账；无论转账者是否持有转账机构的账户，亦或根据第903条规定转账是否属于电子转账；以及

（B）（A）分项的转账不包括数量等于或少于小额转账要求的转账，第906条（a）款将这些转账排除在外；

“（3）‘转账机构’是指在正常经营范围内，为消费者提供转账的任何人或金融机构，无论消费者拥有该个人或金融机构账户与否；以及

“（4）‘发送人’是指要求转账机构向指定收款人转账的消费者。”

（b）票据自动交易系统

（1）扩大系统的使用范围。联邦储备理事会应该与联邦储备银行和财政部一同，扩大票据自动交易系统和其他支付方式以便于向国外转账，并且对从美国接受大量转账的国家给予特别关注，从以下几点考虑：

（A）次数、数额和转账量；

（B）向外国流动的数额较大的转账，包括：

（i）转账数额总量；以及

（ii）美国政府机构向居住海外的受益人和退休者支付费用的总量；

（C）扩大范围的可行性；以及

（D）联邦储备系统在不同地理区域和不同货币区建立支付门户系统，接受转账并通过支付系统转账至目的国的能力。

（2）向议会报告。在本法颁布之后一年内，以及此后10年内每隔2年的4月30日，联邦储备理事会应向参议院银行、住房和城市事务委员会和众议院金融服务委员会提交一份关于自动清算系统和本款执行情况的报告。报告应包括对国际自动化交易规则与模式的采用率、采用率增加所产生的功效以及可能的对如何提高采用率的建议。

（c）金融机构汇款服务的扩展

（1）对机构提供指导。每一家联邦银行业监管机构和全国信用合作社管理局应该为辖区内的金融机构提供有关低成本汇款转账服务、无成本或低成本的基础消费账户服务，以及汇款代理服务的指导。

（2）协助金融素质委员会。身为金融素质和教育委员会成员，消费者金融保护局、联邦银行业监管机构和全国信用合作社管理局应当协助金融素质和教育委员会，执行与汇款有关的确保金融授权的策略。

(d)《联邦信用合作社法案》一致性的修订。《联邦信用合作社法案》第107条第（12）项的内容修订如下：

“（12）依照联邦储备理事会监管规定：

“(A) 向成员出售可转让支票（包括旅行支票）、汇票和其他类似转账工具（包括《电子资金转账法案》的第919条所定义的国内外电子转账和汇款转账）；

“（B）向成员有偿提供现金支配和汇票；”

(e) 关于在信用记录计算中使用转账历史记录的可行性与障碍的报告。在本法公布365日以内，局长应当向总统、参议院银行、住房和城市事务委员会和众议院金融服务委员会提供关于以下内容的报告：

（1）使用转账历史记录改善消费者信用记录的方式；

（2）在当前的法律和商业模式中，阻碍利用转账历史记录改善消费者信用记录的障碍；以及

（3）关于向消费者最大程度地提高本章所规定的转账汇款汇率的透明度和信息披露程度的建议；以及本章所进行的修订是否完善；消费者是否在开始汇款转账或实际支付时就已经知道该汇率；（金融机构）是否如《电子资金转账法案》第919条（a）款第（2）项（D）分项和第919条（a）款第（3）项所规定的，向汇款人披露实际汇率和按转换后币种计算的收款人实收货币金额。

第1074条　财政部研究结束对房利美和房地美的接管，改革住房金融系统

(a) 研究要求

（1）概述。财政部部长应研究并提出关于如何结束对联邦国民抵押贷款协会（房利美）和联邦住房借款抵押公司（房地美）的接管，前提是最小化纳税人所支付的成本。具体包括如下选择：

(A) 逐步压缩直至清算上述公司；

(B) 对上述公司进行私有化；

(C) 上述公司功能的合并；

（D）将房利美和房地美拆分为多个小型公司；或者

（E）财政部部长认为可行的任何其他措施。

（2）分析。第（1）项下的研究要求应当包括对下列内容的分析：

（A）联邦政府对稳定且运行良好的住房金融系统应发挥的支持作用；在实现联邦住房金融目标的过程中，联邦政府是否应当承担风险以及所承担风险的范围；

（B）如何改善现有的住房金融系统的结构；

（C）住房金融系统如何向市场的所有组成部分提供持续的抵押信贷可得性支持；

（D）住房金融系统应如何组成以保证消费者可以持续获得30年期固定利率提前支付的住房抵押贷款或者其他条款简单易于理解的住房抵押贷款产品；

（E）联邦住房保护局和退伍军人事务部在未来的住房系统中的作用；

（F）住房金融系统改革对租赁住房融资的影响；

（G）住房金融系统改革对二级市场流动性的影响；

（H）标准化在住房金融系统中的作用；

（I）其他国家住房金融系统对美国改革的启示；以及

（J）向改革后的住房金融系统过渡的路径选择。

（b）报告与建议。财政部部长应在2011年1月31日以前，向参议院银行、住房和城市事务委员会及众议院金融服务委员会提交（a）款规定的报告和建议。

第1075条　支付卡汇款的合理收费和规则

（a）概述。对《电子资金转账法案》作出如下修订：

（1）将第920条和第921条分别更正为第921条和第922条。

（2）在第919条以后插入以下内容：

“第920条　支付卡转账的合理收费和规则

“（a）电子借记转账中合理的交互转账费。

“（1）交互转账收费的监管机构。依据《美国法典》第5章第553条，联邦储备理事会可依据本款对（支付卡）发行人收取转账费用的行为实施监管，并阻止对本款（包括相关定义）的规避行为。

“（2）合理的交互转账费。任何发行人为进行电子借记转账而收取的交互转账费，应当是合理的且与因转账而发生的成本相匹配。

“（3）制定规则的要求

“（A）概述。联邦储备理事会应在《2010年消费者金融保护法案》颁布后9个月内，制定最终形式的监管规则，为评估第（2）项所描述的交互转账费金额是否合理且与转账成本相匹配建立标准。

“（B）信息收集。联邦储备理事会可要求任何发行人（或发行人的代理人）或支付卡网络提供执行本款所应该的信息。联邦储备理事会在（A）分项所提及的监管规则中，应包括至少每年两次公布与发行人或支付卡网络的交互转账成本、转账收费有关的信息摘要。这些信息应与电子借记转账的授权、清偿或者结算相关，（公布这些信息）是委员会认为适当的且符合公众利益的。

“（4）考虑；磋商。在制定第（3）项（A）分项下的监管规则时，联邦储备委员会应当：

“（A）考虑功能的相似性：

“（i）电子借记转账；以及

“（ii）使用联邦储备系统按面值清算的支票转账。

“（B）区分：

“（i）应在第（2）项规定范围内的，发行人为某项特定电子借记转账进行授权、清偿或者结算而发生的新增成本。

“（ii）未在第（2）项规定范围内的，不是发行人为某项特定电子借记转账而产生的其他成本；以及

“（C）与货币审计长、联邦存款保险公司董事会、储蓄监察办公室主任、全国信用合作社管理局委员会、小企业保护局负责人和消费者金融保护局局长进行适当的磋商。

“（5）因预防诈骗成本而进行的交互转账费调整

“（A）调整。联邦储备理事会可以允许发行人对第（2）项下的收费标准进行调整，如果

“（i）如果调整能够弥补发行人阻止电子借记转账诈骗行为所支付的成本；以及

“（ii）发行人执行了由联邦储备理事会根据（B）分项所制定的与诈骗行为有关的标准。这些标准应当：

“（I）用于确保发行人任何与诈骗有关的收费调整受到（i）则的限制，并且考虑了由消费者、商业机构或者支付卡网络接收的、与电子借记转账诈骗有关的涉及发行人的退款（包括返还费用）；以及

“（II）要求发行人采取有效步骤减少电子借记转账诈骗的发生及有关成本，包括开发和采用更加经济的反诈骗技术。

“（B）制定规则的要求

（i）概述。联邦储备委员会应在《2010年消费者金融保护法案》颁布后9个月内，制定最终监管规则，为本项所提及的转账收费调整建立标准。

“（ii）需要考虑的因素。在制定本项下的标准和监管规则时，联邦储备理事会应当考虑：

“（I）电子借记转账诈骗行为的性质、类型和发生；

“（II）诈骗行为的发生与电子借记转账授权是否采用签名、密码或者其他方式的相关程度；

“（III）减少电子借记转账诈骗的可能的和经济的方式；

“（IV）因电子借记转账参与人而增加的防止诈骗和保证数据安全的成本（包括消费者、接受借记卡转账的个人、金融机构、零售商和支付卡网络）；

“（V）由转账参与人承担的诈骗损失（包括消费者、接受借记卡转账的个人、金融机构、零售商和支付卡网络）；

“（VI）以往的互动转账收费在多大程度上减少或者增加了参与人在电子借记转账中抵制诈骗行为的积极性；以及

“（VII）联邦储备委员会认为重要的其他因素。

“（6）小型发行人的豁免

“（A）概述。本款不适用于合并资产少于100亿美元的发行人，联邦储备理事会应将上述发行人排除在第（3）项（A）分项所描述的监管规则以外。

“（B）定义。本项中的‘发行人’是指在电子借记转账中拥有借方资产账户的人。

“（7）政府管理的支付计划和可重复充值的预支付卡的豁免。

“（A）概述。本款不适用于下列账户使用者在电子借记转账时支付的交互转账费。

“（i）为个人参与联邦、州或者地方政府管理的支付计划而提供的借记卡或者一般预支付卡；或者

“（ii）属于下列情况的塑料卡片、支付代码或者设备：

“（I）与以预支付为前提的资金、货币价值或者资产的购买与存入相关；

“（II）卡片与持卡人的利益无关（用于记录以预支付为前提的资金购买或存入该卡的子账户或者其他手段除外）；

“（III）在连锁店、独立商家、服务提供者或者自动柜员机

可以赎回；

“（Ⅳ）用于转移或者存入资金、货币价值或者其他资产；以及

“（Ⅴ）可重复充值但不是用于销售和没有特殊标签的礼品卡或礼品券。

“（B）豁免。尽管存在（A）分项，但在第（9）项提到的生效日期1年以后，本款适用于（A）分项（i）则中的交互转账费。在该类收费中，个人使用普通预支付卡，或者进行（A）分项（ii）则描述的电子借记转账，而被收取如下费用：

“（i）因资金不足或者转账过程中发生转账金额超过账户余额而引发的透支费用。

“（ii）由发行人强制收取的、在发行人指定自动柜员机网络内每月第一次提款的收费。

“（C）定义。出于说明（B）分项的需要，‘指定自动柜员机网络’意指：

“（i）带有发行人标识的所有自动柜员机；或者

“（ii）由发行人指定的、为客户提供便利的任何自动柜员机网络。

“（D）报告。《2010年消费者金融保护法案》颁布12个月以后，联邦储备理事会应每年向国会提交关于以下内容的报告：

“（i）在联邦、州或者地方政府管理的支付计划中，普通预支付卡的普及程度；以及

“（ii）普通预支付费卡的交互转账费和持卡人使用费。

“（8）支付卡网络收费的监管机构。

“（A）概述。联邦储备委员会根据《美国法典》第5章第553条，对支付卡网络收费进行监管。

“（B）限制。（A）分项提及的监管机构所制定的监管规则应限于确保：

“（i）支付卡网络收费不得用于为发行人的电子借记转账服务提供补贴；以及

“（ii）支付卡网络收费不得用于绕开或者逃避本款及相关条款的监管。

“（C）制定规则的要求。联邦储备理事会应在《2010年消费者金融保护法案》颁布9个月内制定最终监管规则，执行（A）分项所提供的授权。

“（9）生效日期。本款应在《2010 年消费者金融保护法案》颁布之日后 12 个月生效。

“（b）对支付卡网络的限制性规定。

“（1）禁止排他性安排。

“（A）禁止排他性网络存在。联邦储备理事会应在《2010 年消费者金融保护法案》颁布 1 年以内制定最终监管规则，禁止发行人或者支付卡网络直接或者通过代理人、加工者、支付卡网络特许成员，以合同、要求、条件、罚则或者其他方式限制可进行电子借记转账的支付卡网络的数量，以达到如下目的：

“（i）仅有 1 家网络；或者

“（ii）有 2 家以上的网络由以下主体所有、控制或者运营：

“（I）利益相关人；或者

“（II）发行人所属的网络。

“（B）禁止限制转账路径。联邦储备委员会应在《2010 年消费者金融保护法案》颁布 1 年以内制定监管规则，禁止发行人或者支付卡网络直接或者通过代理人、加工者、支付卡网络特许成员，以合同、要求、条件、罚则或者其他方式限制持卡人选择电子借记转账路径。

“（2）禁止限制支付方式的收费折扣。

“（A）概述。支付卡网络不得直接或者通过代理人、加工者、支付卡网络特许成员，以合同、要求、条件、罚则或者其他方式，限制任何人为现金、支票、借记卡或贷记卡等支付方式的使用提供折扣或者非现金奖励。

“（i）针对借记卡的折扣和非现金奖励，不能对发行人或者支付卡网络进行区别对待；

“（ii）针对贷记卡的折扣和非现金奖励，不能对发行人或者支付卡网络进行区别对待；并且

“（iii）达到联邦法和适用的州法律所要求的程度，此类折扣和非现金奖励应适用于所有的潜在购买人，提供者应清晰而明确地发布这些信息。

“（B）合法的折扣。为实现本项目标，支付卡网络不得处罚任何依照联邦法和适用的州法律提供折扣的人。

“（3）不得限制对最大或最小转账金额的设定。

“（A）概述。支付卡网络不得直接或者通过代理人、加工者、支付卡网络特许成员，以合同、要求、条件、罚则或者其他方式，限制：

“（i）任何人为自己的贷记卡设定所收款项的最低美元金

额，但是：

“（I）该最低金额不得对发行人和支付卡网络区别对待；并且

“（II）该最低额度不得低于 10 美元；或者

“（ii）任何联邦机构或者高等教育机构为自己的贷记卡设定所收款项的最高美元金额，但不得对发行人和支付卡网络区别对待。

“（B）最低美元金额的增加。联邦储备委员会可以依照《美国法典》第 5 章第 553 条，增加（A）分项第（i）则（II）分则所列的美元金额。

“（4）释义规则。本款任何规定都不能被解释为授权给任何人：

“（A）对同一支付卡网络中不同发行人所发行的借记卡区别对待；或者

“（B）对同一支付卡网络中不同发行人所发行的贷记卡区别对待。

“（c）定义。为达到本款的目标，应使用以下定义：

“（1）关联公司。‘关联公司’指与其他公司存在控制、被控制，或者共同被第三方控制关系的公司。

“（2）借记卡。‘借记卡’指：

“（A）被发行或者批准用于经由某个支付卡网络在一个资产账户中记入借方的任何卡、其他支付代码或者设备；

“（B）包括普通预支付卡，如第 915 条（a）款第（2）项（A）分项所给出的定义；以及

“（C）不包括纸质支票。

“（3）贷记卡。与《诚信贷款法案》第 103 条所规定的定义相同。

“（4）折扣。‘折扣’指

“（A）指消费者所知通常价格的下降；并且

“（B）不包括任何形式的价格上涨。

“（5）电子借记转账。‘电子借记转账’指个人使用借记卡进行的转账。

“（6）联邦机构。‘联邦机构’指：

“（A）《美国法典》第 31 章第 101 条所定义的机构；以及

“（B）《美国法典》第 5 章第 103 条所定义的政府性公司。

“（7）高等教育机构。与《1965 年高等教育法案》第 101 条和第 102 条的定义相同。

“（8）交互转账费。指任何由支付卡网络为补偿参与电子借记转账的发行人而制定、征收和收到的费用。

“（9）发行人。指任何发行借记卡或贷记卡的人，或者发行人的相关代

理人。

“（10）网络费。指支付卡网络征收和收到的与电子借记转账有关的、除交互转账费以外的任何费用。

“（11）支付卡网络。指某实体直接或者通过特许成员、加工者、代理人提供服务、基础设施和信息与数据传输软件，以执行借记卡或者贷计卡的交易授权、清算和结算。个人可以使用这些功能向特定品牌的执行借记或贷记交易的借记卡、贷记卡或者其他器具进行支付。

“（d）强制执行

“（1）概述。对本条强制性要求的遵守应按第918条执行。

“（2）豁免。第916条和第917条不适用本条或依照本条制定的强制性要求。”

（b）《2008年食品与营养法案》的修订。《2008年食品与营养法案》的修订第7条（h）款第（10）项修订如下：

“（10）联邦法律不适用。《电子资金转账法案》第920条不适用于收益电子转账或者本法下的偿付系统。”

（c）《2002年农场安全与农村投资法案》的修订。《2002年农场安全与农村投资法案》第4402条增加下款：

“（f）联邦法律不适用。《电子资金转账法案》第920条不适用于建立在本条下的收益电子转账系统。”

（d）《1966年儿童营养法案》的修订。《1966年儿童营养法案》第11条在末尾增加：

“（c）联邦法律不适用。《电子资金转账法案》第920条不适用于建立在本法或者《Richard B. Russell国家学校午餐法案》下的收益电子转账系统。”

第1076条　反向抵押贷款研究和监管

（a）研究。自规定的过渡日期起一年以内，消费者金融保护局应当进行关于反向抵押贷款交易的研究。

（b）监管

（1）概述。消费者金融保护局通过本条（a）款所要求的研究，决定反向抵押贷款应该的或者适当的条件或限制，以实现本章的目标；保护借款人以投资、缴纳年金和购买其他投资产品为目的获得反向抵押贷款；确定借款人为达到上述目的而获得反向抵押贷款的适用性。

（2）依据第（1）项所描述的监管规则，消费者金融保护局可作出如下决定：

（A）判定任何与反向抵押贷款有关的不公平、欺骗性的或者侮辱性

的执业行为；以及

（B）将《诚信贷款法案》和《不动产结算程序法案》中的信息披露要求与《国民住房法案》中关于抵押家庭住房获取贷款的信息披露要求相结合中，对反向抵押贷款交易提出整体信息披露标准和范文，同第4302条（d）款保持一致。

（C）释义规则。本条不应被理解为限制消费者金融保护局在完成（a）款要求的研究以前，发布反向抵押贷款监管命令或者指引的权力。

第1077条　关于私人教育借款和私人教育贷款人的报告

（a）报告。本法案颁布后2年内，经与联邦贸易委员会委员和总检察长磋商，局长和教育部部长应向参议院的银行、住房和城市事务委员会，健康、教育、劳动和养老金委员会，众议院的金融服务委员会及教育和劳动委员会，提交关于私人教育贷款（定义见《诚信贷款法案》第140条）和私人教育贷款人（定义见前述同一法律条文）的报告。

（b）内容。本条所要求的报告应当至少调查以下内容：

（1）美国私人教育贷款市场的增长和变化；

（2）影响增长和变化的因素；

（3）学生和家长在学生高等教育阶段对私人教育贷款的依赖程度，以及借款人的私人教育债务水平；

（4）私人教育贷款借款人特征：

（A）他们参加的高等教育机构的类型；

（B）社会经济学特征（包括收入和教育程度、种族、地理背景、年龄和性别）；

（C）借款人支付教育费用的其他方式；

（D）在申请私人借款以前，他们是否已使用全部联邦借款选择权；

（E）借款人是经济独立还是未独立的学生（定义见《1965年高等教育法案》第IV章第F部分），或者是相应的学生家长；

（F）借款学生参加的是以获得执照、凭证等证书为主要目标的学习计划，还是以获得副学士学位、学士学位、研究生或专业学位为目标的学习计划；并且

（G）是否可以实现就业和偿还借款。

（5）私人教育贷款人的特征，包括该借款人是否是营利或非营利的高等教育机构；

（6）私人教育贷款人所采用的条款，包括所采用的的借款违约率（定义见《1965年高等教育法案》第435条（m）款）；

（7）私人教育贷款的期限、条件和价格；

（8）对私人教育借款人可能的消费者保护措施，包括现有的信息披露和要求，以及借款人对各类金融产品的期限和条件的认知与理解；

（9）联邦监管者和公众是否已经充分获得了提供给他们的、有关保证私人教育贷款应遵守国家公平借贷法律的信息，以及公务人员有权要求借款人遵守公平借贷法律；并且

（10）任何必要的立法或者司法建议。其目的是提高对私人教育贷款借款人的保护，并使联邦监管者及公众更好地了解私人教育贷款人遵守公平贷款法律的情况。

第1078条　关于信用记录的研究和报告

（a）研究。消费者金融保护局应研究出售给贷款人的信用记录和由在全国范围内汇编和维护信用记录的机构出售给消费者的信用记录（详见《公平信用报告法案》第603条（p）款），二者之间存在差别的性质、范围和幅度，以及此类差别是否对消费者产生不利影响。

（b）向国会报告。消费者金融保护局应就（a）款下的研究结论在本法颁布后1年内向国会提交一份报告。

第1079条　与交易辅助商有关的审查、报告和计划

（a）审查。针对消费者主要为个人、家庭和日常交易需要而使用交易辅助商的情况，局长应审查所有与保护此类消费者有关的联邦法律和监管规则。

（b）报告。指定过渡日期一年内，局长应向国会提交包括以下内容的报告：

（1）妥善保护使用交易辅助商的消费者的立法建议，此类消费者主要出于个人、家庭或者日常交易需要而使用交易辅助商；

（2）对修订已有的联邦政府部门和机构监管规则，以妥善保护此类消费者的建议；以及

（3）制定妥善保护此类消费者的监管规则的建议。

（c）计划。在提交（b）款下的报告2年内，消费者金融保护局应按照第2节要求，制定监管规则或者建立一项计划，以保护使用交易辅助商的消费者。

（d）交易辅助商的定义。本条中的“交易辅助商”是指这样的人：

（1）以收费为目的，协助纳税人达成某项同类财产交易。在此过程中，交易辅助商像有资质的中介机构（按《国库监管规则》1.1031（k）-1（g）（4）的定义）一样，自纳税人处获得出售其拟转让财产并将替换财产交给纳税人的合约权利；或者作为协调交易标识持有人（定义见《征税程序》2000 37），与纳税人达成协议并将标识付与某项财产；或者与纳税人达成协议，成

为合格担保人或者合格第三方存管人（按《国库监管规则》1.1031（k）-1（g）（3））；

（2）拥有一间办公室以招揽生意和提供第（1）项所描述的服务；或者

（3）以第（1）项下描述的服务为广告内容，或者以提供此类服务为目的，通过印刷品、邮寄广告、电视或者电台广告、电话、传真以及其他面向公众的电子通信方式招揽客户。

第1079A条　金融诈骗条款

（a）判决指引

（1）证券诈骗

（A）指令。依照《美国法典》第28章第994条所赋予的权力，联邦判决委员会应审查、如必要亦可修订，适用于犯有证券诈骗罪或其他类似犯罪的人士的《联邦判决指引》和政策陈述，以反映国会意图，对上述指引和政策陈述下的犯罪行为的处罚，能够恰当地与该犯罪行为对公众和金融市场所造成的潜在和实质性损害相匹配。

（B）要求。在修订（A）分项下的《联邦判决指引》和政策陈述时，联邦判决委员会应当：

（i）确认该指引和政策陈述，特别是第2B1.1（b）（14）条和第2B1.1（b）（17）条（和任何其他后续条款），反映：

（I）（A）分项所描述的犯罪的严重性质；

（II）有效的威慑和恰当的处罚对阻止犯罪的必要性；以及

（III）监禁对实现（I）分则和（II）分则所描述目标的有效性。

（ii）考虑指引与犯罪行为对公众和金融市场所造成的潜在和实质性损害的匹配程度；

（iii）确认与其他有关指令、指引和联邦法规合理相容；

（iv）对指引进行任何必要的一致性变更；以及

（v）如《美国法典》第18章第3553条（a）款第（2）项所述，确保指引可以充分地达到判决目的。

（2）金融机构诈骗

（A）指令。依照《美国法典》第28章第994条所赋予的权力，联邦判决委员会应按照本项要求进行审查，且如有必要亦可修订适用于犯有与金融机构或住房抵押贷款相关的诈骗罪，或其他类似犯罪的人士的《联邦判决指引》和政策陈述，以反映国会意图，对上述指引和政策陈述下的犯罪行为的处罚，能够使涉及重大银行诈骗或者其他与金融机构有关的诈骗犯罪人士获得恰当的监禁期。

（B）要求。在修订（A）分项下的联邦判决指引和政策陈述时，联邦判决委员会应当：

（i）确保指引和政策陈述反映了：

（I）（A）分项所描述的犯罪的严重性质；

（II）有效的威慑和恰当的处罚对阻止犯罪的必要性；以及

（III）监禁对实现（I）分则和（II）分则所描述目标的有效性。

（ii）考虑指引与犯罪行为对公众和金融市场所造成的潜在和实质性损害的匹配程度；

（iii）确认与其他有关指令、指引和联邦法规合理相容；

（iv）对指引进行任何必要的一致性变更；以及

（v）如《美国法典》第 18 章第 3553 条（a）款第（2）项所述，确保指引可以充分地达到判决目的。

（b）证券诈骗犯罪诉讼期的延长

（1）概述。修订《美国法典》第 18 章第 213 条，在该条末尾增加：

"§ 3301 证券诈骗罪

"（a）定义。本条中的'证券诈骗罪'是指谋划或者试图违反

"（1）第 1348 条；

"（2）《1934 年证券交易法案》第 32 条（a）款；

"（3）《1933 年证券法案》第 24 条；

"（4）《1940 年投资顾问法案》第 217 条；

"（5）《1940 年投资公司法案》第 49 条；或者

"（6）《1939 年信托合同法案》第 325 条。

"（b）除非在犯罪行为发生 6 年以内进入起诉程序或者确认犯罪事实，否则不得对任何人就证券诈骗罪进行起诉、审判和处罚。"

（2）技术性与一致性修订。《美国法典》第 18 章第 213 条的分款图表末尾增加：

"3301 证券诈骗罪"

（c）对虚假陈述法中有关行动限制内容的修订。《美国法典》第 31 章第 3730 条（h）款，修订如下：

（1）在第（1）项，删除"或者代理人为了雇员、合约方、代理人或其他关系人而努力制止本节下的一项或多项违法行为"，并插入"代理人或其他关系人为了促成一项本条下的行动或者其他努力以制定本节下的一项或多项违法行为"；以及

（2）在末尾增加：

“（3）诉讼时效期。本款下的民事诉讼应于案件起诉后3年内开始。”

第八节　一致性修订

第1081条　总检查官法的修订

自本法案颁布之日起，《1978年总检查官法案》修订如下：

（1）第8G条（a）款第（2）项，在“联邦储备理事会”后面插入“和消费者金融保护局”；

（2）第8G条（c）款，在末尾增加：

“为执行本条，联邦储备理事会主席应任命联邦储备理事会和消费者金融保护局的总检查官。总检查官应拥有本法所提供的、与消费者金融保护局有关的全部权力和职责，如同该局是联邦储备委员会的组成部分”；以及

（3）第8G条（g）款第（3）项，在第一个“联邦储备理事会”后面插入“和消费者金融保护局。”

第1082条　《1974年隐私法案》的修订

《1974年隐私法案》的修订。自本法案颁布之日起，《美国法典》第5章第552条（a）款末尾增加：

“（w）适用于消费者金融保护局。除了《2010年消费者金融保护法案》特别规定以外，本条适用于消费者金融保护局。”

第1083条　《1982年可选择住房抵押贷款交易平价法案》的修订

（a）概述。《1982年可选择住房抵押贷款交易平价法案》修订如下：

（1）在第803条，删除“1974年”和其后直到“被描述和定义”的内容，并插入：“1974年，利率和财务费用可在其中重新调整或谈判、描述及定义”；以及

（2）在第804条：

（A）（a）款。

（i）第（1）、第（2）和第（3）项中，在“完成的交易”后的每个位置插入“由《2010年消费者金融保护法案》第1062条规定的，在指定移交日或以前”；

（ii）在第（2）项的末尾删除“以及”；

（iii）删除第（3）项末尾的句号并插入“；以及”；并且

(iv) 在末尾增加以下新项：

“第（4）项关于指定移交日以后的交易，仅应该遵循由消费者金融保护局为联邦特许住房贷款人制定的可选择住房抵押贷款交易监管规则和除本条以外的、由规则制定机关授权消费者金融保护局执行的关于联邦特许住房贷款人的法律条款。”

(B) 删除（c）款并插入：

“（c）州法律的优先权。即使州宪法、法律或者监管规则禁止可选择住房抵押贷款交易，住房贷款人仍可依据本条从事此类交易。依据本款，任何禁止某项可选择住房抵押贷款交易的州宪法、法律和监管规则，均不得包括任何监管住房抵押贷款交易的一般性州宪法、法律和监管规则，以及禁止预付或延付罚款的规定”；以及

(C) 在末尾增加：

“（d）消费者金融保护局的行为。消费者金融保护局应当：

“（1）审查经货币监理署和全国信用合作社管理局鉴别的监管规则，（如果那些规则在交接日依然存在），确认其是否在（a）款第（1）项和第（3）项下仍然适用；

“（2）判定这些规则是否公平和清晰并且符合《2010 年消费者金融保护法案》的目标；以及

“（3）在指定移交日以后，公布（a）款第（4）项下的监管规则。

“（e）指定移交日。本条所用的‘指定移交日’是指《2010 年消费者金融保护法案》第 1062 条所规定的日期。”

(b) 生效日期。本条和本条所作出的修订内容应在指定移交日生效。

(c) 释义规则。在指定移交日及以前，（a）款所做的修订不影响《1982 年可选择住房抵押贷款交易平价法案》所涵盖的任何交易。

第 1084 条 《电子资金转账法案》的修订

《电子资金转账法案》的修订如下：

(1) 除第 904 条（a）款、（e）款（如该款第（3）项所修订）和第 918 条，如《2009 年信用卡法案》所指定，删除“委员会”字样，代之以“局”；

(2) 第 903 条：

(A) 重新指定第（3）项至第（11）项分别为第（4）项至第（12）项；以及

(B) 在第（3）项后插入：

“（4）‘保护局’是指消费者金融保护局；”

（3）第904条：

（A）在（a）款，删除“（a）款保护局的规定。联邦储备委员会应制定监管规则以达到本章的目标。”，并插入：

“（a）保护局和联邦储备理事会的规定。

“（1）概述。除第（2）项外，保护局应当制定实现本章目标的规则。

“（2）联邦储备理事会的职权。联邦储备理事会拥有制定如下规则的唯一权力；以及

“（A）为实现本章有关《2010年消费者金融保护法案》第1029条（a）款所描述人士的目标；以及

“（B）为实现第920条的目标。”；以及

（B）在末尾增加以下新款：

“（e）尊重。本章中的任何条款均不得被解释为变更、限制甚至影响判决，该判决应是关于：

“（1）保护局根据本章中任何条款的含义或者阐释作出决定，根据这些条款保护局有权制定监管规则；或者

“（2）联邦储备理事会根据第920条的含义或阐释作出决定。”

（4）第916条（d）款（由《2009年信用卡法案》所指定的）：

（A）在该款开头部分，删除“联邦储备理事会或者官方授权的联邦储备系统官员或雇员的批准；

（B）在每个“联邦储备理事会”一词前面插入“保护局或者”；以及

（C）在“联邦储备系统”前面插入“消费者金融保护局或者”；以及

（5）第918条（如《2009年信用卡法案》所指）：

（A）在（a）款中：

（i）删除“遵守”，并插入“遵守《2010年消费者金融保护法案》，遵守”；

（ii）删除第（1）项和第（2）项，并插入：

“（1）《联邦存款保险法案》第8条，《联邦存款保险法案》第3条（q）款所定义的适当联邦银行业监管机构，监管：

“（A）全国性银行、联邦储蓄协会和外国银行的联邦分行及代理机构。

“（B）联邦储备系统的成员银行（全国性银行除外），外国银行的分行和代理机构（联邦分行，联邦代理机构和经保险的外国银行州分行除外），外国银行拥有或者控制的商业贷款公司和依照《联邦储备法案》

第25条和第25A条规定运营的组织；以及

“（C）由联邦存款保险公司保险的银行和州储蓄协会（联邦储备系统成员除外），和经保险的外国银行州分行；”；

（iii）将原第（3）项至第（5）项分别重新指定为第（2）项至第（4）项；

（iv）在重新指定的第（2）项，删除末尾的句号，并插入分号；

（v）在重新指定的第（3）项，删除末尾的“以及”；

（vi）在重新指定的第（4）项，删除末尾的句号，并插入“以及”；并且

（vii）在末尾增加：

“（5）依照《2010年消费者金融保护法案》第E节，由保护局管辖受本节约束的任何人，除了保护局无权执行第920条或者联邦储备理事会根据第920条制定的规章的情况。”；

（B）在（b）款中，在每一处“（a）款”前插入“第（1）项至第（4）项中的任何一项”；以及

（C）删除（c）款，并插入：

“（c）联邦贸易委员会的全部执行权。除非本章要求被特别指定由（a）款第（1）项至第（4）项下的其他联邦机构执行，根据《2010年消费者金融保护法案》第B节，联邦贸易委员会应负责执行上述要求。为保证联邦贸易委员会履行《联邦贸易委员会法案》下的职责和权力，对本章下某项要求的违反，将被视为对《联邦贸易委员会法案》的违反。联邦贸易委员会在《联邦贸易委员会法案》下的各项职责和权力，可以用于强制任何人服从联邦贸易委员会根据本章下各项要求所进行的管辖，而不必考虑该人士是否是商业人士或者是否处于《联邦贸易委员会法案》所规定的其他管辖范围。

第1085条 《平等信贷机会法案》的修订

《平等信贷机会法案》修订如下：

（1）除第703条（f）款（该条另行修订）和第704条（a）款第（4）项以外，删除所有的“联邦储备理事会”字样，并插入“保护局”。

（2）第702条，删除（c）款并插入：

“（c）‘保护局’是指消费者金融保护局。”

（3）第703条：

（A）删除本条题目，并插入：

“第703条 保护局的监管规则的颁布”；

（B）删除“（a）监管规则。”

（C）删除（b）款；

（D）分别重新指定第（1）项至第（5）项为（a）款至（e）款；

（E）在重新指定后的（c）款中，删除“第（2）项”并插入“（b）款”；以及

（F）在末尾增加：

“（f）委员会的权力。尽管（a）款存在，委员会仍然应当制定监管规则，以执行本章提出的关于《2010年消费者金融保护法案》第1029条（a）款所描述人士的监管目标。这些监管规则可包括但不限于委员会认为必要或者适当的分类、区别或其他条款，为不同类别的交易提供调整和免责，以实现本章的目标，防止由此产生的规避行为，促进或实现对法规的遵守。

“（g）服从。无论本章赋予任何联邦机构以任何权力，对一家联邦机构的决定所作出的判决应当得到服从，如同该机构是应用、实施、解释、或者管理本章条款的唯一机构。该决定应是根据本章中关于服从该机构管辖的任何条款的含义或阐释所作出的。”

（4）在第704条中：

（A）（a）款：

（i）删除“遵守”，插入“遵守《2010年消费者金融保护法案》第B节规定”；

（ii）删除第（1）项和第（2）项，并插入：

“（1）《联邦存款保险法案》第8条，由《联邦存款保险法案》第3条（q）款所定义的适当联邦银行业监管机构，监管：

“（A）全国性银行，联邦储蓄协会和外国银行的联邦分行和代理机构；

“（B）联邦储备系统的成员银行（全国性银行除外）、外国银行的分行和代理机构（联邦分行。联邦代理机构和经保险的外国银行州分行除外），外国银行拥有或者控制的商业贷款公司和依照《联邦储备法案》第25条和第25A条规定运营的组织；以及

“（C）由联邦存款保险公司保险的银行和州储蓄协会（联邦储备系统成员除外）和经保险外国银行州分行；”

（iii）分别重新指定第（3）项至第（9）项为第（2）项至第（8）项；

（iv）在重新指定的第（7）项末尾删除“以及”；

（v）在重新指定的第（8）项末尾删除句号，插入“；以及”；以及

（vi）在末尾加入以下内容：

“（9）依照《2010年消费者金融保护法案》第E节，由保护局管辖受本章约束的任何人。”；

（B）删除（c）款，并插入：

“（c）联邦贸易委员会的全部执行权。本章规定的执行权力，除非依据《2010年消费者金融保护法案》第B节（a）款第（1）项至第（8）项特别指定给其他政府部门，否则联邦贸易委员会应拥有该权力。为保证联邦贸易委员会履行《联邦贸易委员会法案》的职责和权力，对本节某项要求的违反，将被视为对《联邦贸易委员会法案》的违反。联邦贸易委员会在《联邦贸易委员会法案》下的各项职责和权力，可以用于强制任何人服从联邦贸易委员会根据本章下各项要求所进行的管辖，而不必考虑该人士是否是商业人士或者是否处于《联邦贸易委员会法案》所规定的其他管辖范围。同样地，联邦贸易委员会拥有执行本章下由保护局制定的规则权力，违反这些规则将被视为违反联邦贸易委员会贸易监管规则。”；以及

（C）删除（d）款中的“联邦储备理事会”，并插入“保护局”；

（5）第706条（e）款：

（A）该款开头部分：

（i）删除所有“联邦储备理事会”字样，并插入“保护局”；以及

（ii）删除“联邦储备系统”，并插入“消费者金融保护局”；以及

（B）删除“联邦储备系统”并插入“消费者金融保护局”；

（6）在第706条（g）款，删除“（3）”，并插入“（9）”；以及

（7）在第706条（f）款，删除每一处“2年后”，并插入“5年后”。

第1086条 《加速资金可用性法案》的修订

（a）第603条的修订。修订《加速资金可用性法案》第603条（d）款第（1）项，在“联邦储备理事会”后插入“，与消费者金融保护局局长共同，”。

（b）第604条的修订。《加速资金可用性法案》第604条修订如下：

（1）除（f）款外，在所有“联邦储备理事会”字样后面，插入以下内容“，与消费者金融保护局局长，”；以及

（2）在（f）款，删除所有“联邦储备理事会”字样，插入以下内容“委员会与消费者金融保护局局长。”

（c）第605条的修订。《加速资金可用性法案》第604条的修订：

（1）除第605条（f）款第（1）项的开头部分以外，删除所有“，联邦储备理事会，”字样；以及

（2）在（f）款第（1）项，开头部分的“联邦储备理事会”后面插入“和保护局”；

（d）第 609 条的修订。《加速资金可用性法案》第 609 条的修订：

（1）（a）款中，在“联邦储备理事会”后插入“，与消费者金融保护局局长，”；以及

（2）删除（e）款，并插入：

“（e）磋商。根据（a）款和（b）款的规定，联邦储备理事会与消费者金融保护局局长在（a）款所描述的情形下，联邦储备理事会在（b）款所描述的情形下，应与货币监理署、联邦存款保险公司董事会和全国信用合作社管理局委员会进行磋商。”

（e）加速资金可用能力的提高。《加速资金可用性法案》第 603 条修订如下：

（1）在（a）款第（2）项（D）分项，删除“100 美元”，插入“200 美元”；以及

（2）在（b）款第（3）项（C）分项开头部分删除“100 美元”，插入“200 美元”；以及

（3）在（c）款第（1）项（B）分项第（iii）则开头部分删除“100 美元”，插入“200 美元”。

（f）因通货膨胀而进行的定期调整。《加速资金可用性法案》第 607 条修订如下：

“（f）因通货膨胀而进行的美元金额调整。本章下的美元金额应自 2011 年 12 月 31 日以后，根据城市有工资收入者和职员消费物价指数（该指数由劳动统计局发布）的年度涨幅，每 5 年进行一次调整，调整后的数额应接近 25 美元的整数倍。”

第 1087 条　《公平信用票据法案》的修订

《公平信用票据法案》的修订。除第 105 条（i）款（本节已修订），删除所有“联邦储备理事会”字样，插入“保护局”。

第 1088 条　《公平信用报告法案》和《2003 年公平与准确信用交易法案》的修订

（a）《公平信用报告法案》。《公平信用报告法案》修订如下：

（1）第 603 条：

（A）分别重新指定（w）款和（x）款为（x）款和（y）款；以及

（B）在（v）款后插入：

“（w）‘保护局’指消费者金融保护局。”；以及

（2）除非该款另有说明，否则：

（A）删除所有“联邦贸易委员会”字样，插入“保护局”；

（B）删除“联邦贸易委员会”字样，插入“保护局”；

（C）除第615条（e）款和628条（a）款第（1）项以外，删除“委员会”字样，插入“保护局”；以及

（D）除第615条（e）款第（1）项和第628条（a）款第（1）项以外，删除所有“联邦银行业监管机构，全国信用合作社管理局和委员会应共同”字样，插入“保护局应当”；

（3）第603条（k）款第（2）项，删除“联邦储备委员会”字样，插入“保护局”；

（4）第604条（g）款：

（A）删除第（3）项的（C）分项，插入以下内容：

“（C）否则如认为必要和适当，应服从保护局或者适当的州保险或年金销售人员管理机构制定的监管规则或者命令。”；以及

（B）删除第（5）项并插入：

“（5）第（2）项的监管和生效日期。

“（A）监管要求。在公开征求意见以后，保护局可以制定监管规则，允许进行第（2）项下的交易，前提是要确定这些交易对于保护合法经营的、交易处理的、风险、消费者和其他需要（包括必要的行政核查行动）是必要的和适当的。与第（2）项保持一致，禁止出于不当目的使用医疗信息。”；

（5）第605条（h）款第（2）项（A）分项，删除“关于分别从属于第621条下的执法机构的实体”，插入“，在与联邦银行业监管机构，全国信用合作社管理局和联邦贸易委员会的磋商中，”。

（6）第611条（e）款第（2）项，删除第（2）项，并插入：

“（2）责任豁免。保护局依据《2010年消费者金融保护法案》所赋予的调查权接到或者获取的投诉，不适用第（1）项。”；

（7）第615条（d）款第（2）项（B）分项，删除“联邦银行业监管机构，插入“联邦贸易委员会，联邦银行业监管机构，”；

（8）第615条（e）款第（1）项，删除“和委员会”，插入“联邦贸易委员会，商品期货交易委员会和证券交易委员会”；

（9）第615条（h）款第（6）项，删除（A）分项，并插入：

“（A）规则要求。保护局应制定规则以执行本款。”；

（10）第621条：

（A）删除（a）款，并插入：

"（a）联邦贸易委员会的执行。

"（1）概述。在《联邦贸易委员会法案》下，关于消费者报告的机构和所有其他有关人士，联邦贸易委员会应被授权执行本章的规定。除非依据《2010 年消费者金融保护法案》第 B 节，本章的执行被特别指定给（b）款第（1）项（A）分项至（G）分项的政府机构。为保证联邦贸易委员会在《联邦贸易委员会法案》下履行职责和权力，对本章任何要求或者禁令的违反，将构成不平等或者欺骗性的商业行为或实践，视同违反《联邦贸易委员会法案》第 5 条（a）款。消费者报告的与此类行为有关的机构和个人服从第 5 条（b）款下联邦贸易委员会管辖，而不必考虑该人士是否是商业人士或者是否处于《联邦贸易委员会法案》所规定的其他管辖范围。联邦贸易委员会应有程序权力、调查权力和执行权力，包括为强制遵守本章要求而发布程序规则的权力，查阅存档报告、文件和证据，如同《联邦贸易委员会》法的适用条款和条件是本章的组成部分。任何人士违反本章任何条款，将受到《联邦贸易委员会法案》所规定的处罚并有权申请该法规定的特权和责任免除，该法的适用条款视同本章的组成部分。

"（2）处罚。

"（A）故意违法。除《2010 年消费者金融保护法案》第 B 节规定以外，对于构成违反本章的故意违法行为，联邦贸易委员会可在联邦地方法院对违反本章的任何人士提起民事诉讼，以追缴民事罚款。在此类案件中，任何负有责任的人士每次需缴纳的民事罚款不超过 2,500 美元。

"（B）罚款金额的确定。在决定（A）分项下的民事罚款金额时，法院应考虑（违法者的）违法程度、违法行为记录、支付能力，罚款对于其持续经营能力和其他类似问题的影响。

"（C）限制。尽管存在第（2）项，法院仍可以不对违反第 623 条（a）款第（1）项的人士处以民事罚款。除非该人士的违法行为已被联邦贸易委员会或代表联邦贸易委员会实施的行动或者诉讼所制止或被勒令停止，但该人士违反禁令或者命令，否则法院不可以对任何发生在禁令或者命令发布日之前的违法行为征收民事罚款。

（B）删除（b）款，并插入：

"（b）其他机构的执行权

"（1）概述。依据《2010 年消费者金融保护法案》第 B 节，遵守适用本章下的与消费者报告的机构，自上述机构处取得和使用消费者报告的人士，向上述机构提供信息的人士和第 615 条（d）款下的信息使用者，应受到以下机构管辖：

"（A）依据《联邦存款保险法案》第 8 条，由《联邦存款保险法案》第3条（q）款所定义的适当联邦银行业监管机构，监管：

“（i）所有全国性银行和州储蓄协会，外国银行的所有联邦分行和联邦代理机构；

“（ii）所有联邦储备系统的成员银行（全国性银行除外），外国银行的分行或代理机构（外国银行联邦分行，联邦代理机构或者经保险的州分行除外），由外国银行拥有或者控制的商业信贷公司和所有在联邦储备法第25条和第25A条下经营的组织；以及

“（iii）所有经联邦存款保险公司保险的银行或者联邦储蓄协会（联邦储备系统成员除外），和所有经保险的外国银行的州分行；

“（B）依据《联邦信用合作社法案》下，由全国信用合作社管理局局长管辖所有联邦信用合作社；

“（C）依据《美国法典》第49章第Ⅳ节，运输部长管辖全部地面运输机构；

“（D）依据《1958年联邦航空法案》，运营部长管辖与该法有关的全部航空运输机构和外国航空运输机构；

“（E）依据《1921年牲畜屠宰商和育肥场法案》，除该法第406条的规定外，由农业部长管辖与该法有关的所有行为；

“（F）与《商品交易法案》有关的人士由商品期货交易委员会管辖；

“（G）依据联邦证券法律和任何其他关于证券交易委员会管辖权的法律，由证券交易委员会管辖受上述法律约束的所有人士；以及

“（H）根据《2010年消费者金融保护法案》第E节，任何人都要遵循本章要求。

“（2）定义合并。在第（1）项中使用但没有在本章或者《联邦存款保险法案》第3条（s）款中定义的名词，与《1978年国际银行法案》第1条（b）款中的名词含义相同。”；

（C）在（c）款第（2）项：

（i）在“或者适当的”前面插入“和联邦贸易委员会”；以及

（ii）在全部“或者适当的”字样前面，插入“和联邦贸易委员会”；

（D）在（c）款第（4）项，在所有的“或者适当的”字样前面，插入“，联邦贸易委员会，”；

（E）删除（e）项并插入：

“（e）监管权

“（1）概述。除与第615条（e）款和第628条有关的内容外，保护局应制定监管规则以执行本章的意图。保护局应在必要和适当时制定监管规则，

以管理和实施本章的意图和目标，阻止逃避行为，或者促进对本章的遵守。除《2010年消费者金融保护法案》第1029条（a）款的规定以外，即使执行权赋予了本条下的其他机构，保护局依照本章制定的监管规则仍适用于与本章有关的任何人士。

“（2）服从。无论本章赋予任何联邦机构以任何权力，对一家联邦机构的决定所作出的判决应当得到服从，如同该机构是应用、实施、解释、或者管理本章条款的唯一机构。该决定应是根据本章中关于服从该机构管辖的任何条款的含义或阐释所作出的。无论执行权是否被赋予本章下的其他机构，保护局依据本章制定的监管规则适用于与本章有关的任何人士。”；以及

（F）在（f）款第（2）项，删除“联邦银行业监管机构”，插入“联邦贸易委员会，联邦银行业监管机构，”；

（11）在第623条：

（A）（a）款第（7）项，删除（D）分项，并插入：

“（D）信息披露范文。

“（i）保护局的责任。保护局应当制定简要的信息披露范文，金融机构可以利用该范文执行（A）分项，范文不超过30个词。

“（ii）不强制使用范文。本项的任何规定均不应被解释为要求金融机构应该使用保护局制定的任何范文。

“（iii）服从使用的范文。如果金融机构使用本分项下由保护局制定的任何范文表格，或者金融机构使用任何范文表格并重新安排其格式，都会被认为应遵照（A）分项。

（B）在（a）款第（8）项，在“应共同”前插入“，与联邦贸易委员会、联邦银行业监管机构和全国信用合作社管理局磋商，”；以及

（C）删除（e）款，并插入：

“（e）准确性指引和监管要求

“（1）指引。关于服从保护局在条下的执行权的个人和实体，保护局应当：

“（A）建立、维护和进行必要的更新供个人使用的、向消费者报告机构报送信息的指引，该指引是关于实体向消费者报告机构报送关于消费者的信息的准确性与完整性的；以及

“（B）制定监管规则，要求所有向消费者报告机构报送信息的人，为执行依照（A）分项所建立的指引建立合理的规则和程序。

“（2）标准。为开发第（1）项（A）分项所规定的指引，保护局应当：

“（A）辨别能够影响向消费者报告机构报送信息准确性和完整性的行为模式、实践和特定格式；

“（B）审查被用于消费者向消费者报告机构报送信息的方法（包括技术方法）；

“（C）判定向消费者报告机构报送信息者是否拥有和执行了确保信息准确性与完整性的规则；以及

“（D）检查向消费者报告机构报送信息者执行重新调查和纠正已报送信息所使用的规则和程序。”；

（12）在第628条（a）款第（1）项，删除“不迟于”及其后至“交易委员会”的全部内容，并插入“联邦贸易委员会、证券交易委员会、商品期货交易委员会、联邦银行业监管机构和全国信用合作社管理局，对于适用其各自在第621条下执行权的实体，”；以及

（13）在第628条（a）款第（3）项，删除“联邦银行业监管机构、全国信用合作社管理局委员会和证券交易委员会”，并插入“第（1）项提到的机构”。

（b）《2003年公平与准确信用交易法案》。《2003年公平与准确信用交易法案》修订如下：

（1）在第112条（b）款，删除“委员会”，插入“保护局”；

（2）在第211条（d）款，删除所有“委员会”字样，插入“保护局”；

（3）在第214条（b）款，删除第（1）项插入以下内容：

“（1）概述。执行《公平信用报告法案》，第624条的监管规则，依据第（2）项，应由以下机构制定：

“（A）商品期货交易委员会，对于适用其执行权的实体；

“（B）证券期货委员会，对于适用其执行权的实体；以及

“（C）保护局，对于适用本法的其他实体。”；以及

（4）在第214条（e）款第（1）项，删除“委员会”，插入“保护局”。

第1089条《公平债务托收业务法案》的修订

《公平债务托收业务法案》修订如下：

（1）删除所有“委员会”字样，插入“保护局”；

（2）在第803条：

（A）删除第（1）项，并插入：

“（1）‘保护局’指消费者金融保护局。”；

（3）第814条：

（A）删除（a）款，并插入：

“（a）联邦贸易委员会。联邦贸易委员会应被授权执行本章，除非本章规定的执行权被特别指定给依照《2010年消费者金融保护法案》第B节制定的（b）

款第（1）项至第（5）项下的其他政府机构。为保证联邦贸易委员会在《联邦贸易委员会法案》下履行职责和权力，对本章违反，将被视为违法该法的不平等、欺骗性的行为或实践。联邦贸易委员会在《联邦贸易委员会法案》下的全部职责和权力，包括本章条款的执行权力，可被用于强制任何人士执行本章的规定，而不论该人士是否是商业人士，或者是否处于《联邦贸易委员会法案》所规定的其他管辖范围。对本章的违反视同违反联邦贸易委员会的贸易监管规则。"；以及

（B）（b）款

（i）删除"遵守"，插入"依据《2010 年消费者金融保护法案》第 B 节，服从"；

（ii）删除第（1）项和第（2）项，并插入：

"（1）《联邦存款保险法案》第 8 条，由《联邦存款保险法案》第 3 条（q）款所定义的适当联邦银行业监管机构，监管：

"（A）全国性银行，联邦储蓄协会，外国银行的联邦分行和联邦代理机构；

"（B）联邦储备系统的成员银行（全国性银行除外），外国银行的分行和代理机构（外国银行的联邦分行、联邦代理机构和经保险的州分行除外），外国银行拥有或者控制的商业信贷公司，和在联邦储备法第 25 条或第 25A 条下运营的组织；以及

（C）由联邦存款保险公司保险的银行和州储蓄协会（联邦储备系统成员除外），和经保险的外国银行州分行；"；

（iii）分别重新指定第（3）项至第（6）项为第（2）项至第（5）项。

（iv）在重新指定的第（4）项末尾，删除"以及"；

（v）在重新指定的第（5）项，删除末尾的句号，插入"；以及"；以及

（vi）在末尾的"尚未指定"前增加：

"（6）《2010 年消费者金融保护法案》第 E 节，由保护局管辖受本章约束的任何人。"

（4）在（d）款中，删除自"委员会不可以"至该款结束的内容，插入以下内容"除《2010 年消费者金融保护法案》第 1029 条（a）款的规定以外，保护局可以制定规则管辖本章所定义的收债人的收债行为。"

第 1090 条《联邦存款保险法案》的修订

《联邦存款保险法案》修订如下：

（1）在第 8 条（t）款末尾增加：

“（6）向消费者金融保护局提交。依照《2010 年消费者金融保护法案》第 B 节，每一个适当联邦银行业监管机构如确认由其管辖的任何经保险的存款机构或者其附属机构违反了《2010 年消费者金融保护法案》所定义的消费者法律，均应向消费者金融保护局提交。”；以及

（2）在第 43 条：

（A）在（c）款中，删除“联邦贸易委员会”并插入“保护局”；

（B）在（d）款中，删除“联邦贸易委员会”并插入“保护局”；

（C）在（e）款中：

（i）第（2）项，删除“联邦贸易委员会”并插入“保护局”；以及

（ii）在末尾加入新的一项：

“（5）保护局。‘保护局’是指消费者金融保护局；以及

（D）在（f）款：

（i）删除第（1）项，插入以下内容：

“（1）对执行权的限制。依照（b）款、（c）款和（e）款和任何根据前述各款制定的监管规则或者命令，在《2010 年消费者金融保护法案》下，应依照该法第 B 节由保护局来执行；在《联邦贸易委员会法案》下，由联邦贸易委员会执行。”；以及

（ii）在第（2）项，删除（C）分项，并插入以下内容：

“（C）联邦行动待定时，州行动的限制。如果保护局或者联邦贸易委员会已经因一项违反本条的行为发起了执行行动，在行动尚未确定时，任何适当的州监管机构都不应当依据本条，针对保护局或者联邦贸易委员会所控告的违反本条的行为采取行动。”

第 1091 条《1978 年联邦金融机构检查委员会法案》的修订

《1978 年联邦金融机构检查委员会法案》第 1004 条（a）款第（4）项修订如下：删除“储蓄监管办公室主任”，插入“消费者金融保护局局长”。

第 1092 条《联邦贸易委员会法案》的修订

《联邦贸易委员会法案》第 18 条（f）款修订如下：

（1）删除开头部分，并插入：

“（f）银行、储蓄贷款机构和联邦信用合作社的定义”。

（2）删除第（1）项，并插入：

“（1）［撤销］”。

（3）删除第（5）项至第（7）项；

（4）在第（2）项中：

（A）删除“第（2）执行”和其后的全部内容直到“在……情况下”，并插入：

“（2）定义。出于本法的目的，‘银行’一词是指”；

（B）在（A）分项，删除“，由该处”和其后直到“货币”的全部内容；

（C）在（B）分项

（i）删除“，由该处”和其后直到“系统”的全部内容；以及

（ii）删除“25（a）”，插入“25A”；以及

（D）在（C）分项

（i）删除“（其他”并插入“（除非”；以及

（ii）删除“，由处”和其后直到“公司”的全部内容；

（5）在第（3）项，删除“遵守”和其后直到“如定义于”的全部内容，并插入：

“为实现本法的目的，‘储蓄和贷款协会’一词有相同含义”；以及

（6）在第（4）项，删除“遵守”和其后直到“在……下的信用合作社”的全部内容，并插入以下内容“为实现本法的目的，‘联邦信用合作社’一词在……中有相同的含义”。

第 1093 条　《G－L－B 法案》的第 5 章的修订

（1）在第 501 条（b）款，在“505（a）”后面插入“，除了消费者金融保护局，”；

（2）在第 502 条（e）款第（5）项，在“（包括”之后插入“消费者金融保护局”；

（3）在第 504 条（a）款：

（A）插入第（1）项和第（2）项，并插入下面内容：

“（1）制定规则。

“（A）概述。除了在（C）分项提到，消费者金融保护局和美国证券和交易委员会应有权对涉及有关金融机构和其他分别受制于第 505 条（而即使《2010 年消费者金融保护法案》的第 B 节）限制的人作出规定，达到本款目的。除了消费者金融保护局无权制定有关第 501 条标准的规定。

“（B）商品期货交易委员会。美国商品期货交易委员会应有权就有关金融机构及其他受制于商品期货交易委员会根据《美国商品交易法案》第 5g 条规定的人制定条例以实现本章目的。

“（C）美国联邦贸易委员会权利。尽管（A）分项对消费者金融保护局有所规定，但是联邦贸易委员会应有权制定这些条例就任何金融机构和任何《2010 年消费者金融保护法案》第 1029 条（a）款所描述的人，以实现本章目的。

“（D）构建条款。本款不得解释为改变、影响，或以其他方式限制国家保险保护局 通过规则实施本款。

“（2）协调性，一致性和可比性。各根据第（1）项规定被授权的机构应与其他机构协商和协调会议，并酌情与国家保险由国家保险监督协会的指定代表协商，为保证目标实现，在可能的范围内，让每个这样的机构制定的规定具有和其他规定的一致性和可比性”；以及

（B）在第（3）项，删除“，和在本法实施后不得晚于 6 个月颁布”；

（4）在第 505 条（a）款：

（A）删除“和本款”和一直到后面“如下”并插入“根据《2010 年消费者金融保护法案》的第 B 节，有关金融机构和其他受制于相应法律的人，应由消费者金融保护局制定本款及其规定并执行，法律如下：”；

（B）在第（1）项：

（i）在（a）款前面，在“法案”之后插入“由适当的联邦银行机构，《美国联邦存款保险法案》第 3 条（q）款所定义，”；

（ii）在（A）分项，删除“，由美国货币监理署办公室”；

（iii）在（B）分项，删除“，由”和“联邦储备理事会”；

（iv）在（C）分项，删除“，由美国联邦存款保险公司董事会”；以及

（v）在（D）分项，删除“，由互助储蓄银行监管办事处主任”；以及

（C）在末尾增加：

“（8）根据《2010 年消费者金融保护法案》的第 E 节，由消费者金融保护局，任何受制于主席团的金融机构和其他被保险人或服务提供者和受制于本章的任何人，但与第 501 条标准无关。”；

（5）在第 505 条（b）款第（1）项，在“（a）款”后面插入“ 除了消费者金融保护局 ”；以及

（6）在第 507 条（b）款，删除“联邦贸易委员会”，并插入“ 消费者金融保护局”。

第 1094 条 《1975 年住房抵押贷款披露法案》的修订

《1975 年住房抵押贷款披露法案》的修订：

（1）删除每一个“联邦储备理事会”字样，除了在第 303 条，第 304 条（h）款，第 305 条（b）款（按本条修订），和第 307 条（a）款（按本条修订），并插入“保护局”。

（2）在第 303 条：

（A）将第（1）项至第（6）项分别重新编排为第（2）项至第（7）项；以及

（B）在第（2）项前面插入：

“（1）‘保护局’是指消费者金融保护局；

（3）在第 304 条：

（A）在（b）款：

（i）在第（4）项，在“和性别”之前加入“年龄，”；

（ii）在第（3）项，在末尾增加“以及”；

（iii）在第（4）项，在末尾删除句号并插入分号；以及

（iv）在末尾增加：

“（5）根据计算统计出的按揭贷款数量和金额总量：

“（A）考虑到由保护局决定就最初支付抵押贷款的总数量和费用；

“（B）年度百分比与贷款基准利率和贷款利率或所有相关率的差异；

“（C）任何预付罚款或其他费用或对一些主要部分的收费或全部本金按期付款提前偿还应付期限；以及

“（D）如主席团所要求的其他资料；以及

“（6）抵押贷款的数量和总额及根据下面的测量方法分类的申请：

（A）质押或拟作为抵押的不动产价值；

“（B）在任何确定和建议的时间之后，利率可能会改变；

“（C）提出合同条款或合同条款建议书，允许抵押人或申请人支付除了在任何借贷期限过程中充分摊还贷款；

“（D）实际或建议的按揭贷款期限；

“（E）提出申请，包括零售、代理，以及其他相关类别的渠道；

“（F）作为主席团可以恰当地决定一个独特的标识，用于标识贷款人，如《2008 年国家外汇保护局抵押许可法案》中第 1503 条规定；

“（G）作为主席团可以恰当地决定一个普遍的贷款标识符；

“（H）作为主席团应作出恰当决定，使地号与不动产抵押或拟作为抵押品相对应；

“（I）保护局可以规定按揭申请人的信用分数和抵押形式；以及

（J）其他保护局可要求的信息。”；

（B）删除（h）款，并插入以下内容：

“（h）向代理机构提交

“（1）概述 根据（b）款披露的资料应提交保护局或根据本章的机构汇报要求提交给申报机构，并与保护局制定的规则保持一致。（a）款第（2）项（A）分项对人口普查信息披露有要求，保护局与其他在第（2）项描述的适当机构咨询听取通知和评论后应制定规则：

“（A）制定披露格式，数据提交给适当机构的方法，信息披露给公众的程序；

“（B）就各申报机构出售贷款的情况，根据（b）款要求进行收集数据的披露；

“（C）要求对此类贷款购买者类别的披露；

“（D）准许任何申报机构向保护局提交书面文件或向相应机构提交进一步数据信息或解释，如果该资料被认为与发起或购买按揭贷款相关；以及

“（E）修订或要求逐项修订已经或将要向公众开放的信息，以保护抵押贷款或按揭申请申请者的隐私。

“（2）其他适当的代理机构。本项中适当机构是：

“（A）由美国《联邦存款保险法案》第3条（q）款定义的，与分别受到各机关管辖的实体有关的适当的联邦银行机构；

“（B）服务在联邦存款保险公司投保的银行（美国联邦储备系统的成员除外）的联邦存款保险局、互助储蓄银行、投保的境外国家银行分行，以及在第303条（2）款（A）分项描述但与本项无关的任何其他存款机构；

“（C）“全国信用合作社管理局委员会监管信用合作社；以及

（D）（A）分项或（B）分项没有规定监管机构的其他信贷机构，由住房和城市发展部部长监管。

“（3）依照第（1）项进行修订的规则。

（A）申请。第（1）项（E）分项下的修订适用以下信息：

“（i）以符合第（1）项（E）分项目标的方式修订（b）款第（6）项（I）分项规定的信用记录数据；以及

“（ii）如保护局认为对符合第（1）项（E）分项目标有必要，可以以符合该款目标的方式，修订（b）款第（5）项或第（6）项规定的年龄和其他分类数据。

“（B）标准。考虑到住房抵押贷款参与人或者抵押人的隐私权益，为满足本章的目标，保护局应制定第（1）项（E）分项下进行的任何修订的标准。必要时，为实现本章目标，保护局应针对（A）分项所规定

的信息披露要求，制作综合的或者其他经适当修订的表格”；

(C) 在 (i) 款，删除“(b) 款第 (4) 项”并插入“(b) 款第 (4) 项、(b) 款第 (5) 项和 (b) 款第 (6) 项”；

(D) 在 (j) 款：

(i) 删除第 (3) 项，并插入：

“(3) 修订不符合要求的表格。如果存款机构需要依照第 (1) 项规定按保护局要求的格式提供信息，其信息披露应符合第 (1) 项的规定。

(ii) 在第 (2) 项 (A) 分项，删除“以机构保有信息的形式”，并加入“以保护局要求的形式”；

(E) 在 (m) 款，删除“第 (2) 项”并插入以下内容：

“(2) 信息格式。依照第 (1) 项，存款机构应按照保护局要求的格式，向索取信息者提供一份信息复印件”；以及

(F) 在末尾增加：

“(n) 某些信息披露的时机安排。依照保护局制定的监管规则，机构按 (b) 款规定需要披露的信息，应提交给保护局或者本章下任何适当的监管机构。在保护局发布披露信息的最终格式 9 个月以后的第一个 1 月 1 日以前，机构不得被要求报告 (b) 款第 (5) 项和第 (6) 项下的新数据。”

(4) 在第 305 条：

(A) 删除 (b) 款，并插入：

“(b) 某些其他监管机构的权利

“(1) 概述。依照《2010 年消费者金融保护法案》第 B 节，对本章的要求应由以下机构执行：

“(A) 依据《联邦存款保险法案》第 8 条，该法第 3 条 (q) 款定义的适当联邦银行业监管机构，监管：

“(i) 所有全国性银行和联邦储蓄协会，以及所有外国银行的联邦分行或者联邦代理机构；

“(ii) 联邦储备基金系统的所有成员银行（全国性银行除外）、外国银行的分行和代理机构（外国银行的联邦分行、联邦代理机构和经保险的州分行除外），外国银行拥有或者控制的商业信贷公司和所有依照《联邦储备法案》第 25 条及第 25A 条运营的组织；以及

“(iii) 所有经联邦存款保险公司保险的银行和州储蓄协会（联邦储备系统成员除外），所有由《联邦存款保险法案》第 3 条 (f) 款定义的互助储蓄银行，所有经保险的外国银行州分行和所有其他未在本项或者 (B) 分项或 (C) 分项提到的存款机构；

“(B) 依据《2010 年消费者金融保护法案》第 E 节的规定，保护局

管辖受该章约束的所有人士；

“（C）依据联邦信用合作社法，由全国信用合作社管理局局长管辖所有经保险的信用合作社；以及

“（D）住房和城市发展部部长管辖其他信贷机构。

“（2）合并定义。在第（1）项使用的名词如果未在本章定义，或者在《联邦存款保险法案》第3条（s）款中定义，则该名词和《1978年国际银行法案》第1条（b）款中的相同名词，具有相同的含义。”；以及

（B）在末尾加入：

“（d）消费者金融保护局的全部执行权。依照《2010年消费者金融保护法案》第B节，本章规定的执行赋予（b）款下的任一机构。为便于研究、检查和执行，依照第304条收集的所有数据，应供（b）款列出的所有实体使用。保护局可以依据《2010年消费者金融保护法案》行使主要权力，以检查和强制任何人遵守本章规定。”；

（5）在第306条中删除（b）款，并插入：

“（b）豁免权。如果保护局认为任何州或者地区内的州特许存款机构应遵守该州或者地区有关法律规定，这些法律规定与本章大体相同，并且包含充分的执行权，保护局可以拥有对本章规定的监管豁免权。即使符合本款规定，对于全国性银行和联邦储蓄协会经联邦存款保险公司保险的存款，本款的任何其他条款应由货币监理署办公室依据《联邦存款保险法案》第8条执行。”；以及

（6）删除第307条，并插入：

“第307条　提高守法水平的方法

“（a）概述

“（1）必要的磋商。在秘书长的协助下，消费者金融保护局局长应与人口统计局局长，联邦储备委员会，联邦存款保险公司和保护局认为适当的其他人士，共同磋商以发展或者帮助完善将住址与人口调查相结合的方法，促进存款机构以尽可能经济的方式遵守本章要求。

“（2）拨款授权。在有必要使用适当款项时，应获得授权。

“（3）订约权。为执行本款，消费者金融保护局局长被授权与任何个人或机构签订合同，或者通过任何个人或机构签订合同，或者向任何个人或机构支付补偿。

“（b）给国会的建议。为实现本章的目标，消费者金融保护局局长应向参议院银行、住房和城市事务委员会以及众议院金融服务委员会提出附加立法建议。”

第1095条　《1998年住房所有人保护法案》的修订

《1998年住房所有人保护法案》第10条修订如下：

（1）在（a）款：

（A）删除“服从”和其后的所有内容直至第（1）项末尾，并插入以下内容：

“依据《2010年消费者金融保护法案》第B节，对本法规定的服从由以下机构执行：

“（1）依据《联邦存款保险法案》第8条，适当联邦银行业监管机构（如该法第3条（q）款所定义），监管：

“（A）经保险的存款机构（如该法第3条（c）款第（2）项所定义）；

“（B）《联邦储备法案》第19条（b）款第（1）项（A）分项，（i）则、（ii）则或者（iii）则所规定的存款机构，上述机构是没有经保险的存款机构（如《联邦存款保险法案》第3条（c）款第（2）项所定义）；以及

“（C）《联邦储备法案》第19条（b）款第（1）项（A）分项（v）则或（vi）则所规定的存款机构，上述机构是没有经保险的存款机构（如《联邦存款保险法案》第3条（c）款第（2）项所定义）；

（B）在第（2）项末尾，删除“以及”；

（C）在第（3）项末尾，删除句号，插入“；以及”；以及

（D）在末尾增加：

“（4）消费者金融保险局负责管辖受《2010年消费者金融保护法案》第E节约束的所有人士。”；以及

（2）在（b）款第（2）项末尾句号前插入：“，受《2010年消费者金融保护法案》第B节约束”。

第1096条　《1994年住房所有权与权益保护法案》的修订

《1994年住房所有权与权益保护法案》修订如下：

（1）在第158条（a）款，删除“联邦储备委员会，经与联邦储备委员会的消费者顾问委员会磋商”，并插入“保护局，经与保护局的顾问委员会磋商”；以及

（2）在第158条（b）款，删除“联邦储备理事会”，插入“保护局”。

第1097条　《2009年公共拨款法案》的修订

《2009年公共拨款法案》第626条修订如下：

（1）删除（a）款，并插入：

“（a）（1）依照《美国法典》第5章第553条，消费者金融保护局有权制定

关于住房抵押贷款的规则。制定的规则应与住房抵押贷款交易中的不公平或者欺诈行为或实践有关。规则应包括改正不公平或者欺诈行为或实践和对丧失抵押品赎回权提供救援服务。对本项下规则的违法，将被视为对《2010 年消费者金融保护法案》中关于禁止不公平、欺诈或者滥用行为或实践的规定的违反，以及对《联邦贸易委员会法案》第 18 条关于禁止不公平或者欺诈行为或实践的规则的违反。

"（2）消费者金融保护局应以同样态度、同样方式、同样的管辖权和职能执行第（1）项的规则，如同《2010 年消费者金融保护法案》中全部适用条款已同本款合并，成为本款的一部分。

"（3）依据《2010 年消费者金融保护法案》第 B 节，联邦贸易委员会应以同样态度、同样方式、同样的管辖权和职能执行第（1）项的规则，如同《联邦贸易委员会法案》中全部适用条款已同本款合并，成为本款的一部分。"；以及

（2）在（b）款：

（A）删除第（1）项，并插入：

"（1）除第（6）项规定外，州总检察长司有理由相信其本州居民利益已经或者正在受到任何应受（a）款约束的人士违反（a）款行为的威胁或者不利影响。为执行政府监护，州可以代表其居民在适当的联邦地区法院或者其他有管辖权的法院提起民事诉讼：

"（A）禁止违法行为；

"（B）强制遵守（a）款规定；

"（C）代表本州居民获取损坏修复或者其他赔偿；或者

"（D）依据《2010 年消费者金融保护法案》、《联邦贸易委员会法案》，获取罚金和救济金，以及法院认定的其他适当救济。"；

（B）在第（2）项和第（3）项，删除全部"主要联邦监管者"字样，插入"消费者金融保护局，作为适当的"；

（C）在第（3）项，在"第（2）项，"后面，插入"依照《2010 年消费者金融保护法案》第 B 节，"；以及

（D）在第（6）项，删除所有"主要联邦监管者"字样，插入"消费者金融保护局或者委员会"。

第 1098 条　《1974 年不动产结算程序法案》的修订

《1974 年不动产结算程序法案》修订如下：

（1）第 3 条：

（A）第（7）项，删除末尾的"以及"；

（B）第（8）项，删除末尾的句号，插入“；以及”；以及

（C）在末尾增加：

“（9）‘保护局’指消费者金融保护局。”；

（2）第4条：

（A）（a）款，删除第一句话，插入以下内容“保护局应为住房抵押贷款交易公布一个符合本条和第5条的单独而完整的信息披露范本（包括不动产结算成本表）。该范本与《诚信贷款法案》相结合，适用于同时受两法约束或者受某一法个别条款约束的交易。该信息披露范本的目的是促进本章的披露规定和《诚信贷款法案》的实行，避免借款人或者承租人通过简单的语言理解交易，从而简化了信息披露的技术性。”；

（B）删除每一处“部长”字样，插入“保护局”；以及

（C）删除每一处“表格”字样，插入“表格（复数）”；

（3）第5条：

（A）删除每一处“部长”字样，插入“保护局”；以及

（B）（a）款，删除第一句，并插入：“保护局应当准备和散发关于遵守《诚信贷款法案》规定和本章条款的手册，帮助借款购买自住房者更好地理解不动产结算服务的特性和成本。”；

（4）第6条（j）款第（3）项。

（A）删除“部长”，插入“保护局”；

（B）删除“，采用生效时间不迟于1991年4月20日的监管规定，”；

（5）第7条（b）款，删除“部长”，插入“保护局”；

（6）第8条（c）款第（5）项，删除“部长”，插入“保护局”；

（7）第8条（d）款

（A）在本款开头部分的“部长”前面，插入“保护局和”；以及

（B）删除第（4）项，并插入：

“（4）保护局、部长、总检查官或者州保险专员可以开展行动禁止对本章的违反，直到个人受保护局、部长、总检查官或者州保险专员管辖权约束的最大程度。依照《2010年消费者金融保护法案》第B节，保护局拥有执行或者管理本章的主要权限。

（8）第10条（c）款，删除“部长”，插入“保护局”；

（9）第16条，在“部长”前面插入“保护局”；

（10）第18条中删除所有的“部长”字样，插入“保护局”；以及

（11）第19条：

（A）在本条开头部分删除“部长”，插入“保护局”；

(B) 在 (a) 款，删除每一处“部长”字样，插入“保护局”；以及

(C) 在 (b) 款和 (c) 款，删除每一处“部长”字样，插入“保护局”。

第1098A条 《州际土地出售充分披露法案》的修订

《州际土地出售充分披露法案》修订如下：

(1) 删除每一处“部长”字样，插入“局长”；

(2) 删除每一处“住房和城市发展部”字样，插入“消费者金融保护局”；

(3) 删除每一处“部”的字样，插入“保护局”；

(4) 第1402条：

(A) 删除第 (1) 项，并插入：

“(1)‘局长’意指消费者金融保护局局长;”；

(B) 第 (10) 项，删除末尾的“以及”；

(C) 第 (11) 项，删除末尾的句号，插入“；以及”；以及

(D) 在末尾增加：

“(12)‘保护局’指消费者金融保护局。”；以及

(5) 第1416条 (a) 款，删除“住房和城市发展部部长”，插入“消费者金融保护局局长”。

第1099条 《1978年金融隐私权法案》的修订

《1978年金融隐私权法案》修订如下：

(1) 第1101条：

(A) 第 (6) 项：

(i) (A) 分项，在分号后插入“以及”；

(ii) (B) 分项，在末尾插入“以及”；以及

(iii) 删除 (C) 分项；以及

(B) 第 (7) 项，删除 (B) 分项，插入以下内容：

“(B) 消费者金融保护局”。

(2) 第1112条 (e) 款，删除“和商品期货交易委员会允许”，插入“商品期货交易委员会和消费者金融保护局允许”；以及

(3) 第1113条，在末尾增加以下新款：

“(r) *对消费者金融保护局披露*。本章不适用于消费者金融保护局对金融机构行使权力进行检查或者披露财务记录或信息的情况。

第 1100 条　《2008 年安全和公正执行抵押许可法案》的修订

《2008 年安全和公正执行抵押许可法案》修订如下：

（1）在每个期限处插入“联邦银行代理机构”而不是第 1503 条第（7）项和第（11）项以及第 1507 条（a）款第（1）项，然后插入“保护局”；

（2）在每个期限处插入“联邦银行代理机构”和“保护局”；以及

（3）在每个期限处插入“秘书长”和“保护局”；

（4）在第 1503 条：

（A）将第（2）项至第（12）项分别重新排列为第（3）项至第（13）项；

（B）插入第（1）项并增加：

“（1）保护局。‘保护局’是指消费者金融保护局。

“（2）联邦银行代理机构。‘联邦银行代理机构’是指联邦储备系统董事会，流通审计办公室，国家信用合作社管理部门和联邦储蓄保险股份公司。”；以及

（C）删除第（10）项，并插入：

“（10）主任。‘主任’是指消费者金融保护局主任；以及

（5）在第 1507 条：

（A）在（a）款：

（i）删除第（1）项，并插入以下内容：

“（1）概述。保护局应该发展和维持雇员登记系统，此套系统应面向服务于存储机构雇员，所属于存储机构，由其控制并由联邦银行代理机构管理的的子公司的雇员，或者由农村信用管理部门管理、并在全国抵押执照系统和登记部门登记注册的机构雇员。此套系统应该在《2010 年消费者金融保护法案》颁布实施起的一年期内实施；以及

（ii）在第（2）项

（I）删除“恰当的联邦银行代理机构和农村信用管理部门”，并插入“保护局”；以及

（II）删除“雇员的身份”，插入“雇员身份”；以及

（B）在（b）款删除“通过金融机构监管委会和农村信用管理部门”，并插入“和消费者金融保护局”；

（6）在第 1508 条：

删除标题，并插入：“**第 1508 条消费者金融保护局备份保护局建立贷款汇款者发牌制度**”；以及

（B）在末尾增加：

“（f）管理权

“（1）概述。保护局被授权颁布法规设定最低净资产住房按揭贷款额或发起人及发起人恢复保证金需支付贷款资金的最低要求。

“（2）考虑。根据第（1）项发布的规则中，应考虑需要提供足够的可承受和持久的抵押贷款的必要性，以及为确保市场的竞争力，最大限度地提高消费者负担得起的和可持续的抵押贷款。”；

（7）删除第1510条，并插入以下内容：

“第1510条　收费

“保护局、农村信用管理部门和全国抵押执照系统和登记部门可以收取合理费用弥补维持和提供全国抵押执照系统和登记部门信息的开支；但是不得向消费者收取获得此类系统和登记的费用。”；

（8）删除第1513条，并插入以下内容：

“第1513条　提供责任

“保护局、任何州政府和代理机构，或任何作为全国抵押登记或发牌制度及由局长根据第1509条设立的系统中的管理机构，或是任何此类实体的官员或雇员，不得接受因诚信行为或任何此类实体人员或雇员的疏忽造成的任何民事活动或经济赔偿，而有关收集、摆设或有关申贷者或许可证申请者或登记作为贷款发起人的信息发布限于办公室内或雇员范围”；以及

（9）在第1514条的标题中删除“**在住房和城市发展部备份牌照系统**”，插入“**由保护局**”。

第1100A条　《联邦诚信借贷法案》的修订

《联邦诚信借贷法案》的修订如下：

（1）在第103条：

（A）重新将（b）款至（bb）款分别排列成（c）款至（cc）款；以及

（B）在（a）款后面插入以下内容：

“（b）保护局。‘保护局’是指消费者金融保护局。”；

（2）除第140条（d）款、第105条（i）款和第108条（a）款以外，将本条中的“联邦储备理事会”删除，插入“保护局”；

（3）除本法已修订的第108条（c）款和第129条（m）款和涉及《联邦贸易委员会法案》的内容以外，其他条款处删除“联邦贸易委员会”，并插入“保护局”；

（4）在第105条（a）款，在第二句：

（A）删除“除了有关第130条（aa）款的抵押情况外，这些规则可以包含这样”，并插入“除了关于第129条可用于103条（aa）款的抵押，这些规则可以包含类似额外要求，”；以及

（B）在“除了”之后删除“全部或者”；

（5）在第105条（b）款，删除第一句并增加：“保护局应发布按揭贷款转账的单独综合性信息（包括不动产开支清算），公布的信息应该包括本章规定和《1974年不动产清算手续法案》中相关的部分。公布此项信息有助于本章要求和《1974年不动产清算手续法案》的一致性，同时应用名词简化技术特性能够帮助借贷款者更好地了解转账知识。”；

（6）在第105条（f）款第（1）项在“从本章的全部或者部分”后面删除“全部或者”；

（7）在第105条的末尾增加：

“（i）保护局制定规则的权力。尽管有（a）款之要求，根据本章，保护局有权就涉及《2010年消费者金融保护法案》第1029条（a）款阐述的个人制定规则。本款规则应包含分类、鉴别或者其他规定，联邦储备理事会的裁判是正确实践本章目的的必要环节，有助于规避错误并促进承诺的遵守。”；

（8）在第108条的末尾增加：

（A）删除（a）款并插入以下内容：

“（a）执行机构。根据《2010年消费者金融保护法案》的第B节，并依照本章的要求：

“（1）根据《联邦存款保险法案》的第3条（q）款的定义的，《联邦存款保险法案》的第8条由联邦银行代理机构执行，监管：

“（A）国家银行、联邦储蓄联合会和外国银行的分行和代理机构；

“（B）美国联邦储备系统（国家银行除外）、外国银行分行及机构（联邦附属公司，联邦机构和投保的外国银行海外分行除外），为外国银行所拥有或控制商业贷款公司和依照联邦储备法第25条或第25A条运营的机构；以及

“（C）银行和联邦存款保险公司保险的国家储蓄联合会（除联邦储备系统的成员除外），外国银行的海外投保分行；

“（2）国家信贷联盟主任执行的《联邦信用合作社法案》，该法案适用于任何一家联邦信用合作社；

“（3）交通部长执行《1958年联邦航空法案》，该法案适用于任何航空承运人或外国航空承运人；

“（4）农业部长执行《1921年牲畜屠宰商和育肥场法案》（除该法第406条规定），该法适用于任何相关活动；

“（5）《1971年农业信贷法案》，由如下部门执行与联邦土地银行相关的农村信贷保护局，联邦土地银行协会，联邦中期信贷银行，或生产信贷协会；以及

“（6）保护局执行《2010年消费者金融保护法案》的第E节，此款适用于任何人。”；以及

（B）删除（c）款，并插入：

“（c）联邦贸易委员会的综合执法局 除了本章的特别规定并要求依照（a）款的第（1）项至第（5）项规定和《2010年消费者金融保护法案》的第B节要求可由其他一些政府机构可执行，否则联邦贸易委员会有权执行此类要求。为了联邦贸易委员会依照《联邦贸易委员会法案》执行其职能和权力，任何对本章要求的违反均应被视为对该法所实施规定的侵犯。根据《联邦贸易委员法案》，联邦贸易委员会被赋予所有的作用和权利，由遵守本章要求的个人执行并保证符合适用的法律及其各种规则，无论此人是否参与商务或符合《联邦贸易委员会法案》规定的其他司法审查。”；以及

（9）在第129条中，删除（m）款，并插入以下内容：

“（m）联邦贸易委员会民事处罚的执法活动。为美国联邦贸易委员会达到执法目的，任何违反由保护局根据（l）款第（2）项颁布的法规均应视为违反规则，有关不公平或欺骗性行为或做法应依照《联邦贸易委员会法案》第18条处理。”；以及

（10）在第5篇：

（A）删除所有的“联邦储备理事会”，插入“保护局”；以及

（B）删除所有的“联邦储备理事会”，插入“保护局”。

第1100B条 《诚信储蓄法案》的修订

《诚信储蓄法案》修订如下：

（1）除第272条（b）款以外，删除其他“联邦储备理事会”字样，并插入“保护局”；

（2）在第270条（a）款：

（A）删除“遵守”一直到第（1）项末尾并插入：根据《2010年消费者金融保护法案》第B节，遵守本款的要求并执行如下：

“（1）如下相关事宜，由适当的联邦银行代理机构（定义见法案第3条（q）款）依照《联邦存款保险法案》的第8条执行：

“（A）保险的储蓄机构（定义见法案第3条（c）款第（2）项）；

“（B）在《联邦储备法案》第19条（b）款第（1）项（A）分项（i）则、（ii）则，或（iii）则中的储蓄机构不属于存款保险机构（《美国联邦存款保险法案》第3条（c）款第（2）项定义）；以及

“（C）在联邦储备法第19条（b）款第（1）项（A）分项的第（v）则或（vi）则中的储蓄机构不属于存款保险机构（定义见《美国联邦存款保险法案》第3条（c）款第（2）项）；”；

（B）在第（2）项，在末段删除句号，加入“；以及”；以及

（C）在末尾增加如下部分：

“（3）由保护局执行的《2010年消费者金融保护法案》的第E节，根据本节规定，适用于任何相关人”；以及

（3）在第272条（b）款，删除”联邦储备理事会制定的规则”，插入“保护局制定的规则”；以及

（4）在第274条，删除第（4）项，并插入：

“（4）保护局。‘保护局’是指消费者金融保护局。”

第1100C条　修订《电话销售和消费欺诈及滥用防治法案》

（a）修订第3条。《电话销售和消费欺诈及滥用防治法案》的第3条修订如下：删除（b）款和（c）款，并插入以下内容：

“（b）制定规则的权利机构。委员会应有权根据（a）款制定规则，并与《美国法典》的第5章第553条保持一致。本条中所制定涉及消费金融产品或服务提供的规定应与《2010年消费者金融保护法案》保持一致；包括任何关于消费者的法律，委员会应咨询消费者金融保护局并将拟议规则与标准、用途，或由消费者金融保护局管理的目标保持一致。

“（c）违规。任何违反（a）款制定的规则：

“（1）不公平和欺诈行为或做法均视为违反《联邦贸易委员会法案》的第18条规定；以及

“（2）个人所犯的欺诈或滥用行为或做法应视为违反《2010年消费者金融保护法案》的第1031条。”

（b）对第4条的修订。在《电话销售和消费欺诈及滥用防治法案》的第4条（d）款中的每处“委员会”后面加入“或消费者金融保护局”。

（c）对第5条的修订。在《电话销售和消费欺诈及滥用防治法案》的第5条（c）款中每处“委员会”后面增加“或消费者金融保护局”。

（d）对第6条的修订。在《电话销售和消费欺诈及滥用防治法案》的第6条末尾增加：

“（d）保护局执行消费者金融保护。除第3条（d）款和（e）款，第4条和

第5条以外，并根据《2010年消费者金融保护法案》的第2节，对于给予或提供消费者金融产品或服务受本法规定，且由消费者金融保护局根据《2010年消费者金融保护法案》的第E节执行。”

第1100D条 修订《文书削减法案》

（a）指定作为一个独立代理机构。《文书削减法案》的第2条第（5）项修订如下：在“美国证券交易委员会”后面插入“消费者金融保护局、金融研究办公室，”。

（b）比较待遇。《美国法典》第44章第3513条，在末尾增加如下内容：

“（c）待遇比较。尽管有其他法律的规定，署长应该处理或审查在相同的条款和条件下由消费者金融保护局局长提出或建议的规则或命令，或由美国联邦储备系统理事会提出或建议的规则或命令。”

第1100E条 《诚信借贷法案》中关于应对通货膨胀的调整

（a）信用交易

（1）信用交易。《诚信借贷法案》的第104条第（3）项修订为删除“25,000美元”并插入“50,000美元”。

（2）消费者租约。《诚信借贷法案》的第181条第（1）项修订为删除“25,000美元”并插入“50,000美元”。

（b）调整通货膨胀。在2011年12月31日起至以后，就《诚信借贷法案》的第104条第（3）项及第181条第（1）项（按修订条款），主席团应当按消费物价指数年增幅，为城市工薪者和文书人员每年调整美元数额部分，按照劳动统计局的出版数据，四舍五入至100美元，或1,000美元。

第1100F条 消费者报告的使用

《公平信用报告法案》的第615条修订如下：

（1）在（a）款：

（A）重新指定第（2）项和第（3）项为第（3）项和第（4）项；

（B）在第（1）项后面增加：

“（2）向消费者提供书面或电子信息披露：

“（A）使用第609条（f）款第（2）项（A）分项定义的信用评分值，并在全部或部分消费者报告的基础上采取对应行动；以及

“（B）在第609条（f）款第（1）项的（B）分项至（E）分项的信息；”；以及

（C）在第（4）项（以重新指定后的顺序为准），删除“第（2）项”

并插入“第（3）项”；以及

（2）在（h）款第（5）项：

（A）在（C）分项，删除“；以及”，并插入分号；

（B）在（D）分项，删除句号并插入“；以及”；以及

（C）在末尾增加如下内容：

“（E）包括告知消费者的声明：

“（i）使用第609条（f）款第（2）项（A）分项定义的信用评分值，并基于全部或部分消费者报告的信息基础上，消费者作出信贷决定；以及

“（ii）在第609条（f）款第（1）项的（B）分项至（E）分项的信息。”

第1100G条　小企业公平和管理的透明度

（a）顾问组要求：《美国法典》的第5章第609条（d）款，修订为删除“意思为这”及其后的全部内容，并插入以下内容：“意思

“（1）环境保护机构；

“（2）联邦储备体系的消费者金融保护局；以及

“（3）劳动部的职业安全和健康保护局。”

（b）建立监管制度的灵活性分析。《美国法典》第5章第603条，现予修订，在末尾加入以下内容：

“（d）第609条（d）款第（2）项定义的涵盖机构，每个监管制度的初步灵活性分析应包括对以下内容的描述：

“（A）对小实体任何可预计的信贷成本增加；

“（B）任何重要的替代品以完成拟议规则，适用法规的规定目标，并尽量减少在小型实体的信用成本增加；以及

“（C）与（A）分项、（B）分项和（b）款相关的小实体代表的意见和建议。

“（2）第609条（d）款第（2）项定义的，为与第（1）项（C）分项的目的相符合，应当：

“（A）咨询小企业保护局的首席顾问，确定小实体代表；以及

“（B）根据（A）分项的定义从代表处收集有关第（1）项的（A）分项、（B）分项和（b）款的意见和建议。”

（c）最后规则灵活性分析《美国法典》第5章第604条（a）款，修订为：

（1）在第（4）项，在末尾删除“以及”；

（2）在第（5）项，在末尾删除句号并插入“；以及”；以及

（3）在末尾增加：

“（6）第609条（d）款第（2）项定义的涵盖机构，机构采取的行动减少小实体信贷的额外费用。”

第1100H条　生效日期

除了在本节和本节中的修订外，本节和本节中的修订除了第1081条和第1082条，均应在指定移交日起生效。

第十一章　联邦储备体系条款

第 1101 条　《联邦储备法案》关于紧急贷款职权的修订

(a)《联邦储备法案》。《联邦储备法案》第 13 条第 3 个未命名段（关于紧急贷款职权）修订如下：

(1) 在“在不寻常的”之后插入“(3)(A)”；

(2) 删除第一次出现的“个人、合伙或者公司”并插入“任何计划或信用工具的广泛合格参与人”；

(3) 删除“为个人、合伙或者公司交易”插入“交易,”；

(4) 删除“这类个人、合伙或者公司”并插入“这类合格的计划或者贷款参与人”；

(5) 删除“为个人、合伙或者公司”并插入“为任何合格的计划或者贷款的任何参与人”；以及

(6) 删除“可规定。”并插入：

“可规定。

“(B)(i) 联邦储备理事会将在本分项颁布之日后，尽快与财政部部长协商根据本项制定规制紧急贷款的政策与程序。政策与程序的制定旨在确保任何紧急贷款计划或工具的目的是向金融系统提供流动性，而不是救助陷入破产的金融公司；确保紧急贷款的安全足以保护纳税人免受损失；确保这类计划以及时并有序的方式终止。联邦储备理事会制定的政策与程序应当要求联邦储备银行，根据稳健风险管理实践并确保纳税人得到保护，根据本项联邦储备银行所执行的贷款的抵押物的可贷款价值，以便认定该贷款是否按本分项规定得到充分担保。

“(ii) 联邦储备理事会应建立相应的程序以禁止失去偿还能力的借款人从政府援助计划或者项目获得借款。这一程序可以包括由借款人的首席执行官（或其他被授权的高管）在借款人按援助计划或者项目首次启动借款时提供证明（如果所认证的信息发生实质性改变，借款人有义务更新认证），证明借款人有支付能力。就本分项而言，如果借款人处于破产状态，处于《多德—弗兰克华尔街改革与消费者保护法案》第 2 章的破产程序或者任何其他联邦或者州的破产程序，将被视为失去支付能力。

“（iii）任何援助计划或信用工具旨在把资产从某一个或者特定的公司的资产负债表里转移出去，或者其目标在于帮助某一个或者特定的公司避免陷入破产、《多德—弗兰克华尔街改革与消费者保护法案》第2章的破产程序或者任何其他联邦或者州的破产程序，不应被视为广泛适用的救助计划或者信用工具。

“（iv）不经财政部部长的事前批准，联邦储备理事会不能根据本项建立任何援助计划或者项目。

“（C）联邦储备理事会应当向参议院银行、住房与城市发展委员会和众议院金融服务委员会提供：

“（i）在联邦储备理事会根据本项批准任何贷款或者其他金融资助之后7日内，一份包括下列事项的报告：

“（I）证明行使提供资助权力的正当性；

“（II）资助接受者的身份；

“（III）资助的数额与日期以及提供资助的形式；以及

“（IV）资助的实质条件，包括：

“（aa）期限；

“（bb）抵押物及其价值；

“（cc）作为资助对价所得到的所有利息、费用以及其他的收入或者价值项目；

“（dd）在雇员报酬、股息分配或者任何其他公司决定方面对接受者施加的要求，作为资助的交换；以及

“（ee）这类资助给纳税人带来的预期成本；以及

“（ii）每隔30天，提交关于任何本项下的未清偿贷款的余额或其他金融资助的下列事项的书面更新报告：

“（I）担保物的价值；

“（II）作为资助对价所得到的所有利息、费用以及其他的收入或者价值项目的数额；

“（III）这类资助给纳税人带来的预期或者最终成本。

“（D）根据（C）分项要求向国会提交有关下列事项的信息：

“（i）根据本项启动的紧急贷款计划或者项目中接受资助者的身份；

“（ii）在任何这类计划或者项目中每一位参与人所借的数额；

“（iii）针对这类计划或者项目相关的财产或者担保物需要识别的详细信息，

经联邦储备理事会主席的书面请求，应当保密；在此情况下这

类信息仅提供给（C）分项所描述的委员会的主席或者列席成员。

“（E）如果一个根据本项得到联邦储备银行提供贷款的实体成为如《多德—弗兰克华尔街改革与消费者保护法案》第201条定义所覆盖的金融公司，对贷款余额和联邦储备银行在这笔贷款上遭受实际净损失，任何时候联邦储备银行应当拥有本法所覆盖的实体的实际净损失的债权，该债权的优先顺位与《多德—弗兰克华尔街改革与消费者保护法案》第201条（b）款所规定的财政部的债权相同。”

（b）一致性修订。修改《美国法典》第11章第507条（a）款第（2）项，在“本章，”之后插入“任何联邦储备银行通过《联邦储备法案》第13条第（3）项所授权的计划或者项目发放的贷款形成的无担保债权，”。

（c）引证。本法颁布之日以及之后，联邦法任何条款里如果引证《联邦储备法案》第13条第3个未命名的项，应当被视为引证《联邦储备法案》第13条第（3）项，正如本条所指定的。

第1102条　对联邦储备体系特殊信用工具的审计

（a）审计。修订《美国法典》第31章第714条，在末尾增加：

“（f）对联邦储备体系信用工具的审计。

“（1）定义。本款涉及的术语定义如下：

“（A）信用工具。‘信用工具’是指一种项目或者工具，包括由联邦储备体系或者联邦储备银行依据《联邦储备法案》第13条第（3）项并经联邦储备理事会授权设立，或者代表其设立的任何特殊目的工具（SPV）或者其他实体，这类实体不适用于（e）款规定的审计。

“（B）适用的交易。‘适用的交易’是指任何符合《联邦储备法案》第11条（s）款所定义的‘适用的交易’的公开市场交易或者贴现窗口贷款。

“（2）审计与检查职权。尽管（b）分项对联邦储备理事会或者任何联邦储备银行的某些职能的审计与监督施加任何限制，美国总审计长可以根据第（3）项执行审计活动，包括对联邦储备理事会、某联邦储备银行或者某信用工具进行现场检查，如果总审计长认为这类审计仅仅为了评估与信用工具或者适用的交易相关的下列事项是适当的：

“（A）业务合规性、会计、财务报告与内部控制影响着信用工具或者适用的交易；

“（B）为降低对相关联邦储备银行或者纳税人的风险，为信用工具或者适用的交易设立的担保与抵押物政策的有效性；

“（C）信用工具或者执行某种适用的交易是否不适当地偏向一个或

多个特定参与人而对其他有资格使用信用工具的机构造成歧视；以及

“（D）通过或者为了任何信用工具或者执行任何适用的交易，对第三方订约人的使用、选择或者支付的管理政策。

“（3）报告与迟延的信息披露

“（A）报告制度。总审计长应当在完成审计之日起90日之内向国会提交关于每份按照第（2）项规定所做的审计报告。

“（B）内容。依据（A）分项的报告应当详细陈述总审计长针对第（2）项所描述的被审计而且作为报告主题的事项所发现的事实与结论，以及与总审计长认为合适的事项有关的立法与行政行为建议。

“（C）延迟发布某些信息

“（i）概述。总审计长不得向任何人或实体，包括国会，披露任何信用工具或者适用的交易里的特定参与人的名称或者可识别的详情；在任何信用工具或者适用的交易里特定参与人所借的、转让的或者接受转让的借款额；任何信用工具或者适用的交易持有或转让的，或者根据任何信用工具或者适用的交易持有或转让，或者与任何信用工具或者适用的交易相联系而持有或转让的财产或者担保物的详情。根据（A）分项提供的任何报告应当校正，确保这类名字与详情不被披露。

“（ii）迟延公布。（i）则所规定的不披露义务在联邦储备理事会，直接或者通过联邦储备银行，公开披露目标参与人或者目标财产、担保物或者交易的可识别详情之日失效。

“（iii）普通公布。总审计长应当在联邦储备理事会终止信用工具法律效力的有效日起1年之后公布任何关于信用工具的报告的非校正版本。就本款而言，一种信用工具停止发放信用与贷款之日起24个月之后视为终止，除非联邦储备理事会终止该信用工具。

“（iv）例外。（i）则所规定的不披露义务不适用于美登通道（Maiden Lane）、美登通道II和美登通道III的信用工具（美登通道以及II和III，是美联储在贝尔斯登公司和美国国际集团（AIG）倒闭过程中收购的坏账投资组合，属于美联储为应对金融危机新推出的特殊流动性计划——译者注）。

“（v）公布适用的交易的信息。

（b）记录的可得性。《美国法典》第31章第714条（d）款修订如下：

（1）在第（2）项，在“由一个机构”之后插入“或者第（3）项（A）分项所描述的任何人或者实体”；

（2）在第（2）项，在“（e）款”之后该词语每一次出现的地方插入

"或（f）"；

（3）在第（3）项（A）分项（i）则和（ii）则，在"由联邦储备理事会"之后该词每一次出现的地方插入"或者联邦储备银行"；

（4）在第（3）项（A）分项（ii）则，在"任何实体"之后插入"参与或者"；以及

（5）在第（3）项（B）分项，在末尾增加："总审计长可以根据（A）分项制作并保留其认为合适的账簿、账目或者其他凭证。总审计长向（A）分项所描述的任何人或者实体提供一个名单，名单包括身份得到适当确认的高管与雇员；这些高管和雇员可以得到登记物权与财产，这些人或者实体可以做必要的笔记或者记录来根据本款执行审计或者检查活动。"

第1103条　公众获取信息的渠道

（a）概述。修订《联邦储备法案》第2B条，在末尾增加：

"（c）信息公开。联邦储备理事会应当在其互联网网址主页上放置一个标题为'审计'的链接，连接到一个存储信息的网页，使得信息能够在相关信息公布之后的6个月内的合理期间向公众开放，相关信息包括：

"（1）总审计长根据《美国法典》第31章第714条制作的报告；

"（2）独立审计人根据第11B条为联邦储备理事会制作的年度财务报告；

"（3）根据第13条第（3）项向参议院银行、住房与城市发展委员会提交的报告（关于紧急贷款职权）；以及

"（4）联邦储备理事会合理地认为对于公众理解联邦储备理事会与联邦储备银行的会计、财务报告与内部控制有必要且有帮助的其他信息。"

（b）联邦储备透明性与信息公布。《联邦储备法案》第11条经修改，在最后插入如下新的一款：

"（s）联邦储备透明性与信息公布

"（1）概述。为了确保及时地根据本法目的披露关于参与由联邦储备理事会或者联邦储备银行授权或者执行的紧急信用工具、贴现窗口贷款计划和公开市场操作的借款人及其交易对手方的信息，联邦储备理事会应当根据第（2）项披露：

"（A）任何信用工具或者适用的交易中的每一位借款人、参与人或交易对手方的姓名和可识别的详细资料；

"（B）任何信用工具或者适用的交易中的每一位借款人、参与人或交易对手方所借贷的、转让或者被转让的数额；

"（C）任何信用工具或者适用的交易中的每一位借款人、参与人或交易对手方所支付的利率或者贴现率；以及

“（D）识别参与任何信用工具或者适用的交易有关的抵押担保物或者转让的财产的类型或者数额的信息。

“（2）强制披露日期。在以下情形下：

“（A）信用工具，联邦储备理事会应当在其终止该信用工具授权之日起1年之后披露第（1）项所述的信息；以及

“（B）适用的交易，联邦储备理事会应当在该适用的交易执行之日历季度起的第8个日历季度的最后一天披露第（1）项所述的信息。

“（3）批准的提前披露日。如果联邦储备理事会主席认为符合公众利益而且不会损害相关的信用工具的有效性或者执行适用的交易的目标，可以在第（2）项所指定的相关日期之前公开披露第（1）项所述的信息。

“（4）定义。就本款而言，下列术语的定义分别为：

“（A）信用工具。‘信用工具’与其在《美国法典》第31章第714条（f）款第（1）项（A）分项里的含义相同。

“（B）适用的交易。‘适用的交易’是指：

“（i）《多德—弗兰克华尔街改革与消费者保护法案》颁布之后，任何与非政府第三方进行的公开市场交易，根据第14条第一个未命名或者该条第二个未命名段的（a）款、（b）款或者（c）款进行；以及

“（ii）《多德—弗兰克华尔街改革与消费者保护法案》颁布之后根据第10B条进行的预付行为。

“（5）依法终止信用工具。信用工具停止发放信用与贷款之日起经过24个月应当被视为终止，除非联邦储备理事会在此期限之前终止该信用工具。

“（6）信息处理的一致性。除在本款或者第13条第（3）项（D）分项，或者在《美国法典》第31章第714条（f）款第（3）项（C）分项另有规定外，第（1）项所述的信息以及有关第714条（f）款所述的交易的信息应当保密，包括为了实现《美国法典》第5章第552条（b）款第（3）项的目标，保密期限持续到第（2）项所规定的相关的强制披露日期为止，除非联邦储备理事会认为对这些信息提前披露符合公众利益而且不会损害相关的信用工具的有效性或者执行适用的交易的目标。

“（7）个人隐私的保护。本款与《美国法典》第31章第13条第（3）项（C）分项、第714条（f）款第（3）项（C）分项以及《多德—弗兰克华尔街改革与消费者保护法案》第1109条（a）款或（c）款，不应被解释为要求披露信用工具或者适用的交易相关的担保物或者转让的财产所涉及的任何个人的非公开个人信息（《G－L－B法案》第502条定义），除非该人是该信用工具或者适用的交易项下的借款人、参与人或者交易对手方。

“（8）信息自由法案（FOIA）豁免的影响研究

“（A）研究。联邦储备理事会的总监察长应当：

“（i）针对根据第（6）项创设的对信息自由法案的豁免对公众获取有关联邦储备理事会执行紧急信用工具、贴现窗口贷款计划与公开市场操作的信息的能力的影响开展研究；并且

“（ii）针对（i）则所描述的豁免应当保留生效提供任何建议。

“（B）报告。自本条颁布之日起30个月内，联邦储备理事会总监察长应当向参议院银行、住房与城市发展委员会和众议院金融服务委员会提交一份关于（A）分项规定的研究的结果的报告，并在联邦储备理事会网站上公布该报告。

“（9）解释规则。本条没有任何地方意味着影响在《多德—弗兰克华尔街改革与消费者保护法案》颁布之日或之前根据信息自由法案所提起且尚未了结的任何诉讼。”

第1104条　流动性事件的决定

（a）决定与书面建议

（1）要求决定。财政部部长可以要求联邦存款保险公司与联邦储备理事会决定是否存在流动性事件以至于有必要根据第1105条授权使用担保计划。

（2）决定的要求。任何根据第（1）项作出的决定应当：

（A）是书面的；并且

（B）包含对下列证据的评估：

（i）存在流动性事件；

（ii）不采取行动将会对美国的金融稳定或经济状况产生严重的负面影响；以及

（iii）有必要采取根据第1105条授权的行动以避免或者减轻对美国的金融稳定或经济状况产生潜在的负面影响。

（b）程序。尽管联邦或者州法有任何其他规定，一经联邦存款保险公司（时任联邦存款保险公司投票成员中超过2/3投票赞成）或者联邦储备理事会（时任委员中超过2/3投票赞成）根据（a）款决定存在流动性事件致使有必要运用根据第1105条授权的担保计划，并有财政部部长的书面同意：

（1）联邦存款保险公司应当根据第1105条（a）款采取行动；而且

（2）财政部部长（经与总统协商）应当根据第1105条（c）款采取行动。

（c）备案与审查

（1）备案。财政部部长应当：

(A) 保留联邦存款保险公司与联邦储备理事会根据本条每一次签署的书面文件；并且

(B) 提供应当根据第（2）项审查的档案。

(2) 审计总署审查。美国总审计长应当对联邦存款保险公司与联邦储备理事会根据（a）款作出的任何决定进行审查并向国会报告，报告内容包括：

(A) 作出该决定的基础；以及

(B) 所采取行动的可能效果。

(d) 向国会报告。财政部长应当在根据第 1105 条（c）款向国会报告之前或者在根据（a）款决定之日起 30 日内向参议院银行、住房与城市事务委员会以及众议院金融服务委员会提供关于联邦存款保险公司与联邦储备理事会作出的决定的书面通知，包括该决定赖以建立的基础的说明。

第 1105 条　紧急金融稳定

(a) 概述。联邦存款保险公司与联邦储备理事会根据第 1104 条作出书面确定之后，联邦存款保险公司应当创设一个具有广泛可得性的计划，用来担保严重经济萧条时期有偿还能力的参保的存储机构或有偿还能力的存储机构控股公司（包括其任何附属机构）的债务，但是根据本条提供的债务担保可以不包括提供任何形式的股权。

(b) 规则的制定以及条款与条件

(1) 政策与程序。本法颁布之后联邦存款保险公司应当尽快通过规章，并与财政部长协商，建立管理本条所授权的担保的签发的政策与程序。这类政策与程序可以包括要求提供担保物作为任何这类担保的条件。

(2) 条款与条件。任何这类担保计划的条款与条件，经财政部长同意，由联邦存款保险公司设立。

(c) 担保数额的确定

(1) 概述。财政部部长针对任何根据（a）款创设的计划并根据本款第（2）项，（经与总统协商）决定联邦存款保险公司可以根据本条担保的最高未偿付债务数额；总统向国会提交一份关于联邦存款保险公司根据本条行使职权签发达到最高额担保的计划的书面报告以及一份要求批准该计划的请求。联邦存款保险公司一经（d）款所规定的联合批准决议得到通过，就根据本条行使职权签发达到确定的最高额的担保。未经批准，联邦存款保险公司不得签发这类担保。

(2) 额外的债务担保职权。如果财政部长（经与总统协商），根据第（1）项向国会申请之后，决定增加最高担保数额，而且金融稳定监督委员会同意此决定，总统向国会提交一份关于联邦存款保险公司根据本条行使权力签发达到增加后的最高债务担保额的计划的书面报告。联邦存款保险公司一经（d）款所规定的联合批准决议得到通过，就可根据本条行使职权签发达到决定的最高额的担保。未经批准，联邦存款保险公司不得签发这类担保。

（d）决议批准

（1）额外的债务担保职权。总统根据本条提出的请求一经通过，该请求的联合决议得到批准应当被视为得到国会的许可。这类联合决议在参议院应当通过快速程序进行审议。

（2）参议院的快速审议通道

（A）重新召开会议。如果收到依据（c）款提出的请求时参议院已经休会超过2天，参议院的多数党领袖经与少数党领袖协商之后，通知参议院成员：参议院将根据本条，在接到此消息之后不晚于第二个日历日召开会议。

（B）列入议程。联合决议一经引入参议院即列入议程。

（C）议员席审议

（i）概述。尽管有参议院常设规则第22条的规定，从国会收到依据（c）款提出的请求之日起的第4天开始截至第7天，在此期间的任何时间提出启动审议联合决议的动议（即使之前相同的动议被拒绝）都符合会议议程；所有反对联合决议（并反对审议联合决议）的动议都放弃。动议是不容争议的。动议不受要求延期的动议的约束。要求重新审议投票的动议，该动议藉此被通过或者拒绝，不符合会议议程。如果要求审议联合决议的动议得到通过，联合决议直至得到解决之前保持未结束状态。

（ii）辩论。针对联合决议的辩论以及与此有关的可辩论的动议与申诉的辩论时间限制在不超过10个小时，时间应在多数党与少数党的领袖或其代表之间平均分配。请求进一步限制辩论时间的动议符合会议议程且是不容争议的。修改、动议推迟或者动议启动对其他事项的审议，或者动议重新提交联合决议都不符合会议议程。

（iii）投票通过。对联合决议的辩论一经结束，就投票决定是否通过该决议；如果参议院有规则要求，则在辩论结束时举行一个单一的法定人数会议。

（iv）议长对程序的裁决。如果对议长作出的与适用参议院规则相关的决定提出申诉，申诉针对与联合决议相关程序的，则对该申诉应当不经辩论作出裁决。

（3）规则

（A）与众议院行为的协调。如果参议院在通过联合决议之前，参议院收到众议院的联合决议，则适用以下程序：

（i）众议院的联合决议不得送交给委员会。

（ii）关于参议院的联合决议：

（I）在参议院的程序应当与其没有收到众议院联合决议时的程序相同；但是

（II）应当对众议院的联合决议进行投票通过。

（B）对众议院的联合决议的处理。如果参议院不能根据本条提出或者审议联合决议，众议院的联合决议应当根据本款得到快速议员席程序。

（C）互补措施的处理。如果，参议院通过联合决议之后就收到众议院的互补措施，互补措施应当是不容争议的。

（D）参议院规则。国会制定本款：

（i）作为参议院立法权的行使，并且作为参议院规则的一部分，但是只适用于参议院联合决议场合所使用的程序，而且只在与其余规则相冲突时取代这些规则；并且

（ii）完全承认参议院在任何时候以同样的方式并在参议院制定其他任何规则相同的范围内改变规则（只要与参议院的程序有关）的宪法权利。

（4）定义。"联合决议"在本款里仅指：

（A）国会收到（c）款所提及的请求之后不迟于 3 天所提出的一项联合决议；

（B）该联合决议没有绪言；

（C）该联合决议的题目是："根据《多德—弗兰克华尔街改革与消费者保护法案》第 1105 条制定的与批准担保债务计划相关的联合决议"；以及

（D）该联合决议的争议解决条款之后的事项是："国会批准《多德—弗兰克华尔街改革与消费者保护法案》第 1105 条（c）款规定的任何数额的债务。"

（e）融资

（1）费用与其他收费。联邦存款保险公司应当对根据本款设立的计划中的所有参与人收取必要的费用与其他评估费，费用数额以抵消预期损失和行政管理支出，包括根据第（3）项所借的数额，而且联邦存款保险公司应当可以支配这些数额。

（2）多余资金。如果根据本款设立的计划结束之时，尚有任何来自这类计划的费用的多余资金，则多余资金应当存入财政部普通基金。

（3）联邦存款保险公司职权。联邦存款保险公司：

（A）可以向财政部借款并向财政部按照借款数额发行联邦存款保险公司债，所借款项用于联邦存款保险公司执行根据本条所设立的计划，包括支付管理计划所需的合理费用；发行的联邦存款保险公司债应当通过参与人按照第（1）项、第（4）项支付的费用和收费全额偿还本息；以及

（B）不可以从根据《联邦存款保险法案》第11条（a）款第（4）项设立的存款保险基金借款。

（4）备用特殊摊款。如果按照第（1）项收取的基金不足以抵消任何根据本条设立的计划所产生的损失或者开支，包括按照第（3）项所借的数额，联邦存款保险公司应当专门针对本计划的参与人施加特殊摊款，摊款数额以弥补差额缺口为必要且用于联邦存款保险公司抵消损失与开支。

（5）财政部部长的职权。财政部长可以收购任何根据第（3）项（A）分项发行的债券。为此目的，财政部长可以使用出售根据《美国法典》第31章第31篇发行的任何证券获得的收益，为此根据第31篇发行的证券发行目标可以延伸到包括这类收购，而且根据第31篇为此发行的任何证券的数额与根据第208条（n）款第（5）项（E）分项发行的证券同等对待。

（f）解释规则。就本条而言，参保存款机构所持有的存款的担保不能被视为债务担保计划。

（g）定义。就本条而言，下列术语的定义分别为：

（1）联邦存款保险公司。“联邦存款保险公司”是指根据联邦法或者任何州的法律成立的任何除自然人之外的实体。

（2）存储机构控股公司。“存储机构控股公司”与其在《联邦存款保险法案》第3条的含义相同。

（3）流动性事件。“流动性事件”这个术语是指：

（A）金融市场参与人的下列基本能力出现不寻常且广泛的下降：

（i）不需要通过不寻常和显著地打折出售金融资产；或者

（ii）以金融资产作为担保且在不寻常大幅度增加利差的条件下借款；或者

（B）金融市场参与人获得无担保信用能力的异常和明显的下降。

（4）偿付能力。“偿付能力”是指某实体的资产的价值超过其欠债权人的债务价值。

第1106条　额外的相关修订

（a）平行联邦存款保险法案权力的中止。本条生效之日起，联邦存款保险公司不能行使其根据《联邦存储保险法案》第13条（c）款第（4）项（G）分项

(i) 则规定的建立第 1105 条为这类计划所授权的有广泛可获得性的债务担保计划的职权。

(b)《联邦存储保险法案》第 13 条 (c) 款第 (4) 项 (G) 分项修订如下:

(1) 在 (i) 则:

(A) 在 (I) 分则,在"可能很严重"之前插入"为此联邦存款保险公司已经被指定为接管人";并且

(B) 在 (II) 分则之后未命名的内容里,在"根据本条提供资助"之后插入"为了清盘被保险的存储机构,为此联邦存款保险公司已经被指定为接管人";以及

(2) 在 (v) 则 (I) 分则:删除"这"并插入"根据 (i) 则作出决定之后 3 天内,这"。

(c) 对联邦存款保险公司担保违约的后果。如果一个被保险的存储机构或者存储机构控股公司(《联邦存款保险法案》第 3 条定义)依据第 1105 条参加计划,或者任何根据《联邦存款保险法案》第 13 条 (c) 款第 (4) 项 (G) 分项 (i) 则设立的债务担保计划的参与人,在本法颁布之后由联邦存款保险公司担保的债务违约,联邦存款保险公司应当:

(1) 指定自己作为违约的参保存款机构的接管人;并且

(2) 对于其他不是被保险的存储机构的任何参与公司的违约:

(A) 要求:

(i) 考虑是否应当依据第 203 条作出决定,根据第 202 条解散该公司;并且

(ii) 该公司根据《美国破产法案》第 301 条申请破产,如果联邦存款保险公司没有在违约之日起 30 天内根据 202 条被指定为接管人;或者

(B) 代表该公司根据《美国破产法案》第 303 条提起非自愿破产申请。

第 1107 条 《联邦储备法案》对联邦储备银行治理的修订

修订《联邦储备法案》第 4 条第 4 个未命名段的第 5 个分项,删除第 2 句并插入:"联邦储备银行的总裁是首席执行官,应当由该银行的 B 类和 C 类董事指定,并经联邦储备理事会批准,任期 5 年;联邦储备银行的所有其他高管以及所有雇员直接向总裁负责"。

第 1108 条 《联邦储备法案》对监管政策的修订

(a) 设立副主席职位负责监督

（1）职位设立。修订《联邦储备法案》第 10 条第 2 个未命名段（关于联邦储备理事会主席与联邦储备理事会副主席），删除第 3 句并插入："在这些任命的人员中，一名由总统提名，经参议院咨询并同意后，任命为联邦储备理事会的主席，任期 4 年；两位由总统提名，经参议院咨询并同意后，任命为联邦储备理事会的副主席，各任期 4 年，其中一位，根据本条第 4 个未命名段的规定，在联储主席缺席时行使主席职权，另一位副主席负责监督。负责监督的副主席应当就联邦储备理事会对存储机构控股公司以及其他由联邦储备理事会监管的金融企业的监管提出政策建议"。

（2）生效日期。（a）款的修订在本章颁布之日起生效，并适用于本章颁布之日或之后由总统任命出任负责监管的副主席的人选。

（b）出席国会听证。修订《联邦储备法案》第 10 条，在末尾增加：

"（12）出席国会听证。负责监管的副主席应当出席参议院银行、住房与城市发展委员会和众议院金融服务委员会的听证会以及每半年一次的听证会，听证内容涉及联邦储备理事会在执行对存储机构控股公司以及其他由联邦储备理事会监管的金融企业的监管任务方面所做的努力、行为、目标与计划。"

（c）联邦储备理事会制定监管政策的责任。修订《联邦储备法案》第 11 条（关于列举的联邦储备理事会的职权），在（k）款（关于委托）末尾增加："联邦储备理事会不能把其制定关于存储机构控股公司以及其他由联邦储备理事会监管的金融企业的监管政策的职能委托给某家联邦储备银行。"

（d）行使联邦储备职权

（1）联邦储备银行总裁无决策权。第 1 章关于联邦储备理事会职权的条款不应被解释为把任何决策权授予联邦储备银行总裁。

（2）联邦储备理事会的投票决定。联邦储备理事会不得违反《联邦储备法案》第 11 条（k）款的规定把联邦储备理事会根据本法第 1 章规定的任何投票权委托出去。

第 1109 条　审计总署对联邦储备贷款的审计；联邦储备理事会行为的公布

（a）审计总署审计

（1）概述。尽管有《美国法典》第 31 章第 714 条（b）款的规定或者任何其他法律规定，美国总审计长（本款简称"总审计长"）将对联邦储备理事会或者联邦储备银行从 2007 年 12 月 1 日起截至本法颁布之日止的期间内所提供的所有贷款和其他金融资助进行一次性审计；这些贷款和金融资助包括资产支持商业票据货币市场共同基金流动性工具、定期资产支持证券借贷工具、定期拍卖工具、美登通道、美登通道 II、美登通道 III、机构抵押支持计划、外币流动性互换产品，以及任何其他由《联邦储备法案》第 13 条第（3）项（如本章设置的）创立的援助计划。

（2）价值评估。在根据第（1）项规定开展审计时，总审计长应当评估下列事项：

（A）信用工具操作的健全性、会计、财务报告与内部控制；

（B）为减轻对相关联邦储备银行和纳税人的风险而为该信用工具创设的担保与抵押政策的有效性；

（C）该信用工具是否不适当地偏向一个或多个特定参与人而对其他有资格使用信用工具的机构造成歧视；

（D）通过或者为了任何信用工具，对第三方订约人的使用、选择或者支付的管理政策。

（E）这类信用工具的设立或者运行的方式是否存在利益冲突。

（3）时效。在本法颁布之日起 30 日之内，应当开始执行本款所要求的审计，而且应当在本法颁布之日起 12 个月之内完成。

（4）要求的报告。总审计长应当在本法颁布之日起 12 个月之内向国会提交关于按照第（1）项规定所做的审计报告，下列人员应当能够获得该报告：

（A）众议院发言人；

（B）众议院的多数党领袖与少数党领袖；

（C）参议院的多数党领袖与少数党领袖；

（D）参议院银行、住房与城市事务委员会和众议院金融服务委员会的主席及其高级成员；以及

（E）国会任何提出请求的议员。

（b）对联邦储备银行治理的审计

（1）审计。

（A）概述。总审计长应当在本法颁布之日起 1 年之内完成对联邦储备银行体系治理的审计。

（B）要求的检查。（A）分项所要求的审计应当：

（i）检查现行的指定联邦储备银行董事的体制在选择银行董事时在多大程度上，正如《联邦储备法案》第 4 条所规定的要求那样，有效地代表“公众，而不是基于种族、宗教信仰、肤色、性别或者民族实施的歧视；并且适当地而非排他地考虑农业、商业、工业、服务业、劳动者与消费者”；

（ii）检查当成员银行选举联邦储备银行的行使联邦储备理事会的监督职能的董事时是否会产生实际的或潜在的利益冲突；

（iii）检查（a）款第（1）项描述的信用工具的设立与运行，

并检查参与其设立与运行的每一家联邦储备银行；并且

（iv）发现并确认联邦储备银行董事遴选程序以及联邦储备银行治理的其他方面的改变，这些改变可以：

（I）改善代表公众的方式；

（II）消除在银行监督中的实际的或潜在的利益冲突；

（III）提高对货币政策的制定与执行有用的信息的可得性；或者

（IV）通过其他方式提高储备银行的有效性或者效率。

（2）要求的报告。总审计长应当在完成审计之日起 90 天之内向国会提交关于按照第（1）项规定所做的审计报告，下列人员应当能够获得该报告：

（A）众议院发言人；

（B）众议院的多数党领袖与少数党领袖；

（C）参议院的多数党领袖与少数党领袖；

（D）参议院银行、住房与城市事物委员会和众议院金融服务委员会的主席及其高级成员；以及

（E）国会任何提出请求的议员。

（c）联邦储备理事会行为的公布。尽管法律有规定，联邦储备理事会应当对其从 2007 年 12 月 1 日起截至本法颁布之日止的期间内提供的所有贷款和其他金融资助，在 2010 年 12 月 1 日之前在其网上公布；这些贷款和金融资助包括资产支持商业票据货币市场共同基金流动性工具、定期资产支持证券借贷工具、定期拍卖工具、美登通道、美登通道 II、美登通道 III、机构抵押支持计划、外币流动性互换产品，以及任何其他由《联邦储备法案》第 13 条第（3）项（如本章设置的）创立的援助计划：

（1）联邦储备理事会或者联邦储备银行向其提供过这类资助的每个企业、个人、实体或者外国中央银行的身份；

（2）向每个企业、个人、实体或者外国中央银行所提供的金融资助的类型；

（3）金融资助的数额或者价值；

（4）提供金融资助的日期；

（5）任何预期偿还的特定条款，包括偿还期限、利率、抵押、管理层报酬或者红利的限制以及其他实质性条款；以及

（6）每一项这类工具或者计划的特定的合理根据。

第十二章　改善进入主流金融机构渠道

第1201条　标题

本章全称为《2010年改善进入主流金融机构渠道法案》。

第1202条　目的

本法案的目的是鼓励向未充分纳入金融主流领域的众多美国公民提供适当且可以获得的金融产品和服务。

第1203条　定义

在本法案中，适用以下定义：

(1) 账户。“账户”是指个人和有资质的实体签订的协议，在此协议下个人从实体中获得一个或者多个银行产品和服务，其中包含存款账户、储蓄账户（包括货币市场的储蓄账户）、封闭式贷款账户以及部长认为适当的其他产品和服务。

(2) 社区发展金融机构。“社区发展金融机构”与《1994年社区发展银行和金融机构法案》第103条第(5)项规定的含义相同。

(3) 有资质的实体。“有资质的实体”指的是：

(A) 1986年《国内税收法典》第501条(c)款第(3)项所描述的并根据此法案第501条(a)款免税的组织；

(B) 联邦参保存款机构；

(C) 社区发展金融机构；

(D) 州、地方或者部落的政府实体；或者

(E) 按照财政部部长依据本章规定颁布的规章建立的由(A)分项至(D)分项规定的一个或者多个实体的合伙实体或者联合经营的实体。

(4) 联邦参保存款机构。“联邦参保存款机构”是指任何参保存款机构（在《联邦存款保险法案》第3条中定义）和任何已投保信用合作社（在《联邦信用合作社法案》中第101条中定义）。

第1204条　扩展进入主流金融机构的渠道

(a) 概述。授权财政部部长设立一个关于拨款、合作性协议、金融代理协议

和类似合同的长期项目来促进此机构积极：

（1）保证中低收入者在联邦保险的存款机构开立一个或者多个账户满足其金融需求；

（2）改善中低收入者以合理的条件获得账户的方法。

（b）项目合格性和业务活动

（1）概述。财政部部长应限制合格实体参与根据（a）款规定设立的任何项目。在财政部长依照本章制定的规章管辖下，一个或者多个合格主体可以参加一个或者几个依照（a）款规定设立的项目。

（2）账户活动。根据财政部部长制定的规章，一个合格的实体，在参加按照（a）款规定设立的项目时，可以向中低收入者提供或供应与账户相关的产品与服务，包括：

（A）小额美元计价贷款；以及

（B）金融教育及与账户交易、管理相关的咨询。

第1205条　小额贷款的低成本替代措施

（a）经授权的拨款。财政部部长被授权与向客户提供低成本、小额贷款的合格实体建立长期的示范项目，可以拨款、签订合作协议、金融代理协议以及相类似的合同等方式，从而为高成本的小额贷款提供替代性选择。

（b）条款及条件

（1）概述。本条下的贷款应当按照合理的条款与条件并根据借贷实践作出。

（2）金融知识与教育机会

（A）概述。本条下每一个获得拨款的合格实体，都应该促进或采取适当的措施来确保向获得贷款的每个客户提供关于金融知识与教育的机会，例如相关的服务咨询、教育课程或者财富建设计划。

（B）扩展参与机会的授权。作为本条下拨款、协议和事业的一部分，财政部长可以采取合理的措施或者计划来扩展取得贷款的个人获得金融知识与教育的机会，包括相关的咨询服务、教育课程和财富建设计划。

第1206条　拨款建立贷款损失准备金

修订1994年《社区发展银行和金融机构法案》，在末尾增加：

“第122条　拨款建立贷款损失准备金

“（a）目的。本条的目的是：

"(1) 使该基金获得的财政支持可得，通过向社区发展金融机构提供必要的资金，建立起其自己的贷款损失准备金来降低此类小额贷款项目的损失，从而帮助社区发展金融机构支付运营小额贷款项目的成本；

"(2) 鼓励社区发展金融机构建立和维护小额贷款项目，将帮助客户进入主流金融机构，并能遏制高成本小额贷款。

"(b) 拨款

"(1) 贷款损失准备金拨款。该基金应向社区发展金融机构拨款，或拨款给社区发展金融机构与联邦保险的存款机构合作的主要服务于第103条第(16)项规定的特定投资领域的合作项目，保证社区发展金融机构或其任何合作项目建立贷款损失准备金，以支付该类机构设立或维持的小额贷款项目的成本。

"(2) 配套要求。社区发展金融机构或者按照第(1)项规定建立的任何合作项目，应提供根据本条规定收到的拨款数量的50%的非联邦配套资金。

"(3) 基金的使用。社区发展金融机构或者第(1)项规定建立的任何合作项目获得的任何一笔拨款：

"(A) 不可由该类机构直接贷款给客户；

"(B) 可以被用来弥补小额贷款项目所造成的部分或者全部不良贷款；以及

"(C) 可以被用来指定及雇佣财务代理人来提供本机构提供的服务。

"(4) 技术援助拨款。该基金应当为社区发展金融机构或者其合作项目提供技术援助拨款以支持和运行小额贷款项目。依据本项所获得的任何拨款可以用于技术、人力支持和其他与建立小额贷款项目有关的成本。

"(c) 定义。在本条中：

"(1) '在全国范围内编写和维护关于消费者信息文件的消费者报告机构'与《公平信用报告法案》第603条(p)款规定的术语含义相同；以及

"(2) '小额美元贷款项目'是指社区发展金融机构或者其合作项目为客户提供符合下列条件的贷款：

"(A) 总额不超过2,500美元；

"(B) 必须分期偿还；

"(C) 无预先支付的罚款；

"(D) 该机构必须向至少一个在全国范围内编写和维护关于消费者信息文件的消费者报告机构报送与该贷款相关的付款；以及

"(E) 满足管理者制定的其他关于支付能力的要求。"

第1207条　程序性规范

一个依据本章参与项目或者获得拨款的合格实体，应当按照财政部部长所要求的格式和内容向财政部长提交申请。

第1208条　拨款的授权

（a）对财政部部长的授权。财政部长有权支配的资金总额为管理及支持本章授权的项目或工程所必需的，直至资金用尽为止。

（b）对基金的授权。自2010财政年度开始，每个财政年度将向该基金都拨款，数额等于该基金用于运营依据本章建立的拨款计划所需的管理成本。

第1209条　规章

（a）概述。授权财政部部长制定规章以实施和管理本法授权的拨款计划与项目。

（b）监管职权。依据本条制定的规章可以包含这样一些分类、区别或者其他的规定，也可在财政部部长认为为实现本法案的目的、防止规避或者便于遵守法案规定所必要或者适当时，对任何类别的拨款项目、事业或者合格实体规定调整和例外。

第1210条　评估和向国会报告

对于在每个财政年度中根据本法案执行的项目或者工程，财政部长应向参议院银行、住房与城市发展委员会以及众议院金融服务委员会提交可包含所资助的业务活动、资金分配、明确结果等内容的报告。

第十三章　归还法案

第 1301 条　标题

本章名称为《归还法案》。

第 1302 条　减少对 TARP 授权的修订

《2008 年紧急经济稳定法案》第 115 条（a）款修订如下：

（1）在第（3）项中：

（A）删除“700,000,000,000 美元，此数额减少 1,259,000,000 美元，再减少 1,244,000,000 美元”并插入“475,000,000,000 美元”；以及

（B）删除“在任何时间的未偿数额”；以及

（2）在末尾增加以下内容：

“（4）基于本款目的，授权财政部部长支配的资金额不得减去以下资金：

“（A）在《归还法案》颁布之日前、当日或者之后，财政部部长所收到的根据《紧急经济稳定法案》或者本法案授权财政部部长所实施的任何其他计划已经取得财政支持的实体归还的财政支持的本金；

“（B）按照 TARP 计划为任何担保已经承诺的款项或者尚未承诺的款项；或者

“（C）财政部部长认可的任何损失。

“（5）本法案授权不得被用于为 2010 年 6 月 25 日之后启动的计划或者新方案承担任何义务。”

第 1303 条　报告

修订《2008 年紧急经济稳定法案》第 106 条，在末尾插入：

“（f）报告。财政部长应当每 6 个月向国会报告一次关于根据（d）款规定所收到及转移到一般基金的资金数量。”

第 1304 条　《2008 年住房和经济复苏法案》的修订

（a）财政部对房利美债务和证券的销售；缩减赤字。《联邦国民抵押协会特许法案》第 304 条（g）款第（2）项修订如下：

（1）将（C）分项更改为（D）分项；以及

（2）在（B）分项之后插入如下内容：

“（C）缩减赤字。财政部部长应当将依据本款收到的出售任何债务的任何资金存入财政部的一般基金中，应当：

“（i）专用于缩减赤字的唯一目的；以及

“（ii）禁止用于抵消其他的支出增加或者收入减少。”

（b）财政部对房地美债务和证券的销售；缩减赤字。《联邦住宅贷款抵押公司法案》第306条（l）款第（2）条修订如下：

（1）将（C）分项更改为（D）分项；以及

（2）在（B）分项之后插入如下内容：

“（C）缩减赤字。财政部部长应当将依据本款收到的出售任何债务的任何资金存入财政部的一般基金中，应当：

“（i）专用于缩减赤字的唯一目的；以及

（ii）禁止用于抵消其他的支出增加或者收入减少。”

（c）财政部对联邦住房贷款银行债务的销售；缩减赤字。《联邦住房贷款银行法》第11（1）（2）条修订如下：

（1）将（C）分项更改为（D）分项；以及

（2）在（B）分项之后插入如下内容：

“（C）缩减赤字。财政部部长应当将依据本款收到的出售任何债务的任何资金存入财政部的一般基金中，应当：

“（i）专用于缩减赤字的唯一目的；以及

（ii）禁止用于抵消其他的支出增加或者收入减少。”

（d）费用偿还。作为优先股购买协议、抵押支持证券购买计划或者依据《2008年住房和经济复苏法案》第1117条规定授权财政部长执行的其他项目或者活动的结果，联邦国民抵押协会或者联邦住房贷款公司应当向财政部长支付任何定期承诺费用或者其他任何费用或者核定付款额，包括按照财政部部长与协会或者公司之间以合同约定的费用，这些金额应当存入财政部的一般基金中，应当：

（i）专用于缩减赤字的唯一目的；以及

（ii）禁止用于抵消其他的支出增加或者收入减少。

第1305条　联邦住房金融管理局报告

联邦住房金融管理局局长应当向国会提交一份关于该局继续支持和维护国家重要的房地产行业，同时保证美国纳税人将不会遭受不必要损失的计划报告。

第1306条　未指定用途的《美国经济复苏和再投资法案》（ARRA）资金的偿还

（a）各州对ARRA资金的拒绝。修订《2009年美国经济复苏和再投资法案》

第1607条，在末尾增加：

“（d）州范围内对基金的拒绝。如果州长按照（a）款的规定或者州议会按照（b）款的规定不接受使用依照本法提供给各州的资金，那么所有这些资金应当：

“（1）被撤回；以及

“（2）被存入财政部的一般基金中，应当：

“（A）专用于缩减赤字的唯一目的；以及

“（B）禁止用于抵消其他的支出增加或者收入减少。”

（b）撤回或者收回未指定用途的资金。修订《2009年美国经济复苏和再投资法案》第16章，在末尾增加：

“第1613条 撤回或者收回未指定用途的资金

“不管本法案其他条款如何规定，如果任何行政机构的负责人以任何理由撤回或者收回所拨资金或者按照本法案所得资金，且该资金未被州指定给地方政府或者用于某一特定项目，这些收回的资金应当：

“（1）被撤回；以及

“（2）被存入财政部一般基金中，应当：

（A）专用于缩减赤字的唯一目的；以及

（B）禁止用于抵消其他的支出增加或者收入减少。”

（c）在2012年末归还未指定用途的资金。《2009年美国经济复苏和再投资法案》第1603条修订如下：

（1）删除“所有资金”并插入“（a）概述。所有资金”；以及

（2）在末尾增加：

“（b）未指定用途资金的归还。在2012年12月31日之前未被指定用途的依据本法案获得的任何酌情拨款现予撤回，而且这些撤回资金应当存入财政部的一般基金中，应当：

“（1）专用于缩减赤字的唯一目的；

“（2）禁止用于抵消其他的支出增加或者收入减少。

“（c）总统免除权限

“（1）概述。在2012年12月31日之后，如果总统决定撤回某一未指定用途的资金不符合国家的最佳利益，总统可以免除（b）款规定的要求。

“（2）请求。行政机构的负责人也可以向总统申请免除（b）款规定的要求。”

第十四章　抵押贷款改革与反掠夺性借贷法案

第1400条　标题、认定为列举的消费者法律

（a）标题。本章名称为《抵押贷款改革与反掠夺性借贷法案》。

（b）依据消费者金融保护局职权范围命名为列举的消费者法案。第1、2、3、4节和第1471条、第1472条、第1475条与第1476条以及对这些节和条所做的修订，应当构成第1002条所定义的被列举的《消费者法案》，为了第10章的目的，并且进入消费者金融保护局的职权范围，包括根据第10章第6节以及该节的储蓄条款的职能与人员转换。

（c）规章、生效日期

（1）规章。要求根据本章或者本章所做的修订制定的规章应当：

（A）自指定的转换日开始18个月之内发布最终形式；

（B）自最终形式的规章发布之日后12个月之内生效。

（2）规则确定的生效日期。除了第（3）项规定，本章的条款应在以执行这些条款的最终规章生效所规定的日期生效。

（3）生效日期。本章的某一条，如果在指定的转换日之后18个月没有发布针对该条的规章，则应当在该日生效。

第一节　住房抵押贷款发起的标准

第1401条　定义

修订《真实借贷法案》第103条，在该条末尾增加以下新款：

"（cc）与抵押贷款发起以及住房抵押贷款有关的定义。

"（1）委员会—除非另有特别规定，'委员会'是指联邦贸易委员会。

"（2）抵押贷款发起人—'抵押贷款发起人'这个术语：

"（A）是指任何人，为了获得直接或者间接的报酬或者收益，或者预期获得直接或者间接的报酬或者收益：

"（i）接受住房抵押贷款的申请；

"（ii）协助消费者获得或者申请获得住房抵押贷款；或者

"（iii）提出或者谈判住房抵押贷款的条件；

“（B）包括任何人，通过广告、其他的交流渠道或者提供信息（包括使用名片、信笺、宣传册、标牌、价格表或者其他的宣传手段）向公众表明自己能够或者将提供（A）分项所描述的任何服务或者完成（A）分项所描述的任何事项；

“（C）不包括（i）则不是（A）分项或（B）分项所描述的人和纯粹为上述人提供行政管理性或者文书性工作的，或者（ii）则也不是（A）分项中（i）则或（iii）则所描述的房屋建造分销商的雇员，并且不向消费者提供贷款条件（包括利率、费用，以及其他成本）的咨询服务的任何人；

“（D）不包括只做不动产经纪业务，并且根据可适用的州法律获取得执照或者注册的任何个人或者实体，但是如果这些任何个人或者实体从贷款人、抵押经纪人或者其他抵押贷款发起人那里获得了报酬，则应当包括在内；

“（E）不包括在住房抵押贷款交易中，在12个月内只为3栋不动产销售提供抵押融资的个人、房地产管理人，或信托，而不动产的所有权归属这些个人、房地产管理人或者信托，并且作为贷款的担保，只要这种贷款：

“（i）不是由在其正常业务为建造住宅，或者作为住宅建造的承包商的那些个人、房地产管理人或者信托所提供的；

“（ii）是完全分期偿还的；

“（iii）是销售贷款，而且卖方以诚信担保并证明有合理理由相信买方有能力偿还贷款；

“（iv）是利率固定或者在5年或5年之后根据年或者整个存续期为限的利率增长进行调整的可调整贷款；以及

“（v）符合联邦储备理事会规定的任何其他条件；

“（F）不包括第129B条（c）款第（1）项、第（2）项或第（4）项规定的债权人（除非是桌面融资交易中的债权人）；以及

“（G）不包括服务商或者服务商雇员、代理以及承包商，包括但不限于，当借款人迟延支付、违约或者有可能迟延支付或者违约时，为了重新协商、修订、更换当前抵押贷款的本金而提出或协商住房抵押贷款条款的人；

“（3）全国抵押许可系统与登记。此术语与其在《2008年抵押许可安全与公平执行法》里的含义相同。

“（4）与抵押发起人有关的其他定义。基于本款目的，除了其他事项，某人通过对住房抵押贷款条款（包括利率、费用以及其他成本）进行咨询，

准备住房抵押贷款一揽子交易，或者代表消费者收集有关住房抵押贷款的信息‘协助消费者获得或者申请获得住房抵押贷款’。

“（5）住房抵押贷款。‘住房抵押贷款’是指任何以住宅或居住性不动产担保利益为抵押、信托契据或者其他合同进行担保的消费者信贷交易，但不是根据无期限的信贷计划，或者为了第129条（B）分项、（C）分项、第128条（a）款第（16）项、第（17）项、第（18）项和第（19）项、第128条（f）款与第130条（k）款和根据这些条款作出的任何规章，以及根据《美国法典》第11章（联邦破产法）第101（53D）条描述的计划有关的授信，而进行的消费者信贷交易。

“（6）部长。当用在与任何涉及住房抵押贷款的交易或者个人有关的场合时，‘部长’是指‘住房与城市发展部部长’。

“（7）服务商。此术语与《1974年不动产交割程序法》第6条（i）款第（2）项的含义相同。”

第1402条　住房抵押贷款的发起

（a）概述。《真实借贷法案》第2篇修订如下：

（1）把第2条第2段重新命名为第129条（有关住房抵押服务商义务），作为第129A条；以及

（2）在第129A条之后增加一个新条：

“§129B　住房抵押贷款的发起

“（a）调查结果与目的

“（1）调查结果。国会发现通过保护、限制并规定住房抵押信贷的条件以及与贷款的实施，同时确保消费者有机会得到负责任的和可支付的抵押信贷，将会促进经济稳定。

“（2）目的。本条以及第129C条的目的旨在确保向消费者提供和使其获得可合理反映其偿还能力的住房抵押贷款，且贷款条件容易理解、公平、没有欺诈或者滥用。

（b）注意义务

“（1）标准。根据本款的规定，每一位抵押发起人，除了州或者联邦法可适用的其他规定所施加的义务之外，应当：

“（A）符合资格，而且一经要求，根据可适用的州或者联邦法案（包括《2008年抵押许可安全与公平执行法案》）注册并得到抵押贷款发起人的许可；以及

“（B）在所有贷款文件上注明全国抵押许可系统与登记所规定的任

何独特的抵押发起者标识。

“（2）遵守程序。联邦储备理事会应当制定规章要求存款机构建立并维护合理设计的程序，确保并监督这种存款机构、其子公司以及存款机构及其子公司的雇员遵守本条的规定以及《2008 年抵押贷款许可安全与公平执行法案》第 1507 条规定的注册程序。”

（b）文书性修订。修订《真实借贷法案》第 2 篇各条目录，在第 129 条有关事项之后插入新的项目：

“第 129A 条　汇集住宅抵押池的信托服务职责

“第 129B 条　住房抵押贷款的发起”。

第 1403 条　禁止操纵性激励

修订《真实借贷法案》第 129B 条（已经加上第 1402 条（a）款），在（b）款之后增加以下新款：

“（c）禁止操纵性激励

“（1）概述。对于任何住房抵押贷款，任何抵押发起人均不得直接或者间接地向任何人收取费用，任何人也不得向抵押发起者直接地或者间接地根据贷款条件支付报酬（本金除外）。

“（2）重新设计贷款发起费用

“（A）概述。对于任何抵押贷款，抵押贷款发起人不能向消费者之外的任何人收取任何贷款发起费或费用，消费者之外的任何人，如果知道或者有理由知道消费者已经直接支付或者将会直接支付给抵押贷款发起人报酬，就不能向抵押贷款发起人支付任何贷款发起费或费用，除非是真实的第三方收取的不由债权人、抵押贷款发起人，或者该债权人或者抵押贷款发起人的附属机构保留的费用。

“（B）例外。尽管有（A）分项的规定，在下列条件下，抵押贷款发起人可以向消费者之外的人收取任何贷款发起费或费用；消费者之外的人可以向抵押贷款发起人支付任何贷款发起费或费用，如果：

“（i）抵押贷款发起人没有直接从消费者获得任何报酬；并且

“（ii）消费者没有按照折扣百分点、贷款发起的点或者酬金预期支付，不论如何计价（真实的第三方收取的不由债权人、抵押贷款发起人，或者该债权人或者抵押贷款发起人的附属机构保留的费用除外），但联邦储备理事会可以，根据规则，放弃或者给予豁免本则，如果理事会决定该放弃或者豁免符合消费者利益和公众利益。

“（3）规章。联邦储备理事会应当制定规章以禁止：

“（A）抵押贷款发起人操纵任何消费者办理住房抵押贷款，如果：

“（i）消费者缺乏合理偿还贷款的能力（根据第129C条（a）款第（2）项发布的规章）；或者

“（ii）贷款具有掠夺性特点或者效应（类似权益剥夺、过高费用或者滥用条件）；

“（B）抵押贷款发起人操纵任何消费者不去办理适合于该消费者的合格抵押的住房抵押贷款（根据129C条（b）款第（2）项的定义），而是办理不合格抵押的住房抵押贷款；

“（C）助长具有同等信用价值但不同种族、民族、性别或者年龄的消费者之间的不平等的滥用性的或者不公平的贷款行为；以及

“（D）抵押贷款发起人

“（i）错误描述消费者的信用记录或者消费者可以得到的住房抵押贷款；

“（ii）错误描述或者唆使他人错误描述授信担保财产的评估价值；或者

“（iii）如果不能向消费者建议、提供或者推荐比其所适合的贷款更便宜的贷款，则阻挠消费者以其主要住所做抵押从其他的抵押贷款发起人获得住房抵押贷款。

“（4）解释规则。本款的任何规定不得被解释为：

“（A）允许存在任何收益差额溢价或者其他类似的报酬，对于任何住房抵押贷款，这些溢价或者报酬将允许支付给抵押贷款发起人的来自被允许的全部资源的直接的或者间接的报酬总额，根据该贷款的条件不同而变动（本金数额除外）；

“（B）限制或者影响债权人在贷款出售给后来的买方时获得报酬的数额；

“（C）限制消费者的融资能力，在消费者的选择上，包括依据本款规定允许的贷款本金或利率、任何发起费用或成本等；或者限制抵押贷款发起人根据第（2）项（B）分项规定，向任何人收取这类费用或者成本（包括报酬）的权利，只要这类费用或成本不是根据贷款的条件而变化（本金数额除外）；或者限制消费者是否对这类费用或者成本融资的决策；或者

“（D）禁止向抵押贷款发起人根据其在特定时间内发放住房抵押贷款的数量支付激励性报酬。”

第 1404 条 债务责任

修订《真实借贷法案》第 129B 条，在（c）款（第 1403 条增加的）之后插入以下新款：

"（d）违规责任

"（1）概述。为了对债权人以外的抵押贷款发起人不遵守本条以及任何依据本条制定的规章的要求的行为提供诉讼理由，对任何这种不遵守行为应当适用第 130 条，在适用时将原来每一个条款上出现的'债权人'用'抵押贷款发起人'替换。

"（2）最高限额。依据第（1）项，抵押贷款发起人因违反本条对消费者所承担的责任，最高限额不应超过实际损失或者抵押发起者从住房抵押贷款违规行为中获得的直接的或间接的报酬或收益的 3 倍，两者取较高者，加上消费者的诉讼成本，包括合理的律师费用。"

第 1405 条 规章

（a）有裁量权的监管机构。修订《真实借贷法案》第 129B 条，在（d）款（第 1404 条已经增加）之后插入以下新款：

"（e）有裁量权的监管机构

"（1）概述。联邦储备理事会如果发现住房抵押贷款有滥用、不公、欺诈和掠夺性的条款、行为或者做法，应当通过规章予以禁止或者限制，有必要确保消费者能够获得与本条以及第 129C 条规定一致的负责任的、可以支付的抵押信贷，这对实现本条以及 129C 条的目标，以防止规避或者逃避，或者促进遵守这些条款是必要或者适当的。

"（2）适用范围。依据第（1）项制定的规章适用于所有住房抵押贷款，并与依据第 105 条制定的规章按照同样的方式施行。

"（f）第 129B 条以及根据该条颁布的任何规章不适用于有关根据《美国法典》第 11 章第 101（53D）条所述计划的授信。"

（b）信息披露。尽管本章有任何其他规定，为了通过信息披露提升消费者对住房抵押贷款交易的认知和了解，联邦储备理事会可以，通过规则，豁免或者从整体上或者部分地修订住房抵押贷款的任何类别的信息披露标准，只要联邦储备理事会决定这种豁免或者修订符合消费者利益与公共利益。

第 1406 条 增值共享抵押贷款研究

（a）研究。住房与城市发展部部长通过与财政部部长以及其他相关机构协商，应当开展一项全面的研究，以决定提供可广泛使用增值共享抵押贷款的审慎的法律与监管标准，加强地方住房市场，提供新的可支付的住房所有权机会，并使得面临取消抵押赎回权风险的房主能够再融资或者修改抵押贷款条件。

（b）报告。自本法颁布之日起6个月之内，住房与城市发展部部长应当向国会提交一份汇报研究结果的报告，该报告应当包括（a）款提到的法律与监管标准的建议。

第二节　抵押贷款的最低标准

第1411条　偿还能力

（a）概述

（1）规则释义。消费者金融保护局依据本章颁布的规章、命令或者指引不得被解释为要求存储机构适用不满足该存储机构的适当审慎监管机构所设定的最低承销标准的抵押贷款承销标准。

（2）修订《真实借贷法案》。修订《真实借贷法案》第2篇，在第129B条（第1402条（a）款已加）之后插入以下新条：

“§129C条　住房抵押贷款最低标准

（a）偿还能力

“（1）概述。根据联邦储备理事会制定的规章，除非债权人基于核实的档案材料作出合理诚实的决定，在达成贷款时，按照贷款条件以及所有的适用税收、保险（包括抵押担保保险）和评估，可以认定消费者具有合理的偿还贷款能力，否则债权人不能发放住房抵押贷款。

“（2）多笔贷款。如果债权人知道，或者有理由知道，同一个消费者可能有一到多笔由同一住房担保的住房抵押贷款，债权人应当基于核实的档案材料作出合理诚实的决定，按照贷款条件以及所有的适用税收、保险（包括抵押担保保险）和评估，可以认定该消费者具有合理的偿还同一住房抵押担保的所有贷款的能力。

“（3）认定的基础。根据本款认定消费者偿还住房抵押贷款能力应当考虑下列因素：消费者的信用记录、当前收入、消费者合理确定可以获得的预期收入、当前债务、债务收入比率或者消费者支付非抵押贷款债务和抵押贷款相关的债务之后的剩余收入、就业状况，以及除了消费者对担保贷款的住房或者不动产拥有的权益之外的金融资源。债权人应当用一张按照贷款条件分期支付贷款的支付表来确定消费者的偿还能力。

“（4）核实收入。发放住房抵押贷款的债权人应当核实其确定消费者偿还能力所依赖的收入和财产的数额，这些收入和财产包括预期收入和财产；债权人通过审查消费者的国内税收服务表格 W－2、税收收入、工资收据、金融机构记录或者其他能够提供关于消费者收入和财产的合理的、可信赖的证据的第三方文件进行核实。为了防止申报欺诈，根据本款作出决定而考察消费者的收入历史应当包括采用下列方法核实收入：

"（A）国内税务署税收返还的记录；或者

"（B）根据联邦储备理事会制定的规则由第三方用快速有效的方法核实收入文件。

"（5）豁免。对于由（b）款第（3）项（B）分项（ii）则认定的联邦政府部门或者机构担保或保证的贷款，这些部门或者机构豁免那些根据简化的再融资程序进行的再融资，使之免于使用收入核实要求，只要满足下列条件：

"（A）消费者对先前存在的住房抵押贷款迟延支付不超过 30 天。

"（B）再融资除了支付那些发放、担保或者保证在融资贷款的部门或者机构费用或者报酬之外，不会增加先前存在的或现有住房抵押贷款的本金余额。

"（C）与再融资有关的需要支付的总百分点和费用（由第 103 条（aa）款第（4）项定义，真实的第三方收取的不由抵押贷款发起人、债权人，或者该发起人或者债权人的附属机构保留的费用除外）不超过新贷款总额的 3%。

"（D）再融资贷款利率低于原贷款利率，除非借款人按照发放、担保或者发行贷款的机构或者部门设立的指引，将可调整利率转换为固定利率贷款。

"（E）再融资按照一个支付表进行，该支付表根据发放、担保或者保证再融资的部门或者机构制定的规则完全分期支付再融资。

"（F）再融资的条件不会导致（b）款第（2）项（A）分项（ii）则所定义的'分期偿还，但最后一笔偿付数额特大'的结果。

"（G）正进行再融资的原住房抵押贷款和该再融资贷款全部符合发放、担保或者保证该再融资贷款的部门或者机构规定的条件。

"（6）非标准贷款。

"（A）推迟支付本金或利息的可变利率贷款。债权人应当用完全分期付款的支付表，根据本款来确定消费者偿还允许或者要求该消费者延期偿还任何本金或者利息的可变利率住房抵押贷款的能力。

"（B）只支付利息的贷款。债权人应当根据贷款的最后有效期以及分期付款所确定的支付额，来确定消费者偿还允许或者要求消费者只支付利息的住房抵押贷款的能力。

“（C）计算负分期付款。在根据本款作出任何决定时，债权人也应当考虑可能因为任何分期付款的规定而导致余额的增加。

“（D）计算过程。在根据本款作出任何决定时，债权人应当在计算任何住房抵押贷款每月本金和利息支付时假定：

“（i）贷款收益在贷款完成之日得到全额支付；

“（ii）贷款根据整个贷款期限按照每月分期等额支付的方式支付本金和利息，而不是最后一笔大金额支付，除非贷款合同要求加快支付（包括最后一笔支付特大金额），在此情况下进行计算应当（I）根据联邦储备理事会发布的规章，任何贷款的年利率，以利率确定日为准，不超过可比交易的平均拆出优惠利率的一定百分比：对于第一抵押权住房抵押贷款，不超过1.5%或者更高；对于次级抵押权住房抵押贷款，不超过3.5%或者更高；或者（II）使用有关贷款合同的支付时间表，任何贷款的年利率，以利率确定日为准，不超过可比交易的平均拆出优惠利率的一定百分比：对于第一抵押权住房抵押贷款，不超过1.5%或者更高；对于次级抵押权住房抵押贷款，不超过3.5%或者更高；以及

“（iii）整个贷款期间的利率是固定利率，等于在合同缔结时完全指数化的利率，不考虑该引入利率。

“（E）用当前贷款人为混合贷款再融资。在考虑消费者任何再融资申请将当前的混合贷款转化成同一债权人的标准贷款时，在任何情况下，这将会削减每月还贷额，而且抵押人没有对当前的混合贷款的任何一笔支付违约，该债权人可以：

“（i）考虑抵押人在当前的抵押上建立的良好信誉；

“（ii）考虑提供新信用，假设重新设定原抵押贷款并给予更高的优先偿还权作为一种可接受的新贷款承销做法，是否会防止可能的违约；以及

“（iii）向抵押人提供利率折扣和其他更优惠的条件，基于这类承销做法，这类贷款能否提供给高信用水平的新客户。

“（7）完全指数化利率的定义。在本款中，名词‘完全指数化利率’是指贷款缔结时住房抵押贷款流行的指数利率加上任何引入利率期满之后可适用的差额。

“（8）反向抵押与过桥贷款。本款不适用于期限短于12个月的任何反向抵押贷款、临时或者过桥贷款，包括消费者计划在12个月内出售另一所住宅而贷款购买新住宅。

“（9）季节性收入。如果记录的收入，包括从小企业获得的收入，是偿还住房抵押贷款的一个收入来源，债权人承销这种贷款并安排其偿还时应当考虑这种收入的季节性和其不规则性。”

（b）文书性修订。修订《真实借贷法案》第2章各条目录，在129B条（第1402条（b）款已增加）相关事项之后增加以下新项目：

“第129C条　住房抵押贷款最低标准”。

第1412条　安全港与可反驳的假定

修订《真实借贷法案》第129C条，在（a）款（第1411条已增加）之后增加以下新款：

“（b）假定有能力偿还

“（1）概述。受本法案所规定义务规制的任何住房抵押贷款的债权人以及任何这类贷款的受让人，如果抵押贷款是合格的，可以假定该贷款符合（a）款要求的条件。

“（2）定义。本款所涉及的术语的定义如下：

“（A）合格的抵押贷款。‘合格的抵押贷款’是指任何住房抵押贷款：

“（i）该贷款的定期分期支付不会：

“（I）导致本金余额的增加；或者

“（II）除（E）分项规定外，允许消费者迟延支付本金；

“（ii）除（E）分项规定外，贷款的条件不会导致最后一笔分期支付特大数额，‘特大数额’是指安排支付数额比前期安排的平均每笔支付数额大两倍以上；

“（iii）使得该贷款债务人合格的所依赖的收入与金融资源是经过核实并备案的；

“（iv）如果是固定利率贷款，其承销建立在该贷款第一个5年内所允许的最高利率基础上，而且其偿还时间是在贷款整个期限内完全分期偿还，并考虑所有可适用的税收、保险和评估；

“（v）如果是可调整利率贷款，其承销建立在该贷款第一个5年内所允许的最高利率基础上，而且其偿还安排是在贷款整个期限内完全分期偿还，并考虑所有可适用的税收、保险和评估；

“（vi）符合联邦储备理事会作出的关于每月总负债与每月总收入比率或者其他测量支付每月总负债之后支付定期费用的能力的标准的指引或者规章，确定这些测量标准会考虑借款者的收入水平以及联邦储备理事会可能认定与第（3）项（B）分项（i）则描述的目标有关或者一致的其他因素；

“（vii）关于该贷款所支付的全部折扣点和费用（由（C）分项定义）不超过全部贷款额的3%；

“（viii）贷款期限不超过30年，除了根据第（3）项规定延展期限，例如在高成本的领域；以及

“（ix）对于反向抵押贷款（除了基于第129C条（a）款的目的，在这些抵押贷款一起享有豁免的范围内），反向抵押贷款符合合格抵押贷款的标准，这些标准是联邦储备理事会在与本款目标一致的规则中设立的。

“（B）平均拆借优惠利率。‘平均拆借优惠利率’是指一个可比较交易的平均拆出优惠利率，按照联邦储备理事会公布的，为该交易设定当日的利率。

“（C）点与费用

“（i）概述。在（A）分项里，‘点与费用’是指第103条（aa）款第（4）项所定义的点与费用（不同于第三方收取的不由抵押贷款发起人、债权人或者该发起人或者债权人的附属机构保留的费用）。

“（ii）计算。在根据本分项计算全部点与费用时，全部点与费用应当排除下列两个分则中的一个，但不能同时排除两个：

“（I）排除消费者支付的与抵押有关的真实折扣点最高为2个点（含2个点），但当且仅当折扣的抵押贷款利率不超过平均拆借优惠利率的1个百分点。

“（II）除非根据分则（I）排除了2个真实的折扣点，否则排除消费者支付的与抵押相有关的真实折扣点最高为1个点（含1个点），但当且仅当折扣的抵押贷款利率不超过平均拆出优惠利率的2个百分点。

“（iii）真实折扣点的定义。基于（ii）则目的，名词‘真实折扣点’的意思是指消费者有意支付的贷款折扣点，旨在降低，而且实际上导致了真实降低适用于该抵押贷款的利率或者时间的价格差。

“（iv）利率降低。（ii）则的（I）分则与（II）分则不得适用于运用折扣点来购买利率降低，除非所购买的这种利率降低额与当前的二级抵押市场交易的行业规范与惯例有合理的一致性。

“（D）更小额贷款。联邦储备理事会应当制定对依据（A）分项（viii）则的标准进行调整的规则，以便更小额贷款人能够符合第（1）项规定的假定的条件。在制定这些规则的时候，联邦储备理事会应当考虑

这些规则对乡村地区以及房屋价值更低的其他地区的潜在影响。

“（E）气球式抵押贷款。联邦储备理事会可以，通过规章，规定‘合格的抵押贷款’包括满足下列条件的气球式抵押贷款：

“（i）满足（A）分项规定的合格抵押贷款的所有标准（该分项里的（i）则（II）分则、（ii）项、（iv）则和（v）则除外）；

“（ii）债权人评估认定消费者有能力从抵押物之外的收入和资产中偿还所有分期付款，除了该笔气球式贷款支付；

“（iii）对该贷款的承销所依赖的还款时间表规定在不超过30年内全部偿还贷款并考虑所有可适用的税收、保险和评估；以及

“（iv）发放这种贷款的债权人：

“（I）主要在乡村或者服务欠发达地区开展经营业务；

“（II）及其全部附属机构每年所发起的住房抵押贷款总额不超过联邦储备理事会设定的限额；

“（III）把该气球式贷款保留在资产组合里；以及

“（IV）符合联邦储备理事会可能规定的任何资产规模标准，而且和本节的目标一致。

“（3）规章

“（A）概述。联邦储备理事会应当制定规章以实现本款的目标。

“（B）修订安全港标准。

“（i）概述。联邦储备理事会可以制定规章，修订、增加或者删减确定合格抵押贷款的标准，只要制定这种规则可确保消费者能够以与本条一致的方式得到负责任、可支付的抵押贷款是必要且适当的，对于实现本条与第129B条的目标、防止规避或者逃避这些条款或者促进遵守这些条款是必要而且适当的。

“（ii）贷款定义。下列机构应当与联邦储备理事会协商，制定规则规范根据不同情形保险、担保或者管理的不同类型的符合第（2）项（A）分项规定的合格抵押贷款的定义，这些规则可以修订、增加或者删减第（2）项（A）分项所规定的合格抵押的标准，只要这些规则符合本条与第129B条的目标，有助于防止规避或者逃避这些条款或者促进遵守这些条款：

“（I）住房与城市发展部，负责《国家住房法》规定的保险的抵押。

“（II）退伍军人事务部，负责退伍军人事务部发放或者担保的贷款。

“（III）农业部，负责农业部依据《美国法典》第42章第

1472 条（h）款担保的贷款。

“（IV）乡村住房服务局，负责由其担保的贷款。”

第 1413 条　对取消抵押赎回权的抗辩

修订《真实借贷法案》第 130 条，在末尾增加以下新款：

“（k）对取消抵押赎回权的抗辩

“（1）概述。不管其他法律如何规定，如果债权人、受让人或者其他住房抵押贷款持有人或者这些人的任何代表对住房抵押贷款寻求司法或者司法以外方式取消抵押赎回权，或者采取任何其他行动收回与该贷款有关的债务，消费者可以主张债权人违反第 129B 条（c）款第（1）项、第（2）项，作为对抗可以用（e）款规定的损失进行扣除或者抵消，不受时效限制。

“（2）扣除或者抵消的数额。

“（A）根据第（1）项可以扣除或者抵消的数额应当等于消费者根据（a）款基于原来针对债权人的诉讼中有效的债权可能得到的赔偿数额，加上诉讼给消费者带来的成本，包括合理的律师费。

“（B）特别规则。如果判决是在根据（e）款进行的损害赔偿私人诉讼可适用的时效到期之后作出的，根据第（1）项从（a）款第（4）项规定的赔偿中得到的扣除或者抵消数额不应当超过消费者可能根据（a）款第（4）项有权得到的赔偿，赔偿计算至可适用的时效到期日为止。”

第 1414 条　额外的标准与条件

（a）概述。修订《真实借贷法案》第 129C 条，在（b）款（本章已经增加）之后插入以下新款：

“（c）禁止某项提前还贷罚金

“（1）对某些贷款的禁止

“（A）概述。一个不符合（b）款第（2）项所定义的‘合格抵押贷款’的住房抵押贷款，可以不包含要求消费者必须因为在贷款达成之后支付全部或者部分本金而支付提前还贷罚金。

“（B）例外。就本款而言，‘合格抵押贷款’可以不包括具有下列内容的住房抵押贷款：

“（i）可调整利率；或者

“（ii）年平均利率超过可比较交易的平均拆出优惠利率，当日利率设定：

“（I）依据《联邦住房贷款抵押公司法案》第 305 条（a）款第（2）项第 6 句，如果第一抵押权住房抵押贷款所担保的原始本金债务额等于或小于利率设定日为可适用的规模的住宅贷款形成的原始本金债务的数额，则可以按高于设定日利率的1.5个百分点或更高设定利率；

“（II）依据《联邦住房贷款抵押公司法案》第305条（a）款第（2）项第6句，如果第一抵押权住房抵押贷款所担保的原始本金债务数额大于利率设定日为可适用的规模的住宅贷款形成的原始本金债务的数额，则可以按照高于设定日利率的2.5个百分点或者更高设定率；以及

“（III）如果是次级抵押权的住房抵押贷款，则利率可以高于设定日利率的3.5个百分点或者更高。

“（2）平均拆出优惠利率和其门槛值的公布。联邦储备理事会：

“（A）应当公布，而且至少每星期更新，平均拆借优惠利率；

“（B）可以公布建立在不同类型抵押交易基础上的多种利率；以及

“（C）应当在必要时调整依据第（1）项（B）分项（ii）则的（I）分则、（II）分则与（III）分则设立的门槛值，以便反映市场条件的重大变化和实现《抵押贷款改革与反掠夺性贷款法案》的目标。

“（3）分段停止合格抵押贷款的罚款。合格的抵押贷款（（b）款第（2）项所定义）可以不规定要求消费者必须因为其在贷款达成之后超出以下时限支付全部或者部分本金而支付提前还贷的罚金：

“（A）贷款达成之日起1年内提前还贷的罚金不得超过该贷款未偿付余额的3%。

“（B）从（A）分项描述的期限结束起1年内提前还贷的罚金不得超过该贷款未偿付余额的2%。

“（C）从（B）分项描述的期限结束起1年内提前还贷的罚金不得超过该贷款未偿付余额的1%。

“（D）贷款达成之日起3年之后，不得对合格的抵押贷款施加提前还贷的罚金。

“（4）无提前还贷罚金的选择。如果债权人没有向消费者提供不含提前偿还罚金条款的住房抵押贷款产品，就不能向消费者提供含有提前偿还罚金条款的住房抵押贷款产品，规定贷款达成之后支付全部或部分本金应当支付提前还贷的罚金。

“（d）禁止单一保费信用保险。债权人不能根据对消费者以其主要住房担保的无期限消费者信贷计划，直接地或者间接地提供与任何住房抵押贷款或者任何提供信用有关的下列融资：生命信用、残疾信用、失业信用或者财产保险、任何其他事故、收入损失、生命或者健康保险或者任何直接或间接因为债务催收、中

止协议或者合同而产生的支付保险而产生的信用，除非：

“（1）保险费或者债务注销或者中止费用，按月计算并足额支付，不应当被视为由该债权人的融资；以及

“（2）本款不得适用于失业保险信用，只要该信用所支持的失业保险费是合理的，债权人没有直接或间接从失业保险费得到报酬，而且失业保险费根据另外的保险合同支付并且不支付给该债权人的附属机构。

“（e）仲裁

“（1）概述。任何由消费者以其主要住宅担保的住房抵押贷款或者无期限消费者信用计划所提供的信用都不能包含要求仲裁或者任何其他非司法程序作为解决交易引起的争端或者或权力请求的条款。

“（2）后争端协议。在不与第（3）项冲突的条件下，不应当把第（1）项解释为限制消费者、债权人或者任何受让人的权利，对交易引起的争端或者请求采取仲裁或以任何其他非司法程序作为解决争端的方法。

“（3）不能放弃法定诉因。任何由消费者以其主要住宅担保的住房抵押贷款或无期限消费者信用计划提供的信用所规定的条款，消费者与债权人之间的任何与第（1）项所指的住房抵押贷款或者提供信用有关的协议都不能被适用或者解释为阻止消费者在适当的美国地区法院或者其他具有合格管辖权的法院，根据第130条或者本法的任何条款提起诉讼，要求针对被指控违反本条、本法的任何规定或者其他联邦法律提供损害赔偿或者救济。

“（f）负分期付款抵押贷款。债权人不能向借款人提供与一个无期限或有期限的由住宅或包括住宅的居住性不动产担保的消费者信贷计划下与消费者信贷交易有关的信用，如果该交易，除反向抵押贷款之外，规定或者允许一个可能在提供信贷过程中的任何时间导致负分期支付的支付计划，除非在该交易完成之前：

“（1）债权人向消费者提供一份声明：

“（A）正在进行的交易将要，或者可能，根据具体情况，导致负分期支付；

“（B）用联邦储备理事会规定的方式描述负分期支付；

“（C）负分期支付增加了未支付本金的账面余额；以及

“（D）负分期支付降低了消费者在住房或者不动产上的权益；以及

“（2）如果是第一次借款人的住房抵押贷款为不合格抵押贷款，该借款人要向债权人提供充分的证据以证明该消费者从获得住房与城市发展部认证资格的咨询机构或者顾问得到了获取房屋所有权的咨询。

（b）与施行有关的一致性修订。修订《真实借贷法案》第108条（a）款，在第（6）项之后插入以下新项：

“（7）《1934年证券交易法案》第21B条与第21C条，对不是存储机构

的经纪人或者交易商，由证券交易委员会监管。”

(c) 保护免受反差额保护损失。修订《真实借贷法案》第129C条，在（f）款之后插入以下新款：

“（g）保护免受反差额保护损失

“（1）定义。就本款而言，‘反差额法’是指任何州法律，规定在对消费者用来担保抵押的住宅财产行使取消抵押赎回权时，消费者根据该州法律规定的条件或者限制，不对该财产行使取消抵押赎回权得到的出售价格与该抵押贷款的未偿付余额之间的差额承担义务。

“（2）贷款达成时的通知。如果任何住房抵押贷款，或者贷款一旦成立将要，受到反差额法的保护，债权人或者抵押贷款发起人应当向消费者提供书面通知，描述反差额法提供的保护以及在贷款成立之前失去这种保护的重要性。

“（3）在再融资之前提供可能失去保护的通知。如果任何住房抵押贷款，受到反差额法的保护，如果债权人或者抵押贷款发起人向消费者提供申请，或者收到消费者的申请，申请对这种贷款的任何类型的再融资，而这种再融资会导致贷款失去反差额法保护，债权人或者抵押贷款发起人应当向该消费者提供书面通知，描述反差额法提供的保护以及在关于这种再融资的任何协议成立之前失去这种保护的重要性。”

(d) 有关接受部分支付的政策。修订《真实借贷法案》第129C条，在（g）款（（c）款已经增加）之后插入以下新款：

“（h）有关接受部分支付的政策。对于任何住房抵押贷款，债权人在结算之前，或者在一个人正成为现有的住房抵押贷款的债权人的情况下，该人成为债权人之时，应当披露：

“（1）该债权人关于接受部分支付的政策；以及

“（2）如果接受部分支付，如何把支付应用到这种抵押贷款上以及是否把这种支付放到一个第三方保管账户。

“（i）分时分项资产计划。本条以及根据本条公布的任何规章都不适用于提供与《美国破产法》第101（53D）条所描述的计划有关的信贷。”

第1415条 规则释义

除《真实借贷法案》第129B条或者第129C条的规定外，第129B条或者第129C条的任何规定都不得被解释为取代、取消或者影响任何人根据《真实借贷法案》其他推定或者联邦或者州法的任何其他规定所拥有或者负有的义务、权利、责任、特权或者救济。

第 1416 条　对民事责任规定的修订

(a) 对某些违法行为的民事货币罚金数额的增加。《真实借贷法案》第 130 条 (a) 款修订如下：

(1) 在第 (2) 项 (A) 分项 (ii) 则：

(A) 删除 “100 美元” 加上 “200 美元”；以及

(B) 删除 “1, 000 美元” 加上 “2, 000 美元”；

(2) 在第 (2) 项 (B) 分项，删除 “500, 000 美元” 加上 “1, 000, 000 美元”；以及

(3) 在第 (4) 项，在 “129 条” 之后增加 “，第 129B 条 (c) 款的第 (1) 项或第 (2) 项，或者第 129 条 (a) 款”。

(b) 违反第 129 条的时效。《真实借贷法案》第 130 条 (e) 款修订如下：

(1) 在第一句，删除 “任何诉讼” 并插入 “除非后一句另有规定，任何诉讼”；以及

(2) 在第一句之后增加：“根据本条可以对任何违反第 129 条、129B 条，或者 129C 条的行为在美国任何地区法院或者任何其他具有合格管辖权的法院提起诉讼，诉讼时效为自违反行为发生之日起 3 年。”

第 1417 条　借款人欺骗的条件下贷款人的权利

修订《真实借贷法案》第 130 条，在 (k) 款 (本章已增加) 之后增加以下新款：

“(l) 借款人欺骗或欺诈的条件下，贷款人责任豁免并解除合同。如果债务人或者连带债务人违法通过实际的欺诈获得住房抵押贷款，除了法律或者合同规定的其他救济之外，债权人或者受让人根据本条不对债务人承担任何义务。”

第 1418 条　在重新设定混合可调整利率抵押贷款之前要求提前 6 个月通知

(a) 概述。修订《真实借贷法案》第 2 篇，在第 128 条之后插入以下新条：

“§128A 条　重新设定混合可调整利率抵押贷款

“(a) 混合可调整利率抵押贷款定义。基于本条，名词 ‘混合可调整利率抵押贷款’ 是指一种由消费者以主要住宅为担保的消费信贷交易，担保在导入期限内使用固定利率，该期限过后利率可以根据可变利率调整或者重新设定的贷款。

“(b) 重新设定或者调整利率贷款的通知。混合可调整利率抵押贷款的利率

的导入期是利率设定之日起的第1个月到第6个月截止，或在贷款成立之后的第1个6个月之内可变利率可以调整或者重新设定，在贷款成立时，债权人或者贷款服务商应当提供书面通知，通知与传递给消费者的所有其他通信分开且不同，包括下列内容：

“（1）任何用来做调整或者重新设定利率的指数或者公式，以及关于该指数或者公式的信息源。

“（2）解释新利率或者支付额是如何确定的，包括解释指数如何调整，例如加上差额。

“（3）建立在可接受的行业标准之上，对债权人或者服务商在调整或者重新设定之日以后适用的每月支付的诚实的评估，以及该估值所依赖的假定条件。

“（4）列出消费者在调整或者重新设定日之前可以作出的选择，以及消费者作出这些选择所必须采取的行为，包括：

“（A）再融资；

“（B）重新协商贷款条件；

“（C）延期偿债；以及

“（D）取消赎回权之前出售。

“（5）消费者可以得到的有资质的咨询机构的名称、地址、电话号码与网址，这些咨询机构经过住房与城市发展部或者州住房融资机构（《1989年金融机构改革、复兴和执行法案》第1301条定义）认证或者批准并向公众公布。

“（6）消费者所居住州的州住房融资机构的名称、地址、电话号码与网址。

“（c）除外条款。联邦储备理事会可以要求（b）款的告知或者其他告知可调整利率抵押贷款不是本法规定的混合可调整利率抵押贷款。”

（b）文书性修订。修订《真实借贷法案》第2章各条目录，在第128条之后增加：

“第128A条重新设定混合可调整利率抵押贷款”。

第1419条　规定的信息披露

修订《真实借贷法案》第128条（a）款，在末尾增加下列条文：

“（16）在可变利率住房抵押贷款情况下，为支付所有可适用的税收、保险与价值评估而建立第三方保管或者扣押账户：

“（A）根据贷款第1个月到期支付的本金和利息数额，包括储存在该账户上的每月支付的所有可适用税收、保险与价值评估；以及

“（B）根据贷款支付的到期完全指数化的每月本金利息支付额，包括储存在该账户上的每月支付的所有可适用税收、保险与价值评估。

“（17）关于住房抵押贷款，与贷款有关的所有结算服务的结算费用总额，已经包括在贷款中的费用额以及借款人在合同签署时必须支付的费用，与贷款有关的基金批发利率的大概数额，以及与贷款有关的其他费用或者支付的总额。

“（18）关于住房抵押贷款，支付给抵押发起人的与贷款有关的费用中，有消费者直接支付的费用，以及贷款发起人从债权人处得到的任何额外金额。

“（19）关于住房抵押贷款，消费者在贷款期限内按照本金的一定百分比支付的利率总额。这种数额的计算应当假定消费者每月足额且及时支付，并且不多支付任何款项。”

第1420条　住房抵押贷款每月报表中的信息披露

修订《真实借贷法案》第128条，在末尾增加以下新款：

“（f）住房抵押贷款定期披露

“（1）概述。任何住房抵押贷款的债权人、受让人或者服务商应当在每个还款周期向债务人传递一份说明，按照实用、显眼和突出的方式载明下列事项：

“（A）抵押项下的本金债务数额。

“（B）该贷款的现行利率。

“（C）利率下次可能重新设定或者调整的日期。

“（D）任何要收取的提前支付费用数额。

“（E）对任何延迟付款费用的描述。

“（F）债务人获得关于抵押的信息可能使用的电话号码或者电子邮件地址。

“（G）该消费者可以合理得到的咨询机构的名称、地址、电话号码与网址，这类咨询机构是经过住房与城市发展部或者州住房融资机构（《1989年金融机构改革、复兴和执行法案》第1301条定义）的认证或者批准并向公众公布。

“（H）联邦储备理事会可能以规章规定的其他信息。

“（2）标准格式的开发与使用。考虑到说明可能以书面或者电子方式传递，联邦储备理事会应当依据本款开发和制定要求信息披露的标准格式。

“（3）例外。第（1）项不得适用于任何固定利率抵押贷款，在固定利率

抵押贷款中，债权人、受让人或者服务商向债务人提供一个利息单，上面载有与第（1）项基本相同的信息。”

第 1421 条 审计总署报告

（a）规定的报告。美国总审计长应当组织研究确定本法案的颁布实施对于消费者、小企业、购房者获得信用的便利以及对信用的可支付能力的影响，对抵押贷款的影响，包括影响：

（1）不在本节修订所规定的安全港范围内的抵押市场；

（2）有希望购买住房者获得金融支持的能力；

（3）房屋所有者面临的重新调整的再融资能力，例如，他们可以选择的再融资工具是否由于不能得到某些贷款产品而减少，而这些贷款产品在本法案实施以前可以得到；

（4）少数群体获取与其他有希望购买住房者相比其可承受的信贷的能力；

（5）住房出售与建造；

（6）对可调整利率贷款行使撤销权（如果有的话）及其对诉讼的影响；

（7）州取消抵押赎回权法，以及（如果有的话）投资者在行使取消抵押赎回权之后转让财产的能力；

（8）扩展《1994 年住宅所有权和权益保护法案》当前规定的内容；

（9）禁止对高成本抵押贷款收取提前还贷支付罚金；以及

（10）在住房与城市发展部下设立咨询服务机构，并通过住宅咨询办公室提供服务。

（b）报告。总审计长应当在本法案颁布之日起一年期限结束之前向国会提交一份报告，该报告包括其根据（a）款进行研究的发现与结论。

（c）对某些信贷风险保留规定的检查。（b）款要求的报告还应当包括总审计长对信贷风险保留规定中对资本留存和贷款人融资影响的分析，包括分析《真实借贷法案》第 129C 条（b）款第（3）项规定的例外与调整，并建议是否需要统一的标准。

（d）信贷风险保留规定分析。（b）款要求的报告还应当包括：

（1）总审计长对信用风险保留规定是否显著地降低了在二级市场上重新打包并出售证券化贷款的更大信贷市场的风险；以及

（2）对应当作出的调整或者应当采取额外措施向国会提出建议。

第 1422 条 州总检察长的执行权

修订《真实借贷法案》第 130 条（a）款，删除“第 129 条也可以”并插入“本法案第 129 条、第 129B 条、第 129C 条、第 129D 条、第 129E 条、第 129F

条、第 129G 条或第 129H 条也可以”。

第三节　高成本抵押贷款

第 1431 条　与高成本抵押贷款有关的定义

（a）高成本抵押贷款定义。修订《真实借贷法案》第 130 条（aa）款，删除第（2）项前面的所有内容并插入：

“（aa）高成本抵押贷款

“（1）定义

“（A）概述。‘高成本抵押贷款’以及本款所指的抵押贷款，是指由消费者以主要住宅为担保的消费信贷交易，而不是指反向抵押贷款交易，如果：

“（i）是下列担保的信贷交易：

“（I）由消费者以主要住宅第一抵押权担保，交易成立时的年平均利率将超过可比较交易的平均拆借优惠利率（按照第 129C 条（b）款第（2）项（B）分项定义）6.5 个百分点（如果住宅是私人财产而且交易额低于 50,000 美元，则超过 8.5 个百分点）；或者

“（II）由消费者以其主要住宅担保的次级或者低级抵押贷款，交易成立时的年平均利率将超过可比较交易的平均拆借优惠利率（按照第 129C 条（b）款第（2）项（B）分项定义）8.5 个百分点。

“（ii）支付与交易有关的总百分点和费用，不同于真实的第三方收取的不由抵押贷款发起人、债权人或者该发起人或者债权人的附属机构保留的费用，超过：

“（I）在交易额达到或超过 20,000 美元时，总交易额的 5%；或者

“（II）在交易额低于 20,000 美元时，总交易额的 8% 与 1,000 美元之间的较少者（或者联邦储备理事会应当通过规章规定的其他美元数额）；或者

“（iii）信用交易文件允许债权人收取自交易结束日起超过 36 个月的提前还款支付费用或者罚金，或者这种费用或罚金总额超过提前支付额的 2%。

“（B）考虑导入期利率。就（A）分项（i）则而言，年利率应当在

以下利率基础上计算确定：

“（i）如果是固定利率交易，即年利率在贷款有效期内不发生改变，该交易成立日的有效利率。

“（ii）如果是利率只按照某指数变化的交易，利率由该交易成立日的有效指数利率加上贷款协议有效期内任何时候许可的最高差额确定。

“（iii）如果是利率可以在贷款期限内基于任何原因随时改变的任何其他交易，可能采用贷款期限内的最高利率。

“（C）抵押贷款保险。依据第（4）项规定计算的总折扣点和费用应当排除：

“（i）联邦或者州政府机构提供的任何保险费；

“（ii）不超过任何根据《国家住房法案》第203条（c）款第（2）项（A）分项设立的有效保险单的支付额，只要规定保险、报酬或者费用可以按比例返还或者一经通知其所赖以建立的抵押贷款已经得到支付则自动返还；以及

“（iii）交易完成后消费者支付的任何保险费。”

（b）百分点的调整。修订《真实借贷法案》第130条（aa）款第（2）项，删除（B）分项并插入以下新的分项：

“（B）根据（A）分项作出的任何增加或者减少：

“（i）不会导致第（1）项（A）分项（i）则（I）分则里的百分点低于6%或者高于10%；以及

“（ii）不会导致第（1）项（A）分项（i）则（II）分则里的百分点低于8%或者高于12%。”

（c）百分点与费用的定义

（1）概述。《真实借贷法案》第103条（aa）款第（4）项修订如下：

（A）删除（B）分项并插入：

“（B）消费者或者债权人从任何来源直接或者间接支付给抵押贷款发起人的全部报酬，包括桌面融资交易中同也是债权人的押贷款发起人;”；

（B）把（D）分项重新编号为（G）分项；以及

（C）在（C）分项之后插入以下新的分项：

“（D）交易完成之时或之前支付给生命信贷、残疾信贷、失业信贷，或者财产保险信贷，或者任何其他事故、失去收入、生命或者健康保险费或者报酬；或者任何直接或间接对任何取消债务或者中止协议或合同的支付，除非按月全额计算并支付的保险费或者取消债务或者中止费用

不得被视为由该债权人融资；

“（E）可以根据信用交易条件收取的提前支付费用或者罚金的最高额；

“（F）消费者产生的所有提前支付费用或者罚金，如果该贷款是对同一债权人或其附属机构发放的或者当前持有的贷款进行的再融资；以及”。

“（2）无期限消费信用计划折扣百分点与费用的计算。《真实借贷法案》第103条（aa）款修订如下：

（A）把第（5）项更改为第（6）项；以及

（B）在第（4）项之后插入以下新项：

“（5）无期限消费信用计划折扣百分点与费用的计算。对于无期限消费信用计划，就本条与第129条而言，计算折扣百分点与费用，应当加上交易结束时或之前包括根据信用交易条件收取的提前还贷罚金最高额的总折扣百分点与费用，再加上消费者可能被要求为了支取总信贷额而支付的额外的最低费用。”

（d）*真实折扣贷款的折扣点*。修改《真实借贷法案》第103条（cc）款，（第1401条已增加）之后插入以下：

“（dd）*真实折扣点与提前还贷罚金*。就确定（aa）款规定的折扣点和提前还贷罚金而言，下列第（1）项或第（2）项中的某一项，但不是两项，数额应当扣除：

“（1）消费者就抵押贷款要获得达到和包括两个真实折扣点，只有在抵押贷款折扣利率不超过以下利率的1个百分点：

“（A）第129C条规定的平均拆借优惠利率；或者

“（B）如果是以个人房地产担保，则为《国家住房法案》第1章规定的与保险相关的贷款平均利率。

“（2）除非已经根据第（1）项扣除了1个真实折扣点，消费者要因抵押贷款获得达到和包括两个真实折扣点，当且仅当作为抵押贷款折扣利率不超过下列利率的2个百分点：

“（A）第129C条规定的平均拆借优惠利率；或者

“（B）如果是以个人房地产担保，则为《国家住房法案》第1章规定的与保险相关的贷款平均利率。

“（3）就第（1）项而言，‘真实折扣点’是指消费者有意支付的贷款折扣点，旨在降低，而且实际上造成了真实降低可适用于该抵押贷款的贷款利率或者时间价格差。

“（4）第（1）项与第（2）项不得适用于运用购买利率降低的折扣点，

除非购买的利率降低的数额与二级抵押市场交易设立的行业规范以及惯例有合理的一致性。”

第 1432 条 对现行某些抵押贷款条件的修订

（a）提前还贷罚金条款。废除《真实借贷法案》第 129 条（c）款第（2）项。

（b）无最后一期大额支付。《真实借贷法案》第 129 条（e）款修改如下：

“（e）无最后一期大额支付。高成本抵押贷款不能包括一个超过以前安排的分期支付平均值的两倍的分期支付。如果支付表根据消费者的季节性或者不规则收入进行调整则本款不适用。”

第 1433 条 某些抵押贷款的额外条件

（a）某些抵押贷款的额外条件。《真实借贷法案》第 129 条修订如下：

（1）重新调整（j）款、（k）款、（l）款以及（m）款，分别调整为（n）款、（o）款、（p）款以及（q）款；并且

（2）在（i）款之后插入下列新款：

“（j）建议违约。债权人不得建议或者鼓励对现有贷款或者其他债务在一个对该现有贷款或者债务进行再融资的高成本抵押贷款缔结或者计划缔结之前或者为此而违约。

“（k）迟延费

“（1）概述。债权人不能对高成本抵押贷款收取迟延支付费：

“（A）数额超过以往到期支付额的 4%；

“（B）除非贷款文件明确规定支付这种费用；

“（C）在支付到期日起 15 日之前，或者如果是每期利率提前支付的贷款，在支付到期日起 30 日之前；或者

“（D）对 一次迟延支付超过一次收取。

“（2）与后续迟延费协调。如果本来可以在有效期内全额支付，并且在期满时或者宽限期内得到支付；唯一的拖欠债务或者支付不足是因为比照早期的支付数额收取了迟延费或者拖欠费，则不应当对这种支付收取迟延费或者拖欠费。

“（3）未能支付分期支付贷款。如果，贷款协议的条款规定任何支付应当优先支付到期本金金额，消费者没有支付分期付款而且消费者后来恢复支付分期付款，但是没有支付所有的过去到期的分期付款额，债权人可以对每一笔到期本金收取单独的延期付款费（不因迟延费或者相关费用扣除）直到违约得到纠正。

“(l) 加速还贷。高成本抵押不能含有允许债权人加速债务到期的条款，除非因为支付违约或者根据出售到期条款，或者根据对贷款文件上一些与支付时间表无关的其他一些规定造成实质违约而加速偿还贷款。

“(m) 限制对折扣点与费用融资。债权人不应直接或者间接对与任何高成本抵押贷款有关的下列各项进行融资：

“(1) 任何消费者在再融资交易中支付的提前偿付费或者罚金，如果债权人或者其附属机构是作为再融资工具票据的票据持有人。

“(2) 任何折扣点或者费用。”

(b) 禁止规避。《真实借贷法案》第129条(q)款之后加上如下新的一款，修改如下：

“(r) 对逃避、交易设计或者互惠协议的禁止。债权人不能针对高成本抵押贷款采取下列任何行动：

“(1) 为了或者意图逃避本章的规定，把贷款交易设计成无期限的贷款计划或者其他形式的贷款；或者

“(2) 为了或者意图逃避本章的规定，把贷款交易分割成不同的部分。”

(c) 修改或者延期费。修订《真实借贷法案》，在第129条(r)款(本条(b)款已增加)之后插入以下新款：

“(s) 修改与延期费的禁止。债权人、利益继承人、受让人或者以上任何人的代理人不能向消费者收取用来修订、延长有效期、展期或者修改高成本抵押贷款或者根据该抵押贷款条款延迟支付期的任何费用。”

(d) 收益表。修订《真实借贷法案》第129条，在(s)款(本条(c)款已增加)之后插入以下新款：

(t) 收益表

“(1) 费用

“(A) 概述。除了(B)分项规定外，债权人或者服务商不能对向任何人提供通知信息或者向其传递支付尚未支付的高成本抵押贷款的余额而收取费用。

“(B) 交易费用。如果(A)分项所指的支付信息由传真或者快递提供，债权人或者服务商可以收取处理费，以便补偿传递或者服务的成本；处理费数额不能超过为消费者以其主要住宅担保和非高成本抵押的消费信贷交易提供的类似服务所支付的可比较费用的数额。

“(C) 费用披露。在收取(B)分项规定的交易费用之前，债权人或者服务商应当披露依据(A)分项可以免费得到支付余额的信息。

“(D) 多种要求。如果债权人或者服务商在一个日历年的四个场合中免费提供了(A)分项所指的支付信息，不包括(B)分项规定的交易

费用，债权人或者服务商可以在该日历年的其余时间内因提供这种信息而收取费用。

“（2）迅速交付。应当在接到消费者或其授权获得该信息的人的要求之后5个工作日之内提供支付余额。”

（e）要求贷款前咨询。修订《真实借贷法案》，在第129条（t）款之后插入以下新款：

“（u）贷款前咨询

“（1）概述。债权人未收到来自住房与城市发展部批准的顾问的认可证明，或者由州住房融资机构自行决定，认为消费者已经就抵押贷款的合意性得到咨询，不能向该消费者提供高成本信贷。这种顾问不得是该债权人或者其附属机构雇用的，也不能与该债权人有关联关系。

“（2）咨询之前所要求的披露。顾问不能证明消费者已经就高成本抵押的合意性得到咨询，除非该顾问能够证实消费者已经收到本条或者《1974年房地产交割程序法案》所要求的与交易有关的各项陈述（与贷款有关）。

“（3）规章。联邦储备理事会可以制定其认为对于执行第（1）项要求是适当的规章。”

（f）纠正与非故意违反。修订《真实借贷法案》第129条，在（u）款（（e）款已增加）之后插入以下新款：

“（v）纠正与非故意违反。高成本抵押贷款的债权人或者受让人，如果秉承善意行为，但未能遵照本条规定，将不会被认为违反这些规定，如果该债权人或者受让人能够证实下列任何一项：

“（1）自贷款成立之日起30天内并且在提起诉讼之前，消费者被告知或者发现违反事项，作出适当的赔偿以及任何必要的调整，由消费者选择：

“（A）使贷款符合本章的要求；或者

“（B）在高成本抵押贷款中，贷款条件的改变有益于消费者，以致该贷款不再是高成本抵押贷款；或者

“（2）债权人发现或者收到关于非故意违反或者善意错误的通知之日起60天内，并且在提起诉讼之前，消费者也被告知该违反事项，作出适当的赔偿以及任何必要的调整，由消费者选择：

“（A）使贷款符合本章的要求；或者

“（B）在高成本抵押中，贷款条件的改变有益于消费者，以致使该贷款不再是高成本抵押贷款。”

第四节　住房咨询办公室

第1441条　简称

本节可以被引述为《通过咨询拓展并保留房屋所有权法案》。

第1442条　设立住房咨询办公室

修订《住房与城市发展法案》第4条，在末尾增加以下新款：

“（g）住房咨询办公室

“（1）设立。在住房与城市发展部设立住房咨询办公室。

“（2）主任。设立住房咨询主任职位。住房咨询办公室主任应当由部长任命并向部长汇报工作。这种职位应当是永业保留的高级行政服务职位。

“（3）职能

“（A）概述。住房咨询主任对部里有关住房所有权咨询和房屋租赁咨询的一切事务负主要责任：

“（i）与咨询相关的研究、补助金管理、公众宣称与政策开发；以及

“（ii）依据部里执行的法律和程序对与住房咨询、房屋所有权咨询（包括房屋维修）、抵押贷款相关的咨询（包括旨在避免取消抵押赎回权的住房权益转换抵押贷款与信贷保护选择权）以及房屋租赁咨询相关的所有规章、规定、标准与绩效指标的设立、协调与管理，包括与住房咨询相关的规定、标准与绩效指标。

“（B）具体职能。主任应当执行根据本条以及其他任何法律条文分派给主任与办公室的职能。这种职能应当包括为下列事项建立必要的规则：

“（i）根据《1968年住房与城市发展法案》第106条（g）款第（1）项规定的咨询程序；

“（ii）执行《1968年住房与城市发展法案》第106条（g）款规定给部长的所有其他职能，包括设立、运营及公布依据本条第（2）项规定的免费电话号码的使用；

“（iii）分发《1974年房地产交割程序法案》第5条规定的住房购买手册；

“（iv）执行《1968年住房与城市发展法案》第106条（e）款规定的认证程序；

"（v）执行《1968 年住房与城市发展法案》第 106 条（a）款第（4）项规定的协助程序，包括申请选择得到协助的标准；

"（vi）执行任何部长认为适当的职能，防止与住房抵押贷款相关的滥用、欺骗或者不道德的行为，应当包括根据《通过咨询拓展与保护房屋所有权法案》第 6 条开展研究；

"（vii）负责根据本款第（4）项设立的咨询委员会的运作；

"（viii）与以社区为基础建立的具有住房咨询领域相关专业知识的组织合作；以及

"（ix）规定在缺乏充分服务的地区，包括缺乏基本的供水与排水系统、电力服务以及安全卫生的住房的地区，建立提供住房咨询的能力。

"（4）咨询委员会

"（A）概述。部长应当安排一个咨询委员会提供有关主任履职的建议。

"（B）成员。该咨询委员会的成员不得超过 12 人，而且委员会的全体成员应当平等地代表抵押贷款与房地产行业，包括由部长认证的消费者与住房咨询机构。

"（C）任期。除（D）分项规定外，咨询委员会的每一位成员应当任期三年。成员再任可以由部长自行决定。

"（D）首次任命的成员任期。由部长任命的第一次进入咨询委员会的成员中，有 4 人任期应当为 1 年，还有 4 人任期应当为 2 年。

"（E）禁止报酬、允许交通费。根据《美国法典》第 5 章第 57 篇 I 分篇，咨询委员会的成员应当提供无偿服务，但应当获得交通费，包括每日的生活补贴。

"（F）仅限咨询角色。咨询委员会不得担当审查或者许可住房咨询的职责。

"（5）房屋所有权咨询的范围。主任在执行其职责时，应当确保住房与城市发展部的职责、活动或者程序所规定，或与其相关，或者以其为依据的房屋所有权咨询能够解决房屋所有权的全部程序，包括决定购房、住房的选择与购买、影响房屋所有权的期限或者在该期限内产生的问题（包括再融资、违约或者取消赎回权，以及其他融资决定），以及对房屋进行出售或者其他处置。"

第 1443 条　咨询程序

（a）概述。修订《1968 年住房与城市发展法案》第 106 条，在末尾增加以下新款：

“（g）程序与活动

“（1）咨询程序。

“（A）概述。部长应当设立、协调并监督住房与城市发展部对住房所有权咨询与住房租赁咨询程序的执行，咨询由住房与城市发展部的计划规定，包括与住房所有权以及住房租赁咨询有关的所有条件、标准以及绩效指标。

“（B）住房所有权咨询。就本款而言，而且在本分项所指的规定中使用时，‘住房所有权咨询’是指与住房所有权和住房抵押贷款有关的咨询。这种术语包括如下各项中规定的与住房所有权和住房抵押贷款有关的咨询：

“（i）《1974年住房与社区发展法案》第105条（a）款第（20）项；

“（ii）在《1937年美国住房法案》中：

“（I）第9条；

“（II）第8条（y）款第（1）项（D）分项；

“（III）第18条（a）款第（4）项（D）分项；

“（IV）第23条（c）款第（4）项；

“（V）第32条（e）款第（4）项；

“（VI）第33条（d）款第（2）项（B）分项；

“（VII）第18条（a）款第（4）项（D）分项；以及

“（VIII）第304条（c）款第（4）项；

“（iii）美国《2000年房屋所有权与经济机会法案》第302条（a）款第（4）项（D）分项；

“（iv）《格兰斯通—冈萨雷斯国家可支付住房法案》第233条（b）款第（2）项与第258条（b）款；

“（v）本条与《1968年住房与城市发展法案》第101条（e）款；

“（vi）《1990年低收入住房保护与居民住房所有权法案》第220条（d）款第（2）项（G）分项；

“（vii）《格兰斯通—冈萨雷斯国家可支付住房法案》第422条（b）款第（6）项，第423条（b）款第（7）项，第424条（c）款第（4）项，第442条（b）款第（6）项与第443条（b）款第（6）项；

“（viii）《麦肯尼—范特无家可归者资助法案》第491条（b）

款第（1）项（F）分项（iii）则；

“（ix）《1996年美国原住民住房与自治法案》第202条第（3）项与第810条（b）款第（2）项；

“（x）在《国家住房法案》中：

“（I）在第203条（b）款第（2）项里没有标明的倒数第二段，（c）款第（2）项（A）分项，与（r）款第（4）项；

“（II）第237条（a）款与（c）款第（3）项；以及

“（III）第255条（d）款第（2）项（B）分项与（m）款第（1）项；

“（xi）《1949年住房法案》第502条（h）款第（4）项（B）分项；

“（xii）《1970年住房与城市发展法案》第508条；以及

“（xii）《1992年能源政策法案》第106条。

“（C）房屋租赁咨询。就本款而言，‘房屋租赁咨询’是指与住房财产的租赁有关的咨询，可以包括针对未来房屋所有权机会的咨询以及向租房者或者预期租房者提供转介，并且必须包括按照以下规定的相关咨询：

“（i）《1974年住房与社区发展法案》第105条（a）款第（20）项；

“（ii）在《1937年美国住房法案》中：

“（I）第9条（e）款；

“（II）第18条（a）款第（4）项（D）分项；

“（III）第23条（c）款第（4）项；

“（IV）第32条（e）款第（4）项；

“（V）第33条（d）款第（2）项（B）分项；以及

“（VI）第302条（b）款第（6）项。

“（iii）《格兰斯通—冈萨雷斯国家可支付住房法案》第233条（b）款第（2）项；

“（iv）《1968年住房与城市发展法案》第106条；

“（v）《格兰斯通—冈萨雷斯国家可支付住房法案》第422条（b）款第（6）项；

“（vi）《麦肯尼—范特无家可归者资助法案》第491条（b）款第（1）项（F）分项（iii）则；

“（vii）《1996年美国原住民住房与自治法案》第202（3）条与第810条（b）款第（2）项；

“（viii）《1937 年美国住房法案》第 8 条项下的租赁协助程序。

“（2）资料标准。部长，经与住房与城市发展部依据（g）款第（4）项设立的咨询委员会协商，应当建立资料和表格的标准，供提供住房所有权咨询服务，包括任何根据（a）款第（4）项接受资助者的组织，在适当条件下使用。

“（3）抵押贷款软件系统

“（A）认证。部长应当为消费者提供各种电脑软件程序认证，用来评价不同的住房抵押贷款建议。部长应当要求针对这种认证的电脑软件系统考虑：

“（i）消费者的财务状况以及保有住宅的成本，包括保险、税收与设备；

“（ii）消费者预期保有住宅的时间或者贷款到期的预期期限；以及

“（iii）部长认为对于帮助消费者在贷款申请过程中，评估是否应当支付折扣点、锁定利率、选择可调整的或者固定的利率、选择普通的或者政府担保或者保险的贷款，或者作出其他选择的其他适当因素。

如果部长确定当前可获得的软件在住宅按揭贷款申请过程中不足以帮助消费者，部长应当安排私人软件公司开发新的满足部长具体要求的抵押贷款软件系统。

“（B）使用与最初的可用性。这种认证的电脑软件程序应当用于辅助而非替代住房咨询。部长应当规定这种软件最初只能用于协助根据（e）款认证的住房咨询师。

“（C）可用性。经过（B）款规定的部长认为适当的最初可用性期限之后，部长应当采取合理的步骤使得根据本项认证的抵押贷款软件系统广泛地在互联网上以及在公共场所，包括公共图书馆、老年人中心、公共住房地点、管理房屋租赁协助票证的公共住房机构办公室，以及在住房咨询中心能够广泛可用。

“（D）遵守预算。本项仅适用于执行本项的预算金额在适当的法案中可以预支的范围。

“（4）旨在推广住房咨询的全国公共服务多媒体宣传运动。

“（A）概述。住房咨询主任应当开发、实施与开展全国公共服务多媒体宣传运动，旨在使面临取消抵押赎回权者、考虑使用次优抵押贷款购房者、老年人、语言障碍者、低收入者、少数民族以及其他潜在弱势消费者知晓，在寻求或者保有住房抵押贷款之前有必要从一个公正可信的渠道获得住房所有权咨询，而且可以得到有关住房所有权咨询，包括借助住房与城市发展部提供的援助项目。

“（B）联系信息。根据（A）款的规定，多媒体宣传运动的每一部分都应当免费公布住房与城市发展部的电话号码与网址，以便寻求住房咨询者可以在其所在的州找到由住房与城市发展部认证的住房咨询机构，并针对买房、租房、违约、取消抵押赎回权、信用问题以及反向抵押贷款提供建议。

“（C）授权拨款。授权部长在2009、2010、2011财政年度拨款，总金额不超过3,000,000美元，用于根据本项规定开发、实施与开展全国公共服务多媒体宣传运动。

“（D）取消抵押赎回权拯救教育程序。

“（i）概述。根据（C）款授权划拨款项的十分之一应当用于给住房咨询主任在取消抵押赎回权集中的地区开展教育活动。这种活动应当包括直接向这些地区的人邮寄描述下列事项的材料：

“（I）避免取消抵押赎回权拯救上的诈骗；

“（II）避免掠夺性贷款抵押协议；

“（III）避免营利性取消抵押赎回权咨询服务；以及

“（IV）住房与城市发展部认证的地方咨询资源。

“（ii）项目重点。为了执行（i）则描述的教育项目，住房咨询主任还应当重点为那些退休人员比率高的社区或者低收入少数族群社区服务。

“（iii）术语定义。就本分项而言：

“（I）高比例取消抵押赎回权地区。该名词是指房屋取消抵押赎回权比率最高的大都市统计地区（管理与预算办公室主任定义的地区）。

“（II）退休人员比率高的社区。该名词是指居民年龄超过65周岁的比率最高的大都市统计地区（管理与预算办公室主任定义的地区）。

“（III）低收入少数族群社区。该名词是指既是少数族群又是低收入人群的比率比一般比率高的地区，按照住房咨询主任的定义。

“（5）教育项目。部长应当向州、一般地方政府的部门以及非营利组织，针对设立运营教育项目提供咨询与技术资助，包括协助开发教育项目的内容与材料，以便向消费者提供资讯并教育消费者，尤其是那些在住房抵押贷款方面最脆弱的群体（如老年人、少数族群以及其他潜在的弱势消费者）。资讯与教育的内容包括住房抵押贷款、抵押再融资、住房权益贷款、住房维修贷款，以及在适当的地区与获得洪水或者其他灾难保险相关的任何条件与成本。”

“(b) 与授权住房所有权咨询组织程序的一致性修订。《1968 年住房与城市发展法案》第 106 条（c）款第（5）项（A）分项（ii）则修订如下：

(1) 在（III）分则，删除末尾的“以及”；

(2) 在（IV）分则，删除末尾的句号，并插入“；以及”；以及

(3)) 在（IV）分则之后插入以下新的分则：

“（V）通知住房或者抵押贷款申请人可以得到（g）款第（3）项规定的抵押贷款软件系统。”

第 1444 条 对住房咨询的资助

修订《1968 年住房与城市发展法案》第 106 条（a）款，在末尾增加以下新项：

“（4）住房所有权与租赁咨询资助。

“（A）概述。部长应当向住房与城市发展部所批准的住房咨询机构与州住房融资机构提供资金资助。

“（B）合格机构。部长应当建立合格机构的标准和指南（包括政府与非营利性组织），以便依据本项获得符合（D）分项规定的资助。

“（C）资助的分配。根据本项获得的资助应当按照鼓励有效率并且成功的咨询程序，而且确保向传统上获得这种服务水平较低的乡村地区，包括获取互联网资源不足的地区，分配足额的资助。在分配这些资助时，部长可以优先考虑向取消抵押赎回权比率高的地方提供服务的机构。

“（D）分配资助的限制

“（i）概述。本款规定的数额不得分配给：

“（I）被判违反联邦法律有关联邦办公室选举的任何组织；或者

“（II）雇用可适用个人的任何组织。

“（ii）可适用个人的定义。在本分项里‘可适用个人’是指任何个人：

“（I）是指：

“（aa）按照永久性或者临时性能力受雇于该组织；

“（bb）被组织合约聘用或者保留；或者

“（cc）代表该组织或者经其明示授权行事；以及

“（II）被判违反联邦法律有关联邦办公室选举的。

“（E）提供资助程序。为了执行本项规定的资助，部长应当考虑适当的方式简化并改善资助申请、审查、批准以及奖励的程序。

“（F）批准拨款。批准从 2009 年到 2012 年美国财政年度拨款 45,000,000 美元，用于以下事项：

“（i）住房与城市发展部住房咨询办公室的运作；

“（ii）（g）款第（2）项到第（5）项规定的住房咨询主任的责任；以及

“（iii）向根据本项提供住房所有权与租赁咨询服务的组织提供资助。”

第 1445 条　使用住房与城市发展部项目下的 HUD 认证的咨询师的要求

《1968 年住房与城市发展法案》第 106 条（e）款修订如下：

（1）删除第（1）项并插入以下新项：

“（1）资助条件。一个组织不能根据（a）款第（1）项（iii）则、（a）款第（2）项、（a）款第（4）项、（c）款或者（d）款；或者第 101 条（e）款得到咨询活动的资助，除非该组织或者代表该组织提供咨询的个人已经被部长根据本款认定有能力提供这种咨询。”

（2）在第（2）项中：

（A）在第一句末句号之前插入“以及为认证组织”；以及

（B）在第二句，删除“为认证”并插入“，为了给一个组织认证，该组织通过每一个个人提供认证业务，应当证明，而且为了给个人提供证明”；

（3）在第（3）项，在“个人”之前插入“组织”；

（4）把第（3）项重新编号为第（5）项；以及

（5）在第（2）项之后插入以下新项：

“（3）住房与城市发展部项目要求。任何住房与城市发展部执行的项目要求的或者与其相关的住房所有权咨询或房屋租赁咨询（由（g）款第（1）项定义），应当由部长依据本款认定为有资格提供这种咨询的组织或者咨询师提供。

“（4）延伸。部长应当采取其认为适当的行动以便确保提供房屋所有权咨询或者租赁咨询的个人或者组织知道本款的认证条件和标准，以及（f）款规定的培训和认证程序。”

第 1446 条　违约与取消抵押赎回权研究

住房与城市发展部长应当对违约和取消抵押赎回权的根本原因开展广泛的研

究，尽量运用可得的经验数据。该研究还应考察第三方代管账户在帮助优级与次级贷款借款人避免违约和取消抵押赎回权方面所起的作用，以及对抵押贷款，包括用于交易抵押贷款的抵押，进行电脑登记的作用。自本法颁布之后 12 个月内，部长应当向国会提交一份关于该研究的初期报告。自本法颁布之后 24 个月内，部长应当提交一份关于该研究的最终报告，报告包括任何有关该研究的立法建议、最佳实践建议以及识别最需要咨询的群体的程序的建议。

第 1447 条　违约与取消抵押赎回权数据库

（a）设立。住房与城市发展部长与消费者金融保护局局长，经过与负责监管住房抵押贷款与服务业务的银行与金融机构的联邦机构咨询，应当设立和维护一个数据库，处理有关一至四个单元住宅资产的抵押贷款取消抵押赎回权或违约的信息，并依据（e）款使这些信息向公众开放。

（b）人口统计区数据。数据库里的信息应当在户口区的基础上采集、加总并使公众可知。

（c）要求。通过数据库采集并公布的数据应当包括：

（1）延迟支付超过 30 天的抵押贷款的数目以及百分比；

（2）延迟支付超过 90 天的抵押贷款的数目以及百分比；

（3）房地产所属的资产的数目以及百分比；

（4）处于取消抵押赎回权程序中的抵押贷款的数目以及百分比；

（5）未支付的本金债务的数额大于担保贷款的财产的价值的抵押贷款的数目以及百分比；以及

（6）住房与城市发展部长和消费者金融保护局局长认为适当的其他信息。

（d）规则释义。本条的任何内容均不得被解释为鼓励歧视性的或者不合理的分配信用或者贷款的政策或者实践。

（e）隐私与保密。在设立并维护（a）款所描述的数据库时，住房与城市发展部长和消费者金融保护局局长应当：

（1）遵守联邦机构为保护个人身份的信息的保密性以及数据的安全与完整性而建立的标准；

（2）采取必要的措施遵守第（1）项所描述的数据完整与安全标准；以及

（3）为了保护隐私与秘密，根据第 1022 条（c）款第（5）项、第（6）项以及依据这些项所制定的规则，采集并公布本条规定的信息。

第 1448 条　有关咨询项目的定义

《1968 年住房与城市发展法案》第 106 条，在经过本节前面修订之后，在末尾增加以下新款：

“（h）定义。就本条而言：

“（1）非营利性组织。‘非营利性组织’适用《格兰斯通—冈萨雷斯国家可支付住房法案》第104条第（5）项给出的定义，除了该条（D）分项不适用于本条之外。

“（2）州。‘州’是指美国各州，波多黎各联邦、哥伦比亚特区、北马里亚纳岛联邦、关岛、维京岛、美国瑟幕群岛、太平洋托管地，或者美国的其他领地。

“（3）普通地方政府单位。‘普通地方政府单位’是指任何城市、县、镇、乡村或者其他的州所属的政治单位。

“（4）住房与城市发展部批准的咨询机构。‘住房与城市发展部批准的咨询机构’是指下列的一个私营或者公共的非营利性组织：

“（A）根据《1986年国内税收法典》第501条（c）款享有豁免；并且

“（B）由部长认证提供住房咨询服务。

“（5）州住房融资机构。‘州住房融资机构’是指任何根据州法具体创设的公共组织、机构或者工具，它们得到授权为在整个州范围内通过拿地、建造或者整修而提供住房或者相关设施的活动进行融资。”

第1449条 接受资助者的问责与透明度

《1968年住房与城市发展法案》第106条，在经过本节前面的修订之后，在末尾增加下列内容：

“（i）资助接受者问责

“（1）资金跟踪。部长应当：

“（A）建立并维护一个系统以确保任何收到资助的组织或实体根据本条、本条项下发布的规章以及任何提供这些资助所设定的要求或者条件使用所资助的金额；以及

“（B）要求任何组织或者实体，作为得到任何资助的条件，同意遵守部长应当设立的与该资助有关的条件，这些条件应当包括：

“（i）在向这些组织或者实体提供资助的期限内适当的定期财务与授权活动汇报、记录保存以及审计要求，以确保遵守本条的限制或者要求、本条项下发布的规章以及任何提供资助所设定的要求或者条件；以及

“（ii）部长认为对于确保适当的管理与合规所必要的任何其他条件。

“（2）资金的不当使用。如果部长认定任何得到资助的组织或实体使用资助的方式严重违反本条、根据本条发布的规章或者任何提供这种资助所设定的要求或者条件：

“（A）部长应当在确定存在违规行为之日起的12个月内要求该组织或者实体向部长支付违规使用资金的数额，并向部长返还余下没有使用或者尚未决定使用的数额；以及

“（B）该组织或者实体此后将永远丧失申请或者得到任何进一步资助的资格。

本项提供的救济措施是任何可能根据法律可以得到的其他措施之外的额外救济。

“（3）涵盖的资助。‘涵盖的资助’在本款意指根据本款提供的任何拨款或者其他金融协助。”

第1450条　抵押贷款信息手册的更新与简化

《房地产交割程序法案》第5条修订如下：

（1）在本条的抬头部分，删除“特殊”并插入“购房”；

（2）删除（a）款、（b）款并插入以下新款：

“（a）准备与分配。消费者金融保护局局长（以下简称‘局长’）应当至少每五年一次准备一份手册，帮助申请联邦相关的抵押贷款的消费者理解房地产结算服务的本质与成本。局长应当用其认为适当的不同语言与文化风格制作手册，以便手册可以被不同种族和文化背景的购房者理解和使用。局长应当向发放联邦资助的抵押贷款的贷款人分发手册。局长还应当向贷款人按照地区分发根据《1968年住房与城市发展法案》第106条（e）款所认证的房屋所有权咨询师名单，用于遵守本条（c）款的规定。

“（b）内容。每份手册的形式与细节应当由局长规定，而且在局长可能规定的其他信息之外，应当用简单易懂的语言包括下列信息：

“（1）对房地产结算或者联邦相关的抵押贷款带来的成本的本质与目标进行描述和解释。描述和解释应当既提供关于抵押贷款程序的一般信息，也提供至少关于以下方面的具体信息：

“（A）最后一期特大额支付；

“（B）提前还贷支付罚金；

“（C）提前还贷的好处；以及

“（D）贷款交割成本与贷款存续期间利率的权衡。

“（2）第4条规定的统一贷款交割陈述书的解释与样本。

“（3）贷款方法的清单与解释，包括《真实借贷法案》或者其他有效的

联邦法案所禁止的贷款方法；其他不公平做法以及预期的与房地产交割相关的买方应当避免的不合理或不必要的收费。

“（4）获得联邦相关的抵押贷款的消费者应当提出的关于贷款问题的清单与解释，包括消费者是否有能力偿还贷款，消费者是否经过充分选择之后拿到贷款，贷款条款是否包含最后一次特大额支付以及提前还贷支付罚金，以及贷款能否使借款人受益。

“（5）对《真实借贷法案》第125条和第129条规定的某些交易的撤销权的解释。

“（6）简要解释可变利率抵押贷款的本质以及对局长公布的标题为‘可调整利率抵押贷款消费者手册’的参考，或者对局长以后可能根据本条采纳的这种手册的任何替代品的参考。

“（7）简要解释房屋权益信贷的本质以及对根据《真实借贷法案》第127条要求提供的小册子的参考。

“（8）根据《1968年住房与城市发展法案》第106条（a）款第（4）项可得到的住房所有权咨询服务的信息，建议消费者使用这种服务，通知本地区住房所有权咨询服务提供者的名册以及他们的联系信息。

“（9）解释住宅不动产担保的贷款使用的第三方账户的性质与目标以及本法第10条对这种账户的规定。

“（10）解释住宅不动产买方在选择提供房地产交割必要服务的人时可以得到的选择。

“（11）解释消费者在交易中的责任与义务。

“（12）解释房地产评估的本质与目标，包括评估与房屋检查之间的区别。

“（13）通知住房与城市发展部住房办公室已经公布了一个关于贷款欺诈的手册以及得到这份手册的互联网地址和免费电话号码。

根据本条制作的手册应当考虑美国不同州和地区之间以及同一个州和地区的不同下属行政单位之间房地产交割程序的不同。”

（3）在（c）款，在末尾增加：“每一位贷款人应当除手册之外还有一个合理全面的或者更新的名单，名单包含根据《1968年住房与城市发展法案》第106条（e）款认证的并居住在贷款人所在地区的住房所有权咨询师。”；以及

（4）在（d）款，在第一句话句号之后插入：“贷款人应当提供最适合于接受者版本的手册。”

第1451条　房屋检查咨询

（a）公众宣传

（1）概述。住房与城市发展部部长（以下简称“部长”）应当采取可能必要的行动，通知潜在的购房者可以获得独立的房屋检查及其重要性。这些行动包括：

（A）用英语和西班牙语公布 HUD/FHA 表格 HUD 92564—CN，标题为“为了保护您自己：获得房屋检查”；

（B）用英语和西班牙语公布 HUD/FHA 手册，标题为“为了保护您自己：获得房屋检查”；

（C）用英语和西班牙语制作并公布 HUD/FHA 手册，标题为“为了保护您自己：获得房屋检查”，但该手册部提供 FHA 保险的房屋的索引；以及

（D）用英语和西班牙语公布 HUD 文件，标题为“向您的房屋检查员提出的十个最重要的问题”。

（2）可得性。部长应当使第（1）项规定的材料能够通过电子方式获得，而且在适当的条件下，借助住房与城市发展部的房屋购买咨询公共服务公告与免费热线电话告之潜在的购房者材料的可得性。部长应当特别关注和努力把这些资料传递给首次贷款且低收入的购房者。

（3）更新。部长可以在其认为适当的情况下，定期更新并修改这些资料。

（b）要求联邦住房管理局（FHA）批准的贷款人。每一位被批准加入《国家住房法案》第 2 章项下的抵押保险的抵押权人应当向预期的购房者在第一次接触时，不论是在预先授予资格、预先批准或者是首次申请时，提供（a）款第（1）项（A）分项、（B）分项与（D）分项规定的资料。

（c）对住房和城市发展部批准的咨询机构的要求。每一个由部长认证提供住房咨询服务的机构应当，作为购房咨询程序的一部分，向其每一位客户提供（a）款第（1）项下（C）分项和（D）分项规定的资料。

（d）培训。住房与城市发展部为住房咨询机构提供的培训，不管是直接由该部提供的还是其他的情况，这种培训应当包括：

（1）告知接受咨询的潜在的购房者获得独立的房屋检查的可获得性与重要性；

（2）提供有关住房检查程序的信息，包括特定检查的原因，如对氡、铅含量的粉刷标准；

（3）为潜在的购房者提供如何锁定并选择合格的住房检查者的信息；以及

（4）审查该部的住房检查公共外展服务资料。

第 1452 条　警示住房所有人取消抵押赎回权救助的欺诈

（a）对社区再投资公司提供资助。尽管有本法其他条款规定，根据《1968 年

住房与城市发展法案》第106条（a）款第（4）项规定，任一财政年度可以得到的款项数额，10%专门用于资助社区再投资公司的活动，社区再投资公司经过咨询住房抵押贷款服务商，通知延迟偿还到期贷款的借款人，使之知晓与取消抵押赎回权有关的欺诈活动的危险。

（b）通知。社区再投资公司经过咨询住房抵押贷款服务商，应当使用（a）款规定的金额开展活动，通知住房抵押贷款的借款人：

（1）取消抵押赎回权程序很复杂而且可能很难理解；

（2）在取消抵押赎回权过程中借款人可能对挽救其房屋与他人接洽；他们应当在交易中保持警惕；

（3）有提供关于取消抵押赎回权程序的信息的联邦政府与非营利性机构，包括住房与城市发展部；

（4）他们应当立刻与其贷款人联系，与住房与城市发展部取得联系，以便找到该部认证的住房咨询机构帮助避免取消抵押赎回权，或者访问该部的网站查找避免取消抵押赎回权的办法；以及

（5）贷款服务商或者继承人的电话号码，住房与城市发展部热线电话号码，住房与城市发展部网站地址，以便得到住房咨询以及避免取消抵押赎回权的办法。

第五节　抵押贷款服务

第1461条　与某些消费者信贷交易相关的第三方托管和扣押账户

（a）概述。修订《真实借贷法案》第2篇，在第129C条（第1411条已增加）之后插入以下新条：

“§129D条　与某些消费者信贷交易相关的第三方托管或者扣押账户

“（a）概述。除（b）款、（c）款、（d）款或（e）款规定外，债权人在与消费者以主要住宅作为第一抵押权进行消费信贷交易，而不是无期限信贷计划或者反向抵押贷款的消费信贷交易的过程中，应当在交易成立之前设立一个第三方托管或者扣押账户。该账户用于支付税收与灾害保险以及，如果适用，洪水保险、抵押保险、地面租金以及任何其他与财产或者贷款条件相关的、本条规定的或者与本条有关的定期支付或者保险。

“（b）要求的场合。除了建立在无期限信用计划或者反向抵押贷款基础上的消费信贷交易之外，可以不要求为支付财产税、保险费或者其他与财产有关的目

的设立保管、信托或者其他种类的账户，作为达成房地产销售合同或者以债务人用主要住宅作为第一信托或者抵押契据的贷款的条件，除非：

“（1）联邦或州法要求为这种目的设立这种保管、信托或者其他种类的第三方托管或者扣押账户；

“（2）州或联邦政府贷款或保险机构发放、担保或保险的贷款；

“（3）以消费者主要住宅作为第一抵押权的信用交易，其原始本金债务数额：

“（A）不超过对原始本金抵押债务规定的最高限额，该抵押贷款对根据《联邦住房贷款抵押公司法案》第305条（a）款第（2）项第六句，以利率设定的当天可适用的住房型号有效；年利率超过第129C条规定的平均拆放优惠利率1.5个或者更高的百分点；或者

“（B）超过对原始本金抵押债务规定的最高限额，该抵押对根据《联邦住房贷款抵押公司法案》第305条（a）款第（2）项第六句，以利率设定的当天可适用的住房型号有效；年利率超过第129C条规定的平均拆放优惠利率2.5个或者更高的百分点；或者

“（4）根据规章的要求。

“（c）豁免。联邦储备理事会可以通过规章对下列债权人豁免（a）款的要求：

“（1）主要在乡村或者服务不足的地区营业；

“（2）加上其所有附属机构的年抵押贷款总额不超过联邦储备理事会规定的限额；

“（3）将其所发起抵押贷款保留在资产组合里；以及

“（4）符合联邦储备理事会可能设定的与本节目标一致的任何资产规模底线和其他标准。

“（d）法定的第三方托管或者扣押账户期间。根据（b）款设立的第三方托管或者扣押账户，从贷款合同成立时起算，应当至少存在5年，除非且直到：

“（1）借款人对担保消费信贷交易的住房拥有足够的权益，以至于不再需要保有私人抵押保险；

“（2）该借款人延迟支付；

“（3）借款人不遵守根据规则设立的法定责任；或者

“（4）作为设立账户基础的抵押终止。

“（e）对由合作社股份担保的贷款或者一个协会必须在其中保有一份主保险单的贷款有限豁免。对由合作社股份担保的贷款不必设立第三方托管账户。对于由住房或者住房单位担保的贷款，如果借款人必须加入一个组织作为获得所有权的条件，而且该组织对住房或者住房单位的所有权人具有债务关系以便保有担保

该住房或者住房单位的主保险单，不必把保险费存在第三方托管账户。

“（f）澄清为不符合法定条件的贷款设立的第三方托管账户。对于（b）款要求未包括的抵押贷款，本条任何规定都不应当被解释为按照下列条件禁止设立托管账户、信托或者其他形式的账户，用于支付财产税、保险费或者与财产有关的其他目的：

“（1）按照贷款双方相互同意的条件；

“（2）根据贷款人或者服务商与借款人之间达成的合同，由贷款人或者服务商自行决定；或者

“（3）根据《1973 年洪水灾难保护法案》第 102 条（d）款规定的向受到监管的贷款机构托管支付洪水保险的条件。

“（g）强制性第三方托管或者扣押账户的管理

“（1）概述。除非本章或者联邦储备理事会的规章另有规定，（b）款规定的第三方托管或者扣押账户应当设立在联邦担保的存储机构或者信用社。

“（2）管理。除非本条或者依据本条制定的规章另有规定，根据本条设立的第三方托管或者扣押账户应当依据以下法律进行管理：

“（A）《1974 年房地产交割程序法案》以及根据该法案制定的规章；

“（B）《 1973 年洪水灾害保护法案》以及根据该法案制定的规章；以及

“（C）担保消费信贷交易的房地产所在州的法律，如果可适用。

“（3）利息支付的准据法。如果可适用的州或者联邦法有规定，每一位债权人应当向消费者支付其持有的本条项下的任何保管、信托或者第三方托管账户金额的利息，按照所适用的州或者联邦法规定的方式支付。

“（4）与《1974 年房地产交割程序法案》相协调的惩罚。如果任何人的任何行为或者疏于行为违反了《1974 年房地产交割程序法案》（RESPA）或者以及根据该法案制定的规章，而且此人已经为此支付了罚金、民事货币赔偿或者其他损害赔偿，该行为或者疏于行为不应当依据本条导致额外的罚金、民事货币赔偿或者其他损害赔偿，除非其还构成对本条的直接违反。

“（h）强制性第三方托管或者扣押账户的信息披露。如果根据（b）款要求设立任何信托或者第三方托管账户，债权人应当，至少在设立此账户的消费信贷交易成立之前的 3 个工作日或者依据规章设立的时间段之内，以书面通知的方式向消费者披露如下信息：

“（1）第三方托管或者扣押账户将在交易成立时设立这个事实。

“（2）交易成立时所需启动第三方托管或者扣押账户的金额。

“（3）交易成立后第一年的估算税收与灾难保险数额，包括洪水保险（如果适用），以及其他任何要求的定期支付或者保险费，这些费用适当反映

担保交易的房地产的应税评估价值，包括任何对不动产改善价值或者将要在不动产产生的价值（不管这种价值是否由交易产生的收益融资）；或者反映财产的重置成本。

“（4）每月支付给第三方托管账户的估算额，用于支付税收、灾难保险（包括洪水保险，如果适用）以及任何其他要求的定期支付或者保险费。

“（5）如果消费者选择未来终止账户，消费者将负责支付所有的税收、灾难保险以及洪水保险（如果适用）以及任何其他要求的建立在财产上的定期支付或者保险费，除非设立了一个新的第三方托管或者扣押账户。

“（6）联邦储备理事会认为对于保护消费者是必要的其他信息。

“（i）定义。就本条而言，以下定义将适用：

“（1）洪水保险。‘洪水保险’是指依据《1968 年国家洪水保险法案》制定的国家洪水保险程序规定的洪水保险险种。

“（2）灾害保险。‘灾害保险’这个术语和担保消费者信贷交易的房地产所在的州的法律所规定的‘灾害保险’、‘房屋所有人保险’、‘灾难保险’或者其他类似术语的意思相同。

（b）豁免与修正。联邦储备理事会可以制定规则修改、增加或者缩减《真实借贷法案》第 129D 条（b）款规定的标准，如果联邦储备理事会认为这些规则符合消费者以及公共利益。

（c）文书性修改。《真实借贷法案》第 2 篇各条目录，在第 129C 条有关内容之后增加：

“第 129D 条　与某些消费者信贷交易相关的第三方托管或者扣押账户”。

第 1462 条　要求对放弃第三方托管账户的消费者的披露通知

修订《真实借贷法案》，在第 129D 条末尾增加以下新款：

“（j）要求对放弃第三方托管账户的消费者的披露通知

“（1）概述。如果：

“（A）没有设立与交易有关的，为支付财产税、保险费或者其他与担保消费信贷交易的财产有关的目的，保管、信托或者其他种类的账户；或者

“（B）消费者与交易关联或者依据任何立法、规章或者合同约定而设立账户之后的任何时间选择，并向债权人或者服务商提供这种选择的书面通知，关闭账户，债权人或者服务商应当向消费者提供及时清晰的书面披露，告知在没有这种账户的条件下该消费者的责任以及处境。

“（2）披露要求。任何根据第（1）项向消费者提供的披露应当包括下列内容：

"（A）有关或者因为在交易时未建立这种账户，或者事后关闭这种账户而产生的有关任何适用的费用或者成本的信息。

"（B）清楚并突出地说明，如果没有设立这种账户，消费者除支付抵押贷款之外对支付未被第三人托管的任何程序负个人和直接责任；税收、保险与相关的费用可能很高。

"（C）清楚地解释不支付未被第三人托管的任何程序的后果，包括债权人或者服务商可能强制要求投保以及潜在的高成本（包括任何潜在的向服务商支付的佣金）或者在任何这种债权人投保的场合降低对消费者的贷款额。

"（D）联邦储备理事会认为对于保护消费者必须披露的其他信息。"

第1463条 对《1974年房地产交割程序法案》的修订

（a）对服务商禁止的程序。修订《1974年房地产交割程序法案》第6条，在末尾增加以下新款：

"（k）对服务商禁止的程序

"（1）概述。联邦相关抵押贷款的服务商不得：

"（A）获得强制性的灾害保险，除非有合理的理由相信借款人没有遵守贷款合同的要求保有财产保险；

"（B）对回应本条规定的有效合格的书面要求（由消费者金融保护局规定的规则进行定义）收取费用；

"（C）不及时回应借款人请求改正与支付分配、为还清贷款产生的最后余额，或者避免取消抵押赎回权，或者其他标准服务商的义务；

"（D）没有在10日内回应借款人请求提供有关贷款的所有人或者受让人的身份、地址或者其他相关信息；或者

"（E）没有遵守任何其他的消费者金融保护局规定的义务，这些义务适于执行本法规定的消费者保护目标。

"（2）强制保险的定义。就本条以及（l）款和（m）款而言，'强制保险'是指，当借款人没有根据抵押贷款条款对借款人要求其对财产保有灾害保险或者续保时，由联邦相关抵押贷款的服务商获得的灾害保险。

"（l）强制保险的条件。除非满足本款规定的条件，联邦相关抵押贷款的服务商不应被解释为有合理的基础获得强制性保险。

"（1）给借款人的书面通知。服务商不能对任何财产的强制保险向任何借款人收费，除非：

"（A）服务商已经用第一类邮件把书面通知寄给借款人，通知内容包括：

“（i）提醒借款人有义务对联邦相关抵押贷款的财产保有灾害保险；

“（ii）一份书面陈述，证明服务商没有证据表明该财产上附有保险；

“（iii）一份明确和突出的声明，说明消费者籍以证明其早已经办理保险的程序；以及

“（iv）一份陈述，说明如果借款人不能及时提供其已经有保险的事实证明，服务商可以用借款人的付费办理这种保险；

“（B）服务商在根据（A）分项邮寄出通知至少30天之后，已经用第一类邮件寄出第二份书面通知，通知包含该分项每一则随规定的信息；以及

“（C）从服务商按照（B）分项寄出通知之日起到第15日，服务商尚未收到借款人对担保抵押的财产投了灾害保险的任何证明。

“（2）证明的充分性。联邦相关抵押贷款的服务商应当接受借款人提供的任何合理形式的书面确认，确认当前所投保的险种；确认内容包括现行保险单号码以及保险公司或者代理人的身份与联系信息，或者消费者金融保护局要求提供的其他信息。

“（3）强制保险的终止。服务商在收到借款人的现行保险险种确认15日之内应当：

“（A）终止强制保险；以及

“（B）向消费者返还所有的在借款人的保险险种和强制保险险种同时生效期间的强制保险保费，以及在此期间向消费者账户收取的任何与强制保险相关的费用。

“（4）澄清有关洪水灾难保护法案的事项。本条不得被解读为禁止服务商提供同时或同步的通知，通知欠缺《1973年洪水灾害保护法案》第102条（e）款规定的洪水保险。

“（m）强制保险收费的限制。除了根据州保险业务规章的规定收取的费用以外，对消费者收取的有关强制保险的全部费用应当是善意且合理的。”

（b）罚金数额的增加。《1974年房地产交割程序法案》第6条（f）款修订如下：

（1）在第（1）项（B）分项、第（2）项（B）分项，凡出现“1,000美元”的地方，删除“1,000美元”并插入“2,000美元”；以及

（2）在第（2）项（B）分项（i）则，删除“500,000美元”并插入“1,000,000美元”。

（c）缩短回应时间。《1974年房地产结算程序法案》第6条（e）款修订

如下：

（1）在第（1）项（A）分项，删除“20 天”并插入“5 天”；

（2）在第（2）项，删除“60 天”并插入“30 天”；以及

（3）在末尾增加以下新项：

“（4）有限延长回应时间。如果在第（2）项所规定的 30 天期限结束之前服务商通知消费者延长回应时间期限以及延迟回应的原因，可以延长回应时间 15 天。”

（d）付清贷款之后立即返还第三方托管账户上的金额。修订《1974 年房地产交割程序法案》第 6 条（g）款，在末尾增加：“服务商控制范围内的这种账户上的任何余额在贷款已经还清的时候应当在 20 个工作日内及时返还给消费者或者划到同一个贷款人向该消费者提供新的抵押贷款而设立的一个相似的账户。”

第 1464 条 《真实借贷法案》的修订

（a）及时支付住房贷款的要求。修订《真实借贷法案》第 2 篇，在第 129E 条之后插入以下新条：

“§第 129F 条 及时支付住房贷款的要求

“（a）概述。对于消费者以其主要住宅担保的消费者信贷交易，服务商收到支付的当日就应当把支付划入消费者贷款账户，除非迟延划账不会造成对消费者的任何收费或者向消费者报告机构汇报负面信息，（b）款的规定除外。

“（b）例外。如果服务商书面具体说明消费者支付时应当遵守的规定，但是接受了不符合规定的支付，服务商应当在收到支付之日起 5 日内划账。”

（b）请求偿清的数额。修订《真实借贷法案》第 2 篇，在第 129F 条之后插入以下新条：

“§第 129G 条 请求偿还住房贷款数额

“住房贷款的债权人或服务商接到借款人或其代理人要求支付余额的书面请求后，应当在合理时间内汇出准确的支付余额，但是无论如何不能超过 7 个工作日。”

第 1465 条 偿还能力分析包括第三方托管账户

修订《真实借贷法案》第 128 条（b）款，在末尾增加以下新项：

“（4）要求偿还能力分析包括第三方托管账户：

“（A）概述。对于任何由消费者以主要住房第一抵押权或者优先权

担保的消费信贷交易，无期限信贷计划或者反向抵押贷款的消费信贷交易除外，为此交易已经或者将要设立保管、信托或者其他形式的账户用来支付财产税、灾害与洪水（如果有）保险费，或者其他的与财产有关的定期支付或者保险费，根据（a）款要求提供的有关号码、金额、偿还总支付额的到期日或者期限的信息，应当考虑根据《1974年房地产交割程序法案》第10条（a）款第（2）项规定的每笔偿还数额按月向账户划入的支付额。

"（B）评估价值。（A）分项考虑的用来支付财产税、灾害或者洪水（如果有）保险费、或者其他的与财产有关的定期支付或者保险费的金额，应当反映担保交易的房地产的应税评估价值，包括任何不动产改善的价值，或者在该不动产上建设产生的价值（不论这些建设是否由该交易产生的收益融资）；或者反映该交易成立后第一年有灾害保险的财产重置成本。"

第六节　评估活动

第1471条　不动产评估要求

修订《真实借贷法案》第2篇，在第129G条之后插入以下新条：

"§第129H条　财产评估要求

"（a）概述。债权人未先获得根据本条规定准备的抵押财产的书面评估，不能向任何消费者发放高风险抵押贷款。

"（b）评估要求

"（1）不动产的实体查验。根据第（4）项规定的规则，对由高风险抵押担保不动产的评估只有在认证或者许可的评估师通过深入抵押不动产内部进行实体查验的条件下进行，才满足本条的要求。

"（2）某些情形下的再评估

"（A）概述。如果高风险抵押的目的在于为从某人购买或者收购被抵押的不动产，而交易发生在此人以低于该不动产现行市场售价购买或收购该不动产的180天之内，债权人应当申请另一个认证或者许可的评估师再评估。再评估应当包括对售价的变化、市场条件的变化，以及从过去出售的时日到现行出售之时，在此期间内对不动产的改善。

"（B）不对申请人造成成本。不应当要求申请人支付根据（A）分项所做的再评估所带来的成本。

“（3）认证或者许可的评估师的定义。就本条而言，‘认证或者许可的评估师’是指下列人员：

“（A）至少由待评估的财产所在的州认证或许可；并且

“（B）遵照专业评估实践的统一标准、《1989年金融机构改革、复兴和执行法案》第11章以及评估之日已生效的根据本章制定的规章执行每一件评估工作。

“（4）规章

“（A）概述。联邦储备理事会、货币监理署、联邦存款保险公司、全国信用社管理局、联邦住房金融机构以及消费者金融保护局应当联合制定执行本条的规章。

“（B）豁免。（A）分项所列举的机构可以联合通过规则豁免某类别的贷款，使之不受本款或者（a）款要求的约束，如果这些机构确定该豁免符合公共利益并将提升债权人的安全与稳健。

“（c）免费的评估复印件。债权人应当在交易成立日之前的最短3天内免费向申请人提供根据本条进行的与高风险抵押有关的每一次评估的一份复印件。

“（d）消费者通知。在首次申请抵押贷款时，债权人应当向申请人提供一份陈述，说明任何对抵押贷款的评估仅供债权人之用；并且申请人可以选择自费另行评估。

“（e）违反。债权人除了承担本章规定的适用于任何人的其他义务之外，如果被发现故意不获取本条规定的评估，则应当要求其有义务向申请人或者借款人支付2,000美元。

“（f）高风险抵押贷款的定义。就本条而言，‘高风险抵押贷款’意思是指第129C条定义的，不包括符合合格抵押条件的反向抵押贷款的，由主要住宅担保的符合以下条件的住房抵押贷款：

“（1）不是第129C条所定义的合格的抵押贷款；并且

“（2）年平均利率高于第129C条定义的可比较交易在利率确定日的平均拆借优惠利率：

“（A）1.5个或者更多百分点，如果第一抵押权住房抵押贷款的起初本金债务额不超过在这种利率设定当日依据《联邦住房贷款抵押公司法案》第305条（a）款第（2）项第6句对可适用型号的住房抵押贷款的起初本金债务的最高限额；

“（B）2.5个或者更多百分点，如果第一抵押权的住房抵押贷款的起初本金债务额超过在这种利率设定当日依据《联邦住房贷款抵押公司法案》第305条（a）款第（2）项第6句对可适用型号的住房抵押贷款的起初本金债务的最高限额；以及

“（C）3.5 个或者更多百分点，如果是次级优先权住房抵押贷款。

第 1472 条　评估独立要求

（a）概述。修订《真实借贷法案》第 2 篇，在第 129D 条之后插入以下新条：

“§第 129E 条　评估独立要求

“（a）概述。在向消费者以其主要住宅为担保的消费信贷交易提供信用或任何服务时，任何从事违反依据本条制定的规章所描述的或以其为根据的独立评估行为或者做法应为非法。

“（b）评估独立性。就（a）款而言，违反评估独立性的行为或者做法应当包括：

“（1）任何旨在担保偿付消费者信贷交易的资产评估活动，在组织该交易过程中，与该交易有利益关系的人补偿、强迫、敲诈、勾结、指示、诱使、贿赂或者威胁某个人、评估管理公司、企业或者其他从事评估或者与评估有关业务的实体，或者企图进行补偿、强迫、敲诈、勾结、指示、诱使、贿赂或者威胁，目的在于造成根据评估程序对财产得出的评估价值不是建立在评估师独立判断的基础之上；

“（2）错误描述或者唆使错误描述担保信贷的财产的评估价值；

“（3）为了便利达成交易或者给交易定价而寻求通过影响评估师或者用其他方式鼓励达成目标价值；以及

“（4）如果评估报告或者评估服务是根据交易方的合同规定的，拒付或者威胁拖延支付评估报告或者评估服务。

“（c）例外。（b）款的要求不应被解释为禁止抵押贷款人、抵押经纪人、抵押银行、房地产经纪人、评估管理公司、评估管理公司的雇员、消费者、或者其他任何对房地产交易有利益关系的人请求评估师承担下列一个或多个事项：

“（1）考虑额外的适当的不动产信息，包括考虑用额外的可比较的不动产进行评估或者支持评估。

“（2）对评估师得出的价值结论提供更多的信息、证明或者解释。

“（3）改正评估报告里的错误。

“（d）禁止利益冲突。从事消费者以其主要住宅担保的消费信贷交易有关的评估业务的认证或者许可的评估师以及获取或者便利这种评估业务的评估管理公司，不应对涉及评估的不动产或交易有直接或间接的金融或其他利益。

“（e）强制报告。任何涉及消费者以其主要住宅担保的消费信贷交易有关的评估业务的抵押贷款人、抵押经纪人、抵押银行、房地产经纪人、评估管理公司、评估管理公司的雇员、消费者、或者其他任何参与房地产交易的人，只要有合理根据相信评估师不遵守职业评估实践统一标准、违反可适用的法律或者从事其他不道德或者非职业行为，就应当将事件报告给有管辖权的州评估师认证与许可机构。

“(f) 不提供信贷。在对消费者以其主要住宅担保的消费信贷交易中，债权人如果在贷款成立之时或之前知道违反（b）款、（d）款规定的评估独立标准的行为，就不应当提供建立在这种评估之上的信贷，除非债权人证明自身已经尽力尽职调查并确定评估没有实质性的误述或者错误描述这种住宅的价值。

“（g）规则与释义指南

“（1）概述。除第（2）项规定外，联邦储备理事会、货币监理署、联邦存款保险公司、全国信用社管理局、联邦住房金融机构与消费者金融保护局可以联合发布规则、释义指南与基本政策陈述，以调整在（a）款、（b）款、（c）款、（d）款、（e）款、（f）款、（h）款与（i）款意义范围内提供的消费者以其主要住宅担保的消费信贷交易抵押贷款服务或者为这种交易提供的抵押贷款经纪服务的过程中违反评估独立性的行为或者实践。

“（2）临时最终规章。在本条颁布之日起90天之内，联邦储备理事会应当基于本条目的制定临时最终规章，具体界定在为消费者以其主要住宅担保的消费者信贷交易提供抵押信贷服务或者为这种交易提供抵押经纪服务的过程中产生的违反评估独立性的行为和做法，并界定本条或者这种规章中的任何条款。联邦储备理事会依据本项制定的规则应当被视为第（1）项下的机构联合制定的规则。

“（h）评估报告的简易性。为了配合本条的要求，联邦储备理事会、货币监理署、联邦存款保险公司、全国信用社管理局、联邦住房金融局与消费者金融保护局联合可以发布规章，以解决评估报告的简易性问题，包括确保由1～4单元的单一家庭住宅，即消费者的主要住宅，担保的消费信贷交易的贷款人之间所做的评估报告简易性的规章，或者为这种交易提供抵押贷款经纪服务的规章。

“（i）习惯和合理的收费

“（1）概述。贷款人及其代理人应以习惯和合理的利率对收费服务评估师在不动产评估市场区域所作出的服务支付报酬。可以由独立的第三方信息，如政府机构费用计划表、学术研究与独立的私人部门调查，作为这种费用的证据。费用研究应当排除由知名评估管理公司指派的任务。

“（2）收费服务评估师的定义。就本条而言，‘收费服务评估师’是指既不是抵押贷款设立人的雇员也不是雇用该评估师的评估管理公司的人，而是：

“（A）一位州认定或者许可的评估师，该人对执行评估收费并证明评估是根据职业评估实践统一标准作出的；或者

“（B）一个公司，该公司不受《1989年金融机构改革、复兴和执行

法案》第 1124 条规定的约束，而是利用州许可或者认证的评估师的服务并对所承担的符合职业评估实践统一标准的评估活动进行收费。

“（3）复杂工作的例外。如果评估涉及的工作复杂，根据职业评估实践统一标准可以反映这种评估需要增加的时间、难度与工作的范围，并包括超过作为不复杂的工作标准的普通与合理的费用的数额。

“（j）落日规则。在根据（g）款颁布的临时最终规章生效之日，联邦住房金融机构于 2008 年 12 月 23 日公布的住房价值评估行为准则应当失效。

“（k）惩罚

“（1）首次违规。除了第 130 条提到的执行规定以外，每一个违反本条的人将被罚款并在违规持续期间每天支付不超过 10,000 美元的民事罚金。

“（2）后续违规。在某人被依据第（1）项课以民事罚金的情况下，第（1）项在把‘20,000 美元’替换成‘10,000 美元’之后对后续违规应当仍然适用。

“（3）评定违规。第 108 条（a）款或（c）款提到的机构针对第（1）项描述的人所应负的违规罚金有评定权。

（b）文书性修改。《真实借贷法案》第 2 篇各条目录，在第 129D 条（第 1461 条（c）款已增加）之后插入新的内容后，修订如下：

“第 129E 条　评估独立性要求

“第 129F 条　对划转住房贷款支付的要求

“第 129G 条　对住房贷款偿还数额的要求

“第 129H 条　不动产评估要求。”

（c）授权。修订《真实借贷法案》第 105 条，在末尾增加：

“（h）授权。尽管依据本章授予任何联邦机构的任何权力，法院授权本局决定本章任何条款的含义或者对这些条款进行解释，第 129E 条或者第 129H 条除外，这种授权的效果好像本局是唯一的有权适用、执行、解释本章规定的机构。”

（d）第 10 章里不适用于第 129E 条和第 129H 条的一致性修订。尽管有第 1099A 条更多，在第 129E 条与第 129H 条里由本节所增加的“联邦储备理事会”这个术语不能被“消费者金融保护局”这个术语替代。

第 1473 条　有关联邦金融机构检查委员会评估分会、评估师独立监督、批准的评估师培训、评估管理公司、评估师投诉热线、自动估值模型与经纪人价格意见的修订

（a）门槛水平。修订《1989 年金融机构改革、复兴和执行法案》第 1112 条（b）款，在句号之前加上：“，取得消费者金融保护局的同意，认为这种门槛水平对那些购买 1 ~4 单元的单一家庭住宅的消费者提供合理保护”。

（b）评估分会年度报告。修订《1989 年金融机构改革、复兴和执行法案》第 1103 条（a）款，在末尾增加以下新项：

“（5）每年 6 月 15 日之前向国会提交一份年度报告，描述评估分会完成上一年度指派任务的情况。报告还应详细描述评估分会的具体活动，包括州评估师管理机构的全部审计结果；并提供上一年度未被批准的活动与提出警告的描述，包括描述造成不批准和采取行动的原因。”

（c）公开会议。《1989 年金融机构改革、复兴和执行法案》第 1104 条（b）款修订如下：

（1）在“开会”之后插入“经过在联邦登记处通知后以公开形式（开会），但是可以不讨论这些会议中与州初步审计报告里人员和审查有关的部分，”；以及

（2）在最后的句号之后增加：“任何一届封闭会议或者行政会议所讨论的主题都应当在联邦登记处会议通知上加以描述。”

（d）规章。《1989 年金融机构改革、复兴和执行法案》第 1106 条修订如下：

（1）在“召开听证会”之后插入“经过通知并给予评论的机会，根据《美国法典》第 5 章第 5 篇（一般称为行政程序法）制定规章”；以及

（2）在末尾插入“评估分会制定的任何规章（除非本章另有规定）应当限于如下功能：临时活动、全国注册、信息共享与执行。评估分会为制定规章设立一个由行业参与人员组成的咨询委员会（参与人员包括评估师、贷款人、消费者律师、房地产代理与政府机构）并在必要时为支持规章的发展召开会议。”

（e）评估审查与复杂的评估

（1）第 1110 条。《1989 年金融机构改革、复兴和执行法案》第 1110 条修订如下：

（A）在第（1）项，删除“以及”；

（B）在第（2）项，删除最后的句号并插入“；以及”；并且

（C）在第（2）项之后插入：

“（3）这种评估应接受适当的审查符合职业评估实践统一规则。”

（2）第 1113 条。修订《1989 年金融机构改革、复兴和执行法案》第 1113 条，在句号之前插入：“，复杂的 1 ~4 单元单一家庭住宅评估是指所评估的财产、所有权的形式、财产特性或者市场条件是非典型的一种评估”。

（f）评估管理服务

（1）对第三方评估管理服务提供者的监督。《1989 年金融机构改革、复兴和执行法案》第 1103 条（a）款修订如下：

（A）把第（1）项修订为：

“（A）对于那些有资格执行评估联邦相关交易的个人的资格认证与许可，加上职业责任准则；以及

“（B）评估管理公司运营与活动的备案与监督；”；以及

（B）在末尾增加以下新项：

“（6）保有全国评估管理公司的注册，这些公司要么是在州评估师认证与许可机构注册并接受其监督，要么是联邦监管的金融机构的附属营运机构。”

（2）评估管理公司最低要求。修订《1989 年金融机构改革、复兴和执行法案》第 11 章，在末尾增加以下新条（并相应修订目录）：

“第 1124 条　评估管理公司最低要求

“（a）概述。联邦储备理事会、货币监理署、联邦存款保险公司、全国信用社管理局、联邦住房金融机构与消费者金融保护局应当通过规则联合设定最低条件，供州在评估管理公司注册时适用。这些最低条件包括应当要求这些公司：

“（1）在公司营运所在州的州评估师认证与许可机构注册并接受其监督；

“（2）确认只有经过许可或者认证的评估师承担联邦相关的交易；

“（3）要求经评估管理公司协调的评估遵守职业评估实践统一标准；以及

“（4）要求评估依据《真实借贷法案》第 129E 条所确立的评估独立性标准独立进行、不受不适当的影响与胁迫。

“（b）与州法的关系。本条不应被解释为禁止各州在（a）款公布的任何规则的基础上设立条件。

“（c）联邦监管的金融机构。（a）款规定的条件适用于这种评估管理公司：由一个金融机构所有并控制的子公司接受联邦金融机构监管局监管。作为由一个金融机构所有并控制的一个子公司并受联邦金融机构监管局监管的评估管理公司不必在州注册。

“（d）注册限制。如果一个评估管理公司全部或者部分、直接或间接被任何个人所有，该人的许可或者认证在任何州被拒绝、否认、吊销或者撤销，该公司不应被州注册或者被包含在全国注册簿中。另外，每一位对评估管理公司的所有权超过 10% 的个人应当具有州评估师认证与许可机构所确认的良好的道德品质，并接受州评估师认证与许可机构执行的背景审查。

“（e）汇报。联邦储备理事会、货币监理署、联邦存款保险公司、全国信用社管理局、联邦住房金融机构与消费者金融保护局应当联合发布调整在确定支付年注册费的过程中向评估分会汇报评估管理公司活动的规章。

“（f）有效期

“（1）概述。在根据（a）款所制定的规章最终形式确定之日起 36 个月之后，评估管理公司不应在州执行与联邦相关的交易的服务，除非该公司在该州注册或者受到一个联邦金融监管机构的监督。

“（2）有效期的延长。经联邦金融机构检查委员会的批准，如果能够提供书面证明，证明某个州在建立州评估管理公司注册监督系统方面取得实质性进步，该系统看上去符合本法的规定，评估分会可以在评估管理公司的注册与监督条件的基础上另外延长 12 个月。”

（3）州评估认证与许可机构的职权。修订《1989 年金融机构改革、复兴和执行法案》第 1117 条，在末尾增加：“该机构的义务可额外包括评估管理公司的注册与监督，并把有关评估管理公司的信息加入国家注册系统。”

（4）评估管理公司定义。修订《1989 年金融机构改革、复兴和执行法案》第 1121 条，在末尾增加：

“（11）评估管理公司。名词‘评估管理公司’是指，在对证券化的抵押贷款价值或不动产抵押的贷款价值评估中，任何外部第三方，或由为消费者以其主要住宅担保提供消费者信贷交易的债权人授权，或者被抵押二级市场上的承销商或者其他委托人授权，该经销商或委托人在一年之内监督一个州里的超过 15 个认证或者许可评估师组成的网络或者小组或者在全国范围内超过 25 个：

“（A）招募、筛选并保有评估师；

“（B）与许可并认证的评估师签约履行评估任务；

“（C）管理执行评估的程序，包括规定诸如接受评估指令与评估报告等行政义务评估，向债权人与承销商提交完整的评估报告，向债权人与承销商收取服务费，并向评估师支付服务报酬；或者

“（D）审查并核实评估师的工作。”

（g）州评估师认证与许可机构报告要求。《1989 年金融机构改革、复兴和执行法案》第 1109 条（a）款可修订如下：

（1）删除第（1）项分号后面的“以及”；

（2）把第（2）项重新编号为第（4）项；以及

（3）在第（1）项之后插入以下新项：

“（2）及时向全国评估分会提交有关许可与认证的签发和延长有效期、处罚、纪律惩罚、许可与认证的撤销以及许可与认证的中止的报告；

“（3）及时提交关于评估管理公司或者其他第三方评估提供者的监督行为以及评估管理服务，包括发起的调查和采取的纪律处罚措施的报告；以及”。

(h) 注册费修改

(1) 概述。《1989 年金融机构改革、复兴和执行法案》第 1109 条 (a) 款修订如下：

(A) 第 (4) 项 (第 1473 条 (g) 款已修改) 修订如下：

“(4) 收取费用

“(A) 向执行或者寻求执行联邦相关交易的评估活动的人收取不超过 40 美元的年度注册费，这些费用由州评估师认证与许可机构每年上交给联邦金融机构检查委员会；以及

“(B) 从根据本法在州评估师认证与许可机构注册的或者作为联邦监管的金融机构的子公司运营的评估管理公司收取年度注册费的计算方法：

“(i) 如果该公司成立超过 1 年，用 25 美元乘以前一年在该州内为该公司工作或者与其签约的评估师的人数，但是 25 美元基数可以由评估分会根据执行本章赋予分委会的职能在自由裁量的基础上进行调整，以 50 美元为上限；以及

“(ii) 如果该公司成立不超过 1 年，用 25 美元乘以评估分会确定的适当的数字，而且这个数字用于确定所有成立不超过 1 年的公司的费用；但是 25 美元基数可以由评估分会根据执行本章赋予分委会的职能在自由裁量的基础上进行调整，以 50 美元为上限。”；以及

(B) 修订重新编号的第 (4) 项之后的问题如下：

“经过联邦金融机构检查委员会的批准，评估分会可以对第 (4) 项 (A) 分项规定的注册费根据本章赋予分委会的职能进行调整，以 80 美元为上限。评估分会至少每隔 5 年考虑一次，是否需要根据通货膨胀因素调整注册费。在执行注册费改革时，评估分会应当为各州的多年已经形成的认证与许可以及转型时期执行注册费的变动提供灵活性。在确定评估管理公司的年度注册费数额时，评估分会有权对评估管理公司设定最低年度注册费以防止低报为该公司工作或者与其签约的评估师的人数。”

(2) 增加的收入。根据本款规定的增加收入应当存入美国财政部的单独账户，账号名称为“评估分会账户”。

(i) 授权与汇报。《1989 年金融机构改革、复兴和执行法案》第 1109 条 (b) 款修订如下：

(1) 删除第 (3) 项分号后面的“以及”；

(2) 删除第 (4) 项最后的句号并插入分号；

(3) 在末尾增加以下新项：

“（5）授权州评估师认证与许可机构，根据评估分会制定的政策，支持这些机构所作出的遵守本章的努力，包括：

“（A）这些机构的申诉程序、申诉调查与评估师执行活动；以及

“（B）向全国评估注册处提交关于州认证与许可评估师以及评估管理公司的数据，包括确认评估师或者评估管理公司符合所要求的合格标准以及正式或者非正式的纪律行为的信息；以及

“（6）如果许可或者认证被放弃、撤销或者中止，向所有州的评估师认证与许可机构发出通知。”

本款授权设定的义务不能超过征收并存储在（h）款规定的“评估分会账户”的财政年总费用增加额的75%。

（j）标准。《1989年金融机构改革、复兴和执行法案》第1116条修订如下：

（1）在（c）款，在最后的句号之前插入：“所确定的房地产评估师许可标准目前达到，或超过评估基金评估资质委员会发布的房地产评估师许可的最低标准”；以及

（2）删除（e）款并插入以下新款：

“（e）最低合格标准。为作为‘受培训人评估师’和‘监督性评估师’身份的个人设立的任何标准应当达到，或超过评估基金评估资质委员会制定的最低合格标准。评估分会有权执行这些标准。

（k）对州评估师认定与许可机构的监督。《1989年金融机构改革、复兴和执行法案》第1118条修订如下：

（1）将（a）款修订如下：

“（a）概述。评估分会监督各州的评估师认证与许可机构，旨在决定这种机构是否：

“（1）具有与本章一致的政策、实践、融资、成员和程序；

“（2）在合理的期限内处理申诉并完成调查；

“（3）适当地惩戒被处罚的评估师和评估管理公司；

“（4）维持有效的监管程序；以及

“（5）及时向全国注册处汇报有关评估分会保有的评估师与评估管理公司的申诉和惩戒性诉讼。

在州评估师认证与许可机构在许可、认证、注册、与惩戒程序进行过程中，评估分会应当有权将州许可与认证评估师或者注册的评估管理公司从全国注册处暂时移除，时间不超过90天。对于那些评估政策、实践、融资、成员和程序与本章不一致的州的评估师认证和执照，评估分会与所有的机构、部门以及依据本章被联邦承认的机构应当不予承认。正如本条所描述，评估分会有权对缺乏有效的评估师管理程序的州认证与许可机构给予惩罚。为了

确定这种程序是否有效，评估分会对如下事项进行分析：评估师许可与认证、评估管理公司的注册、签发临时的评估师执照与认证、接受并跟踪针对评估师与评估管理公司的申诉、申诉调查以及对评估师与评估管理公司的执行行为。评估分会有权对州认证与许可机构采取临时措施或者中止，作为不承认州认证与许可机构的替代措施或者前置措施。”

（2）在（b）款第（2）项，在“职权”之后插入“或者充分的融资”。

（l）互惠。《1989 年金融机构改革、复兴和执行法案》第 1112 条（b）款修订如下：

“（b）互惠。尽管本章有其他任何规定，一个与联邦相关交易不得由州认证或者许可的评估师评估，除非该州的州评估师认证或者许可机构执行一项对来自其他州的个人签发互惠性认证与许可的政策，如果：

“（1）这个‘其他州’的评估师认证与许可程序与本章一致；而且

“（2）评估师拥有有效的某个州签发的执照，该州对认证与许可规定的条件等同于或高于个人寻求获得评估许可所在的州规定的许可条件。”

（m）职业评估选任的考量。修订《1989 年金融机构改革、复兴和执行法案》第 1122 条（d）款，删除“不包括”以及该款后面所有的文字，插入：“包括获得的教育、经验、样本评估与来自以前客户的参考。全国承认职业评估组织会员资格可以作为一个考虑的条件，尽管没有会员资格不成为根据这些条件被排除在选任考察之外的唯一障碍。”

（n）评估师独立性。修订《1989 年金融机构改革、复兴和执行法案》第 1122 条，在末尾增加以下新款：

“（g）评估师独立性监督。评估分会监督每个州的评估师认证与许可机构，确定该机构的政策、实践与程序是否与维护评估师独立性的目标一致，以及该州是否通过并保有有效的旨在维护评估师独立性的法律、规章与政策。”

（o）评估师教育。修订《1989 年金融机构改革、复兴和执行法案》第 1122 条，在（g）款（本条（l）款已增加）之后插入以下新款：

“（h）批准的教育。评估分会鼓励各州接受评估师资格委员会批准项目批准的课程。”

（p）评估申诉热线。修订《1989 年金融机构改革、复兴和执行法案》第 1122 条，经过本条已经修订，在末尾增加以下新款：

“（i）评估申诉全国热线。如果在本款颁布之日后 6 个月之内，评估分会确定尚未设立全国热线接受申诉，申诉不符合评估独立性标准和职业评估实践统一标准，包括来自评估师、个人或者其他实体的关于不适当地影响或者企图不适当地影响评估师或者评估程序的申诉，评估分会应设立并运营这种全国热线，热线包括免费电话号码和电子邮件地址。如果评估分会运营这种全国热线，评估分会把申诉推荐给适当的政府机构，包括州评估师认证与许可机构、金融监管机构或者其他适当的法律机构。对于推荐给州评估师认证与许可机构或者联邦监管机构的申诉，评估分会有权追踪申诉以便确定该申诉解决状况。”

（q）自动估值模型。修订《1989年金融机构改革、复兴和执行法案》第11章，在末尾增加以下新条（并相应修订目录）：

“第1125条 用于评估担保抵押贷款的抵押物价值的自动估值模型

“（a）概述。自动估值模型遵守质量控制标准，以便：

“（1）确保自动估值模型所作出的价值评估保持高水平的信任；

“（2）防止操纵数据；

“（3）寻求避免利益冲突；

“（4）要求随机抽样测试与审查；以及

“（5）包括其他任何（b）款所列的机构认为适当的因素。

“（b）采用的规则。联邦储备理事会、货币监理署、联邦存款保险公司、全国信用社管理局、联邦住房金融机构与消费者金融保护局，经过与评估分会以及评估基金评估标准资质委员会协商，应当颁布执行本条规定的质量控制标准的规章。

“（c）执行。为确保根据本条发布的规章得到遵守，应当由以下机构执行：

“（1）对由联邦监管的金融机构或者金融机构所有或者控制的子公司，由联邦金融监管机构作为其主要的监管执行者；以及

“（2）对于其他的市场参与人评估1~4单元的单一家庭住宅的房地产，由联邦贸易委员会、消费者金融保护局和一个州总检察长执行。

“（d）自动估值模型定义。就本条而言，‘自动估值模型’是指抵押贷款发起人与抵押二级市场债券发行人用来确定消费者以其主要住宅担保的抵押物价值的计算机化的模型。”

（r）经纪人价格意见。修订《1989年金融机构改革、复兴和执行法案》第11章，在末尾增加以下新条：

“第1126条 经纪人价格意见

“（a）一般禁止。在购买消费者主要住宅的情形，不能把经纪人价格意见作为主要的定价基础，用以确定某一财产的价值。该财产担保某一住房抵押贷款的设立。

“（b）经纪人价格意见定义。就本条而言，‘经纪人价格意见’是指房地产经纪人、代理人或者销售员所做的价值评估，该评估详细说明某一特定房地产财产可能的售价，并提供该财产的条件、市场、社区以及可比较的售卖的不同的详细

信息，但不包括第1125条规定的自动估值模型。”

（s）对评估分会的修订。《1978年联邦金融机构检查委员会法案》第1011条修订如下：

（1）在第一句中，在句号之前增加“消费者金融保护局和联邦住房金融局”；以及

（2）在末尾插入：“通过资格认证和专业设计，评估分会至少有一名会员无论何时都要在评估专业领域展示出良好的专业知识和技能。”

（t）技术性校正

（1）修订《1989年金融机构改革、复兴和执行法案》第1119条（a）款第（2）项，删除“council”并插入“金融稳定监督委员会”（“Council”，英文首字母改为大写，专指金融稳定监督委员会——译者注）。

（2）修订《1989年金融机构改革、复兴和执行法案》第1121条第（6）项，删除“Corporations”并插入“Corporation”。

（3）修订《1989年金融机构改革、复兴和执行法案》第1121条第（8）项，删除“council”并插入“Council”。

（4）《1989年金融机构改革、复兴和执行法案》第1122条修订如下：

（A）在（a）款第（1）项，把（A）分项、（B）分项和（C）分项的左边距右移两个间距；并且

（B）在（c）款：

（i）删除“联邦金融机构检查委员会”，插入“联邦机构检查委员会”；并且

（ii）删除“委员会的职能”，插入“金融稳定监督委员会的职能”。

第1474条　《平等信贷机会法案》的修订

《平等信贷机会法案》第701条（e）款修订如下：

“（e）向申请人提供的复印件

“（1）概述。每一位债权人应当向申请人提供与该申请人申请贷款书面评估与估值的全部复印件，所申请的贷款是以或将以即将完工的住宅的第一优先权为担保；债权人应在贷款即将成立时及时提供，但绝不能迟于贷款成立之日的前3天，不论债权人给予或者拒绝该申请人的贷款请求，或者申请不完整或者被撤回。

“（2）弃权。申请人可以放弃第（1）项规定的3天条件，除非法律另有规定。

“（3）补偿。可以要求申请人支付合理的费用补偿债权人的评估成本，

除非法律另有规定。

“（4）免费提供复印件。尽管有第（3）项的规定，债权人应当向申请人提供书面评估或者估值的复印件，不附带额外的成本。

“（5）通知申请人。债权人在申请人作出申请时应当书面通知该申请人其根据本款有权得到书面评估或者估值的复印件。

“（6）估值的定义。就本款而言，‘估值’包括任何与债权人决定提供信贷有关的对住宅的任何价值评估，包括那些政府发起设立的企业的保险单，或一个自动估值模型，或一个经纪人价格意见及其他的方法或者机制创设的价值。”

第1475条 《1974年房地产交割程序法案》与某些评估费有关的修改

修订《1974年房地产交割程序法案》第4条，在末尾增加以下新款：

“（c）在由评估管理公司协调的评估的条件下，（a）款所描述的标准格式（《1989年金融机构改革、复兴和执行法案》第1121条第（11）项所定义的）包括清晰地描述：

“（1）公司对评估师的直接支付；以及

“（2）公司收取的管理费。”

第1476条 审计总署对不同评估方法、估值模型与分配渠道以及对住房估值准则和评估分会的效果与影响的研究

（a）概述。审计总署应当开展一项研究，内容包括：

（1）对以下事项带来的效果与影响：

（A）评估方法，包括成本方法、比较销售方法、收入方法以及其他可以得到的方法；

（B）评估估值模型，包括许可与认证的评估、经纪人定价意见与自动估值模型；以及

（C）评估分配管道，包括评估管理公司、抵押贷款发起人内部之间的独立评估活动和付费服务评估师；

（2）住房估值行为准则；以及

（3）《1989年金融机构改革、复兴和执行法案》第11章所赋予的评估分会的职能。

（b）研究。不迟于：

（1）本法通过之日起12个月，审计总署向参议院银行、住房与城市发展委员会和众议院金融服务委员会提交研究报告；并且

（2）本法颁布之日后90天，审计总署应当向参议院银行、住房与城市发

展委员会和众议院金融服务委员会提交一份报告，汇报研究进行情况以及任何初期研究成果。

（c）研究内容。本条规定的研究应当包括对下列事项的检查：

（1）评估方法、估值模型与分配管道

（A）某些评估方法、模型以及货币融资与再融资抵押交易，单独或者合并的普遍程度。

（B）这些方法、模型与管道评估抵押财产的准确性。

（C）这些方法、模型与管道是否以及如何对上一个周期的价格投机传导。

（D）这些方法、模型与管道对消费者造成的成本。

（E）披露评估程序中对消费者的收费。

（F）这些方法、模型与管道的使用在多大程度上受到抵押贷款人与评估师之间的利益冲突以及贷款人选择并支付评估师的机制的影响。

（G）这些方法、模型与管道在乡村地区的适用性。

（2）住房估值行为准则（HVCC）

（A）住房估值行为准则如何影响抵押贷款人对评估师的选择。

（B）住房估值行为准则如何影响州评估师和评估分配渠道。

（C）住房估值行为准则如何影响评估的质量和成本以及取得评估的时间长短。

（D）住房估值行为准则如何影响抵押经纪人、小企业和消费者。

（d）其他研究要求

（1）概述。本法颁布之日后18个月内，审计总署应当向参议院银行、住房与城市发展委员会和众议院金融服务委员会提交研究报告。

（2）另外的研究内容。第（1）项规定的研究应当包括下列事项：

（A）研究：

（i）评估分会监督并执行州与联邦认证要求与标准的能力，包括提供过去10年以来执行活动故障的统计总结；

（ii）当前的联邦金融监管机构对与联邦机构有关交易的豁免是否需要修订；以及

（iii）新的数据收集方法，比如设立全国数据库，是否有助于评估分会改善其执行职能的能力；以及

（B）研究对联邦与州层面的行政与立法行为的建议。

第七节 抵押贷款解决与修正

第1481条 多户住房抵押贷款的解决计划

（a）设立。住房与城市发展部部长应当依据本款制订计划确保对当前与未来的租户与在险的多户住宅不动产的保护，在可行的条件下，其所依赖的标准可以包括：

（1）为这类不动产创设可持续的融资，可以考虑下列因素：

（A）此类不动产所产生的租金收入；以及

（B）保留充足的运营资金储备；

（2）在本法颁布之日起保留有效的联邦、州与城市的各级补贴；

（3）提供修复基金；并且

（4）在适当的时候，并经过房主同意，为将这种资产转让给负责任的新所有者提供便利；并确保这种资产的可支付性。

（b）合作。住房与城市发展部部长在执行依据本条制订的计划时与财政部长、联邦存款保险公司、联邦储备理事会、联邦住房金融局以及其他部长认为适当的任何联邦政府机构合作。

（c）定义。就本条而言，“多户住宅财产”是指包括五个或更多居住单元的住宅建筑。

（d）防止为犯罪的申请人提供资质

（1）概述。任何人在过去10年内在抵押贷款或者房地产交易的活动中犯有以下罪行：

（A）重盗窃、偷窃、诈骗或者伪造罪；

（B）洗钱；

（C）逃税。

自本法颁布之日起60天或之后，这类人不得有资格从《2008年紧急经济稳定法案》规定的可支付住房项目或者由该法案授权的任何其他的抵押资助计划中获得帮助。

（2）程序。部长应当建立确保遵守本款的程序。

（3）报告。住房与城市发展部长应当向参议院银行、住房与城市发展委员会和众议院金融服务委员会提交一份关于本规定执行情况的报告。该报告还应当包括执行本款所采取的措施。

第1482条 可支付住房贷款修正项目指引

（a）净现值输入数据。财政部部长应当修改《2008年紧急经济稳定法案》由财政部发起的让住房可支付的可支付住房贷款修正项目下的补充条款和其他指引，要求每个参与项目计划的抵押贷款服务商向每位申请修改抵押贷款被拒绝的抵押贷款借款人，提供所有与借款人有关的以及与抵押贷款有关的输入数据，这些数据用于与执行抵押标的物有关的任何净现值（NPV）分析。在借款人申请被拒绝时就应提供这种输入数据。

（b）净现值计算器与适用的网址

（1）净现值计算器。为执行可支付住房贷款修正项目，部长设立并维护一个互联网网址。网址提供一个计算器，用来在部长创立的净现值计算方法的基础上分析抵押的净现值；抵押人可以用计算器输入的抵押贷款信息并用这种计算方法，决定该抵押贷款是否可接受还是应当拒绝纳入贷款修订项目。

（2）披露。此网址还应当显著地披露每一位参与贷款修订项目的贷款服务商，可以用一种不同于此种计算器的方法计算抵押的净现值。

（3）适用。部长应当作出合理的努力在网址上为房屋所有人提供申请可支付住房贷款修订项目修改贷款的方法。

（c）净现值方法、计算机模型和变量的公众可获得性。部长应当保证下列事项的公众可获得性，包括通过在互联网网址上公布：

（1）部长的方法和计算机模型，包括所有用于计算机模型以及根据（b）款创建的计算器用来计算抵押贷款净现值的公式；以及

（2）所有用于这种净现值分析的非专利性变量。

第1483条　有关可支付住房项目信息的公众可得性

（a）项目指南的修改。财政部部长应当修改《2008年紧急经济稳定法案》授权财政部发起使住房可支付的可支付住房项目的指引，财政部部长从每一位参与该项目的抵押贷款服务商和贷款人所收集的数据应当根据（b）款向公众开放。

（b）公众可得性。数据根据以下指引以保证公众的可得性：

（1）参与该项目的抵押贷款服务商和贷款人每月提交数据期限日起不超过14天内，通过财政部部长的互联网网址将报告公之于众，并向国会提交一份应当包括下列信息的报告：

（A）服务商和贷款人已经收到的要求根据该项目修改抵押贷款的请求数量。

（B）服务商和贷款人已经处理的要求根据该项目修改抵押贷款的请求数量。

（C）服务商和贷款人已经批准的要求根据该项目修改抵押贷款的请求数量。

（D）服务商和贷款人已经否决的要求根据该项目修改抵押贷款的请

求数量。

（2）参与该项目的抵押贷款服务商和贷款人每月提交数据期限日起不超过60天内，财政部长应当在个人记录层面向公众公布数据表。财政部部长应当发布下列事项的规章：

（A）向公众公布这种数据的程序；以及

（B）财政部部长为保护抵押贷款修改申请人的隐私利益，可适当删除信息，包括删除或者改变申请人的名字和身份证号。

第1484条 在取消抵押赎回权延期时保护租户和澄清事实

《取消抵押赎回权时保护租户法案》修订如下：

（1）在第702条：

（A）在（a）款第（2）项中，删除"，在通知取消抵押赎回权日"；并且

（B）在（c）款，在句号之后插入："就本条而言，通知取消抵押赎回权日应被认为是根据法院令或者抵押、信托契据或者担保契据的条款的规定财产的全部所有权转让给受让实体或个人之日。"；以及

（2）在第704条，删除"2012"并插入"2014"。

第八节 其他条款

第1491条 国会关于政府发起设立的企业改革对为加强住房抵押贷款条件的保护、限制和管理的重要性的意见

（a）事实认定。国会发现如下事实：

（1）政府发起设立的企业，联邦全国抵押贷款协会（房利美）和联邦住房抵押贷款公司（房地美）（以下简称"两房"）由国会特批设立，以确保提供稳定和支付得起的抵押贷款融资。但是"两房"拥有双重法律地位，既是私人公司又要实现政府强制性的可支付住房的目标。

（2）1996年，住房与城市发展部要求房利美与房地美所提供的抵押贷款融资中有42%发放给收入水平低于给定地区收入中位数的借款人。

（3）2004年，住房与城市发展部修改了政策目标，即到2008年之前"两房"赎买此类贷款所占比例要提高至56%，并额外强制性规定"两房"所购买的全部抵押贷款中，有12%是为低于给定地区收入中位数60%的借款人提供的"特别支付得起的"贷款，该目标到2008年提升到28%。

（4）为了帮助"两房"完成强制性的可支付的住房目标，住房与城市发

展部于1995年授权“两房”购买包括给低收入借款人的次级抵押贷款证券。

（5）经过购买次级抵押贷款证券的授权后，“两房”购买次级抵押贷款证券、次级和接近优级的抵押贷款从2001年占其证券化抵押贷款的9%上升到2006年的40%，而其常规抵押贷款的市场占有率从2003年的78.8%下降到2007年的50.1%，同时期次级、ALT－A贷款比重从10.1%上升到32.7%。

（6）仅在2004年，“两房”就购买了175,000,000,000美元的次级抵押贷款证券，占当年市场份额的44%；从2005年到2007年，“两房”购买了大约1,000,000,000,000美元的次级和ALT－A抵押贷款，而房地美购买的首付低于10%的抵押贷款几乎翻了3倍。

（7）根据联邦住房金融局（FHFA）提供的2008年第四季度的数据，“两房”拥有或者担保了全部新增的抵押贷款的75%，“两房”目前拥有美国抵押贷款余额的13.3%，在住房债券市场上发行31.0%的抵押贷款证券，合计持有美国住房抵押贷款债务余额的44.3%。

（8）2008年9月7日，联邦住宅金融机构对“两房”实施托管，财政部随后同意至少分别收购房地美和房利美各200,000,000,000美元的优先股，作为对价，得到购买每一家企业发行的普通股的79.9%的认股权。

（9）对“两房”的托管给纳税人的潜在风险达到5,300,000,000,000美元。

（10）“两房”的公私混合身份是站不住脚的，必须加以解决，以确保消费者被提供并且得到合理反映其偿还能力且合理的而非不公平、欺骗或者滥用的住房抵押贷款。

（b）国会的意见。国会认为不对两房进行有意义的结构性改革，则加强保护、限制与管理住房抵押贷款条件的努力以及与此相关的实践将是不完整的。

第1492条　审计总署关于政府防止取消抵押赎回救助以及贷款修正中欺诈的研究报告

（a）研究。美国总审计长将开展一项关于在财政部部长、住房与城市发展部长、总检察长以及联邦贸易委员会之间当前开展的旨在打击取消抵押赎回权救助以及贷款修订中欺诈的跨部门活动的研究，以便对贷款修改紧急救助项目所面临的风险和脆弱性向国会提出建议。

（b）报告

（1）概述。美国总审计长应当针对根据（a）款所做的研究向国会提交报告。报告包括对立法和行政管理活动的建议等总审计长认为除第（2）项所提到建议之外适当的内容。

（2）具体主题。根据第（1）项所做的报告应当包括：

（A）对跨部门任务工作组当前为打击取消抵押赎回权救助中以及贷款抵押修改中的欺诈行为而作出的努力的有效性进行评估；

（B）关于对适当地保护房屋所有人免受取消抵押赎回权救助中诈骗以及贷款修改中的欺诈行为至关重要的立法与行政管理的具体建议；以及

（C）联邦政府分配给以下项目金融资源的充足性：

（i）打击取消抵押赎回权以及贷款修改中诈骗；以及

（ii）对房屋所有人进行关于取消抵押赎回权救助以及贷款修改中诈骗的教育。

第1493条　由州汇报抵押贷款的数据

（a）概述。《2009年帮助家庭挽救房屋法案》第104条（a）款修订如下：

（1）在第（2）项，删除“导致”，并插入“在每一个州导致”；

（2）在第（3）项，在“贷款修改”之后插入“在每个州”；以及

（3）在第（4）项，在“贷款总数”之后插入“每个州”。

（b）一致性修订。修订本法第104条（b）款第（1）项（A）款，在末尾增加：“《多德—弗兰克华尔街改革与消费者保护法案》颁布之日后60日之内，货币监理署署长和储贷机构监督办公室主任应当更新这些要求以便反映本法中本条所做的修改。”

第1494条　对取消抵押赎回权的灰墙效果进行研究

（a）研究。住房与城市发展部长经过与财政部长协商，应当开展研究以下事项对住房抵押贷款取消抵押赎回权的影响：

（1）这类抵押贷款的住宅结构中的灰墙是2004年到2007年底从中国引进的；以及

（2）置入这种灰墙的住宅结构获得财产保险的可得性。

（b）报告。自本法颁布之日起不超过120日的有效期内，住房与城市发展部部长应当向国会提交一份关于根据（a）款开展研究的报告，报告内容包括其发现的事实、结论以及建议。

第1495条　定义

就本章而言，“指定的转让日期”是指根据本法第1062条设立的日期。

第1496条　紧急抵押贷款救助

（a）紧急房屋所有人救助基金。尽管法律有其他规定，根据本法住房与城市

发展部长可以通过紧急房屋所有人救助基金得到必要的资金，使其有能力提供1,000,000,000美元的资助，部长依据《1975年紧急住房法案》（法案被本条修改）第107条设立这笔资金，用于根据本法案第1章资助的紧急抵押贷款，生效日期为2010年10月1日。

（b）重新授权紧急抵押贷款救助计划。《1975年紧急住房法案》第1章修订如下：

（1）在第103条：

（A）在第（2）项：

（i）删除“已经表明”以及后面的句子，直到“持有人的监管”并插入“已经认证”；

（ii）删除“（如其资产组合里违约贷款的数额）”；以及

（iii）删除“，除非这种陈述”以及后面的句子，直到“本章的目的”；以及

（B）在第（4）项中，在“不利的经济状况”之后插入“或者医疗条件”；

（2）在第104条：

（A）在（b）款，删除“，但是这种资助”以及后面的句子直到句号为止，并插入：“。根据本章向房主提供的资助额相当于部长确定是为了让房主有能力偿还抵押贷款所需要的合理必需的数额，但是对任何房主资助的总额不能超过50,000美元。”

（B）在（d）款，删除“贷款或者预付款的利率”以及后面的句子直到该款结束，并插入：“（1）根据本章担保的任何贷款或者预付信贷的利率，在该贷款或者预付信贷有效期间是固定的，且不能超过该贷款或者预付信贷成立时由住房与城市发展部依据《全国住房法案》第2章担保的向单一家庭住房抵押贷款收取的普通利率；（2）对于依据本章成立的贷款或者预付信贷延迟支付的利息不应收取利息。对于确定依据本章成立的贷款或者预付信贷的利率、条款与条件，部长应当考虑房主对贷款或预付信贷的偿付能力。”；以及

（C）在（e）款，在第一句最后的句号之后插入：“任何符合本章规定得到资助，或者预付信贷的房主，可以通过一次总付或者在贷款到期日之前分期支付的方式全额支付贷款而不必支付罚金。”；

（3）在第105条：

（A）删除（b）款；

（B）在（e）款：

（i）在“根据本条担保”之后插入“以及根据第106条支付的

紧急抵押贷款救助”；并且

（ii）删除“每一次 1,500,000,000 美元”并插入“3,000,000,000 美元”；

（C）分别把（c）款、（d）款、（e）款重新编号为（b）款、（c）款、（d）款；并且

（D）在本条末尾增加以下新款：

“（e）部长应根据本条和第 106 条紧急救助计划下贷款和预付款的可得性，建立资金分配指引或者程序，以保障抵押人按第 103 条第（5）项可以获得贷款偿付。”；

（4）在第 107 条：

（A）删除“（a）”；并且

（B）删除（b）款；

（5）在第 108 条，在末尾增加以下新款：

“（d）现行计划覆盖的范围。部长允许由州管理资金，只要该州有现行的计划且部长认为该计划向房主提供实质上类似的资助。部长作出这种决定之后，该州就不必修改其计划使之与本章的规定一致。”；

（6）在第 109 条：

（A）在本条标题，删除“授权与”；

（B）删除（a）款；

（C）删除“（b）”；以及

（D）删除“1977”并插入“2011”；

（7）删除第 110 条、第 111 条和第 113 条；以及

（8）把第 112 条重新编号为第 110 条。

第 1497 条　向社区稳定计划提供的额外资助

（a）概述。从没有其他指定拨款的财政基金中，划出 10 亿美元支付给住房与城市发展部，2010 年 10 月 1 日生效。住房与城市发展部用这笔资金资助各州或者地方政府各部门用于重建被遗弃或者取消抵押赎回权的房屋，资助根据《2009 年美国复兴与再投资法案》第 A 部分第 12 章标题为“社区计划与发展—社区发展基金”的第二个未命名的项所使用的相同条款的规定进行，资助数额根据该第二个未编号的段确定，除非：

（1）尽管第二个未编号的段存续于第一条之前，本条所规定的可得到的数额仍然应当有效，直到用完为止。

（2）第二个未编号的段里的第 3 项、第 4 项、第 5 项、第 6 项、第 7 项与第 15 项规定不适用于根据本条可得到的数额。

（3）根据部长按照《2008 年住房与经济复兴法案》确定的资金分配公式对根据本条可得到的数额进行分配，除非：

（A）尽管有第 2301 条（b）款第（2）项的规定，自本法颁布之日后 30 日内应当建立资金分配公式；

（B）尽管有第 2301 条（b）款第（2）项的规定，每个州应当至少获到本条规定的资金的 0.5%；

（C）部长确定直接分配给州内普通地方政府下属各部门的最低资助金额，该数额不能超过 1,000,000 美元；

（D）每一个获得资助的州或地方政府应当建立资金使用程序，以便根据本条可得到的资助金额优先用于建造可支付的廉租房；以及

（E）部长可以从依据本条所得到的资金中拿出不超过 2% 用于对被资助者提供技术支持。

（4）《2008 年住房与经济复兴法案》第 2301 条（c）款第（1）项不适用于根据本条可得到的资金。

（5）第二个未编号的段落之后的第 4 条附文，把“2012”改为“2013”之后适用于根据本条可得到的资金。

（6）就本条而言，尽管有《2008 年住房与经济复兴法案》第 2301 条（a）款规定，“州”是指《1974 年住房与社区发展法案》第 102 条所定义的州以及哥伦比亚特区，这适用于本条可得到的资金。

（7）（A）根据本条可得到的资金不应分配给：

（i）任何被判决违反有关选举联邦政府职员的联邦法律；或者

（ii）任何雇用适用于本法的个人的组织。

（B）在本项，“适用于本法的个人”是指某人：

（i）是

（I）以长期或者临时身份受雇于一个组织；

（II）与该组织签约或者留任；或者

（III）代表该组织或者得到该组织明示或默示的授权；以及

（ii）被判决违反有关选举联邦政府官员的联邦法律。

（8）得到本条项下的许可的合格的实体，应当尽最大可能的努力安排在根据本条资助的项目附近（“附近”由部长界定）招募雇员，或者与住在该项目附近的人所拥有或者经营的小企业签约。

（b）额外修订

（1）第 2301 条。《2008 年住房与经济复兴法案》第 2301 条（f）款第（3）项（A）分项（ii）则：

（A）修订为，删除“购买和重新开发被遗弃和被取消抵押赎回权的

住房或者居住性财产使之被利用”；以及

（B）应当适用于任何没用完或无指定用途的余额，包括根据本法《2008年住房与经济复兴法案》第2301条以及《2009年美国复兴与再投资法案》第A部分第12章标题为“社区计划与发展—社区发展基金”可得到的重新获得并分配的资金。

（2）取消抵押赎回权通知。无论根据本条、《2008年住房与经济复兴法案》第B部分第3章或者《2009年美国复兴与再投资法案》第A部分第12章标题为“社区计划与发展—社区发展基金”可得的资金数额，取消抵押赎回权通知日视为根据法院判决令或根据抵押贷款、信托契据或者担保契据把完整的财产权转让给继承的实体或个人之日。

第1498条 为取消抵押赎回权相关事宜提供法律援助

（a）设立。住房与城市发展部长应当设立一个资助计划，为保护房屋所有权、防止取消抵押赎回权以及因取消抵押赎回权租房的中低收入房屋所有者，提供全面的取消抵押赎回权法律援助。

（b）竞争性分配。部长应当使用竞争性的程序向州或地方法律组织分配根据本条可以得到的资助。就本款而言，“州或地方法律组织”是指那些主要业务或者任务是提供法律援助的州或地方组织。

（c）某些地区优先权。在根据（b）款分配资助金额时，部长对取消抵押赎回权比率最高的125个大都市统计区（该术语由管理与预算办公室主任定义）的州或地方法律组织给予优先考虑。

（d）法律援助

（1）概述。任何根据本条得到金融资助的州或地方法律组织只能把资助金额用于资助：

（A）由房主居住的房屋所有人，其抵押贷款已违约、或者有违约危险，将面临或者面临取消抵押赎回权的风险；以及

（B）租户，由于其所居住的房产被取消抵押赎回权而面临被驱逐的风险或者正在被驱逐。

（2）90天之内开始使用。任何根据本条得到金融资助的州或地方法律组织应当在得到这种资助之日起90天内使用根据本条得到的金融资助。

（3）禁止集团诉讼。任何根据本条向州或地方法律组织提供的金融资助都不能用于资助任何集团诉讼。

（4）对法律援助的限制。任何根据本条提供的任何法律援助资金仅限于援助抵押贷款相关的违约、驱逐或者取消抵押赎回权诉讼，不论这种取消抵押赎回权是司法性还是非司法性的。

（5）生效日期。不管本法有任何其他规定，本款将在本法颁布之日生效。

（e）资助分配的限制

（1）概述。根据本条可得到的资金不应分配给：

（A）任何被判决违反有关选举联邦政府官员的联邦法律；或者

（B）任何雇用适用于本法的个人的组织。

（2）适用于本法的个人的定义。在本款中，“适用于本法的个人”是指某人

（A）是：

（i）以长期或者临时身份受雇于一个组织；

（ii）与该组织签约或者留任；或者

（iii）代表该组织或者得到该组织明示或默示的授权；以及

（B）被判决违反有关选举联邦政府官员的联邦法律。

（f）授权拨款。在2011到2012年每个财政年度，授权向部长拨款3,500万美元用于资助基金。

第十五章　其他条款

第 1501 条　对外国政府使用美国资金的限制、美国纳税人的保护

修订《布雷顿森林协议法案》，在末尾增加：

“第 68 条　对外国政府使用美国资金的限制、美国纳税人的保护

（a）概述。财政部部长应当指示在国际货币基金组织的美国执行董事：

（1）在该基金执行董事会考虑之前，评估提交给该基金执行董事会的向某个国家提供贷款的任何建议，如果：

（A）根据可得到的信息，最近几年该国公共债务的数量超过其国内生产总值；以及

（B）该国不具有从国际发展协会获得援助的资格。

（2）反对不可能足额偿还的贷款。如果有任何评估显示所建议的贷款很可能不会足额偿还，财政部部长应当指示该基金的美国执行董事使用美国的发言权和投票权反对该项建议。

（b）向国会报告。在该基金执行董事会批准（a）款所描述的建议之后 30 天之内，及此后每年 6 月 30 日，在此类建议下批准的任何项目的持续期间，财政部部长应当书面向众议院金融服务委员会、外交关系委员会和参议院银行、住房与城市发展委员会提交一份评估按照这类建议发放贷款将得到足额偿还的可能性的报告，包括：

（1）该借款国的当前债务情况，包括可能达到的程度、期限结构、利率是否固定或是浮动、是否指数化，以及债权人是谁。

（2）可能潜在影响该借款国还款能力的外部与内部缺陷；以及

（3）该借款国的债务管理策略。

第 1502 条　冲突地区矿产资源

（a）国会关于刚果民主共和国冲突地区矿产资源开采和交易的意见。国会认为，针对刚果民主共和国境内冲突地区矿产资源的开采和交易活动正在为刚果民主共和国东部的冲突提供资助，这些冲突以极端暴乱特别是那些性暴力或性别暴力为特征。冲突地区矿产资源的开采和贸易活动导致当地陷入了人道主义的紧急状态，这使得《1934 年证券交易法案》第 13 条（p）款有必要按照（b）款增订。

（b）有关刚果民主共和国冲突地区矿产资源的信息披露。按照本法修订，对《1934 年证券交易法案》第 13 条进行修订，在末尾增加以下新款：

“（p）有关刚果民主共和国冲突地区矿产资源的信息披露

“（1）规章

“（A）概述。在本款颁布之日后 270 日内，证券交易委员会应当制定规章，要求任何第（2）项中规定的人员自这类规章发布之日后的第一个完整财政年度开始每年披露一次，无论第（2）项（B）分项中描述的必须按要求提交报告的冲突地区矿产资源是位于刚果民主共和国还是位于其毗邻国家，如果冲突地区矿产资源确实位于这些国家，需要向委员会提交一份报告，汇报在报告期间：

“（i）该人所采取的对资源和产销监管链的尽职调查措施，这些措施应当包括通过委员会提交的一份独立私人部门的审计报告，该报告符合美国总审计长建立的标准以及委员会与国务卿协商而发布的规则；以及

“（ii）描述那些并非属于刚果民主共和国冲突豁免（‘刚果民主共和国冲突豁免’是指不包含可直接或间接资助或受益于刚果民主共和国的武装团体或毗邻国家的矿藏）的已制成或者合同约定将要制成的产品的，依照第（i）则开展独立私人部门审计的实体，用于处理冲突地区矿产资源的设施，冲突地区矿产资源的最初来源国家，以及以最大可能的确定性认定矿物的来源或其位置的努力。

“（B）认证。依据（A）分项提交报告的人必须证明该分项（i）则规定的审计包括在报告之中。这一被证明的审计应当构成在建立矿产资源和产销监管链过程中尽职义务的关键性部分。

“（C）不可靠的决定。如果依据（A）分项要求提交的报告依赖于独立私人部门审计的决定，正如（A）分项（i）则所描述的，或者委员会之前认定的不可靠的其他尽职过程，该报告应不满足依据（A）分项（i）则制定的规章的要求。

“（D）刚果民主共和国冲突豁免。基于本项目的，一项产品可以标注为‘刚果民主共和国冲突豁免’，如果该产品不包含可直接或间接资助或支持民主刚果共和国的武装团体或毗邻国家的矿产资源。

“（E）向公众提供的信息。在第（2）项描述的每个人应当将其在（A）分项规定披露的信息在该人的网站上向公众发布。

“（2）所述之人。本项中所述之人如果：

（A）该人是按照第（1）项（A）分项要求向委员会提交报告的人；以及

（B）冲突地区矿产资源对于此人的产品制造和生产是必要的。

（3）修改和豁免。委员会应当修改或临时豁免第（1）项中所述之要求，如果总统向委员会传达以下决定：

（A）此一修改或豁免是为了美国的国家安全，并且总统将理由附于其中；以及

（B）在该豁免首次公开之后2年内，确立该豁免必须终止的日期。

（4）披露要求的终止。第（1）项中的要求应当在总统决定所有武装团体都不得继续直接涉入或从包含冲突地区矿产资源的商业活动中受益，并且授权适当的国会委员会之日终止，但无论如何不得早于本款颁布之日后起5年期限结束之后的那一天。

（5）定义。为实现本款目的，术语“毗邻的国家”、“适当的国会委员会”、“武装团体”、“冲突矿产”与《多德—弗兰克华尔街改革与消费者保护法》第1502条中的定义一致。

（c）对付冲突矿产与武装团体之间联系的策略和地图

（1）策略

（A）概述。在本法案颁布之日后180日内，国务卿在咨询美国国际开采署署长后，应当向适当的国会委员会提交一份策略以处理侵犯人权的行为、武装团伙、冲突矿产开采和商业产品之间的关系。

（B）内容。（A）分项所要求的策略应当包含下列内容：

（i）通过支持刚果民主共和国政府的方式在刚果民主共和国推进和平与安全的计划。包括矿业部和其他相关机构、毗邻国家以及国际社会，特别是联合国小组对刚果民主共和国的专家来：

（I）监控和制止会加剧刚果民主共和国境内的武装团伙和和侵犯人权的冲突的涉及刚果民主共和国自然资源的商业活动；以及

（II）发展更强大的治理与经济的机构，以促进和改善在涉及刚果民主共和国自然资源的跨境贸易中的透明度和减少武装团体对矿产资源的开采，并促进当地的发展。

（ii）为寻求在冲突地区矿产资源和产销监管链中进行尽职调查的商业实体提供指引的计划。冲突矿产的供货商不能直接或者间接地资助武装冲突或者违反人权或劳工权利。

（iii）对在刚果民主共和国能用来反对个人和从事支持武装团体和侵犯人权的商业实体的处罚性措施的描述。

（2）地图

（A）概述。在本法案颁布之日后180日内，国务卿应当根据联合国

刚果民主共和国专家小组在2008年12月的报告中提出的建议：

(i) 依据各种资源绘制一张关于刚果民主共和国富矿带、贸易线路以及武装团体所控制区域的地图，资料来源包括：

(I) 联合国对刚果民主共和国专家小组；

(II) 刚果民主共和国政府、毗邻国家政府和联合国其他成员国政府；以及

(III) 国内外非政府组织。

(ii) 使公众可以获得此地图；以及

(iii) 向适当的国会委员会提交一份解释性的报告，描述形成这份地图所依据的信息，可能的话还要说明在武装团体或者其他武装力量控制下的矿产。

(B) 名称。(A) 分项规定的地图被称为“冲突矿产地图”；地图中所描述的刚果民主共和国及其毗邻国家位于武装团体控制之下的矿产，被称为“冲突地带矿产”。

(C) 更新。国务卿应当在至少每180日更新一次(A)分项中规定的地图，直到依据《1934年证券交易法案》第13条(p)款第(1)项规定的披露要求之日，按照(b)款增订，按照第13条(p)款第(4)项的规定终止。

(D) 在《联邦公报》发布。国务卿应当酌情依据第1502条定义在矿产清单上添加冲突矿产。国务卿应当在《联邦公报》上发布意图宣布某一矿产为冲突矿产，包括其定义，时间为在作出该宣布之前1年之内。

(d) 报告

(1) 基线报告。在本法颁布之日后1年内，此后直至根据《1934年证券交易法案》第13条(p)款规定的披露要求终止前的每一年，总审计长应向适当的国会委员会提交报告，报告对刚果民主共和国及其毗邻国家交战地区的性暴力及性别暴力比例的评估。

(2) 有效性的常规报告。在本法颁布之日后的2年内以及此后每年，总审计长应向适当的国会委员会提交报告，包括以下内容：

(A)《1934年证券交易法案》第13条(p)款规定，按照(b)款增订，在促进刚果共和国及其毗邻国家的和平与安全方面的有效性的评估；

(B) 证券交易委员会在执行第13条(p)款规定时遇到问题的描述；

(C) (i) 则对在(ii)则规定的人及关于以下内容的信息是否公众可得的一般性审查：

(I) 这类人对冲突地区矿产资源的使用;

(II) 此类冲突地区矿产资源是否来源于刚果共和国或其毗邻国家。

(ii) 本则所描述的人是指:

(I) 该人不必根据《1934 年证券交易法案》第 13 条(p)款第(1)项(A)分项的规定向证券交易委员会提交报告;

(II) 冲突地区矿产资源对该人生产产品是必需的。

(3) 对私人部门审计的报告。在本法颁布之日后 30 个月内以及此后每年,商务部部长应向适当的国会委员会提交报告,包括以下内容:

(A) 对独立私人部门审计的准确性及《1934 年证券交易法案》的第 13 条(p)款规定的尽职调查的评估;

(B) 对进行此类评估的程序的建议,包括:

(i) 提高审计的准确性的方法;以及

(ii) 建立最佳实践标准的方法。

(C) 世界范围众所周知的冲突地区矿产资源处理设备的清单。

(e) 定义。在本条中,适用以下定义:

(1) 毗邻国家。刚果共和国的"毗邻国家"是指与刚果共和国共用国际认可边界的国家;

(2) 适当的国会委员会。"适当的国会委员会"是指:

(A) 众议院拨款委员会、外事委员会、赋税委员会及金融服务委员会。

(B) 参议院拨款委员会、外交关系委员会、财政委员会及银行、住房与城市发展委员会。

(3) 武装团伙。"武装团伙"是指《1961 年外国援助法案》第 116 条(d)款及第 502B 条(b)款关于刚果共和国及其毗邻国家的年度人权报告中,被确认为践踏人权的武装团伙。

(4) 冲突地区矿产资源。"冲突地区矿产资源"是指:

(A) 铌钽锰矿(钽矿石),锡石,金、钨锰铁矿或它们的衍生物;

(B) 国务卿认为资金支援刚果共和国或其毗邻国家的战争的其他矿产资源及衍生物。

(5) 武装团伙控制。"武装团伙控制"是指在刚果共和国或其毗邻国家范围内:

(A) 武装团伙控制矿产资源或迫使平民劳工开采资源、运输或销售冲突地区矿产资源;

(B) 强占、控制冲突地区矿产资源的交易路线或在交易路线上征税,

交易路线包括从一个冲突地区直至刚果共和国或其毗邻国家的出口港的整体交易路线；或者

（C）整体或部分强占、控制交易设施或对交易设施征税，包括刚果共和国或其毗邻国家的出口港的设施。

第1503条　有关煤矿或者其他矿山安全的报告要求

（a）报告矿山安全信息

按照《1934年证券交易法案》第13条（a）款或者第15条（d）款的规定应当提交报告的每个发行人，和作为煤矿或者矿井经营者或者其子公司经营者的，在本法颁布之日或之后，应当在每一份依据证券法律向委员会提交的定期报告中包含如下内容：

（1）对于该发行人或者该发行人的子公司的煤矿或者其他矿井是一个经营者的：

（A）依据《1977年联邦矿山安全与健康法》第104条，能够显著和实质导致煤矿或者其他矿井的安全或者健康损害的因果关系的违反强制健康或安全标准的事件总数，经营者因此而受到煤矿安全与卫生管理局的传讯。

（B）依据此法案的第104条（b）款所发布命令的总数；

（C）矿井经营者无正当理由未遵守此法案第104条（d）款规定的强制性健康和安全标准，接到传讯及命令的总数；

（D）公然违反此法案第110条（b）款第（2）项规定的总数；

（E）在此法案第107条（a）款下由于紧急危险所发布命令的总数；

（F）依据此法案，煤矿安全与卫生管理局所提出评估的总价值；以及

（G）与采矿有关的死亡总数。

（2）一份该发行人或者该发行人的子公司是一个经营者的煤矿或者其他矿产的清单，经营者从煤矿安全与卫生管理局收到的书面通知包含如下内容：

（A）根据此法案第104条（e）款规定，违反能显著和实质导致矿井安全和健康损害的因果关系的强制健康或者安全标准强制健康或者安全标准的状况；或者

（B）形成此种状况的潜在可能性。

（3）在联邦矿山安全与卫生审查委员会介入煤矿或者其他矿井之前的任何未决法律诉讼。

（b）报告关闭情况和违反的状况。在本法案颁布之日或者之后，作为煤矿或者其他矿井经营者或者其子公司是经营者的每位发行人，应当向委员会提交8－K

格式的当前报告（或者任何后继格式），以披露下列相关事项：

（1）收到依照《1977 年联邦矿山安全与健康法》第 107 条（a）款所颁布的紧急危险的命令的文件；

（2）从煤矿安全与卫生管理局收到的书面通知的证明文件，表明煤矿或者其他矿井存在如下问题：

（A）根据此法案第 104 条（e）款规定，违反能显著和实质导致矿井安全和健康损害的因果关系的强制健康或者安全标准强制健康或者安全标准的状况；或者

（B）形成此种状况的潜在可能性。

（c）规则释义。本条的任何规定不得被解释为影响在本法案颁布之日或者之后或者之前的适用任何其他法律规定的关于披露的义务。

（d）委员会职权

（1）执行。任何人对本条规定或者委员会依据本条发布的规则或规章的违反，应被视为是对《1934 年证券交易法案》或者依据该法发布的规则和规章的违反，按照本条规定，任何人违反本法案或者依其发布的规则或规章，应当受到同样程度和同样方式的惩罚。

（2）规则和规章。委员会有权颁布必要的或者适当的规则或者规章以保护投资者及实现本条目的。

（e）定义。在本条中：

（1）术语“发行人”和“证券法律”与《1934 年证券交易法案》第 3 条的含义相同。

（2）术语“煤矿或其他矿井”是指《1977 年联邦矿山安全与健康法》第 3 条中定义的，受该法案规定管辖的；以及

（3）术语“经营者”与《1977 年联邦矿山安全与健康法》第 3 条中的含义相同。

（f）生效日期。本条应在本法案颁布之日后 30 日生效。

第 1504 条　资源开采发行人支付的披露

修订《1934 年证券交易法案》第 13 条，在末尾增加：

“（q）资源开采发行人支付的披露

“（1）定义。在本条中：

“（A）术语‘石油、天然气或矿藏的商业开发’包括委员会认定的勘探、开采、加工、出口和其他有关石油、天然气或矿藏的重大业务，以及获得任何此类业务的许可；

“（B）‘外国政府’是指委员会认定的外国政府、部门、机构或者

外国政府机构、外国政府所有的公司；

“（C）术语‘支付’：

“（i）是指下列开支：

“（I）用于进一步发展石油、天然气、矿藏的商业开采；以及

“（II）并非最低减让；以及

“（ii）包括税收、专利税、费用（包括执照费用）、产品授权、红利以及其他物质福利，是委员会按照开采性产业主动透明度（在最大可行程度上）指导原则下决定作为公认的石油、天然气、矿藏的商业开发收入流的一部分；

“（D）‘资源开采发行人’是指下列发行人：

“（i）被要求向委员会提交年度报告；以及

“（ii）从事石油、天然气、矿藏的商业开发；

“（E）‘交互数据格式’是指一种电子数据格式，在其中可以通过使用交互数据标准识别各条信息；以及

“（F）‘交互数据标准’指在资源开采发行人的年度报告中标示信息的电子标签的标准化清单。

“（2）披露

“（A）要求信息。在《多德—弗兰克华尔街改革和消费者保护法案》颁布之日后270日内，委员会应发布最终规则，以要求每一个资源开采发行人提交一份有关资源开采发行人信息的年度报告，包括资源开采发行人的任何支付，资源开采发行人的附属公司，或者该资源开采发行人为了石油、天然气、矿藏的商业开采而处于外国政府或联邦政府控制的实体，包括：

“（i）资源开采发行人涉及石油、天然气、矿藏的商业开采的所有项目的支付类型和总额；以及

“（ii）向各个政府支付的类型和总额。

“（B）规则制定中的咨询。在依据（A）分项发布规则时，委员会可以咨询其决定是有关的任何机构或者实体。

“（C）交互数据格式。依据（A）分项发布的规则应要求资源开采发行人在其年度报告中包含的信息依照交互数据格式提交。

“（D）交互数据标准。

（i）概述。依据（A）分项发布的规则应建立资源开采发行人年度报告所包含信息的交互数据标准。

“（ii）电子标签。交互数据标准应该包括电子标签，以此识别

资源开采发行人给予外国政府或联邦政府的支付：

“（I）按不同种类的支付总额；

“（II）支付使用的现金；

“（III）进行支付的财政周期；

“（IV）该资源开采发行人进行支付的商业部门；

“（V）接受付款的政府和这些政府所在的国家；

“（VI）支付所涉及的该资源开采发行人的项目；以及

“（VII）委员会认定的对于保护公共利益和投资者必要或适当的此类其他信息。

“（E）国际透明度努力。为了最大程度的实际可行，依据（A）分项发布的规则应该支持联邦政府对努力提高石油、天然气、矿藏的商业开采的国际透明度的承诺。

“（F）生效日期。与各个资源开采发行人有关，依据（A）分项发布的最终规则应在资源开采发行人被要求提交年度报告之日生效。该年度报告是关于资源开采发行人在委员会依据（A）分项发布最终规则之日后一年以后结束的财政年度的。

“（3）公共信息提供

“（A）概述。为了最大程度的实际可行，委员会应对依据第（2）项（A）分项发布的规则要求提交的信息进行编辑，并在网上向公众公开。

“（B）其他信息。本项的任何内容不应要求委员会在网上提供依据第（2）项（A）分项发布规则要求提供的信息之外的信息。

“（4）拨款的授权。授权向委员会拨款，数额为其执行本款所必要的费用。”

第1505条　总审计长的研究

（a）概述。在本法案颁布之后1年内，美国总审计长应当发布一份报告，该报告评估总统任命的总检察长和指定联邦机构的总检察长（这些术语在《1978年总检察长法案》第8G条定义）的相对独立性、有效性和专业性，以及本法案对《1978年总检察长法案》修正案的独立性影响。

（b）报告。（a）款规定的报告应提交众议院金融服务委员会、监督和政府改革委员会和参议院银行、住房与城市发展委员会、国土安全特别委员会和政府事务委员会。

第1506条　核心存款和经纪存款的研究

（a）研究。联邦存款保险公司应当组织研究以评估下列事项：

（1）以计算银行保险费为目的的核心存款的定义；

（2）修改经纪存款和核心存款的定义以更好地区分二者对存款保险基金的潜在影响；

（3）评估核心存款和经纪存款的差异以及其在美国经济和银行业中所起的作用；

（4）重新定义核心存款对地方经济的潜在刺激效应。

（5）核心存款的重新定义可能导致大型机构和社区银行之间竞争的公平性。

（b）向国会报告。在本法案颁布之日后 1 年之内，联邦存款保险公司应当向众议院金融服务委员会和参议院银行、住房与城市发展委员会提交一份依据（a）款规定开展研究的报告。该报告应包括可能有的立法建议，如果可能，解决核心存款和经纪存款定义引起的问题。

第十六章　第 1256 条合同

第 1601 条　某些不作为第 1256 条合同处理的掉期等

（a）概述。1986 年《国内税收法》第 1256 条（b）款修订如下：

（1）将第（1）项至第（5）项重新编号为（A）分项至（E）分项，并相应缩进各分项页边距。

（2）删除“为了”，并插入：

“（1）概述。为了”，以及

（3）删除最后一句，并插入以下新项：

“（2）例外。名词‘第 1256 条合同’不应包括：

“（A）任何证券期货合同或者该类合同上的期权，除非这类合同或者期权是交易商证券期货合同。

（B）任何利率掉期、货币掉期、息率基准掉期、利率上限、利率下限、商品掉期、股票掉期、股票指数掉期、信用违约掉期，或者类似的协议。”

（b）生效日期。本条所做的修订应适用于本法颁布之日后开始的纳税年度。

法案名称

B

《布雷顿森林协议法案》 Bretton Woods Agreements Act

C

《存款机构管理层连锁法案》 Depository Institutions Management Interlocks Act

D

《多德—弗兰克华尔街改革与消费者保护法案》 Dodd – Frank Wall Street Reform and Consumer Protection Act

《电话销售和消费欺诈及滥用防治法案》 Telemarketing and Consumer Fraud and Abuse Prevention Act

《抵押贷款改革与反掠夺性借贷法案》 Mortgage Reform and Anti – Predatory Lending Act

《电子资金转账法案》 Electronic Fund Transfer Act

F

《非许可保险模式法案》 Non – Admitted Insurance Model Act

G

《公法》 Public Law

《公共健康服务法案》 Public Health Service Act

《国库监管规则》 Treasury Regulations

《国民住房法案》 National Housing Act

《格兰斯通—冈萨雷斯国民可支付住房法案》 Cranston – Gonzalez National Affordable Housing Act

《公平信用票据法案》 Fair Credit Billing Act

《公平信用报告法案》 Fair Credit Reporting Act

《公平债务托收业务法案》 Fair Debt Collection Practices Act

《归还法案》 Pay It Back Act

J

《金融服务现代化法案》（后简称为《G－L－B 法案》） Gramm － Leach － Bliley Act

《金融知识与教育改善法案》 Financial Literacy and Education Improvement Act

《加速资金可用性法案》 Expedited Funds Availability Act

K

《克莱顿法案》 Clayton Act

L

《联邦储备法案》 Federal Reserve Act

《联邦存款保险法案》 Federal Deposit Insurance Act

《联邦规章法典》 Code of Federal Regulations

《联邦顾问委员会法案》 Federal Advisory Committee Act（FACA）

《联邦国民抵押贷款协会特许法案》 Federal National Mortgage Association Charter Act

《联邦贸易委员会法案》 Federal Trade Commission Act

《联邦农作物保险法案》 Federal Crop Insurance Act

《联邦权力法案》 Federal Power Act

《联邦信用合作社法案》 Federal Credit Union Act

《联邦住房贷款银行法案》 Federal Home Loan Bank Act

《联邦住房贷款抵押公司法案》 Federal Home Loan Mortgage Corporation Act

M

《麦肯尼—范特无家可归者资助法案》 McKinney － Vento Homeless Assistance Act

《美国法典》 United States Code

《美国修正法令》 Revised Statutes of the United States

P

《平等信贷机会法案》 Equal Credit Opportunity Act

Q

《全球和国家商业法案》 Global and National Commerce Act

《全球和国家商务电子签章法案》 Electronic Signatures in Global and National Commerce Act

R

《Richard B. Russell 国家学校午餐法案》 Richard B. Russell National School Lunch Act

S

《商品交易法案》 Commodity Exchange Act
《社区再投资公司法案》 Neighborhood Reinvestment Corporation Act

W

《文书削减法案》 Paperwork Reduction Act

X

《小企业法案》 Small Business Act
《信息自由法案》 Freedom of Information Act
《消费者信用保护法案》 Consumer Credit Protection Act

Y

《银行服务公司法案》 Bank Service Company Act

Z

《住房与城市发展部法案》 Department of Housing and Urban Development Act
《州际土地出售充分披露法案》 Interstate Land Sales Full Disclosure Act
《证券投资者保护法案》 Securities Investor Protection Act
《真实借贷法案》 Truth in Lending Act
《真实储蓄法案》 Truth in Savings Act
《住房所有人紧急救济法案》 Emergency Homeowners' Relief Act
《1921 年牲畜屠宰商和育肥场法案》 Packers and Stockyards Act of 1921
《1933 年证券法案》 Securities Act of 1933
《1933 年住房所有人贷款法案》 Home Owners' Loan Act of 1933
《1933 年证券交易法案》 Securities Exchange Act of 1933
《1934 年证券交易法案》 Securities Exchange Act of 1934
《1935 年公共事业控股公司法案》 Public Utility Holding Company Act of 1935

《1937 年美国住房法案》 United States Housing Act of 1937

《1939 年信托合同法案》 Trust Indenture Act of 1939

《1940 年投资公司法案》 Investment Company Act of 1940

《1940 年投资顾问法案》 Investment Advisers Act of 1940

《1948 年住房法案》 Housing Act of 1948

《1949 年联邦财产与行政服务法案》 Federal Property and Administrative Services Act of 1949

《1949 年住房法案》 Housing Act of 1949

《1956 年银行控股公司法案》 Bank Holding Company Act of 1956

《1958 年联邦航空法案》 Federal Aviation Act of 1958

《1958 年小企业投资法案》 Small Business Investment Act of 1958

《1961 年外国援助法案》 Foreign Assistance Act of 1961

《1965 年高等教育法案》 Higher Education Act of 1965

《1965 年银行控股公司法案》 Bank Holding Company Act of 1965

《1966 年儿童营养法案》 Child Nutrition Act of 1966

《1966 年金融机构监督法案》 Financial Institutions Supervisory Act of 1966

《1968 年住房与城市发展法案》 Housing and Urban Development Act of 1968

《1968 年国家洪水保险法案》 National Flood Insurance Act of 1968

《1968 年银行保护法案》 Bank Protection Act of 1968

《1970 年证券投资者保护法案》 Securities Investor Protection Act of 1970

《1971 年农业信贷法案》 Farm Credit Act of 1971

《1973 年洪水灾害保护法案》 Flood Disaster Protection Act of 1973

《1974 年房地产结算程序法案》 Real Estate Settlement Procedures Act of 1974

《1974 年雇员退休收入保障法案》 Employee Retirement Income Security Act of 1974

《1974 年住房与社区发展法案》 Housing and Community Development Act of 1974

《1974 年国家制造式住房建设与安全标准法案》 National Manufactured Housing Construction and Safety Standards Act of 1974

《1974 年贸易法案》 Trade Act of 1974

《1974 年隐私权法案》 Privacy Act of 1974

《1975 年住房抵押贷款披露法案》 Home Mortgage Disclosure Act of 1975

《1976 年消费者租赁法案》 Consumer Leasing Act of 1976

《1977 年联邦开采安全与健康法案》 Federal Mine Safety and Health Act of 1977

《1977 年社区再投资法案》 Community Reinvestment Act of 1977

《1978 年财务隐私权利法案》 Right to Financial Privacy Act of 1978

《1978 年国际银行业法案》 International Banking Act of 1978

《1978 年总检查官法案》 Inspector General Act of 1978

《1978 年联邦金融机构检查委员会法案》 Federal Financial Institutions Examination Council Act of 1978

《1982 年期货交易法案》 Futures Trading Act of 1982

《1982 年另类抵押贷款交易对等法案》 Alternative Mortgage Transaction Parity Act of 1982

《1983 年住房及城乡恢复法案》 Housing and Urban – Rural Recovery Act of 1983

《1983 年国际贷款监管法案》 International Lending Supervision Act of 1983

《1985 年平衡预算和紧急赤字控制法案》 Balanced Budget and Emergency Deficit Control Act of 1985

《1986 年责任风险自留法案》 Liability Risk Retention Act of 1986

《1986 年国内财政收入法案》 Internal Revenue Code of 1986

《1989 年金融机构改革、复兴和执行法案》 Financial Institutions Reform, Recovery, and Enforcement Act of 1989

《1990 年犯罪控制法案》 Crime Control Act of 1990

《1990 年低收入住房保护与居民住房所有权法案》 Low – Income Housing Preservation and Resident Homeownership Act of 1990

《1991 年联邦存款保险公司改进法案》 Federal Deposit Insurance Corporation Improvement Act of 1991

《1991 年银行企业法案》 Bank Enterprise Act of 1991

《1992 年住房和社区开发法案》 Housing and Community Development Act of 1992

《1992 年能源政策法案》 Energy Policy Act of 1992

《1992 年联邦住房企业金融安全性和稳健性法案》 Federal Housing Enterprises Financial Safety and Soundness Act of 1992

《1994 年联邦承认印第安部落名单法案》 Federally Recognized Indian Tribe List Act of 1994

《1994 年住房所有权与股权保护法案》 Home Ownership and Equity Protection Act of 1994

《1994 年社区发展银行业和金融机构法案》 Community Development Banking and Financial Institutions Act of 1994

《1995 年私人证券诉讼法案》 Private Securities Litigation Act of 1995

《1996 年美国原住民住房与自决法案》 Native American Housing and Self - Determination Act of 1996

《1998 年住房所有人保护法案》 Homeowners Protection Act of 1998

《2000 年商品期货现代化法案》 Commodity Futures Modernization Act of 2000

《2000 年美国住房所有权与经济机会法案》 American Homeownership and Economic Opportunity Act of 2000

《2000 年银行产品法律确定性法案》 Legal Certainty for Bank Products Act of 2000

《2002 年萨班斯—奥克斯利法案》 Sarbanes - Oxley Act of 2002

《2002 年恐怖主义风险保险法案》 Terrorism Risk Insurance Act of 2002

《2002 年农场安全与农村投资法案》 Farm Security and Rural Investment Act of 2002

《2003 年公平与准确信用交易法案》 Fair and Accurate Credit Transactions Act of 2003

《2008 年紧急经济稳定法案》 Emergency Economic Stabilization Act of 2008

《2008 年抵押贷款许可安全与公平执行法案》 Secure and Fair Enforcement for Mortgage Licensing Act of 2008

《2008 年食品与营养法案》 Food and Nutrition Act of 2008

《2008 年住房和经济复苏法案》 Housing and Economic Recovery Act of 2008

《2009 年信用卡法案》 Credit Card Act of 2009

《2009 年美国经济复苏和再投资法案》 American Recovery and Reinvestment Act of 2009

《2009 年帮助家庭挽救住房法案》 Helping Families Save Their Homes Act of 2009

《2009 年公共拨款法案》 Omnibus Appropriations Act of 2009

《2010 年改善银行与储蓄协会控股公司及存款机构监管法案》 Bank and Savings Association Holding Company and Depository Institution Regulatory Improvements Act of 2010

《2010 年支付、清算与结算监管法案》 Payment, Clearing, and Settlement Supervision Act of 2010

《2010 年投资者保护和证券改革法案》 Investor Protection and Securities Reform Act of 2010

《2010 年改善进入主流金融机构渠道法案》 Improving Access to Mainstream Financial Institutions Act of 2010

《2010年消费者金融保护法案》 Consumer Financial Protection Act of 2010

《2010年华尔街透明度与问责法案》 Wall Street Transparency and the Accountability Act of 2010

《2010年非许可保险和再保险改革法案》 Nonadmitted and Reinsurance Reform Act of 2010

《2010年监管改进法案》 Regulatory Improvements Act of 2010

《2010年加强金融机构安全性和稳健性法案》 Enhancing Financial Institution Safety and Soundness Act of 2010

《2010年现收现付法案》 Statutory Pay - As - You - Go - Act of 2010

《2010年消费者金融保护机构法案》 Consumer Financial Protection Agency Act of 2010

《2010年私募基金投资顾问注册法案》 Private Fund Investment Advisers Registration Act of 2010

《2010年联邦保险办公室法案》 Federal Insurance Office Act of 2010

《2010年金融稳定法案》 Financial Stability Act of 2010